Christoph Lübbert

Uganda und Ruanda

„Uganda is from end to end one beautiful garden ... It is the pearl of Africa."
Winston Churchill 1908 – „My African Journey"

uga_004 Foto: cl

Impressum

Christoph Lübbert
Uganda und Ruanda

erschienen im
Reise Know-How Verlag Peter Rump GmbH
Osnabrücker Str. 79, 33649 Bielefeld

Gestaltung
Umschlag: M. Schömann, P. Rump (Layout); M. Luck (Realisierung)
Inhalt: G. Pawlak (Layout); M. Luck (Realisierung)
Karten: C. Raisin
Fotos: Ch. Lübbert
Titelfoto: Ch. Lübbert

Lektorat: M. Luck

Druck und Bindung
Fuldaer Verlagsagentur

ISBN 3-8317-1211-5
Printed in Germany

Dieses Buch ist erhältlich in jeder Buchhandlung der BRD, Österreichs, der Niederlande, Belgiens und der Schweiz. Bitte informieren Sie Ihren Buchhändler über folgende Bezugsadressen:

BRD
Prolit Verlagsauslieferung GmbH, Siemensstr. 16, 35461 D-Fernwald (Annerod)
sowie alle Barsortimente

Schweiz
AVA/Buch 2000
Postfach, CH-8910 Affoltern a.A.

Österreich
Mohr-Morawa Buchvertrieb GmbH
Sulzengasse 2, A-1230 Wien

Niederlande, Belgien
Willems Adventure
Postbus 403, NL-3140 AK Maassluis

Wer im Buchhandel trotzdem kein Glück hat, bekommt unsere Bücher auch direkt bei:
Rump Direktversand, Heidekampstraße 18, 49809 Lingen (Ems), oder über unseren
Büchershop im Internet: www.reise-know-how.de

Wir freuen uns über Kritik, Kommentare und Verbesserungsvorschläge.

Alle Informationen in diesem Buch sind vom Autor mit größter Sorgfalt gesammelt und vom Lektorat des Verlages gewissenhaft bearbeitet und überprüft worden.

Da inhaltliche und sachliche Fehler nicht ausgeschlossen werden können, erklärt der Verlag, dass alle Angaben im Sinne der Produkthaftung ohne Garantie erfolgen und dass Verlag wie Autor keinerlei Verantwortung und Haftung für inhaltliche und sachliche Fehler übernehmen.

Die Nennung von Firmen und ihren Produkten und ihre Reihenfolge sind als Beispiel ohne Wertung gegenüber anderen anzusehen. Qualitäts- und Quantitätsangaben sind rein subjektive Einschätzungen der Autoren und dienen keinesfalls der Bewerbung von Firmen oder Produkten.

uga_001 Foto: cl

Christoph Lübbert

Uganda
Ruanda

Ein ganz persönliches Vorwort

Seit den Erlebnissen *Churchills* hat sich in **Uganda** einiges getan. Vielen wird das Land noch immer als das Uganda *Idi Amins* in Erinnerung sein und sofort Assoziationen an Krieg und Gräueltaten wecken – doch das ist weitgehend Vergangenheit. Seit 1986 befindet sich das ostafrikanische Land auf einem für Afrika ungewöhnlichen Konsolidierungskurs und schickt sich an, wieder eine **„Perle Afrikas"** zu werden, auch wenn es auf dem Weg dorthin immer wieder Rückschläge zu verzeichnen gibt. Die Infrastruktur ist weitgehend wiederhergestellt, die Sicherheitslage ist in den meisten Landesteilen ausgezeichnet.

Die **Vielfalt und Einzigartigkeit der ugandischen Natur** sind der Hauptanziehungspunkt des Landes. Das Spektrum reicht von den Tierherden der Savanne des Queen Elizabeth National Park über die Seen im Zentralafrikanischen Grabenbruch, die spektakulären Fälle des Nils, dichte tropische Wälder mit Schimpansen und zahlreichen anderen Primaten bis hin zu den an Menschen gewöhnten Berggorillas im Bwindi Impenetrable National Park und im Vulkangebiet der Virungas. Wie aus einer verwunschenen Zeit erscheint die Fabelwelt des Ruwenzori-Gebirges, dessen bis zu 5109 m hohen Gipfel von bizarren Gletscher- und Eisformationen ummantelt werden.

Die einst reichen Tierbestände haben durch Krieg und Wilderei stark gelitten. Uganda kann daher nicht mit den großen Tierherden Tansanias oder Kenias konkurrieren. Doch nirgendwo sonst in Afrika bestehen so gute Möglichkeiten zur Erkundung tropischer Berg- und Waldlandschaften und zur Beobachtung von Primaten wie hier. Es gibt bislang **keinen Massentourismus** mit all seinen negativen Folgen, und viele ursprüngliche Afrika-Erlebnisse sind sozusagen garantiert. Die Menschen strahlen Optimismus und Hoffnung aus, denn nach fast 20 Jahren Terror, Krieg und Vertreibung hat fast jeder in Uganda die Nase voll davon. Reisende erfahren eine zuvorkommende und freundliche Behandlung.

Uganda ist auch eine Ausgangsbasis für Reisen ins benachbarte **Ruanda** und – zumindest prinzipiell – in den Osten der Demokratischen Republik Kongo (ehemals Zaire). In Ruanda hat nach den Kriegsereignissen und Massakern des Jahres 1994 eine allgemeine Stabilisierung stattgefunden. Alle Landesteile sind seit Ende der 1990er Jahre wieder bereisbar, und der Besuch der Berggorillas im Parc National des Volcans, der langjährigen Wirkungsstätte *Dian Fosseys,* ist wieder problemlos möglich.

Die wunderschöne Landschaft der Kivuregion in Ostkongo hat ökologisch noch immer mit den verheerenden Auswirkungen der Flüchtlingskatastrophe vom Sommer 1994 zu kämpfen, an die sich eine seit 1996 andauernde Serie von Bürgerkriegshandlungen angeschlossen hat, die das Land komplett von der touristischen Weltkarte verschwinden ließ. Die faszinierenden Nationalparks Virunga und Kahuzi-Biéga mit ihren Gorillafamilien sind derzeit praktisch kaum bereisbar, und entferntere Ziele im Kongobecken können nur unter unvertretbaren Risiken für Leib und Leben erreicht werden. Es steht zu hoffen, dass sich die verfahrene Situation im Kongo, dem wohl wildesten und ursprünglichsten Land Afrikas, in naher Zukunft stabilisieren wird.

Ich habe mich 1996 aus Begeisterung und angesichts des Mangels an ausführlicher und aktueller Literatur über die Region zur Zusammenstellung eines Reisehandbuchs über Uganda, Ruanda und Ost-Zaire entschlossen, das zunächst in kleiner Auflage im Stein-Verlag erschien. Der Bürgerkrieg im Kongo/Zaire und diverse Schreckensmeldungen aus Uganda haben den Tourismus in diese Region Afrikas bereits kurz nach Erscheinen des Buches komplett einbrechen lassen und eine längerfristige Fortführung des Buchprojektes verhindert. Nach einer längeren publizistischen Pause liegt nun der zweite Versuch eines umfassenden Reiseführers über Uganda und Ruanda vor – eingebettet in das umfangreiche Afrika-Programm der renommierten Verlagsgruppe Reise Know-How.

Das dabei entstandene, vollkommen überarbeitete und gänzlich neu gestaltete Buch wendet sich in erster Linie an Individualreisende, aber auch an Pauschaltouristen, die mit einem Reiseveranstalter unterwegs sind. Der Schwerpunkt liegt eindeutig auf der faszinierenden Natur Ugandas und Ruandas.

In der Regel repräsentieren die Ihnen gegebenen Informationen den Stand vom Herbst 2003. Doch viele Dinge ändern sich von heute auf morgen, gerade in Afrika. Ich bitte Sie daher herzlichst, Hinweise für Änderungen und Anregungen sowie Verbesserungsvorschläge an den Verlag zu senden.

Achtung: Es hat unter der Herrschaft *Idi Amins* mehrere **Umbenennungen von Orten und Nationalparks** gegeben. Dadurch ist vorübergehend eine gewisse Verwirrung entstanden, welche Namen nun als verbindlich anzusehen sind. In diesem Buch finden ausschließlich die vor *Amin* gültigen originalen Namen Verwendung, die sich mittlerweile wieder durchgesetzt haben. Insbesondere betrifft dies den Lake Albert (manchmal noch Lake Mobutu Sese Seko genannt), den Lake Edward (zeitweise Lake Idi Amin Dada), den Murchison Falls National Park (zeitweise Kabalega Falls NP) und den Queen Elizabeth National Park (lange Zeit Ruwenzori NP genannt). Letzterer darf nicht mit dem Ruwenzori Mountains National Park verwechselt werden. Es handelt sich um gänzlich verschiedene Gebiete.

Leipzig, im Herbst 2003

Dr. Christoph Lübbert

Direkte Korrespondenzadresse
des Autors: CLuebbert@aol.com

Hinweise zur Benutzung des Reisehandbuchs

Der Schwerpunkt des vorliegenden Reiseführers liegt auf **Uganda.** Das Land wird im Rahmen dreier großer Kapitel vorgestellt: Die **„Praktischen Tipps A–Z“** enthalten alle wichtigen reisepraktischen Empfehlungen für Reisevorbereitung und -durchführung (vieles gilt dabei auch für Ruanda); in **„Land und Leute“** erfolgt eine kurze Landeskunde mit allen wichtigen Fakten zu Natur, Geschichte, Bevölkerung etc.; im Kapitel **„Unterwegs in Uganda“** schließlich werden in fünf Unterkapiteln Landschaften, Regionen, Dörfer und Städte des Landes ausgehend von der Hauptstadt Kampala vorgestellt (im Uhrzeigersinn von Westen nach Osten). Ein eigenes Kapitel ist **Ruanda** gewidmet. Am Ende des Buches finden sich der **Anhang** (Literatur, Karten, Reisegesundheitsinformationen, Register, Tiernamensliste) sowie ein 24-seitiger **Kartenatlas.** Auf die Farbkarten dort ebenso wie auf die sonstigen Karten im Buch wird in den Kopfzeilen und nach größeren Orten und Nationalparks verwiesen. Schließlich beschäftigt sich ein 48-seitiger Sonderteil mit der **Tierwelt Ostafrikas** (ab Seite 144).

Inhalt

uga_011 Foto: cl

Verzeichnis der Tabellen, Karten und Stadtpläne

In den Kopfzeilen der Buchseiten erfolgt ein Verweis auf die jeweiligen in den Kontext passenden Karten bzw. Stadtpläne.

Kartenatlas: Bei den jeweiligen Orten und Nationalparks steht ein Verweis auf die entsprechende Karte bzw. genaue Positionierung in der Karte, z.B. Kampala ⇗XIV, B2.

Verzeichnis der Exkurse

uga_240 Foto: cl

Murchison Falls

uga_014 Foto: cl

Praktische Reisetipps A–Z

uga_015A Foto: cl

uga_015B Foto: cl

Unterwegs im Mgahinga Gorilla National Park

Internationaler Flughafen Entebbe

Elefanten im Murchison Falls National Park

An-, Ein- und Ausreise

Anreise mit dem Flugzeug

Direktverbindungen mit Flugzeugen aus dem deutschsprachigen Raum nach Uganda bestehen nicht. Es gibt aber einige **Umsteigeverbindungen** über europäische und afrikanische Großstädte **nach Entebbe,** bei denen man eine Flugzeit von 7–8 Stunden einkalkulieren muss.

Der internationale **Flughafen** Ugandas liegt **in Entebbe** (4 km außerhalb der Stadt), gut 40 km südlich der Hauptstadt Kampala.

Vom Flughafen Entebbe aus kostet ein **Taxi nach Kampala** ca. 25–30 Euro. Für Gäste der großen Hotels (Sheraton, Grand Imperial, Nile Hotel u.a.) gibt es kostenlose **Shuttlebusse.** Ein Taxi bis Entebbe (Matatu-Station) kostet 2–3 Euro, ab dort kommt man mit Sammeltaxis für 1 Euro weiter nach Kampala.

Achtung: Auf der Strecke Entebbe – Kampala kommt es immer wieder zu Überfällen; daher sollte einer der entsprechend gekennzeichneten Shuttlebusse der großen Hotels oder ein lizensiertes Taxi genommen werden. Fahrten nach Kampala während der Nacht sollten möglichst vermieden werden.

Für die Reisen aus den Nachbarländern oder in die Nachbarländer auf dem Landweg bitte im Kapitel Grenzen und Grenzverkehr nachschlagen.

Buchtipps:
- Frank Littek
Fliegen ohne Angst
- Erich Witschi
Clever buchen, besser fliegen
(beide Bände Reise Know-How Praxis)

Flugverbindungen

Die Wahl der Fluggesellschaft fällt bei den verschiedenen Angeboten oft sehr schwer. Nach der Fluggesellschaft richtet sich der Umsteigeflughafen, denn dieser ist der Heimatflughafen der betreffenden Gesellschaft. Je nach Flugplan kann sogar eine Übernachtung im Umsteigeort notwendig sein.

Die **wichtigsten Fluggesellschaften** auf den Strecken von Mitteleuropa nach Entebbe sind (Heimatflughafen in Klammern): British Airways (London), Egypt Air (Kairo), Emirates (Dubai), Ethiopian Airlines (Addis Abeba), KLM/Kenya Airways (Amsterdam und Nairobi) und SN Brussels Airlines (Brüssel).

Die am häufigsten beflogenen **Strecken** sind (Anzahl der Flüge pro Woche in Klammern): von Düsseldorf, Frankfurt, München und Zürich über Dubai mit **Emirates** (7), von vielen Flughäfen in Deutschland, Österreich und der Schweiz über Amsterdam und Nairobi mit **KLM** und **Kenya Airways** (7), von Berlin, Hamburg, München, Zürich und Wien über Brüssel mit **SN Brussels Airlines** (4), von vielen Flughäfen in Deutschland, Österreich und der Schweiz über London mit **British Airways** (3), von Frankfurt über Addis Abeba mit **Ethiopian Airlines** (3) sowie von Hamburg, Frankfurt, München, Zürich und Wien über Kairo mit **Egypt Air** (1).

Die folgenden Fluglinien bieten **Flüge von anderen Ländern Afrikas** nach Uganda an: Africa One, Air Burundi, Air Tanzania, Rwandair Express, DAS Air, East African Airlines, Egypt Air, Ethiopian Airlines, Kenya Airways, South African Airways (SAA) und TMK Air Commuter (kongolesische Airline).

Flugpreise

Der offizielle, von der IATA (International Air Transport Association) festgesetzte Flugpreis für die Route Frankfurt – Entebbe – Frankfurt beträgt bei einer Ticketgültigkeit von einem Jahr und kostenloser Umbuchungsmöglichkeit rund 3600 Euro. Doch keine Angst, so viel bezahlt kaum jemand, es sei denn, er ist Geschäftsreisender.

Die Preise für Billig-Tickets nach Entebbe liegen in einem Bereich von **650 bis über 1000 Euro,** wobei es zu erheblichen saisonalen Schwankungen kommen kann. Die Termine für den Tarifwechsel sind festgelegt und von Fluggesellschaft zu Fluggesellschaft etwas unterschiedlich. **Hochsaison für Flüge nach Uganda** ist im **Juli und August** sowie **von Mitte Dezember bis Anfang Januar.**

Billigere Flüge sind mit den Jugend- und Studententickets von Emirates möglich (junge Leute bis 29 Jahre). Dann kostet außerhalb der Hochsaison ein Flug von Düsseldorf, Frankfurt, München oder Zürich über Dubai nach Entebbe und zurück etwa 550 Euro. Flüge mit SN Brussels Airlines von Berlin, Hamburg und München nach Entebbe und zurück sind für alle jungen Leute bis 25 Jahre und Studenten bis 31 Jahre etwa 100 Euro teurer. Vergünstigte Tickets für Flüge mit British Airways von vielen Flughäfen in Deutschland, Österreich und der Schweiz über London nach Entebbe und zurück gibt es für alle jungen Leute bis 25 Jahre und Studenten bis 34 Jahre. Die Preise dafür beginnen bei rund 750 Euro.

Tickets für Flüge nach Nairobi (Kenia) erhält man in Deutschland schon ab 450 Euro, von hier existieren gute Flug- und Busverbindungen nach Kampala.

Gepäcktransport

Mehrere Fluggesellschaften zeigen sich sehr widerwillig, Benzin- oder Spirituskocher zu transportieren (insbesondere von British Airways wird immer wieder berichtet, dass der Kocher beim Abflug zurückbleiben musste).

Wo bekommt man ein günstiges Flugticket?

Billig-Tickets sind über **spezielle Reisebüros** zu beziehen. Die Preise für Tickets ein und derselben Airline können in den verschiedenen Büros stark variieren. Ein Vergleich (auch über das Internet oder als Anfrage per Telefon) lohnt sich also durchaus. Ein zuverlässiges Reisebüro mit meistens günstigeren Preisen als viele andere (auch für Jugend- und Studententickets) ist Jet-Travel in Bonn (Buchholzstr. 35, 53127 Bonn, Tel. 0228/284315, Fax 284086, E-Mail: info@jet-travel.de). Über die Flüge, die Jet-Travel anbietet, kann man sich auch online unter www.jet-travel.de informieren.

Auch die **Fluggesellschaften** bieten inzwischen nicht nur die Full-fare-IATA-

Tickets (s.o.), sondern auch Spezialtarife an. Falls man dennoch ein Full-fare-Ticket kauft, kann dieses später auch auf eine andere Airline umgeschrieben werden, die dieselbe Strecke fliegt – schließlich hätte man auch dort denselben (IATA-)Preis gezahlt.

Sonderangebote

Von Zeit zu Zeit offerieren die Fluggesellschaften, die Uganda anfliegen, befristete Sonderangebote zu niedrigeren als den üblichen Preisen. Dann kann man beispielsweise mit Emirates für unter 600 Euro von Deutschland über Dubai nach Entebbe und wieder zurück fliegen. Ob für die geplante Reisezeit gerade Sonderangebote für Flüge nach Uganda auf dem Markt sind, lässt sich im Internet der Website von Jet-Travel (www.jet-travel.de) unter „Flüge" entnehmen, wo sie als Schnäppchenflüge nach Afrika mit aufgeführt sind. Wenn für die gewünschten Reisetermine Plätze zur Verfügung stehen, kann man dort auch gleich online buchen.

Last-Minute-Flüge

Wer sich erst im letzten Augenblick für eine Reise nach Uganda entscheidet oder gern pokert, kann Ausschau nach Last-Minute-Flügen halten, die von einigen Airlines mit deutlicher Ermäßigung **ab etwa 14 Tage vor Abflug** angeboten werden, wenn noch Plätze zu füllen sind. Diese Last-Minute-Flüge lassen sich allerdings nicht in allen Reisebüros buchen, sondern nur bei Spezialisten. Wenn man kurzfristig nach Uganda fliegen will, lohnt es, sich nach solchen Discount-Flügen bei L'Tur (mit über 130 Büros in Deutschland, Österreich und der Schweiz, telefonisch in Deutschland unter 01805/212121, in Österreich unter 0820/600800 und in der Schweiz unter 0848/808088, im Internet: www.ltur.de) zu erkundigen.

Gültigkeit des Tickets

Es gibt Gültigkeitsdauern von 30 oder 45 Tagen sowie 3, 6 und 12 Monaten. Nach Ablauf der Frist (siehe Gültigkeitsdauer in der Mitte des Tickets über der Flugstreckenangabe) ist keine Verlängerung möglich, das Ticket verfällt dann. Eine Ausnahme gibt es nur dann, wenn durch Verschulden der Airline der letztmögliche Flug ausgefallen ist. Dann muss die Fluggesellschaft auch nach der Frist den Passagier ausfliegen.

Änderung des Flugtermins

Innerhalb der Geltungsdauer der meisten Tickets kann der Flugtermin theoretisch beliebig oft verschoben werden, wofür aber **fast immer Gebühren** erhoben werden. Selbst wenn man zu einem Flugtermin nicht erscheint – sei es, weil man den Flug verpasst hat, oder aus anderen Gründen –, verfällt das Ticket dadurch nicht. Dann kann ein neuer Termin gewählt werden. Gerade preiswerte Airlines sind aber oft auf Wochen ausgebucht, also Vorsicht! Die Änderungsmöglichkeit gilt nicht für Billig-Tickets, die einen fixen Termin beinhalten.

Warteliste

Ist ein Flugtermin ausgebucht, kann man sich auf die Warteliste („Waiting list") setzen lassen, d.h. man kann noch einen Platz bekommen, falls andere Passagiere ihre Buchung zurückziehen oder nicht erscheinen. Allerdings müssen die auf der Warteliste Stehenden nicht unbedingt am Flugplatz warten, ob denn tatsächlich ein Platz frei wird. Die besseren Airlines geben ihren Wartelisten-Kandidaten Wartenummern, anhand derer man ablesen kann, wie viele potenzielle Passagiere noch vor einem an der Reihe sind. Bei Airlines, die diese Nummern nicht ausgeben, ist zu vermuten, dass in der Reihenfolge der Kandidaten gemauschelt werden kann.

Bei Wartelisten-Tickets, die lange vor dem anvisierten Flugtermin gekauft werden, ist die Chance recht gut, doch noch einen Platz zu bekommen.

Bei Erhalt des Tickets im Reisebüro ist unbedingt darauf zu achten, ob es ein **„OK-Ticket"** ist (mit bestätigtem Platz) oder nur ein **„RQ-Ticket"**, das einen nur auf die Warteliste setzt. (RQ bedeutet *request,* also „Wunsch".) Rechts neben der Flugstreckenangabe auf dem Ticket muss eindeutig verzeichnet sein, um welches Ticket es sich handelt. Hat der Reisebüromitarbeiter zuvor eindeutig ein „OK-Ticket" versprochen und liefert er dann nur ein „RQ-Ticket", sollte man die Annahme verweigern! Einige windige Reisebüros versprechen feste Plätze, auch wenn der Flug längst ausgebucht und die Warteliste eröffnet ist.

Man kann auch einen festen Platz buchen und sich zusätzlich auf die Warteliste für einen früheren Termin setzen lassen. Ein Beispiel: Angenommen, man möchte am 1.1. fliegen, an dem Termin ist jedoch alles voll. Stattdessen lässt man sich auf den nächsten freien Flugtermin setzen, sagen wir, zum 4.1. Damit ist der Platz zu diesem Termin gesichert, man kann sich nun aber noch gleichzeitig auf die Warteliste für den 1.1. setzen lassen. Springen von diesem Flug noch genügend Passagiere ab, hat man die Wahl: 1.1. oder 4.1. Die besseren Airlines telefonieren den Kunden an, wenn sein Wartelistenplatz frei geworden ist, und bitten um Festsetzung des endgültigen Reisetermins. Bei weniger guten Airlines muss man selber des Öfteren nachhaken.

Rückbestätigung

Kauft man ein Ticket mit schon festgesetzten Terminen, muss der Rückflug dennoch am Zielort bis mind. 72 Stunden vor dem Abflug rückbestätigt werden. Man muss sich also mit der betreffenden Airline in Verbindung setzen – Anruf genügt –, um noch einmal zu bestätigen, dass man wirklich zu dem gebuchten Termin fliegt. Vergisst man diese Rückbestätigung („Reconfirmation"), kann man im Computer der Airline gestrichen werden, und der Flugtermin ist dahin. Das Ticket verfällt dadurch aber nicht, es sei denn, der Gültigkeitstermin wird überschritten. Bei der Rückbestätigung erfährt man auch, ob das Flugzeug zur geplanten Zeit abfliegt.

Verlust des Tickets

Geht ein Ticket verloren, das schon rückbestätigt wurde, hat man gute Chancen, einen Ersatz dafür zu erhalten. Einige Airlines kassieren aber eine Gebühr von 50–100 Euro für die Ausstellung eines Ersatztickets, und bei manchen läuft gar nichts mehr. Wer auf

Nummer Sicher gehen will, kann die Rückflugtickets im Büro der Fluggesellschaft deponieren (gegen Quittung) und sie dann kurz vor dem Abflug abholen. Die deutschen Botschaften bewahren gegen eine Gebühr ebenfalls Wertgegenstände auf.

In jedem Fall sollten **Fotokopien des Tickets** vorhanden sein, auf denen Ticket-Nummer, Buchungscode, Name, Flugroute und -datum deutlich zu erkennen sind. Die Neuausstellung eines Tickets ist mit diesen Kopien in der Regel kein Problem mehr.

Der Rückflug

Bei den meisten internationalen Flügen ist 2 Std. vor Abflug am Schalter der Airline einzuchecken („Check in").

Viele Airlines neigen zum **Überbuchen,** d.h. sie buchen mehr Passagiere ein, als Sitze im Flugzeug vorhanden sind, und wer zuletzt kommt, hat dann möglicherweise das Nachsehen: Dann bleibt man trotz „OK-Ticket" am Schalter im Flughafengebäude stehen. Wer früh eincheckt, hat zudem die freie Auswahl bezüglich seines Sitzplatzes. Die bequemsten Plätze sind die am Notausgang („Emergency exit"), da man dort niemanden vor sich sitzen und somit absolute Beinfreiheit, allerdings meist keine verstellbaren Rückenlehnen hat.

„Flug-Know-How" – ein paar nützliche Hinweise

- Alle Airlines bieten auf Wunsch bei Vorbestellung als Bordverpflegung **Sondermahl-**

uga_020 Foto: cl

zeiten an. Am besten, man bestellt sie gleich bei der Buchung des Tickets, spätestens aber drei Tage vor Abflug. Das Spektrum an Speisen umfasst die Kategorien vegetarisch (oft noch unterschieden in westlich und indisch/orientalisch/asiatisch), hinduistisch, moslemisch, koscher, salz- oder glutenfrei, Diabetikerkost, kalorienarm, Kindermenü u.a. Die Zuverlässigkeit, mit der die Airline den gebuchten Sonderwunsch erfüllt, ist ein Indiz dafür, wie gut oder schlecht sie ist!

Die Bestellungen der Sonderspeisen werden wie alle anderen Fluginformationen in den Computer eingegeben, und beim Einchecken zeigt sich oft ein entsprechender Code auf der Bordkarte: „VGML" z.B. bedeutet „vegetarian meal". Falls die Airline trotz rechtzeitiger Bestellung nicht das richtige Essen an Bord hat, kann man darauf bestehen, ein entsprechendes Menü aus dem Vorhandenen zu bekommen!

- Falls das Flugzeug mit einer **Verspätung** von mehr als 2–3 Stunden fliegt, lassen die besseren Airlines ihren Passagieren im Flughafenrestaurant eine kostenlose Mahlzeit servieren. Bei den Billig-Linien tut man sich weitaus schwerer damit, und das Essen muss oft eingefordert werden. Bei derartigen Verspätungen kann man beim Bodenpersonal der betreffenden Fluggesellschaft um Essenscoupons bitten. Dieser Essens-Service ist kein Gefallen, den die Airline den Passagieren erweist, sondern Vorschrift der IATA, des Dachverbandes der Fluggesellschaften.
- **Fällt der Flug** gar gänzlich **aus,** hat die Gesellschaft die Passagiere in Hotels unterzubringen und dort so lange zu verpflegen, bis eine Maschine endlich wieder fliegt. Ab 8 Std. vergeblicher Wartezeit müsste ein Hotelzimmer bereitgestellt werden. Auch hier zeigt sich manchmal (nicht immer), dass die billigen Airlines recht unkooperativ sind.
- **Rail-and-Fly-Tickets:** Bei einigen Fluggesellschaften ist die Bahnfahrt vom Wohnort in Deutschland bis zum Flughafen im Flugpreis enthalten, während bei anderen die Bahnfahrt deutlich günstiger gleich mit dem Flug gebucht werden kann, als dies an einem Schalter der Deutschen Bahn AG möglich wäre. Als Fahrkarte für die Zugfahrten zum Flughafen und vom Flughafen zurück zum Wohnort gilt dann je ein Coupon aus dem Flugticket.
- **Fly & Drive:** Hier ist eine Fahrt vom und zum Flughafen mit einem Mietwagen im Ticketpreis inbegriffen.
- **Zubringerflüge:** Flüge einiger Airlines kosten das Gleiche, egal, wo man in Europa einsteigt. Man erspart sich also die Anreise per Zug.

Einreise

Voraussetzung für die Einreise ist ein noch **mindestens 3 Monate gültiger Reisepass.** Seit dem 1. März 1999 ist für Deutsche, Österreicher und Schweizer – wieder – ein **Visum erforderlich,** das bei den ugandischen Vertretungen im Ausland beantragt werden kann (erforderlich sind gültiger Reisepass, ausgefülltes Antragsformular mit einem Passbild, Freiumschlag für die Rücksendung des Passes per Einschreiben und ein Verrechnungsscheck über die fälligen Gebühren).

Bei der **Einreise aus einem Nachbarland** Ugandas ist hin und wieder der internationale **Impfpass mit gültigem Gelbfieberimpfzeugnis** vorzuzeigen.

Bei der Ein- und Ausreise muss ein **statistisches Formular** ausgefüllt werden. Wer häufiger die Grenzen quert, wird seine Passnummer daher bald aus-

Ruwenzori Mountains National Park – Eislandschaft auf dem Elena-Plateau

Visa-Gebühren

In Deutschland werden folgende Gebühren erhoben (Honorarkonsulat in München):

- Transit-Visum (Gültigkeit 24 Std.): 23 Euro
- Single Entry Visum (Gültigkeit 3 Monate): 38 Euro
- Multiple Entry Visum (Gültigkeit 6 Monate): 90 Euro
- Single Entry Visum (Gültigkeit 12 Monate): 170 Euro
- Zuschlag für Express-Bearbeitung pro Visum: 50 Euro

2003 wurde ein Visum aber auch unkompliziert **in Uganda** bei der Einreise über den internationalen Flughafen Entebbe sowie über die gängigen Grenzübergänge nach Kenia, Ruanda und Tansania erteilt. Die Visa-Gebühren gestalteten sich wie folgt:

- Transit-Visum (Gültigkeit 24 Std.): 15 US-$
- Studenten-Visum (Gültigkeit 3 Monate): 20 US-$
- Single Entry Visum (Gültigkeit 3 Monate): 30 US-$
- Multiple Entry Visum (Gültigkeit 6 Monate): 80 US-$
- Single Entry Visum (Gültigkeit 12 Monate): 160 US-$

uga_022 Foto: cl

wendig herunterbeten können. In das Feld „Address in Uganda" sollte ein Hotel vor Ort oder bei häufigem Wechsel des Aufenthaltsortes einfach der Begriff „Touring" eingetragen werden.

Die Einfuhr von Drogen, Waffen und Pornografica wird streng bestraft. Die **Zollbestimmungen** erlauben pro Person in üblicher Weise die Einfuhr von 200 Zigaretten bzw. insgesamt 250 Gramm Tabak, 1 Liter Wein oder Spirituosen, 250 ml Parfüm und 500 ml Eau de Toilette. Bei Überschreitungen werden Zollgebühren fällig.

Bei der Ein- und Ausreise über den Flughafen Entebbe wird normalerweise keine **Gepäckkontrolle** durchgeführt. Wenn Sie über den Landweg aus Kenia einreisen, gibt es gründliche Kontrollen der Zollbeamten (aufgrund der regen Schmuggelei zwischen beiden Ländern).

Ausreise

Die **Ausfuhr** von durch das Artenschutzabkommen CITES geschützten Tieren und Tierbestandteilen (dazu gehören Elfenbein, Felle, Hörner und Geweihe, Schlangenhäute, Schildkrötenpanzer u.a.) erfordert eine Genehmigung, die beim Kauf vom Verkäufer überreicht werden sollte. Um Ärger mit dem deutschen Zoll zu vermeiden – neben einer Fülle anderer Gründe –, sollte man besser ganz auf den Kauf derartiger Artikel verzichten.

Die **Ausreise** über den internationalen Flughafen Entebbe ist unkompliziert (freundliche Passkontrolle, schneller Check-in). Bei internationalen Flügen muss eine **Flughafengebühr** („Airport Departure Tax") von 40 US-$ entrichtet werden, die zurzeit – dank geringer Inflation – auch in USh bezahlt werden kann. Inzwischen ist diese Gebühr in fast allen Flugtickets bereits im Preis enthalten.

uga_023 Foto: cl

Im Ruwenzori Mountains National Park

Ausrüstung und Kleidung

Die folgende Zusammenstellung soll Ihnen bei der Wahl der Ausrüstungsgegenstände behilflich sein:

- Ausweispapiere und Dokumente
- Fotokopien der wichtigsten Dokumente
- Passbilder
- Bargeld/US-Dollars/ Reiseschecks/Kreditkarten
- Geldgürtel/Geldkatze
- Separates Portemonnaie
- Guter Rucksack bzw. Reisetasche
- Tagesrucksack oder Umhängetasche
- Schlafsack/Isomatte
- Zelt/Campingausrüstung
- Festes Schuhwerk (Bergschuhe)
- Sandalen (z.B. Trekkingsandalen)
- Badelatschen (bzw. Trekkingsandalen)
- Regenfeste Jacke/Anorak (z.B. Gore-Tex)
- Regenfeste Überhose (für Bergtouren)
- Hemden/T-Shirts/Kleider
- Fleece- oder Wollpullover
- Jeans/Shorts/Leinenhosen
- Unterwäsche
- Waschzeug/Handtücher
- Taschentücher
- Kopfbedeckung
- Moskitonetz
- Mückenschutzmittel (z.B. Autan)
- Fotoausrüstung und Filme
- Fernglas
- Sonnenbrille
- Taschenlampe/Kerzen
- Wasserflasche
- Wasserfilter (z.B. von Katadyn)
- Wasserentkeimungstabletten
- Taschenmesser
- Nähzeug
- Kordel (z.B. als Wäscheleine)
- Reisewaschmittel (vor Ort erhältlich)
- Schreibmaterial
- Reisewecker
- Steckdosenadapter (Stromspannung 240 V)
- Reiseapotheke/Verbandszeug
- Sunblocker
- Ohropax
- Aufblasbares Reisekissen
- wasserdichte Packsäcke (z.B. von Ortlieb)
- Plastiktüten für schmutzige Wäsche, Müll etc.
- Karten, Literatur und Bestimmungsführer

Der Kleidungsumfang variiert mit der Reisezeit und den vor Ort geplanten Aktivitäten (vgl. unten). Denken Sie auch an persönliche Gegenstände, wichtige Reserveutensilien (z.B. Ersatzbrille), ein kleines Bügelschloss zum Verschließen von Taschen oder Schränken sowie an eine gepflegte Kleidungsgarnitur zum Ausgehen. Individualreisende, die größere Berg- und Trekkingtouren planen, brauchen unbedingt ein gutes Zelt und Kocher/Kochgeschirr. Im Ruwenzori sind Handschuhe, Wollsocken und Gletscherausrüstung notwendig.

Das Hauptgepäck sollte nach Möglichkeit in einer **robusten Reisetasche** oder in einem **modernen Rucksack mit Innengestell** verstaut sein. Taschen mit einem großzügig umlaufenden Reißverschluss bieten den Vorteil, dass man schnell und übersichtlich an den Inhalt herankommt. Während der Reise im Geländewagen oder in Überlandbussen werden Tasche oder Rucksack erheblichen Strapazen ausgesetzt – da wird gequetscht, gedrückt, gepackt, gestoßen, geworfen usw. Im Laderaum mancher Überlandbusse müssen Sie zudem damit rechnen, dass sich Öl oder Benzin über das gute Stück ergießen oder einfach eine Bananenstaude daran zerquetscht wird. Mit anderen Worten – nehmen Sie nur ein äußerst strapazierfähiges Modell mit, das notfalls einfach abgespült werden kann. Schwere Schläge auf schlechten Pisten können zerbrechlichen Inhalt rasch in Stücke gehen lassen, gerade wenn Tasche oder Rucksack falsch gepackt oder weit hinter der rückwärtigen Achse verstaut wurden.

Bei Bootstouren und im Gebirge ist die Mitnahme wasserdichter Packsäcke sinnvoll, in denen man wertvolle Ausrüstungsgegenstände oder auch Schlafsäcke/Kleidung geschützt vor den Widrigkeiten der Natur verstauen kann. Empfehlenswert sind die Produkte der Fa. Ortlieb, mit denen persönlich sehr gute Erfahrungen gesammelt wurden. Im Programm dieser Firma sind auch wasserdichte Rucksäcke, Foto- und Reisetaschen enthalten. Moderne Reiseausrüster-Läden, die diese Produkte führen, sind in allen Großstädten Deutschlands, Österreichs und der Schweiz vorhanden.

Der Abschluss einer Reisegepäckversicherung ist anzuraten (siehe Abschnitt Versicherungen).

Buchtipps:

- Rainer Höh
Clever reisen mit dem Wohnmobil
- Bernd Büttner
Fernreisen mit dem eigenen Fahrzeug
- Hans Strobach
Fernreisen auf eigene Faust
- Rainer Höh
Wildnis-Ausrüstung
- Rainer Höh
Wildnis-Backpacking

(alle Bände Reise Know-How Praxis)

Kleidung und Schuhe

Sie sollten sich nach Möglichkeit **funktionell** kleiden, darüber hinaus aber auch eine Garnitur zum Ausgehen und ggf. für offizielle Termine bereithalten. Für kürzere Reisen reichen zwei bis drei Garnituren vollkommen aus. Für die meisten Unternehmungen genügt leichte Baumwollbekleidung, die man in helleren Tönen wählen sollte. Khaki-Töne eignen sich gut dafür, sind inzwischen aber fast eine Art „Kollektivoutfit" der Safaritouristen. Weiß und Beige absorbieren wenig Wärme und ziehen auch Insekten wie Moskitos oder Tsetse-Fliegen nicht so stark an. Ein leichter Pullover für die Abendstunden und höhere Lagen darf nicht fehlen. Zur Standardausrüstung gehört auch ein regenfester Anorak. Kurze Hosen sind im Alltagsleben der Städte und insbesondere in islamisch geprägten Gegenden verpönt.

In fast allen Hotels der Kategorien AA, A, B und C, häufig auch in Unterkünften der Kategorie D, gibt es einen **„Laundry service",** der Ihre Wäsche für ein geringes Entgelt (1–3 Euro) reinigt und bügelt. Langzeitreisende sollten besonders für die langen, staubigen Überlandfahrten in Bussen und Matatus eine Sondergarnitur strapazierfähiger „Unterwegs-Wäsche" mitnehmen. Es bietet sich an, grundsätzlich zwischen „Reisekleidung" und „Besuchs- und Ausgehkleidung" zu trennen.

Für Trekking-Touren und Bergbesteigungen sollten Sie neben festen (u.U. steigeisenfesten) Bergschuhen auch wasserfeste Jacken (z.B. Gore-Tex oder Sympatex), lange Unterwäsche, Handschuhe, Mütze, genügend Socken, Gamaschen und Regenhose mitnehmen. Im Ruwenzori sind darüber hinaus Gummistiefel erforderlich.

Empfehlenswert ist auch die Mitnahme von Badeschlappen, da die Hygiene in den Guest Houses ausgesprochen dürftig ist. Moderne Trekking-Sandalen mit Klettverschlüssen erfüllen diese Funktion gleich mit.

uga_025 Foto: cl

„Fahrradspediteur" mit Bananenstauden

Botschaften und Diplomatische Vertretungen

Vertretungen Ugandas

Derzeit zuständig für Deutschland, Österreich und die Schweiz

- **Botschaft der Republik Uganda** mit Konsularabteilung

Avenue de Tervuren 317, B-1150 Brüssel/ Belgien, Tel. +32-2-7625825, Fax +32-2-7630438, E-Mail: ugembrus@brutele.be

Mitte 2003 lief die Standortsuche für eine ugandische Vertretung in Berlin auf Hochtouren, so dass von der Neueröffnung einer ugandischen Botschaft in Berlin evtl. schon zur Jahreswende 2003/2004 auszugehen ist. Entsprechende Erkundigungen sind über die Honorarkonsulate zu beziehen. Die ugandische Botschaft in Bonn wurde bereits im Jahr 2001 geschlossen.

Honorarkonsulate in Deutschland

- **Honorarkonsulat der Republik Uganda – Honorarkonsul Heinz W. Bonacker**

Dornkamp 18, D-22869 Hamburg, Tel. 040-83932195

- **Honorarkonsulat der Republik Uganda – Honorarkonsul Alfred Weiß**

Rheinstr. 21, D-56368 Katzenelnbogen, Tel. 06486-7535, Fax 06486-1407

- **Honorarkonsulat der Republik Uganda – Honorarkonsul Dr. Wolfgang Wiedmann**

Franz-Joseph-Straße 38, D-80801 München, Tel. 089-332606, Fax 089-346866, E-Mail: info@uganda.de, Internet: www.uganda.de

Allein das Honorarkonsulat in München ist berechtigt, Visa zu erteilen (Näheres unter der Internet-Homepage www.uganda.de).

Konsulat in Österreich

- **Generalkonsulat der Republik Uganda in Österreich**

Forchheimergasse 5, A-1230 Wien, Tel. 01-8631140, Fax 01-8631143, E-Mail: consulategeneral@uganda.at

Vertretung in der Schweiz

- **Ständige Vertretung der Republik Uganda in der Schweiz**

Rue Antoine Carteret 6, CH-1202 Genf, Tel. 022-3398810, Fax 022-3407030, E-Mail: mission.uganda@ties.itu.ch

Vertretung in Großbritannien

- **Uganda High Commission**

58/59 Trafalgar Square, London WC2 5DX, Tel. 020-78395783, Fax 020-78398925

Vertretung in Kenia

- **High Commission of the Republic of Uganda**

Uganda House, Kenyatta Avenue, PO Box 60853, Nairobi, Tel. 02-330801, Fax 02-330970

Vertretungen in Uganda

Botschaft der Bundesrepublik Deutschland

- 15 Philip Road, PO Box 7016, Kampala (Kololo), Tel. 041-501111, Fax 041-501115, E-Mail: germemb@africaonline.co.ug, Notfall-Dienst: Mobiltel. 077-763000

Konsulat der Republik Österreich

- Entebbe Road (Bank Lane) Plot 6, Kampala, Tel. 041-343043/235796/250754, Fax 041-233002

Honorarkonsulat der Schweiz

- **ROKO Technical Service,**

Roko Town Centre, Nasser Lane, Plot 1-27, Kampala, Tel. 041-347130/132/282, Fax 041-347131, E-Mail: rts@imul.com

Sonstige Vertretungen

Die Botschaften der Nachbarländer Ugandas sind bei Kampala aufgeführt. Die Erlangung von Visa ist meist problemlos und dauert 24–48 Std. Neben dem Pass und ein bis drei Passbildern wird manchmal auch noch der Impfpass mit dem Gelbfieberzeugnis verlangt.

Dokumente und Papiere

Ihren **Reisepass** sollten Sie immer bei sich führen und dabei wie größere Summen Bargeld behandeln. Er muss bei der Einreise noch mindestens sechs Monate gültig sein, um Probleme mit den Beamten der Immigration zu vermeiden. Empfehlenswert ist auch, sich vor der Abreise einen zweiten Reisepass ausstellen zu lassen. Dies ist auf begründeten Antrag hin möglich.

Wer aus einem **Gelbfieberendemiegebiet** (gesamtes tropisches Afrika nördlich des Sambesi) nach Uganda einreist, muss einen internationalen Impfausweis der WHO mit gültigem Gelbfieberimpfzeugnis mit sich führen. Kontrollen werden allerdings nur sporadisch durchgeführt.

Ein **internationaler Studentenausweis** bringt vor Ort bei der Naturschutzbehörde Uganda Wildlife Authority (UWA) finanzielle Vorteile. So erhalten Studenten mit entsprechendem Ausweis 25% Ermäßigung auf die Eintrittsgebühren der ugandischen Nationalparks und Wildreservate.

Reisende mit eigenem Auto oder Leihwagen ohne Chauffeur müssen in jedem Fall einen **internationalen Führerschein** oder eine beglaubigte englischsprachige Übersetzung des Heimatführerscheins mit sich führen.

Kreditkarten sind aufgrund ihrer weiten Verbreitung ein bequemes Zahlungsmittel und für den „finanziellen Notfall" von unschätzbarem Nutzen. **Reiseschecks** müssen vom Kaufvertrag getrennt aufbewahrt werden, um im Verlustfall Ersatzansprüche geltend machen zu können.

Von allen wichtigen Papieren und Dokumenten (Reisepass, Flugtickets, Kaufvertrag von Reiseschecks, Kreditkarten, Versicherungspolicen) sollten Sie vor Reiseantritt **Fotokopien** anfertigen und diese separat verwahren. Sie können beim Verlust der Originale sehr hilfreich sein. Mit Hilfe einer solchen Fotokopie und eines bereits vor Jahren abgelaufenen Reisepasses konnte ich beispielsweise weitgehend problemlos aus Südafrika in die Europäische Union ausreisen, nachdem mein Reisepass wenige Stunden vor dem Abflug gestohlen worden war. Dadurch konnte ich mir den Weg zur deutschen Botschaft in Pretoria (und eine Verschiebung meiner Rückreise) ersparen – Sie werden mir glauben, dass ich die jahrelang auf Reisen unbenutzt mitgeschleppte Fotokopie meines Reisepasses zu schätzen gelernt habe.

Eine Liste mit wichtigen Adressen und Telefonnummern (z.B. Notrufnummer des Rückholdienstes der Auslandskrankenversicherung, Servicenummer Ihrer Kreditkarte für Kartensperrungen etc.) ist ebenfalls sinnvoll.

Essen und Trinken

Die Versorgungslage ist in fast allen Landesteilen gut. Nur im Norden und Nordwesten kann es Engpässe geben, die sich für den Reisenden in der Einfachheit der Gerichte und im Fehlen von Luxusartikeln wie Zucker/Schokolade bemerkbar machen.

Afrikanische Speisen

Maisbrei (auf Suaheli *ugali*) und **Reis** bzw. **Kartoffeln** (in der Regel als Pommes frites angeboten) sind häufig die Speisengrundlage, für sehr arme Menschen auch schon das ganze Gericht. Dazu gibt es meist **Fisch, Fleisch** oder **Huhn.** Verbreitet sind auch **Maniok** *(cassava)*, **Bohnen, Kohl** und **Kochbananen** *(matoke)*. Letztere schmecken wie Süßkartoffeln mit Erdnusssoße.

Mandazis (Krapfen), **Chapatis** (dünne Fladen aus Mehl und Wasser), **Samosas** (mit Gemüse oder Fleisch gefüllte Teigtaschen) und **hart gekochte Eier** sind die afrikanischen Snacks schlechthin. Vor allem an den Busständen werden sie feilgeboten. Dazu gehören auch **gegrillte Fleischspieße.**

Das Angebot an Fisch beschränkt sich vorwiegend auf den köstlichen **Tilapia,** eine in fast allen Seen verbreitete Barschart. **Rind- und Schweinefleisch** sind oft etwas zäh, da es wegen des Mangels an Kühlhäusern nicht abhängen kann. Gleiches gilt für das verbreitete **Ziegenfleisch. Huhn** ist ähnlich teuer wie Fleisch und besteht häufig nur aus Haut und Knochen.

Gemüse, Salate, Obst und Milchprodukte

Gemüse und Salate sind meist nur in Mittel- und Oberklasserestaurants auf dem Teller zu finden. Häufig wird aus der Dose serviert. Tropisches Obst ist in bester Qualität auf jedem Markt zu sehr günstigen Preisen erhältlich. Insbesondere Ananas, Bananen, Mangos, Avocados, Papayas, Orangen, Passionsfrüchte u.a. werden angeboten. Milch wird in ultrahocherhitzter, sterilisierter und pasteurisierter Form in kleinen Tütenverpackungen (UHT-Milch, meist aus Kenia importiert) gehandelt, allerdings nur in den Zentren. Ländliche Frischmilch sollten Sie wegen der Tuberkulosegefahr nicht trinken. Milchprodukte wie Butter und Käse sind weitgehend unbekannt. Stattdessen ist die Blue Band-Margarine verbreitet. Einfache Gewürze und Salz bekommt man fast überall.

Getränke

Leitungswasser ist aus Gesundheitsgründen unbedingt zu meiden! Trinkwasser wird in 1,5-l-Plastikflaschen verkauft (teuer!). **Kaffee** bekommt man selbst in Anbaugebieten häufig nur in löslicher Form. **Tee** *(chai)* aus eigenem Anbau gibt es überall. Meist wird dazu erhitzte Milch gereicht. Die Versorgung mit **„Soda"-Getränken** (Coca-Cola, Fanta, Sprite, Bitter Lemon u.a.) ist landesweit hervorragend. Die Produkte des Coca-Cola-Konzerns scheinen jedes Dorf erreicht zu haben.

Das in Uganda gebraute **Bier** schmeckt ausgezeichnet. Man erhält es

uga_029 Foto: cl

in 0,5-l-Flaschen, am bekanntesten sind das „Nile-Special" und das „Club-Pilsener". Auch in Lizenz gebraute Biere wie „Guiness" sind erhältlich. Hervorragend ist auch das in der DR Kongo gebraute „Primus-Bier" (erhältlich in bauchigen 0,7-l-Flaschen), das in Ruanda und in Grenznähe zur DR Kongo erhältlich ist.

In Kampala gibt es importierte europäische und südafrikanische **Weine.** Der im Lande gebraute **Waragi,** ein aus Bananen gewonnener Gin, ist durchaus genießbar. Der Name ist angeblich aus einer Verballhornung des englischen Begriffs „War Gin" entstanden – in Notzeiten wurde dieser anstelle des Wacholders eben aus Bananen gebraut. Andere harte Alkoholika werden importiert. Das von den Afrikanern gebraute **Bananenbier** *(pombe)* ist Geschmackssache und aufgrund der schlechten Wasserqualität nicht selten Ursache übler Durchfallerkrankungen. Bei allen selbst gebrauten und gebrannten einheimischen Getränken besteht die Gefahr, dass giftiger Methyl-Alkohol enthalten ist (akute Erblindungsgefahr!).

Restaurants und Bars

Der Standard von Restaurants und Bars ist deutlich geringer als in Europa. Internationale Restaurants mit chinesischer, französischer, italienischer oder indischer Küche gibt es nur in Kampala und größeren Zentren. Vegetarier wurden früher etwas stiefmütterlich behandelt,

Wasserbeschaffung am Kazinga-Kanal (Queen Elizabeth National Park)

bekommen inzwischen jedoch fast überall auch leckere Speisen ohne Fleisch. Auf dem Land gibt es in der Regel nur Garküchen mit fraglichem hygienischen Standard. Bars von internationalem Zuschnitt sind an jedes große Hotel angeschlossen. Die afrikanischen Bars gleichen normalerweise eher einem Imbiss mit Alkoholausschank, haben aber ihren eigenen Charme.

Ein durchschnittliches Abendessen in einem mittleren Restaurant kostet 3–6 Euro pro Person. In einem der führenden Restaurants Kampalas kommen Sie mit 10–15 Euro aus. In den **Preisen** auf der Karte ist in der Regel die VAT (Mehrwertsteuer) enthalten, hinzu kommt häufig noch etwas „Service Charge". Eine gründliche Prüfung der Rechnung ist fast immer erforderlich. Einfache afrikanische Gerichte auf dem Land und an Garküchen kosten nicht mehr als 0,50–2 Euro.

Feste und Feiertage

- Neujahr (1. Januar)
- Liberation Day (26. Januar)
- Women's Day (8. März)
- Ostern (Karfreitag und Ostermontag)
- Tag der Arbeit (1. Mai)
- Pfingsten (Pfingstmontag)
- Martyrs' Day (3. Juni)
- National Heros Day (9. Juni)
- Independence Day (9. Oktober)
- Weihnachten (25. und 26. Dezember)
- Der moslemische Fastenmonat Ramadan und die islamischen Feiertage Idd-al-duha (Flucht Mohammeds aus Mekka) und Idd-el-fitr (Ende des Ramadan) spielen in Uganda aufgrund des kleineren Moslemanteils an der Gesamtbevölkerung eine weit geringere Rolle als in Tansania und Kenia.

Fotografieren und Filmen

Wahl von Kamera und Ausrüstung

Eine **Spiegelreflexkamera** erfüllt die Ansprüche an hochwertiges Bildmaterial bei akzeptablem Ausrüstungsumfang in idealer Weise. Für diesen Kameratyp ist eine Brennweitenpalette von 28–200 mm zu empfehlen. Dieser Bereich lässt sich mit einem einzigen modernen, kompakten Zoomobjektiv abdecken. Für Tieraufnahmen ist die Mitnahme eines lichtstarken Teleobjektivs mit 300–400 mm Brennweite empfehlenswert. In Gebieten mit hohem Besucheraufkommen und entsprechender Gewöhnung der Tiere an den Menschen (wie dem Queen Elizabeth NP) kommt man unerwartet nah an die Tiere heran – gute Bildresultate lassen sich hier auch mit 200 mm Brennweite erzielen.

Die UV-Strahlung ist vielerorts nicht unerheblich, daher sind **UV-Filter oder Skylight-Filter** ratsam, die zudem die Frontlinse von Objektiven wirksam vor Kratzern und Schlägen schützen. Auch ein **Polfilter** ist manchmal nützlich, um Reflexe auf Wasserflächen zu mildern und Farben (z.B. das tiefe Blau wolkenlosen Himmels) zu verstärken. Wer plant, viele Aufnahmen im Morgengrauen und in der Dämmerung zu machen oder längere Brennweiten als 300 mm verwenden möchte, sollte ein solides **Stativ** mitnehmen. Bei Innen- und Nachtaufnahmen ist ein **Blitzgerät** notwendig. Es kann auch tagsüber bei der

Aufhellung im Schatten liegender Motive eine wichtige Hilfe bedeuten.

Platz sparende **Kompaktkameras** mit Zoomobjektiv sind eine erwähnenswerte Alternative zur Spiegelreflex, wenn die Ansprüche an das geschossene Material nicht zu hoch sind. Das geringe Gewicht ist ein großer Vorteil.

Eine durchaus erwägenswerte Alternative zu diesem Kameratyp sind moderne **Digitalkameras,** die bei stetig sinkenden Preisen immer bessere Bildauflösung ermöglichen (derzeit bis zu 6 Megapixel).

Unabhängig von der Größe Ihrer Foto- oder Filmausrüstung sollten Sie auf eine möglichst **staubdichte Verpackung** achten. Bei Überlandfahrten auf Pisten und während der Touren durch Nationalparks und Wildreservate müssen Sie mit unglaublichen Mengen feinkörnigen Staubes rechnen. In manchen Gebieten stellt feiner Sand ein Problem dar, der dünne Kratzer auf Linsen und Filmmaterial hinterlässt und problemlos in den Innenraum von Foto- und Videokameras gelangt. Ersparen Sie sich den Ärger zerkratzter, durch „Telegrafendrähte" unbrauchbar gewordener Dias und Negative durch besondere Aufmerksamkeit vor Ort und adäquate Verpackung! Auf Bootsfahrten und bei Touren durch das Ruwenzori-Gebirge ist es sinnvoll, Kameras, Objektive, Ferngläser und Videokameras wasserdicht zu verpacken, um Defekte durch Spritz- bzw. Niederschlagswasser zu vermeiden. Persönlich wurden sehr gute Erfahrungen mit den Produkte der Fa. Ortlieb gesammelt, die wasser- und staubdichte Fototaschen, Rucksäcke, Reisetaschen und Packsäcke/Beutel herstellt (überall im Reiseausrüstungshandel erhältlich).

Filme und Batterien

Empfehlenswert sind Filme mit 50–100 ASA (18–21 DIN), meist ist das Wetter entsprechend gut. Für Tieraufnahmen in den Wäldern und mit langen Brennweiten braucht man schon 200–400 ASA (24–27 DIN). Für Aufnahmen der Berggorillas sind 400 ASA die untere Grenze, da es innerhalb des Waldes meist extrem dunkel ist. Filme können Sie in Uganda außerhalb von Kampala kaum bekommen, insbesondere hochwertige Diafilme. Gleiches gilt für bestimmte Typen von Reservebatterien. Vielfach sind die Artikel langen Lagerungszeiten ausgesetzt. Nehmen Sie daher entsprechende Vorräte mit.

Die Strahlensicherheit an den Flughäfen ist durch Verwendung ausreichend moderner Durchleuchtungsgeräte gewährleistet. Vielflieger sollten trotzdem bleibeschichtete Beutel verwenden, die

Buchtipps:
- Helmut Hermann
Reisefotografie
- Volker Heinrich
Reisefotografie digital
(beide Bände Reise Know-How Praxis)

entsprechenden Schutz bieten (Film Shield-Fotobeutel, im Fotofachhandel erhältlich).

Spielregeln beim Fotografieren und Filmen

Offizielle Gebäude (Zoll, Regierungsgebäude, Flughäfen, Polizei, Militär etc.) **und Personen dürfen nicht fotografiert oder gefilmt werden!** Sie sollten sich bewusst daran halten, um Auseinandersetzungen mit Offiziellen (mit nachfolgendem Filmverlust) zu vermeiden. Große Vorsicht sollte man auch beim Fotografieren nationaler Symbole, wie der Nationalflagge, dem Präsidentenporträt oder Denkmälern, walten lassen.

Das **Fotografieren von Menschen** ist sehr reizvoll, von den Betroffenen aber häufig nicht erwünscht. Sie sollten die Beweggründe dafür akzeptieren. Würde und Stolz eines Menschen lassen sich kaum schneller verletzen als durch einen unbedachten Druck auf den Auslöser. Grundsätzlich sollte höflich das Einverständnis der „Objekte" vor dem Ablichten eingeholt werden. Sinnvoll und fair erscheint das Angebot, den als Motiv Auserkorenen als Gegenleistung einen Abzug zuzuschicken, was oftmals mit leuchtenden Augen angenommen wird. Es ist schlechter Stil, wenn dieses Versprechen nach der Rückkehr in die Heimat wieder in Vergessenheit gerät und gestaltet die Situation für nachfolgende Reisende nicht eben einfacher. Oftmals wird Geld vom Fotografen verlangt, was angesichts der begrenzten Verdienstmöglichkeiten durchaus nachvollziehbar ist. Nicht zuletzt läuft man dabei Gefahr, die Bettelei in der Region kräftig zu fördern. Nach Möglichkeit sollte man daher den Griff ins Portemonnaie vermeiden und alternativ z.B. frische Früchte, Bonbons oder ein kühles Getränk anbieten, wenn einem an dem Foto wirklich viel gelegen ist.

Immer wieder erlebt man auf Reisen Situationen, in denen das Zücken von Kameras **absolut tabu** ist. Dazu gehören Feste, bestimmte Feiertage und Rituale, aber auch Notlagen und gesellschaftliche Ereignisse wie Demonstrationen oder Paraden. Manchmal ist es einfach nur die spezielle Situation, die Fotografieren verbietet. Ein entsprechendes Maß an Einfühlungsvermögen möchte man allen Reisenden wünschen.

Fotoapparate und Videokameras sollten gerade in Städten nicht offen und für jedermann erkennbar getragen werden, um neidvolle Blicke und **Diebstähle** zu vermeiden. Dementsprechend schlicht sollte das Transportbehältnis gewählt werden. Eine unscheinbare Tasche, in der niemand wertvolles Kameraequipment vermuten würde, erfüllt diesen Zweck am besten.

Frauen allein unterwegs

Die Zahl allein reisender Frauen nimmt auch in Afrika stetig zu – die meisten von ihnen kehren mit positiven und ermutigenden Erfahrungen nach Europa zurück und würden anderen Frauen ihr Allein-Reiseziel sofort weiterempfehlen. Reisen in Uganda und Ruanda sind für Frauen – von allgemeinen Risiken (z.B. Verkehrsunfälle, Erkrankungen) einmal abgesehen – nicht gefährlicher als anderswo. Sie setzen aber in besonderem Maß ein **Gespür für angemessenes eigenes Verhalten in einer fremden, patriarchalisch strukturierten Kultur** voraus und verlangen ein **gutes Einfühlungsvermögen für schwierige Situationen,** in denen frau sich einfach nur „richtig" verhalten muss, um Belästigungen zu vermeiden. Aus diesen Gründen sollten Frauen, die Uganda und seine Nachbarländer allein bereisen wollen, im Alltag einige wichtige Verhaltensregeln beachten. Beschränkungen grundsätzlicher Art sind jedoch nicht nötig. Fast alle Touren und Ziele dieses Reisehandbuchs können auch allein reisenden Frauen empfohlen werden. Einschränkungen ergeben sich allein daraus, dass bestimmte, abgelegene Ziele generell nicht im Alleingang angesteuert werden sollten – vollkommen geschlechtsunabhängig.

Entgegen vielen Vorurteilen sind schwarzafrikanische Männer sehr höflich, tolerant und zuvorkommend in der Behandlung weißer Frauen – zumindest in ländlichen Gegenden. Eindeutige sexuelle Angebote sind selten und häufig eher durch Neugierde oder die Hoffnung auf eine vorteilhaft erscheinende Beziehung zu einer Frau aus dem reichen Europa motiviert als durch handfeste körperliche Gelüste. Sollte es doch einmal zu Zudringlichkeiten kommen, lässt sich die ganze Sache meist schon durch energische Zurechtweisung regeln. Im Prinzip gelten im Reisealltag **gegenüber Männern** die gleichen **Verhaltensweisen** wie anderswo auch. Also: selbstsicheres Auftreten, sich nicht einschüchtern lassen, aber auch nicht arrogant sein, angemessene Kleidung tragen (die Knie sollten auf jeden Fall verdeckt sein), auf aufwendiges Make-up und „anturnende" Frisuren verzichten, provokatives Verhalten unterlassen, unnötigen Blickkontakt vermeiden. Ein (falscher) Ehering mit passender Erklärung (z.B. Ehemann kommt nach) kann zusätzliche Dienste leisten.

In schwarzafrikanischen Kulturen ist es üblich, verheirateten Frauen mit Familie (und entsprechenden Aufgaben und Verpflichtungen) ein deutlich höheres Maß an Respekt entgegenzubringen als allein reisenden Singles, die eigentlich nur aus Spaß am Reisen und Entdecken unterwegs sind. Dafür kön-

Buchtipp:
- Birgit Adam
Als Frau allein unterwegs
(Reise Know-How Praxis)

nen nur die wenigsten Afrikaner Verständnis aufbringen, da ihnen derartiger Luxus schon allein aus materiellen Gründen nicht möglich ist.

Auf der Hut sein sollte frau auch vor den **Avancen männlicher Mitreisender aus Europa, Südafrika, Amerika** und anderswo, die es an Höflichkeit und Zurückhaltung nicht immer mit einem Ugander oder Ruander aufnehmen können. Mit den Macho-Gehabe weißer Touristen, „zotige Anmache" an Bar oder Swimmingpool eingeschlossen, muss frau in Hotelanlagen und Bars also rechnen.

Urlaubsbeziehungen weißer Frauen zu Schwarzafrikanern haben in touristisch geprägten Regionen Afrikas den Charakter einer Modeerscheinung angenommen. Es gibt viele Gründe, sich über den Sinn und die Gefahren von (kurzzeitigen) Bindungen zu Schwarzafrikanern Gedanken zu machen. Oftmals versprechen sich die ausgewählten Partner durch solche Verbindungen eine dauerhafte Verbesserung der eigenen Lage, wobei verklärte Vorstellungen vom paradiesischen Alltagsleben in Europa eine Rolle spielen. Sie fühlen sich dann bei der Abreise zurück nach Europa verletzt und zurückgelassen. Nur selten gelingt es, die infolge unterschiedlicher Tradition, Bildung, Kultur, finanzieller Mittel und Geografie bestehenden Gegensätze zu überwinden, von deren Überbrückung die Zukunftsfähigkeit einer solchen Beziehung abhängt.

Jede Reise allein erfordert Mut und Selbstvertrauen, insbesondere von Frauen. Reisen im tropischen Afrika bedeutet für Alleinreisende eine echte Be-

uga_034 Foto: cl

währungsprobe und benötigt **intensive Reisevorbereitung,** da individuelles Reisen zu vielen attraktiven Zielen des Landes nur mit einem eigenen (Leih-) Wagen möglich ist und sinnvollerweise mit einem oder mehreren Partnern durchgeführt werden sollte, die sich nicht immer vor Ort finden lassen. Alternativ muss man sich organisierten Touren anschließen, bei denen individuelle Erlebnisse deutlich in den Hintergrund treten. Wer sich auf Reisen durch Schwarzafrika längere Zeit allein fortbewegt, sollte in jedem Fall Angehörige oder Freunde auf dem Laufenden halten, wohin man unterwegs ist, und auch entsprechende Zeitangaben machen, die gezielte Suche und Hilfe erlauben, wenn tatsächlich etwas schief gehen sollte. Sinnvoll ist es auch, in Hotels und Unterkünften oder auch an der deutschen Botschaft eine Nachricht zu hinterlassen, wohin man als nächstes reist und wann man dort ankommen möchte bzw. wann man wieder zurückkommt.

Bei entsprechender Sensibilität für eine fremde Kultur, mit einem Mindestmaß an Anpassungsfähigkeit und etwas Glück und Geschick bei der Bewältigung neuartiger Situationen fern der Heimat werden allein reisende Frauen ihren Aufenthalt in Uganda und seinen Nachbarländern in vollen Zügen genießen und dabei wundervolle Menschen kennen lernen.

Gruppenbild an der Guy Yeoman Hut (Ruwenzori Mountains National Park)

Geld und Finanzen

Währung und Wechselkurs

Die Währung Ugandas ist der **Uganda Schilling (USh),** unterteilt in 100 Cents. Es sind Noten zu 1000, 5000, 10.000 und 20.000 USh im Umlauf. Münzen zu 50, 100, 200 und 500 USh haben die früher gebräuchlichen Scheine im Nennwert von 5, 10, 50, 100, 200 und 500 USh ersetzt, die zum 31. Dezember 2000 eingezogen wurden.

Die **Wechselkurse** der verschiedenen Banken und Forex-Büros schwanken manchmal beträchtlich, ebenso die eingeforderten Provisionen. Es ist daher sinnvoll, vor dem Umtausch größerer Beträge Vergleiche anzustellen. In der Hauptstadt Kampala bekommt man etwa 5–10% bessere Wechselkurse als auf dem Lande.

In der Regel sind die Kurse der Forex-Büros, privaten Institutionen mit einer Wechsellizenz, deutlich besser als die der Banken. Im Oktober 2003 erhielt man dort für **1 US-$ ca. 2000 USh,** für **1 Euro etwa 2300 USh.** Einen Schwarzmarkt gibt es nicht mehr. Wenn Sie auf obskure Gestalten treffen, die Ihnen trotzdem abenteuerlich gute Wechselkurse anbieten, handelt es sich mit Sicherheit um Betrüger. Trickbetrüger sind insbesondere an den Grenzübergängen unterwegs. Der Schwarztausch ist außerdem verboten.

Am gebräuchlichsten ist das Wechseln von US-$ und britischen Pfund. Für den Euro gibt es inzwischen zumindest in Kampala bzw. Kigali eine gute Akzeptanz und auch faire Wechselkurse. Schweizer Franken können Sie nur in Kampala bzw. Kigali zu relativ schlechten Kursen wechseln. Reiseschecks können zu halbwegs akzeptablen Kursen nur in Kampala und Kigali gewechselt werden.

Kreditkarten sind inzwischen weit verbreitet, vor allem bei großen Hotels, Restaurants, Fluglinien und Reiseveranstaltern. Ein Aufschlag bei Bezahlung mit der Kreditkarte im Nennwert mehrerer Prozente des zu zahlenden Betrages ist vielerorts üblich. American Express und VISA sind die gebräuchlichsten Karten, gefolgt von Mastercard und Diners Club.

In Kampala und anderen größeren Städten wie Jinja oder Mbarara kann man an den **Geldautomaten** der Standard Chartered Bank mit internationalen Kreditkarten und PIN-Code Bargeld abheben. Die Barclay's Bank in Kampala tauscht US-Dollars gegen USh unabhängig vom Nennwert der Banknoten (d.h. gleicher Kurs für 1-$-Noten wie für 100-$-Scheine). Auch hier bekommt man problemlos Bargeld mit einer gängigen Kreditkarte.

Sie sollten Ihre **Reisekasse vorwiegend in US-Dollar** zusammenstellen. Ein Grundstock an Reiseschecks (vorzugsweise Thomas Cook-Reiseschecks, da diese leicht zu ersetzen sind) als eiserne Reserve bzw. die Mitnahme einer Kreditkarte sind zu empfehlen, der überwiegende Teil der Reisekasse sollte jedoch in Form von Bargeld in unterschiedlichen Stückelungen (d.h. Dollarnoten im Nennwert von 1, 5, 10, 20, 50 und 100 US-$) zusammengestellt werden. Für kleine Noten wird allerdings ein deutlich schlechterer Wechselkurs geboten, eine ausreichende Zahl an größeren Scheinen (100 US-$) ist daher sinnvoll.

Achtung: Es bereitet große Probleme, Dollar-Scheine mit Beschriftungen/Einrissen gewechselt zu bekommen. Gleiches gilt für Scheine, die vor 1990 gedruckt wurden. Nehmen Sie daher **nur neue und einwandfreie Scheine** mit!

Dank der **geringen Inflation** des USh kann zur Zeit nahezu alles mit der Landeswährung bezahlt werden. US-$ werden aber auch vielerorts akzeptiert. Reiseschecks werden in vielen Hotels und im ländlichen Raum nicht angenommen.

Aufbewahrung des Geldes

Tragen Sie Bargeld und Reiseschecks **direkt am Körper** (z.B. mit Geldkatzen). Führen Sie immer ein separates Portemonnaie mit kleineren Beträgen für den Tagesbedarf bei sich und zeigen Sie größere Summen niemals öffentlich. Notfalls kann man auf der Toilette auf das Körperversteck zurückgreifen. Geld und Schecks gehören wie Wertsachen und Dokumente in den **Hotelsafe.** In vertrauenswürdigen Guest Houses und kleineren Hotels ohne Safe können diese auch **an der Rezeption** abgegeben werden. Ansonsten ist es immer besser, nichts davon im Zimmer zu lassen. In Städten, die für Diebstähle und hohe Kriminalität berüchtigt sind, ist es besser, die Sachen notfalls auch **im Hotelzimmer** zu verstecken, wenn es keinen Safe gibt.

Geschäfts- und Öffnungszeiten

Banken

Mo bis Fr 9–14 Uhr, Forex-Büros sind wie Geschäfte meist auch an Samstagen geöffnet.

Behörden

Mo bis Fr 8–12.30 Uhr und 14–16.30 Uhr (nachmittags häufig kein Publikumsverkehr).

Post

Mo bis Fr 8.30–18 Uhr, Sa 8.30–14 Uhr (diese Zeiten gelten nur für Kampala und größere Städte).

Geschäfte

Mo bis Fr 8 bzw. 9–13 Uhr und 14–18 Uhr (manche schließen auch schon früher, viele machen keine Mittagspause) und Sa 8–14 Uhr, einige wenige haben auch am Sonntag geöffnet.

Viele Orte wirken sonntags wie ausgestorben. Für wichtige Behördengänge und Geldwechsel sollten Sie sich den Vormittag der Werktage vornehmen.

Gesundheit und medizinische Versorgung

Der Reisende wird sich in Ostafrika zahlreichen Gesundheitsrisiken ausgesetzt sehen, die er im europäischen Raum nicht zu fürchten hat. Trotz dieser nicht zu unterschätzenden Risiken gilt, dass bei konsequenter Vorsorge und entsprechend sorgsamem Verhalten die Ansteckungswege der meisten tropischen Krankheiten wirksam unterbunden werden. Angesichts der alarmierend hohen HIV-Infektionsrate kann vor der Aufnahme ungeschützter sexueller Kontakte bereits an dieser Stelle nur dringend gewarnt werden.

Buchtipps:

Zum Thema Gesundheit bzw. Krankheiten auf Reisen hat Reise Know-How nützliche Ratgeber im Programm:

- Dr. Dürfeld, Dr. Rickels

Selbstdiagnose und -behandlung unterwegs

- David Werner

Wo es keinen Arzt gibt, Gesundheitshandbuch zur Hilfe und Selbsthilfe

- Armin Wirth

Erste Hilfe unterwegs effektiv und praxisnah

- Werner und Jeanette Lips

Schwanger reisen

Im Folgenden finden Sie eine Aufzählung der wichtigsten Erkrankungen mit Erläuterungen und Impfvorschlägen, die niemanden beunruhigen soll, sondern vor allem dazu gedacht ist, dem interessierten Leser etwas Hintergrundwissen zu wichtigen Erkrankungen zu vermitteln, zumal nach der reisemedizinischen Beratung durch den Hausarzt oftmals noch genügend Fragen offen bleiben. Einer gesonderten, individuellen Beratung durch einen Facharzt bedürfen in jedem Fall Reisende, die sich wegen chronischer Erkrankungen in ärztlicher Behandlung befinden und regelmäßig Medikamente einnehmen.

Malaria

Mit jährlich gegenwärtig etwa 350–500 Millionen Neuerkrankungen ist die Malaria die **bedeutendste Infektionskrankheit der Tropen.** Resistente Erregerstämme haben die Vorbeugung und Behandlung der Krankheit in den letzten Jahren deutlich verkompliziert. Die Erreger aus der Familie der Plasmodien werden von weiblichen Anophelesmücken während des Stechaktes übertragen. Sie gelangen zuerst über den großen Körperkreislauf in die Leber, von dort aus befallen sie nach einem Vermehrungszyklus rote Blutkörperchen. Die Zerstörung betroffener Blutkörperchen erfolgt schubweise, dabei gelangen giftige Abbauprodukte in die Blutbahn und lösen Fieberattacken aus. Der Abstand zwischen den Fieberschüben ist für die jeweilige Form der Malaria charakteristisch, so beträgt er bei der **Malaria tertiana** 24–48 Stunden und bei der **Malaria quartana** 48–72 Stunden. Die **Malaria tropica** als gefährlichste Form zeigt einen ganz und gar unregelmäßigen Verlauf. Häufige Begleitsymptome des Fieberanstiegs oder alleinige Symptome sind Mattigkeit, Kopf- und Gliederschmerzen, Schwindel, oft auch Erbrechen und/oder Durchfall. Die Inkubationszeit (also die Zeit zwischen Ansteckung und Ausbruch der Erkrankung) beträgt zwischen sieben Tagen und mehreren Monaten. Die Malaria tropica verläuft besonders schwer und endet ohne Behandlung in der Regel tödlich.

Infektionsgefahr, insbesondere für die Malaria tropica, **herrscht in Uganda, Ruanda und dem Ostkongo ganzjährig.** Besonders hoch ist das Risiko während der Regenzeit. Oberhalb von 1800 m treten in der Regel keine Malariafälle auf.

Medikamentöse Vorbeugung

Zur medikamentösen Vorbeugung **(Chemoprophylaxe)** der Malaria ist eine ganze Reihe unterschiedlich wirksamer Medikamente im Handel erhältlich. Man hat mit der Einnahme der Mittel eine Woche vor Reiseantritt zu beginnen. Die Prophylaxe ist noch vier bis sechs Wochen **über das Reiseende hinaus** fortzusetzen. Nur eine Chemoprophylaxe, die konsequent durchgeführt wird, schützt sicher vor einer Malariaerkrankung.

Bis vor wenigen Jahren war die vorbeugende Einnahme von Chloroquin (z.B. *Resochin*) in Kombination mit Proguanil *(Paludrine)* die gängige Empfehlung der Weltgesundheitsorganisation

WHO. Durch das Auftreten chloroquinresistenter Plasmodienstämme (Erreger, gegen die Chloroquin nicht mehr wirkt) ist diese Form der Vorbeugung nicht mehr hundertprozentig zuverlässig. Einen wirkamen Schutz stellt zurzeit die Einnahme von **Mefloquin (Lariam)** dar. Gegen Mefloquin sind in Uganda bisher keine Resistenzen bekannt. Die Prophylaxe mit diesem Medikament wird auch von der WHO empfohlen. Die Verträglichkeit ist statistisch gesehen nicht wesentlich schlechter als beim Klassiker *Resochin,* doch kann es zu ausgeprägten Nebenwirkungen wie beispielsweise Schwindel oder Schlafstörungen (in seltenen Fällen sogar zu Halluzinationen oder Depressionen bis hin zu manifesten Psychosen) kommen. Sehr selten können schwere Unverträglichkeitsreaktionen hervorgerufen werden. Es wird empfohlen, die Tabletten mit einer Mahlzeit zusammen einzunehmen. Das Medikament sollte insgesamt nicht länger als drei Monate eingenommen werden.

Eine Packung *Lariam* mit acht Tabletten kostet gegenwärtig ca. 45 Euro. Etwas günstiger als *Lariam* ist das im Ausland (z.B. in der Schweiz) erhältliche Präparat **Mephaquin.** Die Arzneimittelkosten für die Malariaprophylaxe müssen in der Bundesrepublik selbst getragen werden. Es ist empfehlenswert, *Lariam* oder *Mephaquin* vor Ort (z.B. bei der Ankunft in Kampala) in der Apotheke zu kaufen, wo deutlich geringere Preise als in Europa verlangt werden.

Eine empfehlenswerte Alternative zur Einnahme von *Mefloquin,* etwa bei Unverträglichkeit, stellt die Chemoprophylaxe mit dem neuen Kombinationspräparat **Atovaquon/Proguanil (Malarone)** dar. Das Medikament muss allerdings täglich eingenommen werden und ist recht teuer, dafür aber besser verträglich. Es eignet sich insbesondere für Kurzaufenthalte. Ebenfalls gut wirksam gegen alle Formen der Malaria ist **Doxycyclin,** ein bereits länger bekanntes Antibiotikum, dessen abtötende Wirkung auf Malariaparasiten erst sehr spät entdeckt wurde. Ein Problem bei der Einnahme von Doxycylin in tropischen Ländern ist die hierbei häufig beobachtete „Photosensibilisierung", also die Erhöhung der Empfindlichkeit der Haut gegenüber Sonneneinstrahlung, die zu Hautausschlägen und schweren Sonnenbränden führen kann.

Erst kürzlich erhielt das hoch wirksame Medikament **Riamet** der Firma Novartis die Zulassung, das die Substanzen *Arthemeter* (ein Extrakt der Beifußpflanze) und *Lumefantrin* (ein neuartiger Chinin-Abkömmling) enthält. Allerdings ist das Präparat nur zur Behandlung der Malaria zugelassen.

Mückenschutz (Expositionsprophylaxe)

In einer Zeit wachsender Erregerresistenzen und zunehmender Behandlungsschwierigkeiten ist die wichtigste Vorbeugungsmaßnahme der Schutz gegen die übertragenden Anophelesmücken: Wer jedem Mückenstich wirksam vorzubeugen versucht, der minimiert auch von vornherein die Gefahr einer Infektion. **Moskitonetze** sind in den meisten Hotels, Camps und Lodges vorhanden und beim Schlafen obligat.

Empfehlenswert ist in jedem Fall die Mitnahme eines eigenen Netzes, zumal die vorhandenen „Oldtimer" häufig Risse oder Löcher aufweisen. Man spart einiges Geld, wenn man diese Anschaffung vor Ort selbst tätigt. **Repellentien** (wie *Autan, Bonomol, Zedan* etc.) bringt man entweder aus der Heimat mit oder aber kauft die entsprechenden Präparate vor Ort. Auch **Glühspiralen** aus Pyrethrum-haltigen Materialien können – beim abendlichen Dinner unter den Tisch gestellt – Erleichterung bewirken. Das Aussprühen der Schlafräume mit **insektizidhaltigen Sprays** (z.B. *Doom,* enthalten meist Organophosphate und Pyrethroide) hingegen, in vielen Hotels und Camps üblich, ist sehr effektiv, aber nicht gerade ein Liebesdienst an der eigenen Gesundheit.

Die **richtige Kleidung** in den frühen Morgen- und vor allem in den Abendstunden, wenn die Moskitos zu schwärmen beginnen, setzt die Malariagefahr ebenfalls erheblich herab. In Gebieten mit hohen Anflugsraten von Stechinsekten erfüllt leichte, helle Baumwollbekleidung, die möglichst bis auf Hände und Gesicht den ganzen Körper bedecken sollte, diesen Zweck am sinnvollsten.

Diagnose und Behandlung

Die Erkennung einer akuten Malaria erfolgt durch den mikroskopischen Nachweis des Erregers im gefärbten Blutausstrich, wobei die Blutentnahme möglichst während des Fieberschubes erfolgen sollte, orientierend kann zunächst auch ein Malaria-Schnelltest durchgeführt werden (kommerzielles Testkit). Diese relativ einfachen Untersuchungen können bei den meisten Ärzten und in allen Krankenhäusern in Uganda und Ruanda durchgeführt werden. Bei einem Malariaverdacht können Sie diesen daher sehr schnell vor Ort abklären. An dieser Stelle muss noch einmal betont werden, dass eine Malaria sich anfangs nicht immer durch Fieberschübe äußert und auch unspezifische Verläufe kennt. Übertriebene Vorsicht ist also angebracht – der frühe Gang zum Arzt kann das eigene Leben retten!

Die stationäre Behandlung einer tropischen Malaria erfolgt in den meisten Krankenhäusern mit modernen Antibiotika und Chininpräparaten. Entscheidend für den Behandlungserfolg ist, ob die Erkrankung bereits in einem frühen Stadium als Malaria erkannt wird. Wer nicht sofort einen Arzt aufsuchen kann, sollte bei Malaria-Verdacht eigenständig eine sog. „Stand-by-Medikation" z.B. mit *Riamet* einleiten und sich danach möglichst zügig in ärztliche Behandlung begeben. Eine Malaria kann auch noch mehrere Wochen nach der Rückkehr nach Europa zum Ausbruch kommen.

Bilharziose

Die Bilharziose ist in vielen Regionen Ostafrikas **weit verbreitet.** Die Übertragung erfolgt durch **im stehenden oder nur schwach bewegten Süßwasser** lebende Gabelschwanzzerkarien der Gattung Schistosoma, die die menschliche Haut bei Wasserkontakt penetrieren können. Nach erfolgter Hautpassage gelangen die nun schwanzlosen Zer-

uga_041 Foto: cl

karien über die Blutbahn in die Leber und von dort in ihr Zielgebiet, das Gefäßbett von Darm oder Harnwegen, aber auch anderer Organe. Hier setzen sich die ausgereiften Schistosomen (Pärchenegel) fest, ihre einseitig scharfkantigen Eier gelangen über Darm bzw. Harnblase wieder in die Außenwelt. Blutgefäß- und Gewebeschäden sowie Verwachsungen und Entzündungen sind die Folge.

Für die Entwicklung von Schistosoma sind bestimmte Wasserschnecken als Zwischenwirt erforderlich. Das Auftreten von Schistosoma ist daher kausal an das Vorhandensein von Wasserschnecken geknüpft. Es ist empfehlenswert, bei jedem natürlichen Gewässer von einer potenziellen Infektionsquelle auszugehen (und demzufolge jeglichen Wasserkontakt zu meiden), auch wenn dies in der Praxis (z.B. beim White-Water Rafting) nicht immer möglich ist. Sie sollten daher jedes Bad in Flüssen und Seen, und sei es noch so heiß, dringlichst meiden. Auch das Durchwaten eines trägen Flüsschens oder das Waschen am See kann eine Infektionsgefahr bedeuten. Ausgenommen von der Bilharziosegefahr sind einige mineralsalzhaltige, kleinere Seen (z.B. der Lake Bunyonyi) sowie die Flüsse und Bergseen im Elgon- und Ruwenzorigebiet, auch Bereiche des Kivusees.

In nur schwach bewegtem Süßwasser besteht die Gefahr einer Bilharziose-Infektion (hier: der Semliki River)!

Ein Befall mit Schistosoma macht sich durch blutigen Stuhl oder Urin, gekoppelt mit Schmerzen im Bereich von Leber, Milz oder Nieren, bemerkbar. Die Krankheit lässt sich mit dem Medikament **Praziquantel (Biltricide)** wirksam behandeln. Eine Impfung ist nicht möglich. Nach einer stattgehabten Exposition ist es sinnvoll, sechs bis acht Wochen nach der Rückkehr eine ärztliche Kontrolle auf Schistosoma durchführen zu lassen. Dass in den meisten ostafrikanischen Gewässern neben Bilharzien und Flusspferden natürlich auch hungrige Krokodile lauern, versteht sich fast von selbst.

Hepatitis A und B

Diese beiden verbreitetsten Formen der Hepatitis **(Gelbsucht)** haben gänzlich **unterschiedliche Übertragungswege und Verläufe.** Die Hepatitis A (Reisehepatitis) wird durch verunreinigte Lebensmittel übertragen (fäkal-oraler Übertragungsweg) und zählt zu den häufigsten Infektionskrankheiten der Tropen, die gefährlichere Hepatitis B hingegen über Blut und Blutprodukte (Injektionen und Transfusionen, Geschlechtsverkehr). Während die Hepatitis A in der Regel ausheilt, kann die Hepatitis B in eine chronische Form übergehen. Ernste Leberschäden sind die Folge. Die Symptome sind bei beiden Formen gleich: Müdigkeit, Abgeschlagenheit, Schmerzen im Oberbauch, heller Stuhl, dunkler Urin, Gelbfärbung von Haut und Augen, manchmal Fieber.

Wenn Sie eine Hepatitis bekommen sollten: Schonen Sie sich und ihren Körper und fliegen Sie schnellstmöglich nach Hause. Gegen beide Erkrankungen sind mittlerweile teure, aber zuverlässige **Impfungen** erhältlich. Sie bestehen aus mehreren Injektionen und bieten einen Schutz über zehn Jahre. Insbesondere die noch recht neue aktive Schutzimpfung gegen Hepatitis A (z.B. **Havrix)** kann dem Reisenden nur ans Herz gelegt werden. Die vor Einführung dieser Impfung gängige Prophylaxe mit Immunglobulin bietet nur kurzzeitigen Schutz und ist weniger zuverlässig. Eine Impfung gegen Hepatitis B ist nur für Personen erforderlich, die von vornherein wissen, dass sie mit Infizierten oder Blut und Blutprodukten in Kontakt kommen (z.B. medizinisches Personal). Seit neuestem wird auch ein Kombinationsimpfstoff (Markenname: *Twinrix)* angeboten, mit dem simultan gegen Hepatitis A und B geimpft werden kann.

Typhus und Paratyphus

Diese Systemerkrankungen werden durch bestimmte Salmonellen hervorgerufen. Sie gehen mit Fieber und Bewusstseinstrübung einher. Die Ansteckung erfolgt praktisch ausschließlich durch **verunreinigte Lebensmittel.** Sie stellen in der Regel keine größere Gefahr für den Reisenden dar. Allerdings reicht bereits die Aufnahme geringer Bakterienmengen aus, um eine Erkrankung auszulösen. Die gebräuchliche Schluckimpfung mit abgetöteten Typhuserregern (z.B. **Typhoral L)** ist gut wirksam und sollte bis eine Woche vor Reiseantritt abgeschlossen sein, um Interaktionen mit der Malariaprophylaxe zu vermeiden. Der Impfschutz beträgt ein Jahr, die Kapseln mit dem Impfstoff sind unbedingt im Kühlschrank aufzubewahren (Kühlkette!). Auch diese Kosten (ca. 18 Euro) sind in der Bundesrepublik vom Reisenden selbst zu tragen. Ein neuartiger Injektionsimpfstoff (Markenname: **Typhim Vi**) bietet ebenfalls zuverlässigen Impfschutz bei deutlich längerer Wirkdauer (nach Herstellerangaben ca. drei Jahre). Die Therapie einer Typhuserkrankung besteht in der Gabe von Antibiotika (z.B. *Ciprobay*) und gegebenenfalls einer Infusionsbehandlung.

AIDS

Allen Horrormeldungen zum Trotz ist die Gefahr einer Ansteckung mit dem HI-Virus in Uganda bei entsprechendem Verhalten nahezu ausgeschlossen. Die immer wieder durch die Presse geisternden Zahlen über die angebliche Durchseuchung der ugandischen Bevölkerung sind überhöht und entbehren oftmals einer wirklichen Grundlage. Man muss heute von einem **Anteil HIV-positiver Ugander an der Gesamtbevölkerung von etwa 8–10%** ausgehen. Viele der in der Vergangenheit publizierten, weitaus dramatischeren Zahlen basieren auf falsch positiven Ergebnissen einfacher HIV-Testkits, die auf Kreuzreaktionen mit bei den meisten Afrikanern vorliegenden Malaria- oder Tuberkuloseantikörpern zurückgeführt werden.

Nichtsdestotrotz sind die Auswirkungen der AIDS-Epidemie in Uganda für die staatliche und gesellschaftliche Ordnung enorm, da gerade die sexuell aktivste mittlere Generation und mit ihr gewissermaßen das Rückgrat von Wirtschaft und Gesellschaft betroffen ist. Die durchschnittliche Lebenserwartung der Ugander beträgt gerade einmal 43,8 Jahre (UN-Angaben 2002) und ist damit weltweit mit am niedrigsten.

Jedem Ugandabesucher wird bei einem längerem Aufenthalt in der Region nordwestlich des Viktoriasees die zunehmende Umstrukturierung vor allem der ländlichen Bevölkerung bewusst werden: Kinder und Alte prägen oftmals die dörfliche Gemeinschaft dieser von AIDS besonders hart betroffenen Region, in der der Ursprungsherd der Krankheit vermutet wird.

Für die **Übertragung** der Krankheit gelten in Uganda und Ruanda die gleichen Regeln wie bei uns: Der bei weitem gängigste Weg der Übertragung ist der Geschlechtsverkehr mit infizierten Personen (Mikroblutungen!). Insbesondere Prostituierte beiderlei Geschlechts stellen ein extrem hohes Infektionsrisiko dar. In Uganda und Ruanda erfolgt seit Jahren eine zuverlässige Überprüfung von Blutkonserven und Blutprodukten auf HIV. Ebenso gehört die Verwendung mehrmalig benutzter Injektionsnadeln in den Krankenhäusern der Vergangenheit an. Wer trotzdem auf Nummer Sicher gehen will, kann einen kleinen Vorrat davon in der Reiseapotheke mit sich führen. Die Übertragung durch blutsaugende Insekten kann heute weitgehend ausgeschlossen werden. Der (nicht intime) soziale Kontakt mit Infizierten birgt keine nennenswerten Risiken in sich.

Geschlechtskrankheiten

Neben AIDS sind hier vor allem **Syphilis** und **Gonorrhoe** („Tripper") hervorzuheben. Während die Gonorrhoe durch eine eitrige Entzündung der ableitenden Harnwege und des Genitaltraktes gekennzeichnet ist (brennende Schmerzen beim Wasserlassen!), verläuft die Syphilis in mehreren Stadien, die meist durch eine schmerzlose, derbe Schwellung am Infektionsort eingeleitet werden. Abstinenz ist der einzig zuverlässige Schutz vor einer Infektion. Die Therapie beider Erkrankungen erfolgt mit Antibiotika. Chlamydien-Infektionen der ableitenden Harnwege, Ulcus molle („Weicher Schanker"), venerische Lymphogranulomatose, Herpes genitalis und die Hepatitis-Formen B und C stellen weitere durch den Geschlechtsverkehr übertragbare Erkrankungen dar. **Kondome** bieten einen relativen Schutz, können aber Infektionen wie Lymphogranulomatose oder Herpes nicht wirkungsvoll vorbeugen.

Schlafkrankheit

Die Erreger der Schlafkrankheit (Trypanosomen) werden durch die tagaktive **Tsetse-Fliege** übertragen. Von den über ein Dutzend in Afrika verbreiteten Tsetse-Fliegenarten übertragen nur wenige die einzelligen Trypanosomen – und das überwiegend auf Tiere. Die Infektionsgefahr ist für den Reisenden also gering, auch wenn neuerdings wie-

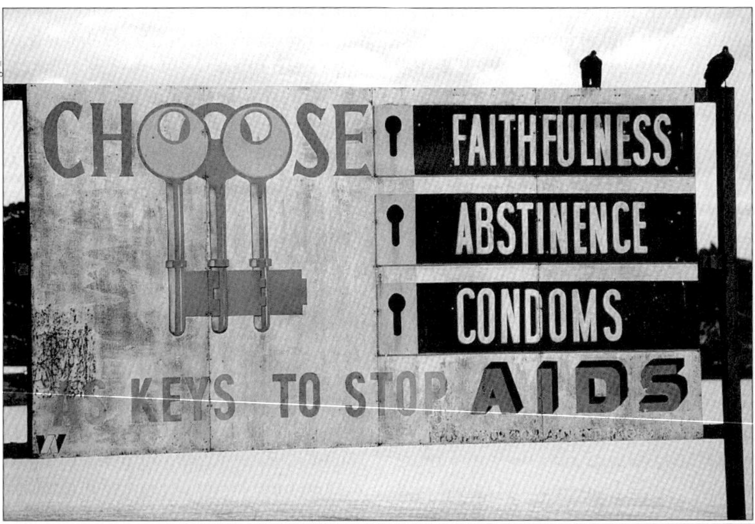

uga_044 Foto: cl

der eine Ausbreitung der Schlafkrankheit in Uganda zu verzeichnen ist. Die Erkrankung hat ihren Namen durch das Phänomen zunehmender Apathie und Verwirrtheit erhalten, das nach Eintritt des Erregers ins zentrale Nervensystem auftritt. Eine Behandlung ist möglich und sollte noch im Anfangsstadium durchgeführt werden.

Beim Reisen durch Tsetse-durchseuchtes Gebiet sind folgende **Verhaltensmaßregeln** empfehlenswert, schon allein um sich vor den sehr schmerzhaften Stichen zu schützen:

- Helle Kleidung tragen, da die Tsetse-Fliegen durch dunkle Farben (vor allem Blau und Schwarz) angezogen werden.
- Bei Autofahrten Fenster geschlossen halten und eingedrungene Fliegen mit möglichst flacher Hand „erledigen" (die extrem flach und robust gebauten Insekten sind kaum ins Jenseits zu befördern).
- Bei besonders zahlreich erfolgten Stichen ist eine ärztliche Kontrolle nach Ihrer Rückkehr zu Hause anzuraten.
- Verdächtig auf eine frische Trypanosomen-Infektion sind anhaltende lokale Schwellungen im Einstichbereich (sog. „Trypanosomen-Schanker") und Lymphknotenschwellungen im Nackenbereich.

Leishmaniose

Eine Erkrankung, die systemisch (viszerale Leishmaniose, sog. „Kala-Azar") oder rein auf die Haut beschränkt (kutane Form) verlaufen kann. Die Erreger werden durch Schmetterlingsmücken („Sand flies") übertragen, die vor allem an Seen und in Flusstälern mit Sandbänken vorkommen. In Uganda sind besonders die Ufer des Lake Victoria und die Ssese-Inseln betroffen.

Die **kutane Form,** eine auch als „Orientbeule" bezeichnete Hautläsion im Gesicht oder an den Extremitäten, heilt von selbst ab. Unter lokaler Salbenbehandlung, z.B. mit *Thiabendazol,* ist der Krankheitsverlauf meist deutlich kürzer bei kosmetisch günstigerem Ergebnis.

Die **viszerale Leishmaniose** (Kala-Azar) geht mit Fieber, Gewichtsverlust, Milzvergrößerung und Blutbildveränderungen einher und erfordert eine sorgfältige Abgrenzung gegenüber anderen Krankheitsbildern. Sie ist mittlerweile gut behandelbar.

Gelbfieber

Eine Viruserkrankung, die durch **Stechmücken** der Gattung Aedes übertragen wird. Der Befall mit dem Gelbfiebervirus geht mit Fieber und Gelbsucht einher, schwere Schäden an Leber und Nieren führen unbehandelt oft zum Tode des Infizierten. Die **aktive Gelbfieberimpfung** bietet einen nahezu 100%igen Impfschutz. Sie ist ausgesprochen gut verträglich, wird aber nur von speziellen „Gelbfieberstellen" vorgenommen (siehe Liste der Tropeninstitute am Ende des Kapitels, ggf. Erkundigung an der nächstgelegenen Uniklinik). Die Dauer des Impfschutzes beträgt 10 Jahre, die Kosten sind selbst zu tragen.

Die meisten afrikanischen Länder schreiben diese Impfung bei der **Einreise** zwingend vor, dazu gehören auch

AIDS-Aufklärung

Uganda, Ruanda und die DR Kongo. In allen schwarzafrikanischen Ländern ist sie bei der Einreise aus Gelbfieberendemiegebieten erforderlich (dieser Fall kann bereits eintreten, wenn Ihr Flugzeug unplanmäßig in einem anderen afrikanischen Land zwischenlanden muss).

Dengue-Fieber

Eine unangenehme, jedoch meist selbstlimitierend verlaufende Viruserkrankung, die durch tagaktive **Stechmücken** der Gattung Aedes übertragen wird und mit hohem Fieber, Glieder- und Gelenkschmerzen sowie starken Kopfschmerzen einhergeht. Häufig tritt nach einigen Tagen auch ein roter Hautausschlag am Körperstamm auf. In der Regel klingt die Erkrankung nach 9–12 Tagen von selbst wieder ab, das Fieber verschwindet meist bereits nach 4–5 Tagen. Eine Fieber senkende Behandlung sollte möglichst mit *Paracetamol,* nicht mit *Aspirin,* das die Blutgerinnung beeinflusst, durchgeführt werden.

Eine konsequente **Expositionsprophylaxe** gegenüber Stechinsekten – wie bei der Vorbeugung der Malaria – (Netz, Repellentien, entsprechende Kleidung) ist entscheidend, um Erkrankungen zu verhindern.

Meningokokken-Meningitis

Eine durch Tröpfcheninfektion übertragene Form der **Hirnhautentzündung.** Die Symptome sind starke Kopfschmerzen, Fieber, Genickstarre und schweres Krankheitsgefühl. Ein wirksamer Schutz gegen Meningokokken als Überträger ist durch eine spezielle Impfung möglich. Diese wird an den Tropeninstituten und Unikliniken angeboten. Sie ist jedoch nur für Kinder (bis 6 Jahre) und Reisende sinnvoll, die schon im Voraus wissen, dass sie engen sozialen Kontakt z.B. mit Kindern in Endemiegebieten haben werden (Entwicklungshelfer, medizinisches Personal).

Virusbedingtes hämorrhagisches Fieber

Lassa-Fieber, Ebola-Fieber oder **Marburg-Fieber** werden unter dem Begriff virusbedingte hämorrhagische Fiebererkrankungen (VHF) zusammengefasst. Kleinere Epidemien dieser Erkrankungen werden in Afrika alljährlich verzeichnet, vor allem in Westafrika. Der Ausbruch der bislang größten Ebola-Epidemie in Uganda im Jahr 2000 forderte insgesamt 169 Todesopfer (vgl. den Exkurs „Ebola – tödliches Fieber").

Frühe Krankheitszeichen umfassen Fieber, Kopf- und Muskelschmerzen sowie auffällige Spontanblutungen. Die Sterblichkeit dieser Erkrankungen liegt hoch, beim Ebola-Fieber bis 90%. Eine spezifische Behandlung ist bislang nur beim Lassa-Fieber möglich.

Tetanus und Diphtherie

Einen wirksamen Impfschutz gegen Wundstarrkrampf und Diphtherie braucht man auch in der Heimat. Da diese Erkrankungen in vielen Ländern Afrikas noch zum Krankheitsalltag gehören, sollten Sie vor der Abreise auf jeden Fall Ihren Impfstatus prüfen. Gegebenenfalls brauchen Sie eine **Auffrischungsinjektion** oder sogar einen erneuten Impfzyklus. Die Kosten werden in Deutschland von der Krankenkasse getragen.

Poliomyelitis (Kinderlähmung)

Der Erreger der Kinderlähmung ist das Polio-Virus. Es wird durch Tröpfchen- und Schmierinfektion übertragen. Während die Kinderlähmung in der westlichen Welt durch konsequente Impfprogramme nicht mehr auftritt, ist sie in einigen Ländern Afrikas noch verbreitet, auch wenn die Weltgesundheitsorganisation WHO durch groß angelegte Impfkampagnen ihrem Ziel einer weltweiten Ausrottung der Krankheit zusehends näher kommt. Ein intakter Impfschutz ist daher für den Reisenden wichtig. Prüfen Sie die Gültigkeit Ihrer letzten Impfung und lassen Sie gegebenenfalls eine **Auffrischung** mit der kostenlosen **Polio-Schluckimpfung** vornehmen.

Tuberkulose

Mit dem Ausbruch der AIDS-Epidemie in Afrika erlebt auch die Tuberkulose einen neuen Frühling. Bei vielen HIV-positiven Afrikanern führt die Kombination von Tuberkulose und Malaria im finalen Stadium von AIDS zum Tode. Dementsprechend hoch ist die Durchseuchung der lokalen Bevölkerung. Die Krankheit stellt für Reisende keine erwähnenswerte Gefahr dar, da ein Ausbruch der Tuberkulose ein angeschlagenes Immunsystem voraussetzt. Erhöhte Vorsicht sollte man bei Kindern walten lassen, da die Erkrankung hier leichter zum Ausbruch kommt. Bei einem Tuberkuloseverdacht müssen Sie in jedem Fall qualifizierte ärztliche Betreuung aufsuchen.

Tollwut

Obwohl die Tollwut in afrikanischen Ländern weit verbreitet ist, stellt sie nur für Risikogruppen, d.h. Besucher, die viel mit Tieren arbeiten, eine erwähnenswerte Gefahr dar. Eine gut verträgliche Schutzimpfung ist mittlerweile erhältlich und für o.g. Personenkreis zu empfehlen. Sollten Sie wider Erwarten von einem Säugetier gebissen werden, muss die Wunde gesäubert und mit einer Desinfektionslösung versorgt werden. Es ist sofort ärztliche Hilfe aufzusuchen, um eine Tollwutprophylaxe und ggf. eine Tetanus-Auffrischung vorzunehmen.

Andere parasitäre Erkrankungen

Verschiedene Parasiten dringen durch die Haut in den Körper ein. **Hakenwürmer** *(Ancylostoma)* bohren sich durch die Fußsohlen beim Barfußgehen. Sie gelangen über die Blutbahn in die Lunge, von wo sie nach dem Hochhusten und Verschlucken in den Darm gelangen und dort zur adulten Form ausreifen. Auch **Sandflöhe** können sich in die Haut bohren. Sie führen vor allem in den Zwischenräumen der Zehen zu schmerzhaften, eitrigen Hautinfektionen. Ihre Behandlung besteht in der Exzision (= Herausschneiden). Der Befall mit Würmern über unzureichend gesäuberte Speisen kann nur durch konsequente Hygiene vermieden werden (siehe weiter unten). Durch Stechmücken übertragene Parasitosen des Blut- und Lymphsystems wie Filariosen treten bei Touristen extrem selten auf.

Durchfall

Nahezu jeder Ugandareisende wird von diesem lästigen Übel befallen. Meist steckt dahinter nur eine vergleichsweise harmlose Magen-Darm-Infektion, die nach einiger Zeit ausgestanden ist. Hier hilft nur **körperliche Schonung** und **ausreichender Flüssigkeitsausgleich,** um eine Austrocknung des Körpers zu verhindern.

Am besten geeignet sind hierfür spezielle Elektrolytlösungen (z.B. *Elotrans),* die einfach mit Wasser angerührt werden. Hilfreich ist auch gesüßter Tee mit etwas Salzgebäck oder Fruchtsäfte mit Salzzusatz. Generell sind warme Getränke den eisgekühlten vorzuziehen, um den Magen-Darm-Trakt nicht unnötig zu irritieren.

Nur im Notfall (z.B. auf längeren Flug- oder Busreisen) sollte auf die Einnahme „stopfender" Medikamente zurückgegriffen werden, von denen **Imodium** (Wirkstoff: *Loperamid)* sicher das bekannteste ist. Sollten die Beschwerden nach einigen Tagen nicht verschwunden sein, hohes Fieber oder zusätzliche Blutbeimengungen auftreten, ist mit dem Vorliegen einer schwerwiegenderen Infektion zu rechnen. Diese muss mit einem geeigneten Antibiotikum behandelt werden (z.B. *Ciprobay),* am besten nach ärztlicher Untersuchung einer Stuhlprobe. Bei bereits fortgeschrittener Exsikkose (Austrocknung) ist eine Infusionsbehandlung erforderlich.

Schleimige, blutig tingierte Stühle deuten auf einen Befall mit **Amöben** hin. Eine Amöbenruhr muss mit einem speziellen Antibiotikum (Wirkstoff: *Metronidazol)* therapiert werden, um späteren Komplikationen vorzubeugen. Auch ein Befall mit Lamblien bedarf einer ähnlichen Behandlung.

Auch psychische Gründe können zu Durchfällen führen: Wer sich insgeheim vor einer unbekannten Welt fürchtet und zu Magen-Darm-Reaktionen neigt, wird dieses Problem erst mit einer gewissen Entspannung nach dem Einleben ablegen.

Höhenkrankheit

Für den, der Mt. Elgon oder Ruwenzori besteigen will, ist das Phänomen der Höhenkrankheit von besonderem Interesse. Sie kann **ab einer Höhe von 3000 m** auftreten und ist meist Folge einer ungenügenden Adaptation an die gänzlich anderen Druck- und Sauerstoffverhältnisse. So beträgt die Konzentration des Sauerstoffs im Bereich der Ruwenzorigipfel (auf über 5000 m) nur noch ca. 30% des Wertes auf Seehöhe!

Erste **Anzeichen** einer beginnenden Höhenkrankheit sind diffuser Kopfschmerz, mangelndes Durstgefühl, Appetitlosigkeit und Herzrasen. Übelkeit, Erbrechen, Schwindel, Schlaflosigkeit, andauernde Atemnot oder gar Ödeme (Schwellungen) im Gesicht und an den Extremitäten zeigen sich mit zunehmender Ausprägung des Krankheitsbildes. Die in diesem Stadium wichtige Gabe von Sauerstoff ist an kaum einem afrikanischen Berg möglich.

Bei einem (sehr seltenen) akuten **Ausbruch** des oben geschilderten Krankheitsbildes muss sofort (auch bei Nacht) ein Abstieg um mindestens 1000 Höhenmeter erfolgen, da es sonst binnen kürzester Zeit zur Entwicklung des gefürchteten Höhenlungenödems kommen kann, das häufig tödlich verläuft. Brodelnde Atemgeräusche kennzeichnen diese lebensgefährliche Erkrankung der Lungen, bei der sich die Lungenbläschen langsam mit abgesonderter Flüssigkeit füllen. Auch die Entwicklung eines Hirnödems ist möglich. Schwindel, Wahrnehmungsstörungen bis hin zum völligen Bewusstseinsschwund und Koma sind die typischen Symptome.

Die Höhenkrankheit kann jeden treffen, auch den erfahrenen Bergsteiger oder den Hochleistungssportler. Sie lässt sich durch behutsamen, langsamen Aufstieg und entsprechende **Akklimatisation** vermeiden. Eine Ruwenzoribesteigung sollte man daher nicht in den ersten Tagen nach der Ankunft in Uganda in Angriff nehmen, sondern erst nach einigen Tagen Aufenthalt im Hochland. Als Faustregel gilt: 1000 Höhenmeter am Tag sind genug. Wenn Sie dies beherzigen und bei etwaigen Anzeichen beginnender Höhenkrankheit rasten, bis die Beschwerden verschwinden, kann Ihnen nichts passieren.

Die trockene Höhenluft und der schnelle Atemrhythmus führen überdies zu erheblichem Flüssigkeitsverlust über die Schleimhäute. Wichtig ist daher auch eine **ausreichende Flüssigkeitszufuhr** von mindestens 2–3 Litern täglich, zu der man sich zwingen sollte.

Die mancherseits empfohlene Einnahme von *Diamox* (ein Medikament mit u.a. entwässernden Eigenschaften) zur Prophylaxe der Höhenkrankheit ist mit großer Vorsicht zu genießen. Es vermag ihre Symptome zu verschleiern, so dass man im Extremfall schon ins Lungenödem rutscht, wenn man sich endlich krank fühlt.

Erkältungskrankheiten

So paradox es klingen mag: Erkältungen und leichtere Atemwegsinfektionen sind in Afrika fast so häufig wie bei uns. Der Wechsel von Tageshitze mit nächtlicher Kühle oder die polare Kälte klimatisierter Hotels und Banken, aber auch im Auto, führen in Uganda und Ruanda leicht dazu, dass man sich erkältet. Wenn Sie übertriebenes Air-Conditioning meiden und sich entsprechend kleiden, ist eine Erkältung in Afrika binnen weniger Tage ausgestanden, oder Sie beugen einer solchen gleich wirksam vor.

Sonnenbrand, Sonnenstich und Hitzeerschöpfung

Eine angemessene (am besten landesangepasste) **Kopfbedeckung** ist in jedem Fall ein Muss. Gerade bei Boots- und Kanutouren auf den ugandischen

Seen bei intensivster Sonneneinstrahlung besteht die Gefahr eines Sonnenstichs (also einer Reizung der Hirnhäute durch extreme Sonneneinstrahlung), wenn man sein Haupt nicht adäquat schützt. Bei Hitzeerschöpfung hilft nur Schatten und Kühlung, körperliche Ruhe und entsprechende Flüssigkeitsaufnahme. Um Sonnenbrände zu vermeiden, sollten Sie sich zumindest in der ersten Zeit nach Ihrer Ankunft in Uganda und Ruanda mit einem **Sunblocker** (LSF 15–20) eincremen, bevor Sie dann auf LSF 6–8 umsteigen.

uga_050 Foto: cl

Belastung durch Staub

Viele Regionen Afrikas sind insbesondere während der Trockenzeit sehr staubig. Asthmatiker, ältere Menschen mit Einschränkungen der Lungenfunktion und Allergiker sollten auf diese Verhältnisse eingestellt sein. Für den Notfall müssen atemwegserweiternde bzw. schleimhautabschwellende Sprays in der Reiseapotheke vorhanden sein.

Augen und Sehfehler

Gegen manchmal auftretende Infektionen des Auges gehört eine antibiotische Augensalbe in die Reiseapotheke. Brillenträger sollten ihre Ersatzbrille dabeihaben. Kontaktlinsenträger müssen auf einen ausreichenden Vorrat ihrer Reinigungslösung achten, da diese in Uganda und Ruanda nur in Zentren erhältlich ist.

Zahnschmerzen

Lassen Sie sich **vor** Ihrer **Abreise** lieber noch einmal gründlich bei Ihrem Zahnarzt **durchchecken.** Die Versorgung mit Zahnärzten ist in Uganda und Ruanda ausgesprochen lückenhaft. Vielfach ist nur eine primitive und vergleichsweise teure Behandlung möglich. Ein wirksames Schmerzmittel sollte auf jeden Fall in der Reiseapotheke mitgeführt werden.

Gesundheitlich unbedenklich – Primus-Bier aus der DR Kongo

Schlangen(-bisse)

Die **Wahrscheinlichkeit,** in Ostafrika von einer Giftschlange gebissen zu werden, ist für den Reisenden **sehr gering;** die Gefahr, an einem Schlangenbiss zu sterben, noch geringer. Nur etwa 20% aller Schlangen weltweit gelten als giftig, die meisten davon leben in Südostasien und Südamerika. Darüber hinaus kommt es erfahrungsgemäß nur bei etwa einem Viertel aller von Giftschlangen gebissenen Menschen zu allgemeinen, ernsthaften Vergiftungserscheinungen. Generell sind **Schlangen sehr scheue Tiere,** die bei genügend hoher Aktivität (Schlangen gehören zu den wechselwarmen Tieren!) bereits weit vor Ihrem Erscheinen die Flucht angetreten haben, sofern Sie sich einigermaßen geräuschvoll bewegen. Sie greifen so gut wie nie von sich aus an, sondern beißen nur, wenn sie sich bedroht fühlen oder sich verteidigen wollen. Bleiben Sie daher stehen, wenn Sie auf eine Schlange stoßen oder treten Sie gar leise den Rückzug an. Vergewissern Sie sich bei „toten" Tieren, dass diese auch wirklich tot sind. Lange Hosen und halbhohe Stiefel bieten in gefährdeten Gebieten wirksamen Schutz gegen etwaige Schlangenbisse.

Schlangen sind meist in der Dämmerung aktiv, daher gilt dann besondere Vorsicht. Tagsüber verstecken sich Schlangen (wie auch Skorpione) meist in dunklen Schlupfwinkeln: **Vorsicht** ist geboten beim Umdrehen von Steinen, Holz oder in der Umgebung hohler Baumstümpfe und Erdhöhlen. Achtung: Gerade beim Zelten kommt es manchmal vor, dass sich kleinere Schlangen (wie auch andere Tiere!) in Kleidung oder Schuhen verkriechen, daher **vor dem Anziehen Kleidung und Schuhe ausschütteln.** Auch die Restwärme abendlicher Feuerstellen kann Schlangen anziehen.

Besondere Vorsicht ist bei der weit verbreiteten **Puffotter** *(Bitis arietans)* geboten, die bei Annäherung zum Liegenbleiben neigt und aufgrund ihrer Färbung nicht immer sofort gesehen wird. Ein grimmiges Zischen weist im letzten Augenblick meist deutlich hörbar auf einen Vertreter dieser hoch giftigen Spezies hin.

Schlangengifte

Eine Einteilung der Schlangengifte nach Wirkmechanismen ergibt zwei große Gruppen:

- **Nervengifte** (z.B. Mambas): Geringe lokale Reaktion, mäßige Schmerzen, rasche Allgemeinerscheinungen, Sehstörungen; der Tod tritt meist durch Lähmung der Atemmuskulatur ein.
- **Blut- und Gewebsgifte** (z.B. Puffotter, Vipern): starke örtliche Schmerzen, rasch eintretende Schwellung und Blutungen, später Herz- und Kreislaufprobleme und Blutgerinnungsstörungen.

Richtiges Verhalten im Ernstfall

- Wenn möglich, sollte eine **Identifizierung der Schlange** erfolgen. Der Rat, die Schlange, die gebissen hat, zu töten, um sie dann erfolgreich identifizieren zu können, ist grober Unfug. Es geht kostbare Zeit verloren und nicht zuletzt läuft auch der „Jäger" Gefahr, sich einen Biss einzuhandeln.
- Um eine schnelle Verteilung des Giftes über den großen Körperkreislauf zu verhindern und damit einer raschen Allgemeinreaktion vorzubeugen, muss der **Gebissene hin-**

gelegt werden. Die gebissene Gliedmaße ist tief zu lagern und ruhigzustellen. Wichtig ist beruhigende Kommunikation mit dem Opfer.

- Die **Bissstelle sollte vorsichtig gesäubert werden.** Das bei einem Biss in die Extremitäten früher gemeinhin empfohlene Anlegen einer venösen Blutstauung („Abbinden") wird heute nicht mehr empfohlen.
- Falls möglich, sollte das betroffene Glied mit **kalten Umschlägen** versorgt werden, um Schwellungen einzudämmen. Der Gebissene muss **reichlich trinken,** um den Kreislauf zu stärken (kein Alkohol!). Bei starken Schmerzen Gabe von Schmerzmitteln.
- Das Aussaugen der Wunde mit dem Mund ist wenig effektiv und gefährdet nur eine zusätzliche Person. Geringen Nutzen versprechen allenfalls im Handel erhältliche **Saugbestecke.** Ein Einschneiden oder Ausbrennen der Wunde verschlimmert die Situation nur zusätzlich.
- Der Verletzte muss baldmöglichst in intensivmedizinische Behandlung gebracht werden. Ein **Antiserum** verspricht nur Erfolg bei einer Identifikation des Schlangengiftes und ist meist nur in Zentren verfügbar. Häufig kann auch die Kühlkette, an die die Wirksamkeit des Antiserums gebunden ist, nicht zuverlässig aufrechterhalten werden. Bei unzureichendem Tetanusimpfschutz muss auch dieser unbedingt aufgefrischt werden.

Andere giftige Tiere

Für den Schutz vor **Skorpionen** oder giftigen **Spinnen** gelten ähnliche Verhaltensregeln wie im Umgang mit Schlangen. Kontakt mit diesen Individuen dürften in der Regel nur „im Feld" aktive Menschen wie z.B. Wissenschaftler haben. Beim Anlegen im Gelände getrockneter Kleidung, dem Schlüpfen in zuvor sorglos abgestellte Schuhe oder aber beim Feuerholzsuchen sollte man hier besondere Vorsicht walten lassen. Ein Skorpionstich ist in der Regel sehr schmerzhaft, aber nicht lebensgefährdend. Bei Stichen giftiger **Insekten** sollten Sie antiallergische Salbe *(Soventol* oder *Tavegil)* auftragen, die Bissstelle kühlen und den Betroffenen beruhigen und möglichst hochlagern, sofern sich Allgemeinsymptome ankündigen. Dann müssen zusätzlich Antihistaminika (beispielsweise *Tavegil*-Tabletten) gegeben werden, in schweren Fällen auch Cortison-Präparate.

Impfberatung

Dieser Reiseführer kann keinen Arzt und keine individuelle tropenmedizinische Beratung ersetzen. Ich möchte Ihnen aber ein kleines Kompendium für den medizinischen Notfall bzw. zur Reisevorbereitung in die Hand gegeben haben.

Beginnen Sie mit der **Impfvorbereitung sechs bis acht Wochen vorher,** um oftmals erforderliche Zeitabstände der Impfungen untereinander einhalten zu können. Jede Impfung stellt eine Belastung für Ihren Körper und Ihr Immunsystem dar, daher trägt ein sinnvoller, gut gestaffelter Impfplan zur eigenen Gesunderhaltung aktiv bei.

Als Nachweis für die vorgenommenen Impfungen gilt allein die **Eintragung in den gelben internationalen Impfpass** der WHO (für einen geringen Betrag bei fast jeder Impfstelle erhältlich). Es empfiehlt sich, die Auffrischung des Tetanus/Diphtherie- bzw. Polioschutzes vor dem genannten Impfprogramm durchzuführen. Nach der Rückkehr müssen Sie die Malariaprophylaxe je nach Präparat noch bis zu vier Wochen weiterführen. Versäumen

Sie auch nicht, unvollständig abgeschlossene Impfzyklen zu komplettieren, da nur so der Langzeitschutz von bis zu zehn Jahren erreicht wird.

Tropenmedizinische Institutionen

In Deutschland

- **Berlin:** Landesinstitut für Tropenmedizin, Engelsdamm 62, 10179 Berlin, Tel. 030-301166
- **Berlin:** Universitätsklinikum Rudolf Virchow, Standort Wedding, II. Medizinische Klinik, Augustenburger Platz 1, 13353 Berlin, Tel. 030-4505-0
- **Bonn:** Institut für Medizinische Parasitologie der Universität, Sigmund-Freud-Str. 25, 53127 Bonn, Tel. 0228-287-5673
- **Dresden:** Institut für Tropenmedizin des Städtischen Klinikums Dresden-Friedrichstadt, Friedrichstr. 41–51, 01067 Dresden, Tel. 0351-496-3172
- **Hamburg:** Bernhard-Nocht-Institut für Schiffs- und Tropenkrankheiten, Bernhard-Nocht-Str. 74, 20359 Hamburg, Tel. 040-31182-0
- **Heidelberg:** Institut für Tropenhygiene und öffentl. Gesundheitswesen am Südasieninstitut der Universität, Im Neuenheimer Feld 324, 69120 Heidelberg, Tel. 06221-562905, Fax 06221-565948
- **Leipzig:** Klinikum St. Georg, Reisemedizinisches Zentrum der 2. Klinik für Innere Medizin, Delitzscher Str. 141, 04129 Leipzig, Tel. 0341-909-2619, Fax 0341-909-2630
- **München:** Institut für Infektions- und Tropenmedizin der Universität, Leopoldstr. 5, 80802 München, Tel. 089-2180-3517, Fax 089-336038
- **München:** Städtisches Krankenhaus Schwabing, IV. Medizinische Abteilung, Kölner Platz 1, 80804 München, Tel. 089-3068-2601, Fax 089-3068-3910
- **Rostock:** Abteilung für Tropenmedizin und Infektionskrankheiten der Universität, Klinik und Poliklinik für Innere Medizin, Ernst-Heydemann-Str. 6, 18057 Rostock, Tel. 0381-4940, Fax 0381-396586
- **Tübingen:** Tropenmedizinisches Institut der Universität, Keplerstr. 15, 72074 Tübingen, Tel. 07071-2982365, Fax 07071-295267
- **Tübingen:** Tropenklinik Paul-Lechler-Krankenhaus, Paul-Lechler-Str. 24, 72074 Tübingen, Tel. 07071-2060, Fax 07071-22359
- **Ulm:** Sektion Infektionskrankheiten und Tropenmedizin, Medizinische Klinik und Poliklinik der Universität Ulm, Robert-Koch-Str. 8, 89081 Ulm, Tel. 0731-502-4421, Fax 0731-502-4422
- **Würzburg:** Fachabteilung Tropenmedizin der Missionsärztlichen Klinik, Salvatorstr. 7, 97074 Würzburg, Tel. 0931-791-2821, Fax 0931-791-2453

In Österreich

- **Wien:** Institut für spezifische Prophylaxe und Tropenmedizin der Universität, Kinderspitalgasse 15, A-1095 Wien, Tel. 01-40490-360, Fax 01-40383-4390

In der Schweiz

- **Basel:** Schweizerisches Tropeninstitut, Socinstr. 57, CH-4002 Basel, Tel. 061-284-8111, Fax 061-271-8654

Medizinische Literatur für Tropenreisen

Aus eigener Erfahrung kann ich Ihnen folgende Titel empfehlen:

- **Medizinisches Handbuch für Fernreisen,** von *Wolf Lieb* und *Gertrud Helling-Giese.* DuMont, Köln
- **Wo es keinen Arzt gibt,** von *David Werner.* Reise Know-How, Bielefeld
- **Reisen in ferne Länder** – Gesund leben in warmen Klimazonen. Anleitung zur Selbstdiagnose und Behandlung, von *Harald Kretschmer* und *Martin Kaiser.* TRIAS-Verlag, Stuttgart
- **Handbuch für Tropenreisen,** von *Roland Hanewald.* Reise Know-How, Bielefeld

Reisemedizinische Informationstellen

Verschiedene Gesellschaften und privatwirtschaftliche Betriebe bieten laufend aktualisierte reisemedizinische Informationen an:

- **Centrum für Reisemedizin**
Oberrather Str. 10, D-40472 Düsseldorf, Tel. 0211-904290, www.travelmed.de

Nach telefonischer Anforderung wird gegen eine Gebühr ein individueller „Reise-Gesundheitsbrief" zusammengestellt und zugeschickt, der genau auf die geplante Reise und die zu besuchenden Regionen im Zielland eingeht. Es wird der jeweils neueste Stand bezüglich Malariaprophylaxe, Impfempfehlungen, medizinischer Vorortsituation und Zusammenstellung einer Reiseapotheke genannt.

- **Deutsche Gesellschaft für Tropenmedizin und Internationale Gesundheit e.V. (DTG)**
Infoservice, Postfach 400466, D-80704 München, www.dtg.mwn.de

Gegen Einsendung eines frankierten Rückumschlags können neben einer Liste tropenmedizinischer Einrichtungen neueste Empfehlungen zur Malariaprophylaxe abgerufen werden.

- **Deutsches Grünes Kreuz**
Schuhmarkt 4, D-35037 Marburg, Tel. 06421-293-0

Hier kann die ständig aktualisierte, informative Broschüre Gesundheitsempfehlungen für den Internationalen Reiseverkehr angefordert werden.

- **BAD Gesundheitsvorsorge und Sicherheitstechnik GmbH**
Zentrum Flughafen, D-40474 Düsseldorf, Info-Tel. 0211-90707-22 oder -18, Fax-Abfrage unter 0211-9855290

Man erhält zu fast allen Reiseländern aktuelle gesundheitliche Detailinformationen, die auf den jeweiligen Datenbanken und Angaben der Weltgesundheitsorganisation WHO beruhen.

Reisemedizinische Beratung im Internet

Grundsätzlich kann auch die beste Webpage keine individuelle ärztliche Beratung ersetzen. Für eine erste Orientierung und weitere Hintergrundinformationen kann die Lektüre folgender Internetseiten empfohlen werden:

- **www.travelmed.de**
Website, die vom Centrum für Reisemedizin betreut wird. Umfassende Informationen zu länderspezifischer Gesundheitsvorsorge und reisemedizinisch qualifizierten Beratungsstellen. Zusammenarbeit mit Reiseveranstaltern und Reisebüros.
- **www.fit-for-travel.de**
Webpage des reisemedizinischen Info-Dienstes des Tropeninstituts München mit zahlreichen Infos zu Reisemedizin, Impfungen und Malariaprophylaxe.
- **www.dtg.mwn.de**
Internet-Homepage der Deutschen Gesellschaft für Tropenmedizin und Internationale Gesundheit e.V. (DTG) mit dem landesbezogen aktuellen Stand betreffend Impfungen und Malariaprophylaxe.
- **www.who.org**
Internet-Homepage der Weltgesundheitsorganisation WHO mit reisebezogenen Gesundheitsinfos zu allen Ländern der Erde.
- **www.cdc.gov**
Internet-Homepage des Centers of Disease Control, Atlanta (USA). Unter dem Menü-Punkt „Travel" können reisemedizinische Infos zu fast allen Ländern der Erde abgerufen werden.

Darüber hinaus gibt es zahlreiche andere tropen- und reisemedizinische Webseiten aus den Bereichen Medien, Pharmaindustrie, Apotheken und anderen Zweigen der Privatwirtschaft, die sehr informativ sein können. Es lohnt sich, mit entsprechenden Suchbegriffen aufs „Internet-Surfbrett" zu steigen.

Rückkehruntersuchungen

Für Langzeitreisende ist eine ärztliche Untersuchung nach der Rückkehr anzuraten, auch wenn Sie sich grundsätzlich gesund fühlen. So kann mittels eines Routinescreenings eine vielleicht bislang unbemerkte parasitäre Infektion ausgeschlossen werden. Da viele Tropenkrankheiten eine relativ lange Inkubationszeit besitzen, sollten Sie am besten **acht bis zehn Wochen nach Ihrer Rückkehr** an einem Tropeninstitut oder bei einem tropenerfahrenen Arzt vorstellig werden.

Gesundheitsvorsorge

Zur Vorbeugung von Durchfallerkrankungen und parasitären Infektionen gelten für die Grundbedürfnisse **Essen und Trinken** einige besondere Regeln:

Um innere Erkältungen zu vermeiden und den Magen-Darm-Trakt nicht zusätzlich zu irritieren, sollten Sie **bevorzugt warme Getränke** zu sich nehmen.

In den meisten Städten und Hotels Ugandas und Ruandas ist das Leitungswasser mit Vorsicht zu genießen. **Trinkwasser** sollte daher über mindestens fünf Minuten sprudelnd abgekocht werden, alternativ bietet sich die Entkeimungsfilterung über Keramikelemente (aus eigener Erfahrung empfohlen werden können die Reisefiltersysteme der Firmen Relags und Katadyn, Kostenpunkt ca. 100–150 Euro) oder die chemische Desinfektion (z.B. mit *Mikropur, Certisil* oder *Romin)* an. Während das Wasser bei der Filterung nicht chemisch verändert wird, sind Geschmacksveränderungen nach der chemischen Desinfektion die Folge. Mit chlorfreien Entkeimungstabletten wie *Mikropur* lassen sich beispielsweise Amöben und Lamblien nicht zuverlässig abtöten. Chlorhaltige Mittel wie *Certisil* oder *Romin* bieten hier deutlich besseren Schutz. Selbstversorger, die längere Touren in sehr abgelegene Regionen durchführen, sollten nach Möglichkeit ein Reisefiltersystem mit sich führen, um Wasser überall flexibel und sicher aufbereiten zu können.

Die überall in Ostafrika erhältlichen Limonadengetränke bekannter Hersteller sind in der Regel bakteriell unbelastet und können ohne Bedenken getrunken werden. Unbedenklich sind auch alle Biere und insbesondere Wein. Verzichten Sie nach Möglichkeit auf Eiswürfel, die bakteriell belastetes Wasser enthalten können. Heißer Tee oder Kaffee bergen in der Regel keine Risiken in sich, während Milch stets abgekocht werden muss (am besten Sie verwenden gleich pasteurisierte Milch).

Trinken Sie in jedem Fall ausreichend – das kann in heißtrockenen Regionen bis zu 5 Liter täglich und mehr bedeuten. **Leicht gesüßter Tee** erfüllt in den Tropen die Ansprüche an ein Idealgetränk am besten. Alkohol sollten Sie erst nach Sonnenuntergang trinken, bei den gelegentlich angebotenen selbst gebrauten Alkoholika der Einheimischen ist Vorsicht geboten, da diese den giftigen Methyl-Alkohol enthalten können, der u.a. zur Erblindung führt.

Vorsicht ist bei der Zubereitung und Aufbewahrung von **Speisen und Fleischgerichten** geboten: Nur gut

Zusammenstellung einer Reiseapotheke

Neben Medikamenten, die bei fester Einnahme zu Hause selbstverständlich auch nach Afrika mitgeführt werden müssen, oder Präparaten, die bei bekannter Neigung zu bestimmten Beschwerdebildern individuell prophylaktisch mitgenommen werden sollten, möchte ich Ostafrika-Reisenden (Rücksprache und enge Abstimmung mit dem Hausarzt vorausgesetzt) aus eigener Erfahrung unten stehende Zusammenstellung empfehlen (die Wirkstoffangaben sind in Klammern gesetzt, der überwiegende Teil der genannten Präparate ist verschreibungspflichtig). Viele der genannten Medikamente sind auch vor Ort in Kampala oder Kigali in seriösen Apotheken zu bekommen (meist ohne ärztliche Verschreibung) und kosten nur Bruchteile der hohen Fixpreise in Europa (dies gilt v.a. für Medikamente zur Malariaprophylaxe).

uga_056 Foto: cl

- **Malaria:** Lariam (Mefloquin) oder Malarone zur Prophylaxe, bei Aufenthalten von mehr als zwei Monaten Einnahme von Doxycyclin, zur Notfallbehandlung Riamet (Arthemeter und Lumefantrin)
- **Durchfall:** Imodium-Akut-Tabletten oder Sanifug-Tropfen (Wirkstoff: Loperamid), zur Wiedereinstellung des Elektrolythaushaltes Elotrans-Beutel, bei akuten bakteriellen Darminfektionen zusätzlich Antibiotika (s.u.)
- **Übelkeit:** Paspertin (Metoclopramid) Tropfen oder Tabletten, bei bekannter Neigung zu Kinetosen (Reisekrankheit) Scopoderm TTS-Pflaster
- **Erbrechen:** Vomex A-Dragees (Dimenhydrinat)
- **Fieber und Schmerzen:** Paracetamol-Tabletten, z.B. Paracetamol-ratiopharm oder Acetylsalicylsäure-Tabletten, z.B. Aspirin , bei krampf- oder kolikartigen Schmerzen Buscopan-Dragees oder Zäpfchen
- **Antibiotika:** Amoxicillin, z.B. Amoxicillin-ratiopharm (ein Breitspektrum-Penicillin) – Einsatzbereich: Infektionen der oberen Atemwege, unkomplizierte-Haut- und Weichteilinfektionen. Ciprofloxacin, z.B. Ciprobay (ein breit wirkendes Fluorchinolon) – Einsatzbereich: Infektionen der Atemwege und Harnwege, Salmonellosen und andere bakterielle Durchfallerkrankungen. Cotrimoxazol (ein sulfonamidhaltiges Kombinationspräparat), z.B Cotrim forte-ratiopharm oder Bactrim- Einsatzbereich: Infektionen des Magen-Darm-Traktes, der Harnwege, der Haut und Weichteilinfektionen. Alle Antibiotika sollten möglichst nur nach ärztlicher Rücksprache eingenommen werden.

Leberwurstbaum mit Früchten

- **Allergien, Juckreiz und Insektenstiche:** Tavegil-Tabletten (ein Antihistaminikum). Bei juckenden Stichen Tavegil-Salbe oder Soventol-Salbe. Bei großflächigem Sonnenbrand Ultralan-Milch.
- **Augentropfen:** Yxin-Augentropfen bei Reizungen und Schwellungen des Auges. Antibiotische Refobacin-Augensalbe bei Entzündungen.
- **Hautpilz:** Clotrimazol (Antimykotikum), z.B. Fungizid-Ratiopharm-Creme
- **Wundsalbe:** Bepanthen-Salbe
- **Verbandszeug und Desinfektion:** Mullbinden (verschiedene Breiten), Pflaster in verschiedenen Größen, Heftpflaster, Leukoplast/Leukosilk, sterile Kompressen, Wundgaze (z.B. Nebacetin-Wundgaze), elastische Binden, antiseptische Betaisodona-Salbe und/oder Betaisodona-Lösung
- **Trinkwasserdesinfektion:** Certisil oder Romin, am besten ein mechanisches Wasserfiltersystem (z.B. von den Firmen Relags oder Katadyn)
- **für den Notfall:** starkes Schmerzmittel, z.B. Tramal-Tropfen
- **Sonstiges:** Fieberthermometer, Pinzette, Schere, Einmalspritzen und -kanülen, Alkoholtupfer, Halsschmerztabletten (z.B. Frubienzym-Tabletten), Insektenschutz (z.B. Autan), Sunblocker (LSF 15–25), Dreieckstuch, evtl. Nasentropfen (z.B. Otriven)

Kondome und Tampons sind nur in den Hauptstädten problemlos erhältlich, ebenso **orale Antizeptiva.** Es ist aus verschiedensten Gründen empfehlenswert, einen entsprechenden Vorrat aus dem Heimatland mit sich zu führen.

durchgekochte Gerichte bzw. durchgebratenes oder gegartes Fleisch sind vollkommen unbedenklich. Meiden Sie wiedererwärmte Speisen, diese sind eine der häufigsten Ursachen von Durchfallerkrankungen, da unter dem feucht-heißen Klima in kürzester Zeit eine explosive Bakterienvermehrung erfolgt. Geben Sie sauberen Restaurants den Vorzug und wählen Sie gängige Gerichte. Achten Sie darauf, dass Sie wirklich frisch zubereitete Gerichte bekommen, dann kann auch das Essen am Straßenstand durchaus empfehlenswert sein. **Fischgerichte** können meist unbedenklich gegessen werden, sofern der Fisch vor Ort gefangen wurde und somit die Transportwege kurz sind. Seien Sie aber trotzdem wachsam, wenn der Fisch alt und schal schmeckt – um einer Fischvergiftung vorzubeugen, müssen dann sofort Kohletabletten eingenommen werden!

Verzichten sollten Sie in jedem Fall **auf Eier und Eispeisen,** die häufig mit Salmonellen kontaminiert sind. Ähnliches gilt für Mayonnaise und damit hergestellte Speisen. Speiseeis birgt ähnliche Gefahren und ist selbst in Restaurants und Hotels mit europäischem Standard nicht immer einwandfrei.

Um den Gefahren der natürlichen Düngung mit Fäkalien vorzubeugen, sollten Sie frische **Salate möglichst meiden** und auch **nur gekochtes Gemüse** essen. Die überall auf Märkten und in Supermärkten erhältlichen köstlichen **Früchte** kann man hingegen **unbedenklich** verzehren, wenn Sie feste Schalen haben. Im englischen Sprachraum wird der Umgang mit Nahrung auf eine einfache, zutreffende Formel gebracht: **„Cook it, boil it, peel it or forget it!"**

Medizinische Versorgung

Krankenversicherung und Rücktransport

Eine Auslandsreise-Krankenversicherung ist für fast jeden Reisenden ein absolutes Muss. In der Regel ist für Notfälle ein kostenfreier Rücktransport ins Heimatland enthalten. Versicherungen für beliebig viele Reisen bis zu acht Wochen im Laufe eines Kalenderjahres kosten zwischen 7 und 20 Euro jährlich. Bei längerer Geltungsdauer wird es meist erheblich teurer. Von der Notwendigkeit, eine zusätzliche Auslandskrankenversicherung abzuschließen, ausgenommen sind Privatversicherte, deren Versicherungsschutz auch im außereuropäischen Ausland gültig ist. Im Regelfall sind jedoch zeitliche Begrenzungen vorgesehen, und bei manchen Versicherungen müssen Reisen ins östliche Afrika vorher angemeldet werden.

Ausländische Patienten müssen für **medizinische Leistungen in Uganda** und Ruanda generell **bezahlen.** Die detaillierten Rechnungen müssen dem Versicherer im Heimatland zur Erstattung vorgelegt werden. Kleinere Rechnungen (z.B. für kurze ärztliche Behandlungen oder Medikamente) müssen vom Reisenden verauslagt und dann zu Hause mit dem Versicherer abgerechnet werden. Dabei sollte der gültige Wechselkurs auf der offiziellen Quittung vermerkt sein, alternativ kann eine mit Datum versehene, offizielle Wechselkursbescheinigung einer Bank oder eine entsprechende Bescheinigung der Zahlstelle Ihrer Botschaft mit eingereicht werden. Mit Krankenhäusern rechnen die Versicherungen meist direkt ab. Die Behandlungskosten sind allgemein weitaus geringer als in Europa, können die Reisekasse bei einer ernsthaften Erkrankung dennoch schnell leeren.

Rückholflüge (werden im Regelfall durch die benachrichtigte Krankenversicherung organisiert) nach Deutschland werden von folgenden Firmen durchgeführt:

- **Deutsche Flugambulanz**
Flughafen (Halle 3), D-40474 Düsseldorf, Tel. +49-211-431717, Fax +49-211-4360252
- **Deutsche Rettungsflugwacht**
Flughafen, D-70624 Stuttgart, Tel. +49-711-701070
- **Flugdienst des Deutschen Roten Kreuzes**
Friedrich-Ebert-Alle 71, D-53113 Bonn, Tel. +49-228-230023 (für Mitglieder mancher Landesverbände kostenlos)
- **Malteser Hilfsdienst (MHD)**
Einsatzzentrale, Leonhard-Titz-Str. 8, D-50676 Köln, Tel. +49-221-203080 (für Mitglieder mancher Landesverbände kostenlos)
- **ADAC**
Internet: www.adac.de; wer die ADAC Plus-Mitgliedschaft besitzt, wird in der Regel von überall ausgeflogen.

Rückholflüge **in die Schweiz** werden von der Firma REGA durchgeführt:

- **Rettungsflugwacht REGA**
CH-8058 Zürich, Tel. +41-1-3831111, Fax +41-1-6543590

Medizinische Versorgung vor Ort

Die medizinische Versorgung in Uganda und Ruanda ist noch sehr **unzureichend** strukturiert, insbesondere auf dem Lande. In Kampala und in Kigali gibt es eine brauchbare ärztliche bzw. Krankenhausversorgung (siehe Kampala bzw. Kigali).

Wichtig ist vor allem, dass Reisende in abgelegene Gebiete das **Grundrepertoire der Ersten Hilfe** beherrschen, damit im Notfall wirksamer Beistand geleistet werden kann. Die Transportfähigkeit und das weitere Schicksal eines Verunfallten entscheidet sich gerade in Afrika über die Wirksamkeit lebensrettender Sofortmaßnahmen am Unfallort.

Evakuierung im Notfall

Wer auf Nummer Sicher gehen will, auch aus dem entlegensten Winkel Ugandas kostenfrei herausgefahren/herausgeflogen zu werden, wende sich in Kampala an:

- **African Air Rescue (AAR) Health Services**
7/9 Clement Hill Road,
PO Box 6240, Kampala,
Tel. +256-41-258527,
Fax +256-41-258615

AAR bietet eine **vorübergehende Mitgliedschaft für Touristen** an. Manche Reiseveranstalter und Camp- bzw. Lodgebesitzer in Uganda und Ruanda haben Verträge mit AAR abgeschlossen, so dass ihre Gäste bzw. Kunden automatisch für medizinische Notfälle und Land- oder Luftevakuierungen mitversichert sind. Es lohnt sich, bei der Buchung unter diesem Aspekt nachzufragen.

Sinnvoller für regelmäßig nach Ostafrika Reisende ist eine Mitgliedschaft bei den berühmten Flying Doctors of East Africa:

- **The Flying Doctors of East Africa**
PO Box 30125, Wilson Airport,
Nairobi (Kenia),
Tel. +254-2-501301 oder 500508,
Fax +254-2-502699

Anmeldeformulare liegen am Wilson Airport in Nairobi aus oder können per Post angefordert werden. Eine zweimonatige Mitgliedschaft (kostenlose Evakuierung in einem 500-km-Radius um Nairobi) ist für 25 US-$ zu haben, die sinnvollere Jahresmitgliedschaft (kostenlose Evakuierung in einem 1000-km-Radius um Nairobi) kostet 50 US-$. Eine Mitgliedschaft auf Lebenszeit schlägt mit 1000 US-$ zu Buche.

Notrufe können rund um die Uhr abgesetzt werden:

- per Telefon: +254-2-501280 oder 602492
- per Telefax: +254-2-336886
- über Funk: auf den Frequenzen HF 5796 kHz LSB (Lower Side Band) oder HF 9116 kHz (LSB)

In Deutschland kann auch die hiesige Sektion der Dachorganisation African Medical and Research Foundation (AMREF) kontaktiert werden:

- **AMREF Deutschland**
Mauerkircher Str. 125, D-81925 München
Tel. 089-981129, Fax 089-981189

Praktische Reisetipps A–Z

Grenzen und Grenzverkehr

Die Grenzübergänge Ugandas zu den Nachbarländern sind in der Regel **Mo bis So von 6–18 Uhr geöffnet.**

Von/nach Kenia

Die beiden **Hauptgrenzübergänge** bei **Busia** und bei **Malaba** sind einfach zu passieren (der kleine Übergang bei Suam nördlich des Mt. Elgon wird kaum benutzt und ist schwer erreichbar). Bei der Einreise nach Uganda finden intensive Gepäckkontrollen des ugandischen Zolls statt (wegen der regen Schmuggelei). Auf beiden Seiten der Grenze gibt es Forex-Büros. Achtung: Die an der Grenze wartenden Geldwechsler sind vielfach raffinierte Trickbetrüger.

Der Zugverkehr zwischen Kampala und Nairobi (Kenia) über Jinja, Iganga, Tororo und Malaba wurde 1997 bis auf den Frachtverkehr komplett eingestellt. Eine Wiedereröffnung der Strecke für den Personenverkehr ist derzeit (2003) nicht vorgesehen.

Es verkehren täglich **Busse zwischen Kampala und Nairobi.** Am zuverlässigsten sind die Busse der kenianischen Linie Akamba. Busse der Executive Class verkehren täglich um 7 Uhr und 15 Uhr nach Nairobi (11 Euro, Fahrtzeit 9–12 Std., über Nacht 15 Std.), der komfortablere Royal Class ist bei gleichen Abfahrtszeiten etwas schneller (18 Euro). In umgekehrter Richtung verlassen die Busse Nairobi um 19 Uhr (Ankunft in Kampala gegen 10 Uhr am darauf folgenden Morgen, nachts an der Grenze mehrere Stunden Wartezeit). Alternativ kann man auf Busse der Firmen Scandinavia Express, Tawig und Takrim zurückgreifen.

Flüge: Kenya Airways und Africa One bedienen täglich die Strecke von Entebbe nach Nairobi (mit Anschlussflügen nach Mombasa).

Flugpreise Entebbe – Nairobi

- Kenya Airways: 219/386 US-$
- Africa One: 170/320 US-$

Von/nach Tansania

Der **Hauptgrenzübergang Mutukula** bei Kyaka (Strecke Masaka – Bukoba) ist einfach zu passieren. Die ehemals sehr schlechte Straße von Masaka bis zur Grenze ist inzwischen erheblich ausgebaut worden. Von Masaka aus verkehren mehrfach täglich Matatus zum Grenzort Mutukula über Kyotera (3 Euro, Umsteigen in Kyotera, 2 Std. Fahrtzeit insgesamt), von der Grenze verkehren unregelmäßig Busse und Matatus nach Bukoba (Tansania) für 2 Euro (2–4 Std.).

Darüber hinaus gibt es eine regelmäßige **Direktbusverbindung Kampala – Bukoba** (Tawfiq und Falcon Coach; mehrere Abfahrten pro Woche) sowie eine **tägliche Verbindung nach Arusha und Dar es Salaam** (über Nairobi) mit Scandinavia Express und Akamba.

Büffel und Kuhreiher im Murchison Falls National Park

uga_061 Foto: cl

Zwischen Port Bell (Uganda) und Mwanza (Tansania) bzw. Kisumu (Kenia) verkehrte auf dem Viktoriasee viele Jahre das Fährschiff MV Bukoba. Es ist im Mai 1996 vor der tansanischen Küste mit mehr als 600 Passagieren an Bord gesunken. Vorübergehend wurde der Service von Mwanza nach Port Bell dann von der durch Tanzania Railways betrieben **MV Victoria** wahrgenommen, die sich vor allem durch Verspätungen und Pannen auszeichnete, bis die Verbindung wieder gänzlich eingestellt wurde. Allein die Verbindung zwischen Bukoba und Mwanza schien 2003 intakt zu sein. Am Bahnhof in Kampala oder in Port Bell erhalten Sie dazu aktuellere Auskünfte, ggf. auch telefonisch unter 041-233384.

Flüge: Air Tanzania und Africa One bedienen mehrmals wöchentlich die Strecke Entebbe – Dar es Salaam (Tansania).

Flugpreise Entebbe – Dar es Salaam

- Air Tanzania: 339/436 US-$
- Africa One: 300/352 US-$

Von/nach Ruanda

Die beiden **Hauptgrenzübergänge** bei **Katuna** (Kabale – Kigali) und **Cyanika** (Kisoro – Ruhengeri) sind seit 1995 wieder passierbar. Ein weiterer Übergang existiert bei **Kagitumba** im äußersten

Nordosten Ruandas. Für Österreicher und Schweizer ist bei der Einreise nach Ruanda ein Visum erforderlich (an der Grenze erhältlich). Der ruandische Zoll führt in der Regel gründliche Gepäckkontrollen durch. Katuna und Cyanika sind von beiden Seiten der Grenze mit Sammeltaxis zu erreichen.

Zwischen Kampala und Kigali gibt es eine **tägliche Busverbindung** via Katuna (Jaguar Executive Coach; 12 Euro, Fahrtzeit ca. 10 Std.).

Flüge: Rwandair fliegt dreimal wöchentlich von Entebbe nach Kigali (Details siehe im Kapitel zu Ruanda).

Flugpreis Entebbe – Kigali

- Rwandair Express: 139/278 US-$

Zur DR Kongo

Vor Reisen in den Osten der DR Kongo muss derzeit (2003) **aus Sicherheitsgründen dringend abgeraten** werden. Die Grenzformalitäten an den Grenzübergängen sind auf der kongolesischen Seite meist erheblich, ebenso wie die Korruption der Zöllner. Die Einreisebestimmungen wechseln und werden an jedem Grenzübergang anders gehandhabt. Prinzipiell ist ein Visum notwendig, das in den Ost-Provinzen des Landes jedoch einer speziellen Autorisierung bedarf und an den Grenzübergängen erhältlich ist. In den unterschiedlichen Einflusssphären des Landes sind jeweils verschiedene Sichtvermerke im Pass erforderlich.

Von Kampala aus fahren täglich **Busse** über Kabale und Kisoro **zur Grenze** und teilweise weiter nach Goma (Jaguar Executive Coach; 12 Euro, Fahrtzeit 8–9 Std.). **Von Kabale** aus können Sie Busse oder Pickup-Matatus nach Kisoro nehmen (4 Euro, mehrere Abfahrten täglich). Vom **Grenzübergang Bunagana** fahren mehrmals täglich Minibusse nach Goma (DR Kongo) für 4–5 Euro.

Flüge: Die kongolesische Airline TMK Air Commuter bietet Flüge von Entebbe nach Goma (DR Kongo) an, von dort aus Anschlussverbindung nach Bukavu und ins Inland. Die Preise wechseln häufig. Aktuelle Informationen erhält man vor Ort in Kampala.

Zum Sudan

Der Hauptgrenzübergang liegt bei **Nimule** (Strecke Gulu – Juba) Die „Nile Route" war früher eine viel benutzte Teilstrecke auf dem Weg von Kairo nach Kapstadt. Sicherheitslage und Grenzsituation erlaubten im Herbst 2003 keine Reisen in den Südsudan. Der Grenzübergang ist nur für Mitarbeiter der internationalen Hilfsorganisationen passierbar und wird bei schlechter Sicherheitslage oder politischen Konflikten häufig geschlossen. Bei entspannter Lage gibt es relativ viel Truck-Verkehr auf der Strecke Nimule – Juba (Sudan).

Handeln

Handeln und Feilschen ist in Europa weitgehend verpönt – doch **in Afrika bestimmt es den Alltag.** Handeln bedeutet Kommunikation, ermöglicht ein gewisses Kennenlernen, und man wird auf Unverständnis und Verachtung stoßen, wenn man es nicht praktiziert. Die oberste Grundregel lautet: Zeit haben. Alles weitere regelt sich fast von selbst.

Handeln ist üblich auf Märkten, in kleinen Geschäften, bei Taxifahrten, bei der Verpflichtung von Führern und Trägern für Bergbesteigungen oder beim Chartern von Fahrzeugen. Auch bei der Buchung größerer Safaris kann man es versuchen. In der DR Kongo verhandelt man vorwiegend über die Höhe der Bestechungsgelder von Soldaten und Offiziellen ...

Häufig wird zu Beginn des Handelns ein völlig überhöhter Preis genannt, der sich manchmal bis auf 25% drücken lässt. In jedem Fall ist es gut, zunächst einmal nur 50% der verlangten Summe zu bieten. Lassen Sie sich möglichst nicht frühzeitig auf bestimmte Beträge festlegen. Verwirrend ist die Situation auf Märkten, wo für manche Obst- und Gemüsearten inzwischen vielfach Fixpreise gelten, für andere Sorten jedoch „Phantasiepreise".

Informationsstellen

Uganda unterhält außer seinen Botschaften in Brüssel, London, Paris und Rom (siehe Abschnitt Botschaften und Diplomatische Vertretungen) bislang **keine staatlichen Informationsstellen in Europa.** Gute Informationen erteilt das Honorarkonsulat der Republik Uganda in München (im Internet unter www.uganda.de).

Das **staatliche Tourismusbüro Ugandas** in der Hauptstadt Kampala ist das mittlerweile gut organisierte Uganda Tourist Board (UTB), das auch einen einfachen Online-Reiseführer im Internet bereithält:

- **Uganda Tourist Board (UTB)**
  PO Box 7211, IPS Building,
  14 Parliament Avenue, Kampala/Uganda,
  Tel. +256-41-342196/7, Fax +256-41-342188,
  E-Mail: utb@starcom.co.ug,
  Internet: www.visituganda.com,

Informationen zu **Nationalparks** und Wildschutzgebieten erhält man von der **ugandischen Naturschutzbehörde:**

- **Uganda Wildlife Authority (UWA)**
  Plot 3 Kintu Road, Nakasero,
  PO Box 3530, Kampala/Uganda,
  Tel. +256-41-346287/8/0,
  Fax +256-41-346291,
  E-Mail: uwa@uwa.or.ug,
  Internet: www.uwa.or.ug

Informationen zu **Bergbesteigungen** sind über den revitalisierten Mountain Club of Uganda erhältlich:

- **Mountain Club of Uganda**
  PO Box 4692, Kampala,
  Tel. +256-41-268003

Aktuelle und umfassende Informationen zur Situation der **Berggorillas** sind über die Berggorilla & Regenwald Direkthilfe e.V. zu beziehen, die auch das halbjährlich erscheinende Gorilla Journal herausgibt (kostenlose Zusendung an Mitglieder). Die jeweils aktuelle Onlineversion kann von der Homepage heruntergeladen werden:

- **Berggorilla & Regenwald Direkthilfe e.V.**
c/o *Rolf Brunner*, Lerchenstr. 5,
D-45473 Mülheim, Fax 0208-7671605,
E-Mail: brunnerbrd@aol.com,
Internet: www.berggorilla.org

Unter dem Stichwort „Community Based Tourism" unter Führung der 1998 gegründeten **Uganda Community Tourist Association** (UCOTA) laufen touristische Projekte lokaler Gemeinden (siehe dazu auch im Abschnitt Tourismus):

- **UCOTA**
PO Box 27159, Kampala/Uganda,
Tel. +256-41-501866,
E-Mail: ucota@africaonline.co.ug,
Internet: www.ucota.or.ug

In Ruanda sind Informationen zu Nationalparks und Wildschutzgebieten über die **ruandische Naturschutzbehörde** zu erhalten, über die auch alle Gorillabuchungen für den Parc National des Volcans getätigt werden müssen:

- **Office Rwandais du Tourisme et des Parcs Nationaux (ORTPN)**
Avenue de l'Armée,
Box Postale 905, Kigali/Ruanda,
Tel. +250-576514/5, Fax +250-576512,
E-Mail: ortpn@rwanda1.com,
Internet: www.visitrwanda.gov.rw

Uganda und Ruanda im Internet

Die folgende Auswahl informativer Internetquellen soll Ihnen eine erste Orientierung im Web ermöglichen. Weitere Internet-Verweise finden Sie in den jeweiligen Reisekapiteln. Achtung: Eine Bestandsgarantie für die genannten Homepages und Internetadressen kann aufgrund der Schnelllebigkeit der Webarchitektur nicht gegeben werden.

- **www.dse.de/za/lis/uganda/homepage.htm**
Landeskundliche Informationsseite Uganda der DSE (Deutsche Stiftung für internationale Entwicklung); umfangreiche und gut strukturierte Internetseite zu Uganda, mit zahlreichen aktuellen Links zu Uganda-assoziierten Themen.

Empfehlenswerte Reiseseiten im Internet:

- **www.visituganda.com**
Homepage des Uganda Tourist Board
- **www.visitrwanda.gov.rw**
Tourismusseite der ruandischen Regierung
- **www.travelafricamag.com**
Webpage des vierteljährlich erscheinenden Reisemagazins Travel Africa
- **www.traveluganda.co.ug**
Uganda Travel Planner: kompletter, laufend aktualisierter Online-Reiseführer

Buchtipps:
- Volker Heinrich
Kommunikation von unterwegs
- Günter Schramm
Internet für die Reise
(beide Bände REISE KNOW-HOW Praxis)

Ugandische Zeitungen im Internet:
- **www.newvision.co.ug**
Regierungsnahe Tageszeitung New Vision
- **www.monitor.co.ug**
Regierungsunabhängige Zeitung Monitor

Aktuelle Nachrichten:
- **www.allAfrica.com**
- **www.africaonline.co.ug**

Aktualisierungen und Hinweise zu diesem Reisehandbuch sowie eine Vielzahl sonstiger Infos und Links finden sich auf der Seite
- **www.reise-know-how.de**

Aktuelle Reisehinweise des deutschen Auswärtigen Amtes und des britischen Foreign and Commonwealth Office unter:
- **www.auswaertiges-amt.de**
- **www.fco.gov.uk**

Maße und Gewichte

Für Maße und Gewichte gilt allgemein das **metrische System.** Die früher üblichen britischen Einheiten werden nur noch selten benutzt – am ehesten noch die Längenmaße Meile (Mile) = 1609 km und Fuß (Foot) = 30,44 cm sowie das Gewichtsmaß Pfund (Pound, abgekürzt lb) = 0,453 kg. Manchmal stolpert man auch noch über Temperaturangaben in Fahrenheit (°F). Umrechnung: °F minus 32, diese Zahl durch neun teilen und mal fünf nehmen = °C.

An verschiedenen Strecken und Straßen in Uganda werden Sie noch auf Entfernungssteine der Kolonialzeit treffen – die meist in Granit gehauenen Angaben sind selbstverständlich Miles.

Medien

Internationale Zeitungen und Magazine findet man fast ausschließlich in Kampala bzw. Kigali. Recht interessant sind die monatlich erscheinende afrikanische Zeitschrift *African Business* und das vierteljährlich von der BBC herausgegebene Magazin *Focus on Africa.*

Viele der besseren Hotels der Kategorie AA und A ermöglichen den Fernsehempfang internationaler Nachrichtensendungen von *Deutscher Welle, BBC World* oder *CNN.* Für Reisende, die tief in den afrikanischen Busch eintauchen und trotzdem den Nachrichtenkontakt zur Heimat nicht abreißen lassen möchten, empfiehlt sich die Mitnahme eines Weltempfängers.

Tageszeitungen

- The New Vision (regierungsnah)
- Ngabo (auf Luganda – konservativ)
- The Monitor
(regierungsunabhängig, kritisch)
- Daily Nation (verbreitete kenian. Zeitung)

Wochenzeitungen

- The East African
(für Kenia, Tansania, Uganda)
- Sunday Vision (regierungsnah)

Rundfunk

- Radio Uganda (staatlich): 98,0 FM
- Radio Sanyu (privat): 88,2 FM
- Capital Radio (privat): 91,3 FM
- Radio Simba (privat): 97,3 FM
- Top Radio (privat): 89,6 FM/99,6 FM

Fernsehen

- Uganda Television (UTV, staatlich)
- Sanyu Television (privat)
- Lighthouse Television (privat)
- Channel Television (privat)
- WBS Television (privat)

Nationalparks und Wildreservate

Grundsätzliches zu den Schutzgebieten

Die Schutzgebiete Ugandas lassen sich in National Parks (NP), Wildlife Reserves (WR), Forest Reserves (FR) und andere (z.T. private) Schutzgebiete wie z.B. das Ssese Islands Reserve oder das Ngamba Chimpanzee Sanctuary im Viktoriasee unterteilen.

National Parks (NP)

Dies ist die **höchste Schutzkategorie.** Nur großräumige Gebiete in sehr ursprünglichem Zustand kommen dafür in Frage. Der Charakter dieser Gebiete darf vom Menschen nicht verändert werden, daher sind Besiedlung und Nutzung weitestgehend verboten. Der Zugang der Öffentlichkeit wird über die Einteilung in verschiedene Zonen geregelt (Zonierungskonzept).

Wildlife Reserves (WR)

Auch hier steht das Wohl von Landschaft, Fauna und Flora im Vordergrund. **Besiedlung und Nutzung** sind jedoch **in begrenztem Maße erlaubt,** aber genehmigungspflichtig. Häufig haben die ugandischen Wildlife Reserves direkten Kontakt zu Nationalparks, z.B. das Kyambura Wildlife Reserve zum Queen Elizabeth NP (QENP) oder das Karuma Wildlife Reserve zum Murchison Falls NP (MFNP), und stellen wertvolle Pufferzonen zum Agrarland dar. In der Praxis befinden sich die Wildlife Reserves häufig noch in sehr schlechtem Zustand und Tiere bekommt man kaum zu Gesicht.

Insgesamt gibt es 11 Wildlife Reserves in Uganda: Kigezi, Kyambura (beide in Kontakt zum QENP), Katonga (am Katonga River in Südwestuganda), Semliki Valley, Ajai, Aswa Lolim (nördlich des MFNP), Bugungu, Karuma (südlich bzw. westlich des MFNP), Pian-Upe, Bokora, Matheniko (in Karamoja). Nur drei von ihnen, das **Semliki Valley Wildlife Reserve,** das **Kyambura Wildlife Reserve** und das **Katonga Wildlife Reserve,** sind bislang für den Tourismus erschlossen. Das Pian-Upe WR wird demnächst aufgelöst, um neue Anbauflächen für Baumwolle zu schaffen.

Forest Reserves (FR)

Diese unterstehen der Forstbehörde und umfassen fast alle Restwaldflächen Ugandas, die keinen anderen Schutz genießen. Manche von ihnen, wie das Budongo FR, das Kalinzu FR und das Kasyoha Kitomi FR bei Ishaka/Bushenyi oder die Waldreservate in der Nähe von Kampala (Mabira FR und Mpanga FR), bieten eine ausgezeichnete touristische Infrastruktur und lohnen einen Besuch. Im Budongo Forest bestehen überdies hervorragende Möglichkeiten zur Beobachtung habituierter (an Menschen gewöhnter) Schimpansen.

Informationen

- **Uganda Wildlife Authority (UWA)**
Plot 3 Kintu Road, Nakasero, PO Box 3530, Kampala, Tel. +256-41-346287/8/0, Fax +256-41-346291, E-Mail: uwa@uwa.or.ug, Internet: www.uwa.or.ug

National Parks und Wildlife Reserves

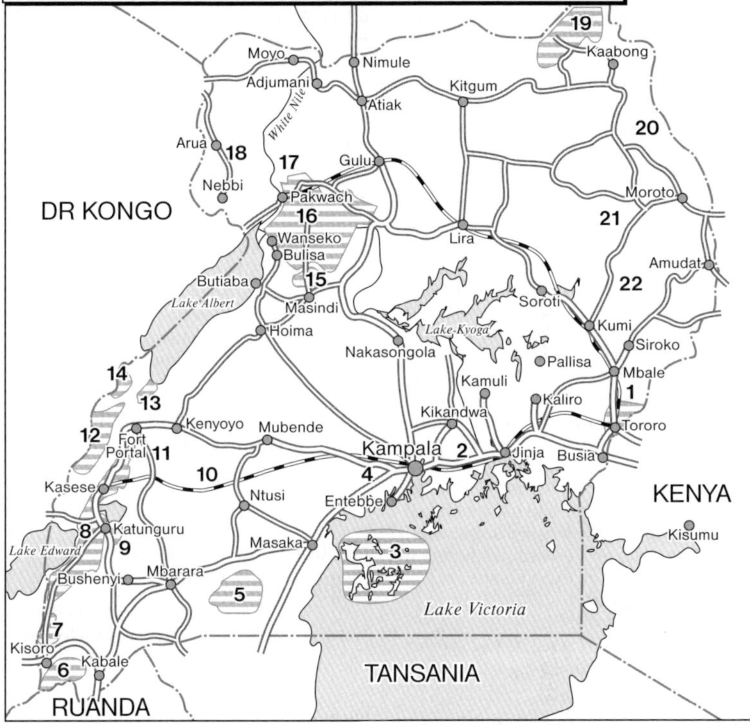

1 Mount Elgon NP
2 Mabira Forest Reserve
3 Ssese Islands
4 Mpanga Forest Reserve
5 Lake Mburo NP
6 Mgahinga Gorilla NP
7 Bwindi Impenetrable Forest NP
8 Queen Elizabeth NP
9 Kyambura River Gorge
10 Katonga Wildlife Reserve
11 Kibale Forest NP
12 Rwenzori Mountains NP
13 Semliki Valley WR
14 Semliki Forest NP
15 Budongo Forest Reserve
16 Murchison Falls NP
17 Aswa Lolim WR
18 Ajai WR
19 Kidepo Valley NP
20 Matheniko WR
21 Bokora Corridor WR
22 Pian Upe WR

Das Mandat der ugandischen Naturschutzbehörde UWA besteht darin, die Tier- und Pflanzenwelt sowohl innerhalb als auch außerhalb der Schutzgebiete nachhaltig zu bewahren und zu verwalten. Die UWA ist für zehn Nationalparks, elf Wildreservate und sieben sonstige Schutzgebiete verantwortlich. Ferner unterstützt UWA die lokale Bevölkerung bei der Führung von Ökotourismus-Projekten **(„Community Based Tourism")**, die durch das Ministerium für Tourismus, Wirtschaft und Industrie ausgewiesen sind (siehe Tourismus).

Das **Hauptquartier der UWA** liegt auf dem Nakasero Hill **im Zentrum Kampalas,** direkt hinter dem Sheraton-Hotel. Im Tourist Information Office bekommen sie Informationsblätter über die Nationalparks und Wildreservate und aktuelle Auskünfte. Gorillabesuche in den Nationalparks Bwindi Impenetrable und Mgahinga Gorilla sowie Bergtouren durch den Ruwenzori müssen hier gebucht bzw. reserviert und bezahlt werden.

Der Service von UWA ist mäßig, viele Entscheidungen waren und sind umstritten (z.B. das Preisgefüge der Parkeintrittsgebühren oder Pläne, viele im Bestand gefährdete ugandische Tierarten zu exportieren).

- **Forest Department**
PO Box 7124, Kampala,
Tel. +256-41-231866, Fax +256-41-236016,
E-Mail: ecforest@starcom.co.ug

Eintrittspreise und Gebühren

Seit dem 1. Juli 2002 gelten für ausländische Touristen in den ugandischen Nationalparks folgende Eintrittspreise (zahlbar in US-$ oder USh; deutlich ermäßigte Gebühren für East African Residents und Ugander):

Eintrittspreise Kategorie A

Eintrittspreise je nach Verweildauer; Murchison Falls NP, Queen Elizabeth NP, Kibale Forest NP, Bwindi Impenetrable NP, Mgahinga Gorilla NP:

Erwachsene/Kinder (5–15 Jahre)
- **1 Tag (24 Std.):** 20/10 US-$
- **2 Tage:** 30/15 US-$
- **3 Tage und mehr:** 50/25 US-$
- Kinder unter 5 Jahren frei

Eintrittspreise Kategorie B

Eintrittspreise pro Tag; alle anderen Parks und Wildlife Reserves im UWA-System:

- **Erwachsene:** 10 US-$
- **Kinder** (5–15 Jahre): 5 US-$
- Kinder unter 5 Jahren: frei
- **Studenten** erhalten bei Vorlage des internationalen Studentenausweis einen Rabatt von 25% für beide Kategorien.

Gebühren für Ranger Guide (z.B. für Game Drives)

- **pro halben Tag:** 10.000 USh
- **ganztags:** 15.000 USh

Gebühren für Fahrzeuge (Vehicle Entry Fees)

Murchison Falls NP, Queen Elizabeth NP, Lake Mburo NP, Kidepo Valley NP, alle Wildlife Reserves:

Nicht-ugandische Registrierung/ ugandische Registrierung
- **Allradfahrzeuge und Pick-ups:**
40 US-$/20.000 USh
- **Minibusse** u.Ä.:
30 US-$/15.000 USh

Sempaya Hot Springs (heiße Quellen) im Semliki National Park

- **Gewöhnliche PKW:**
20 US-$/10.000 USh
- **Motorräder:**
10 US-$/5.000 USh

Verleihgebühren

In mehreren Parks besteht die Möglichkeit, **Geländewagen und Fahrräder** von der Parkverwaltung zu leihen:

- **Fahrzeug-Verleih**
(QENP, MFNP, KVNP):
800 USh pro Kilometer
- **Fahrrad-Verleih**
(Kibale Forest NP, Semliki Forest NP):
auf Nachfrage

Gebühren für Tracking/Wanderungen

Für das **Gorilla-Tracking** und **Schimpansen-Tracking** sowie geführte **Wanderungen in Primatengebieten** werden gesonderte Gebühren erhoben. Für Reservierungen beim Gorilla-Tracking über den Zeitraum von 6 Monaten hinaus erhebt UWA weitere Zuschläge.

Gorilla-Tracking Fee
(inkl. Parkeintrittsgebühren)
- **Bwindi Impenetrable NP:** 275 US-$
- **Mgahinga Gorilla NP:** 220 US-$

uga_069 Foto: cl

6 Tage Chimpanzee Habituation Experience
- **Kibale Forest NP:**
500 US-$ (inkl. Parkeintrittsgebühren)

Primate Walk
- **Kyambura Gorge/QENP:**
20 US-$ (zzgl. Parkeintrittsgebühren)
- **Kibale Forest NP:**
20 US-$ (zzgl. Parkeintrittsgebühren)

Guided Nature Walk (andere Waldgebiete)
- bis zu 5 Std.:
5000 USh (zzgl. Parkeintrittsgebühren)
- über 5 Std.:
10.000 USh (zzgl. Parkeintrittsgebühren)

Gebühren für Bergtouren (Mountaineering Fees)

Die Gebühren für Bergtouren im Ruwenzori Mountains NP müssen ebenfalls zentral bei UWA in Kampala entrichtet werden, im Mt. Elgon NP kann an den Besucherzentren vor Ort bezahlt werden. Die Gebühren für Parkeintritt und Camping sind in beiden Parks bereits in den erhobenen Preisen enthalten.

- **Ruwenzori Mountains NP:**
480 US-$ (Central Circuit – 7 Tage, 6 Nächte)
- **Mt. Elgon NP:**
25 US-$ pro Tag (zahlbar vor Ort)

Gesonderte Gebühren werden auch im Mgahinga Gorilla NP für Vulkanbesteigungen und Höhlenbesichtigungen erhoben, beinhalten jedoch bereits den regulären Parkeintritt:
- **Virunga Volcano Climb:**
30 US-$ pro Person
- **Caving Fee:** 25 US-$ pro Person

Gebühren für Sportfischerei

Für die beliebte Sportfischerei im Murchison Falls National Park u.a. auf Nilbarsche, Tilapia und Tigerfisch werden berechnet:

- **Tagespermit:** 50 US-$ pro Person
- **4-Tage-Permit:** 75 US-$ pro Person
- **Jahrespermit:** 300 US-$ pro Person

Landegebühren für private Flugzeuge (Aircraft Landing Fee)

- **Pro Person und Landung:**
5000 USh zzgl. Handling Fee

Gebühren für die Querung des Nils im MFNP mittels Fähre (Ferry Crossing Fee)

- **Busse und LKW:** 60.000 USh
- **Pick-ups, Minibusse:** 30.000 USh
- **Gewöhnliche PKW:** 20.000 USh
- **Pro Person:** 1500 USh

Vorschriften

Für den Besuch von Nationalparks und Wildschutzreservaten gelten bestimmte Vorschriften:

- Die Parks haben in der Regel **von 6.30–19.30 Uhr geöffnet.** Das Fahren innerhalb der Parks ist zwischen 19.30 und 6.30 Uhr verboten. Die Höchstgeschwindigkeit beträgt 40 km/h.
- In den Nationalparks Queen Elizabeth NP, Murchison Falls NP und Kidepo Valley NP ist das Verlassen der Fahrzeuge auf den Pisten nicht gestattet (sofern nicht ausdrücklich erlaubt, z.B. an Aussichtspunkten). In allen anderen Parks ist die Mitnahme eines Führers (meist ein bewaffneter Ranger) bei Exkursionen zu Fuß vorgeschrieben oder empfohlen.
- **Das Verlassen von Pisten und Wegen ist nicht erlaubt.** Insbesondere „Off-Road Driving" wird bestraft. Drängen Sie Ihren Chauffeur niemals dazu – er könnte sonst seine Lizenz verlieren.
- Haustiere und Waffen dürfen nicht mitgenommen werden. Füttern und Belästigung von Wildtieren ist ebenfalls verboten. Aus den Parks dürfen keine Pflanzen, Tiere, Mineralien/besondere Steine oder Teile davon entnommen werden.

- Jedweder Abfall ist wieder zu entfernen (dies gilt besonders für die Ruwenzori-Berge und den Mt. Elgon).
- Gerade in der Trockenzeit kann es bei Unachtsamkeit schnell zur Entfachung von Feuern kommen. Besondere Vorsicht ist beim Niederbrennen des abendlichen Lagerfeuers geboten.

Unterkünfte in den Nationalparks

Camping

Der Zustand der Zeltplätze (**„Campsites"**) ist unterschiedlich. In der Regel gibt es Wasser und einfache Toiletten, manchmal wird auch Feuerholz bereitgestellt. In einigen ugandischen Parks ist das Zelten bislang die einzige Übernachtungsmöglichkeit. Im Zelt ist ein gewisses Erleben der noch wilden afrikanischen Nacht gewährleistet. Insbesondere in den Nationalparks Queen Elizabeth (QENP) und Murchison Falls (MFNP), aber auch im Kidepo Valley NP (KVNP) gehört zur Geräuschkulisse häufig ein brüllender Löwe, das Heulen von Hyänen oder das dumpfe Grunzen von Nilpferden. Ein geschlossenes Zelt wird von allen Tieren Afrikas akzeptiert. Es gibt keinen bekannten Fall, wo es bei geschlossenem Zelt und ruhigem Verhalten zu ernsthaften Zwischenfällen mit Tieren gekommen wäre. Vermeiden sollten Sie in jedem Fall das Herumlaufen in der Umgebung der Zeltplätze nach Einbruch der Dunkelheit. Wildes Zelten ist strengstens untersagt.

Paviane und Meerkatzen sind häufig Stammgäste an Zeltplätzen. Viele haben sich auf die Entwendung von Nahrung und auffälligen Kleinteilen (z.B. Sonnenbrillen) „spezialisiert". Passen Sie daher auf und füttern Sie die Tiere unter keinen Umständen.

Campinggebühren (pro Tag)
- **Kategorie A** (exklusiv): 20.000 USh pro Person
- **Kategorie B** (öffentlich): 10.000 USh pro Person

Safari Lodges und Luxury Tented Camps

Echte Safari Lodges (Lodge = Hotel im Landhausstil) gibt es nur im QENP und MFNP, im Semliki Valley WR sowie im Kidepo Valley NP. Im Randbereich von Bwindi Impenetrable NP, Mgahinga Gorilla NP, Kibale Forest NP, Lake Mburo NP sowie dem MFNP stehen darüber hinaus mehrere „Luxury Tented Camps" mit Lodge-Standard zur Verfügung. In den Übernachtungspreisen (eingeteilt in die bekannten Preiskategorien) ist ein Frühstück stets enthalten, manchmal auch HP oder gar VP. Die Restaurants der Lodges und Camps sind in der Regel auch auswärts übernachtenden Parkbesuchern (z.B. Campern) zugänglich (Dinner- bzw. Lunch-Buffet kostet ca. 10–20 Euro). Es gibt Pläne für die Neuerrichtung von Lodges und Tented Camps auch in anderen Parkregionen.

Unterkünfte der Parkbehörden (Bandas)

Ansonsten sind die einfachen, aber gepflegten Unterkünfte der Parkbehörden zu empfehlen (meist kleine Bandas). Essen muss in der Regel selber mitgebracht werden, kann auf Nachfrage aber von Parkangestellten zubereitet werden. Getränke wie Bier und „Sodas" sind erhältlich.

Bandas Kategorie A
(mit eigenem Bad/WC;
Kidepo Valley NP, Kibale Forest NP)

- **1 Person:** 20.000 USh
- **2 Personen:** 30.000 USh
- **3 Personen:** 40.000 USh
- jede weitere Person: 10.000 USh

Bandas Kategorie B
(Gemeinschaftsbad;
alle anderen Parks und Wildreservate)

- **1 Person:** 10.000 USh
- **2 Personen:** 15.000 USh
- **3 Personen:** 20.000 USh
- jede weitere Person: 5000 USh

Reservierungen erfordern eine 50%-ige Anzahlung, die bei Verfall der Buchung nicht erstattet werden kann.

Hostels und Guest Houses

Queen Elizabeth NP, Murchison Falls NP, Lake Mburo NP, Mount Elgon NP:

- 10.000 USh pro Person

Student Centers (sehr einfache Unterkunft)

Queen Elizabeth NP, Murchison Falls NP, Mount Elgon NP:

- 5000 USh pro Person

Anreise und Touren in den Parks

Anreise und Leihfahrzeuge

Näheres zur Anreise finden Sie bei der Beschreibung der jeweiligen Parks. Fast überall ist es schwierig, mit öffentlichen Verkehrsmitteln (in der Regel Matatus) anzureisen, doch nicht unmöglich (eine Ausnahme bilden der Murchison Falls NP und der Kidepo Valley NP). Mit Glück erhält man Mitfahrgelegenheiten bei anderen Besuchern (am besten am Wochenende). Für Besucher ohne eigenes Fahrzeug bieten mehrere Parkverwaltungen Leihfahrzeuge (VW-Busse, Landrover) mit Fahrer an, die pro Kilometer zu bezahlen sind (s.o.).

Pisten und Treibstoffversorgung

Der Zustand der Pisten in den Parks ist unterschiedlich. In der Trockenzeit sind sie gut befahrbar, teilweise sogar ohne Geländewagen. In der Regenzeit, nach heftigen Regenfällen aber auch während der Trockenzeit, können selbst allradgetriebene Fahrzeuge nicht mehr überall hin gelangen. In abgelegenen Gegenden (z.B. im Kidepo Valley NP) sollten Sie daher lieber mit zwei Fahrzeugen unterwegs sein. Treibstoff wird zu etwas höheren Preisen als sonst üblich von manchen Lodges und Camps verkauft (so auch in Kidepo).

Launch Trips im Queen Elizabeth NP und im Murchison Falls NP

Eine der großen, außergewöhnlichen Attraktionen Ugandas sind die Bootsfahrten auf dem Nil im MFNP bzw. dem Kazinga-Kanal im QENP. Für eine vergleichsweise geringe Gebühr und recht komfortabel kann man ein großes Spektrum der Tierwelt dieser Parks kennen lernen. Kein anderes Land Ostafrikas bietet diese Möglichkeit sonst.

Gebühren für Launch Trip/Boat Trip

- **QENP** (2 Std.): 15.000 USh pro Person (7500 USh für Kinder von 5–15 Jahren)

- **MFNP** (3 Std.): 20.000 USh pro Person (10.000 USh für Kinder von 5–15 Jahren, mind. 150.000 USh pro Boot)
- **Lake Mburo NP** (2 Std.): 10.000 USh pro Person (mind. 30.000 USh pro Boot)
- **Katonga WR** (mit Kanu): 15.000 USh pro Person

Tier- und Pflanzenwelt

Aus Platzgründen kann Ihnen bei der Beschreibung der einzelnen Parks nur ein Überblick gegeben werden. Insbesondere für Vogelbestimmungen müssen Sie ein gutes Bestimmungsbuch mit sich führen (siehe Anhang/Literatur und Karten). Nicht alle Tiere, die vorkommen, sieht man auch tatsächlich, da manche Arten sehr scheu und versteckt leben.

Die beste Zeit für Tierbeobachtungsfahrten **(Game Drives)** sind der frühe Morgen und der späte Nachmittag. Mittags ziehen sich die Tiere wegen der Hitze in dichteren Busch und unter Bäume zurück.

Notruf

Unter der **Telefonnummer 999** ist ein gemeinsamer Notrufdienst für Polizei, Feuerwehr und Medizinische Notfälle geschaltet.

Post und Telekommunikation

Post

Die **Gebühr** für Briefe/Postkarten nach Europa beträgt 0,50/ca. 0,35 Euro. Post nach Österreich sollte besser mit „Austria/Europe" gekennzeichnet sein, damit sie nicht erst in Australien landet ...

Als Tourist können Sie Ihre Post an das Hauptpostamt in Kampala adressieren lassen – **postlagernd.** Der poste-restante-Service dort ist jedoch nicht immer zuverlässig und manchmal gehen Briefe verloren. Beispiel:

C. Lübbert
Main Post Office – poste restante
Kampala/UGANDA

Der Vorname sollte nicht ausgeschrieben werden, um Verwechslungen mit dem Nachnamen zu vermeiden (die Briefe werden alphabetisch sortiert).

Beim Aufgeben eines **Paketes** nach Europa (max. 20 kg) müssen Sie darauf achten, dass Sie den Inhalt dem Zoll gezeigt haben, bevor Sie es verschließen.

Gebühren (Luftweg)

- bis 500 g – ca. 12 Euro
- bis 1 kg – ca. 16 Euro
- bis 3 kg – ca. 30 Euro
- bis 5 kg – ca. 45 Euro

Gebühren (Seeweg)

- bis 1 kg – ca. 14 Euro
- bis 3 kg – ca. 18 Euro
- bis 5 kg – ca. 24 Euro
- bis 10 kg – ca. 32 Euro
- bis 15 kg – ca. 40 Euro
- bis 20 kg – ca. 45 Euro

Vorwahlen

International

• Uganda	00256
• Ruanda	00250
• Deutschland	0049
• Österreich	0043
• Schweiz	0041

Städtevorwahlen in Uganda

Folgende ugandische Städte sind im Selbstwählverkehr erreichbar:

• Arua	0476
• Bushenyi	0485
• Busia	045
• Entebbe	041
• Fort Portal	0483
• Hoima	0465
• Iganga	0495
• Jinja	043
• Kabale	0486
• Kampala	041
• Kapchorwa	045
• Kasese	0483
• Lira	0473
• Lubowa	041
• Lugazi	044
• Luwero	041
• Malaba	045
• Masaka	0481
• Masindi	0465
• Mbale	045
• Mbarara	0485
• Mityana	046
• Mpigi	041
• Mubende	0464
• Mukono	041
• Rukungiri	0486
• Soroti	045
• Tororo	045
• Wobulenzi	041

Wenn sie Pakete auf dem Seeweg nach Europa senden, um die Luftfrachtgebühr zu sparen, müssen Sie mit einer Beförderungsdauer von 3–5 Monaten rechnen. In Kampala gibt es auch internationale Kurierdienste (z.B. DHL), die einen schnelleren, aber auch deutlich teureren Transportservice bieten.

Telefon/Fax

Das Telefonsystem Ugandas ist im Ausbau begriffen. In allen größeren Städten, aber selbst in manchem dörflichen Vorort stehen mittlerweile moderne Kartentelefone der staatlichen Uganda Telecom. **Telefonkarten** mit 20, 50, 100, 200, 500 oder 1000 Einheiten sind bei den Postämtern und in manchen Hotels erhältlich. Der Telefonmarkt wurde inzwischen auch für private Anbieter geöffnet, so dass mittlerweile **Telefonzellen** und entsprechende Telefonkarten von Privatgesellschaften zu finden sind, vor allem vom südafrikanischen Anbieter MTN, der Kunden mit zusätzlichen Sonderangeboten (halber Preis am Wochenende etc.) in die eigenen Zellen lockt.

Die Verbindungskosten innerhalb Ugandas betragen ca. 0,05–0,20 Euro pro Minute. Nach Europa kann in der Regel durchgewählt werden, Verbindungskosten pro Minute ca. 2 Euro. Telefonieren und Faxen von Hotels aus ist meist erheblich teurer.

Alle größeren Postämter bieten einen **Faxservice** an. Für ein Fax nach Europa werden in der Regel 2–3 Euro pro Seite berechnet. Innerhalb Ostafrikas sind es 0,80 Euro, innerhalb Afrikas 0,80–1,50

Euro. Ein eingehendes Fax aus Europa schlägt mit 0,50 Euro zu Buche.

Mobiltelefone der meisten großen europäischen Netzbetreiber funktionieren auch in Uganda – dank Roaming-Verträgen mit den ugandischen Anbietern Celtel, Mango, MTN und UTL Telecel. Trotzdem sollten Sie vor ihrer Abreise sicherstellen, dass Ihr Anbieter ein entsprechendes Roaming-Abkommen abgeschlossen hat.

Das ugandische Mobilfunknetz ist mittlerweile sehr gut ausgebaut, selbst in vielen Nationalparks funktionieren die Geräte. Die Kosten mobiler Telefongespräche nach Europa liegen hoch, je nach Anbieter zwischen 1 und 2,50 Euro pro Gesprächsminute. Empfehlenswert ist auch, sich in Uganda eine **Prepaid-Karte** eines lokalen Anbieters zu besorgen, so dass man im Land über eine ugandische Mobilfunknummer erreichbar ist. Die Mitnahme eines mobilen Telefons auf eine Reise durch Uganda und Ruanda ist aus eigener Erfahrung eine große Erleichterung.

Alternativ besteht die Möglichkeit, ein Mobiltelefon am Flughafen Entebbe oder im Sheraton Hotel Kampala zu mieten (Kosten ca. 4 Euro pro Tag plus Servicegebühr von ca. 40 Euro).

Internet

Internet-Cafés finden sich in allen größeren Städten, ferner gibt es zahlreiche Online-Dienste, auch viele Hotels und Backpacker-Hostels verfügen über Internet-Anschluss (vgl. dazu die Informationen zu den jeweiligen Orten in den reisepraktischen Kapiteln).

Preise

Uganda ist ein für afrikanische Verhältnisse **relativ teures Reiseland.** Für Individualreisende, die etwas bessere Hotels bevorzugen, kostet eine Woche 300–400 Euro (unter Einrechnung von Lebenshaltung und Transportkosten, allerdings ohne Nationalpark-Eintritte, Gebühren für Gorilla-Tracking oder Leihwagen-Anmietung). Minimalisten können schon mit 150 Euro und weniger pro Woche auskommen, wenn sie in billigen Guest Houses übernachten bzw. ein Zelt benutzen und sehr einfach essen.

Preisniveau (2003)

- Softdrink (z.B. Coca-Cola): 0,40 Euro
- Bier (0,5 l): 1,20 Euro
- 1 Packung Kekse: 0,70 Euro
- Fruchtsaft: 0,50–0,60 Euro
- 1 Avocado: 0,05–0,10 Euro
- 1 Bündel Bananen: 0,20 Euro
- Ananas: 0,35 Euro
- 1 Laib Brot: 0,60 Euro
- Hotelübernachtung (gehobene Kategorie): 30–50 Euro
- Abendessen: 3–10 Euro
- Busfahrt: 1,50 Euro pro 100 km
- Leihwagen: 50–60 Euro pro Tag
- Leihwagen (4WD): 120–150 Euro pro Tag
- 1 Liter Benzin: 0,80 Euro
- 1 Liter Diesel: 0,65 Euro

Die **Preisangaben in diesem Reiseführer** erfolgen jeweils in Euro umgerechnet, solange in der Landeswährung bezahlt werden kann. Preisangaben in US-$ signalisieren, dass tatsächlich mit Dollars bezahlt werden muss. Vereinzelte Preisangaben in der Landeswährung machen klar, dass dann keine ausländischen Währungen akzeptiert werden.

uga_076 Foto: cl

Reiseagenturen und Safariveranstalter

Große Reiseveranstalter wie Windrose, Karawane Reisen, Explorer, DUMA Reisen, Hauser Exkursionen, Ikarus Tours, Jacana Tours u.a. bieten geführte Reisen nach Uganda von Deutschland aus an. Die Kosten liegen bei 2500–5000 Euro für einen zwei- bis dreiwöchigen Aufenthalt.

Unter anderem auf Uganda spezialisiert hat sich das Unternehmen:

- **Colibri Umweltreisen**
  Sophienstr. 5, D-10178 Berlin,
  Tel. 030-28390232, Fax 030-28390234,
  E-Mail: info@colibri-berlin.de,
  Internet: www.berggorillas.de

Günstiger ist es in der Regel, für bestimmte Ziele auf ein Safariunternehmen in Uganda zurückzugreifen und alles weitere selbst zu arrangieren. Die Infrastruktur dafür ist gut. In Kampala operieren mehr als 50 Safariveranstalter (siehe dort).

Die **Preise** für individuelle Safaris sind relativ hoch und bewegen sich, je nach Teilnehmerzahl, bei 300–400 Euro pro Tag/1 Person, 250–300 Euro pro Tag/2 Personen, 200 Euro pro Tag/3 Personen, 150 Euro pro Tag/4 Personen, 100–120 Euro pro Tag/6 Personen und 80–100 Euro pro Tag/8 Personen. Die zunehmende Konkurrenz drückt inzwischen die Preise (bis zu 25%). Üblich sind drei- bis zehntägige Touren durch die wichtigsten Nationalparks.

Gorilla-Tracking-Exkursionen dauern in der Regel drei Tage und kosten (Komplettpreis pro Person) um 1350–1800 Euro/1 Person, 850–1000 Euro/2 Personen, 650–900 Euro/3 Personen, 600 Euro/4 Personen. Alle genannten Preise gelten jeweils pro Person (alles inklusive).

Eine gesonderte Hervorhebung bestimmter Reiseveranstalter soll an dieser Stelle unterbleiben, doch gibt es eine Vielzahl von positiven Berichten bei Reisen mit den Veranstaltern Wild Frontiers/G & C Tours, Volcanoes Safaris, Afri Tours & Travel, Acacia Safaris und The Uganda Safari Company (Adressen siehe Kampala).

Reisen in Uganda und Ruanda

Flugzeug

Verschiedene Chartergesellschaften bieten Flüge innerhalb Ugandas an (ab Entebbe), z.B. Mission Aviation Fellowship (MAF), CEI Aviation, Eagle Air, Swanair oder Speedbird Aviation. Die Preise sind in den letzten Jahren etwas gesunken, in Anbetracht der überschaubaren Größe des Landes aber noch immer keine wesentliche Alternative zum Landweg, von den Städten im bürgerkriegsgeplagten Norden einmal abgesehen.

Nilfähre bei Paraa
(Murchison Falls National Park)

Eisenbahn

Neben der Verbindung von Kampala nach Nairobi, die seit der Einstellung des Personenverkehrs 1997 **ausschließlich für den Frachtverkehr** genutzt wird, gibt es im Inland die Main Line (Kampala – Jinja – Malaba), die Kasese Line (Kampala – Kasese) und die Northern Line (Kampala – Mbale – Gulu – Pakwach), die allesamt und nur sporadisch für den Frachtverkehr genutzt werden.

Schiffsverkehr

Zwischen Port Bell (Uganda) und Mwanza (Tansania) bzw. Kisumu (Kenia) verkehrte auf dem Viktoriasee viele Jahre das Fährschiff **MV Bukoba.** Es ist im Mai 1996 vor der tansanischen Küste mit mehr als 600 Passagieren an Bord gesunken. Vorübergehend wurde der Service von Mwanza nach Port Bell dann von der durch Tanzania Railways betrieben **MV Victoria** wahrgenommen, die sich vor allem durch Verspätungen und Pannen auszeichnete, bis die Verbindung wieder gänzlich eingestellt wurde. Allein die Verbindung zwischen Bukoba und Mwanza schien 2003 intakt zu sein. Am Bahnhof in Kampala oder in Port Bell erhalten Sie dazu aktuellere Auskünfte, ggf. auch telefonisch unter 041-233384. Die MV Bukoba hatte regelmäßige Abfahrten von Port Bell nach Mwanza/Kisumu am Montag und Mittwoch um 18 Uhr, die Kosten betrugen umgerechnet 32 Euro in der 1. Klasse, 23 Euro in der 2. Klasse und 18 Euro in der 3. Klasse, für Fahrzeuge waren 110 Euro zu zahlen. Es gibt derzeit funktionierende Schiffsverbindungen von Uganda nach Kenia und Tansania für den Frachtverkehr, die auch die Mitnahme eines eigenen PKW ermöglichen (Erkundigungen unter Tel. 041-233384).

Zu den Ssese-Inseln kann man mit einer kleinen Ponton-Fähre von Bukakata (nahe Masaka) aus gelangen. Die Alternative zur Verbindung Bukakata – Luku war viele Jahre eine Fahrt mit der MV Barbus ab Port Bell. Die Fähre ist jedoch 1996 gesunken (dabei kamen mehr als hundert Menschen ums Leben). Ein funktionierender Ersatzverkehr ist bislang (2003) noch nicht wieder angelaufen. Abfahrten in Port Bell waren jeweils dienstags und samstags gegen 8 Uhr morgens, Rückkehr ab der Insel Bugala mittwochs und sonntags.

Von Entebbe verkehrte ab dem Jahr 2000 vorübergehend eine Fähre von Wema Tours (Tel. 041-235586, Fähranleger nahe dem Uganda Wildlife Education Centre), deren Betrieb inzwischen aber wieder eingestellt wurde (Details siehe Ssese-Inseln).

Busse

Zahlreiche Buslinien verbinden alle Städte und Zentren Ugandas. Darüber hinaus gibt es grenzüberschreitende Busverbindungen nach Nairobi (Kenia) und Kigali (Ruanda). Busse sind den Sammeltaxis (Matatus) in jedem Falle vorzuziehen, da sie bei weitem nicht so voll gestopft und auch erheblich sicherer sind. Die ugandischen Busse sind für afrikanische Verhältnisse relativ wenig überfüllt und der technische Zustand ist meist gut.

Besonders zu empfehlen sind die **Postbusse (meist Minibusse) der Firma EMS** (Express Mail Services), die von Montag bis Samstag zwischen allen größeren ugandischen Städten verkehren (Abfahrt in der Regel morgens um 8 Uhr, Tickets an allen Postämtern jeweils einen Tag vor Abfahrt, ruhiger Fahrstil). Abfahrt ist jeweils morgens um 8 Uhr vom Main Post Office im Stadtzentrum. Das An- und Abladen der Postsäcke hat keine nennenswerten Zeiteinbußen zur Folge.

Busfahrten sind deutlich billiger als Matatu-Fahrten, man muss **etwa 1,50 Euro pro 100 km** rechnen. Der Fahrstil reicht von zügig bis halsbrecherisch. In der Regel gibt es fixe Abfahrtszeiten (häufig schon frühmorgens vor Sonnenaufgang). Auf den Hauptstrecken ist es sinnvoll, am Tage vorher schon ein Ticket an den Busstationen zu besorgen. Das Gepäck wird in den Laderäumen verstaut, selten auch aufs Dach geschnallt. Falls Sie es in der Eile versäumt haben, vor der Abfahrt genügend Proviant mitzunehmen: An allen Haltestellen werden sich Snackverkäufer (siehe Essen und Trinken) um ihre Gunst reißen. Letzten Endes lohnen sich viele Busfahrten schon allein wegen der vielen zwischenmenschlichen Erlebnisse während der Fahrt (s.u.).

Sammeltaxis (Matatus)

Die gemeinhin als „Matatus" bezeichneten Sammeltaxis stellen **insbesondere auf Nebenstrecken** die einzige

Busfahren in Ostafrika – ein Erlebnisbericht

Die Abfahrt verzögerte sich zunächst um fast eine Stunde. Als es dann endlich losging, fand die mit Elan gestartete Fahrt nach wenigen Metern ein jähes Ende – mit lautem Scheppern war der Bus mit einem der verbeulten Taxis der Stadt kollidiert. Endlose Diskussionen und Verhandlungen über die vom Taxifahrer für die eingedrückte Fahrzeugflanke geforderte Schadenssumme zogen sich bis zum frühen Mittag hin. Ein mächtiger Menschenring bildete sich dabei um die hitzig diskutierenden Beteiligten. Guter Dinge – offensichtlich hatte der Taxifahrer seine Schuld am Unfall doch noch zugegeben – ging es schließlich auf die fast 1000 km lange Asphaltstrecke nach Nairobi.

In halsbrecherischer Fahrt waren nach zwei Stunden bereits 250 km zurückgelegt, als das rasende Gefährt während einer Talabfahrt von einem lauten Knall erschüttert wurde. Fast zeitgleich jagte ein Windstoß eine Wolke kleiner Daunenfedern zusammen mit zahlreichen feinen Glassplittern durch den Innenraum des Busses. Der Fahrer glitt schlagartig vom Gaspedal, um zunächst die sterblichen Überreste des soeben mitsamt der Frontscheibe eingedrungenen Helmperlhuhns vom Schoß zu entfernen. Ohne die Fahrt zu unterbrechen, prüfte und säuberte der Schaffner besorgt die Schrammen auf der Stirn des Fahrers. Dieser erklärte mit breitem Lachen alles für „hakuna matata" – kein Problem also – und setzte die Fahrt unverdrossen mit hohem Tempo fort. Währenddessen überzeugte der Turnboy den hungrigen Schaffner davon, dass das durch Glassplitter ungenießbar gewordene Perlhuhn doch nichts für den Kochtopf sei und beförderte Huhn samt Resten der Frontscheibe in hohem Bogen nach draußen.

Die zunehmende Kühle des nachmittäglichen Fahrtwinds, der nun ungehindert durch den Bus fegte, führte zu kuriosen Vermummungen unter den Fahrgästen. Als schließlich auch der Fahrer anfing zu frieren, zog der Schaffner los, um unter den Insassen die nötigen Utensilien aufzutreiben, mit denen man den Chauffeur wetterfest machen konnte. Das kreierte Tuareg-Outfit erlitt einen deutlichen Stilbruch durch ein Imitat der Sonnenbrillenmarke Ray Ban. Am späten Nachmittag fing es an zu regnen, was der Fahrt zunächst keinen Abbruch tat. Erst als die ersten Pfützen im Gang des Busses erschienen, entschied man sich für eine Pause. Kleine Pappkartonstücke wurden frontseitig befestigt, um den Regen notdürftig abzuweisen.

Nach einer Stunde war der Wolkenbruch überstanden, und es ging auf die zweite Hälfte der Strecke. Kurz nach Einbruch der Dunkelheit wurde die Reise erneut unterbrochen, als zwei im Schlamm festgefahrene LKW einen im Ausbau befindlichen Straßenabschnitt blockierten. Nach einer weiteren Stunde hatten etwa hundert helfende Hände die Trucks wieder auf den Weg gebracht und wir strebten – wieder im Eiltempo – der kenianischen Grenze zu. Vielleicht waren es die dichten Insektenschwärme im Bus, die dem Fahrer kurzzeitig die Sicht versperrten – jedenfalls wäre der Bus um ein Haar noch mit einer plötzlich im Scheinwerferlicht majestätisch die Straße querenden Maasai-Giraffe zusammengestoßen. Dies war zugleich das letzte spektakuläre Ereignis der Fahrt. Nach zügiger Grenzquerung erreichte das leidgeprüfte Gefährt in den frühen Morgenstunden Nairobi – kaum 14 Stunden waren vergangen seit dem mittäglichen Start. Die Nettofahrtzeit betrug trotz aller Widrigkeiten nicht einmal 10 Stunden – für fast 1000 km.

Protokoll einer nicht alltäglichen Busfahrt von Dar es Salaam (Tansania) nach Nairobi (Kenia) im April 1995 – ähnliche Erlebnisse lassen sich aber ohne Weiteres auch in Uganda sammeln.

Transportmöglichkeit für Reisende ohne eigenes Fahrzeug dar. Matatus fahren erst los, wenn sie gefüllt sind, und unterwegs wird noch munter zugeladen („Ein Matatu ist niemals voll ...“). Während auf den Hauptstrecken und guten Pisten vor allem Schnelltaxis und japanische Minibusse (auf den ca. 14 Sitzplätzen drängen sich in der Regel mehr als 20 Insassen) verkehren, die häufig 100 km pro Stunde zurücklegen, sind langsamere Pickup-Wagen mit Allradantrieb und Kleinlastwagen die Domäne der Pisten und unbefestigten Wege. Die Fahrpreise der Matatus liegen um **2–3 Euro pro 100 km,** der Fahrstil ist meist noch verwegener als bei den Bussen. Häufig versuchen Matatu-Fahrer, weißen Reisenden *(wasungu)* zu viel Geld abzuknöpfen. Erkundigen Sie sich deshalb vor der Bezahlung bei mehreren Fahrgästen nach dem tatsächlichen Preis. Ein Zuschlag für größere Gepäckstücke ist normal.

Taxis

Taxis sind **nur in größeren Städten** vorhanden. Der **Fahrpreis** sollte schon **vor der Abfahrt vereinbart** werden.

In Dörfern und kleineren Städten, so z.B. in Mbale oder Kabale, sind **Motor-**

Entfernungen

Kilometer auf Straßen

	Entebbe	Chobe	Fort Portal	Gulu	Kitgum	Grenze Sudan (bei Nimule)	Hoima	Jinja	Kabale	Grenze Dem. Rep. Kongo (Bugana)	Kampala	Karuma Falls	Kidepo (Kalabi)	Arua	Grenze Dem. Rep. Kongo (bei Vurra)	Masaka	Masindi	Mbale	Mbarara	Grenze Tansania	Moroto	Paraa	Soroti	Tororo
Chobe	318																							
Fort Portal	356	370																						
Gulu	380	98	432																					
Kitgum	487	203	483	107																				
Grenze Sudan (bei Nimule)	493	205	481	105	145																			
Hoima	237	172	198	234	341	399																		
Jinja	114	364	402	426	469	531	283																	
Kabale	464	668	298	739	837	835	496	519																
Grenze Dem. Rep. Kongo (Bugana)	556	760	390	822	929	927	588	602	92															
Kampala	34	284	322	346	453	459	203	80	430	522														
Karuma Falls	300	18	352	80	185	187	154	346	650	742	266													
Kidepo (Kalabi)	745	348	682	250	162	307	484	631	980	1072	596	330												
Arua	538	256	590	249	356	265	392	584	888	980	504	238	499											
Grenze Dem. Rep. Kongo (bei Vurra)	554	272	606	265	372	281	408	600	904	996	520	254	515	16										
Masaka	171	421	378	483	590	588	340	217	293	385	137	403	733	625	641									
Masindi	251	116	254	178	285	283	56	297	552	644	217	98	428	320	336	354								
Mbale	284	329	527	364	344	469	453	170	680	772	250	311	461	533	549	387	395							
Mbarara	317	567	232	588	695	693	430	363	147	239	283	549	879	771	787	146	486	533						
Grenze Tansania	408	612	242	674	781	779	440	454	96	188	374	594	924	816	832	237	496	624	91					
Moroto	508	390	796	321	281	428	512	394	904	966	474	372	255	594	610	611	456	224	757	848				
Paraa	343	121	346	114	221	219	148	389	644	746	309	103	364	216	232	466	92	414	578	588	475			
Soroti	381	232	552	267	247	372	354	267	777	869	347	214	393	436	452	284	298	97	630	721	158	317		
Tororo	239	374	527	409	389	514	408	125	635	727	205	356	506	578	594	342	422	45	488	579	269	459	142	
Grenze Kenia (Malaba)	257	392	454	427	207	532	426	143	653	745	223	374	524	596	612	360	440	663	506	597	287	477	160	18

rad-Taxis („piki-pikis") und **Fahrrad-Taxis** („boda-bodas") verbreitet.

Leihwagen und eigenes Auto

Leihwagen sind in Uganda bislang recht teuer. Preise von 50–60 Euro für einen normalen PKW und 120–150 Euro für einen Landrover/Toyota Landcruiser inklusive Fahrer sind normal. Hinzu kommen meist noch Kilometerpauschalen. Leihwagen mit Fahrer sind die Regel. Bei einigen Safariunternehmen, die Geländewagen verleihen, sind im Preis bereits die Benzinkosten und die Spesen des Fahrers enthalten. Es ist üblich, Rabatte für längere Leihperioden zu gewähren. Kleinere Leihfahrzeuge wie z.B. Suzuki-Jeeps gibt es in Kampala kaum. Eine empfehlenswerte Firma für das Anmieten von Fahrzeugen ist z.B. City Cars in Kampala (Adresse siehe Kampala). Selbstfahrer brauchen in Uganda und Ruanda unbedingt einen internationalen Führerschein.

Wer ein **eigenes Fahrzeug** nach Uganda mitbringt, braucht ein gültiges Carnet de passage. Es ist eine Art Straßenbenutzungsgebühr („Visitor's License") von ca. 20–80 Euro (je nach Fahrzeuggewicht) zu bezahlen, der Abschluss einer Haftpflichtversicherung (ca. 20 Euro, Gültigkeit vier Wochen) ist obligatorisch. In Uganda herrscht Linksverkehr. In Kampala gibt es recht gute Reparaturwerkstätten für die gängigen Marken (Landrover und japanische Fabrikate).

Es ist auch möglich, den von vielen Matatu-Fahrern und manchen Taxifahrern angebotenen Fahrzeugverleih, **„Special Hire"** genannt, zu nutzen. Die Preise liegen ähnlich hoch wie bei den Leihwagen, doch kann man gelegentlich durch gutes Verhandeln einen akzeptablen Betrag erzielen - eine überlegenswerte Option für spontane Fahrten in abgelegene Regionen oder Nationalparks.

Straßennetz

Das Straßennetz Ugandas hat in den letzten Jahren **umfangreiche Verbesserungen** erfahren. Die Hauptstrecken Kampala - Jinja - Tororo - Mbale - Soroti und Kampala - Masaka - Mbarara - Kabale sowie die Strecken Kampala - Gulu/Lira und Mbarara - Kasese - Fort Portal sind asphaltiert. Die Strecke Kampala - Mubende - Fort Portal wurde ausgebaut und ist inzwischen ebenfalls komplett asphaltiert. In gutem Zustand war 2003 auch die unbefestigte Piste von Kabale nach Kisoro. Der Zustand der Schotterstraße Fort Portal - Hoima - Masindi wechselt. Auf allen nicht befestigten Straßen und Pisten brauchen Sie in der Regenzeit, nach Regenfällen auch in der Trockenzeit, ein Fahrzeug mit Allradantrieb (4WD).

Sonstige Verkehrsmittel

Fahrrad

Uganda eignet sich gut, um Afrika mit dem Fahrrad zu erleben. Die Steigungen sind nicht zu extrem, die Verkehrsdichte ist insbesondere auf den Nebenstrecken sehr niedrig. Mit dem Fahrrad erreicht man überdies auch die abgelegensten Gegenden und ist vom sonstigen Transportsystem unabhängig. Die meisten Busse können Fahrräder auf dem Dach oder im Laderaum mitnehmen. Alle großen Fluggesellschaften befördern gegen einen Aufpreis auch Fahrräder. Die Luft muss vor dem Einchecken abgelassen, Pedalen müssen abmontiert werden, der Lenker muss quergestellt sein.

Ansonsten bleibt die Möglichkeit, ein Fahrrad vor Ort zu kaufen. Modelle europäischen Zuschnitts (z.B. Mountain-Bikes) sind in Uganda allerdings kaum zu bekommen (Nairobi verfügt über eine bescheidene Auswahl). Die in Uganda verbreiteten chinesischen und indischen Fahrräder eignen sich höchstens für Tagestouren (Kostenpunkt ca. 40–50 Euro).

Per Anhalter

Mitfahrgelegenheiten auf Trucks (LKW) und Privatfahrzeugen sind **auf den Hauptstrecken kein Problem.** Häufig wird eine Bezahlung erwartet. In der DR Kongo stellt die Mitfahrt auf Trucks ein wesentliches Mittel zur Fortbewegung dar.

Buchtipps:
- Friederike Vogel
Sonne, Wind und Reisewetter
- Hans Hörauf
Wann wohin reisen?
- Matthias Faermann
Schutz vor Gewalt und Kriminalität unterwegs
(alle Bände Reise Know-How Praxis)

Reisezeit

Uganda besitzt durch seine Lage am Äquator ein sehr ausgeglichenes, vom Wechsel von Regen- und Trockenzeit bestimmtes tropisches Klima. Die Reisezeiten orientieren sich daher an den beiden Trockenzeiten. Dies gilt insbesondere für Reisende, die Ruwenzori oder Mt. Elgon besteigen wollen.

Die besten Monate sind **Juni bis September** und **Dezember bis Februar,** für die Ruwenzoribesteigung gelten insbesondere die sehr trockenen Monate Dezember/Januar und August als günstig. Doch auch während der Regenzeiten ist Uganda bereisbar, denn meist regnet es nur wenige Stunden am Tag und die Sonne kommt rasch wieder durch. Viele Nationalparks und abgelegenere Regionen sind in dieser Zeit allerdings nur schwer zu erreichen.

Für Ruanda gelten vergleichbare Reisezeiten, ebenso für den Osten der DR Kongo.

Sicherheit und Kriminalität

Uganda ist ein für Reisende **in weiten Teilen sicheres Land.** Es ist jedoch zu erwarten, dass die Gelegenheitskriminalität mit der Zunahme des Tourismus steigen wird. Momentan ist die Sicherheitslage in vielen Teilen des Landes jedoch besser als beispielsweise im benachbarten Reiseland Kenia. Nur im Nordwesten und Norden des Landes

sowie in Teilbereichen der Grenze zur DR Kongo bestehen ernst zu nehmende Sicherheitsprobleme durch die Aktivität von **Rebellengruppen** (LRA im Norden, ADF im Westen). Bei allen Fahrten in die so genannte West Nile-Region, in den Nordteil des Murchison Falls National Park, den hohen Norden in Grenznähe zum Sudan sowie in die Region westlich des Ruwenzori-Gebirges sollten Sie daher vorher gründliche Erkundigungen zur Sicherheitslage einholen.

In **Ruanda** gibt es derzeit (2003) keine nennenswerten Reiseeinschränkungen, auch wenn der gesamte Grenzstreifen zur DR Kongo sowie Teile der Grenze zu Uganda als sensibles Gebiet aufgefasst werden müssen.

Aktuelle **Sicherheitshinweise des Auswärtigen Amtes** können online unter www.auswaertiges-amt.de landesspezifisch abgerufen werden.

Bei einem durchschnittlichen Monatsgehalt von 30–100 Euro verwundert es nicht, dass ab und zu kleinere **Taschendiebstähle** oder **Betrügereien** vorkommen. Das Verschwinden eines Pullovers, einer Brille oder der Haarbürste vom Nachttisch des Hotelzimmers bzw. aus unbeaufsichtigtem Gepäck signalisiert, wie wertvoll in Europa

Kraterhochland im Queen Elizabeth National Park

eher unbedeutende Accessoirs für einen Afrikaner sind. Raubüberfälle kommen bislang nur selten vor.

Lassen Sie Schmuck und entbehrliche Wertsachen am besten zu Hause. Geld und Papiere gehören in den Hotelsafe. Zeigen Sie größere Werte und Geldsummen nie öffentlich und tragen Sie Ihr Geld verdeckt und am Körper. Nichts reizt mehr zum Diebstahl als eine locker umgeschlungene Bauchtasche. Diebe werden von reichen (oder reich erscheinenden) Leuten wie magisch angezogen. Führen Sie nur Ihren Tagesbedarf an Bargeld lose mit sich, auf einer Toilette kommen Sie jederzeit unbemerkt an die Reserven im Bauchgurt heran.

Stromversorgung

Die Stromspannung beträgt **240 V Wechselstrom.** Es gibt eine Vielzahl von Steckdosentypen – meist für dreipolige Flachstecker nach britischem Standard. **Adapter** sind in vielen Elektrogeschäften Kampalas zu günstigen Preisen erhältlich. Die Zimmer in den besseren Hotels besitzen in der Regel Steckdosen für Elektrorasierer.

Stromausfälle sind gerade in kleineren Städten häufig, Dörfer und Siedlungen meist gar nicht an das Stromnetz angeschlossen. Die Mitnahme einer **Taschenlampe** ist daher unerlässlich.

Sie sollten teure und anfällige Geräte wie z.B. Computer nur an Spannungsregulatoren betreiben. Die Stromspannung kann selbst in Kampala größeren Schwankungen unterworfen sein.

Trinkgeld

Angesichts geringer Monatsgehälter erwarten Taxifahrer, Kellner u.a., insbesondere aber auch die Wildhüter in den Nationalparks, ein kleines Trinkgeld für ihre Dienste. In den meisten Fällen sind 1–3 Euro angemessen (orientieren Sie sich am Monatsgehalt und an der Leistung), in Restaurants und Bars sind 5–10% vom Rechnungsbetrag üblich.

Unterhaltung und Nachtleben

Beides ist für europäische Verhältnisse unterentwickelt. Allein **Kampala** bietet ein gewisses Nachtleben mit Clubs, Kinos, Diskotheken, Bars u.a. (siehe Kampala). In Kleinstädten und selbst in Mittelstädten werden Sie froh sein müssen, eine kleine Bar für das abendliche Bier und ein paar nette Gespräche gefunden zu haben.

Buchtipp:
- Hartmut Schäfer
All inclusive?
(Reise Know-How Praxis)

Unterkünfte und Camping

Hotels und Guest Houses

Der allgemeine Standard der Unterkünfte und Hotels ist mit Europa nicht vergleichbar. Insbesondere die **Hygiene lässt häufig sehr zu wünschen übrig.** Ein eigener Schlafsack ist daher manchmal so viel wert wie ein ganzes Himmelreich ...

Einfache Guest Houses sind selbst in kleinen Ortschaften noch vorhanden. Wenn Sie einmal unterwegs in einem winzigen Nest ohne Unterkünfte stranden sollten, müssen Sie sich an den „Dorf-Chef" wenden. Es wird ihm eine Ehre sein, ein Gastzimmer für Sie aufzutreiben. Nicht jedes Gebäude, das die Aufschrift **„hoteli"** trägt, ist auch ein Hotel – im Suaheli bedeutet hoteli neben „Hotel" auch „Restaurant" oder „Gaststätte" ...

Die **Bezahlung** kann in Uganda weitgehend in USh erfolgen. US-$ werden häufig auch akzeptiert, in großen Hotels sogar bevorzugt. In Ruanda müssen Sie häufiger mit US-$ bezahlen, in der DR Kongo werden nur US-$ akzeptiert. Zahlen Sie nie für mehrere Tage im Voraus, um bei Mängeln und Missständen bzw. spontanem Auszug kein Geld zurückfordern zu müssen. Wenn Sie länger in einem Hotel bleiben, kann ein Rabatt ausgehandelt werden.

Der einfacheren Übersicht halber habe ich Hotels und Guest Houses in **Kategorien** aufgeführt (siehe nächste Seite). Häufig gibt es keine Einzelzimmer. Sie müssen dann ein etwas verbilligtes **Doppelzimmer** nehmen. Mehrbettzimmer sind selten. Das **Frühstück** wird meist als *Continental Breakfast* zubereitet (Toast, Butter, Marmelade, Früchte und Tee/Kaffee). Omelettes und Eier sind extra zu bezahlen.

Einige Hotels der Kategorien B–C gehören der staatlichen Kette **Uganda Hotels.** Ihr Zustand ist sehr unterschiedlich, da vielerorts bereits eine Privatisierung erfolgt ist. Manche von ihnen haben noch ein nostalgisches Flair, da sie während der Kolonialzeit errichtet wurden.

Vor dem Einchecken sollten Sie in allen Fällen um eine **vorherige Zimmerbesichtigung** bitten. Dies ist üblich und es ist vollkommen in Ordnung, bei Nichtgefallen wieder aus dem Hotel/Guest House hinauszugehen.

Safari Lodges und Luxury Tented Camps

Traditionsreiche **Safari Lodges** (Lodge = Hotel im Landhausstil) mit dauerhaft angelegter Gebäudearchitektur (Stein, Beton, Ziegelbauten) finden sich lediglich in den Reservaten Queen Elizabeth NP und im Murchison Falls NP sowie in kleinerer Form im Kidepo Valley NP und dem Semliki Valley WR. Anstelle großer Lodges gibt es im Randbereich anderer Reservate wie dem Bwindi Impenetrable NP, dem Lake Mburo NP oder dem Mgahinga Gorilla NP sog. **Luxury Tented Camps** mit festen Versorgungseinrichtungen und großzügig geschnittenen Zelten, die in der Regel nicht mehr als 10–30 Gäste beherber-

Kategorisierung der Unterkünfte

• Kategorie AA (über 100 Euro pro DZ)
Internationales Hotel mit 4- bis 5-Sterne-Standard, Zimmer mit Bad/WC und permanentem Warmwasser, Klimaanlage, TV und Telefon. Mit Lounge, sehr guten Restaurants (auch für Nicht-Gäste), internationaler Bar, Café, Swimmingpool und Freizeitanlagen. Geldwechsel außerhalb der Bankzeiten möglich. Telefon/Fax-Service.

• Kategorie A (60–100 Euro pro DZ)
Ähnlich der Kategorie AA, aber etwas geringerer Standard. Manchmal ist kein Swimmingpool vorhanden.

• Kategorie B (30–60 Euro pro DZ)
Mittelklassehotels mit Bad oder Dusche/WC. Warmwasserprobleme sind selten, kommen aber durchaus vor. Gute Sauberkeit. Angegliedert sind Restaurant (auch für Nicht-Gäste) und Bar.

• Kategorie C (15–30 Euro pro DZ)
Hotels mit etwas gehobenem Standard. Zimmer mit Dusche/WC, häufig Moskitonetze. Warmwasser nur zeitweise. Manchmal bricht die Wasserversorgung tagelang zusammen. Dann wird Wasser in Kübeln oder Kanistern bereitgestellt. In abgelegenen Gegenden nur Generatorstrom. Restaurant und Bar sind angeschlossen.

• Kategorie D (5–15 Euro pro DZ)
Guest Houses (Gästehäuser) mit Basis-Standard. Unterschiedlich saubere Zimmer (meist ohne Moskitonetze) mit Gemeinschaftsdusche und Gemeinschafts-WC. Gegen Aufpreis sind Zimmer mit Dusche und WC (self-contained) erhältlich. Warmwasser ist selten, Wasserausfälle die Regel. Wasser steht dafür in Kanistern und Kübeln bereit. Auch Stromausfälle kommen regelmäßig vor. Ein Frühstück ist unüblich. Die gelegentlich angeschlossenen Restaurants sind sehr einfach. Gute Möglichkeiten, Kontakte zu Ugandern und anderen afrikanischen Reisenden zu knüpfen.

Die in diese Kategorie fallenden Unterkünfte kirchlicher Organisationen sind in der überwiegenden Zahl sehr sauber und gepflegt. Eine Kantine mit ausgezeichnetem Essen ist meist angeschlossen.

• Kategorie E (unter 5 Euro pro DZ)
Basis einer Unterkunft. Nur auf dem Land zu finden. Einfachste Zimmer mit Gemeinschaftsplumpsklo. Häufig verdreckt und voller Ungeziefer, manchmal jedoch tadellos sauber. Wasser aus Kübeln.

gen. Manche dieser Camps besitzen einen eigenen Airstrip (= Landestreifen) für Kleinflugzeuge, über den der An- und Abtransport der Gäste und ein Teil der Versorgung abgewickelt werden können.

Trotz der teilweise hohen Preise sollte man bei der Unterkunft in Luxury Tented Camps keine Wunder erwarten. Vielmehr hält sich der Luxus bei der Unterbringung in großräumigen Safarizelten (eingerichtet wie ein gutes Hotelzimmer) und der Verpflegung in Grenzen. Gerechtfertigt werden die hohen Tarife mit der Exklusivität der Camps, niedrigen Besucherzahlen und den hohen Unterhaltskosten, bedingt durch die isolierte Lage mit entsprechend hohen Transportkosten für Baumaterialien, Lebensmittel, Getränke etc.

Camping

Manche **Hotels und Lodges** sowie Backpacker-Einrichtungen bieten einen **angegliederten Campingbereich,** der in der Regel einfache Gemeinschaftsduschen mit Warmwasser, Waschgelegenheiten sowie manchmal auch Koch- und Grilleinrichtungen aufweist. Strom wird vielerorts nur zeitweise über einen Generator bereitgestellt. Für die Dunkelheit danach ist eine gute Taschenlampe unentbehrlich.

Weitaus einfacher strukturiert als die funktionell gestalteten Campingbereiche von Hotels und Lodges sind die **Campingplätze von Nationalparks und Wildreservaten.** Hier ist man meist von purer Wildnis umgeben und verfügt bestenfalls über einen Wasseranschluss und einfache Plumpsklos. Die (vor allem nächtlichen) Aktivitäten von Wildtieren beziehen den „Lebensraum Campingplatz" sehr wohl mit ein, so dass viele zeltende Afrikareisende nach ihrer Rückkehr von entsprechenden Begegnungen mit Elefanten, Flusspferden, Hyänen oder sogar Großkatzen berichten können. Ein Problem stellt in manchen Gebieten die **Belästigung durch Meerkatzen und Paviane** dar, die spezielle Schutzmaßnahmen wie z.B. die Konstruktion „affensicherer" Mülleimer erforderlich machen kann. Einige der Affen haben sich auf die Entwendung von Nahrung und auffälligen Kleinteilen (z.B. Sonnenbrillen) „spezialisiert". Passen Sie daher auf und füttern Sie die Tiere unter keinen Umständen!

Im Zelt ist ein hautnahes Erleben der noch wilden afrikanischen Nacht gewährleistet. Grundsätzliche **Vorsicht im Umgang mit Wildtieren** ist jedoch geboten. Während der Nacht muss das Zelt unbedingt geschlossen bleiben. Ein geschlossenes Zelt wird von allen Tieren Afrikas respektiert. Es gibt keinen bekannten Fall, wo es bei geschlossenem Zelt und ruhigem Verhalten zu ernsthaften Zwischenfällen mit Tieren gekommen wäre. Vermeiden sollten Sie in jedem Fall das Herumlaufen in der Umgebung der Zelte nach Einbruch der Dunkelheit. Achten Sie darauf, dass Sie Ihr Zelt nicht gerade auf einem traditionellen Flusspferdpfad oder einem anderen Tierwechsel errichten, wodurch Zusammenstöße mit Großwild vorprogrammiert sind.

Ein Feuer hält Wildtiere in der Regel auf Distanz, bietet aber keine sichere

uga_088 Foto: cl

Gewähr vor Annäherung. Nachts sollte man vor allem Nahrung und kleinere Ausrüstungsgegenstände nicht außerhalb des Fahrzeugs stehen lassen. Lebensmittel (vor allem Früchte wie Orangen) und Fleisch gehören in Kisten oder Kühlschrank verpackt und ins Auto geschlossen. In Gebieten mit Elefantenvorkommen sollte man auf die Mitnahme frischer Früchte ganz verzichten. Schuhe, die außerhalb des Innenzeltes gestanden haben, sollte man morgens gut ausschütteln, um nicht versehentlich auf Skorpione, Spinnen oder kleine Schlangen zu treten, die dort in der Nacht Unterschlupf gefunden haben.

Semliki Wildlife Lodge

Bitte nehmen Sie Ihren **Müll** wieder mit (am besten doppelt in Tüten verpackt) und entsorgen Sie ihn fachgerecht in Städten oder an den Zufahrtstoren von Schutzgebieten. Alternativ kann man den komprimierten Müll mindestens 50 cm tief vergraben.

Große Vorsicht ist beim **Entfachen von Feuern** geboten, die in trockenem Buschland leicht Buschbrände zur Folge haben. Ein entsprechender breiter Schutzring, der frei ist von jeglicher Vegetation, sollte mit dem Spaten um die Feuerstelle gezogen werden. Man sollte darauf achten, dass das Feuer nicht zu hoch brennt und keine größeren Funken in die Umgebung fliegen. Feuerholz darf im unbesiedelten Bereich normalerweise überall gesammelt werden, jedoch nicht auf Privatland.

Verhalten im Gastland

Versuchen Sie, europäische Verhaltensnormen abzulegen. Eine **Anpassung an den afrikanischen Lebensrhythmus** ist insbesondere bei den Zeitvorstellungen erforderlich (s.u.). Machen Sie sich frei von abfälligen Bewertungen des oft chaotischen und zwischen Hektik und fauler Trägheit hin- und hergerissenen afrikanischen Alltags. Nutzen Sie vielmehr die Vorzüge dieser Lebensweise, die nicht so stark von Stress und materiellen Zwängen geprägt wird wie in Europa. Legen Sie Vorurteile über die Afrikaner ab („Rückständigkeit", „Faulheit" usw.) und genießen Sie deren Gastfreundschaft. Erfreuen Sie sich an den zahllosen strahlenden und lachenden Gesichtern.

Kleiden Sie sich immer so ordentlich, wie Sie es auch zu Hause tun. Kein Afrikaner wird je verstehen, warum ein Europäer in abgerissenen, löchrigen Klamotten herumlaufen muss, wo er doch das Geld für vernünftige Kleidung übrig hat. Er wird es als einen Affront auf die eigene Situation verstehen.

Wenn Sie sich dazu verleiten lassen, in einer Art „privater Entwicklungshilfe" Kugelschreiber, Schreibhefte u.a. an Kinder und „Bedürftige" zu verteilen, tragen Sie wesentlich zur Förderung der **Bettelei** mit bei. Fragen Sie beim Fotografieren von Menschen immer nach dem Einverständnis der Betroffenen, und lassen Sie es lieber sein, wenn Geld dafür gefordert wird.

Das Austauschen von **Zärtlichkeiten** zwischen Mann und Frau **in der Öffentlichkeit** (z.B. Küssen) ist unüblich. Wenn Sie zwei afrikanische Männer Hand in Hand gehen sehen, so sind diese nicht homosexuell. Händehalten ist in der afrikanischen Kultur eine Geste der Freundschaft.

Viele **Preise sind Verhandlungssache,** davon ausgenommen sind nur Gebühren und fixe Beträge (siehe Handeln). Gelegentlich stößt man auf Trinkgeld- bzw. Schmiergeldforderungen bei Beamten und Soldaten. Fast immer reicht eine entschiedene Ablehnung aus, um diese im Keim zu ersticken. Fördern Sie die **Korruption** nicht, es sei denn, eine Notsituation lässt nur die Zahlung eines Schmiergeldes als einzigen Ausweg zu.

Buchtipp:
- Harald A. Friedl
Respektvoll reisen
(Reise Know-How Praxis)

Versicherungen

Vor der Abreise nach Uganda/Ruanda sollten Sie unbedingt eine **Auslandsreise-Krankenversicherung** abschließen (siehe Abschnitt Gesundheit und medizinische Versorgung/Krankenversicherung und Rücktransport). In den meisten gängigen Versicherungen ist eine Rückholversicherung für den Erkrankungsfall enthalten. Von der Notwendigkeit, eine zusätzliche Auslandskrankenversicherung abzuschließen, ausgenommen sind Privatversicherte, deren Krankenversicherungsschutz auch im außereuropäischen Ausland gültig ist. Im Regelfall sind dafür jedoch zeitliche Begrenzungen vorgesehen, und bei manchen Versicherungen müssen Reisen ins östliche Afrika angemeldet werden. Für Luftevakuierungen vor Ort in Uganda ist eine Mitgliedschaft bei African Air Rescue (AAR) in Kampala oder AMREF/Flying Doctors of East Africa in Nairobi/Kenia erforderlich (siehe Abschnitt Gesundheit und medizinische Versorgung/Evakuierung im Notfall).

Sinnvoll ist bei Flugreisen und insbesondere Pauschalreisen der Abschluss einer **Reiserücktrittskostenversicherung.** Diese springt dann ein, wenn eine Erkrankung des Reisenden oder in besonderen Fällen auch die Erkrankung eines engen Angehörigen dazu führt, dass eine Reise nicht angetreten werden kann oder vor dem geplanten Ablauf abgebrochen werden muss. Die Versicherung deckt Stornokosten und bereits geleistete Anzahlungen für Hotelreservierungen etc. ab, bei Pauschalreisen auch komplette Reisepakete. Eine Eigenbeteiligung von 20–30% der Stornokosten ist die Regel.

Ebenfalls anzuraten ist der Abschluss einer **Reisegepäckversicherung.** Dabei sollte darauf geachtet werden, dass die Abschlusssumme hoch genug ist, um den Verlust einer kostspieligen Foto- oder Videoausrüstung mit abzudecken. Üblich ist eine Absicherung dieser Wertgegenstände bis zu 50% der gesamten Versicherungssumme. Bei Diebstählen muss der Versicherung neben den Rechnungsoriginalen ein detailliertes Polizeiprotokoll vorgelegt werden, in dem alle gestohlenen Gegenstände aufgelistet sind. Beim Verlust von Reisegepäck im Hotel, Bussen oder im Flugzeug ist eine entsprechende Bescheinigung des Hotels bzw. Transportunternehmens erforderlich. Fluggesellschaften haften nur mit einem Pauschalbetrag pro Kilo verlorenes Fluggepäck und einer Obergrenze von derzeit 400 Euro pro verlorenes Gepäckstück, so dass eine Reisegepäckversicherung schon allein unter diesem Gesichtspunkt empfehlenswert ist.

Eine **Reisehaftpflichtversicherung** schützt den Reisenden vor Ersatzansprüchen im Haftungsfall. Im Regelfall sind Unfälle und Schäden mit dem eigenen Auto oder Leihwagen im Leistungsumfang nicht enthalten. Sinnvoll ist es, derartige Versicherungen im Paket mit Reisegepäckversicherung, Auslandskrankenversicherung und anderen Leistungen wie einer Unfallversicherung zu erwerben, was deutlich günstiger kommt als der Abschluss mehrerer Einzelversicherungen.

Selbstfahrer mit Leihwagen oder eigenem Auto müssen eine gültige Kraftfahrzeugversicherung besitzen und entsprechende Papiere bei sich führen.

Zeit(-verschiebung)

Die Zeitrechnung **in Uganda** beträgt **MEZ (Winterzeit) + 2 Stunden.** Beachten Sie die Verschiebung um eine Stunde während der europäischen Sommerzeit. **In Ruanda** und der **DR Kongo** beträgt die Zeitrechnung hingegen **MEZ (Winterzeit) + 1 Stunde,** damit hängen diese Länder gegenüber der ugandischen Zeit eine Stunde zurück (bei Grenzquerungen daran denken!).

Zeit scheint **in Afrika stets im Überfluss** zur Verfügung zu stehen, dementsprechend besitzen Stunden, ja ganze Tage eine vollkommen andere Bedeutung als im hektischen Europa – manchmal sehr zum Leidwesen des Reisenden. Sie können Ihre europäisch geprägten Zeitvorstellungen daher getrost zu Hause lassen, man erspart sich damit so manche unnötige Aufregung.

Zollbestimmungen

Die Zollbestimmungen erlauben pro Person die **Einfuhr** von 200 Zigaretten bzw. insgesamt 250 Gramm Tabak, 1 Liter Wein oder Spirituosen, 250 ml Parfüm und 500 ml Eau de Toilette. Bei Überschreitungen werden Zollgebühren fällig.

Teure Kameras, Notebooks, Film/Videoausrüstungen und andere hochwertige technische bzw. optische Geräte sollten bei der Einreise deklariert werden, um Probleme bei der Ausreise mit diesen Gütern zu vermeiden. Wer plant, besonders ungewöhnliche Güter nach Uganda oder Ruanda einzuführen, sollte sich vorab an die zuständige Zollbehörde wenden.

Bei der Ein- und Ausreise über die Flughäfen in Entebbe bzw. Kigali wird normalerweise keine Gepäckkontrolle durchgeführt. Wenn Sie über den Landweg ein- und ausreisen, gibt es manchmal sehr gründliche Kontrollen der Zollbeamten (aufgrund des regen Schmuggelverkehrs mit den Nachbarländern).

uga_092 Foto: cl

Uganda: Land und Leute

uga_093A Foto: cl

uga_093B Foto: cl

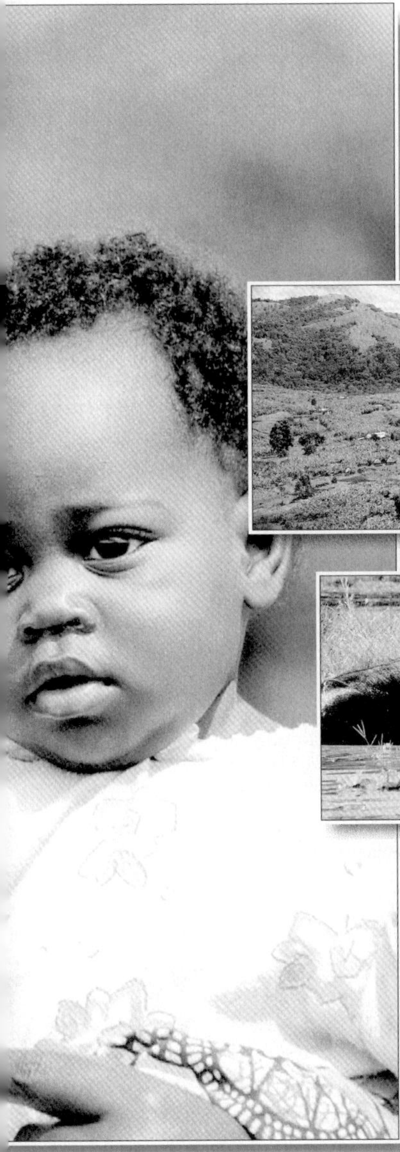

Mutter mit Kind bei Kasese

Landschaft bei Ishaka

Kaffernbüffel im Murchison Falls NP

Uganda im Überblick

Republik Uganda (Republic of Uganda – Jamhuri ya Uganda)

Hauptstadt: Kampala (1,2 Mio. Einwohner, 2002)

Politik:
Präsidialrepublik mit föderativen Zügen. Am 28.3.1994 fanden Wahlen zur Verfassungsgebenden Versammlung statt. Die Verfassungsgebende Versammlung lehnte am 20.6.1995 eine unmittelbare Rückkehr zu einem Mehrparteiensystem ab.

Staatsoberhaupt, Oberbefehlshaber der Streitkräfte und Verteidigungsminister ist **Yoweri Kaguta Museveni** (seit 1986). Er wurde im März 2001 in freien, demokratischen Wahlen für eine weitere fünfjährige Legislaturperiode bestätigt.

Das Parlament, der National Resistance Council (NRC), wird von der Regierungspartei NRM (National Resistance Movement) beherrscht.

Die wichtigsten politischen Parteien neben der NRM sind der UPC (Uganda People's Congress), die DP (Democratic Party), die UPM (Uganda Patriotic Movement) und die CP (Conservative Party).

Internationale Mitgliedschaften:
UNO, ECA (Economic Commission for Africa), ADB (African Development Bank), OAU (Organization of African Unity), IWF, Weltbank, Commonwealth, OIC (International Organization for Commerce), PTA (Preferential Trade Area for East and Southern Africa). Uganda ist im Rahmen der Lomé-Abkommen mit der EU assoziiert und gehört zur Gruppe der Blockfreien.

Unabhängigkeit: 9. Oktober 1962

Armee:
Die siegreiche National Resistance Army wurde 1986 zur offiziellen Armee. Mittlerweile ist eine Umbenennung in UPDF (Uganda People's Defence Force) erfolgt. Die Truppenstärke betrug Mitte 1994 noch ca. 49.000 Mann, doch ist langfristig eine deutliche Reduktion geplant. Ein Programm zur Wiedereingliederung von ehemaligen Soldaten ins Zivilleben begleitet die personelle Demobilisierung. Die Militärausgaben betrugen im Jahr 2001 ca. 2,1% des Bruttoinlandsprodukts.

**Fläche: 241.139 km², ** davon 44.081 km² Binnengewässer

Einwohner: 24,7 Millionen (2002, Schätzung), Einwohner pro Arzt: ca. 25.000

Bevölkerungsdichte: 123 Einwohner/km² (2001)

Stadtbevölkerung: 14,2% (2000)

Bevölkerungswachstum: 2,94% (2002)

Lebenserwartung: 43,8 Jahre (2002)

Ethnische Zusammensetzung:
Baganda 17%, Ankole 8%, Basoga 8%, Teso 8%, Bakiga 7%, Langi 6%, Rwanda 6%, Bagisu 5%, Acholi 4%, Lugbara 4%, Batoro 3%, Bunyoro 3%, Alur 2%, Bagwere 2%, Bakonjo 2%, Jopodhola 2%, Karamojong 2%, Rundi 2%, Nichtafrikaner (Europäer, Asiaten, Araber) 1%, andere 8%

Religion:
ca. 35% Katholiken, 30% Protestanten (überwiegend Anglikaner), ca. 8% Moslems (vor allem im Norden). Der Rest setzt sich in erster Linie aus Anhängern von Naturreligionen zusammen.

Alphabetisierungsrate: 67,1% (2000), davon weiblich: 56,8%, männlich: 77,5%

Einschulungsquote: 76,5% (2000)

Zahl der Telefonanschlüsse: 80.868 (1998)

Zahl der Internet-Benutzer: 60.000 (2002)

Bruttoinlandsprodukt (BIP):
5,9 Mrd. US-$ (310 US-$ pro Einwohner, 2001), davon über 20% Entwicklungshilfe; durchschnittliches Wachstum des BIP pro Jahr: 5,5% (2002); Anteil am BIP (2000): Landwirtschaft – 44%, Industrie – 18%, Dienstleistungssektor – 38%

Auslandsschulden: 3,4 Mrd. US-$ (2001), Schuldendienst: 23,7% der Exporte

Inflationsrate: 3,5% (2001), 54,4% (1992), 5,1% (1993), 10% (1994), 3,5% (1995)

Importe (2001):
1,3 Mrd. US-$ (vor allem Chemikalien, Maschinen und Transportmittel, Nahrungsmittel, Erdöl und -produkte)

Exporte (2001):
365 Mio. US-$ (vor allem Kaffee, Tee, Tabak, Baumwolle, Fischprodukte, Gold, Mais, Bohnen, Rinderhäute)

Haupthandelspartner (2002):
Einfuhren. Kenia (43,1%), Großbritannien (7%), Indien (6,8%), Südafrika (6,1%), Japan (3,4%)
Ausfuhren: Deutschland (12%), Niederlande (10,2%), USA (8,7%), Spanien (8%), Belgien (7,1%)

Quellen: The Economist Intelligence Unit/London- Country Profile Uganda 2002; Munzinger-Archiv 2002, CIA – The World Factbook 2002, Fischer Weltalmanach 2002, World Development Report 2003

Geografie und Landschaftsformen

Uganda ist ein **Binnenland** im östlichen Afrika, umgeben von den Ländern Kenia (im Osten), Ruanda und Tansania (im Süden), der DR Kongo (im Westen) und dem Sudan (im Norden). Das südliche Landesdrittel wird vom Äquator durchschnitten. Der größte Teil des Landes bildet eine einheitliche, hügelige **Hochfläche** des kristallinen afrikanischen Sockels auf 1000–1500 m Höhe, die von größeren Inselbergen unterbrochen wird. An der Westgrenze des Landes verläuft das Kluftsystem des **Zentralafrikanischen Grabenbruchs** („Albertine Rift Valley") mit der Kette der **Seen** Edward, George und Albert. Im Südwesten erheben sich die Ausläufer des ruandischen Berglandes mit der Gruppe der **Virunga-Vulkane** (Höhen bis 4127 m). Im Norden und Nordosten geht der Zentralteil des Landes in das **Acholi-Plateau** (mit vereinzelten Bergzügen bis 2749 m) und die **Karamoja-Ebene** über. Höchste Erhebungen sind der erloschene Krater des **Mt. Elgon** (4321 m) im Osten und das Ruwenzorimassiv im Westen (bis 5109 m).

Etwa die Hälfte des 1143 m hoch gelegenen **Viktoriasees** (zweitgrößter Binnensee der Erde) nimmt die Südostecke Ugandas ein. In den See mündet der in Ruanda entspringende Quellfluss des Weißen Nils, der **Akagera,** um ihn bei Jinja wieder als **Viktoria-Nil** zu verlassen. Alle Gewässer Ugandas entwässern zum Nilsystem. Kennzeichnend sind zahlreiche flache Mulden, in denen sich ausgedehnte Seen- und Sumpfgebiete bilden wie das „ertrunkene Flusssystem" des Lake Kyoga im Herzen des Landes.

Die natürliche Vegetation Süd- und Westugandas besteht überwiegend aus **Feuchtsavanne** (mittlere jährliche Niederschläge zwischen 1000 und 2000 mm) und kleinen tropischen Restwäldern. In den Höhenlagen (Ruwenzori, Mt. Elgon, Virunga-Vulkane) findet man dichten tropischen **Bergwald.** Der Norden und Nordosten wird von trockener **Dornbuschsavanne** und **Halbwüsten** (nur 400–700 mm Jahresniederschlag) eingenommen. Der Waldanteil Ugandas beträgt 8% und liegt damit weitaus höher als in den ostafrikanischen Nachbarländern. 2,7% des Landes sind noch mit intaktem tropischen **Primärwald** bewachsen. Die jährliche Entwaldungsrate beträgt ca. 2%.

Klima

Uganda besitzt ein ausgeglichenes, **tropisches Klima,** das durch die Höhenlage gemildert ist. Die Durchschnittstemperaturen im zentralen Landesteil liegen zwischen 15°C und 27°C, im Norden deutlich darüber.

Die große **Trockenzeit** erstreckt sich von Juni bis September, die **Hauptregenzeit** von Mitte März bis Juni. Relativ trocken ist auch die Zeit von Mitte Dezember bis Anfang Februar. Die **kleine Regenzeit** liegt in den Monaten Oktober bis Dezember. Zentral- und Süduganda erhalten durchschnittlich 1300 mm Jahresniederschlag, im ariden Nor-

Mittlere tägliche Maximal- und Minimaltemperaturen in °C

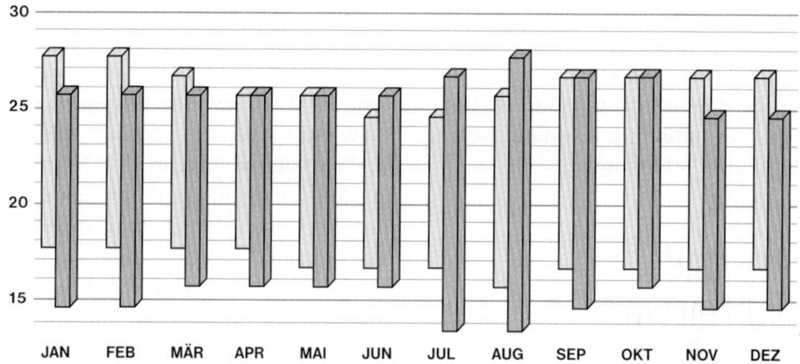

Maximale Luftfeuchtigkeit in %

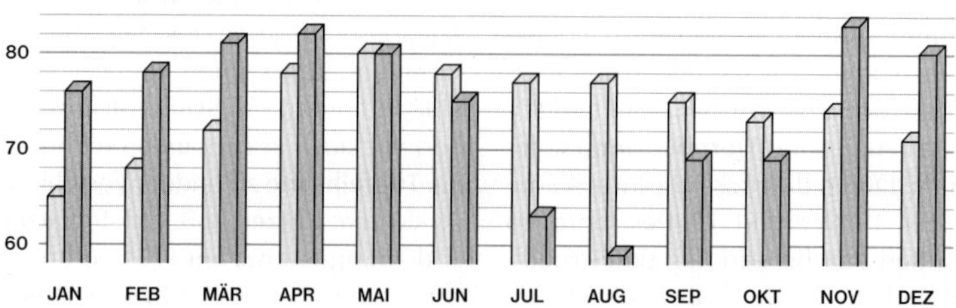

Niederschlagsmenge in mm
Die Zahlen über den Balken geben die mittlere Anzahl Regentage pro Monat an.

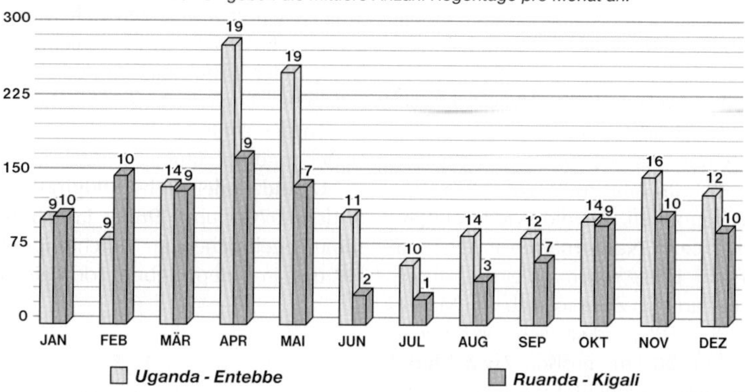

den hingegen sind es weniger als 750 mm. In den Landesteilen direkt am Viktoriasee (u.a. auch Kampala) gibt es das ganze Jahr über regelmäßig Niederschläge. Das Ruwenzorimassiv gilt als eines der regenreichsten Gebiete überhaupt (der mittlere Jahresniederschlag beträgt über 3000 mm).

Tier- und Pflanzenwelt

Die Lage Ugandas im Zentrum der Routen, die viele Tiere bei ihren Wanderungen innerhalb von Großlebensräumen benutzten, hat dem landschaftlich abwechslungsreichen Land traditionell einen großen **Tierreichtum** eingebracht. Durch die rücksichtslose Wilderei der 1970er und 1980er Jahre im Schatten von Bürgerkrieg und Instabilität sind die Tierbestände in den Nationalparks und Reservaten jedoch stark zusammengeschrumpft. Seit Ende der 1980er Jahre hat eine gewisse Erholung stattgefunden.

Das früher weit verbreitete **Spitzmaulnashorn** und die nördliche Unterart des **Breitmaulnashorns** sind seit Mitte der 1980er Jahre vollständig ausgerottet. Im Jahr 2000 wurde ein Projekt begonnen, das die Wiedereinführung beider Nashornarten in Uganda vorsieht. Diese sollen auf einer „Rhinozeros-Farm" in Ziwa (östlich von Masindi, 2,5–3 Std. nordwestlich von Kampala), dem 80 km² großen **Ziwa Rhino Sanctuary,** gezüchtet werden, um sie dann später im Kidepo Valley NP und im Murchison Falls NP auszuwildern. Die Farm wird mit einem speziellen Elektrozaun gesichert sein und eine touristische Einrichtung für Besucher bieten. Entsprechende Arbeiten waren im Jahr 2003 weitgehend abgeschlossen. Gewissermaßen als „Vorhut" des Rhino-Projektes wurden im Jahr 2001 zwei aus Kenia eingeführte Breitmaulnashörner im Uganda Wildlife Education Centre (UWEC) in Entebbe angesiedelt.

Die Zahl der **Elefanten** liegt noch immer deutlich unter 5000. Auch die Bestände von **Löwen** und **Leoparden** haben erheblich gelitten. Im Kidepo Valley NP kommen noch **Geparden** vor, diese Angaben sind in letzter Zeit aber nur selten bestätigt worden. Ebenfalls nur in Kidepo kommt die **Streifenhyäne** vor, dort wie auch in den anderen Parks ist die **Tüpfelhyäne** zu finden. Verschiedene kleinere **Katzen** (z.B. Ginsterkatzen) und **Mangustenarten** sind verbreitet, leben aber recht scheu bzw. versteckt. Der **Streifen-Schakal** ist häufig.

Die Bestände von **Kaffernbüffeln** und **Flusspferden** zeigen sich wieder gut erholt. Auffällig ist die rötliche Färbung vieler Büffel, die vermutlich auf den genetischen Austausch mit Populationen des zentralafrikanischen Waldbüffels zurückzuführen ist. Der Bestand der **Uganda- oder Rothschildgiraffe** ist in den 1970er und 1980er Jahren zusammengebrochen. Im Murchison Falls NP und in Kidepo leben noch einige

Uganda-Kobs im
Queen Elizabeth National Park

Vertreter dieser gefährdeten Art. Ende der 1990er Jahre wurden Rothschildgiraffen aus dem Lake Nakuru NP in Kenia nach Kidepo überführt. Ähnliche Aktionen sind auch für **Pferdeantilopen** und andere in Uganda ausgerottete Tierarten geplant.

Verbreitet und relativ häufig ist die **Uganda-Moorantilope oder Uganda-Kob.** Weitere häufige **Antilopenarten** sind der Defassa-Wasserbock, Bleichböckchen oder Oribi, Jackson's Kuhantilope, Bohor-Riedbock, Buschbock oder Schirrantilope, Sitatunga und verschiedene Duckerarten. In den Nationalparks Queen Elizabeth (Ishasha-Region) und Lake Mburo gibt es größere **Topi-Bestände.** Im Lake Mburo NP und in Kidepo kommen **Steppenzebras** und **Elenantilopen** vor. **Impalas** gibt es ebenfalls nur im Lake Mburo NP. Neben dem häufigen **Warzenschwein** kommen in Uganda das **Pinselohrschwein** und das **Riesenwaldschwein** vor. In felsigen und gebirgigen Gegenden kann man **Klippspringer** beobachten. In Kidepo kommen die murmeltierähnlichen **Klippschliefer** vor.

Neben einer Vielzahl anderer Primatenarten beherbergt Uganda mehrere größere **Schimpansenpopulationen** (vor allem in den Waldgebieten Kibale und Budongo). Im Bwindi Impenetrable NP leben noch ca. 300 **Berggorillas** (laut Zensus von 1989). Dies ist etwa die Hälfte des Weltgesamtbestandes

uga_099 Foto: cl

Ebola bedroht Gorillas

Das Ebola-Virus und die Wilderei zerstören bislang sicher geglaubte Gorilla- und Schimpansen-Bestände in alarmierender Geschwindigkeit, berichtete ein internationales Forscherteam im April 2003 in der Zeitschrift Nature nach Feldstudien in Gabun und der Republik Kongo. Dort reduzierten sich die Populationen von 1983 bis 2000 um 56%. In den dicht bewaldeten, relativ intakten Lebensräumen der beiden Länder leben schätzungsweise 80% der Gorillas und die meisten Schimpansen.

Ebola hat in den ersten Monaten des Jahres 2003 in der Republik Kongo über 100 Menschen getötet. Man nimmt an, dass auch Tausende, vielleicht Zehntausende Menschenaffen dieser tödlichen Krankheit zum Opfer gefallen sind. Im kongolesischen Lossi-Reservat hat das Virus unter den Gorillas ein erschreckendes Massensterben ausgelöst; nun hat es bereits die Grenzen des Odzala-Nationalparks erreicht. Im Minkébé-Wald in Nordgabun ist die Anzahl der Menschenaffen in den letzten 10 Jahren sogar um 99% gesunken; als Hauptgrund gilt Ebola.

Der amerikanische Biologe *Peter Walsh* von der Princeton University schätzt, dass ihre Zahl in den nächsten 30 Jahren um 80% sinken könnte. Sie würden dann nur noch in kleinen Restpopulationen leben und wären vom Aussterben bedroht. Bislang hat noch keine Ebola-Epidemie die verbliebenen Populationen der letzten Berggorillas heimgesucht – bei nur noch ca. 650 verbliebenen Tieren (laut Zensus von 1989) wären die Folgen fatal.

Walsh, P. D. et al. (2003). Catastrophic Ape Decline in Western Equatorial Africa, Nature 422, 611–614

uga_100 Foto: cl

der vom Aussterben bedrohten Unterart. Im Mgahinga Gorilla NP auf der ugandischen Seite der Virunga-Vulkane sind weitere 15–50 Individuen beheimatet. In beiden Gebieten sind Besuche an Menschen gewöhnter (habituierter) Gorillagruppen möglich. Von den übrigen 17 **Primatenarten** bekommt man neben den allgegenwärtigen Anubis-Pavianen am ehesten Guerezas, Grüne Meerkatzen, Diademmeerkatzen und Schwarzbackige Weißnasen zu sehen. Besonders gute Beobachtungsmöglichkeiten bestehen im Kibale Forest NP, der eines der dichtesten Primatenvorkommen weltweit aufweist.

Es sind 1017 **Vogelarten** in Uganda beschrieben, die meisten von ihnen brüten hier (zum Vergleich: in Deutschland lassen sich gerade einmal 288 Vogelarten beobachten). Alljährlich kommen zahlreiche Zugvogelarten aus dem afrikanischen, europäischen und asiatischen Raum nach Uganda, von denen der europäische Weißstorch die auffälligste ist. Insbesondere Wasservögel und Greifvögel sind in Uganda gut zu beobachten. Neben den allgegenwärtigen Marabus und häufigeren Arten wie Nimmersatt, Rosapelikan, Weißbrustkormoran, Reihern und Kingfishern (Eisvogelarten) ist das Vorkommen des **Schuhschnabelstorchs** hervorzuheben. Der Kronenkranich ist ugandischer Wappenvogel. Eine ausgefallene Färbung zeichnet den seltenen Sattelstorch aus. In den Bergwäldern kommen mehrere farbenfrohe Turako- und Nektarvogelarten vor. Auffälligste Greifvögel sind der Sekretär und der Gaukler. Charaktervogel von Seen und größeren Flussläufen ist der **Schreiseeadler.**

Insbesondere unterhalb der Murchisonfälle im gleichnamigen Nationalpark gibt es riesige, sehr alte **Nilkrokodile.** An Seen und Flüssen ist der **Nilwaran** eine gängige Erscheinung. In den Wäldern kommen mehrere Chamäleonarten vor.

Schlangen sind häufig, doch bekommt man sie fast nie zu Gesicht. Die größte ist der bis zu 6 m lange Felspython. Sehr selten kann man Speikobras beobachten, gelegentlich stößt man auch auf die sehr giftige Puffotter, die im Gegensatz zu allen anderen Schlangenarten nicht zur Flucht neigt. Schwarze Mamba, verschiedene Vipern und Baumnattern kommen ebenfalls vor, sind jedoch selten zu sehen.

Über 20.000 **Pflanzenarten** sind in Uganda heimisch. Bemerkenswert sind insbesondere die Senezien- und Lobelienbestände im Ruwenzori-Gebirge und am Mt. Elgon. Diese Pflanzen neigen in größeren Höhen zum Pflanzengigantismus. Wuchshöhen von 4–10 Meter sind dabei keine Seltenheit. Man wandelt in den ugandischen Bergen daher wie durch eine Märchenwelt riesenhafter Pflanzen. Heidekraut neigt ebenfalls zum Riesenwuchs. Baumheide kann über 10 Meter Höhe erreichen.

Ökologie und Naturschutz

In Uganda waren 2003 zehn **Nationalparks,** elf Wildschutzgebiete und mehrere Waldschutzgebiete und kommunale Schutzgebiete ausgewiesen. Dabei fallen ca. 4,6% der Landesfläche unter die strengste Schutzkategorie des Nationalparks, insgesamt genießen ca. 8% der Gesamtfläche einen Schutzstatus. Während die Lage in den Nationalparks teilweise recht gut aussieht, ist der Zustand der Wildschutzgebiete („Wildlife Reserves") in der überwiegenden Zahl katastrophal. Die Naturschutzbemühungen konzentrieren sich daher vor allem auf den Erhalt und die Verbesserung der Situation in den Nationalparks. Dazu gehört insbesondere die **Bekämpfung von Wilderei und illegaler Landnutzung.** Beim derzeitigen Parkmanagement werden umliegende Gemeinden an den Einnahmen aus dem Tourismusgeschäft beteiligt. Dies gilt besonders für den Gorillatourismus. So werden ca. 20% der Parkeintrittsgelder in einen Fonds gezahlt, der den Parkanrainergemeinden in so genannten „Community Conservation Programs" zur Verfügung gestellt wird. Zudem werden die lokalen Gemeinschaften in andere tourismusspezifische Arbeiten eingebunden.

Ökologische Probleme, v.a. Bodenerosion, treten hauptsächlich infolge der intensiveren Bodennutzung in den dichtbesiedelten Gebieten des Südwestens und Westens sowie aufgrund des ständigen Rückgangs der Wälder auf. Im Bürgerkrieg wurde an den Regenwäldern starker Raubbau betrieben. Da der **Holzeinschlag** zur Brennholzgewinnung weiter zunimmt, wurden in der Nähe von Siedlungen „Energiewälder" angelegt, und ein Wiederaufforstungsprogramm der Regierung soll geschlossene Waldflächen schützen.

Uganda hat Anteil am größten tropischen Binnensee, dem **Lake Victoria,** der gleichzeitig zweitgrößter Frischwassersee der Welt ist. Inzwischen weist der See gravierende ökologische Probleme auf. Das ökologische Gleichgewicht wurde durch ein rasches Bevölkerungswachstum, Zerstörung der ursprünglichen Vegetation entlang der Küste, eine rasch expandierende Fischexportindustrie, eine starke Dezimierung des Fischbestandes, die aus Südamerika eingeschleppte, große Flächen des Sees bedeckende Wasserhyazinthe und massive Eutrophierung (Zunahme von Nährstoffen im Wasser) empfindlich gestört. Hohe Nährstoffeinträge in den See begünstigen ein massives Wachstum der **Wasserhyazinthe.** Diese im Wasser schwebende Pflanze behindert den Lichteinfall und verhindert somit eine Photosynthese des Phytoplanktons. Die Einleitung der Nährstoffe wird durch fortschreitende Abholzung im Uferbereich und nachfolgende Auswaschung der Böden bewirkt. Von wissenschaftlicher Seite wird rasches Handeln gefordert, da die Zerstörung des derzeit noch lebenserhaltenden Sees bald nicht mehr aufzuhalten sein könnte. Sanierungsmaßnahmen sind schwierig, da ein gemeinsames Vorgehen der drei Anrainerstaaten Uganda,

Tansania und Kenia notwendig ist. Gemeinsam mit der Weltbank wird von der Regierung versucht, die drohende Gefahr abzuwenden.

Der Plan zum Bau eines neuen Dammes zur Stromgewinnung an den Bujagalifällen nahe Jinja führte zu einer heftigen Kontroverse zwischen Damm-Befürwortern und Naturschützern.

Naturschutzorganisationen

Es gibt in Deutschland verschiedene Naturschutzorganisationen, die sich sehr stark im ugandischen bzw. kongolesischen Naturschutz engagieren:

Berggorilla & Regenwald Direkthilfe

●c/o *Rolf Brunner,* Lerchenstr. 5
D-45473 **Mülheim/Ruhr**
E-Mail: brunnerbrd@aol.com
Internet: www.berggorilla.org
Spendenkonto Nr. 353 344 315
bei der Stadtsparkasse Mülheim/Ruhr
(BLZ 362 500 00)

Die Berggorilla & Regenwald Direkthilfe (BRD) setzt sich insbesondere für die östlichen Gorillas und den Schutz ihrer Regenwälder ein. Der Verein unterstützt die Arbeit der Wildhüter, z.B. durch Ausrüstungslieferungen, Ausbildung oder den Bau von Unterkünften, finanziert Informationsmaterial für die Bevölkerung oder ermöglicht die Markierung von Nationalparkgrenzen. Darüber hinaus fördert er Forschungsaktivitäten internationaler und vor allem einheimischer Wissenschaftler. Ein wichtiges Ziel dabei ist die Schaffung eines Gleichgewichts zwischen den Bedürfnissen der lokalen Bevölkerung und den Naturschutzmaßnahmen.

Rettet die Elefanten Afrikas e.V.

●Rothenbaumchaussee 60
D-20148 **Hamburg**
E-Mail: reaev@poweronline.net
Internet: www.reaev.de
Spendenkonto Nr. 1280 141 571 bei
der Hamburger Sparkasse (BLZ 200 505 50)

Der Verein Rettet die Elefanten Afrikas (REA) wurde 1989 vom Hamburger Verleger *Hans-Helmut Röhring* und seiner Frau *Barbara* ins Leben gerufen. Ziel von REA sind der Erhalt der afrikanischen Elefantenbestände sowie die Sicherung und Entwicklung ihrer Lebensräume. Die Hauptaktivität des Vereins liegt in Kenia und Uganda. Seit vielen Jahren wird die Naturschutzarbeit im Queen Elizabeth National Park und im Murchison Falls National Park gefördert, seit 1994 vermehrt auch im Kidepo Valley National Park. Neben dem Aufbau einer funktionierenden Infrastruktur spielt die Bekämpfung der Wilderei eine wichtige Rolle. Dazu wurden seit 1990 Schnellboote und Einsatzfahrzeuge angeschafft, neue Parkaußenposten unterstützt, Ersatzteile, Ausrüstung und Medikamente für Parkmitarbeiter finanziert, leistungsbezogene Prämien (sog. „Top-up's") für engagierte Ranger gezahlt sowie Anschubfinanzierungen für bestimmte Projekte ermöglicht.

Jane Goodall Institut Deutschland (JGI Deutschland)

●Herzogstr. 60, D-80803 **München**
E-Mail: info@janegoodall-germany.org
Internet: www.janegoodall.de
Spendenkonto Nr. 25 80822 05
beim Bankhaus Reuschel & Co in München
(BLZ 700 303 00)

uga_104 Foto: cl

Von *Peter Hammelsbeck* 1994 in München gegründet, engagiert sich das Jane Goodall Institut (JGI) im praktischen Natur- und Tierschutz. Dem Schutz von Menschenaffen wurde immer eine hohe Priorität eingeräumt. Ein Großteil der Kosten zur Betreuung der Schimpanseninsel Ngamba Island im Viktoriasee wird heute durch JGI Deutschland getragen. Der Verein vergibt auch Patenschaften im deutschsprachigem Raum für die Schimpansen auf Ngamba Island.

Zoologische Gesellschaft Frankfurt von 1858 e.V. (ZGF)

● Alfred-Brehm-Platz 16, D-60316 **Frankfurt**
E-Mail: info@zgf.de, Internet: www.zgf.de
Spendenkonto Nr. 80002 bei der Frankfurter Sparkasse (BLZ 500 502 01)

Die Zoologische Gesellschaft Frankfurt (ZGF) wurde bereits 1858 gegründet. Eine Vielzahl von Projekten weltweit folgt dem Ziel der Bestandssicherung seltener Tierarten sowie ihrer Lebensräume. In Afrika liegt die Hauptaktivität in Tansania, jedoch engagiert sich die ZGF seit mehr als 20 Jahren auch maßgeblich im Parc National des Virunga in Kongo/Zaire. Die Habituierung mehrerer Berggorillafamilien im Park ist ein Erfolg des ZGF-Projektes. Darüber hinaus erfolgten vor Ausbruch des Bürgerkrieges regelmäßige Ausrüstungslieferungen direkt an die Wildhüter, eine Ausstattung mit Fahrzeugen sowie Ausbildungs- und Infrastrukturmaßnahmen. In Uganda steht die Überwachung der Wildtierbestände der Nationalparks im Vordergrund. Dazu wurde ein Kleinflugzeug angeschafft, das überwiegend von dem Deutschen *Peter Möller* (Kidepo Valley NP) eingesetzt wird.

Förderkreis für Ugandas Tierwelt e.V.

● Postfach 348, D-22563 **Hamburg**
E-Mail: F.Ugandas.Tierwelt@t-online.de
Spendenkonto Nr. 1217 125 598 bei der Hamburger Sparkasse (BLZ 200 505 50)

Der Förderkreis für Ugandas Tierwelt (FUT) wurde 1986 ins Leben gerufen. Ziel von FUT ist der Erhalt der Wildtierbestände Ugandas sowie deren Lebensräume. Die Hauptaktivität lag bisher im Queen Elizabeth National Park, seit 1994 auch im Kidepo Valley National Park sowie untergeordnet in anderen Reservaten. Der in Uganda lebende Ingenieur *Peter Möller* koordiniert den Einsatz der Mittel vor Ort. Neben dem Aufbau einer funktionierenden Infrastruktur und Informationsprogrammen für die im Nahbereich der Parks lebende Bevölkerung spielt die Bekämpfung der Wilderei eine vordringliche Rolle. Dazu wurden robuste Einsatzfahrzeuge angeschafft, neue Parkaußenposten geschaffen und ein leistungsbezogenes Prämiensystem für die Ranger eingeführt.

Schimpanse

Geschichte

Ostafrika – „Wiege der Menschheit“

Nach dem gegenwärtigen Kenntnisstand der Anthropologen haben sich maßgebliche Prozesse der Menschwerdung im ostafrikanischen Raum abgespielt. Im Gebiet des **Rift Valley,** des Ostafrikanischen Grabenbruchs, ist die Zahl und die Qualität der natürlichen Aufschlüsse besonders hoch.

Berühmte Wissenschaftler wie *Louis, Mary* und *Richard Leakey, Yves Coppens* oder *Donald Johanson* haben aus den Fundstellen am afrikanischen Rift Valley im Laufe von Jahrzehnten mehr als 2000 fossile Überreste von Hominiden geborgen und anhand ihrer Funde die Auffassung, die Wiege der Menschheit läge im östlichen Afrika, eindrucksvoll untermauert.

Geschichte Ugandas

Frühgeschichte

Wie in vielen anderen Teilen Afrikas weiß man über die frühe Geschichte der Region des heutigen Uganda wenig, da schriftliche Zeugnisse aus dieser Zeit fehlen. Man nimmt jedoch an, dass dieses Gebiet einen weitgehend geschlossenen Regenwaldbewuchs aufwies, der von jagenden **Pygmäenstämmen** besiedelt war. Mit der Einwanderung von Ackerbau betreibenden **Bantuvölkern,** beginnend vor etwa 2000 Jahren, wurden die Pygmäen immer weiter zurückgedrängt. Anfang des 18. Jahrhunderts war das Gebiet Ugandas von zwei großen ethnischen Gruppen bestimmt: Bantustämmen (meist Bauern) im Süden und **nilotischen Nomaden** im Norden.

Zwischen dem 15. und 18. Jahrhundert entwickelten sich in einigen Teilen des Landes die heute noch für Uganda typischen **Aristokratien,** wobei das **Königreich Buganda** eine Führungsrolle innehatte. Aber die Vielzahl unterschiedlicher Stämme war nicht nur in vergangenen Jahrhunderten Anlass für kriegerische Auseinandersetzungen.

19. Jahrhundert – Beginn der Kolonialzeit

Mit Beginn des 19. Jahrhunderts drangen **arabische Händler** von der ostafrikanischen Küste in das Gebiet vor, angezogen durch Elfenbein- und Sklavenhandel. Sie begannen mit der Etablierung des **Islam** in der von Naturreligionen bestimmten Region. In der zweiten Hälfte des Jahrhunderts erlangte das ostafrikanische Gebiet für die europäische Kolonisation an Bedeutung. Um 1860 wurde die Quelle des Nils durch die beiden britischen **Forscher** *Grant* und *Speke* entdeckt. Auf ihren Spuren kamen protestantische und katholische **Missionare** und wurden in allen Landesteilen aktiv. Ihre Bemühungen fielen auf sehr fruchtbaren Boden, der Einfluss der Missionen war schon bald groß. Der Islam hingegen konnte vergleichsweise wenig Fuß fassen.

Nach Abschluss entsprechender Verträge auf der **Berliner Konferenz** 1884/1885 wurden die britischen Ansprüche auf das Seenhochland von den Deutschen anerkannt. Weitere vertragliche

Vereinbarungen zwischen dem Deutschen Reich und England regelten 1886 und 1890 die Interessensphären beider Großmächte in Ostafrika. Während **Deutsch-Ostafrika** (bis 1918) das heutige Festland-Tansania, Ruanda und Burundi umfasste, wurden die jetzigen Staaten Uganda und Kenia als **British East Africa** zusammengefasst. Die **British East Africa Company** wurde zunächst mit der Wahrnehmung kommerzieller und politischer Interessen des Mutterlandes beauftragt und handelte mehrere Schutzverträge mit den Bantu-Königreichen aus. Ab 1894 waren Uganda und Kenia als Protektorat direkt der britischen Regierung unterstellt. Der Widerstand verschiedener einheimischer Gruppen bei der Errichtung des kolonialen Staatssystems wurde in mehreren Kriegen niedergeschlagen. 1902 erfolgte die Teilung in getrennte Verwaltungsgebiete (die heutigen Länder Uganda und Kenia).

20. Jahrhundert bis zur Unabhängigkeit (1962)

Der Aufbau der Kolonialwirtschaft stützte sich auf den Export so genannter **„cash crops“**, vor allem Baumwolle und Kaffee. Anders als in Kenia setzten sich in Uganda europäische Siedler und Farmer niemals in größerer Zahl fest, so dass das landwirtschaftlich genutzte Land zum überwiegenden Teil in der Hand der lokalen Bevölkerung blieb. Mit dem Beginn des Eisenbahnbaus durch die Briten strömten zahlreiche **Asiaten,** vor allem Inder, ins Land. Diese übernahmen rasch die wirtschaftliche (und in gewissen Grenzen auch industrielle) Führerschaft im Lande und trugen viel zur Belebung von Wirtschaft und Handel bei.

Während der letzten Jahrzehnte kolonialer Zeit blieb es in Uganda relativ ruhig und friedlich, das Land galt als eines der blühendsten in Schwarzafrika. Am **9. Oktober 1962** wurde Uganda in die **Unabhängigkeit** entlassen.

Nach der Unabhängigkeit – das erste Regime Obotes (bis 1971)

Die Bemühungen der Briten, das Land nach Erlangung der Unabhängigkeit nicht auseinanderbrechen zu lassen, führten zur **Errichtung eines komplexen föderalistischen Systems.** Die erste Regierung des jungen Staates wurde von einer Allianz politischer Kräfte aus den traditionell in distanziertem Verhältnis zueinander stehenden nördlichen und südlichen Landesteilen gebildet. Der König („Kabaka“) des einflussreichsten Königreiches Buganda wurde zum Präsidenten gewählt, während **Dr. Milton Obote,** ein Lehrer vom Stamme der Langi in Norduganda, Premierminister wurde. Nach einem geglückten Start versuchte *Obote* sehr bald, die alleinige Kontrolle über den Staat zu gewinnen. Er stützte sich dabei vor allem auf die Armee. Im Februar 1966 setzte er die Verfassung außer Kraft, entließ den Präsidenten und riss alle Macht an sich. Als das Königreich Buganda die Wiederherstellung seiner Autonomie forderte, wurde der Kabaka *Edward Muteesa II.* von Truppen der ugandischen Armee, die unter Führung von Colonel *Idi Amin* standen, ins Exil nach England vertrieben, wo er 1969 starb.

Willkür und Repression bestimmten fortan den politischen Alltag im Land. Im Schatten *Obotes* gewann *Idi Amin,* der alsbald im Rang eines Generals die Armeeführung übernahm, an Macht. Er machte sich einen Auslandsaufenthalt *Obotes* zunutze und erklärte sich im Januar 1971 zum neuen Staatsführer. Der Staatsstreich glückte, weil viele Ugander und die westliche Welt die Abkehr vom verhassten Regime *Obotes* begrüßten.

Uganda unter Idi Amin (1971–1979)

Das auf derlei Vorschusslorbeeren bauende Regime *Idi Amins* zeigte bald sein wahres Gesicht. Politische Aktivität wurde verboten, viele Menschenrechte außer Kraft gesetzt. *Idi Amin* begann, mit grausamer Willkür und der Gewalt der Armee zu regieren. **1972** befahl er die **Ausweisung aller Asiaten** und schuf schnell eine Atmosphäre, die über 70.000 von ihnen ins Exil nach England, Kanada und die USA trieb. Ihre Geschäfte und Betriebe wurden unter dem Beifall weiter Bevölkerungsteile „afrikanisiert" und Afrikanern ausgehändigt, d.h. in der Praxis meist an Gefolgsleute *Amins.* Mit dieser Maßnahme leistete er dem zunehmenden Verfall der ugandischen Wirtschaft Vorschub, denn die neuen Besitzer ruinierten viele Geschäfte und Unternehmen schon

Lake Mutanda bei Kisoro

bald durch ökonomische Unkenntnis und Misswirtschaft. Fast alle westlichen Länder brachen ihre diplomatischen Beziehungen zu Uganda ab und verhängten ein Handelsembargo. Die meisten Europäer verließen das Land. Unterstützung überwiegend militärischer Art fand *Idi Amin* in Libyen und in der damaligen Sowjetunion.

Die gute Infrastruktur des Landes unterlag einem rasanten Verfall, Berichte über Gräueltaten an den verschiedensten Bevölkerungsgruppen häuften sich. Selber ein Moslem, befahl er vor allem die Ermordung von Christen, die in Uganda fast 70% der Bevölkerung ausmachen. In verschiedenen **Säuberungsaktionen** verloren fast 400.000 Ugander ihr Leben. Die meisten von ihnen verschwanden einfach und wurden in Gefängnissen, Polizeistationen und Armeebaracken gefoltert und zu Tode gequält. Viele Leichen wurden einfach in den Nil geworfen. Besonders schlimm betroffen waren die Völker der Langi (der Stamm *Obotes)* und der Acholi. Mehr als 30.000 Karamojong wurden getötet, weil *Amin* und seine Gefolgsleute sie für „primitiv" erklärten. Schlecht bezahlte, marodierende Soldaten schossen die ugandischen Nationalparks leer, und ein riesiger Flüchtlingsstrom ergoss sich in die Nachbarländer.

1978 hatte *Idi Amin* Staat und Gesellschaft so gründlich ruiniert, dass er kaum noch Rückhalt in den eigenen Reihen besaß. Schwere **Revolten** erschütterten die Armee. Amin flüchtete sich in einen **Krieg** und ließ nach Anzettelung eines Grenzkonflikts das Nachbarland Tansania angreifen. Die miserabel ausgerüstete tansanische Armee holte nach mehreren Monaten mit Unterstützung vieler Exil-Ugander zum großen Gegenschlag aus. Die **Invasion tansanischer Truppen** im Frühjahr 1979 nach Uganda führte innerhalb weniger Tage zur Flucht *Amins* und seiner heruntergewirtschafteten Armee. Der Diktator fand Exil zunächst in Libyen und später in Saudi-Arabien, wo er am 16. August 2003 im (geschätzten) Alter von 76 Jahren an den Folgen einer Nierenerkrankung verstarb.

Das Chaos nach Amins Flucht 1979/80

Die tansanischen Truppen blieben vorerst im Land, vor allem um beim Wiederaufbau zu helfen und um Recht und Ordnung zu gewährleisten. Doch kaum war ihre Bezahlung erlahmt, sprangen sie an die Stelle der vertriebenen Amin-Truppen. Sie begannen, die verbliebenen Tiere in den Nationalparks zu schießen, plünderten Hilfslieferungen und tyrannisierten die Zivilbevölkerung. Trotzdem kehrten viele Ugander aus dem Exil zurück und der Wiederaufbau machte Fortschritte. Die Tansanier installierten eine **Übergangsregierung,** die Uganda National Liberation Front (UNLF), deren Präsident *Dr. Yusufu Lule* (vorher Vize-Kanzler der Makerere-Universität) wurde. Als *Lule* Kritik am tansanischen Präsidenten *Nyerere* äußerte, wurde er nach kurzer Zeit durch *Godfrey Binaisa* ersetzt. Nach einer Amtszeit von nur einem Jahr wurde *Binaisa* vom militärischen Flügel der UNLF, der Uganda National Liberation Army (UNLA), verdrängt.

Idi Amin – der „Schlächter von Kampala"

Der Mann gab sich gern als Witzbold. Unangemeldet besuchte er die britische Queen, im Pyjama sprang er während eines Gipfeltreffens der afrikanischen Union in den Pool und sich selbst nannte der Afrikaner den „letzten König von Schottland“. Dem US-Präsidenten *Richard Nixon* wünschte er seinerzeit eine „rasche Genesung von Watergate“. Bekannt wurde der ugandische Despot Idi Amin jedoch als „Schlächter von Kampala“, unter dessen Gewaltherrschaft von 1971 bis 1979 Hunderttausende von Menschen ermordet wurden.

Zur Macht hatte dem Diktator der Westen verholfen. Der bullige Amateurboxer, der kaum lesen und schreiben konnte, meldete sich 1946 zur britischen Kolonialtruppe King's African Rifles. Dank seiner militärischen Fähigkeiten brachte er es in sieben Jahren vom Hilfskoch zum Sergeant Major. Erfolgreich kämpfte er für die Briten gegen die Mau-Mau-Freiheitskämpfer in Kenia. Dafür gaben sie Amin Rückenwind, als dieser sich am 25. Januar 1971 gegen den damaligen Präsidenten *Milton Obote* in Uganda an die Macht putschte. Dessen Linkskurs misstraute der Westen ohnehin.

Großbritannien und auch Israel, das Amin zum Fallschirmjäger ausgebildet hatte, erkannten das Regime sofort an. Schon nach wenige Tagen zeigte Amin sein wahres Gesicht: Offiziere, Richter und Intellektuelle, die *Obote* gedient hatten, „verschwanden“. Ganze Dörfer wurden dem Erdboden gleichgemacht. Nach Informationen von amnesty international wurden während der folgenden acht Jahre fast 400.000 Menschen massakriert – zum Teil vom Diktator selbst. Um an libysche Rüstungsgelder zu kommen, wies er Israelis aus und verherrlichte die Gräueltaten der deutschen Nazis an den Juden.

Ein Jahr nach seinem Putsch verjagte er rund 70.000 Asiaten aus dem Land und leitete damit den wirtschaftlichen Ruin ein, von dem sich Uganda erst unter dem derzeitigen Präsidenten *Yoweri Museveni* wieder erholte. „Ich erinnere mich wie heute an den Tag, an dem ich meine Koffer packte und das Land verließ“, sagt ein indischer Stoffhändler in Kampala. „Meine Villa, mein Laden und alles, was ich mir in 35 Jahren aufgebaut habe, hinterließ ich diesem Verbrecher.“ Der Inder ist einer von wenigen Asiaten, die seit knapp zehn Jahren wieder zum Erscheinungsbild der Stadt gehören.

Im Sommer 1972 stattete Amin *Queen Elizabeth* in London einen Überraschungsbesuch ab. In Uganda sei es zu schwer, Schuhe der Größe 47 zu finden, soll er auf die Frage geantwortet haben, was ihr die Ehre verschaffe. Um die ehemaligen Kolonialherren zu demütigen, ernannte er sich später zum Monarchen der Schotten und „Eroberer des britischen Empires.“ Während die westliche Welt dem Anti-Kommunisten lange zu Füßen lag, ließ er Briten, die in Kampala wohnten, vor ihm niederknien. Die Kinder von deutschen und US-Diplomaten forderte er im Pool des heutigen Sheraton-Hotels zu Wettkämpfen heraus, während die Eltern ihnen einschärften, den eitlen Koloss bloß gewinnen zu lassen.

Seine Niederlage kam, als die Armee des Nachbarlandes Tansania 1978 einen Invasionsversuch ugandischer Truppen niederschlug und am 11. April 1979 den größenwahnsinnigen Diktator in die Flucht jagte. Saudi-Arabien gewährte ihm Exil, wo er die letzten 14 Jahre seines Lebens zurückgezogen lebte. Seine Freundschaft zu dem damaligen König *Feisal* ermöglichte dem konvertierten Moslem ein bequemes Leben im Exil. Für seine Untaten musste er sich niemals vor Gericht verantworten.

Auf den Tod des Ex-Diktators am 16. August 2003 reagierte die ugandische Regierung gelassen. „Sein Tod ist bestimmt kein Anlass zu trauern“, sagte ein Sprecher von Präsident *Museveni*. Amin sei der grausamste aller Despoten gewesen. Wenn die Familie ihn in seiner Heimatstadt Arua in Uganda bestatten wolle, gebe es jedoch keine Einwände.

Dieser wurde von **Paulo Muwanga,** einem Anhänger des alten Präsidenten *Obote,* geführt. *Muwanga* setzte freie Wahlen für das Jahresende 1980 fest.

Die **Wahlen** vom Dezember 1980 wurden vermutlich gefälscht. Der aus seinem tansanischen Exil zurückgekehrte Ex-Präsident **Obote** wurde zum Sieger erklärt und alsbald zum Präsidenten gewählt, *Muwanga* wurde Vize-Präsident.

Das zweite Regime Milton Obotes (1980–1985)

Die zweite Präsidentschaft *Obotes* stützte sich, wie die erste, vor allem auf die Armee. *Obote* gelang es nicht, die verschiedenen Stämme und Gruppen der ugandischen Gesellschaft und deren Ziele unter einen Hut zu bringen. Mehrere oppositionelle Gruppen gingen nach der manipulierten Wahl in den Busch und begannen einen **Guerillakrieg.** Dazu gehörte die **National Resistance Army (NRA)** unter Führung von **Yoweri Museveni.** Dieser ehemals kleine Haufen zäher Kämpfer entwickelte sich rasch zu einer wohlorganisierten, mächtigen Armee, die vornehmlich aus den südlichen Landesteilen heraus operierte. Die Regierungsarmee *Obotes* (UNLA) versuchte verzweifelt, den Zulauf der Bevölkerung zur NRA zu bekämpfen. Besonders im so genannten „Luwero-Dreieck" nördlich von Kampala kam es zur Vernichtung ganzer Bevölkerungsteile. Man nimmt heute an, dass in der zweiten Amtszeit *Obotes* fast 500.000 Menschen starben.

uga_110 Foto: cl

Auseinandersetzungen in der Armeeführung zwischen den Stammesfraktionen der Langi und Acholi leiteten *Obotes* Ende ein. Im Juli 1985 marschierten Acholi-dominierte Armeeeinheiten in Kampala ein und vertrieben *Obote* nach Sambia, wo er noch heute lebt. Seine Regierung wurde durch einen Militärrat ersetzt, den der General *Tito Okello* (ein Acholi) führte.

Die Militärherrschaft von General Okello (1985/1986)

Die NRA von *Yoweri Museveni* lehnte eine Regierungsbeteiligung unter *Okello* ab und setzte ihren Untergrundkampf fort. Ende 1985 hatte sie weite Teile Ugandas unter Kontrolle, im Januar 1986 schließlich nahm sie nach längerer Schlacht Kampala ein.

Uganda unter Museveni (seit 1986)

Kurz nach der Machtübernahme durch die NRA wurde *Museveni* als Präsident vereidigt. Die NRA hatte binnen zwei Monaten fast das gesamte Staatsgebiet unter ihrer Kontrolle, lediglich der Norden und Nordwesten blieben vorerst noch Kampfgebiet. Der alte Militärrat wurde durch den National Resistance Council (NRC) ersetzt, der zunächst vor allem mit Offizieren der NRA und Mitgliedern ihres politischen Flügels, dem **National Resistance Movement (NRM),** besetzt wurde.

Schützenpanzer an der Straße von Kampala nach Masindi (1986, Sturm der NRA auf Kampala)

Museveni gewann rasch das Vertrauen der westlichen Welt und brachte Uganda auf **Konsolidierungskurs.** Er forderte die unter *Amin* vertriebenen Asiaten zur Rückkehr auf und versprach die Rückgabe ihres Eigentums. Ende der 1980er Jahre bot er den Rebellengruppen, die im Norden kämpften, eine Amnestie an. Fast 30.000 von ihnen gingen darauf ein und gaben ihre Waffen ab. Dem König von Buganda („Kabaka") erlaubte er 1993 die Rückkehr und die Wiederherstellung des Königreichs, allerdings ausschließlich unter kulturellen und zeremoniellen Aspekten.

Der militärisch erzwungene Machtwechsel in Ruanda nach dem Genozid im Jahr 1994 hin zu einer Tutsi-dominierten Regierung wurde von *Museveni* militärisch und logistisch massiv unterstützt. Viele der ruandischen Tutsi-Soldaten hatten seinerzeit in der NRA *Musevenis* gedient und diesem 1986 zum militärischen Sieg über das Okello-Regime verholfen.

Museveni lehnte es im eigenen Land bis 1994 ab, demokratische Wahlen innerhalb eines Mehrparteiensystems durchführen zu lassen. Er wies dabei auf den noch sehr jungen Frieden und eine fehlende, neu zu schaffende Verfassungsgrundlage hin. Im März 1994 fanden die Wahlen zur Verfassungsgebenden Versammlung statt. Das NRM-dominierte Gremium schrieb 1995 in der neuen **Verfassung** für weitere fünf Jahre das von *Museveni* und seiner NRM etablierte „Movement-System" fest, das ohne echten Parteienpluralismus auskommt, aber verschiedene politische Kräfte zulässt. Am 9. Mai **1996** fanden die ersten freien **Präsidentschaftswahlen** in Uganda seit mehr als 10 Jahren statt. Unter den drei angetretenen Kandidaten wurde der amtierende Präsident *Museveni* mit großer Mehrheit (74,2% der abgegebenen Stimmen) bestätigt.

In die Bürgerkriegshandlungen im Nachbarland **Kongo/Zaire** ab Oktober 1996, die zum Sturz des Diktators *Mobutu* führten, griff Uganda massiv unterstützend ein. Die ugandische Truppenpräsenz in Kongo/Zaire dauerte nach einer neuerlichen Auflehnung gegen *Mobutus* Nachfolger *Laurent-Désiré Kabila* im August 1998 und der Übernahme der Amtsgeschäfte durch *Joseph Kabila* nach der Ermordung seines Vaters *Laurent* 2001 noch bis zum Mai 2003 an. In verschiedenen UN-Berichten wurden dabei mehrere Führer der ugandischen Truppen im Kongo einer hemmungslosen Bereicherung an den Wäldern und den Bodenschätzen des Kongo bezichtigt. Im August 1999 kam es zu massiven Gefechten zwischen ruandischen und ugandischen Besatzungstruppen in der ostkongolesischen Stadt Kisangani, die den vorläufigen Gipfel einer bis heute andauernden Gegnerschaft beider Länder darstellten, die vor allem in der Unterstützung verschiedener ethnischer Gruppen, der aggressiven Expansionspolitik Ruandas sowie der Konfrontation politischer und wirtschaftlicher Interessen begründet liegt.

Im Jahr 1999 kam es zu mehreren **Bombenattentaten** in Kampala, deren Urheberschaft nie einwandfrei geklärt werden konnte. Im gleichen Jahr wurden mehrere durch Viehdiebstahl ausgelöste **Massaker** unter verfeindeten Gruppen der Karamojong im Nordosten Ugandas verzeichnet, die sich auch im Jahr 2000 wiederholten. Am 1. März 1999 wurden mehrere amerikanische und britische Touristen von ruandischen Hutu-Milizen im Bwindi Impenetrable Forest NP in Südwestuganda ermordet, dem wohl erschütterndsten Tag in der jüngeren Tourismusgeschichte Ugandas. Präsident *Museveni* erklärte die Angelegenheit zur Chefsache und mit massivem Militäreinsatz wurden wesentliche Verbesserungen der Sicherheit in der Region erreicht.

Bei den **Präsidentschaftswahlen** im März **2001** siegte *Museveni* erneut mit 69,3% der abgegebenen Stimmen (bei einer Wahlbeteiligung von 70,3%), doch musste er mit *Dr. Kizza Besigye,* der 28% der Stimmen auf sich vereinigen konnte, erstmals einen ernst zu nehmenden Gegenkandidaten innerhalb des NRM-Systems hinnehmen.

Staatsbesuche der US-Präsidenten *Bill Clinton* (1998) und *George W. Bush* (2003) unterstreichen die strategische Bedeutung, die die westliche Welt und vor allem die USA dem weitgehend stabilen Uganda unter Museveni in Afrika heute beimessen, diese jedoch stets mit der Aufforderung nach mehr Demokratisierung verbinden.

Staat und Politik

Die Republik Uganda gehört zu den 20 ärmsten Ländern der Welt und ist wirtschaftlich fast vollkommen von den Erträgen der Landwirtschaft, insbesondere vom Hauptexportprodukt Kaffee, abhängig, dessen Preis in den vergangenen Jahren von Schwankungen am Weltmarkt und Missernten stark beeinträchtigt wurde. Der Human Development-Index-Wert von 2000 weist Uganda an 150. Stelle von 173 untersuchten Ländern aus. Uganda zählt zu den meistverschuldeten armen Ländern der Welt und bekam in den letzten Jahren von der Gemeinschaft der Geberländer mehrfach großzügige Entschuldungen zugestanden. Andere Untersuchungen weisen Uganda als eines der korruptesten Länder weltweit aus – eine Feststellung, die von keinem der politischen Führer des Landes ernsthaft bestritten wird.

Uganda wird seit 1986 von Präsident *Yoweri Kaguta Museveni* geführt. Das **Parlament** ist der von *Musevenis* NRM dominierte National Resistance Council (NRC). Die Mitwirkung verschiedener politischer Kräfte ist gewährleistet, doch gibt es keinen echten Parteienpluralismus. Der heutige Verwaltungsaufbau des Landes unterscheidet **vier Regionen** – Nord-, West-, Ost- und Zentralregion – **mit 34 Distrikten,** die ihrerseits wieder untergliedert sind. Die Chefs der Distriktverwaltungen werden vom Präsidenten ernannt.

Innenpolitisch sieht sich *Museveni* seit Verkündigung der neuen Verfassung am 8. Oktober 1995 wachsenden Schwierigkeiten mit mehreren ugandischen Parteien ausgesetzt. Insbesondere die alte Obote-Partei UPC (Uganda People's Congress), die über beträchtlichen Rückhalt im Norden verfügt, fordert ein echtes Mehrparteiensystem und fühlt sich durch die neue Verfassung an den Rand gedrängt. Im Juli 2000 entschied sich die Bevölkerung bei einem Referendum für die Beibehaltung des NRM-Systems **(„Movement-System")** in den kommenden fünf Jahren. Parteipolitische Aktivitäten bleiben verboten, und die Kandidaten für die kommenden Wahlen müssen unabhängig sein. Die stärkste Kritik an der Regierungspolitik kommt verständlicherweise von den Interessensgruppen und politischen Gruppierungen, deren Aktivitäten unter der repressiven Politik zu leiden haben. Die historisch bedeutenden **Königreiche** Buganda, Toro, Busoga und Bunyoro-Kitara im Süden des Landes wurden seit 1993 nacheinander wieder etabliert, wobei ihnen zwar eine rein kulturell-traditionelle Rolle zugedacht wurde, ihre Anhänger aber keine unwesentliche Rolle in der Diskussion über die Einführung des Mehrparteiensystems spielen.

Bedeutendster politischer Konkurrent *Musevenis* ist **Dr. Kizza Besigye,** ein ehemaliger NRM-Minister, der bei den Präsidentschaftswahlen vom März 2001 als Gegenkandidat 28% der Stimmen erhielt. *Museveni* gewann mit fast 70% der Stimmen, darf jedoch bei den nächsten Wahlen 2006 nicht mehr kandidieren. Der Nachfolger von *Paul Ssemogerere* von der Democratic Party

(DP), *Emanuel Wamala Kalule,* muss sich als Parteiführer erst noch profilieren. Bis zu den nächsten Wahlen ohne *Museveni* muss das politische System transformiert werden; dazu wurde eine „Constitutional Review Commission" (CRC) eingerichtet.

Der **11. September 2001** ging auch an Uganda nicht spurlos vorüber. Bereits am 18. September brachte die Regierung eine Gesetzesvorlage ein, die die Todesstrafe für alle terroristischen Verbrechen vorschreibt und mittlerweile vom Parlament angenommen wurde. Das Gesetz ist vor allem gegen die **Rebellengruppierung ADF** (= Allied Democratic Forces) gerichtet, die im Westen und von der DR Kongo aus operierte und in Westuganda durch Amnestie und militärischen Druck weitgehend zerschlagen wurde. Das Gesetz schränkt jedoch auch die Presse- und Meinungsfreiheiten ein. Da auch der Norden des Landes Kampfgebiet war, beschloß die Regierung im Februar 2000, die Karamoja-Gegend zu entmilitarisieren, wobei durch den Bau von Dämmen Wasser und Weideland (häufiger Anlass für kriegerische Auseinandersetzung) auch in trockenen Perioden gesichert werden sollten. Ebenfalls im Norden kämpfen seit ca. 15 Jahren die **Rebellen der LRA** (= Lord's Resistance Army) unter ihrem offensichtlich geisteskranken Führer *Joseph Kony* gegen *Musevenis* Regierung, mit brutalen Mitteln und mit außergewöhnlich vielen Kindersoldaten.

Nach einem Abkommen mit der Regierung des Sudan im März 2002 begann die **„Operation Iron Fist"** mit bis zu 10.000 ugandischen Soldaten, die im Süden Sudans die LRA aufzureiben versuchten. Allerdings gibt es weiterhin Anschläge im Norden Ugandas (so z.B. im Juli 2002 auf ein UN-Flüchtlingscamp), wenn auch die LRA militärisch deutlich geschwächt wurde.

Im Mai 2002 wurde der **„Political Organisations Bill"** (POB) verabschiedet, der allen Personen in öffentlichen Funktionen verbietet, politische Parteien zu gründen, zudem müssen sich die alten Parteien neu registrieren lassen. Dies steigerte die Frustration der Opposition und rief ihren Widerstand hervor, wobei von der Gruppe „Reform Aganda" zum ersten Mal seit 16 Jahren ein Schattenkabinett errichtet wurde.

Schwer wiegende **Menschenrechtsverletzungen** kommen (laut amnesty international Report 2002) von Seiten der bewaffneten Oppositionsgruppen, wie beispielsweise durch die von der DR Kongo aus agierende ADF und die im nördlichen Teil Ugandas operierende LRA, die mit Massenexekutionen, Verstümmelungen, Entführung von Kindern und ihre Umfunktionierung zu Kindersoldaten, Entführung von Mädchen und ihre sexuelle Versklavung die Bevölkerung einschüchtern. Allerdings wird auch berichtet, dass es im Kampf gegen die Rebellen immer wieder zu Folter und außergerichtlichen Exekutionen durch Sicherheitskräfte kommt. Im Dezember 1999 wurde ein Amnestie-Akt beschlossen, der allen sich freiwillig stellenden Rebellen nach der Waffenablieferung Amnestie gewähren sollte. Von Menschenrechtsgruppen werden das „Movement"-System und die eingeschränkte Tätigkeit politischer Parteien als problematisch bezeichnet, wodurch die durch die Verfassung garantierte Versammlungs-, Meinungs- und Pressefreiheit leidet.

Die Präsidentschaftswahlen von 2001 wurden von Wahlbeobachtern als fair und korrekt bezeichnet, dennoch kam es in mehreren Distrikten zu Gewalt und willkürlichen Festnahmen während der Wahlen.

● **Quellen-Hinweis:** Der jährliche amnesty-international-Report bietet zusätzliche Informationen unter web.amnesty.org. Eine detaillierte Übersicht über aktuelle landespolitische Entwicklungen bietet z.B. auch das jährlich aktualisierte „Länderprofil Uganda" der Österreichischen Forschungsstiftung für Entwicklungshilfe (ÖFSE), der viele in diesem Buch wiedergegebenen Informationen entnommen wurden (Internet: www.oefse.at).

Außenpolitik

Die Beziehungen zu den Nachbarländern **Kenia** und **Tansania** sind gut, vor allem seit der Wiederbelebung der **East African Community** (EAC) im Jahr 1999.

Zum **Sudan** waren die Beziehungen lange Jahre äußerst gespannt, da Uganda die im Südsudan operierende SPLA (= Sudan People's Liberation Army) von General *John Garang* und der Sudan ugandische Rebellengruppen (LRA und ADF) unterstützte. Durch die neuen Machtverhältnisse im Kongo seit 1997 und die geänderte Politik der USA gegenüber dem Sudan haben sich auch die Beziehungen Ugandas zum Sudan verbessert. Aufgrund eines im Dezember 1999 unterzeichneten Friedensabkommens mit dem Sudan konnten die diplomatischen Beziehungen wieder aufgenommen werden. Zu Beginn 2002 unterzeichneten beide Länder einen Vertrag, der es der ugandischen Armee erlaubt, ugandische Rebellen im Sudan zu verfolgen („Operation Iron Fist", s.o.).

Uganda war gemeinsam mit Ruanda in den Machtwechsel im **Kongo/Zaire** auf der Seite *Kabilas* 1996/97 involviert und unterstützte offen mit einer massiven Truppenpräsenz die Rebellion gegen *Laurent-Désiré Kabila* seit 1998 (Rebellengruppierung MLC, geführt von *Jean-Pierre Bemba*). Aufgrund der Verträge von Lusaka 1999 und des Machtwechsels im Kongo nach der Ermordung *Laurent Kabilas* 2001 zog Uganda den Großteil seiner Truppen aus der Demokratischen Republik Kongo (DR Kongo) ab. Das zunächst noch verbliebene Truppenkontingent kämpfte sowohl gegen ugandische Rebellen (ADF), bot aber auch eine gewisse Autorität im Nordosten Kongos. Diese erzwungene Stabilität, gepaart mit hemmungsloser Ausbeutung der Bodenschätze der besetzten Kongo-Regionen, brach nach dem endgültigen Abzug der ugandischen Truppen durch den im Ostkongo offen zutage tretenden militärischen Konflikt zwischen den Volksgruppen der Hema und Lendu vollends zusammen und erforderte die Intervention einer multinationalen Eingreiftruppe im Ostkongo, an der auch Deutschland beteiligt war. Die Ernennung von *Jean-Pierre Bemba* zum Ministerpräsidenten der neuen kongolesischen Übergangsregierung im Juli

2003 dürfte sich positiv auf die Beziehungen mit Uganda auswirken, sofern diese Regierung Bestand haben sollte.

Zu **Ruanda** hatte Uganda nach dem Sieg der FPR (= Front Patriotique Rwandais) 1994 exzellente Beziehungen, schließlich hatte *Museveni* die FPR massiv unterstützt. Beide Länder brachten 1996/97 *Laurent-Désiré Kabila* im Kongo/Zaire an die Macht und organisierten im August 1998 gemeinsam eine neuerliche Rebellion gegen *Kabila*. Da sie unterschiedliche kongolesische Rebellengruppen unterstützten und unterschiedliche Interessen verfolgten, gerieten sie im Kongo in offenen militärischen Konflikt und beschuldigten sich gegenseitig, Terroristen Unterschlupf zu gewähren. Während des Jahres 2001 verschlechterten sich die Beziehungen weiter. Eine militärische Eskalation des Konfliktes konnte nur durch Vermittlung des britischen Premierministers *Blair* Ende 2001 und neuerlich im Mai 2002, als eine gemischte Kommission eingerichtet wurde, verhindert werden. Im Frühjahr 2003 wurden erneut Truppen beider Länder an der gemeinsamen Grenze zusammengezogen. Die Hoffnung auf Aussöhnung erhielt im September des selben Jahres Nahrung, als Vertreter der DR Kongo, Ruandas, Ugandas und Burundis ein **Abkommen über gutnachbarschaftliche Beziehungen** unterzeichneten. Die Vereinbarung sieht die Aufnahme diplomatischer Beziehungen, die Anerkennung der Staatsgebiete der Unterzeichnerländer sowie den Verzicht auf Einmischung in deren innere Angelegenheiten vor.

Wirtschaft

Uganda wurde einst von *Winston Churchill* wegen seiner günstigen natürlichen Ressourcen die **„Perle Afrikas"** genannt. Die Herrschaft *Idi Amins* in den 1970er Jahren und die daran anschließenden Bürgerkriege haben Wirtschaft und Gesellschaft erschüttert. Seit der Machtübernahme *Musevenis* 1986 wurden für die Wirtschaft stabile Rahmenbedingungen geschaffen, vor allem durch die mit dem Internationalen Währungsfonds (IWF) und der Weltbank ausgehandelten **Strukturanpassungsprogramme,** die jedoch eine Abwertung der Landeswährung Uganda-Schilling (USh), Kürzungen der Sozialausgaben, Entlassung von Staatsbeamten, Privatisierungen, die Einführung einer Mehrwertsteuer u.a. als Voraussetzungen für Kredite von IWF und Weltbank hatten. Die bilateralen Geber, die von der wirtschaftlichen Erfolgsgeschichte Ugandas unter *Museveni* überzeugt waren, leisteten großzügige Hilfszahlungen.

Die **Abhängigkeit des Budgets von externer Finanzierung** wurde jedoch aufgrund der zu geringen Mehrwertsteuereinnahmen und des schwachen Exportsektors nicht wesentlich verringert. Die ökonomische Liberalisierung führte zu diversen makroökonomischen Veränderungen und beeindruckenden

Fischfang am Lake Albert

Eckdaten einer durchschnittlichen jährlichen Wachstumsrate des Bruttoinlandsprodukts (BIP) von 5% oder einer Inflationsrate von 3,5% im Jahr 2001 (200% im Jahr 1987).

Die **Landwirtschaft** bildet mit etwa 44% des BIP den bei weitem wichtigsten Sektor in der Wirtschaft Ugandas, in dem 80% der erwerbstätigen Bevölkerung tätig sind, zumeist in der Subsistenzwirtschaft, die auch den Großteil der Ernährung sichert. Neben der Lebensmittelproduktion für den Eigenbedarf werden Baumwolle, Tabak, Tee und **Kaffee** (mehr als die Hälfte der Exporterlöse) erzeugt. Der Subsistenzsektor soll stärker in die Marktwirtschaft eingebunden werden. Der zweitwichtigste Wirtschaftssektor ist mit 15% des BIP der **(Lokal-)Verwaltungssektor,** gefolgt vom **Außenhandel** mit 13% (der Abbau von Gold und Erzen sowie die angelaufene Ölförderung werden für den Exportsektor immer wichtiger) und dem langsam wieder anwachsenden **verarbeitenden Sektor** mit 9%. Neben den erst kürzlich erschlossenen Ölvorkommen existieren relevante Vorkommen an Bodenschätzen für Kupfer, Kobalt, Kalkstein (für Zementherstellung) und Salz.

Regional besteht eine starke Konzentration der wirtschaftlichen Tätigkeit auf den Süden des Landes, bedingt durch bessere klimatische Verhältnisse in der Landwirtschaft sowie durch die ausge-

uga_117 Foto: cl

dehnte Verstädterung dieses Gebietes. Der Norden und Westen wurde besonders in den Grenzgebieten aufgrund der Instabilität durch Rebellenaktivitäten in den letzten Jahren wirtschaftlich stark beeinträchtigt. Nennenswerte **Industrien** sind das Zementwerk in Hima, das Wasserkraftwerk in Jinja, das für 99% der inländischen Stromproduktion verantwortlich zeichnet, sowie größere Betriebe im Bereich von Bierbrauerei/Getränkeherstellung, Tabakverarbeitung, Textilherstellung und Zuckerherstellung.

Trotz guter makroökonomischer Erfolge konnte die **Massenarmut** nicht beseitigt werden, obwohl Armutsbekämpfung in den Mittelpunkt der Wirtschaftsplanung gerückt wurde. Beeinträchtigungen der wirtschaftlichen Perspektiven der letzten Jahre resultierten u.a. aus **Korruption,** der für Uganda ungünstigen Entwicklung der Weltmarktpreise z.B. für Kaffee, und der Folgewirkungen der Immunschwäche AIDS sowie der Verstrickung in militante Konflikte in Nachbarländer und im eigenen Land.

Das Budget 2001/02 zeigte kaum Veränderungen zu den vergangenen Jahren. Schwerpunkt blieb weiterhin die Modernisierung der Landwirtschaft – immer noch Hauptmotor der Wirtschaft – und die Verbesserung von Verwaltung bzw. öffentlichen Dienstleistungen („Public Service"). Der Regierung ist es auch gelungen, zusätzlich zum Hauptexportprodukt Kaffee den Export zu diversifizieren, z.B. mit Schnittblumen, Gemüse oder Baumwolle. Nach den jüngsten wirtschaftlichen Daten wurde ein Wachstum des BIP für 2003 von 6% (2002: 5,5%) erwartet. Das Budget 2002/03 knüpft an die IWF-Richtlinien an, die Wirtschaft soll stimuliert, die Exporte erweitert, die Verwaltung gestärkt und das Steueraufkommen erhöht werden; für die Armutsverminderung werden 375 Mio. US-$ bereitgestellt. Der **Tourismus** dürfte einer der Zukunftssektoren sein, wenn es gelingt, die bestehenden innenpolitischen und außenpolitischen Spannungen abzubauen.

Tourismus

Uganda war in der Blütezeit des Tourismus Ende der 1960er Jahre eines der ganz großen Reiseländer in Afrika. Die Zahl der Touristen lag 1971 bei der Machtübernahme *Idi Amins* noch bei 85.000, fiel bis 1980 aber infolge der Vorgänge im Land auf nahezu null. Nach der Machtergreifung *Musevenis* und mit zunehmender Stabilisierung kam es zu einem zunächst sehr zögerlichen Wiederanlaufen des Tourismus.

Zwischen 1990 und 1996 wurden wieder deutliche Zuwachsraten erzielt. Einen Rückschlag bedeuteten die kriegerischen Auseinandersetzungen in der Demokratischen Republik Kongo ab Ende 1996, in die ugandische Truppen bis in das Jahr 2003 hinein maßgeblich verwickelt waren, und innenpolitische Turbulenzen (u.a. Bombenattentate in Kampala). Der absolute Tiefpunkt eines neuerlichen Einbruchs im Tourismus wurde jedoch durch das **Massaker an ausländischen Touristen im Bwindi**

uga_119 Foto: cl

Impenetrable National Park im März **1999** verursacht, von dem sich das Image der Tourismus-Branche bislang nur unvollständig erholt hat.

Im Jahr 2002 reisten nach Angaben der Naturschutzbehörde UWA 5075 Touristen aus Übersee nach Uganda. Für das Jahr 2003 wurden ca. 9000 Reisende erwartet, die überwiegende Zahl davon aus Europa und Nordamerika. Die Tendenz ist also wieder steigend, und seit wenigen Jahren erfährt der Tourismus staatlicherseits eine starke Forcierung. Dazu gehören der Wiederaufbau und die **Verbesserung der touristischen Infrastruktur** (z.B. wurden die meisten der staatlichen Uganda Hotels an private Investoren verkauft), gezielte Bemühungen um die Sicherheit von Touristen und verstärkte Aktivitäten um die Publizität der Attraktionen des Landes.

Die langfristigen Planungen zielen auf einen **Qualitätstourismus,** der notfalls auch die Begrenzung von Besucherzahlen in den Nationalparks vorsieht. Die dabei betriebene **Hochpreispolitik** ist meines Erachtens nicht unbedingt ausreichend an der Attraktivität der ugandischen Reiseziele orientiert und wirft im direkten Vergleich zu anderen beliebten afrikanischen Reiseländern (z.B. Kenia, Tansania, südliches Afrika) viele Fragen auf.

Touristisches Highlight – der Ruwenzori Mountains National Park

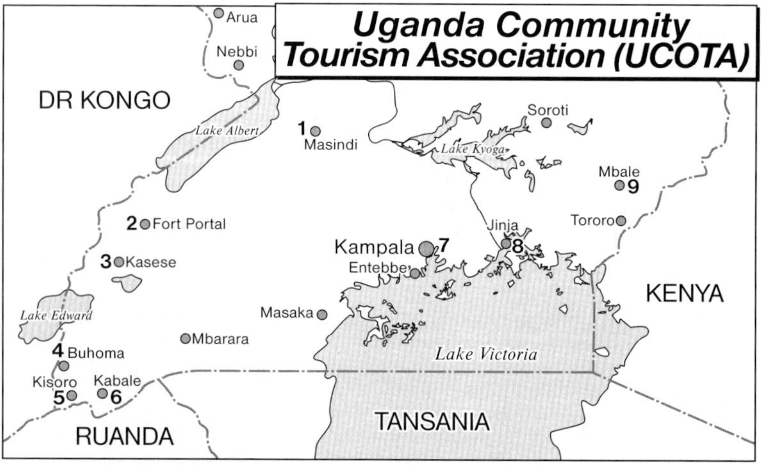

1 Busingiro Ecotourism Site, Pabidi Ecotourism Site
2 Kamugha Guest House Bigodi Wetland Sanctuary, Kabarole Tourism Association (KTA), Crater Valley Kibale (CVK)
3 Ruboni Community Campsite
4 Buhoma Community Rest Camp
5 Mgahinga Community Campground
6 Bushara Island Camp
7 UCOTA Head Office, Naggalibi Budo Coronation Site, Katareke Prison, Wamala King's Tombs, Nnamasole Kanyange Tombs, Nnamasole Baagalayaze Tombs
8 Mabira Forest Ecotourism Project, Ssezibwa Falls
9 The Crow's Nest, Mt. Wagagai Hotel, Moses Camp Site, Rob's Rolling Rock

Eine andere Tourismus-Achse ist der **„Community Based Tourism"** unter Führung der 1998 gegründeten Uganda Community Tourist Association (UCOTA), der touristische **Projekte lokaler Gemeinden** umfasst (siehe Karte „Uganda Community Tourism Association"; Quelle: UCOTA).

• UCOTA
PO Box 27159, Kampala/Uganda,
Tel. +256-41-501866,
E-Mail: ucota@africaonline.co.ug,
Internet: www.ucota.or.ug

Die zahlreichen **Berg- und Waldreservate** verleihen dem Land eine Ausnahmestellung für viele Aktivitäten. Neben den guten Möglichkeiten der **Berggorilla- und Schimpansenbeobachtung** gehören dazu auch die Bergbesteigungen und Touren am **Mt. Elgon** und im **Ruwenzori-Gebirge,** das unumstritten als eine der landschaftlich schönsten und fremdartigsten Regionen überhaupt gilt.

Neben zahlreichen inländischen Safariunternehmen, die in der **Uganda Tourist Association** (UTA) zusammengeschlossen sind, bieten mittlerweile auch verschiedene internationale Reiseveranstalter wieder Reisen nach Uganda an. Bislang ist das Land aber noch ein Eldorado für Afrikareisende, die großartige Natur und Landschaft abseits der Massenströme erleben wollen.

Bevölkerung

Die **über 24 Mio. Einwohner** verteilen sich auf **mehr als 40 verschiedene Volksgruppen.** Die zahlenmäßig größte Gruppe sind nach der letzten Volkszählung die Baganda (17%), gefolgt von den Ankole (8%), Basoga (8%), Teso (8%), Bakiga (7%) und Langi (6%).

Fast zwei Drittel der Ugander sind **Bantu** (vor allem im Süden und in Zentraluganda), während der Norden von **nilotischen Völkern** (hauptsächlich Teso, Langi, Acholi und Karamojong) und **Sudanesen** (in der Region West Nile) bestimmt wird. In den Wäldern im Grenzgebiet zur Demokratischen Republik Kongo leben noch einige wenige **Pygmäen.** Von den ca. 70.000 unter *Idi Amin* ausgewiesenen **Asiaten** sind bis heute nur wenige Tausend zurückgekehrt. Die Zahl der in Uganda lebenden **Europäer** liegt etwas über 1000. Zudem gibt es noch einige wenige **Araber** insbesondere omanischen Ursprungs. Insgesamt machen Nichtafrikaner (Europäer, Asiaten, Araber) nur ca. 1% der Bevölkerung aus.

Die genannten Zahlen müssen mit gewissen Vorbehalten betrachtet werden, da Flüchtlingsströme und Arbeitsemigration ständig zu Änderungen und Verwischungen führen. 1991 lebten beispielsweise noch 200.000–300.000 Exilruander (fast ausschließlich Tutsis) in Uganda, die nach dem Sieg der FPR in Ruanda bis 1996 zu einem großen Teil wieder zurückgekehrt waren. Im Norden leben zahlreiche Flüchtlinge aus dem Sudan.

Die **Baganda** erfuhren seit der Kolonialzeit eine Bevorzugung im Bereich des Bildungswesens, der Verwaltung und in der Wirtschaft. Angehörige der Völker aus dem Norden hingegen wurden in der Armee bevorzugt. Diese Ungleichheiten und das Vormachtstreben der monarchisch organisierten Baganda bestimmen die ethnisch-politischen Konflikte in Uganda seit der späten Kolonialzeit.

Fast 90% der ugandischen Bevölkerung leben auf dem Land, und zwar überwiegend in Streusiedlungen. Neben der Metropole Kampala (ca. 1,2 Mio. Einwohner) gibt es mehrere mittelgroße Städte (von denen Jinja, Mbale und Masaka die größten sind). Die Besiedlungsdichte erreicht in der Kigezi-Region im Südwesten Spitzenwerte von über 300 Einw./km², daneben gelten auch der Osten (um Mbale) und Zentraluganda mit über 130 Einw./km² als dicht besiedelt. Im lebensfeindlicheren Norden und Nordosten (besonders in Karamoja) liegen die Werte unter 40 Einw./km².

Das **Bevölkerungswachstum** ist trotz der HIV/AIDS-Epidemie mit knapp 3% relativ hoch. Sollte sich dieser Wert in den nächsten zwei Jahrzehnten nicht entscheidend ändern, wird sich die ugandische Bevölkerung bis zum Jahr 2020 fast verdoppelt haben. Der während der Kriegsjahre unterbrochene **Urbanisierungsprozess** ist wieder in Gang gekommen, die städtischen Wachstumsraten liegen erheblich über den ländlichen. Die Landflucht erfolgt hauptsächlich zum Wachstumspol Kampala.

Das Wesen der Ugander ist freundlich und nach fast 20 Jahren Terror, Krieg und Vertreibung von Hoffnung und Optimismus geprägt. Fremde Besucher erfahren eine zuvorkommende und freundliche Behandlung.

Sprache, Kultur und Religion

Englisch ist **Amtssprache** und wird von den meisten Ugandern mit Schulbildung beherrscht. **Verkehrssprachen** sind die einzelnen Bantusprachen, insbesondere Luganda und Suaheli, sowie hamitische, nilotische und sudanesische Sprachen.

Die **kulturellen Unterschiede** zwischen den einzelnen Bevölkerungsgruppen sind erheblich. Im Norden, Nordwesten und -osten leben überwiegend Hirtenvölker mit einer traditionell segmentär-egalitären Gesellschaftsstruktur, im Süden Ackerbauern in hierarchisch-staatlich organisierten Gesellschaften (in der Vergangenheit überwiegend Monarchien). Während der Kolonialzeit wurden die bestehenden Gegensätze und Spannungen durch einseitige Förderung der Völker im Süden vertieft. Nur das kleine Volk der Sebei am Mt. Elgon kennt den Brauch der Beschneidung von Mädchen.

Mehr als 60% der Ugander gehören den großen christlichen Religionen an, der Anteil der **Katholiken** liegt dabei leicht über dem der **Protestanten** (Anglikaner). Die religiösen Differenzen zwischen beiden Gruppen haben zeitweise zur Verschärfung der politischen Konflikte beigetragen. Nur etwa **8%** der Bevölkerung sind **Moslems,** diese leben vor allem im Norden. Ihr gesellschaftlicher Einfluss ist vergleichsweise gering. Vor der Vertreibung der Asiaten 1972 gab es größere Zahlen an Sikhs und Hindus in den Städten, in Kampala sind ihre Tempel unübersehbar. Etwa ein Drittel der Uganders hängt **Naturreligionen** an.

Bildung und Gesundheit

Uganda hatte zur Zeit der Unabhängigkeit ein relativ gutes Bildungswesen und besaß mit der Makarere-Universität die erste und lange Zeit wichtigste Hochschule Ostafrikas. Durch die jahrelangen Unruhen hat das Bildungswesen jedoch stark gelitten. In den letzten Jahren wurde in den Sektor wieder stark investiert, allerdings haben die Eltern hohe Schulgebühren zu zahlen bzw. finanzieren auch das private Schulwesen.

Die **allgemeine Schulpflicht** ist in Uganda verfassungsrechtlich verankert, doch sind etwa 40% der Grundschullehrer nicht ausreichend ausgebildet. Die Einschulungsraten erreichten im Jahr 2000 im Grundschulbereich ca. 80% und im Sekundarschulbereich etwas über 10%, die Zahl der Hochschüler stieg auf über 20.000 (Verdoppelung seit 1995). Die Unterschiede in den Einschulungsraten zwischen Mädchen und Jungen sind sehr gering. Ergebnis dieser Politik war eine **Alphabetisierungsrate** von gut 67% im Jahr 2000. Die große Bedeutung der Bildung für die Zukunft Ugandas findet Ausdruck im hohen Anteil an den Staatsausgaben (1999/2000: ca. 26%). Die Regierung konzentriert sich derzeit stärker auf den primären Bildungssektor, weshalb auch eine Schulgebührenbefreiung ab dem vierten Kind durchgesetzt wurde. Durch eine frauenfreundliche Bildungspolitik soll die wesentlich höhere Schulabbruchquote bei Mädchen langfristig verringert werden.

Im **Gesundheitsbereich** stellen die geringe Lebenserwartung (2000: 43,8 Jahre, UN-Angaben) sowie die hohe Kindersterblichkeitsrate (2000: 161 pro 1000 Lebendgeburten) und Müttersterblichkeitsrate (510 pro 100.000 Lebendgeburten) trotz einer ehemals vergleichsweise guten medizinischen Versorgung innerhalb Afrikas die größte Herausforderung dar. Insbesondere die Auswirkungen der **HIV/AIDS-Epidemie,** die derzeit, gefolgt von Tuberkulose und Malaria, laut Statistiken die Krankheit mit den meisten Todesfällen in Uganda darstellt, sind gravierend. Für das ugandische Gesundheitssystem ist eine Kombination von ca. 50% öffentlicher und 50% privater Gesundheitsversorgung charakteristisch. Mit einer ärztlichen Versorgung von einem Arzt auf 25.000 Personen (1995–1999) hat sich die Versorgung seit 1965 um die Hälfte verringert. Im Bereich der HIV/AIDS-Prävention ergriff die Regierung Ugandas angesichts einer extrem rasch ansteigenden Infektionsrate, verglichen mit anderen afrikanischen Ländern, relativ bald Maßnahmen. Dabei konzentrierte man sich auf Informationskampagnen mit größtmöglicher Reichweite, und es konnte eine bemerkenswerte Eindämmung der HIV-Infektionsrate erzielt werden. Trotzdem wird die Zahl der HIV-Infizierten auf mindestens 1,5 Mio. Ugander geschätzt.

uga_124 Foto: cl

Unterwegs in Uganda

uga_125A Foto: cl

uga_125B Foto: cl

Ruwenzori Mountains National Park – Aufstieg zum John Matte Camp

Flusspferd im Queen Elizabeth National Park

Nillandschaft im Murchison Falls National Park

Kampala und Umgebung

Kampala

XIV,B2

Kampala (1155 m) ist seit 1962 die **Hauptstadt Ugandas** und hat ca. **1,2 Mio. Einwohner** (2002). Es ist eine lebhafte, grüne Metropole mit angenehmem Klima und einem fast ländlichen Charme. Die 1891 gegründete Stadt ist auf „sieben Hügeln" erbaut worden und gleicht, vom modernen Stadtzentrum einmal abgesehen, einer riesigen **Streusiedlung,** die mittlerweile weit über die ursprünglichen sieben Hügel hinaus in die Umgebung reicht. Der Name „Kampala" leitet sich von „Kasozi K'Empala" ab, was so viel wie „Hügel der Antilopen" bedeutet, denn bei der Stadtgründung wurde der zentral gelegene **Nakasero-Hügel** von domestizierten Antilopen (Impalas) beweidet, die dem König von Buganda gehörten. Auf dem Hügel liegt in beherrschender Lage das Sheraton Hotel Kampala, zentraler Anlaufpunkt inmitten einer riesigen Parkanlage, den von Hotelangestellten penibel gepflegten ehemaligen **Jubilee Gardens.**

In Kampala sind fast alle zentralen **Regierungs- und Verwaltungsinstanzen** des Landes angesiedelt. Die in den 1960er Jahren noch weithin gerühmte **Makerere-Universität** hat hier ihren Sitz. Die Stadt ist im Verlauf des Bürgerkrieges immer wieder Schauplatz schwerer Kämpfe und Plünderungen gewesen, insbesondere zwischen 1979 und 1985. **Seit 1986** hat ein unvergleichlicher **Bau-Boom** eingesetzt, der Kampala viel Grünfläche gekostet hat, der Stadt aber auch eine für Schwarzafrika ungemein moderne Skyline bescherte. In vielen Vororten und Außenbezirken Kampalas (z.B. in Kabalagala, Muyenga und Kisementi) schossen dabei Einkaufszentren, Restaurants und Supermärkte wie Pilze aus dem Boden, oftmals in direkter Nähe zu den Wohnvierteln der begüterten Expatriates.

Die **Sicherheitslage** in der Stadt ist **recht gut,** vergleicht man z.B. das kenianische Nairobi, und man kann sich auch nach Einbruch der Dunkelheit weitgehend frei bewegen. Trotzdem sollten Sie außerhalb des belebten Zentrums dann lieber auf Taxifahrten ausweichen. Taschendiebstähle ereignen sich vor allem im Bereich der Bus- und Matatustationen sowie im belebten Zentrum auf der Speke Road (zwischen Post Office und Grand Imperial Hotel), auf der Nile Avenue (unterhalb des Sheraton-Hotels) und auf der Jinja Road.

An den Hauptausfallstraßen der Stadt kommt es mittlerweile vor allem gegen Abend zu erheblichen **Verkehrsstaus.** Am unangenehmsten ist die Situation in Natete.

Stadtbesichtigung

Kasubi Tombs

Die **Gräber der Könige** („Kabaka") **von Buganda** liegen 5 km außerhalb des Zentrums an der Hoima Road. Die Anlage besteht aus einem kuppelähnlichen, nach traditioneller Architektur geschaffenen Gebäude, das die Särge von *Muteesa I., Mwanga II., David Chwa II.* und *Edward Muteesa II.* enthält. Neben den Särgen sind ausgewählte Insignien der Macht zu sehen, z.B. Trommeln, Speere, Schilder und Messer. Englischsprachige Führer machen Sie mit der Geschichte des Königreichs Buganda vertraut.

- **Öffnungszeiten:** Mo bis So von 8–18 Uhr.
- **Eintrittsgebühr:** 1,50 Euro. Beim Betreten des Mausoleums müssen die Schuhe ausgezogen werden.

Uganda Museum

Das wiederhergestellte Nationalmuseum liegt gut 4 km außerhalb des Zentrums an der Kira Road (westlich des Kololo-Hügels). Es bietet einen Überblick über **Geschichte, Kultur und Entwicklung des Landes.**

- **Öffnungszeiten:**
Mo bis Sa 10–18 Uhr, So 15–18 Uhr.
- **Eintrittsgebühr:** 1,50 Euro.

Nommo Gallery

Im nationalen Kunstmuseum der Nommo Gallery (Victoria Avenue, Nakasero) ist ein **Querschnitt afrikanischer Kunst aus Uganda und den Nachbarländern** zu sehen.

- **Öffnungszeiten:** Mo bis So 9–17 Uhr.
- **Infos** unter Tel. 234475,
Mobiltel. 077-502553, E-Mail:
nommoart@africaonline.co.ug, Internet:
www.newafrica.com/nommogallery.

Parliamentary Building

Der Komplex des Parlamentsgebäudes liegt zentral an der Parliamentary Avenue. Der Eingangsbogen (auf dem häufig mehrere der hässlichen Marabus sitzen) ist das ugandische Nationalsymbol für Unabhängigkeit. Auf dem Gelände sind neben dem Parlament (National Resistance Council) auch Präsi-

1 Kasubi Tombs
2 Namirembe Cathedral
3 Natete Backpackers Hostel,
Zeltplatz
4 Rubaga Cathedral
5 Gallery Café
6 Kabaka's Palace
7 Owino
8 Nakivubo Stadium
9 Kampala Old Fort
10 Nakasero Old Fort
11 Makerere University
12 Mulago Hospital
13 Uganda Museum
14 La Fontaine
15 The Crocodile
16 Just Kicking
17 Cooper Road
18 Andy the Greek's
19 Krua Thai
20 Deutsche Botschaft
21 Lugogo Sports Centre
22 Club Silk
23 Ange Noir
24 Kibuli Mosque
25 Le Chateau
26 Ethiopian Village
27 Al's Bar
28 Half London
29 Le Petit Bistro

Golfplatz

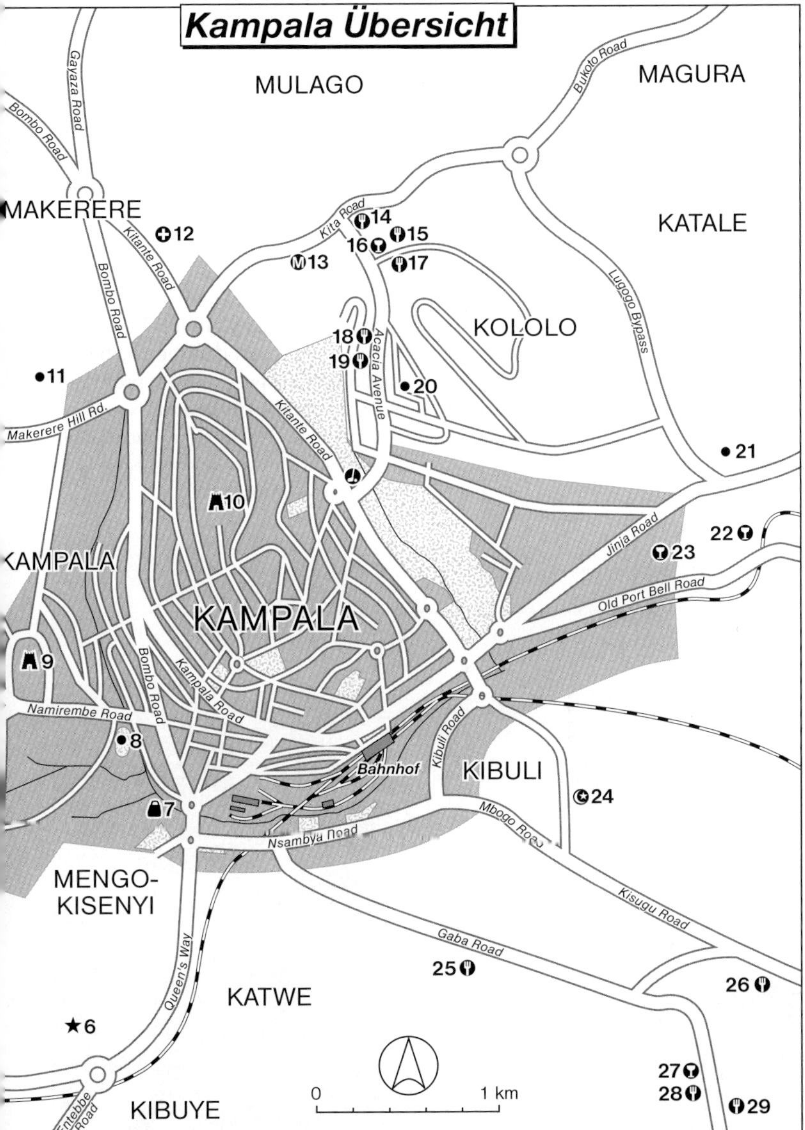
Kampala Übersicht
MULAGO
MAGURA
MAKERERE
KATALE
KOLOLO
KAMPALA
KAMPALA
KIBULI
MENGO-KISENYI
KATWE
KIBUYE
Gayaza Road
Bombo Road
Bukoto Road
Kitante Road
Kita Road
Bombo Road
Luggogo Bypass
Acacia Avenue
Makerere Hill Rd.
Kitante Road
Jinja Road
Old Port Bell Road
Bombo Road
Kampala Road
Namirembe Road
Kibuli Road
Bahnhof
Mbogo Road
Nsambya Road
Kisugu Road
Gaba Road
Queen's Way
Entebbe Road
0
1 km
6 7 8 9 10 11 12 13 14 15 16 17 18 19 20 21 22 23 24 25 26 27 28 29

dentensitz, Justizministerium, Außen- und Innenministerium zu finden.

National Theatre und Craft Village

Das an der Dewinton Street gelegene Nationaltheater wurde 1959 eröffnet. Am Wochenende gibt es meist ein gemischtes Programm - **Theater, Tanz und Musik.** Die Veranstaltungen werden über ein Ankündigungsbrett vor dem Gebäude publik gemacht. Neben dem Theater befindet sich auch das Craft Village, ein **Souvenirmarkt,** der im Stil eines afrikanischen Dorfes angelegt ist und auf dem alles zu kaufen ist, was Uganda an Kunstgegenständen bietet.

Nakasero und Owino Market

Der größte Markt der Stadt, Nakasero, bietet vor allem frische Früchte und Gemüse, aber auch zahlreiche andere Artikel. Der am Nakivubo Stadium gelegene Owino Market ist mehr auf Kleidung und praktische Gebrauchsartikel ausgerichtet.

Kathedralen

Am Westrand der Stadt liegen die katholische **Rubaga Cathedral** (Rubaga-Hügel) und die auf dem benachbarten Namirembe-Hügel errichtete protestantische **St. Paul's Cathedral** (Namirembe Cathedral). Die Kirchen sind weithin zu sehen, insbesondere die ziegelrote Namirembe Cathedral.

Blick über das Stadtzentrum von Kampala

uga_130 Foto: cl

Kibuli Mosque

Die auf dem Kibuli-Hügel errichtete Kibuli-Moschee liegt wenige Kilometer südöstlich des Zentrums und ist eines der größten islamischen Gotteshäuser des Landes.

Sikh- und Hindu-Tempel

Im Stadtzentrum (nahe der Matatustation) befinden sich die Haupttempel der kleinen Sikh- bzw. Hindugemeinde Kampalas.

Baha'i-Tempel

Der Baha'i-Tempel liegt gut 4 km außerhalb des Zentrums auf dem Kikaya-Hügel (Gayaza Road). Es ist der einzige Tempel der Religion der Baha'i in Afrika. Diese im **schiitischen Islam** wurzelnde Religion strebt eine Weltzivilisation an. Ihre Anhänger glauben an die Offenbarung früherer Propheten (Krischna, Buddha, Christus, Mohammed u.a.), die durch ihren Religionsgründer *Baha-Ullah* vollendet worden sei. Besichtigungen sind sonntags um 10.30 Uhr mit Führung möglich. Vom Tempel aus bieten sich sehr schöne Blicke über die Stadt.

Makerere University

Die **älteste Universität Ostafrikas** hatte über viele Jahre eine ausgezeichnete Reputation. Sie hat wie alle anderen Institutionen Ugandas in den letz-

Das Parlamentsgelände in Kampala

uga_131 Foto: cl

ten beiden Jahrzehnten stark gelitten und ist noch immer in der Erholung begriffen. Ein kurzer Besuch der großräumigen Anlage auf dem Universitätscampus, die noch immer eine gewisse Würde ausstrahlt, ist dennoch lohnend.

Namugongo Martyrs' Shrine

Dieser Stahlschrein birgt die **Überreste von mehr als 20 Christen,** die 1886 auf Anweisung des Kabaka *Mwanga* bei lebendigem Leib verbrannt wurden. Der Schrein liegt 12 km nordöstlich von Kampala an der Straße nach Jinja. Beim Besuch des Papstes *Paul VI.* in Uganda 1969 wurden die Opfer heiliggesprochen, der Schrein ist seitdem eine Art Wallfahrtsort für ugandische Christen. Der 3. Juni (Martyrs' Day) ist ein alljährlicher, öffentlicher Feiertag zum Gedenken an das Ereignis.

Anreise und Weiterfahrt

Mit dem Flugzeug (national)

Verschiedene Chartergesellschaften bieten Flüge innerhalb Ugandas an (ab Entebbe), z.B. Mission Aviation Fellowship (MAF), CEI Aviation, Eagle Air oder Speedbird Aviation (Adressen s.u.). Die Preise sind in den letzten Jahren etwas gesunken, in Anbetracht der überschaubaren Größe des Landes aber noch immer keine wesentliche Alternative zum Landweg, vom äußersten Norden einmal abgesehen.

Internationale Fluggesellschaften

(Rückbestätigung von Flügen bis 48 Std. vor Abflug!)

- **Africa One** (www.flyafricaone.com)
Impala House, 13–15 Kimathi Avenue, Tel. 344520/29, Fax 251681, E-Mail: fred.obbo@flyafricaone.com
- **Air Tanzania** (www.airtanzania.com)
1 Kimathi Avenue (United Assurance Building), PO Box 2160, Tel. 234631, Fax 234673
- **British Airways** (www.britishairways.com)
Centre Court, 4 Ternan Avenue, PO Box 3464, Tel. 257414/257416, Fax 259181, E-Mail: contactba.1.uganda@britishairways.com
- **Egypt Air** (www.egyptair.com.eg)
Shop 11, Grand Imperial Arcade, PO Box 7207, Tel. 233960/341276, Fax 236567, Mobiltel. 077-200119
- **Emirates** (www.emirates.com)
FNC Building, Kimathi Avenue, Tel. 349941/2
- **Ethiopian Airlines** (www.flyethiopian.com)
United Assurance Building, 1 Kimathi Avenue, PO Box 3591, Tel. 345118/254796, Fax 231455
- **Kenya Airways** (www.kenya-airways.com)
Kimathi Avenue (United Assurance Building), PO Box 6969, Tel. 233068, Fax 259472
- **Rwandair Express** (www.rwandair.com)
13–15 Kimathi Avenue (Impala House), PO Box 2128, Tel. 244011/244514, Fax 244534
- **SN Brussels Airlines**
(www.brusselsairlines.com)
Ground Floor, Rwenzori House, 1 Lumumba Avenue, PO Box 3966, Tel. 234200/1/2, Fax 342790
- **South African Airways** (www.flysaa.com)
Suite 3 Ground Floor, Workers House, 1 Pilkington Avenue, Tel. 255501, Fax 255826

Flugzeugcharter und Chartergesellschaften

- **Bel Air**
Spear House, 22 Dewinton Road, PO Box 3463, Tel. 242733, Fax 244779
- **CEI Aviation**
Metropole House, 8–10 Entebbe Road, PO Box 10241, Tel. 255825, Fax 236097
- **Eagle Air**
PO Box 7392, Kampala, Tel. 041-344292 oder 041-320601 (Entebbe Airport), Fax 041-344501, E-Mail: eagle@swiftuganda.com, Internet: www.eagleuganda.com

- **Kampala Aeroclub**
Flight Training Centre
PO Box 24305, Kampala,
Mobiltel. 075-690173 oder 077-706105,
Fax 268900/320002,
E-Mail: barnesy@imul.com,
Internet: www.kaftc.com
- **Mission Aviation Fellowship (MAF)**
261 Kizungu Lane, PO Box 1,
Tel. 267462/268388, Fax 267433
- **Speedbird Aviation**
1st Floor, Sheraton Hotel Arcade,
PO Box 10101, Tel. 231290, Fax 230588
- **Swanair Travel & Safaris**
Plot 4 Kimathi Avenue, PO Box 11206,
Kampala, Tel. 250966, Mobiltel. 077-619397,
E-Mail: sabrina-swanair@spacenet.co.ug,
Internet: www.swanairtravel.com
- **TMK Air Commuter**
Entebbe Airport, Tel. und Fax 221151; kongolesische Airline, die Flüge nach Goma und Bukavu (285 US-$) anbietet.

Flughafen

Der internationale (und nationale) Flughafen Ugandas liegt in **Entebbe** (40 km). Alle großen Hotels unterhalten kostenlose Zubringerbusse für ihre Gäste. Öffentliche Busse gibt es keine. Eine individuelle Taxifahrt zum Flughafen kostet ca. 25–30 Euro (je nach Verhandlungsgeschick). Matatus nach Entebbe kosten 1 Euro.

Aufenthaltsgenehmigung

Bei der Einreise wird üblicherweise nur eine begrenzte Aufenthaltsgenehmigung erteilt. Wer sich länger in Uganda aufhalten will, muss im **Immigration Department** vorstellig werden (Plot 75 Jinja Road, PO Box 7165, Kampala, Tel. 231031/231641, Fax 231641, E-Mail: immigi@infocom.co.ug, Internet: www. immigration.go.ug). Eine befristete Aufenthaltsverlängerung ist normalerweise kein Problem (Pass mitnehmen und Formular ausfüllen).

Zugverbindungen

Neben der Verbindung von Kampala nach Nairobi/Kenia, die seit 1997 ausschließlich für den Frachtverkehr genutzt wird, gibt es im Inland die Main Line (Kampala – Jinja – Malaba), die Kasese Line (Kampala – Kasese) und die Northern Line (Kampala – Mbale – Gulu – Pakwach), die allesamt und nur sporadisch für den Frachtverkehr genutzt werden.

Busse

Alle größeren Städte des Landes sind von Kampala aus mit **Überlandbussen** und **Minibus-Matatus** zu erreichen. Die Busstation befindet sich zentral an der Namirembe Road (gegenüber dem Nakivubo Stadium). Minibusse fahren vom Old Taxi Park (Richtung Osten) zwischen South Street und Burton Street sowie vom New Taxi Park (Richtung Westen) etwas oberhalb der Busstaion an der Namirembe Road ab.

Überlandbusse

Abfahrtszeiten meist frühmorgens, auf den Hauptstrecken auch noch bis mittags. Angefahren werden folgende Städte/Ortschaften:

- Adjumani (Fahrpreis 9 Euro)
- Arua (9 Euro)
- Butogota (7,50 Euro)
- Fort Portal (5,50 Euro)
- Gulu (5 Euro)
- Hoima (3 Euro)
- Kabale (6 Euro)
- Kapchorwa (5 Euro)
- Kasese (5 Euro),
- Kihihi (7,50 Euro)
- Kisoro (8–9 Euro)
- Kitgum (6 Euro)
- Kotido (10 Euro)
- Kumi (4,50 Euro)
- Lira (6 Euro)
- Masaka (1,50 Euro)
- Masindi (3 Euro)
- Mbale (3,50 Euro)
- Mbarara (3 Euro)
- Mubende (1,50 Euro)
- Moroto (8 Euro)
- Moyo (9 Euro)
- Palissa (3,50 Euro)
- Rukungiri (5 Euro)
- Soroti (3,50 Euro)
- Tororo (5 Euro)

Der empfehlenswerte **Uganda EMS Post Bus** (Infos unter Tel. 236436/256593) bedient von Mo bis Sa folgende Ziele:

- Kabale via Mbarara (Fahrpreis 5,50 Euro)
- Fort Portal via Mubende (5 Euro)
- Kasese via Mbarara und Bushenyi (5,50 Euro)
- Hoima via Masindi (4 Euro)
- Soroti via Jinja und Mbale (5 Euro)
- Gulu via Karuma Falls (4,50 Euro)

Abfahrt ist jeweils morgens um 8 Uhr vom Main Post Office im Stadtzentrum. Das An- und Abladen der Postsäcke hat keine nennenswerten Zeiteinbußen zur Folge.

- **Nach Kigali (Ruanda)** bzw. nach **Goma (DR Kongo)** verkehrt täglich jeweils mindestens ein Bus (Jaguar Executive Coach) über Kabale. Die Fahrtzeit beträgt ca. 10 Std. bis Kigali und 12–14 Stunden bis nach Goma, der Fahrpreis liegt bei jeweils 12 Euro.
- Die Station der kenianischen Busgesellschaft Akamba (Infos unter Tel. 250412, Mobiltel. 077-505539, Fax 250411) für Busse **nach Nairobi/Kenia** liegt in der Dewinton Road (Abfahrten täglich um 7 Uhr und 15 Uhr, Fahrpreis in der Executive Class 11 Euro, Fahrtzeit 9–12 Std., über Nacht 15 Std.). Der komfortablere Royal Class ist bei gleichen Abfahrtszeiten etwas schneller (18 Euro). In umgekehrter Richtung verlassen die Busse Nairobi um 19 Uhr (Ankunft in Kampala gegen 10 Uhr am darauf folgenden Morgen, nachts an der Grenze mehrere Stunden Wartezeit). Alternativ kann man auf Busse der Firmen Scandinavia Express, Busscar und Takrim zurückgreifen.
- **Nach Nairobi** und weiter nach **Arusha/ Dar es Salaam** in Tansania verkehren Busse der Firma Scandinavia Express (Infos unter Mobiltel. 078-260409 oder 077-377174) in der Colville Street. Abfahrt jeweils um 15.30 Uhr (Fahrpreis 30 Euro bis Arusha, nach Dar es Salaam 40 Euro).

Minibusse

Minibusse bedienen alle Strecken, auf denen die Überlandbusse verkehren, und viele weitere, v.a. in der Nähe Kampalas (Vororte, Jinja, Entebbe etc.). Sie fahren los, wenn sich **genügend Fahrgäste** eingefunden haben (d.h. in der Regel um die 20 Personen und mehr). Abfahrten bis zum Einbruch der Nacht.

Schiffsverbindungen

Zwischen dem nahe gelegenen Hafen Port Bell und Mwanza (Tansania) bzw. Kisumu (Kenia) verkehrte auf dem Viktoriasee viele Jahre das Fährschiff MV Bukoba. Es ist im Mai 1996 vor der tansanischen Küste mit mehr als 600 Passagieren an Bord gesunken. Vorübergehend wurde der Service von Mwanza nach Port Bell dann von der durch Tanzania Railways betriebenen MV Victoria wahrgenommen, die sich vor allem durch Verspätungen und Pannen auszeichnete, bis die Verbindung wieder gänzlich eingestellt wurde. Allein die Verbindung **zwischen Bukoba und Mwanza** schien 2003 intakt zu sein. Am Bahnhof in Kampala oder in Port Bell erhalten Sie dazu aktuellere Auskünfte, ggf. auch telefonisch unter Tel. 233384. Es gibt derzeit funktionierende Schiffsverbindungen von Uganda nach Kenia und Tansania für den Frachtverkehr, die auch die Mitnahme eines eigenen PKW ermöglichen (Erkundigungen ebenfalls unter Tel. 233384).

Ab Entebbe verkehrte ab dem Jahr 2000 vorübergehend eine Fähre von Wema Tours (Tel. 041-235586, Fähranleger nahe dem Uganda Wildlife Education Center), deren Betrieb inzwischen aber wieder eingestellt wurde (Details siehe Ssese-Inseln).

Taxis

Taxifahrten innerhalb des Stadtzentrums kosten 1–3 Euro, in die näheren Außenbezirke (z.B. Kololo) sind es 3–4 Euro. Intensives Handeln beim Fahrpreis ist üblich. Zum Flughafen Entebbe (40 km) sind 25–30 Euro üblich. Durch gutes Handeln lässt sich der Preis manchmal bis auf 15 Euro drücken. Ein zuverlässiges Unternehmen ist z.B. Belex Taxis (Sheraton Hotel, Tel. 344105/344590).

Leihwagen

(In der Regel nur mit Chauffeur!)

- **Acacia Safaris**
Plot 4 Kimathi Avenue, PO Box 29493, Kampala, Tel. 041-345631, Mobiltel. 077-331332, Fax 078-260948, Internet: www.acaciasafari.co.ug
- **B & B Car Rentals**
PO Box 222, Plot 32 Nile Avenue,

ICC Konferenzzentrum, Raum 164,
Tel. 346926, Mobiltel. 077-402592,
E-Mail: b&bcars@africaonline.co.ug

● **City Cars & 4x4's**
PO Box 151, 20 Tank Hill Parade, Muyenga,
Tel. 268611, Mobiltel. 077-412001,
E-Mail: citycars@bushnet.net

● **Phoenix Car Hire**
Plot 3 Kintu Road, Nakasero,
Mobiltel. 077-400804 und 077-200605,
Fax 236096, E-Mail: phoenix@starcom.co.ug

Vorwahl von Kampala: 041

Informationen

● **Uganda Tourist Board (UTB)**
IPS Building, 14 Parliament Avenue, PO Box 7211, Kampala, Tel. +256-41-342196/7, Fax +256-41-342188, E-Mail: utb@starcom.co.ug, Internet: www.visituganda.com

Sie können hier neben Karten und einem Stadtplan von Kampala auch die Broschüren der ugandischen Nationalparkbehörde über die Parks des Landes bekommen. Die UTB-Mitarbeiter sind sehr freundlich und hilfsbereit und stehen Ihnen (mit wechselnder Sachkenntnis) bei Fragen zur aktuellen politischen Lage in bestimmten Regionen des Landes, zu Straßenverhältnissen oder Verkehrs- und Flugverbindungen zur Seite.

● **Uganda Wildlife Authority (UWA)**
Plot 3 Kintu Road, Nakasero, PO Box 3530, Kampala, Tel. +256-41-346287/8/0, Fax +256-41-346291, E-Mail: uwa@uwa.or.ug, Internet: www.uwa.or.ug

Das **Hauptquartier der ugandischen Naturschutzbehörde UWA** liegt auf dem Nakasero Hill im Zentrum Kampalas, direkt hinter dem Sheraton-Hotel. Sie bekommen hier Informationsblätter über die Nationalparks und Wildreservate und aktuelle Auskünfte. Gorillabesuche im Bwindi Impenetrable NP und Mgahinga Gorilla NP sowie Bergtouren durch den Ruwenzori müssen hier gebucht bzw. reserviert und bezahlt werden.

● **The Eye Magazine**
Raja Chambers, 3 Parliament Avenue, 1st Floor, Room 16, Kampala, Tel. 342196/7, Fax 342188, E-Mail: theeye@infocom.co.ug.

Alle drei Monate erscheinender „In & Out Guide to Uganda", Auflage ca. 8000 Stück. Liegt in vielen Hotels und Restaurants Kampalas aus.

Hotels und Unterkünfte (Auswahl)

Die Suche nach einer preiswerten Unterkunft gestaltet sich in Kampala schwierig; die Zahl günstiger und dabei empfehlenswerter Herbergen ist gering, wobei sich die Situation in den letzten Jahren deutlich verbessert hat. Die Zimmerverfügbarkeit hingegen ist gut: In der Regel ist es kein Problem, auch abends noch ein Zimmer im anvisierten Hotel zu bekommen.

Kategorie AA

● **Kampala Sheraton Hotel**
Ternan Avenue, PO Box 7041, Tel. 344590/6, Fax 256696. Geräumige Zimmer mit Bad/WC und Klimaanlage. Mehrere Restaurants und Bars. Bewachter Parkplatz. Führendes Hotel Kampalas. Zentral und sehr angenehm inmitten einer großen, gartenähnlichen Parkanlage („Sheraton Gardens") gelegen, inzwischen leider etwas renovierungsbedürftig. 245 Räume nebst 10 Suiten und 2 Präsidentensuiten lassen für den Gutbetuchten keine Wünsche offen. Es stehen Tennis- und Squashplätze, Sauna, Massage, Swimmingpool und alle übrigen Komforteinrichtungen bereit, die man von einem Fünf-Sterne-Hotel erwarten kann. Konferenzmöglichkeiten für bis zu 450 Teilnehmer. Freier Shuttletransport von und zum Flughafen Entebbe für Hotelgäste. Dem Hotel angeschlossen sind mehrere Restaurants und Bars, die teure, aber sehr gute Küche und umfangreiche Buffets bieten.
E-Mail: sheraton@apolohotel.com,
Internet: www.sheraton.com/kampala

● **Nile Hotel International**
32 Nile Avenue, PO Box 7057, Tel. 258080, Fax 341913. Zimmer mit Bad/WC, Klimaanlage und Satelliten-TV. Zentrale Lage. Mehrere Restaurants und Bars. Bewachter Parkplatz. Mit dem Hotel verknüpft ist das benachbarte „International Conference Centre", daher bei

uga_135 Foto: cl

großen Konferenzen manchmal ausgebucht. Ähnlicher Standard wie das Sheraton, jedoch mehr auf Geschäftsreisende und Konferenzteilnehmer ausgelegt. Letzte Renovierung Mitte der 1990er Jahre.
E-Mail: nileh@imul.com

• Grand Imperial Hotel

Plot 6 Nile Avenue, PO Box 9211, Tel. 250681, Fax 250605. Zimmer mit Bad/WC, Klimaanlage und Satelliten-TV. Zentrale Lage. Mehrere Restaurants und Bars. Bewachter Parkplatz. Von den Luxushotels Kampalas das neueste (Eröffnung Oktober 1995) und sicherlich das mit der beeindruckendsten, wenn auch leicht kitschigen Einrichtung. Vor der Überholung und Neueröffnung als „Imperial Hotel" bekannt. Mit Sauna, Pool, Fitnessbereich etc. Freier Airport-Transfer für Hotelgäste. Mehrere Restaurants und Bars.
E-Mail: imperial@starcom.co.ug

Kann auch von Kampala aus organisiert werden – White-Water Rafting

Kategorie A

• Equatoria Hotel

37/39 William Street, PO Box 9211, Tel. 250780, Fax 250146. Zimmer mit Bad/WC, Klimaanlage und Satelliten-TV. 1995 eröffnet. Vier-Sterne-Standard mit Casino und Nachtklub. Swimmingpool und Squash-Plätze. Angeschlossen sind mehrere Restaurants, z.B. das chinesische Chopsticks (exzellente, breit gefächerte Küche) oder das italienische Trattoria. E-Mail: equator@swiftuganda.com, Internet: www.imperialhotels.co.ug

• Speke Hotel

Speke Avenue, PO Box 7036, Tel. 259221, Fax 235345. Zimmer mit Bad/WC, Klimaanlage und Satelliten-TV. Zentral unterhalb des Sheraton-Hotels gelegen, eines der ältesten Hotels der Stadt mit gediegener Atmosphäre, erst kürzlich renoviert. Das indische Restaurant Maharaja im Speke Hotel gehört zu den besten Restaurants Kampalas. Großer Barbereich neben dem Rock Garden Café.
E-Mail: speke@africaonline.co.ug

Kategorie A–B

• Dolphins Suites Hotel

Plot 36 Princess Anne Drive, Bugolobi, PO Box 3927, Tel. 223756/9, Fax 223760. Zimmer mit Bad/ WC, Klimaanlage und Satelliten-TV. Bewachter Parkplatz. 6 km außerhalb der Stadt gelegen, dadurch sehr ruhig und angenehm. Erst kürzlich eröffnet. Frühstück ist im Zimmerpreis mit enthalten. Viele Geschäftsreisende.
E-Mail: dolphin@infocom.co.ug

• Hotel Diplomate

Tank Hill Road, Muyenga, PO Box 6968, Tel. 267625, Fax 267655. Zimmer mit Bad/WC, Klimaanlage und Satelliten-TV. Restaurant und Bar. Bewachter Parkplatz. Außerhalb der Stadt gelegen, dadurch sehr ruhig und angenehm. Beliebt bei „Expatriates", viele Langzeitgäste. Freundliches Personal. Wegen der Lage nur für Reisende mit eigenem Fahrzeug zu empfehlen.
E-Mail: diplomate@spacenetuganda.com

• Fairway Hotel

Kafu Road, PO Box 4595, Tel. 259571, Fax 234160. Zimmer mit Bad/WC und Klimaanlage. Restaurant und Bar. Am Rande des

Stadtkerns gegenüber dem Golfplatz gelegen. Angenehme, parkähnliche Anlage, die jedoch etwas in die Jahre gekommen ist. Ein bei Mitarbeitern von Hilfsorganisationen und anderen „Expatriates" beliebtes Hotel, das ausgewogene, monatliche Zimmermieten bietet. E-Mail: fairway@starcom.co.ug

Kategorie B

• Hotel Africana

2–4 Wampewo Avenue, Kololo, PO Box 10218, Tel. 348080/6, Fax 348090. 115 Zimmer und Suiten mit Bad/WC, Klimaanlage und Satelliten-TV. Restaurant und Bar. Bewachter Parkplatz. Etwas außerhalb der Stadt gelegen, dadurch sehr ruhig und angenehm. Kostenloser Shuttle-Service zum Flughafen Entebbe und in die Innenstadt.
E-Mail: africana@hotelafricana.com,
Internet: www.hotelafricana.com

• Kabira Club

Old Kira Road, Bukato, PO Box 1936, Tel. 543481, Fax 541257. Schöne, gartenähnliche Anlage mit angenehmen Unterkünften (Cottages mit 2–3 Betten). Restaurant und Bar. Bewachtes Parkareal. Tennis und andere Sportmöglichkeiten, Pool. Ca. 6 km außerhalb des Stadtzentrums gelegen.
E-Mail: kabira@starcom.co.ug

• TLC Club

Plot 7 George Street (neben dem YMCA), PO Box 8066, Mobiltel. 077-40445, Fax 233194. Zentral gelegene moderne Anlage mit angenehmen Unterkünften mit Bad/WC. Restaurant und Bar. Bewachtes Parkareal. Tennis und andere Sportmöglichkeiten, Swimmingpool, Health Club
E-Mail: datorr@softhome.net

Kategorie B–C

• Athina Club House

Windsor Crescent (Kololo), PO Box 8717, Tel. 341428, Fax 236089. Zimmer mit Bad/WC, inkl. Vollpension. Bewachter Parkplatz. Oberhalb des Golfplatzes am Fuße des Kololo-Hügels gelegen. Geführt von griechischen Zyprioten (der Athina Club ist zugleich zypriotisches Konsulat). Freundliche und charaktervolle Atmosphäre. Wäscheservice im Übernachtungspreis enthalten. Man kann zwischen zwei Zimmerkategorien wählen, wobei die Räume im Neubau etwas teurer sind. Ein Sohn der Familie betreibt das Restaurant Andy The Greek's innerhalb der Anlage.
E-Mail: athina@afsat.co.ug

• Silver Springs Hotel

76/78 Old Port Bell Road, Bugolobi, PO Box 734, Tel. 221231, Fax 236361. Cottages oder Bandas mit eigenem Bad/WC. Restaurant und Bar. Bewachter Parkplatz. Außerhalb der Stadt im Vorort Bugolobi gelegen. Empfehlenswertes Hotel für alle, die über eigene Transportmöglichkeit verfügen. Sonst mit Sammeltaxis nach Luzira zu erreichen. In den letzten Jahren leider etwas abgewohnt.

Kategorie C

• Hillcrest Hotel

Nakasero Road, PO Box 4037, Tel. 343624, Fax 269616. Zimmer mit Dusche/WC. Herrliche Anlage am Westrand des Nakasero-Hügels. Großer Garten. Sehr gutes Restaurant mit internationaler (z.B. auch Pasta und Pizza) sowie kongolesischer Küche. Beliebte Bar. Campingmöglichkeit.

• Fang Fang Hotel

Plot 9 Ssesibwa Road, PO Box 6323, Tel. 235828/233115, Fax 233620. Bewachter Parkplatz. Sauberes Mittelklassehotel mit angeschlossenem Restaurant. Zimmer mit Dusche/WC, Klimaanlage und Satelliten-TV. Frisiersalon, traditionelle chinesische Massage sowie eine kleine Arztpraxis stehen für Gäste bereit. Freundliches Personal. Rundum empfehlenswert.
E-Mail: fangfang@africaonline.co.ug

• Rena Hotel

Namirembe Road, PO Box 5545, Tel. 273504. Parkmöglichkeiten. Einfaches, vergleichsweise teures „Hotel" mit Guest House-Standard. Verschiedene Unterkunftskategorien vom einfachen Zimmer mit Gemeinschafts-WC bis hin zum „Apartment". Möglichst kein Zimmer zur Namirembe Road hin nehmen, da sehr laut.

• Lion Hotel

Namirembe Road, PO Box 6751, Tel. 243687, Fax 243682. Zimmer mit Dusche/WC. Restaurant. Bewachter Parkplatz. Guter Standard zu etwas überhöhten Preisen. Während früher Klagen über mangelnde Hygiene laut wurden, scheint sich das Lion Hotel inzwischen durch sehr saubere Zimmer auszuzeichnen. Der große Vorteil ist die Nähe zur Busstation, insbesondere bei frühmorgendlichen Abfahrtszeiten. Laut durch die viel befahrene Namirembe Road.

•Antlers Inn
Bombo Road, PO Box 7036, Tel. 257120, Fax 243998. Nur DZ mit Bad/WC. Gegenüber von „Uganda Crafts". Laut durch die viel befahrene Bombo Road.

•College Inn
Wandegaya (nahe dem Universitäts-Campus), PO Box 3852, Tel. 511763, Fax 531310. Zimmer mit Dusche/WC. Restaurant. Einfaches Guest House mit solidem Standard.

•Cardinal Nsubuga Leadership Training Centre
Nsambya (in der Nähe des Nsambya-Hospitals), PO Box 11855, Tel. 268871. Zimmer mit Dusche/WC. Gemeinschaftsverpflegung. Empfehlenswerte katholische Unterkunft, ca. 4 km außerhalb des Stadtzentrums in Nsambya gelegen. Fungiert zugleich als Seminarstätte, daher manchmal ausgebucht. Tadellos saubere Räume und Gemeinschaftsduschen mit heißem Wasser. Sehr freundliches Personal. Gute Sammeltaxiverbindungen zum Stadtzentrum vom Nsambya Hospital.

•Tourist Hotel
PO Box 7036, Market Street/Dastur Street, Tel. 251471, Fax 251473. Im Herzen der Innenstadt gelegen mit Blick auf den Nakasero Market. Saubere Zimmer mit Bad/WC, TV und Telefon. Empfehlenswert.
E-Mail: tourist@africaonline.co.ug

Kategorie C–D

•Namirembe Guest House
Mengo (unterhalb der Namirembe Kathedrale), PO Box 14127, Tel. 273778/273981, Fax 273904. Sehr saubere Zimmer mit Dusche/WC, Schlafsaal. Restaurant und bewachter Parkplatz. Ruhig und angenehm etwas außerhalb des Zentrums gelegen. Verschiedene Unterkunftskatagorien, am billigsten sind die Betten im Schlafsaal. Mit Sammeltaxi zu erreichen. E-Mail: ngh@utlonline.co.ug

•Blue Mango Lodge
Old Kira Road, Bukoto, Tel. 542245, Mobiltel. 077-701757. Zwischen Kisementi und Ntinda im Stadtteil Bukoto gelegen, ca. 6 km außerhalb des Zentrums. Direkt benachbart liegt der Kabira Country Club. Im Jahr 2002 eröffnete, sehr angenehme Unterkunft für Backpacker in der gehobenen Preisklasse. Einfache Zimmer und saubere Cottages mit eigenem Bad/WC. Schlafsaal. Campingmöglichkeit. E-Mail: bluemango@infocom.co.ug

Kategorie D

•Kolping Guest House
Plot 132 Bombo Road, Tel. 543990, Fax 543982. Angenehm saubere, kirchlich geführte Unterkunft der Uganda Kolping Society. Restaurant und Bar. Bewachter Parkplatz. Ca. 5 Minuten vom Zentrum entfernt.

•Natete Backpackers Hostel & Campsite
PO Box 6121, Natete, Tel. 344417, Mobiltel. 077-430587, Fax 272012. Der Traveller-Treffpunkt in Kampala, aufgebaut und geleitet von einem freundlichen Australier. Gute Notizbretter für aktuelle Informationen über Ziele in Uganda und seinen Nachbarländern, zusätzlich gibt es einen Ordner mit Notizen von Reisenden zu besonders beliebten Zielen (Gorillas, Nationalparks, Ssese-Inseln etc.). Es werden eigene Touren z.B. zum Ngamba Island Chimpanzee Sanctuary im Lake Victoria angeboten. Nicht zu empfehlen, wenn der Platz von mehreren Overlandtrucks „heimgesucht" wird. Zu erreichen vom New Taxi Park mit Sammeltaxis nach Natete (ca. 3 km außerhalb des Stadtzentrums).
E-Mail: backpackers@infocom.co.ug,
Internet: www.backpackers.co.ug

•Red Chilli Hideaway Hostel & Campsite
Off Old Port Bell Road, Bugolobi, PO Box 9731, Tel. 223903, Mobiltel. 077-509150. Saubere Anlage 6 km außerhalb des Stadtzentrums mit Zimmern mit und ohne eigenes Bad/WC, Schlafsaal und Campingplatz. Restaurant und Bar. Kartentelefon. Internet- und E-Mailverbindungen. Selbstversorger können im gut bestückten nahe gelegenen Payless Supermarket einkaufen. Mit Matatus ab dem Old Taxi Park zu erreichen (Aussteigen gegenüber dem Silver Springs Hotel, Abzweigung ist ausgeschildert). Von den gleichen Betreibern wird auch das Red Chilli Rest Camp im Murchison Falls National Park geführt. E-Mail: chilli@infocom.co.ug,
Internet: www.redchillihideaway.com

Camping

Im Natete Backpackers Hostel, in der Blue Mango Lodge, im Red Chilli Hideaway Hostel & Campsite sowie auf dem Gelände des Hillcrest Hotels (Gebühr jeweils ca. 2 Euro).

Essen und Trinken

Sie sollten in allen Restaurants die Rechnung genauestens prüfen. Viele Kellner scheinen mit der korrekten Addition von Beträgen leider enorme Probleme zu haben – rätselhafterweise immer zugunsten des Hauses ...

Empfehlenswerte Restaurants der gehobenen Preisklasse

Äthiopisch

- **Fasika,** Gaba Road, Kabalagala, Tel. 268571. Sehr gute Küche, mittwochs und samstags Buffet.

Chinesisch

- **Chopsticks,** im Equatoria Hotel, Tel. 250781. Empfehlenswert.
- **Fang Fang,** Kampala Road (Greenland Towers, 4th Floor), Tel. 344806.
- **Shanghai,** Ternan Road (gegenüber vom Sheraton), Tel. 250336. Exzellente chinesische Küche.

Französisch

- **La Fontaine,** 6 Bukuku Road, Kololo, Mobiltel. 077-406197. Hervorragende, aber teure französische Küche.
- **La Marle Galante,** Tank Hill Parade, Muyenga, Mobiltel. 071-948595. Sehr empfehlenswert. Mittwochs geschlossen.

Griechisch

- **Andy the Greek's** (im Athina Club House), Winsor Crescent, Kololo, Mobiltel. 075-744018. Griechische Küche, teils im Freien.

Grillgerichte

- **Kampala Carnivore,** im Half London Restaurant & Pub, Gaba Road, Kabalagala, Mobiltel. 077-767771 und 077-629939. Fleisch und afrikanisches Wildbret in allen geschmacklichen Schattierungen.
- **Sheraton Hotel** (internationale Küche und Grillgerichte), Ternan Avenue. Das Crane Restaurant und der Rhino Pub bieten insbesondere gute Buffets und ein ausgebufftes Barbecue. Gute Küche, aber relativ teuer.

Indisch

- **Haandi's,** Commercial, Plaza, 7 Kampala Road, Tel. 346283. Hervorragende indische Küche, klimatisierte Räumlichkeiten.
- **Maharaja,** im Speke Hotel (Nile Avenue), Tel. 243244. Hervorragende Küche.
- **Sitar's,** Bat Valley Complex. Breites Spektrum sehr gut zubereiteter Gerichte.
- **Swagat** (vegetarisches Restaurant), Kampala Road (Ecke Kyagwe Road). Ausgezeichnete Küche, dabei wenig besucht.

Internationale Küche

- **The Crocodile Café & Bar,** 21 Cooper Road, Kisementi, Mobiltel. 077-486630. Schöne Inneneinrichtung, freundlicher belgischer Besitzer.
- **Laughing Lobster** (Seafood-Restaurant), Tank Hill Parade, Muyenga, Mobiltel. 077-401912. Relativ teuer.

Italienisch

- **Café Roma,** Tank Hill Shopping Mall, Muyenga, Mobiltel. 077-200086. Gute Pizzen.
- **Mammamia,** im Tel. 346340. Gute und dabei günstige Pizzen.
- **Mamba Point,** 22A Akkii Bua Road, Nakasero, Tel. 343225. Gute Pizzen, Pasta und Steaks. Schöne Terrasse.
- **Trattoria,** im Equatoria Hotel. Empfehlenswerte Küche.

Libanesisch

- **Al Tarboush,** Park Royal Shopping Arcade, 76 Bombo Road, Tel. 254284.

Thailändisch

- **Krua Thai,** Windsor Crescent, Kololo, Mobiltel. 075-777433. Empfehlenswerte Thai-Küche, sonntags geschlossen.

Günstige Restaurants (Essen unter 5 Euro)

- **Afianex,** Kabalagala. Sehr ansprechendes afrikanisches Ambiente. Gutes Essen.

- **Chadenel Restaurant** (gegenüber dem Grand Imperial Hotel). Gute und dabei günstige gegrillte Fisch- und Feischgerichte.
- **Curry Pot,** Kampala Road (Bat Valley). Pikantes Essen zu günstigen Preisen, nur kleine Speisekarte.
- **Pause Café,** Metropole Arcade, 8–10 Entebbe Road, Tel. 349921. Gutes Lunchbuffet, exzellente Milchshakes. Bei Geschäftleuten beliebt für einen leckeren Imbiss während der Mittagspause.
- **Golden China Restaurant,** Kampala Road (nahe dem Bahnhof). Macht einen etwas schäbigen Eindruck, doch das Essen ist sehr gut und dabei günstig.
- **Le Petit Bistro,** Gaba Road, Kabalagala, Mobiltel. 077-509667. Hervorragende französische Küche zu günstigen Preisen.
- **Nile Grill,** Uganda House, Kampala Road. Brauchbare Grillgerichte. Abends häufig Live-Musik.
- **Tandoor Restaurant,** Kampala Road. Günstige indische Küche.
- **Fido Dido,** Kampala Road. Gute Snacks und Eiscreme.
- **Tutifrutti Ice Cream Parlour,** Pioneer Mall Shop 36, Johnston Street. Original italienische Eiscreme.
- **Chipper's Icecream,** gegenüber dem Equatoria Hotel, Tel. 254512. Exzellente Eiscreme, vielleicht die beste Kampalas.
- Brauchbares **Fastfood** erhält man z.B. bei Nando's, Steer's, Pizza Inn oder Chicken Inn, allesamt zentral im Food Court House an der Kampala Road zu finden.

Bars

- **On the Rocks** (Speke Hotel), großer Barbereich neben dem Rock Garden Café, in dem auch unzählige Prostituierte anschaffen gehen.
- **Al's Bar,** Gaba Road, Kansanga. Neben dem Half London. Einer der Treffpunkte in Kampala, insbesondere Freitagnacht.
- **Kao's Bar,** Kitante Road. Neben dem Golfklub. Große Anlage im Freien mit regem Zuspruch, insbesondere Freitagnacht, wenn afrikanische Live-Bands spielen.
- **Sabrina's Pub,** 76A Kampala Road, Tel. 250174. Beliebter Treffpunkt von Expatriates, Touristen und der ugandischen Mittel- und Oberschicht. Häufig Live-Musik.
- **Mateo's Bar,** 13 Parliament Avenue, Tel. 340840. Einzige Cocktail-Bar in Kampala.
- **Rhino Pub,** Sheraton Hotel. Beliebter Treffpunkt vor allem der Weißen. Auch Snacks erhältlich.
- **Safari Bar,** Nile International Hotel. Ähnlich den Bars im Sheraton Hotel.
- **Poolside Bar,** Equatoria Hotel, Tel. 250781.
- **Just Kicking,** Cooper Road, Kisementi. Beliebte Sports Bar. Ein Schriftzug im Eingangsbereich warnt: „No hookers allowed, but locks and props are fine."

Cafés

- **Sheraton Hotel** (Ternan Avenue). Angenehmes, lebhaftes Café im Foyer.
- **Rock Garden Café** (Speke Hotel), in der Nile Avenue.
- **Press Cafeteria,** Nile Avenue. Im Nile Hotel International Conference Centre.
- **Gallery Café,** Masaka Road (etwa 4 km außerhalb des Zentrums). Ausstellung und Verkauf ugandischer Kunst und afrikanischen Kunsthandwerks.
- **City Bar & Restaurant.** Lebhaft. Angenehme Atmosphäre.
- **Café Roma,** Tank Hill Shopping Mall, Muyenga, Mobiltel. 077-200086. Hier gibt es guten Cappuccino.
- **The Crocodile Café & Bar**, 21 Cooper Road, Kisementi, Mobiltel. 077-486630. Schöne Inneneinrichtung, freundlicher belgischer Besitzer.

Nachtleben und Kultur

Diskotheken

- **Ange Noir,** First Street (Industrial Area). Großräumige Anlage.
- **Club Obligatto,** Old Port Bell Road.
- **Viper Room** (im Equatoria Hotel). Neueste und exklusivste Diskothek Kampalas.
- **Club Silk,** First Street (Industrieviertel). Ugandische Mittel- und Oberschicht.
- **Little Flowers,** Bat Valley Complex, Bombo Road.

Spielcasinos

- **Kampala Casino,** 3 Kimathi Avenue (Pan Africa House), Tel. 343628/30.
- **Casino International,** im Hotel International, Tank Hill, Tel. 266924.
- **Equatoria Hotel,** relativ neues Kasino (Eröffnung Ende 1995).

Kinos

- **Cine Afrique,** 70 Kampala Road, Tel. 236379
- **Cineplex,** 10 Wilson Road, Tel. 347713/348055, E-Mail: cineplex@africaonline.co.ug

Musik und Theater

- **National Theatre,** Siad Barre Avenue (Ecke Dewinton Road). Wechselndes Theater- und Musikprogramm.
- **Nile Grill,** Kampala Road. Ugandische Live-Bands.
- **Roof View Bar,** zwischen Nakivubo Stadium und New Matatu Park. Günstiges Bier, jeden Tag kongolesische Live-Bands.
- **Simba Sounds,** freitags und samstags Live-Bands. Ausgelassene Stimmung.

Kultureinrichtungen

- **Alliance Francaise,** National Theatre, Dewinton Road, Tel. 344490, Fax 349821. Sprachkurse sowie Aufführungen von Filmen, Musik und Theater. Kleine Bibliothek.
- **The British Council,** 10–12 Parliamentary Avenue (British High Commission Building), PO Box 7070, Tel. 257054, Fax 312282. Gute Bibliothek mit E-Mailanschluss. Verschiedene Tageszeitungen aus Großbritannien.
- **Ugandan German Cultural Society,** 34A Nakasero Road, Tel. 346076, Mobiltel. 077-500611, Fax 521648. Die Deutsch-Ugandische Kulturgesellschaft bietet eine Fülle von Veranstaltungen. Kleine Bibliothek mit Tageszeitungen aus Deutschland.
E-Mail: ugcsuganda@yahoo.com, Internet: www.kampala-city-guide.com/ugcs/

Notfall

Ärzte und Ambulanzen

- **„The Surgery"** (Praxis von *Dr. Stockley,* britischer Chirurg und Allgemeinarzt), 2 Acacia Avenue, Kololo, Tel. 256003, Mobiltel. 075-756003 (Notfälle), Öffnungszeiten: Mo bis Fr 8.30–17, Sa 9.30–11.30 Uhr. Tägl. um 12 Uhr Impfsprechstunde (ohne Voranmeldung).
- **International Medical Centre,** KPC Building, Bombo Road, Tel. 341291, Mobiltel. 077-741291 (Notfälle). Gute ärztliche Versorgung.
- **African Air Rescue (AAR) Health Services,** 7/9 Clement Hill Road, PO Box 6240, Kampala, Tel. 258527, 258615.

Zahnärzte

- **Dr. Musawwir Ahmad,** Tel. 256880.
- **Dr. G. B. Bataringaya,** Basil's Dental Clinic, 1st Floor Airways House, 6 Colville Street, Tel. 235526, Mobiltel. 078-260231.

Krankenhäuser (mit angeschlossenen Apotheken)

- **Nsambya Hospital** (privates katholisches Missionskrankenhaus), PO Box 7146, Nsambya Hill, Tel. 266998/267012.
- **International Hospital,** Old Kampala, Tel. 340531/345768.
- **Mengo Hospital,** PO Box 7161, Albert Cook Road (nahe der Namirembe-Kathedrale), Tel. 270222/270223.
- **Mulago Hospital,** PO Box 7051, Mulago Hill Road, Tel. 554009.

Geldwechsel

Banken

Im Zentrum liegen die Hauptniederlassungen der Uganda Commercial Bank (UCB), Stanbic Bank, Co-operative Bank, Nile Bank, Standard Chartered Bank, Barclays Bank und anderer. In der Zentrale der **Barclays Bank** (16 Kampala Road, Tel. 230972/6, Fax 259467) kann man mit internationalen **Kreditkarten** (VISA, Mastercard, Amex) problemlos Bargeld bekommen. Es wird eine Gebühr von ca. 3 Euro (für das Bestätigungstelefonat zur Zentrale nach Nairobi) erhoben. In der **Citibank** (4 Ternan Court, Nakasero, Tel. 340945/8, Fax 340624) kann man mit Citibank-Karte oder VISA-Karte Geld am **Geldautomaten** abheben.

Forex Bureaus

Diese privaten Institutionen mit Wechsellizenz bieten in der Regel deutlich **bessere Kurse als die Banken.** Vergleiche der gebotenen Tageskurse lohnen sich. Für Reiseschecks erhält man einen schlechteren Kurs als für Bargeld. US-Dollar (beste Kurse für 100-Dollar-Noten) und das britische Pfund sind die gängigen Währungen, aber auch für den Euro gelten mittlerweile faire Kurse. Es gibt zahllose Forex Bureaus im Zentrum Kampalas, z.B. Crane, Diamond Trust, Metropolitan, Red Fox und viele andere.

Post und Telekommunikation

- **Hauptpostamt** (General Post Office) in der Kampala Road, Öffnungszeiten: Mo bis Fr 8.30–18, Sa 8.30–14 Uhr. Der poste-restante-Service ist nicht immer hundertprozentig zuverlässig organisiert. Telefongespräche sind mit Telefonkarten von modernen Apparaten aus möglich. Nach Europa kann durchgewählt werden. Am Schalter 6/7 ist ein Fax-Service eingerichtet. Für ein Fax nach Europa werden 2–3 Euro pro Seite berechnet. Innerhalb Ostafrikas sind es 0,80 Euro, innerhalb Afrikas 0,80–1,50 Euro. Ein eingehendes Fax aus Europa schlägt mit 0,50 Euro zu Buche.
- **DHL-Express-Service,** Blacklines House, 18 Clement Hill Road, PO Box 1623, Tel. 251608, Fax 256236. Weitere Niederlassungen in Jinja und Entebbe.
- **Skynet Worldwide Express,** 16 Old Port Bell Road, PO Box 1623, Tel. 343380/236393, Fax 343380,
E-Mail: skynetug@infocom.co.ug.
- **TNT Worldwide Express,** Ground Floor, International Conference Centre, Nile Avenue, Tel. 230005, Fax 255385.

uga_142 Foto: cl

Internet-Cafés

- **Lotus Cyber Café,** inzwischen an fünf verschiedenen Orten in der Stadt vertreten. Günstige Surf-Rates ab 0,01 Euro pro Minute.
- **Web City Café,** Kimathi Avenue (neben dem Büro der Fluggesellschaft Emirates). Klimatisiert, moderne Computer und schnelle Verbindungen für 0,05 Euro pro Minute.
- **Kool Surfing,** Plot 76 Ben Kiwanuka Street, Mobiltel. 077-786330. Kaffee und Tee sind während des Surfens frei.

Sport und Aktivitäten

- Informationen zu **Bergtouren** erhalten Sie durch den revitalisierten Mountain Club of Uganda, PO Box 4692, Tel. 268003.
- Im **TLC Club,** Plot 7 George Street (neben dem YMCA), PO Box 8066, Mobiltel. 077-40445, Fax 233194, können Sie eine Tagesmitgliedschaft erwerben und Swimmingpool sowie Sauna und Health Club nebst Restaurant und Bar nutzen.
E-Mail: datorr@softhome.net
- Das Sheraton-Hotel sowie der Kabira Club verfügen über eigene **Tennisplätze.**
- Im **Kampala Golf Club** an der Kitante Road zwischen Kololo Hill und Nakasero können Tagesbesucher für ca. 25 Euro auf dem 1909 eröffneten Parcours eine Runde Golf spielen (Infos unter Tel. 257345).
- Im **Victoria Nyanza Sailing Club** (in Kaazi, 16 km südlich von Kampala, Mobiltel. 075-481762) sowie im **Gaba Beach Resort,** 6 km südlich von Port Bell, können Segel- und Ruderboote für Touren auf dem Lake Victoria entliehen werden.

Flugschulen und Flugscheine

- Das **Kampala Aeroclub Flight Training Centre** bietet Flugzeugcharter, Rundflüge und Flugkurse an (PO Box 24305, Kampala, Mobiltel. 075-690173 oder 077-706105, Fax 268900/320002, E-Mail: barnesy@imul.com, Internet: www.kaftc.com).

Hinweisschild zur AIDS-Aufklärung an der Straße von Kampala nach Entebbe

Anbieter von White-Water Rafting

- **Adrift – The Adventure Centre,** Plot 3 Kintu Road, UWA Compound, PO Box 7681, Kampala, Tel. und Fax 041-252720, Mobiltel. 071-707668 oder 077-454206. Ganztagestouren (30 km Rafting, davon 8 km Paddel-Strecke) beginnen an den Bujagali Falls und kosten 85 US-$, verkürzte Halbtagestouren sind für 65 US-$ zu haben. Längere Zweitagestouren mit Zeltübernachtung auf einer Nilinsel schlagen mit 199 US-$ zu Buche. Die Anreise mit einem eigenen Overlandtruck erfolgt von Kampala aus (verschiedene Treffpunkte, u.a. Sheraton Hotel und Natete Backpackers Hostel). Lunch und Getränke im Preis inbegriffen.
E-Mail: adrift@surfthesource.com,
Internet: www.surfthesource.com
- **Nile River Explorers (NRE),** Plot 41 Wilson Avenue, PO Box 2155, Jinja, Tel. 043-120236, Mobiltel. 077-422373, Fax 043-121322, E-Mail: rafting@starcom.co.ug, Internet: www.raftafrica.com. Gleiche Preise wie Adrift, doch wird eine kürzere Strecke (18 km) befahren, die direkt unterhalb des Owen Falls-Dammes beginnt und angeblich weniger schwere Stromschnellen aufweist. Für weniger draufgängerische Erstlinge wohl besser geeignet. Nach Meinung vieler persönlichere Betreuung, abends vor Ort gemeinsames Grillen mit den (teils sehr schrillen) Guides.
- **Equator Rafting,** Bujagali Falls, Tel. 041-259106/7, Mobiltel. 077-960964 oder 077-379566. Der neueste Rafting-Anbieter mit etwas günstigeren Touren als Adrift und NRE, kostenfreier Foto-CD und reichlicher Verpflegung (kurzes Frühstück, Lunch und abendliches Barbecue). Die Rafting-Strecke beträgt ca. 25 km. Transport ab Kampala oder zwei freie Übernachtungen im Speke Camp im Preis mit inbegriffen.
E-Mail: equatorrafts@equatorrafts.com,
Internet: www.equatorrafts.com

Reiseagenturen

- **Let's Go Travel,** 16 Cooper Road, Kisementi, PO Box 22851, Tel. 346668/7/9, Fax 346666, E-Mail: letsgo.ug@letsgosafari.com

● **Uganda Travel Bureau,** Pan African Building, 3 Kimathi Avenue, PO Box 5187, Tel. 232555/232666, Fax 236998, E-Mail: utbtours@starcom.co.ug
● **Pearl of Africa Tours & Travel,** 2 Impala House, Kimathi Avenue, PO Box 5326, Tel. 236255/340533, Mobiltel. 075-797000, Fax 236255, E-Mail: pearlatt@africaonline.co.ug

Empfohlene Safari- und Reiseveranstalter

● **Acacia Safaris,** Plot 4 Kimathi Avenue, PO Box 29493, Kampala, Tel. 041-345631, Mobiltel. 077-331332, Fax 078-260948, Internet: www.acaciasafari.co.ug
● **African Pearl Safaris,** PO Box 4562, 13 Kimathi Avenue, Impala House, Tel. 233566, Fax 235770, E-Mail: apsafari@africaonline.co.ug
● **Afri Tours & Travel,** Daisy's Arcade, 13 Buganga Road, PO Box 5187, Tel. 233596, Fax 344855, E-Mail: afritour@africaonline.co.ug
● **Gorilland Safaris,** Plot 1 Lumumba Avenue, Rwenzori House, Tel. 341705/234914, Mobiltel. 077-598483, E-Mail: gorilland@africaonline.co.ug, Internet: www.gorilland.co.ug
● **Mantana African Safaris,** Plot 17 Nambi Road, Entebbe, Tel. 321552, Mobiltel. 077-401391, Fax 320152, E-Mail: mantana@africaonline.co.ug, Internet: www.kimbla-mantana.com
● **Merit Vacations,** Ambassador House, Plot 56 Kampala Road, PO Box 8512, Tel. 256690, Fax 256689, Mobiltel. 077-378565/444837, E-Mail: meritsafaris@utlonline.co.ug
● **The Uganda Safari Company,** PO Box 23825, Tel. 251182, Fax 346291, E-Mail: info@safariuganda.com, Internet: www.safariuganda.com
● **Travelust African Safaris,** PO Box 27943, Off Gaba Road (neben der Gallery Okapi), Tel. 266917, Fax 255288, E-Mail: travel@africaonline.co.ug, Internet: www.travelustafrica.com
● **Volcanoes Safaris,** PO Box 22818, Tel. 346464, Fax 341718, E-Mail: sales@volcanoessafaris.com, Internet: www.volcanoessafaris.com
● **Wild Frontiers/G & C Tours,** PO Box 619, 83A Circular Road, Entebbe, Tel. 321479, Mobiltel. 077-502122, Fax 321479, E-Mail: gctours@imul.com, Internet: www.wildfrontiers.com
● **Great Lake Safaris,** Nsambya Estates B14, Gogonya Road, Kabalagala, Kampala, Tel. 77-426368 und 41-267153, E-Mail: info@safari-uganda.com, Internet: www.safari-uganda.com

Einkaufen

Supermärkte

Der **Star Supermarket** (untere Kampala Road) sowie der führende Supermarkt Kampalas, **Shoprite** (nahe dem New Taxi Park), bieten ein gutes Sortiment an Lebensmitteln und Waren, jeweils mit eigenen Parkplätzen.

Einkaufsarkaden

● **Pioneer Mall,** Kampala Road/City Square
● **Tank Hill Shopping Mall,** Muyenga
● **Sheraton Hotel,** Ternan Avenue
● **Daisy's Arcade,** Buganda Road
● **Metropole Arcade,** Entebbe Road
● **Equatoria Hotel,** William Street

Bücher

● **Aristoc,** 23 Kampala Road, Tel. 349052. Afrikanische Literatur und Werke zur Geschichte Ugandas.
● **Book & Media Centre,** 57 Kampala Road, Tel. 256346.
● **Uganda Bookshop,** 4 Colville Street, PO Box 7145, Tel. 343756. Große Auswahl an touristisch orientierter Literatur über Uganda.
● **University Bookshop,** Makerere, Lincoln Close, PO Box 7145, Tel. 543442/3, Fax 534973.

Kleidung

● **Tinga Tinga** (Buganda Road). Freizeitkleidung mit afrikanischen Aufdrucken aus Kenia.
● **Peacock Fashions** (Kampala Road). In Handarbeit gefertigte ugandische Artikel.
● **Black & White** (Jinja Road)
● **Lifestyles** (Quarry Road, Kabalagala)

fj

cl

cd

Die Tierwelt des östlichen Afrika

nach einem Text von
Dr. Fritz Jantschke,
überarbeitet und ergänzt von
Dr. Christoph Lübbert

Die **Fotos** stammen von
Dr. Fritz Jantschke (fj),
Dr. Christoph Lübbert (cl),
Carlos Drews (cd),
Axel Hippke (ah)
und *Jörg Gabriel* (jg).

Säugetiere

Vögel

Reptilien

Säugetiere

Affen

Unter den so genannten Herrentieren (Primaten) sind im östlichen Afrika die Menschenaffen mit Gorilla und Schimpanse, die Niederen Affen mit verschiedenen Pavian- und Meerkatzenarten sowie die Halbaffen mit Galagos („Buschbabys“) vertreten.

Berggorillas (Foto: cl)

Menschenaffen

Von den drei afrikanischen Arten (der Orang-Utan lebt in Asien auf den Inseln Borneo und Sumatra) kommen zwei im westlichen Randbereich Ostafrikas vor, während der Bonobo oder Zwergschimpanse nur in den Wäldern des zentralafrikanischen Kongo lebt.

Gorilla (Gorilla gorilla)

Verbreitungsschwerpunkt ist der Guinea-Regenwald im westlichen Afrika, doch gibt es Berg- und Östliche Flachlandgorillas auch in Ruanda, Uganda und im Osten der Demokratischen Republik Kongo (ehemaliges Zaïre).

Körpermerkmale: Mit 60–100 kg (Weibchen) bzw. 140–275 kg (Männchen) und einer Kopf-Rumpf-Länge von annähernd 2 m der größte Menschenaffe. Massiger Körperbau, verhältnismäßig kurze, dunkelgraue bis schwarze Behaarung, erwachsene Männchen mit „Silberrücken". Die drei Unterarten unterscheiden sich in der Körperbehaarung sowie in Gesicht und Nasenregion.

Fortpflanzung und Entwicklung: Nach 250–290 Tagen wird ein Junges (selten Zwillinge) von ca. 1,5–2 kg geboren. Säugezeit 2–4 Jahre, Geschlechtsreife mit 7–8 Jahren, Lebenserwartung 30–40, selten annähernd 50 Jahre.

Nahrung: Rein pflanzlich von Blättern, Sprossen, Rinde, Mark, Knollen (z.B. Bambus, wilder Sellerie, Nesseln, Disteln).

Lebensweise und Lebensraum: Tagaktiv, zum größten Teil auf dem Boden lebend, im Regen- und Bambuswald bis in 4500 m Höhe, Haremsgruppen von einem (selten 2–3) Männchen mit mehreren Weibchen und Jungtieren. Streifgebiete von 10–25 km². Schlafnest aus Zweigen in Bäumen, bei erwachsenen Tieren auch auf dem Boden.

Bestand und Situation: Von der ganzen Art gibt es noch etwa 50.000 Tiere, von den stark gefährdeten Berggorillas im Grenzgebiet von Uganda/Ruanda/Kongo nur noch etwa 650, von den Östlichen Flachlandgorillas (z.B. im kongolesischen Kahuzi-Biega-Nationalpark) ca. 10.000 Tiere. Gefährdung durch Verlust des Lebensraumes und Bejagung. Feind neben dem Menschen nur der Leopard.

Beobachtungsmöglichkeiten: Seit drei Jahrzehnten werden Gorillafamilien an verschiedenen Stellen (zuerst im Kongo, dann auch in Ruanda, jetzt vorwiegend in Uganda) an Besucher gewöhnt und unter Leitung erfahrener Führer in kleinen Gruppen für jeweils eine Stunde besucht.

Schimpanse (Pan troglodytes)

Die in den afrikanischen Regenwäldern vorkommenden Schimpansen gibt es in Ostafrika von Uganda über Ruanda und Burundi bis in den Osten der DR Kongo.

Körpermerkmale: Kopf-Rumpf-Länge ca. 170 cm, weniger massig gebaut als der Gorilla, selten mehr als 60 kg Gewicht. Behaarung mittellang und nicht sehr dicht, Farbe schwarz bis dunkelgrau, Gesichtshaut hell bis fast schwarz.

Fortpflanzung und Entwicklung: ein Jungtier (selten Zwillinge) nach etwa 7½ Monaten Tragzeit. Säugeperiode bis 4 Jahre, Geschlechtsreife mit 6–8 Jahren, Lebenserwartung bis 50 Jahre.

Nahrung: Vorwiegend pflanzlich (Früchte, Knospen, Blätter, Rinde), daneben Insekten und Vogeleier, gelegentlich auch Affen oder junge Antilopen.

Schimpansen bei der Körperpflege (Foto: fj)

•Lebensraum und Lebensweise: Ausschließlich in Wäldern (vom tropischen Regenwald bis zum offenen Savannenwald), hervorragende Kletterer, die sich aber auch sehr häufig auf dem Boden fortbewegen. Gemischte Gruppen aus beiden Geschlechtern von 30–50 Tieren (oder auch mehr), die nur selten zusammen anzutreffen sind und ihr Revier gegen Gruppenfremde verteidigen. Streifgebiete bis zu 50 km^2. Übernachten in Zweignestern vorwiegend in Bäumen.

•Bestand und Situation: Gesamtzahl der Tiere in einem insgesamt riesigen Verbreitungsgebiet noch weit über 100.000, vor allem durch Jagd und Fang sowie Verlust des Lebensraums gefährdet.

Anubispavian fletscht seine mächtigen Zähne (Foto: cd)

Niedere Affen – Paviane

Drei der fünf Pavianarten kommen im östlichen Afrika vor (der Sphinxpavian lebt in Westafrika, der Mantelpavian in Somalia, Eritrea und Arabien). Es handelt sich um sehr große und schwere Hundsaffen, die viel auf dem Boden anzutreffen sind. Kennzeichnend sind stämmige, kräftige Arme und Beine, eine sehr lange Schnauze und ein kräftiges Gebiss mit riesigen Eckzähnen. Männchen sind doppelt so groß wie die Weibchen.

•Fortpflanzung und Entwicklung: Nach 175–195 Tagen wird ein Jungtier (selten zwei) geboren, das etwa ein Jahr (zunächst am Bauch, später auf dem Rücken) von der Mutter getragen und mit ca. 5 Jahren geschlechtsreif wird und eine Lebenserwartung von 30–40 Jahren hat.

- **Nahrung:** V.a. pflanzlich (Früchte, Knollen, Gräser), aber auch Insekten, Jungvögel und kleine Säugetiere (z.B. Kitze von Antilopen).
- **Lebensweise und Lebensraum:** Gruppen von 10–150 Tieren, angeführt von einem oder mehreren Männchen mit deutlicher Rangordnung. Vor allem in der Baumsavanne lebend.
- **Bestand und Situation:** Keine Art gefährdet, Hauptfeinde Leopard und Mensch, der sie als Ernteschädlinge bekämpft.
- **Beobachtungsmöglichkeiten:** In fast allen Nationalparks in Ostafrika regelmäßig zu beobachten.

Anubispavian (Papio anubis)

- **Körpermerkmale:** Männchen mit Kopf-Rumpf-Länge von 70–95 cm, 40–60 cm langem Schwanz und bis 30 kg Gewicht. Weibchen ein Drittel kleiner und nur halb so schwer. Fell dunkel olivgrün, Gesicht dunkel.
- **Vorkommen:** Von Kamerun bis Uganda und Kenia sowie im Osten der DR Kongo und in Tansania verbreitet. Häufig. An vielen Campsites haben sich Anubispaviane zu einer aggressiven Plage entwickelt.

Bärenpavian (Papio ursinus)

- **Körpermerkmale:** Großer, schlanker Affe mit schwach abfallendem Rücken, bis 115 cm lang und 40 kg schwer, Fell dunkelgrau bis olivbraun, Schnauze sehr lang.
- **Vorkommen:** Im südlicheren Afrika von Kapstadt bis Sambia weit verbreitet und nicht nur in Schutzgebieten anzutreffen.

Steppenpavian (Papio cynocephalus)

- **Körpermerkmale:** Kopf-Rumpf-Länge bis zu 100 cm. Groß, schlank gebaut mit nur wenig abfallendem Rücken. Fell hell, im oberen Bereich gelblichbraun, unten weißlich. Gliedmaßen schlank, dünner Schwanz.
- **Vorkommen:** Vom Osten Kenias und Tansanias bis Sambia verbreitet.

Niedere Affen – Stummelaffen

Mit einem gekammerten Magen auf Verzehr und Verdauung von nährstoffarmen Blättern spezialisiert, daher vorwiegend im Regenwald Zentralafrikas anzutreffen, einige Arten auch in Bergwäldern Ostafrikas. Es gibt zwei Arten von schwarzweißen **Guerezas:** Mantelaffe *(Colobus guereza)* und Bärenstummelaffe *(Colobus polykomos)*. In Ruanda, im Westen Tansanias und in anderen ostafrikanischen Randgebieten des Regenwaldes kommt der **Rote Stummelaffe** *(Procolobus badius)* vor. Eine Unterart des Roten Stummelaffen lebt im Jozani Forest der Insel Sansibar.

Niedere Affen – Meerkatzen

Mit gut einem Dutzend Arten sind Meerkatzen die häufigsten Affen Afrikas. Die meisten Arten leben im tropischen Regenwald, nur zwei im Savannengürtel des östlichen und südlichen Afrika.

Grüne Meerkatze (Cercopithecus aethiops)

- **Körpermerkmale:** Kopf-Rumpf-Länge 40–65 cm, Schwanz 55–75 cm, Gewicht 2,5–7 kg, Fell vorwiegend hellgrau bis gelbgrün, Gesicht schwarz und von einem weißen Stirnstreifen umrahmt. Männchen mit blauem Hodensack, Penis und Aftergegend hellrot.
- **Fortpflanzung und Entwicklung:** Nach etwa 160 Tagen Tragzeit in der Regel ein Jungtier von 300–400 g. Geschlechtsreife mit zwei Jahren, Lebenserwartung bis 30 Jahre.
- **Nahrung:** Gras, Früchte, Knospen, Blüten, Blätter, gelegentlich Insekten.
- **Lebensraum und Lebensweise:** Bewohner offener Wälder und angrenzender Savannen,

oft in der Nähe menschlicher Siedlungen, häufig auf dem Boden, aber nie weit entfernt von Bäumen, auf die sie sich bei Gefahr (durch Leoparden oder Adler) zurückziehen. Verbreitung in ganz Afrika südlich der Sahara mit Ausnahme des tropischen Regenwalds und der Wüste. Gruppen von 10–60 Tieren mit mehreren Männchen. Reviergröße bis 1 km².

- **Bestand und Situation:** Sehr häufig, nicht gefährdet.
- **Beobachtungsmöglichkeiten:** In allen Savannengebieten anzutreffen, regelmäßig auch an Campsites und Lodges.

Diademmeerkatze (Cercopithecus mitis)

- **Körpermerkmale:** Etwas schwerer und gedrungener als die Grüne Meerkatze, dunkleres Fell (deshalb im Englischen „Blue Monkey"), weißer Kehlfleck („Diadem"). Zahlreiche Unterarten.
- **Fortpflanzung und Entwicklung:** wie Grüne Meerkatze.
- **Nahrung:** wie Grüne Meerkatze.
- **Lebensraum und Lebensweise:** Stärker ans Baumleben gebunden, kleinere Verbände.
- **Bestand und Situation:** Seltener als Grüne Meerkatzen, aber nicht gefährdet.
- **Beboachtungsmöglichkeiten:** Eher in Waldgebieten, bei weitem nicht so häufig wie die Grüne Meerkatze.

Halbaffen

Von den verschiedenen Familien der Halbaffen (in der Gehirnentwicklung „noch nicht so weit" vorangeschritten wie die „echten" Affen) gibt es nur eine im östlichen Afrika: die **Galagos** oder **Buschbabys.** Die meisten sind Bewohner des dichten Waldes. Der Senegalgalago hat den lichten Savannenwald erobert und ist nachts in Bäumen unterwegs.

Senegalgalago (Galago senegalensis)

- **Körpermerkmale:** 150–450 g, Körper höchstens 19 cm, Schwanz rund 30 cm lang. Hinterbeine sehr kräftig für eine hüpfende Fortbewegung, Augen und Ohren groß.
- **Fortpflanzung und Entwicklung:** Tragzeit 120–145 Tage, meist ein Jungtier (selten zwei), Geschlechtsreife ab ½ Jahr, Lebenserwartung ca. 15 Jahre.
- **Nahrung:** Vorwiegend Insekten und Baumsäfte.
- **Lebensweise und Lebensraum:** Ausschließlich nachtaktiv, Einzelgänger, vorwiegend am Rand von Wäldern und in der Baumsavanne. Tagsüber Schlaf in Baumhöhlen.

Grüne Meerkatze (Foto: fj)

- **Bestand und Situation:** Recht häufig, nicht gefährdet; Feinde insbesondere Eulen und Schleichkatzen.
- **Beobachtungsmöglichkeiten:** Galagos sind nur nachts mit Hilfe starker Scheinwerfer in Bäumen zu entdecken, da ihre lichtempfindlichen Augen das Licht stark reflektieren.

Neben dem Senegalgalago kommt im südlichen Afrika auch der deutlich größere **Riesengalago** *(Galago crassicaudatus)* vor.

Nagetiere

Die meisten Hasen und Nagetiere (zwei verschiedene Säugetierordnungen) sind klein und nachtaktiv, so dass sie nur selten zu sehen sind. Regional häufig sind Hörnchen (Borstenhörnchen und Buschhörnchen im Süden des Kontinents, Rotschenkelhörnchen und andere in den Regenwäldern Zentral- und Ostafrikas).

Kaphase (Lepus capensis)

Sehr ähnlich dem europäischen Feldhasen, nur selten tagsüber zu sehen, da vorwiegend dämmerungs- und nachtaktiv. Bevorzugter Lebensraum sind offene, grasige Ebenen mit verstreutem Buschwerk.

Ähnliche, verwandte Arten sind **Crawshays-Hase** *(Lepus crawshayi)*, **Buschhase** *(Lepus saxatilis)* und der **Buschmannhase** *(Bunolagus monticularis)*. Während der Crawshays-Hase im gesamten subsaharischen Afrika anzutreffen ist, kommen letzterer nur in der Kap-Provinz Südafrikas vor.

Springhase (Pedetes capensis)

Im südlichen Afrika von Sambia bis Südafrika weit verbreitet. Einschließlich des langen, buschigen Schwanzes 70–90 cm groß, 3–4 kg schwer, ein echtes Nagetier (nicht verwandt mit Hasen), ausschließlich nachtaktiv, in kleinen Kolonien in selbst gegrabenen Höhlen lebend, sehr sprungkräftig mit langen Hinterbeinen (wie ein kleines Känguruh), nachts mit Scheinwerfern zu beobachten.

Borstenhörnchen (Xerus inauris)

Im südlichen Afrika unter allen Nagetieren am häufigsten zu sehen, da es tagaktiv ist (seinen buschigen Schwanz verwendet es wie einen Sonnenschirm). Lebt in kleinen Gruppen bis 30 Tieren in Trockengebieten.

Buschhörnchen (Paraxerus cepapi)

Lokal häufig. Relativ kurzer, buschiger Schwanz. Dem Borstenhörnchen sehr ähnlich. Lebensraum sind die Baumsavanne und lichte Wälder. Ausschließlich tagaktiv.

Stachelschwein (Hystrix africaeaustralis)

50–90 cm lang und bis 27 kg schwer, dank der langen, schwarzweiß geringelten Stacheln (umgewandelte Haare) unverkennbar, aber kaum zu sehen, da ausschließlich nachtaktiv und die Tage in Höhlen verschlafend.

Schuppentiere

Eine der ältesten und ungewöhnlichsten Säugetierordnungen mit Arten in Afrika und Asien, die mit den südamerikanischen Gürteltieren (an die sie ein wenig erinnern) nicht verwandt sind und statt der gürtelartigen Hornringe als Körperschutz tannenzapfenartig angelegte Hornschuppen tragen.

Pangolin (Manis temminckii)

Einschließlich des kräftigen Schwanzes fast 1 m lang und 15 kg schwer, nachtaktiv, Ernährung vorwiegend von Ameisen und Termiten, deren Baue sie mit ihren kräftigen Krallen aufreißen. Äußerst selten zu sehen, da trotz des Panzerschutzes sehr scheu und verborgen lebend.

Löwen – oben: ein prachtvolles männliches Tier (Foto: jg), unten: bei der Paarung (Foto: cd)

Raubtiere

Raubtiere gehören zu den attraktivsten Säugetieren des Schwarzen Kontinents. Eine Safari ist für viele Teilnehmer erst erfolgreich, wenn der erste Löwe gesichtet wurde. Kaum weniger attraktiv sind Leoparden und Geparde, Hyänen und Schakale. Selten zu sehen sind die kleineren Katzen (wie Serval, Wildkatze, Karakal) und die vorwiegend nachtaktiven Schleichkatzen und Marder, nicht vertreten in Afrika sind Bären und Kleinbären.

Katzen

Mit den Großkatzen Löwe und Leopard und diversen Kleinkatzen von Gepard bis Schwarzfußkatze ist Afrika ein ausgesprochener „Katzen-Kontinent".

Löwe (Panthera leo)

- **Körpermerkmale:** Einschließlich des knapp 1 m langen Schwanzes 250–300 cm lang, 80–105 cm hoch und bis 250 kg schwer (etwa gleich groß wie der Sibirische Tiger), Männchen mit Backen- und Halsmähne, Schwanz mit dunkler Quaste, Jungtiere gefleckt wie Leoparden.
- **Fortpflanzung und Entwicklung:** Tragzeit 100–115 Tage, zwei bis vier (ausnahmsweise bis sieben) Jungtiere von ca. 1300 g Geburtsgewicht, Säugezeit etwa ein halbes Jahr, Geschlechtsreife mit drei (Weibchen) oder fünf bis sechs Jahren (Männchen), Lebenserwartung selten über 15 Jahre, in Zoos teilweise viel länger.
- **Nahrung:** Vorwiegend größere Huftiere (Zebras, Antilopen, Büffel, gelegentlich Giraffen und junge Elefanten, Flusspferde oder Nashörner).
- **Lebensweise und Lebensraum:** Als einzige Katze im Rudel (zwei bis über 30 Tiere) mit ein bis mehreren Männchen lebend, vorwiegend in der offenen Savanne, auch in Halbwüsten und lichten Wäldern. Reviergröße bis 400 km².
- **Bestand und Situation:** In einigen Gebieten Afrikas (äußerster Norden und Süden) ausgerottet, ansonsten vor allem in großen Schutzgebieten mit reichem Wildbestand nicht bedroht. Jungtiere durch Leopard, Hyä-

Leopard bei der „Siesta" (Foto: fj)

ne und Wildhund gefährdet, erwachsene nur durch den Menschen.

● **Beobachtungsmöglichkeiten:** Zwar sind Löwen vorwiegend dämmerungs- und nachtaktiv, doch suchen die Tiere beim Ruhen kein Versteck (nur Sonnenschutz) und sind deshalb in Nationalparks früher oder später zu entdecken. Einzelne Tiere sind aber auch bei Tag unterwegs.

Leopard (Panthera pardus)

● **Körpermerkmale:** Gesamtlänge 155–270 cm (davon 60–95 cm Schwanz), Schulterhöhe von 50–75 cm, Gewicht 30–85 kg (also deutlich kleiner als der Löwe, vor allem aber schlanker und weniger kräftig gebaut), auffallende, sehr variable Rosettenmusterung, Schwärzlinge („Schwarze Panther") in der Natur äußerst selten.

● **Fortpflanzung und Entwicklung:** Nach 90–105 Tagen ein bis sechs (meist zwei bis vier) Jungtiere von 500–600 g, die mit 2½–4 Jahren geschlechtsreif und 15–20 Jahre alt werden.

● **Nahrung:** Kleine bis mittelgroße Huftiere (in Afrika v.a. Antilopen), Affen, Vögel.

● **Lebensweise und Lebensraum:** Einzelgänger, vorwiegend dämmerungs- und nachtaktiv, aber manchmal auch bei Tag unterwegs. Fast in allen Lebensräumen von Regenwald bis Wüstenrand, von Gebirge bis Flachland, in ganz Afrika (sowie in großen Teilen Asiens von der Türkei bis Sibirien und Java), selbst in Vororten von Großstädten (z.B. Nairobi) und dort unter anderem Haushunde jagend.

● **Bestand und Situation:** Weit verbreitet und stellenweise nicht selten, trotz Verfolgung durch den Menschen (wegen seines schönen Pelzes und seiner „Schädlichkeit" für Haustiere) höchstens regional gefährdet.

● **Beobachtungsmöglichkeiten:** Von wenigen Stellen abgesehen (z.B. im Seronera-Gebiet der Serengeti) ist es ein ausgesprochener Glücksfall, auf Safari einen Leoparden zu sehen, am ehesten bei einer Siesta im Baum.

Gepard (Acinonyx jubatus)

● **Körpermerkmale:** 180–230 cm Gesamtlänge (Schwanz 60–80 cm), 60–80 cm hoch, 30–65 kg schwer (fast so groß wie der Leopard und doch wesentlich schlanker und leichter gebaut), relativ hochbeinig, Krallen nicht einziehbar, helles Fell mit unregelmäßigen Flecken. Jungtiere einfarbig gelbgrau mit langer Rückenmähne.

● **Fortpflanzung und Entwicklung:** Nach 90–95 Tagen werden ein bis fünf Jungtiere von 250–280 g geboren. Geschlechtsreife mit 2½–3 Jahren, Lebenserwartung kaum über 15 Jahre.

● **Nahrung:** Vorwiegend Gazellen und andere kleine Huftiere, Hasen und Vögel.

● **Lebensweise und Lebensraum:** Einzelgänger, doch können Junge bis zu zwei Jahre bei der Mutter bleiben und zwei oder drei Brüder eine Jagdgemeinschaft bilden. Streifgebiete bis 100 km². Um seine überragende Schnelligkeit (bis über 100 km/h Geschwindigkeit) ausspielen zu können, braucht der Gepard offene Lebensräume (Gras- und Buschsavanne) und gute Sicht (ist deshalb im Gegensatz zu allen anderen Katzen tagaktiv).

● **Bestand und Situation:** Selbst in Schutzgebieten geringe Bestände und bedroht, da das Erbgut eine sehr geringe Variabilität aufweist und Inzuchtdefekte auftreten. Neben dem Menschen (der dem Geparden oft als „Viehräuber" nachstellt) sind alle Raubtiere (Löwe, Leopard, Wildhund, Hyänen, Schakale) vor allem für junge Geparde gefährlich und können den nicht sehr wehrhaften Jägern die Beute streitig machen.

● **Beobachtungsmöglichkeiten:** Wo der Gepard noch einigermaßen häufig vorkommt (z.B. Serengeti in Tansania, Masai-Mara und Amboseli in Kenia), ist die Chance gut, ihn zu sehen, da der Sprinter am Tag auf Jagd geht.

Gepard (Foto: jg)

Serval (Leptailurus serval)

- **Körpermerkmale:** Länge 70–100 cm, Schwanz mit 30–40 cm verhältnismäßig kurz, relativ hochbeinig (45–65 cm) und doch leicht (7–18 kg). Fell strohfarben mit kleinen schwarzen Flecken und Bändern. Kopf schmal und spitz, Ohren groß.
- **Fortpflanzung und Entwicklung:** Ein bis drei (selten fünf) Jungtiere nach 2½ Monaten Tragzeit, mit ca. zwei Jahren erwachsen, Lebenserwartung etwa 20 Jahre.
- **Nahrung:** Vorwiegend Kleinsäuger (Mäuse) und Vögel.
- **Lebensraum und Lebensweise:** Bewohnt Busch- und Grasland, meist einzeln, Reviere bis 10 km².
- **Bestand und Situation:** In den Savannen Afrikas verhältnismäßig weit verbreitet und nicht bedroht.
- **Beobachtungsmöglichkeiten:** Die scheue Kleinkatze ist nur mit viel Glück (z.B. im Ngorongoro-Krater in Tansania) zu sehen.

Zwei weitere Katzen im östlichen und südöstlichen Afrika, die **Wildkatze** *(Felis silvestris)*, von deren afrikanischer Unterart unsere Hauskatze abstammt, und der einfarbig gelbrote bis graubraune **Karakal** oder **Wüstenluchs** *(Profelis caracal)*, sind nur selten zu sehen, da sie sehr versteckt leben und recht scheu sind.

Hunde

Die Hundeartigen (vor allem die Schakale) sind häufiger zu beobachten als Vertreter anderer Raubtier-Familien.

Serval (Foto: fj)

Afrikanischer Wildhund (Lycaon pictus)

• **Körpermerkmale:** 60–80 cm hoch, 75–100 cm lang (plus 30–40 cm Schwanz) und 17–36 kg schwer. Farbe sehr variabel: unregelmäßige gelbe und weiße Flecken im dunklen Fell, stets weiße Schwanzspitze, sehr große, runde Ohren, lange Beine.
• **Fortpflanzung und Entwicklung:** zwei bis 16 (!) Junge mit 200–300 g nach 60–80 Tagen Tragzeit. Geschlechtsreife mit ca. 1½ Jahren, Lebenserwartung 10–12 Jahre.
• **Nahrung:** Vorwiegend mittelgroße bis große Huftiere (bis zu Gnu- und Zebragröße).
• **Lebensweise und Lebensraum:** In hoch organisierten Rudeln von durchschnittlich etwa zehn Tieren in großen Streifgebieten lebend, vor allem in der Savanne und in offenen Wäldern.
• **Bestand und Situation:** Stark bedroht durch intensive Bejagung (als „Schädlinge"), Lebensraumverlust und Seuchen (z.B. Hundestaupe).
• **Beobachtungsmöglichkeiten:** Da die Bestände überall (z.B. auch in der tansanischen Serengeti) stark abgenommen haben, sind Begegnungen mit den „Hyänenhunden" (so der frühere Name) ausgesprochen selten. Relativ häufig noch im Selous-Wildreservat Tansanias.

Afrikanischer Wildhund (Foto: jg)

Schakale

Alle drei Arten der fuchsähnlichen Schakale kommen im östlichen Afrika vor. Die Tiere sind Einzelgänger, die überall dort auftauchen, wo es Essbares zu holen gibt, also an Müllhalden und am Riss großer Raubtiere (insbesondere Löwen).

Schabrackenschakal (Canis mesomelas)
Gesamtes östliches und südliches Afrika, gekennzeichnet durch schwarzen Sattel auf dem grauen bis silberfarbigen Fell, häufig.

Streifenschakal (Canis adustus)
Ost- und Südafrika außer der Kap-Provinz, gekennzeichnet durch dunkle Streifen an den Flanken und weißes Schwanzende, seltener als der Schabrackenschakal.

Goldschakal (Canis aureus)
Nur im nördlichen Ostafrika (bis Nordtansania, z.B. Serengeti), golden, rotgelbes Fell ohne Marken, kleiner als die beiden anderen Arten, etwa struppig im Aussehen.

• **Körpermerkmale:** Gesamtlänge 100–140 cm (Schwanz 25–35 cm), Schulterhöhe ca. 40 cm, Gewicht 8–15 kg, Grundfärbung gelb- bis graubraun, langer, spitzer Kopf, verhältnismäßig kurzbeinig.
• **Fortpflanzung und Entwicklung:** Drei bis sechs Junge mit ca. 200–250 g nach neun Wochen Tragzeit, erwachsen mit knapp zwei Jahren, Lebenserwartung 12–14 Jahre.
• **Nahrung:** Vorwiegend Kleinsäuger (Mäuse) und Vögel, Insekten, Früchte, gerne auch „Abfälle" von großen Raubtieren.
• **Lebensweise und Lebensraum:** Tag- und nachtaktiv, meist einzeln, manchmal auch in

Paaren und Familientrupps, Savanne und lichter Wald.

- **Bestand und Situation:** Häufig, nicht bedroht.
- **Beobachtungsmöglichkeiten:** Regelmäßig zu sehen, vor allem am „Kill" von Löwen.

Löffelhund (Otocyon megalotis)

Größe und Aussehen etwa wie Schakale, auffallend große, breite Ohren, kurze, spitze Schnauze, dichtes Fell. Ernährung von Kleintieren und Insekten, meist paarweise und in Familien lebend, relativ häufig, oft am Bau (nicht selten in alten Termitenstöcken) beim Sonnenbaden anzutreffen, da vorwiegend nachtaktiv.

Hyänen

Von den vier Arten sind die Tüpfelhyänen am häufigsten und trotz ihrer vorwiegend nächtlichen Lebensweise nicht selten zu sehen. Streifenhyäne (nur im nördlichen und östlichen Afrika) und Erdwolf sind viel seltener und zudem ausschließlich nachtaktiv. Die Schabrackenhyäne oder Braune Hyäne kommt nur in Namibia, Botswana, Teilen Südafrikas und in Simbabwe vor.

Tüpfelhyäne (Crocuta crocuta)

- **Körpermerkmale:** 150–210 cm lang (Schwanz 25–30 cm), 70–90 cm hoch und 40–65 kg schwer (Weibchen in der Regel größer und schwerer), Rücken abfallend, Ohren rund und verhältnismäßig groß.
- **Fortpflanzung und Entwicklung:** Meist zwei Jungtiere von 1–1,2 kg nach etwa 110 Tagen Tragzeit, Geschlechtsreife mit zwei bis drei Jahren, Lebenserwartung ca. 25 Jahre.
- **Nahrung:** Allesfresser, vor allem Aas (vorwiegend von Löwen, aber auch von anderen Raubtieren, denen sie den Fang zum Teil streitig machen und wegnehmen), aber im Rudel auch selbst Antilopen und Zebras jagend.
- **Lebensweise und Lebensraum:** Einzelgänger, aber auch große Clans mit bis zu 100 Tieren in stark verteidigten Eigenbezirken, vorwiegend nachtaktiv, tags in Erdbauen schlafend, manchmal auch bei Tag unterwegs und nicht selten beim Sonnenbaden und Suhlen in seichten Pfützen zu entdecken. Bestand und Situation: Recht häufig, nicht gefährdet.
- **Beobachtungsmöglichkeiten:** In fast allen Savannengebieten relativ häufig anzutreffen.

Tüpfelhyänen (Fotos: cd)

Streifenhyäne (Hyaena hyaena)

Geringfügig kleiner und leichter als die Tüpfelhyäne, gekennzeichnet durch schwarze Streifen und Kehlfleck, relativ lange Nacken- und Schulterhaare und verlängerte Schwanzhaare sowie verhältnismäßig spitze Ohren. Meist Einzelgänger, doch auch in kleinen Familiengruppen lebend. Fast ausschließlich nachtaktiv, scheu. Eher selten und stellenweise bedroht.

Erdwolf (Proteles cristatus)

Sehr ähnlich wie Streifenhyäne aussehend, aber deutlich kleiner, schwarze Schnauze kaum behaart. Lebt in Dauerehe in Savannen und ernährt sich v.a. von Termiten, Ameisen und anderen Kerbtieren. Recht selten.

Schleichkatzen

Die meisten Arten sind nachtaktiv und recht klein und folglich nur selten zu beobachten – mit Ausnahme von Stellen, die eigens für Nachtbeobachtungen eingerichtet wurden. In der Regel sind Schleichkatzen Einzelgänger. Zwei Arten, **Zwerg- und Zebramangusten,** sind aber nicht nur sehr gesellig, sondern außerdem auch tagaktiv, so dass Trupps von ihnen gelegentlich bei der Beutesuche gesehen werden können.

- **Körpermerkmale:** Meist klein, schlank und lang gestreckt, zwischen 20 cm (Zwergmungo) und über 85 cm (Afrikanische Zibetkatze) plus 20–45 cm Schwanz, Höhe 15–45 cm, Gewicht 350 g–20 kg.
- **Fortpflanzung und Entwicklung:** Tragzeit meist knapp zwei Monate, Geburtsgewicht 50–500 g, Geschlechtsreife mit ein bis zwei Jahren, Lebenserwartung 10–15 Jahre.
- **Nahrung:** Vorwiegend Kleintiere wie Insekten, Mäuse, Reptilien, Vögel, aber auch Früchte.
- **Lebensweise und Lebensraum:** Meist Einzelgänger und nachtaktiv in sehr unterschiedlichen Lebensräumen.
- **Bestand und Situation:** Keine Art vom Aussterben bedroht.
- **Beobachtungsmöglichkeiten:** Nur die tagaktiven und geselligen **Zwergmangusten** *(Helogale parvula)* und **Zebramangusten** *(Mungos mungo)* sind gelegentlich zu sehen, wenn ihre Trupps flink und wuselig auf Nahrungssuche unterwegs sind (oder auch wenn sie aus den Termitenbauen, die sie gerne als Höhlen benutzen, herausschauen). Auch der sehr schlanke und lang gestreckte, tagaktive **Rotichneumon** *(Herpestes sanguineus)* mit rotbraunem Fell und schwarzer Schwanzspitze ist manchmal für kurze Zeit zu beobachten, ehe er wieder in einem Dickicht verschwindet.

Marder

Alle Arten der Marder sind nachtaktive Einzelgänger. Am ehesten ist noch der **Honigdachs** *(Mellivora capensis)* zu beobachten. Dank seiner „Zweifarbigkeit" (schwarzer Körper, deutlich abgesetzter silbrig-weißer Rücken) und der kräftigen Dachsfigur ist er unverkennbar. Sehr aggressiv, greift selbst Katzen und Großwild wie Büffel und Elefanten an. Selten zu sehen sind die in Afrika lebenden Otter, am ehesten noch der **Weißwangenotter** *(Aonyx kapensis),* sowie die nur nächtlich auf Nahrungssuche gehenden Streifeniltisse.

Elefantenmutter mit Jungtier (Foto: cd)

Erdferkel

Eine der ungewöhnlichsten afrikanischen Tiergestalten ist das **Erdferkel** *(Orycteropus afer)*, das in Savannengebieten weit verbreitet ist, aber nur selten beobachtet werden kann, wenn es sich nachts auf Nahrungssuche (Termiten und Ameisen) macht. Kennzeichnend sind der kräftige, fast haarlose Körper (schweineähnlich, auch wenn die Tiere gar nichts mit den Borstentieren zu tun haben, sondern in die altertümliche Säugetierordnung der Vorhuftiere gehören), große Ohren, kräftige Grabklauen an den Vorderbeinen. Tagsüber in selbst gegrabenen Erdhöhlen schlafend.

Rüsseltiere

Begegnungen mit Elefanten gehören zum eindrucksvollsten Erlebnis einer Afrikareise. Nicht nur, weil sie die größten Landtiere sind und mit dem Rüssel ein einmaliges Allzweckorgan haben, sondern auch wegen ihres faszinierenden Sozialverhaltens. Leider gibt es nur wenige Nationalparks, die den Großtieren mit dem riesigen Appetit auf Dauer einen ausreichenden Lebensraum garantieren können. Es ist zu befürchten, dass die Elefanten wie ihre Verwandten, die Mammuts und Mastodons, langfristig aussterben werden.

Afrikanischer Elefant (Loxodonta africana)

● **Körpermerkmale:** Von der Rüssel- bis zur Schwanzspitze 7–7,5 m lang, Schulterhöhe 2,2–3,7 m, Gewicht bis über 9000 kg – damit das bei weitem größte Landtier. Der Rüssel, der aus Oberlippe und Nase entstand und mehr als 2 m lang sein kann, dient zur Nahrungsaufnahme (beim Trinken werden bis zu 10 Liter Wasser angesaugt und dann in den Mund gespritzt), zum Tasten, Riechen, Ergreifen von Gegenständen und zur Kommunikation (gegenseitiges Berühren, aber auch Schlagen). Die Stoßzähne, die bei den Bullen deutlich größer sind als bei den Kühen (Rekordmaße über 3 m), sind umgewandelte Schneidezähne mit offener Wurzel, können also lebenslang wachsen. In jeder Kieferhälfte ist jeweils nur ein Mahlzahn von Backsteingröße im Einsatz. Der nächste Zahn schiebt von hinten nach (horizontaler Zahnwechsel). Die Fußsohlen bedecken zusammen eine Fläche von mehr als 1 m². Unter den Zehen- und Mittelfußknochen fängt ein mächtiges Bindegewebspolster den Druck von einigen Tonnen ab. An den Zehenspitzen befinden sich vorne fünf, hinten drei flache, hufartige Hornnägel.

● **Fortpflanzung und Entwicklung:** 22 Monate Tragzeit, ein Jungtier (ganz selten zwei) von 90–135 kg. Säugezeit bis über zwei Jahre, Geschlechtsreife ab sieben bis acht Jahren, Lebenserwartung 50–70 Jahre.

● **Nahrung:** Gras, Zweige, Blätter, Früchte, Rinde, Wurzeln, Knollen – bis zu 200 kg am Tag.

● **Lebensweise und Lebensraum:** Aktiv „rund um die Uhr", Mutterfamilien als Grundeinheit, Männchen in eigenen Gruppen oder Einzelgänger, Eindringen in Weibchenrudel nur, wenn ein Tier empfängnisbereit ist. Lebensraum von Halbwüste und Grassavanne bis tropischer Regenwald.

Afrikanischer Elefant (Foto: jg)

● **Bestand und Situation:** In ganz Afrika (Schwerpunkt Zentralafrika) leben noch rund 600.000 Tiere, doch wurden sie in den vergangenen Jahrzehnten wegen ihres Elfenbeins gnadenlos bejagt, und vor allem schwindet ihr Lebensraum drastisch – die Aussichten sind selbst bei konsequentem Schutz wegen des großen Nahrungs- und Raumbedarfs der Tiere schlecht.

● **Beobachtungsmöglichkeiten:** Berühmte Reservate mit Elefanten sind zum Beispiel Marsabit, Samburu, Amboseli und Tsavo in Kenia, Manyara, Tarangire, Selous und Ruaha in Tansania, das Luangwa-Valley in Sambia, Matusadona, Mana Pools und Hwange in Simbabwe, nicht zuletzt der Chobe-Nationalpark in Botswana, um nur die wichtigsten zu nennen.

Schliefer

Die murmeltierähnlichen Schliefer wurden früher als Verwandte der Elefanten angesehen, doch haben genauere Untersuchungen gezeigt, dass sie eher mit Pferden und anderen Unpaarhufern verwandt sind. Die auf Felsen lebenden Klipp- und Buschschliefer sind regelmäßig zu beobachten, die ausschließlich nachtaktiven Baumschliefer bekommt der Afrikabesucher nur mit ihren knarzenden Rufen zu hören.

Klippschliefer (Procavia capensis)

● **Körpermerkmale:** 45–44 cm lang, schwanzlos, 15–25 cm hoch, 2–5,5 kg schwer, gedrungener Körper und kurze Beine (mit nagelförmigen kleinen Hufen), Fell kurz und dicht. Geschlechter äußerlich kaum zu unterscheiden.

● **Fortpflanzung und Entwicklung:** Tragzeit sieben bis acht Monate, ein bis vier Junge von 200–250 g. Geschlechtsreife mit 1½–2 Jahren, Lebenserwartung 9–14 Jahre.

● **Nahrung:** Ausschließlich pflanzlich (Gras und Laub).

Steppenzebras
in der Serengeti (Foto: jg)

- **Lebensweise und Lebensraum:** Tagaktiv (Nahrungsaufnahme vor allem morgens und abends), Zusammenleben in Familiengruppen (ein Männchen mit einem bis mehreren Weibchen), in felsigem Gelände bis über 4000 m Höhe, hervorragende Kletterer (vorwiegend auf Felsen, aber auch auf Bäumen).
- **Bestand und Situation:** Weit verbreitet und nicht gefährdet.
- **Beobachtungsmöglichkeiten:** Überall in felsigem Gelände anzutreffen und recht auffallend.

Busch- und **Steppenschliefer** sind in Aussehen und Lebensweise sehr ähnlich, dagegen sind die **Baumschliefer** *(Dendrohyrax spec.)* ausgesprochen nachtaktiv und nur ausnahmsweise zu sehen, wenn sie aus ihrer Schlafhöhle in Bäumen schauen.

Unpaarhufer

Von den drei Familien sind Pferdeverwandte (mit drei Zebraarten und dem Wildesel) und Nashörner (mit Breit- und Spitzmaulnashorn) in Afrika vertreten, während die dritte, die Tapire, nur in Asien und Südamerika vorkommen.

Zebras

Vier der sechs Einhufer-Arten sind auf dem afrikanischen Kontinent zu Hause. Nur eine, das **Steppenzebra** (verschiedene Unterarten), ist nicht gefährdet. Das im Norden Kenias lebende **Grevy-Zebra** ist sehr selten geworden, das im Süden des Kontinents beheimatete **Bergzebra** vom Aussterben bedroht. Im östlichen Afrika wird vor allem die Hauptunterart des Steppenzebras, das Burchell-Zebra, angetroffen.

Burchell-Zebra (Equus burchelli)

- **Körpermerkmale:** Einschließlich des (50 cm langen) Schwanzes ca. 3 m lang und 125–135 cm hoch und etwa 300 kg schwer, schwarze Streifen auf weißem Grund im Norden, mit Zwischenstreifen und gelblicherem Grund im Süden, vom Körper kontinuierlich auf die Beine übergehend, an Beinen und Rumpf verringert.
- **Fortpflanzung und Entwicklung:** Ein Jungtier von 30 kg nach einem Jahr Tragzeit, Geschlechtsreife mit zwei Jahren, Lebenserwartung 20 Jahre.
- **Nahrung:** Fast ausschließlich Gras.
- **Lebensweise und Lebensraum:** Familienverbände von einem Hengst mit mehreren Weibchen, in Grasländern von Ost- bis Südwestafrika.
- **Bestand und Situation:** Insgesamt häufig, nur stellenweise selten geworden oder gar bedroht.
- **Beobachtungsmöglichkeiten:** Fast in allen Nationalparks des Savannengebiets (außerhalb der Regenwaldzone) anzutreffen.

Grevy-Zebra (Equus grevyi)

Größer als das Steppenzebra und sehr eng gestreift, nur noch im Norden Kenias sowie in Süd-Äthiopien, auf mehreren 1000 km² umherstreifend, in der Paarungszeit territorial, etwa 7000 Tiere, gefährdet.

Nashörner

Keine andere Säugetierordnung ist stärker vom Aussterben bedroht, da die Hörner auf dem chinesischen und südostasiatischen Pharmamarkt (Potenzmittel) sowie im Mittleren Osten (dort als Dolchgriffe, vor allem im Jemen) immer noch stark gefragt sind. In den letzten Jahren ist die Nashorn-Wilderei in Afrika deutlich zurückgegangen.

Spitzmaulnashorn (Foto: cl)

Spitzmaulnashorn (Diceros bicornis)

- **Körpermerkmale:** Einschließlich des (ca. 60 cm langen) Schwanzes knapp 4 m lang, 1,55 m hoch und 1,5 t schwer, mit zwei Hörnern, vorderes bis über 1 m lang.
- **Fortpflanzung und Entwicklung:** 450 Tage Tragzeit, ein Junges von ca. 50 kg, mit vier (Weibchen) bis acht Jahren geschlechtsreif, Lebenserwartung ca. 40 Jahre.
- **Nahrung:** Blätter und Zweige von Sträuchern, auch Kräuter und Gräser, Aufnahme sehr selektiv mit verlängerter Oberlippe.
- **Lebensweise und Lebensraum:** Einzelgänger, nur Mütter mit Jungen längere Zeit zusammen, tag- und nachtaktiv vorwiegend im Busch.
- **Bestand und Situation:** Sehr bedroht durch starke Wilderei.
- **Beobachtungsmöglichkeiten:** Nur noch an wenigen Stellen (z.B. Ngorongoro-Krater in Tansania, Nakurusee in Kenia, Umfolozi-Hluhluwe-Reservat in Südafrika, Hwange- und Matusadona-Nationalpark in Simbabwe) zu sehen.

Breitmaulnashorn (Ceratotherium simum)

Deutlich größer und schwerer (bis 3 t), oft in kleinen Herden (ein Bulle mit mehreren Kühen), vorwiegend in reiner Grasflur lebend und Gräser weidend, daher auch leichter zu beobachten. Früher auch im östlichen Afrika, überall mit Ausnahme des südafrikanischen Reservats Umfolozi-Hluhluwe ausgerottet und wieder an verschiedene Stellen Ost- und Südostafrikas zurückgebracht (z.B. Hwange in Simbabwe). Nördliche Unterart in etwa zwei Dutzend Exemplaren im Garamba-Nationalpark im Nordosten der Demokratischen Republik Kongo.

Paarhufer

Mit Warzenschweinen, Flusspferden, Giraffen und vor allem zahlreichen Hornträgern (Büffel und Antilopen) ist diese Tiergruppe bei Safaris bei weitem am häufigsten zu sehen und am kennzeichnendsten.

Flusspferde und Schweine

Zwei Gruppen von Säugetieren, die höchstens entfernt miteinander verwandt sind. Zwei Flusspferdarten: **Groß-Flusspferd** über weite Teile Afrikas südlich der Sahara verbreitet, das viel kleinere **Zwergflusspferd** nur in kleinen Restbeständen im Westen des Kontinents. Flusspferde zeichnen mit Abstand für die meisten durch wilde Tiere bedingten Todesfälle in Afrika verantwortlich und sollten daher niemals unterschätzt werden.

Flusspferd (Hippopotamus amphibius)

- **Körpermerkmale:** Massiger, walzenförmiger Körper bis 450 cm Länge (Schwanz 35 cm) und 165 cm Höhe, bis über 3000 kg schwer. Kopf riesig, Mund tief gespalten und weiter aufzureißen als bei jedem anderen Säugetier. Haut sehr dick, glatt und weitgehend haarlos, Ohren und Nasenlöcher zum Untertauchen verschließbar und mit Augen auf einer Ebene liegend.
- **Fortpflanzung und Entwicklung:** Tragzeit ca. acht Monate, ein Jungtier von 50 kg, Geschlechtsreife mit vier bis sechs Jahren, Lebenserwartung (im Zoo) bis über 50 Jahre.

Flusspferd (Foto: jg)

●**Nahrung:** Vorwiegend Gräser, die bei nächtlichen Landgängen geweidet werden.
●**Lebensweise und Lebensraum:** Tagsüber vorwiegend im Wasser, nachts an Land, kleine bis sehr große Gruppen, starke Bullen mit Paarungsterritorium.
●**Bestand und Situation:** An manchen Stellen (z.B. in Ägypten, wo es früher vorkam) ausgerottet oder selten geworden, in manchen Reservaten sehr zahlreich.
●**Beobachtungsmöglichkeiten:** „Hippo-Pools“, an denen oft Hunderte von Flusspferden eng gedrängt die Tage verbringen, gibt es in vielen Nationalparks des östlichen Afrika. Eines der größten Vorkommen befindet sich im Queen Elizabeth NP in Uganda.

Drei von neun **Schweine-Arten** (ohne die amerikanischen Pekaris) kommen in Afrika vor. Nur das Warzenschwein ist regelmäßig im Grasland zu sehen.

Warzenschwein (Phacochoerus aethiopicus)

●**Körpermerkmale:** Einschließlich des (35–50 cm langen) Schwanzes 140–200 cm lang, 65–85 cm hoch und 50–150 kg schwer, verhältnismäßig großer Kopf mit großen Ausbuchtungen („Warzen“) über und unter den Augen sowie am Unterkiefer, riesige (bis 60 cm lange) Eckzähne. Haut mit Ausnahme meist heller langer Haare an Rücken, Hals und Unterkiefer fast nackt.
●**Fortpflanzung und Entwicklung:** Tragzeit etwa 5½ Monate, ein bis vier (manchmal bis acht) Jungtiere von 450–900 g. Recht lange Abhängigkeit von der Mutter, Geschlechtsreife mit 17–19 Monaten, Lebenserwartung knapp 20 Jahre.
●**Nahrung:** Im Gegensatz zu allen anderen Schweinen keine Allesesser, sondern Gras und Kräuter weidend, kaum nach Wurzeln, Rhizomen und Kleintieren wühlend.
●**Lebensweise und Lebensraum:** Ein bis zwei Mutterfamilien, manchmal mit den Vätern, in kleinen Gruppen, vorwiegend tagaktiv in Grassavannen.

Tierwelt

● **Bestand und Situation:** Relativ häufig, nur Löwe als ernst zu nehmender Feind (erfolgreiche Verteidigung gegen alle anderen Raubtiere).
● **Beobachtungsmöglichkeiten:** In allen Grasgebieten Afrikas regelmäßig anzutreffen.

Das **Pinselohrschwein** *(Potamochoerus porcus)* ist zwar im gesamten afrikanischen Bereich weit verbreitet, doch bekommt man die nachtaktive und im dichten Busch lebende Art kaum einmal zu sehen. Noch mehr trifft dies für das **Riesenwaldschwein** *(Hylochoerus meinertzhageni)* zu, das nur in den zentral- und ostafrikanischen Regen- und Bergwäldern vorkommt und erst Anfang des 20. Jahrhunderts für die Wissenschaft entdeckt wurde.

Warzenschwein (Foto: cd)

Giraffen

Zwei Arten dieser langhalsigen typischen Afrikaner gibt es: die im Savannengürtel weit verbreitete Giraffe (bis zu acht verschiedene Unterarten) und die nur in einem verhältnismäßig kleinen Gebiet des Kongo-Regenwalds lebende Waldgiraffe, das **Okapi** *(Okapia johnstoni)*. Die im östlichen Afrika verbreitetste Giraffenunterart ist die **Kapgiraffe** *(Giraffa camelopardis giraffa)*. In Uganda kommen noch Restbestände der **Uganda- oder Rothschildgiraffe** *(Giraffa camelopardis rothschildi)* vor, im Norden der DR Kongo sowie im Süd-Sudan einzelne Individuen der **Kongogiraffe** *(Giraffa camelopardis congolensis)*.

Giraffe (Giraffa camelopardalis)

● **Körpermerkmale:** Bis knapp 5 m hoch (Vorderbeine deutlich länger als Hinterbeine, Hals gut 2 m und trotzdem wie bei fast allen Säugetieren nur aus sieben Wirbeln bestehend), Schwanz ca. 1 m, Gewicht 550 kg (kleine Weibchen) bis annähernd 2000 kg, kennzeichnendes Fleckenmuster (unterschiedlich bei den bis zu acht Unterarten), fellüberzogene Knochenzapfen (zwei bis fünf) bei beiden Geschlechtern.
● **Fortpflanzung und Entwicklung:** In der Regel ein Jungtier von ca. 100 kg nach 450–465 Tagen Tragzeit. Geschlechtsreife mit vier bis fünf Jahren, Lebenserwartung 25 Jahre.
● **Nahrung:** Blätter und junge Triebe von Bäumen (vor allem Akazien), die mit den sehr beweglichen Lippen und der langen Zunge vorsichtig zwischen Dornen herausgepflückt werden.

Rothschildgiraffe (Foto: cl)

- **Lebensweise und Lebensraum:** Gesellig in Gruppen sehr unterschiedlicher Größe und ständig wechselnder Zusammensetzung (ohne feste Verbände), recht große Streifgebiete in Baumsavannen- und Buschgebieten.
- **Bestand und Situation:** Relativ häufig, da nur wenig bejagt, Feinde sind höchstens Löwen (die sich aber vor den mächtigen Hufschlägen erwachsener Tiere, mit denen auch Kälber erfolgreich verteidigt werden, hüten müssen).
- **Beobachtungsmöglichkeiten:** In allen Savannengebieten mit guten Baum- (Akazien-) Beständen zu sehen.

Klippspringer (Foto: fj)

Hornträger

Neben den bekannten Hornträgern Schaf, Ziege und Rind gibt es die nicht genau definierte Gruppe der „Antilopen", die in Afrika mit einem Dutzend Unterfamilien in zahlreichen Arten sehr vielfältig vertreten ist. Hornträger gehören zu den am häufigsten gesehenen Tieren im östlichen Afrika.

Ducker

14 Arten, von denen die meisten im tropischen Regenwald oder zumindest in sehr dicht bewachsenen Buschgebieten leben, deshalb kaum einmal von Afrikareisenden zu sehen. Ausnahme ist der Kronenducker, der südlich der Sahara weit verbreitet und in der Buschsavanne und in lichten Wäldern gelegentlich zu beobachten ist.

Kronenducker (Sylvicapra grimmia)

- **Körpermerkmale:** Etwa rehgroß (rund 1 m lang, 45–60 cm hoch und 10–20 kg schwer), hellbraun bis -grau. Böcke mit 8–18 cm langen, spitzen Hörnern, Weibchen meist ohne, kennzeichnend der lange Stirnschopf.
- **Fortpflanzung und Entwicklung:** Ein Jungtier von 1,3–2,1 kg, Tragzeit 7–7½ Monate, Geschlechtsreife ca. mit einem Jahr, Lebenserwartung ca. 12 Jahre.
- **Nahrung:** V.a. Blätter von Büschen, zum Teil Früchte und Samen, auch Jungvögel.
- **Lebensweise und Lebensraum:** Paarweise oder einzeln in Buschgebieten (nicht in reiner Grassavanne und im dichten Wald).
- **Bestand und Beobachtungsmöglichkeiten:** Weit verbreitet, nicht bedroht, trotzdem nur selten zu sehen.

Böckchen

Häufiger als Ducker sind im Dornbusch die zierlichen Dikdiks und auf Felsen Klippspringer zu beobachten, stellenweise auch Stein- und Bleichböckchen.

Kirk-Dikdik (Madoqua kirki)

- **Körpermerkmale:** Sehr klein und zierlich (44–75 cm lang, 35–45 cm hoch, 2,5–6,5 kg schwer), pfeffer- und salzfarben, Nase verlängert, nur Männchen mit (bis 12 cm langen) spitzen Hörnern.
- **Fortpflanzung und Entwicklung:** Ein Jungtier von 0,5–0,6 kg Gewicht, Tragzeit 5–6 Monate, erwachsen mit knapp einem Jahr, Lebenserwartung kaum über zehn Jahre.
- **Nahrung:** Vorwiegend Blätter von Sträuchern, Knospen, Kräuter, Gräser, sehr geringer Wasserbedarf.
- **Lebensweise und Lebensraum:** Einzeln oder paarweise (wahrscheinlich in lebenslanger Einehe) in dichtem Busch lebend, streng territorial.
- **Bestand und Beobachtungsmöglichkeiten:** In seinem verhältnismäßig kleinen Verbreitungsgebiet nicht selten und lokal häufig zu beobachten. Ähnliches gilt für die anderen (vier) Arten.

Klippspringer (Oreotragus oreotragus)

- **Körpermerkmale:** Ähnlich wie Dikdiks, doch etwas größer und im Körperbau kräftiger, extreme Zehenspitzengänger, Voraugendrüsen noch auffallender als bei Dikdiks.
- **Fortpflanzung und Entwicklung:** Tragzeit sieben Monate, Geburtsgewicht ca. 1 kg, Geschlechtsreife mit einem Jahr, Lebenserwartung etwa 15 Jahre.
- **Nahrung:** Gräser, Kräuter, Blätter in der Nähe von Felsen, auch Flechten, Blüten, Früchte.
- **Lebensweise und Lebensraum:** Paarweise auf und in der Nähe von Felsen (Einzelfelsen ebenso wie Gebirgsblöcke) lebend, Territorien klein, höchstens 10 Hektar um den „Heimatfelsen".
- **Bestand und Beobachtungsmöglichkeiten:** In passendem Felsgelände nicht selten und leicht zu beobachten, da oft auf den höchsten Felserhebungen stehend. Gefährdet durch Leoparden und Adler.

Steinböckchen *(Raphicerus campestris)* und **Bleichböckchen oder Oribis** *(Ourebia ourebi)* sind in Größe und Aussehen ähnlich wie Klippspringer, doch klettern sie nie wie diese auf Felsen. Steinböckchen sind rötlich-ocker und leben als Einzelgänger im Buschland, Bleichböckchen sind fahlgelb, leben als Einzelgänger oder in kleinen Gruppen und bevorzugen große Grasflächen. Oribis sind nur gelegentlich zu beobachten (regelmäßig z.B. in Uganda), Steinböckchen sind im südöstlichen Afrika regional häufig.

Waldböcke

Drehhornantilopen werden diese mittelgroßen bis sehr großen Antilopen der Grassavanne (Elenantilope), Baumsavanne (Kudus, Buschbock, Nyalas), des Sumpfes (Sitatunga) und des Regenwaldes (Bongo) genannt wegen ihrer korkenzieherartig gedrehten Hörner, die beide Geschlechter oder auch nur die Männchen tragen können. Das schönste Schraubengehörn von annähernd 180 cm Länge haben die Großen Kudus.

- **Körpermerkmale:** Neben dem Korkenzieher-Gehörn gekennzeichnet durch weiße Abzeichen in Gesicht und Streifen oder Fleckenmuster am Körper. Männchen können anders gefärbt sein als die Weibchen (Bongo und Buschbock: Bulle kastanienbraun, Kuh rotbraun, Elen: Bulle graubraun, Kuh rötlich), aber auch recht verschieden aussehen (beim Nyala haben die Männchen eine sehr lange Bauch- und Halsbehaarung fast ohne Abzeichen, während die Weibchen kurzhaarig und rotbraun mit weißen Streifen sind). Elenantilopen-Bullen können bis zu 1000 kg wiegen, dagegen sind Buschböcke nur 25–60 kg schwer. Schulterhöhe liegt zwischen diesen beiden Extremen bei 180 cm bzw. nur 100 cm.

● **Fortpflanzung und Entwicklung:** Tragzeit zwischen 6 und 9½ Monaten, meist nur ein Jungtier, zwischen 3,2 und 35 kg. Geschlechtsreife mit ein bis zwei Jahren, Lebenserwartung 12–25 Jahre.

● **Nahrung:** Vorwiegend Blätter, Knospen, Triebe von Sträuchern, aber auch Wasser- und Sumpfpflanzen (Sitatunga) bzw. Gräser und Kräuter (Elen).

● **Lebensweise und Lebensraum:** Von einzelgängerisch (Buschbock) bis zu gemischten Trupps (bis 50 Tiere bei Elen) in mehr oder weniger deckungsreichem Gelände (Busch, Wald, Sumpf), fast alle mit verhältnismäßig großen Verbreitungsgebieten.

● **Bestand und Situation:** Keine der Arten vom Aussterben bedroht, Bestände stellenweise stark reduziert (der Große Kudu in Ostafrika beispielsweise durch eine regionale Rinderpestepidemie zu Beginn des letzten Jahrhunderts), in den Ländern des südlichen Afrika hingegen ist die Art noch zahlreich vertreten.

Die acht Arten sind **Buschbock** *(Tragelaphus scriptus)*, **Sitatunga** *(Tragelaphus spekei)*, **Nyala** *(Tragelaphus angasi)*, **Bergnyala** *(Tragelaphus buxtoni)*, **Kleiner Kudu** *(Tragelaphus imberbis)*, **Großer Kudu** *(Tragelaphus strepsiceros)*, **Bongo** *(Taurotragus eurycerus)* und **Elenantilope** *(Taurotragus oryx)*.

Rinder

Von den zwölf Rinderarten der Erde ist eine Art (mit zwei Unterarten) in Afrika weit verbreitet: der Afrikanische oder Kaffernbüffel.

Links: Großer Kudu,
rechts: Nyala-Weibchen (Fotos: fj)

Afrikanischer Büffel (Kaffernbüffel) (Syncerus caffer)

- **Körpermerkmale:** Gesamtlänge 300–450 cm (Schwanz 70–110 cm), Schulterhöhe 100–170 cm, Gewicht 250–700 kg, Fellfarbe schwarzbraun bis rotbraun oder rot (Rotbüffel des Regenwalds), Hörner unterschiedlich groß, bei Bullen meist an der Stirn zusammengewachsen zu einer Platte, große, zumeist an den Rändern und im Innern stark behaarte Ohren.
- **Fortpflanzung und Entwicklung:** Tragzeit knapp ein Jahr, meist ein, selten zwei Jungtiere von 55–60 kg, Geschlechtsreife mit ca. fünf Jahren, Lebenserwartung bis 25 Jahre.
- **Nahrung:** Gräser und Kräuter, aber auch Blätter von Bäumen und Sträuchern.
- **Lebensweise und Lebensraum:** Kühe und Jungtiere mit einigen Bullen in teils riesigen Herden von bis zu 1000 Tieren, ältere Bullen Einzelgänger, in Savannen und Waldland in ganz Afrika, nie weit von Wasser.
- **Bestand und Situation:** Trotz Bejagung sehr gute Bestände, vor allem in den Nationalparks.
- **Beobachtungsmöglichkeiten:** Fast in allen Reservaten können einzelne Büffel oder auch riesige Herden beobachtet werden.

Kuhantilopen

Mit sieben Arten gehört die Gruppe der Kuhantilopen zu den Charaktertieren der afrikanischen Savanne. Besonders häufig sind die im gesamten östlichen und südlichen Afrika verbreiteten **Streifengnus** *(Connochaetes taurinus)* (über eine Million allein in der tansanischen Serengeti). Regelmäßig beobachtet werden im östlichen Afrika auch die **Leierantilope oder Topi** *(Damaliscus lunatus)*, **Kongoni** *(Alcelaphus cokii)* und **Lichtensteins-Kuhantilope** *(Alcelaphus lichtensteini)*. Hinzu kommt im

Kaffernbüffelherde im Kidepo Valley National Park in Uganda (Foto: cl)

südlichen Afrika die **Halbmondantilope oder Tsessebe** *(Damaliscus lunatus)*. **Weißschwanzgnus** *(Connochaetes gnou)* und **Blessböcke** *(Damaliscus dorcas)* sind hingegen nahezu ausgerottet worden und kommen heute nur noch in wenigen südafrikanischen Reservaten und Farmen vor.

- **Körpermerkmale:** Relativ groß (Länge 170–320 cm incl. Schwanz, Schulterhöhe 85–145 cm, Gewicht 60–290 kg), verhältnismäßig derbe („kuhähnliche") Gestalt, mehr oder weniger große Köpfe, nicht übermäßig lange (maximal 80 cm), nach innen und hinten gebogene Hörner bei beiden Geschlechtern. Geschlechtsunterschied bei allen sowohl in Größe als auch in Färbung gering.
- **Fortpflanzung und Entwicklung:** Tragzeit 7½–8½ Monate, ein Jungtier von 7–18 kg, Geschlechtsreife mit ca. zwei Jahren, Lebenserwartung etwa 20 Jahre.
- **Nahrung:** Gräser und Kräuter.
- **Lebensweise und Lebensraum:** Meist in Gruppen von 5–30 Tieren (Großverbände bis über 1000 bei Streifengnus) in Grassavanne lebend, Bullen meist territorial (Streifengnus nur kurz in der Fortpflanzungszeit). Jungtiere „Nestflüchter", die der Mutter vom ersten Tag an folgen können.
- **Bestand und Situation:** Recht große Gesamtbestände aller im östlichen Afrika leben-

Gnu-Migration in der Serengeti (Foto: jg)

Wasserbock (Foto: fj)

den Arten, nur stellenweise durch Jagd oder Lebensraumverlust selten geworden.

● **Beobachtungsmöglichkeiten:** Die drei Arten **Hartebeest** *(Alcelaphus buselaphus)*, **Topi** *(Damaliscus lunatus)* und vor allem das **Streifengnu** *(Connochaetes taurinus)* mit Riesenscharen im Serengeti-Ökosystem, Masai Mara in Kenia und Ngorongoro in Tansania sind überall dort anzutreffen, wo es großflächige Grassavannen (mit oder ohne Baum- und Buschbestand) gibt.

Pferdeböcke

Eine Unterfamilie mit einigen der stattlichsten Antilopen, von denen drei Arten stellenweise auch in Ostafrika vorkommen: **Pferdeantilope** *(Hippotragus equinus)*, **Rappenantilope** *(Hippotragus niger)* und **Ostafrikanischer Spießbock oder Oryx-Antilope** *(Oryx beisa)*.

● **Körpermerkmale:** Stattliche Antilopen von 230–330 cm Gesamtlänge (inkl. Schwanz von 70 cm) und 110–160 cm Schulterhöhe sowie 150–300 kg Gewicht. Hörner bei beiden Geschlechtern, bei Pferdeantilopen verhältnismäßig kurz (maximal 100 cm), nach hinten gebogen, mit Ringen, bei Rappenantilopen bis 165 cm lang und halbkreisförmig nach hinten geschwungen, bei Oryx- oder Säbelantilopen bis 120 cm lang, gerade, dünn und sehr spitz. Nur bei Rappenantilopen deutlicher Geschlechtsunterschied (Männchen schwarz mit weißem Bauch, Weibchen kastanienbraun), Pferdeantilopen graubraun mit schwarzer Gesichtsmaske, Oryx eher grau mit schwarzweißen Zeichnungen im Gesicht, am Bauch und an den Beinen sowie einem recht langen Quastenschwanz.

● **Fortpflanzung und Entwicklung:** Tragzeit 8½–10 Monate, ein Jungtier von 9–18 kg Gewicht, Geschlechtsreife mit zwei bis drei Jahren, Lebenserwartung ca. 20 Jahre.

● **Nahrung:** Gräser und Kräuter, kaum Laub. Oryx kann lange ohne Wasser auskommen.
● **Lebensweise und Lebensraum:** Für gewöhnlich Haremsgruppen, manchmal auch größere gemischte Verbände von bis zu 60 Tieren. Baum- und Buschsavanne bei den Pferde- und Rappenantilopen, Kurzgrassavanne und Halbwüste, selten auch Baumsavanne bei Oryx.
● **Bestand und Beobachtungsmöglichkeiten:** Nirgends häufig, aber keine Art bedroht, Begegnungen eher selten. Beste Chancen für Oryx-Antilopen im Samburu-Nationalpark Kenias (dort häufig), für Rappenantilopen im Hwange-Nationalpark in Simbabwe.

Ried- und Wasserböcke

Von den zehn Arten dieser Unterfamilie ist allein der **Wasserbock** *(Kobus ellipsiprymnus)* weit verbreitet. Im Süd-Sudan, in Uganda und dem Osten der DR Kongo ist der **Uganda-Kob** *(Kobus kob thomasi)* lokal häufig. Der **Riedbock** *(Redunca arundinum)* ist zwar recht weit verbreitet, aber nur gelegentlich anzutreffen. In Südafrika werden lokal auch der **Bergriedbock** *(Redunca fulvorufula)* und der **Rehbok** *(Pelea capreolus)* angetroffen. In Sambia, Nord-Botswana und Nord-Simbabwe tritt regelmäßig auch die **Gelbfuß-Moorantilope oder Puku** *(Kobus vardoni)* auf.

● **Körpermerkmale:** Mittelgroße bis große Antilopen von 130–250 cm Länge (Schwanz 10–45 cm), 70–130 cm Schulterhöhe und einem Gewicht zwischen 20 (Rehbok) und 250 kg (Wasserbock). Hörner (zwischen 30 und 100 cm lang) meist leicht nach vorne gekrümmt. Geschlechtsunterschiede in den meisten Fällen nicht sehr ausgeprägt.
● **Fortpflanzung und Entwicklung:** Tragzeit 7–9½ Monate, meist ein Jungtier von 4–13 kg, Geschlechtsreife mit ein bis zwei Jahren, Lebenserwartung 10–18 Jahre.
● **Nahrung:** Vorwiegend Gräser, weniger Kräuter, Riedböcke und Moorantilopen auch Wasserpflanzen und Schilf.
● **Lebensweise und Lebensraum:** Alle Arten mehr oder weniger an Wasser gebunden, Riedböcke am wenigsten, Moorantilopen sehr ausgeprägt. Meist in kleinen Trupps (Riedböcke) oder gemischten Gruppen (Wasserböcke), Grasantilopen aber auch in Männchengruppen bis 600 und Weibchenverbänden bis 1000 Tieren.
● **Bestand und Beobachtungsmöglichkeiten:** Häufig und in fast allen Nationalparks des östlichen Afrika anzutreffen ist der **Wasserbock** *(Kobus ellipsiprymnus)* mit den beiden Unterarten Defassa- und Ellipsen-Wasserbock. Weit verbreitet, aber selten zu sehen sind der **Riedbock** *(Redunca redunca)* sowie der **Große Riedbock** *(Redunca arundinum)*. Die dominierende Antilope Ugandas sowie im Osten der DR Kongo ist der **Uganda-Kob** *(Kobus kob thomasi)*. Die **Litschi-Moorantilope** ist in manchen Überschwemmungsgebieten im südlichen Afrika (z.B. im Okavango-Delta Botswanas sowie in den Kafue-Sümpfen Sambias) recht zahlreich.

Schwarzfersenantilope

Die im östlichen und östlichen Afrika wohl häufigste Antilope wurde früher zu den Gazellen gestellt. Heute steht die Art in einer eigenen Unterfamilie.

Impala (Melampus aepyceros)

● **Körpermerkmale:** Rehgroß (Gesamtlänge 150–200 cm, Schulterhöhe 75–95 cm, Gewicht 40–80 kg), Böcke mit einem prächtig geschwungenen und relativ großen (bis annähernd 100 cm langen) Gehörn, ansonsten beide Geschlechter ähnlich: rotbraune Grundfarbe mit hellem Bauch und schwarzen Abzeichen an Kopf, Hinterteil und Fersen

Linkes Bild: Impala-Bock,
rechts: Grant-Gazelle (Fotos: fj)

(„Schwarzfersenantilope"), Schwanz buschig mit weißer Unterseite.

- **Fortpflanzung und Entwicklung:** Tragzeit 6½–7 Monate, ein Jungtier von 4–5,5 kg, Geschlechtsreife mit einem Jahr, Lebenserwartung ca. 15 Jahre.
- **Nahrung:** Gräser, Laub, Blüten, Früchte.
- **Lebensweise und Lebensraum:** V.a. im Buschland, sehr gesellig in Haremsstruktur: ein Bock mit bis zu 50 (selten sogar 100) Weibchen, Junggesellenverbände bis 30.
- **Bestand und Beobachtungsmöglichkeiten:** Im ganzen Verbreitungsgebiet von Kenia bis Südafrika sehr häufig und überall dort zu beobachten, wo es reichlich Nahrung in offenem Buschland gibt.

Gazellen

Eine recht einheitliche Unterfamilie der Antilopen, von der es neben einem Dutzend Arten in Afrika und Arabien auch vier in Asien gibt.

- **Körpermerkmale:** Verhältnismäßig klein (Gesamtlänge 110–200 cm, Schulterhöhe 60–100 cm, Gewicht 15–75 kg), Hörner nur bei Männchen oder auch bei beiden Geschlechtern (dann aber die der Weibchen deutlich kleiner), Geschlechtsunterschied meist nicht sehr ausgeprägt. Farbe vorwiegend hellbraun mit hellerem Bauch und mehr oder weniger ausgeprägten schwarzen Abzeichen an der Seite und/oder am Hinterteil.
- **Fortpflanzung und Entwicklung:** Tragzeit fünf bis sieben Monate, ein (bei einigen Arten auch zwei oder drei) Jungtiere von 2–5 kg Gewicht, Geschlechtsreife mit ein bis zwei Jahren, Lebenserwartung ca. 15 Jahre.
- **Nahrung:** Vorwiegend Gräser und Kräuter, doch einige (wie Giraffengazelle) auch auf Laub, Knospen und Blüten von Sträuchern spezialisiert.
- **Lebensweise und Lebensraum:** Von Halbwüste bis offener Grassavanne bis Buschland, jede Art mit anderen Ansprüchen, meist in kleinen Gruppen, doch (beispielsweise bei der Thomson-Gazelle) auch in gemischten Herden bis zu 700 Tieren.

● **Bestand und Beobachtungsmöglichkeiten:** Alle Gazellen haben verhältnismäßig begrenzte Verbreitungsgebiete. Die drei vorwiegend in Ostafrika lebenden Arten sind stellenweise häufig zu sehen: die **Thomson-Gazelle** *(Gazella thornsoni)* nur östlich des Victoriasees in Kenia und Tansania (im Serengeti-Ökosystem sehr zahlreich), die **Grant-Gazelle** *(Gazella granti)* ebenfalls in diesen beiden Ländern, mit insgesamt größerem Verbreitungsgebiet, aber nie ganz so zahlreich, die **Giraffen-Gazelle oder Gerenuk** *(Litocranius walleri)* an wenigen Stellen im nördlichen Ostafrika (Amboseli, Tsavo, Samburu in Kenia). Im äußersten Nordosten (Somalia) gibt es daneben noch die **Dorkasgazelle** *(Gazella dorcas)* und die **Stelzengazelle oder Dibatag** *(Ammodorcas clarkei)*, die anderen Gazellen leben im Norden des Kontinents, der Springbock im Süden.

Vögel

Von weit über 1000 Vogelarten im östlichen Afrika (allein in Kenia sind 1033 bekannt) sollen nur die auffallenden und für „normale" Safari-Touristen interessanten vorgestellt werden.

Strauß

Von diesen Laufvögeln gibt es in Afrika nur eine Art.

Afrikanischer Strauß (Struthio camelus)

Bis 2,5 m hoch (größter lebender Vogel), Männchen schwarz und weiß mit auffallender Hals- und Beinfarbe (blaugrau oder rot), Weibchen und Jungvögel graubraun. Weit verbreitet in offenem Grasland wie im Busch. Regelmäßig in fast allen Reservaten des östlichen Afrika anzutreffen. Männchen an Brut und Aufzucht der Jungen sehr aktiv beteiligt. Nahrung: Viele Teile von Pflanzen (Blätter, Früchte), aber auch Insekten, Reptilien und andere Kleintiere. Für gewöhnlich monogam, aber auch ein Hahn mit zwei oder drei Hennen. 15–20 Eier (ca. 15 cm lang, 12 cm dick) in einem Gelege, Brutdauer ca. 40 Tage.

Pelikane (Foto: cl)

Afrikanischer Strauß (Foto: cl)

Pelikane und Kormorane

Zu dieser Gruppe gehören drei am Wasser lebende Vogelfamilien, die sich von Fischen ernähren, beim Fischfang aber ganz unterschiedliche Methoden anwenden: „Netzfang“ (Herausschöpfen mit großem Schnabel) beim Pelikan, Ergreifen einzelner Fische mit dem Hakenschnabel beim Kormoran, „Speeren“ der Beute mit dem spitzen Schnabel beim Schlangenhalsvogel.

Rosa- und Rötelpelikan (Pelecanus onocrotalus und P. rufescens)

Sehr große weiße Wasservögel (Länge 130–180 cm, Flügelspannweite annähernd 3 m) mit kurzen Beinen und Schwimmflossen, ziemlich langen Hälsen und sehr großen Schnäbeln. Weiß, in der Brutzeit schwach lachsfarbig (Rosapelikan) bzw. blassgrau (Rötelpelikan) in der Grundfärbung, recht gesellig vor allem in der Brutzeit, fangen Fische mit Hilfe ihres riesigen Schnabels und eines stark dehnbaren „Kehlsacks“ als Wasser- und Fischbehälter. In ganz Afrika an Küsten und Seen anzutreffen. Rosapelikane sind relativ häufig am Nakurusee Kenias und im Queen Elizabeth NP Ugandas.

Zwei Kormoran-Arten sind im Binnenland des östlichen Afrika regelmäßig an Gewässern anzutreffen: der **Weißbrustkormoran** *(Phalacrocorax carbo)* (Länge knapp 1 m) und die **Riedscharbe** *(Phalacrocorax africanus)* (bis 60 cm). Beide häufig an fischreichen Seen und Flüssen. Farbe schwarzbraun mit weißen Partien oder dunkelbraun. Schwanz der Riedscharbe sehr lang.

Schlangenhalsvogel (Anhinga rufa)

Sehr lang gestreckt (91 cm), dünner, langer Hals mit 24 Wirbeln. Mit dem spitzen, dünnen Schnabel werden Fische aufgespießt. Erwachsene Vögel mit kastanienbraunem Hals, Jungvögel wesentlich blasser.

Tierwelt

Pelikane, Kormorane und Schlangenhalsvögel brüten oft in mehr oder weniger großen Kolonien auf dem Boden oder auf trockenen Bäumen.

Reiher

Verhältnismäßig große, schlanke Stelzvögel mit langem, spitzen Schnabel, meist an flachen Gewässern, in Sümpfen, gelegentlich auch auf Grasflächen auf der Suche nach Fischen, anderen Wassertieren, Insekten und auch Mäusen und anderen Nagern. Brut meist in großen Kolonien auf Bäumen.

Schlangenhalsvogel (Foto: cl)

Grau- und Schwarzkopfreiher (Ardea cinerea, A. melanocephala)

90–100 cm lang, graues, stellenweise weißes Gefieder, beim etwas kleineren Schwarzkopfreiher schwarzer Kopf und Hals. Graureiher meist am Wasser, Schwarzkopfreiher häufiger auch in Grasland anzutreffen.

Goliathreiher (Ardea goliath)

Mit 140–155 cm der größte Reiher, Kopf, Hals und Unterseite kastanienbraun. Der ähnliche Purpurreiher ist viel kleiner und hat eine schwarze Kappe.

Neben dem rund 90 cm hohen **Silberreiher** *(Egretta alba)* (erkennbar an der Größe, dem gelben Schnabel und schwarzen Füßen) gibt es noch drei andere, deutlich kleinere weiße Reiherarten: **Mittelreiher** *(Egretta intermedia)* (rund 65 cm hoch, schwarze Beine, gelber Schnabel), **Seidenreiher** *(Egretta garzetta)* (55–60 cm, schwarzer Schnabel, schwarze Beine, gelbe Zehen) und **Kuhreiher** *(Ardeola ibis)* (50–55 cm, in der Brutzeit Krone, Brust und Rücken leicht beige, sonst ganz weiß, Schnabel und Beine gelblich oder fleischfarben). Kuhreiher begleiten gerne große Weidetiere (Elefanten, Büffel) und fangen von deren Füßen aufgescheuchte Heuschrecken, sitzen aber auch zum Insektenfang gerne auf den Huftieren (auch Hausrindern). Die etwa gleich großen **Rallenreiher** *(Ardeola ralloides)* sind beige-braun, zeigen im Flug aber ihre völlig weißen Flügel.

Nachtreiher (Nycticorax nycticorax)

Etwa 60 cm hoch, verhältnismäßig gedrungen, schwarzweiß, Jungvögel braun. Hauptsächlich nachtaktiv, tagsüber ruhig am Rande der Gewässer stehend.

Mangrovenreiher (Butorides striatus)

Mit ca. 40 cm deutlich kleiner, grünschwarzer Kopf und Rücken, Unterseite grau.

Gewöhnlich in eine eigene Vogelfamilie wird der **Hammerkopf** *(Scopus umbretta)* gestellt, der Ähnlichkeiten mit Reihern und Störchen zeigt. 55–65 cm hoch, dunkelbraun, mit auffallender Haube und relativ klobigem Schnabel. Lebt an kleinen Flüssen und Bächen und baut in großen Bäumen ein riesiges (bis über 1 m Durchmesser) Kugelnest aus Zweigen, Schilf und anderem Pflanzenmaterial. Drei bis sechs Eier, die etwa drei Wochen bebrütet werden, Jungvögel bleiben ca. sieben Wochen in ihrer Bruthöhle. Nahrung: Wasserinsekten, Krebse, Würmer, Fische, Amphibien.

Goliathreiher (Foto: jg)

Störche und Ibisse

Neben dem europäischen Weißstorch, der während des europäischen Winters im östlichen Afrika als Zugvogel (= lokaler Sommergast) anzutreffen ist, gibt es eine Reihe von Storchenarten, die häufig (Marabu), regelmäßig (Nimmersatt, Sattelstorch) oder selten (Klaffschnabel) zu sehen sind.

Sattelstorch (Ephippiorhynchus senegalensis)

Mit rund 170 cm Höhe der größte und wegen seiner auffälligen Färbung (schwarzweiß mit rot-schwarz-gelbem Schnabel und roten Fersengelenken) auch der schönste und prächtigste aller Störche. Gewöhnlich paar-

weise in der Nähe von Gewässern anzutreffen, auf der Suche nach Reptilien, Amphibien, Mäusen und anderen Kleintieren.

Neben dem **Europäischen Schwarzstorch** *(Ciconia nigra),* der nur selten als Sommergast im östlichen Afrika zu sehen ist, gibt es drei andere vorwiegend schwarze oder dunkelbraune Störche, die alle etwa 80–90 cm hoch sind: **Wollhalsstorch** *(Ciconia episcopus)* („wolliger" weißer Hals, Schnabel dunkel mit rötlicher Spitze, Beine dunkelgrau bis fleischfarben), **Abdimstorch** *(Ciconia abdimii)* (auffallender weißer Bauch, Bronzeschimmer auf dem Rücken, blaues Gesicht, ähnlich dem Schwarzstorch, aber kleiner und ohne dessen rote Beine und Schnabel) und den **Klaffschnabel** *(Anastomus lamelligerus)* (braunschwarz, Schnabel klafft hinter der Spitze auseinander).

Marabu (Leptoptilos crumeniferus)

Bekanntester und am häufigsten (bei Aas, wo er den Geiern Konkurrenz macht, und an Müllhalden) anzutreffender Storch in Afrika, 150–160 cm hoch, schiefergrau mit weißem Bauch, weiße, flaumige Halskrause an der Basis des nackten, fleischfarbenen Halses, Erwachsene mit großem (bis 50 cm langem), luftgefüllten Kehlsack und einer rötlichen Blase im Nacken, Schnabel kräftig. Große Nester auf Bäumen (allein oder in kleinen Kolonien). Nahrung: Aas, Insekten, Reptilien, aber auch Vögel und kleine Säugetiere.

Afrikanischer Nimmersatt (Ibis ibis)

Mittelgroß (95–105 cm) mit vorwiegend weißem Gefieder, Flügel und Schwanz schwarz, Gesicht nackt und rot, kräftiger Schnabel leicht gebogen und gelb, vorwiegend an Gewässern anzutreffen.

Oben: Klaffschnabel (Foto: jg);
unten: Afrikanischer Nimmersatt (Foto: cl)

Schuhschnabel (Balaeniceps rex)

Einer der scheuesten und seltensten afrikanischen Störche, mit 150–155 cm relativ groß, aber vor allem durch den klobigen Schnabel mit Hakenspitze auffallend. Gefiederfarbe graublau, Schnabel grün-grau marmoriert. Lebt nur an wenigen Stellen Afrikas tief in den Papyrussümpfen vom Süd-Sudan über Uganda und weiter südlich bis nach Sambia. In Uganda gute Beobachtungsmöglichkeiten im Murchison Falls NP sowie in den Kyoga-Sümpfen.

Afrikanischer Löffler (Platalea alba)

Ca. 90 cm, ganz weiß, nacktes Gesicht und vorne löffelartig verbreiterter Schnabel, Beine rot (der Europäische Löffler, der als Wintergast in Ostafrika vorkommen kann, hat ein gefiedertes Gesicht und schwarze Beine).

Pavian vertreibt Marabu (Foto: cd)

Heiliger Ibis (Threskiornis aethiopicus)

Ca. 75 cm, weißes Körpergefieder, Kopf und nackter Hals sowie Schwanz schwarz, Füße dunkel, nicht nur an Gewässern, sondern auch auf Feldern und in Parks auf Nahrungssuche (Insekten, kleine Wirbeltiere) zu beobachten, lokal häufig.

Hagedasch oder Hadadah-Ibis (Hagedashia hagedash)

Ca. 75 cm, Gefieder graubraun mit metallisch-grünem Schimmer auf Flügeln, lauter, sehr auffallender quäkender Ruf. Relativ häufig an Sümpfen und flachen Gewässern.

Flamingos

Zwei Flamingoarten kommen zum Teil in riesigen Scharen (Nakurusee Kenias mit bis zu 1,5 Millionen Vögeln, Zigtausende auch am Bogoriasee, vielleicht 30.000 im Ngorongoro-Krater) an Seen in Ostafrika vor. Dabei ist der Zwergflamingo immer wesentlich zahlreicher als der etwas größere Rosa-Flamingo, der auch in Südeuropa (Spanien, Südfrankreich, Griechenland) zu sehen ist.

Rosa-Flamingo (Phoenicopterus ruber)

140–150 cm, weißes Gefieder mit leichtem Hauch von Rosa, Schnabel rot mit schwarzer Spitze. An den Seen des ostafrikanischen Grabens einigermaßen häufig, weiter südlich seltener. Nahrung: vorwiegend kleine Krebstiere und Würmer, die mit dem Sieb am Schnabelrand aus dem Bodengrund geseiht werden.

Zwergflamingo (Phoeniconaias minor)

Rund 100 cm hoch, Gefiederfarbe viel dunkler, Schnabel karminrot mit schwarzer Spitze. Sehr häufig an ostafrikanischen Seen, zwischen denen er aber über Hunderte von Kilometern hin und her fliegt. Brut nur an wenigen Stellen (z.B. Natronsee im Süden Kenias). Nahrung: Vorwiegend Algen und viel kleinere Nahrungspartikel, die dank des sehr feinen Schnabelsiebs auch von der Wasseroberfläche aufgenommen werden können. Riesige Zahlen am Nakuru-, Elmenteita- und Bogoriasee, seltener am Turkana- und Baringosee (alle in Kenia), auch im tansanischen Ngorongoro-Krater und bis nach Südafrika vorkommend.

Enten und Gänse

An den Gewässern des östlichen Afrika ist eine Arten der Entenvögel regelmäßig anzutreffen und auffallend: die Nilgans. Andere Arten sind seltener und schwerer zu identifizieren.

Nilgans (Alopochen aegyptiaca)

60–70 cm, Gefieder braun bis graubraun mit weißen Schultern, fast immer paarweise an vielen Gewässern (Seen, Tümpeln, Bächen, Flüssen), sehr häufig im gesamten östlichen und östlichen Afrika.

Kapente (Anas capensis)

35 cm groß, graubraun marmoriert, mit auffallend rotem Schnabel und hellem Kopf, relativ häufig.

Linke Seite: Zwergflamingos (Foto: jg);
rechte Seite: Weißrückengeier (Foto: cl)

Gelbschnabelente (Anas undulata)

Verhältnismäßig groß (50 cm), graubraun, auffallend gelber Schnabel, recht häufig an Seen und in Sümpfen.

Rotschnabelente (Anas erythrorhyncha)

Etwa gleich groß wie vorige Art (48 cm), grau, auffallend roter Schnabel, streckenweise häufig an Seen und in Sümpfen.

Witwenpfeifente (Dendrocygna viduata)

46 cm hoch, aufrechter stehend als andere Enten und Gänse, Gesicht weiß, Flanken schwarzweiß gemustert, Rücken rötlichbraun, außerhalb der Brutzeit in Scharen von 30 und mehr. Zu erkennen auch an den hellen pfeifenden Rufen.

Glanzgans (Sarkidiornis melanotos)

Ca. 50 cm, auffallend schwarzweiß, Männchen mit schwarzem Höcker auf dem Schnabel, stellenweise häufig.

Greifvögel

Die Fülle der Greifvögel – angefangen von acht Arten von Geiern über eine große Zahl von Adlern, Bussarden, Habichten bis hin zu kleinen Falken – ist überwältigend.

Sekretär (Sagittarius serpentarius)

Etwa 100 cm hoch, ein ans Bodenleben angepasster Greifvogel mit langen Stelzenbeinen, blassgrau, sehr langer Schwanz und auffallende Federhaube, im offenen Grasland Reptilien (insbesondere Schlangen), Nagetiere und große Insekten jagend, einzeln oder paarweise.

Geier

Die häufigsten Geier am Riss von Löwen und anderen sind der **Weißrückengeier** *(Gyps africanus)* (einheitlich braun, weiße Halskrause auf dem Rü-

Kappengeier (Foto: cl)

cken, 80–85 cm) und der etwas größere **Sperbergeier** *(Gyps ruppelii)* (ebenfalls braun, aber Federn hell umrahmt, „gesperbert“, 85–90 cm). Vereinzelt in Geieransammlungen zu sehen ist der **Wollkopfgeier** *(Trigonoceps occipitalis)* (80–85 cm, mit weißem Hals, sehr dunklem Körper und weißen Flügelspitzen, Schnabel blau und rot). Etwas häufiger, aber meist etwas abseits von den größeren Geiern ist der kleine **Kappengeier** *(Necrosyrtes monachus)* (ca. 70 cm, einheitlich dunkelbraun, beigebraune „Haube“ aus Flaum, nacktes Gesicht fleischrot). Sehr selten einzeln zu sehen ist der **Schmutzgeier** *(Neophron percnopterus)* (ca. 70 cm, schmutzig weiß mit gelbem Gesicht und schwarzen Flügel- und Schwanzspitzen). Selten ist die größte Art: der **Ohrengeier** *(Torgos tracheliotos)* (über 100 cm, mit massigem Schnabel, nackter, faltiger Hals und Kopf dunkelrot). Nahrung der Geier: fast ausschließlich Aas großer Tiere, Schmutzgeier auch Straußeneier (die sie mit Steinen knacken) und in der Nähe menschlicher Ansiedlungen auch Müll. Rein vegetarisch ernährt sich der fischadlerartige **Palmengeier** *(Gypohierax angolensis),* der selten an den Seen des zentralafrikanischen Grabenbruchs beobachtet wird.

Adler

Häufigster und auffallendster Adler des östlichen Afrika (Wassernähe vorausgesetzt) ist der **Schreiseeadler** *(Haliaeetus vocifer)* (75 cm, Kopf, Brust, Rücken und Schwanz weiß, Bauch und Schultern rotbraun, Flügel schwarz, Gesicht und Beine gelb, stets am Wasser, Nahrung: Fische und Wasserflügel). Relativ häufig sind **Raubadler** *(Aquila rapax)* (65–75 cm, einheitlich hell- bis dunkelbraun) und **Gaukler** *(Therathopius ecaudatus)* (60–65 cm, sehr kurzer Schwanz, Gesicht und Beine rot, Körpergefieder schwarz und grau, Rücken rotbraun, häufig am Himmel kreisend zu sehen). Gelegentlich zu sehen sind **Schopfadler** *(Lophaetus occipitalis)* (50–55 cm, schwarzbraun, mit langen Schopffedern, oft auf Warte sitzend), **Kampfadler** *(Polemaetus bellicosus)* (75–85 cm, dunkel mit heller, gesprenkelter Brust, leichte Haube), **Kaffernadler** *(Aquila verreauxii)* (75–85 cm, schwarz mit weißen Abzeichen auf dem Rücken, sehr selten, in felsigem Gelände, z.B. im Matopos-Nationalpark Simbabwes), **Steppenadler** *(Aquila nipalensis)* (75 cm, schwarzdunkel mit orange-gelber Schnabelpartie) und verschiedene Schlangenadlerarten.

Sonstige Greifvögel

Andere relativ häufige und auffällige Greifvögel sind **Schwarzer Milan** *(Milvus migrans)* (50–60 cm, fahlbraun mit auffallend gegabeltem Schwanz, Schnabel gelb, mit grauer Kopfpartie und tief schwarzem Schwanz, wohl der häufigste Greifvogel in Afrika, oft auch in Städten zu sehen), **Gleitaar** *(Elanus caeruleus)* (30–35 cm, hellgrau oben, weiß unten, weißer, leicht gegabelter Schwanz und schwarze Schultern, in recht niedriger Höhe über das Grasland fliegend auf der Suche nach Nagetieren), **Schakalbussard** *(Buteo rufofuscus)* (50–60 cm, Oberseite schiefergrau bis fast schwarz, Schwanz rotbraun, Brust fast weiß, Bauch hell, leicht gesprenkelt, häufig auf Telegraphenmasten oder ähnlichen Warten sitzend) und die **Afrikanische Rohrweihe** *(Circus ranivorus)* (45–50 cm, dunkel- bis rötlichbraun, niedrig über Sümpfen oder Grasflächen fliegend).

Hühnervögel

Die meisten Hühnervögel (Frankoline, Perlhühner, Wachteln) sind nur kurz zu sehen und kaum zu bestimmen. Zwei Arten fallen auf und sind leicht von den anderen zu unterscheiden: das **Gelbkehlfrankolin** *(Francolinus leucoscepus)* (knapp 15 cm, mit nackter, auffallend gelber Kehle, die häufigste und auffälligste Art, vorwiegend in offenem

Oben: Schreiseeadler,
unten: Swainsonfrankolin (Fotos: cl)

Buschland) und das **Helmperlhuhn** *(Numida meleagris)* (45–55 cm, schiefergrau mit weißen Flecken, auffallender „Helm“ auf dem Kopf, Gesicht blau, oft in kleinen Gruppen in Buschland anzutreffen). Im nördlichen Ostafrika nimmt das **Geierperlhuhn** *(Acryllium vulturinum)* (55–65 cm, Hals und Brust blau mit weißen Streifen, langer Schwanz) die Stelle als häufigste und auffallendste Perlhuhnart ein. Seltener ist auch die **Wachtel** *(Coturnix coturnix)* (18 cm, braun-tarnfarben mit kleinen hellen Streifen) zu beobachten.

Oben: Kronenkranich (Foto: fj);
unten: Riesentrappe (Foto: cl)

Kraniche, Rallen und Trappen

Kraniche

Von den weltweit 14 Kranicharten ist nur eine überhaupt nicht gefährdet und als beliebter Parkvogel jedem Kind bekannt: der **Kronenkranich** *(Balearica pavonina)* (gut 100 cm hoch, unverkennbar durch die „Krone“ aus goldgelben, borstenähnlichen Federn, die samtartig schwarze Stirn sowie weiße und rote Hautlappen im Gesicht, graues bis schwarzes Grundgefieder mit rotbraunen und weißen Partien an den Flügeln, meist paarweise auf offenen Ebenen, Feldern oder in Sümpfen). Seltener und nur lokal verbreitet ist der **Klunkerkranich** *(Bugeranus carunculatus)* (gut 125 cm, blassgrau mit weißem Hals, langem Schwanz und zwei weißen, gefiederten Anhängseln – „Klunkern“ – am Kopf, zwei getrennte Popu-

lationen in Äthiopien und im Süden Afrikas in Sambia, Nord-Botswana, Simbabwe und in Natal/Südafrika). Der attraktive **Paradieskranich** *(Anthropoides paradiseus)* (gut 105 cm hoch, unverkennbar blaugrau mit weißem Scheitel und schweifartiger Schwanzfeder) kommt regional in Südafrika und inselartig im Etoscha-Gebiet Namibias sowie vereinzelt in Botswana vor, überall aber selten.

Rallen

Von den vielen Rallen sind zwei Arten besonders auffallend: das **Kammblässhuhn** *(Fulica cristata)* (40–45 cm, sehr ähnlich dem europäischen Blässhuhn, weißer Gesichtsschild sowie in der Brutzeit zwei auffallende rote „Knöpfe" darüber) und die **Mohrenralle** *(Limnocorax flavirostra)* (20 cm, schwarz mit grünem Schnabel und roten Beinen).

Trappen

Typische Bewohner des offenen Graslandes sind die Trappen. Besonders groß und auffallend ist die **Riesentrappe** *(Ardeotis kori)* (75–105 cm, vorwiegend grau, Rücken und Körper dunkler, kleiner Schopf, bei der Balz durch „Umdrehen" des Gefieders wie ein großer weißer Ball wirkend). Seltener sind drei 55–65 cm große Arten: **Rotschopftrappe** *(Eupodotis ruficrista)* (schwarze Unterseite, rötlich-beiger Schopf), **Senegaltrappe** *(Eupodotis senegalensis)* (weißer Bauch, grauer Hals) und die **Schwarzbauchtrappe** *(Eupodotis melanogaster)* (Bauch des Männchens schwarz, des Weibchens blass mit schwarzen Streifen an der Brust). Nahrung aller Trappen sind Sämereien, andere pflanzliche Stoffe, Insekten und Reptilien.

Watvögel

Von der großen Zahl an Watvögeln sind drei 25–30 cm große Arten besonders häufig: am Ufer von seichten Gewässern **Spornkiebitz** *(Vanellus spinosus)* (schwarz-weiß, Rücken braun, Kappe schwarz) und **Waffenkiebitz** *(Vanellus armatus)* (schwarz, weiß und hellgrau mit weißer Kappe), an trockenen, vegetationsarmen Standorten in der Savanne Paare vom **Kronenkiebitz** *(Vanellus coronatus)* (Hals und Rücken hellbraun, Bauch weiß, Kopf schwarz mit auffallendem weißen Ring). In den Gewässern sind **Stelzenläufer** *(Himantopus himantopus)*, **Säbelschnäbler** *(Recurvirostra avosetta)* sowie etliche Arten

Waffenkiebitze (Foto: cl)

der kleineren Regenpfeifer zu sehen. Auf Blättern von Seerosen laufen **Blaustirn-Blatthühnchen oder Jacanas** *(Actophilornis africanus)* (25–28 cm, rotbraun, Hals vorne weiß, hinten schwarz, Schnabel und Kopfschild hellblau, extrem lange Zehen).

Tauben

Sehr häufig und ständig zu hören sind verschiedene Taubenarten. Die beiden auffallendsten sind **Gurrtaube** *(Streptopelia capicola)* (25 cm, graubraun, schwarzer Ring am Nacken) und **Kaptäubchen** *(Oena capensis)* (ca. 20 cm, dunkelgrau mit weißem Bauch, Männchen mit schwarzem Gesicht, sehr langer, dunkler Schwanz). Besonders attraktiv gefärbt ist die **Grüne Fruchttaube** *(Treron calva)* (30 cm, grün mit gelber Flügelpartie, roter Schnabelansatz und knallrote Zehen, selten).

Papageien

Selten, aber wegen ihrer Popularität zu erwähnen sind die Papageien. Zwei Arten sind noch am ehesten zu sehen: **Goldbugpapagei** *(Poicephalus meyeri)* (25 cm, graubraun, mit grünem Bauch, gelb an Kopf und Flügelbug, weit verbreitet, aber immer nur stellenweise vorhanden), **Rotbauchpapagei** *(Poicephalus rufiventris)* (25 cm, orange-rote Brust, fast immer paarweise, gerne in Gebieten mit Baobab-Bäumen) und **Pfirsichköpfchen** *(Agapornis fischeri)* (14 cm, grün, Stirn, Wangen und Kehle orange, meist in kleinen Schwärmen, an sich auf Nord-Tansania beschränkt, aber an anderen Stellen eingeführt, im Aussehen ähnliche Kleinpapageien der Gattung Agapornis an anderen Stellen Ostafrikas).

Eulen und Nachtschwalben

Nur zwei Uhu-Arten sind gelegentlich zu entdecken: der **Milchuhu** *(Bubo lacteus)* (60–70 cm, braun-grau, mit heller Brust, Gesichtsfeld weißlich mit schwarzen Seitenstreifen) und der **Fleckenuhu** *(Bubo africanus)* (50–55 cm, graubraun, mit etwas heller, leicht gestreifter Brust, Federohren). Lokal verbreitet (z.B. im Semliki Valley Wildlife Reserve Ugandas) ist die ausschließlich nachtaktive, auf Fische spezialisierte, sehr große **Fischeule** *(Scotopelia peli)* (63–65 cm, dunkelbraun mit heller Brust, keine Federohren). Auch tagsüber aktiv ist der kleine **Perlkauz** *(Glaucidium perlatum)* (15–18 cm, Körper dunkelbraun mit hellen Punkten, Brust weiß mit braunen Punkten).

Häufig bei Nachtfahrten zu sehen, aber schwer zu bestimmen sind die verschiedenen Arten von **Nachtschwalben,** die sich vorwiegend von Insekten ernähren, die sie im Flug fangen.

Rechts oben: Gelbschnabeltoko (Foto: fj), unten: Rotschnabeltoko (Foto: cl)

Rackenvögel

Zu den attraktivsten Vögeln Afrikas gehören verschiedene Gruppen der Rackenvögel: neben den eigentlichen Racken die vielen schönen Fischer (Eisvögel) sowie etliche Bienenfresser, Nashornvögel und Hopfe.

Relativ häufig zu sehen sind: **Gabelracke** *(Coracias caudata)* (40–45 cm, Oberseite braun, Rumpf und Kopf ultramarin, Kehle und Brust lila, lange Schwanzspitzen an beiden Seiten), **Malachiteisvogel** *(Alcedo cristata)* (14 cm, Kopf und Oberseite dunkelblau, Bauch rotbraun, Kehle weiß, Schnabel rot – sehr ähnlich ist der **Zwergfischer,** überwiegend blau gefärbt der **Kobalteisvogel**), **Graufischer** *(Ceryle rudis)* (25 cm, schwarzweiß, Schwanz verhältnismäßig lang, sehr häufig an Gewässern), **Graukopfliest** *(Halcyon leucocephala)* (20 cm, Kopf grau, Rücken schwarz, Oberseite hellblau, Bauch rotbraun, Kehle hell, Schnabel rot – eine von mehreren Arten, die nicht an Gewässern vorkommt, sondern in der Savanne Insekten jagt), **Weißkehlspint** *(Merops albicollis)* (25– 30 cm, extrem lange, dünne zentrale Schwanzfedern, Oberseite blau und grün, Schwanz blau, Kehle und Bauch weiß, Kopf schwarz-weiß, schwarzer Kehlstreifen, daneben andere, etwa gleich große Arten), **Schwalbenschwanzspint** *(Merops hirundineus)* (22–24 cm, sehr lange, schwalbenartig gegabelte Schwanzfedern, Oberseite grün, Schwanz blau, Kehle gelb mit blauem Streifen, Bauch grünblau), **Karminspint** *(Merops nubicoides)* (33– 38 cm, sehr großer, karminfarbener, auffälliger Bienenfresser, Kehle karmin- bis pinkfarben, Kopf türkisblau), **Zwergspint** *(Merops pusillus)* (15 cm, Schwanz gerade, Oberseite grün, Bauch braun, Kehle goldgelb – die kleinste Art der Bienenfresser, recht häufig), **Rotschnabeltoko** *(Tockus erythrorhynchus)* (42–50 cm, Oberseite schwarzbraun, weiß gesprenkelt, Bauch weiß, Schnabel rot – häufig im trockenen Busch), **Gelbschnabeltoko** *(Tockus flavirostris)* (45–55 cm, ähnlich wie Rotschnabeltoko, aber stärker gekrümmter, gelber Schnabel), **Trompeterhornvogel** *(Bycanistes bucinator)* (60–70 cm, Rücken schwarz, Bauch weiß, Schnabel mit einfachem Aufsatz silbergrau – einer von mehreren großen Nashornvögeln, der vorwiegend in Wäldern vorkommt), **Kaffernhornrabe** *(Bucorvus abyssinicus)* (105–110 cm, schwarz mit weißen Flügelseiten, Gesicht und Kehle unbefiedert, mit roten und blauen Blasen, auf dem Boden Nahrung suchend – die nördliche von zwei ähnlichen Arten), **Baumhopf** *(Phoeniculus purpureus)* (38–45 cm, schwarz mit grünem metallischen Schimmer, Schwanz lang und abgestuft, Schnabel rot – meist in Familiengruppen umherstreifend), **Wiedehopf** *(Upupa epops)* (25–30 cm, Grundfarbe rötlich, Oberseite schwarzweiß, aufstellbare, schwarz geränderte Federhaube).

Spechte und Bartvögel

Spechte sind nur selten zu sehen und genau zu bestimmen, die mit ihnen verwandten Bartvögel schon eher. Lokal häufig und sehr auffallend ist der **Flammenkopf-Bartvogel** *(Trachyphonus erythrocephalus)* (22–25 cm, rötlichgelber Vogel mit dunkler, weiß gefleckter Oberseite und kleiner Haube).

Sperlingsvögel

Die größten und auffallendsten aus der riesigen Schar der Singvögel sind die Raben, von denen es im östlichen Afrika verschiedene Arten gibt. Stellvertretend sei der **Schildrabe** *(Corvus albus)* (45–50 cm, schwarz mit weißer Brust und Rückenpartie, ähnliche Arten mit anderen Mustern von weiß) genannt.

Sehr attraktiv und auch an Besuchereinrichtungen häufig zu sehen sind diverse Arten von Glanzstaren. Am häufigsten ist der **Dreifarbenglanzstar** *(Spreo superbus)* (16–19 cm, Oberseite metallisch blaugrün, Unterseite rotbraun mit weißem Brustband), doch gibt es daneben noch den **Schweifglanzstar** *(Lamprotornis purpuropterus)* (32–38 cm, metallisch blauviolett, Schwanz lang, Augen weißlich) sowie einige andere dunkelblaue Arten mit metallischem Schimmer.

Auch die Madenhacker (häufigste Art **Rotschnabel-Madenhacker,** *Buphagus erythrorhynchus,* ca. 18 cm, Farbe braungrau mit hellem Bauch, Auge gelb gerandet, Bauch hell – stets auf großen Huftieren nach Insekten suchend) gehören in diese Gruppe.

Auffallend in Aussehen (meist gelbschwarz, aber auch rotschwarz) sind die Webervögel, z.B. **Textor** *(Ploceus cucullatus)* (ca. 18 cm, gelb mit schwarzem Kopf, Nacken braun), oder **Starweber** *(Dinemellia dinemelli)* (ca.

Nilkrokodil (Foto: fj)

23 cm, Rücken braun, Kopf und Bauch weiß, Rumpf rot – im nördlichen Ostafrika häufig in der Akazien-Savanne).

Zu den auffallendsten Vögeln Ostafrikas gehören die verschiedenen Würger, da sie gut sichtbar auf Büschen sitzen, um von dieser Warte aus Jagd auf Insekten zu machen. Einer der häufigsten ist der **Fiskalwürger** *(Lanius collaris)* (20–25 cm, Rücken schwarz mit weißem V-Zeichen, Unterseite weiß, langer Schwanz).

Überaus attraktiv, aber wegen ihrer schnellen Bewegungen bei Blütenbesuchen sehr schwer zu bestimmen sind die verschiedenen Nektarvögel, z.B. **Bindennektarvogel** *(Nectarinia mariquensis)* (ca. 14 cm, Kopfbereich grün schimmernd, Rumpf und Schwanz schwarz, rötlichblaues Bauchband).

Reptilien

Krokodile

Einzige Art auf dem schwarzen Kontinent: **Nilkrokodil** *(Crocodylus niloticus)* (3–5 m, 500–800 kg – an Flüssen und Seen in ganz Afrika).

Schlangen

Überall reichlich vorhanden, nur selten zu sehen, am ehesten noch der **Felsenpython** *(Python sebae)* (4–6 m, z.T. bis 9 m). Zu den gefährlichsten Giftschlangen Afrikas gehören die **Schwarze Mamba** *(Dendroaspis polylepis)* (bis 4 m, olivbraun, gilt als aggressiv, Biss

endet in der Regel tödlich), **Speikobra** *(Naja melanoleuca)* (1,2–1,5 m, Grundfarbe graubraun, richtet sich hoch auf, um ihr Gift gegen potenzielle Feinde zu spritzen) und die **Puffotter** *(Bitis arietans)* (0,6–1,2 m, dick und gedrungen, Grundfarbe grau bis braun mit Streifenmuster, sonnt sich gern auf Wegen und Pfaden und bleibt dort auch bei menschlicher Annäherung liegen, daher kommt es besonders leicht beim Darauftreten zu Bissen, zeichnet für ca. 60% der afrikanischen Schlangenbisse verantwortlich).

Echsen

Angehörige verschiedener Echsen-Familien sind gelegentlich zu sehen: in Häusern die lokale Form des **Tropischen Hausgecko** *(Hemidactylus brookii)* (15–20 cm, hell), an Felsen die **Siedleragame** *(Agama agama)* (20–30 cm, metallisch blau mit rosarotem Kopf), in der Nähe von Flüssen der **Nilwaran** *(Varanus niloticus)* (bis 2 m, grünlichgrau), in Büschen (oder in der Hand von Kindern, die sie zum Verkauf anbieten) das **Jackson-Chamäleon** *(Chamaeleo jacksoni)* (20–25 cm, Grundfarbe grünlich, aber sehr variabel).

Schildkröten

Von den Schildkröten ist nur eine Art häufig zu sehen: die **Panther-Schildkröte** *(Geochelone pardalis)* (maximal 70 cm, graubraune Farbe mit „Panther-Flecken“).

Oben: Black Forest Cobra (Foto: cd), unten: Panther-Schildkröte (Foto: cl)

- **Raisa Jaan** (Quarry Road, Kabalagala). Gute Auswahl an Kleidung und Schuhen.
- **Zaire Fashion Designers,** Plot 16 Buganda Road, Mobiltel. 077-427687. Kostüme und Umhänge aus Kongo/Zaire.

Kunsthandwerk und Souvenirartikel

- **Uganda Crafts Shop,** 28–30 Bombo Road, Bat Valley. Von einer Behinderten-Kooperative geführt. Gutes Angebot mit kleiner Lederwerkstatt. Ein Café ist angeschlossen.
- **Craft Village,** Dewinton Road. Hinter dem National Theatre. Verschiedene Stände mit recht vielseitigem Angebot. Handeln Sie gut.
- **Banana Boat Gift Shop,** Plot 23 Cooper Road, Kisementi, Tel. 232885. Neben dem Crocodile Restaurant gelegen, von einem deutschen Pärchen geleitet. Gute Auswahl an afrikanischem Kunsthandwerk, Silberschmuck, handgeblasenen Gläsern, afrikanischen Stühlen und Lederartikeln. E-Mail: bananaboat@infocom.co.ug
- **Gallery Okapi,** Gaba Road, Tel. 343532, Mobiltel 077-470015. Verkauf von ugandischer Kunst und Gemälden, Wandgehängen.
- **Jungle Junk,** Plot 3 Kisementi, Mobiltel 077-447686. Verkauf ugandischer Kunst und afrikanischen Kunsthandwerks, z.B. von hölzernen Masken, Wandgehängen sowie klassischer Tropen- und Safariausrüstungen.

Märkte

- **Nakasero Market,** im Zentrum (Market Street). **Größter Stadtmarkt Kampalas** mit sehr vielfältigem Angebot, insbesondere an Früchten und Lebensmitteln.
- **Owino Market,** Zentrum (beim Nakivubo Stadium). Haushaltsartikel, Kleidung und Souvenirs.

Botschaften und Konsulate (Auswahl)

- **Deutschland:** 15 Philip Road, PO Box 7016, Kololo, Tel. 501111, Fax 501115, E-Mail: germemb@africaonline.co.ug, Notfall-Dienst: Mobiltel. 077-763000
- **Österreich** (Konsulat): Entebbe Road (Bank Lane) Plot 6, Kampala, Tel. 343043/235796/250754, Fax 233002
- **Schweiz** (Konsulat): ROKO Technical Service, Roko Town Center, Nasser Lane, Plot 1-27, Kampala. Tel. 347130/132/282, Fax 347131; E-Mail: rts@imul.com
- **DR Kongo:** 20 Philip Road (Kololo), PO Box 4972, Tel. 232021 (2003 geschlossen)
- **Kenia:** 41 Nakasero Road, PO Box 5220, Tel. 258235/258236, Fax 258239
- **Ruanda:** 2 Nakayima Road (gegenüber dem Nationalmuseum), PO Box 2468, Kampala, Tel. 344045, Fax 258547
- **Tansania:** 6 Kagera Road, PO Box 5750, Tel. 256272, Fax 343973
- **Südafrika:** Nakasero Hill Road, PO Box 10194, Tel. 343543/4, Fax 348216
- **Vertretung der EU:** Lumumba Avenue (Rwenzori House), PO Box 5244, Tel. 233303/4, Fax 233708
- **Großbritannien:** 10–12 Parliamentary Avenue (British High Commission Building), PO Box 7070, Tel. 312000, Fax 312282
- **Frankreich:** 16 Lumumba Avenue, PO Box 7212, Tel. 342120/342176, Fax 349812
- **Belgien:** Lumumba Avenue (Rwenzori House), PO Box 4379, Tel. 349559, Fax 347212
- **Niederlande:** Nakasero Lane (Kisozi Complex, 4th Floor), PO Box 7728, Tel. 346000, Fax 231861
- **Italien:** 11 Lourdel Road, PO Box 4646, Tel. 250450/250442, Fax 250448
- **Irland:** 12 Acacia Avenue, PO Box 7791, Tel. 344344, Fax 344353
- **Kanada:** 14 Parliament Avenue (IPS Building), PO Box 20115, Tel. 258141/235768, Fax 234518
- **USA:** Gaba Road, PO Box 7007, Tel. 259791/2/3, Fax 259794

Sonstiges

Kamerareparaturen und Filmentwicklungen

- **Camera Centre,** 2A Wilson Road, Tel. 236991. Kleinere Kamerareparaturen.
- **Colour Chrome,** 54 Kampala Road, Tel. 230556. Bei der Entwicklung von Diafilmen (im E6-Prozess) bitte vorher nochmals darauf hinweisen, dass es sich um einen Diafilm handelt, damit nicht ausversehen eine Ent-

wicklung als Papierbildfilm erfolgt (Diafilmentwicklung in Europa dringendst angeraten wegen der deutlich besseren Qualität!).

Handys und Handy-Reparaturen

- **Mind yo Shoe Shop,** Plot 38 William Street, PO Box 1912, Mobiltel. 077-430000 oder 075-430000, Fax 231997, E-Mail: essimu@hotmail.com

Brillen und Kontaktlinsen

- **The Eye Care Centre,** Plot 3 Johnstone Street, PO Box 9342, Tel. 257759/257746, Fax 344712, Mobiltel. 077-786400, E-Mail: eyecare@utlonline.co.ug.

Ziele in der Umgebung Kampalas

Neben **Tagesausflügen** nach Entebbe oder in die Waldreservate Mabira Forest bzw. Mpanga Forest lohnt die nahe gelegene Kajansi Fishing Farm an der Strecke nach Entebbe (ausgeschildert) am Ufer des Viktoriasees einen kurzen Besuch. Es bestehen reizvolle Beobachtungsmöglichkeiten für verschiedene Wasservogelarten wie Schreiseeadler, Kingfisher, Pelikane, Reiher und Enten. Früher wurden auch große Krokodile an der Farm gesichtet.

Wer fernab der Großstadt etwas ausspannen möchte und dabei über das nötige Kleingeld verfügt, kann sich in einem der neuen Lakeside Resorts am **Lake Victoria** einmieten, z.B. im Lutembe Beach Resort, einer familienfreundlichen Anlage der Kategorie A–B, 35 Minuten außerhalb Kampalas an der Straße nach Entebbe (von der Abzweigung noch 4,5 km bis zum See auf der Namulondo Road, ausgeschildert), PO Box 24689, Kampala, Tel. 232009, Mobiltel. 077-488469/077-496258, Internet: www.lutembebeach.co.ug.

Entebbe

↗ XIV,B2

Entebbe (1146 m) liegt **36 km südlich von Kampala** auf einer Halbinsel am Lake Victoria. Es war während der Kolonialzeit bis 1962 die „Hauptstadt" Ugandas, und noch heute befinden sich mehrere wichtige administrative Organe in Entebbe. Die sehr grüne, überaus angenehme Stadt beherbergt über **50.000 Einwohner.** Gut 4 km außerhalb ist **Ugandas internationaler Flughafen** beheimatet. Dieser wurde inzwischen modernisiert und bietet u.a. reich bestückte Duty Free Shops, saubere sanitäre Anlagen mit Duschen (im Abflugbereich) und ein brauchbares Flughafenrestaurant. Zum Flughafen hin erstreckt sich der **Vorort Kitoro,** wo sich vor allem Märkte, lokale Restaurants und Bars sowie moderne Supermärkte angesiedelt haben.

Der **Flughafen Entebbe** machte im **Sommer 1976 Schlagzeilen,** als ein Airbus der Air France mit 226 überwiegend israelischen Passagieren an Bord von palästinensischen Terroristen entführt wurde und die Piloten gezwungen wurden, in Entebbe zu landen. Die jüdischen Passagiere wurden als Geiseln im Flughafen festgehalten, um inhaftierte Palästinenser aus israelischen Gefängnissen freizupressen. Am 4. Juli 1976 stürmte ein israelisches Sonderkommando das Gebäude, und alle Geiseln konnten befreit werden. Dabei starben 20 ugandische Soldaten, sieben Palästinenser, drei Geiseln und ein israelischer Offizier. Während der Flugzeugentführung versuchte *Idi Amin,* die Rolle des Vermittlers zu spielen, doch wurde er rasch als Komplize entlarvt. Die Affäre kostete ihn weiteres Prestige und isolierte ihn in Ostafrika vollends.

Entebbe Botanical Gardens

Der Botanische Garten von Entebbe wurde kurz nach der vorletzten Jahrhundertwende gegründet und umfasst heute neben einem Mosaik kleiner Gärten mit tropischen Pflanzen aus allen Erdteilen auch eine „dschungelartige" Restwaldfläche natürlichen Ursprungs. Kaum jemand weiß, dass hier die ersten Tarzan-Filme mit *Johnny Weismuller* gedreht wurden.

Die am Ufer des Lake Victoria errichtete Anlage hat die politischen Wirren der 1970er und 1980er Jahre recht gut überstanden und ist dementsprechend gepflegt. Das Gebiet lohnt einen halbtägigen Besuch schon allein wegen der vielen **Vogelbeobachtungen,** die insbesondere in Seenähe möglich sind. Neben dem Schreiseeadler, zahlreichen Reiherarten und Waldvögeln wie Graupapageien, Turakos oder Nashornvögeln sind auch Guerezas (schwarzweiße Colobusaffen) zu beobachten.

● **Infos:** Die Anlage ist täglich von 9–18.30 Uhr geöffnet. Der Eintritt beträgt 0,50 Euro, für die Benutzung einer Kamera wird 1 Euro berechnet. Genauere Infos sind unter Tel. 041-320638, E-Mail: curator@infocom.co.ug erhältlich.

uga_147 Foto: cl

Uganda Wildlife Education Centre (UWEC)

Der direkt am Ufer des Lake Victoria gelegene **„Zoo" von Entebbe** ist aus einer Auffangstation für Tierwaisen, die von den ugandischen Behörden bei Schmuggelaktionen konfisziert wurden, hervorgegangen. Unter der Leitung des Deutschen *Wilhelm Möller* und mit großzügiger finanzieller Unterstützung durch multinationale Geberorganisationen wurde die ehemals in katastrophalem Zustand befindliche Anlage zu einem für Schwarzafrika vorbildlichen Tiergarten ausgebaut, der insbesondere Ugandern (die oftmals gar nicht die Eintrittsgebühren in den Nationalparks auf-

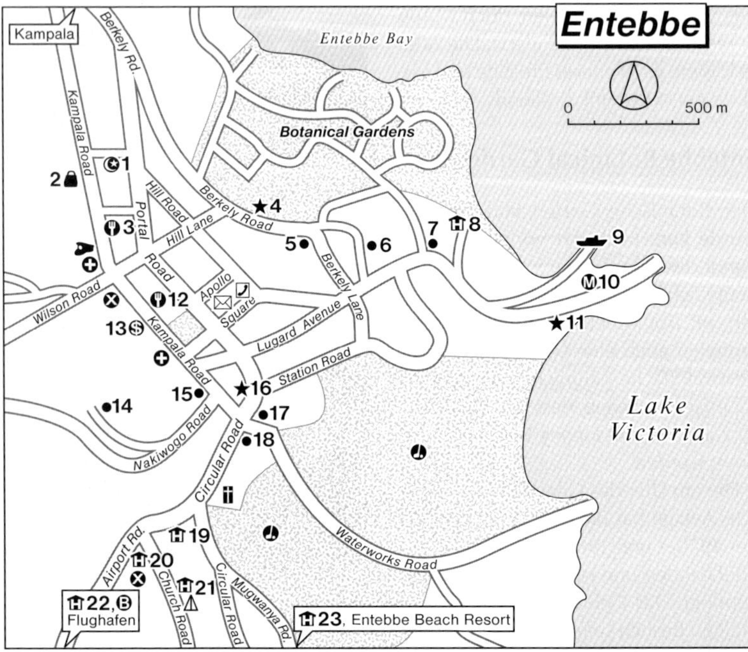

- 1 Moschee
- 2 Markt
- 3 New Africa Village
- 4 Botanical Gardens (Eingang)
- 5 Department of Lands & Surveys
- 6 Prime Minister's Office
- 7 Department of Agriculture
- 8 Botanical Beach
- 9 Pier (Boote nach Ngamba Island)
- 10 Geological Museum (geschlossen)
- 11 Wildlife Education Centre
- 12 China Garden Restaurant
- 13 Uganda Commercial Bank
- 14 State House
- 15 Court House
- 16 Geschütz (erster Weltkrieg)
- 17 Entebbe Council
- 18 Entebbe Club
- 19 Lake Victoria
- 20 Entebbe Flight Motel
- 21 Fraba Tourist
- Campsite + Hostel
- 22 Kidepo Guest House
- 23 Sophie's Motel
- Polizei
- Krankenhaus
- Taxi Park
- Telefon
- Post
- Golfplatz
- Busbahnhof
- Kirche

bringen können) das Erleben der heimischen Tierwelt ermöglichen soll.

Das **30 Hektar große Gelände** vermittelt einen ersten Überblick über die Vielfalt der ugandischen Tierwelt. Ein Tipp für Vogelfreunde: Etwa 170 frei lebende **Vogelarten** vom Zwergfischer bis zum Riesenturako sind hier zu finden. Mit über 130.000 Besuchern jährlich ist das UWEC mittlerweile der meistbesuchte Wildlife Spot in Uganda. Allerdings ist auch die großzügig erweiterte Anlage mit der stetig wachsenden Anstrandung beschlagnahmter afrikanischer Wildtiere (vor allem aus der DR Kongo) überfordert, so dass z.B. mehr als 20 Kongo-Papageien in einem einzigen Käfig gehalten werden müssen.

Geschaffen wurde eine Art **ugandischer Mikrokosmos,** der viele Landschaftstypen Ugandas (z.B. Sümpfe, Seen, Savanne, Regenwald u.a.) umfasst und den Tieren dabei relativ viel Freiraum gibt. Vor allem die bislang auf engstem Raum eingesperrten **Schimpansen** haben von den nach einem Masterplan der New York Zoological Society umgesetzten Maßnahmen profitiert. Das UWEC verfügt heute über die größte Freianlage für Schimpansen in ganz Afrika. Ein Teil der Tiere konnte inzwischen ins größere Ngamba Island Chimpanzee Sanctuary übersiedeln (s.u.). Neben den Schimpansen können auch Schuhschnabelstörche, Fischotter, Löwen, Hyänen, diverse Schlangen und

Schuhschnabelstorch im UWEC

uga_149 Foto: cl

Reptilien, Antilopenarten, Büffel, Strauße, Warzen- und Pinselohrschweine beobachtet werden. Das UWEC beteiligt sich ebenfalls an dem Wiedereinbürgerungsprojekt von Nashörnern in Uganda, sichtbar an den **zwei Breitmaulnashörnern,** die im Jahr 2001 aus Kenia eingeführt wurden. Diese sind zurzeit (2003) noch die einzigen Nashörner des Landes. Ein 80 km^2 großes Zuchtgebiet auf der Ziwa Ranch zwischen Kampala und Murchison Falls NP ist im Aufbau begriffen (siehe Ziwa Rhino Sanctuary).

- **Infos:** Das UWEC ist täglich von 9–18.30 Uhr geöffnet. Der Eintritt beträgt ca. 4,50 Euro, für die Benutzung einer Kamera wird möglicherweise eine Gebühr verlangt. Es bestehen exzellente Fotografiermöglichkeiten z.B. für den Schuhschnabelstorch. Am Eingang gibt es einen kleinen Kiosk mit Snacks und Getränken sowie einen Souvenirladen. Auf dem Gelände selbst ist ein neues Restaurant in Betrieb. Aktuelle Infos sind unter Tel. 041-256041, Mobiltel. 077-504608, Fax 041-320073, E-Mail: uweczoo@infocom.co.ug, erhältlich. Eine Internetseite ist unter www.ugandawildlifecentre.com im Aufbau. Besucher werden gebeten, gegen einen kleinen Geldbetrag eine Tierpatenschaft zu übernehmen.

Vorwahl von Entebbe: 041

Hotels und Unterkünfte

Das recht gute Unterkunftsangebot ist auf übernachtende Fluggäste und Resortbesucher ausgerichtet. Fast alle besseren Hotels unterhalten einen Shuttleservice zum Flughafen.

Kategorie AA

- **Lake Victoria Hotel**

PO Box 15, Plot 17–31 Circular Road, Tel. 320645, Mobiltel. 078-310100, Fax 320404, E-Mail: windsor@imul.com. Zimmer mit Bad/WC und Klimaanlage. Gutes Restaurant. Bewachter Parkplatz. Eines der besseren Hotels Ugandas, mittlerweile ziemlich in die Jahre gekommen. Schöne Anlage, die an den Golfplatz oberhalb des Viktoriasees direkt angrenzt. Sehr großer Swimmingpool, der auch nicht übernachtenden Tagesgästen zur Verfügung steht, wenn man Bar oder Restaurant des Hotels nutzt (Mindestumsatz 2,50 Euro).

Kategorie A

- **Bulago Island Resort**

PO Box 25696, Kampala, Mobiltel. 077-709970. Resortanlage auf einer Insel im Viktoriasee, 16 km vor Entebbe. Viele Aktivitäten für Segler und andere Wassersportarten. Bulago Island liegt 7 km nördlich der „Schimpanseninsel" Ngamba Island.
E-Mail: bulagoisland@utlonline.co.ug

- **Botanical Beach Hotel**

PO Box 90, Circular Road, Tel. 320800, Fax 320832, E-Mail: ibbhotel@afsat.com. Zimmer mit Bad/WC und Klimaanlage. Gutes Restaurant. Bewachter Parkplatz. Guter Ausgangspunkt für Besuche in den nahe gelegenen Entebbe Botanical Gardens oder im Uganda Wildlife Education Centre.

Kategorie B

- **Entebbe Beach Resort**

PO Box 380, 15–17 Mpigi Road, Tel. 20934, Fax 21028. Cottages mit Bad/WC. Großes Restaurant. Bewachter Parkplatz. Parkähnliche, gepflegte Anlage mit großem Swimmingpool direkt am Lake Victoria (ca. 1½ km unterhalb des Lake Victoria Hotel). Für 2 Euro kann man auf dem Gelände zelten und alle Einrichtungen nutzen. Das Wasser des Viktoriasees gilt hier als bilharziosefrei, und tatsächlich baden sehr viele Leute.

- **Entebbe Flight Motel**

Plot 20 Queen's Road, PO Box 259, Tel. 320812, E-Mail: flimotel@utlonline.co.ug. EZ bzw. DZ mit Bad/WC. Restaurant. Bewachter Parkplatz. Seit Ende 1995 geöffnetes, sauberes Hotel.

- **Sophie's Motel**

PO Box 730, 3–5 Alice Reef, Tel. 320885, Fax 320897, E-Mail: smotel@africaonline.co.ug. EZ bzw. DZ mit Bad/WC. Restaurant. Bewachter Parkplatz. Recht neues und sehr sauberes Hotel mit freundlichem Personal. Liegt ca. 1½ km vom Lake Victoria Hotel entfernt Richtung Flughafen.

Kategorie C

- **Golf View Inn**

Plot 7 Station Road, PO Box 92, Tel. 322438, Mobiltel. 077-479069. Am Golfplatz. Zimmer mit Duschen/WC. Bar und Restaurant. Bewachter Parkplatz.
E-Mail: golfviewinn@utlonline.co.ug

- **Central Inn**

Plot 45/47 Church Road, PO Box 212, Tel. 322386, Mobiltel. 077-367004. Zimmer mit Bad/WC und Satelliten-TV. Restaurant. Bewachter Parkplatz. Neues und gepflegtes Hotel am Ortsrand Richtung Flughafen.
E-Mail: nsubicair@yahoo.com

- **Victoria Inn**

29 Mpigi Road, PO Box 92, Tel. 321640. Zimmer mit Duschen/WC. Restaurant. Bewachter Parkplatz. Gepflegtes Hotel.

Kategorie D

- **Fraba Tourist Campsite & Hostel**

(ehemals Entebbe Backpackers)
Plot 33/35 Church Road, Tel. 320432, Mobiltel. 077-482877. Einfache Zimmer mit Gemeinschaftsbad/Kaltwasserduschen. Restaurant und Bar. Bewachter Parkplatz. Am Ortsrand Richtung Flughafen. Schöner Campingplatz (Gebühr 1,50 Euro).
E-Mail: frabatourist@hotmail.com

- **Kidepo Guest House**

Hinter dem Lake Victoria Hotel an der Hauptstraße zum Flughafen. Zimmer mit Gemeinschaftsduschen. Restaurant. Einfaches und überteuertes Guest House.

Camping

Auf dem Gelände des Entebbe Beach Resort sowie am Fraba Tourist Campsite & Hostel (ehemals Entebbe Backpackers).

Restaurants und Bars

- Sehr empfehlenswert ist das Restaurant am Entebbe Club **(The Golf Nest Restaurant)** nahe dem Lake Victoria Hotel. Sehr gute, aber teure Gerichte bietet das Restaurant im Lake Victoria Hotel. Auch die anderen oben genannten **Hotels** haben recht gute Restaurants und kleine Bars. Gute chinesische Küche bekommen Sie im **China Garden Restaurant** (Tel. 322266, Mobiltel. 077-507289) gegenüber dem Court House im Zentrum Entebbes.
- Die mit Abstand beste Bar Entebbes ist der **Four Turkeys Pub** (Mobiltel. 077-463978) neben dem China-Restaurant.

Verkehrsverbindungen

- **Minibus-Matatus von/nach Kampala** kosten 1 Euro (ca. 45 Min. Fahrtzeit).
- **Taxis zum Flughafen** bekommt man für 2–3 Euro. Alle oben genannten **Hotels** der Kategorien AA bis C bieten ihren Gästen einen **kostenlosen Zubringerservice.**

Achtung: Aufgrund immer wieder vorkommender Überfälle auf der Strecke von Entebbe nach Kampala wird empfohlen, einen der entsprechend gekennzeichneten Shuttlebusse der großen Hotels oder ein lizensiertes Taxi zu nehmen. Nachtfahrten nach Kampala sollten möglichst vermieden werden.

- **Innerorts** kommt man mit Fahrradtaxis (boda-bodas) und Motorradtaxis (piki-pikis) für umgerechnet 0,50 Euro problemlos vorwärts.
- **Schiffsverbindungen:** Von Entebbe verkehrte ab dem Jahr 2000 vorübergehend eine Fähre von Wema Tours (Tel. 041-235586, Fähranleger nahe dem Uganda Wildlife Education Centre), deren Betrieb inzwischen aber wieder eingestellt wurde (Details siehe Ssese-Inseln).

Geldwechsel

- **Uganda Commercial Bank,** Zentrum. Die Bank unterhält am Flughafen ein zusätzliches **Forex Bureau,** wo man die besten Wechselkurse bekommt.

Post und Internet

- Das **Postamt** liegt zentral. Eine Zweigstelle befindet sich im Flughafen.

• Die Internet-Cafés **Entebbe Cyberlink** (nahe des China-Restaurants) und **Surfing Corner** (gegenüber der Uganda Commercial Bank) bieten Surfen im Internet für 0,05 Euro pro Minute an.

Landkarten

• **Department of Lands & Surveys,** nahe des Postamts. Topografische Karten von allen Regionen Ugandas (Preise 5–10 Euro), teilweise nur noch als Schwarzweißkopie. Darüber hinaus kann man sich digitalisierte Karten auch auf CD-ROM brennen lassen (Rohlinge selber mitbringen!).

Reiseveranstalter

• **Wild Frontiers/G & C Tours,** PO Box 619, 83A Circular Road, Entebbe, Tel. 321479, Mobiltel. 077-502122, Fax 321479. Ugandaweit operierender Reiseveranstalter, der ab Entebbe Exkursionen für Sportfischer auf dem Lake Victoria und Tagestouren zum Ngamba Island Chimpanzee Sanctuary anbietet. Die Kosten liegen bei 30 US-$ pro Person bei Verwendung großer Holzkanus mit Außenbordmotor (Fahrtzeit 2 Std.) bzw. 65 US-$ bei Fahrten mit dem Speedboat (Fahrtzeit 45 Min.).
E-Mail: gctours@imul.com,
Internet: www.wildfrontiers.com

• **Natete Backpackers Hostel & Campsite,** PO Box 619, 83A Circular Road, Kampala, Tel. 344417, Mobiltel. 077-430587. Organisation von ähnlichen Touren ab dem Natete Backpackers Hostel in Kampala.
E-Mail: backpackers@infocom.co.ug,
Internet: www.backpackers.co.ug

Ausflüge

Kasenyi

Ein lohnenswerter Abstecher führt von Entebbe ins 6 km entfernte **Fischerdorf** Kasenyi unterhalb der Straße nach Kampala. Man kann den Fischern beim Reparieren der Netze zusehen, nebenbei viele Wasservögel beobachten, und nach der Rückkehr der Fischer vom See ihren Fang, vor allem Nilbarsche und Tilapia, bestaunen. Wer sich mit einem Fischerboot zu den Ssese-Inseln übersetzen lassen möchte, findet bei den Fischern von Kasenyi gute Ansprechpartner (Abfahrten in der Regel gegen 15 Uhr, Fahrpreis ca. 7–8 Euro).

Ngamba Island Chimpanzee Sanctuary

Auf der **40 Hektar großen Insel** Ngamba Island, ca. 23 km südöstlich von Entebbe im Lake Victoria gelegen, konnte im Jahr 1998 durch den Chimpanzee Sanctuary & Wildlife Conservation Trust (CSWCT) ein **Schutzgebiet für Schimpansen** eröffnet werden. Mehr als 30 Tiere aus dem Pilotprojekt Isinga Island im Lake Edward (Queen Elizabeth NP) sowie aus dem Uganda Wildlife Education Centre erhielten im tropischen Feuchtwald der Insel einen neuen Lebensraum.

An dem Projekt sind das Jane Goodall Institute, IFAW, das Uganda Wildlife Education Centre (UWEC), die Born Free Foundation, das Zoological Parks Board of New South Wales (Australien) und andere Organisationen beteiligt. Die aus dem illegalen Handel stammenden Tiere im Alter zwischen 2 und 20 Jahren konnten aus verschiedenen Gründen nicht wieder in Ugandas Wäldern ausgewildert werden, u.a. weil

Pelikane bei Kasenyi

Schimpansen dabei häufig von ihren wilden Artgenossen abgelehnt, verletzt oder gar getötet werden. Aufgrund des begrenzten Lebensraums auf der Insel muss unter den Schimpansen eine tierärztliche Geburtenkontrolle betrieben werden (Einsetzen von hormonellen Depotimplantaten unter die Haut der geschlechtsreifen weiblichen Tiere). Außer den Schimpansen kann man Flusspferde, Fischotter, Nilwarane, Schreiseeadler und eine Vielzahl anderer Wasservögel auf Ngamba Island beobachten.

Ngamba Island besitzt einen festen Personalstamm für die Betreuung der Schimpansen. Die Tiere lassen sich von einer **Beobachtungsplattform** vor allem während der Fütterungszeiten um 11 und 14.30 Uhr gut beobachten und fotografieren. Die Einrichtung eines weiteren Chimpanzee Sanctuary auf einer Insel des nördlichen Ssese-Archipels mit Übersiedlung eines Teils der Schimpansen ist vorgesehen, um den sozialen Stress innerhalb der für den Lebensraum zu großen Population auf Ngamba Island zu mildern.

- Seit dem Frühjahr 2003 besteht die Möglichkeit, für Gruppengrößen bis zu 8 Personen in einem **Zeltcamp** auf Ngamba Island zu übernachten. Buchungen und Informationen zum Projekt sind über die Reservatsverwaltung möglich, Tel. 041-320662, Mobiltel. 077-200602, E-Mail: chimpldy@imul.com.
- Achtung: Denken Sie bei Touren nach Ngamba Island unbedingt an ausreichende **Trinkwasservorräte** und einen adäquaten **Sonnenschutz** (Kopfbedeckung, Sonnencreme mit LSF 20–30). Zu Reiseveranstaltern siehe bei Entebbe und Kampala.

uga_153 Foto: cl

Der Südwesten und die Virunga-Vulkane

Der Südwesten Ugandas umfasst einen landschaftlich ausgesprochen abwechslungsreichen Raum, der geografisch und historisch sehr differenziert betrachtet werden muss. Während der **Streifen entlang des Viktoriasees** noch zum Kernraum Buganda gehört, ist das westlich angrenzende, entwaldete **Hügelland von Ankole** zu großen Teilen das Weideland der ursprünglich halbnomadisch lebenden **Hima.** Diese Rinderzüchter herrschten in der Vergangenheit über die ebenfalls hier lebenden **Iru-Bauern.** Sie sind eng verwandt mit den ruandischen Tutsis (siehe Ruanda).

Im äußersten Südwesten schließt sich das sehr fruchtbare **Hügelland von Kigezi** an, das immer wieder als die „Schweiz Afrikas" bezeichnet wird und sicherlich zu den beeindruckendsten Landschaften Ugandas gehört. Das Gebiet zählt zu den dicht besiedeltsten Regionen Afrikas. Die Gruppe der **Virunga-Vulkane** im Grenzgebiet zu Ruanda und zum Kongo erhebt sich bis über 4500 m.

An den Hängen der Virungas und im Bwindi Impenetrable Forest weiter nördlich leben die letzten **Berggorillas** Afrikas, die auf ugandischer Seite im **Bwindi Impenetrable NP** und im **Mgahinga Gorilla NP** geschützt werden. Diese Nationalparks können von Kabale bzw. Kisoro in wenigen Stunden erreicht werden. Zwischen Kabale und Ki-

Blick auf die Virunga-Vulkane Muhavura und Gahinga

uga_155 Foto: cl

soro liegt auch der wunderschöne **Lake Bunyonyi,** der sich in einer tief eingezogenen Senke zwischen die Hügel Kigezis schmiegt.

Südöstlich von Mbarara befindet sich der kleine **Lake Mburo NP,** der sich insbesondere für Tagesbesuche eignet. Von Masaka aus ist der malerische Archipel der 84 **Ssese-Inseln** im Lake Victoria erreichbar.

Die **Ausfahrt aus Kampala** Richtung Masaka führt durch den lebhaften Vorort **Natete,** wo man frühmorgens und abends regelmäßig in einem chaotischen Stau stecken bleibt. Ca. 40 km außerhalb an der Strecke nach Masaka wird der kleine Ort **Mpigi** passiert, unweit des Mpanga Forest Reserve. Die Region um Mpigi ist im ganzen Land bekannt für die Herstellung von traditionellen **Trommeln** und anderen Musikinstrumenten. Im Ort **Mpambire** wurden traditionell die königlichen Trommeln des Königreichs Buganda hergestellt. Mpigi gilt als bester Ort für den Kauf derartiger Souvenirs in Uganda, Händler breiten ihr Sortiment entlang der Straße Kampala – Masaka aus.

Mpanga Forest Reserve

↗ **XIV,A2**

Dieses kleine Sekundärwaldgebiet befindet sich 37 km westlich von Kampala nahe der Ortschaft Mpigi an der Hauptstraße nach Masaka. Das 1950 geschaffene Forest Reserve schützt einen **tropischen Feuchtwald,** der für die Region direkt am Lake Victoria typisch ist und einst sehr ausgedehnt war. Er gleicht dem deutlich größeren Mabira Forest (siehe Der Osten und Mt. Elgon) und hat ebenfalls ein gutes Wegesystem (drei verschiedene Trails), das Tierbeobachtungen (u.a. von Schlangen) erleichtert. Die **Forststation** (Mobiltel. 077-488027, E-Mail: mpanga@avu.org) liegt ca. 5 km hinter der Abzweigung nach Mpigi am Südrand des Waldes (ausgeschildert). Sie können sich von den **Matatus** nach Masaka direkt dort absetzen lassen (Fahrpreis 3 Euro) oder fahren mit dem Matatu nach Mpigi (Fahrpreis 1 Euro), wo sie sich dann zur Station durchfragen müssen (boda-bodas für 0,60 Euro). Bringen Sie genügend **Nahrungsmittel** für den Aufenthalt mit. An der Station kann man auch **campen** (schöne Lage am Waldrand, einfache sanitäre Anlagen mit Duschen, Campinggebühr 1,50 Euro) oder einfache **Bandas** nutzen (5 Euro). Besonders zutraulich sind hier Rotschwanz-Stummelaffen und Nashornvögel, die bis auf 10 Meter an Camper und Besucher herankommen und so gut fotografiert werden können.

Einfaches **Kartenmaterial** ist an der Forststation vorhanden, ebenso ein **Souvenir-Shop** mit traditionellen Trommeln und anderen Musikinstrumenten aus dem nahe gelegenen Ort Mpambire. Der Eintritt beträgt 1,50 Euro pro Person, lokale Guides können für 1,50 Euro angeheuert werden.

Masaka

⇗ XVII,D1

Masaka (1335 m) wurde 1979 durch die Invasion tansanischer Truppen großflächig zerstört und erholt sich noch immer von den Kriegsschäden. Die inzwischen wieder mehr als **50.000 Einwohner** starke Stadt ist ein wichtiges Handelszentrum und der Hauptort der Region nordwestlich des Viktoriasees. Die Entfernung nach Kampala beträgt 137 km, nach Mbarara sind es 146 km und nach Kabale 147 km. Die Asphaltstraße dorthin ist in gutem Zustand.

Es gibt in der Stadt keine besonderen Sehenswürdigkeiten. Sie ist ein Durchgangs- und Übernachtungsort für Reisende auf dem Weg nach Tansania oder zu den Ssese-Inseln (siehe Ssese-Inseln). Der kleine **Hafen Bukakata,** von dem es eine regelmäßige Fährverbindung nach Luku (Bugala Island) gibt, liegt 39 km östlich von Masaka.

Südlich von Bukakata liegt der attraktive **Lake Nabugabo,** vom Lake Victoria durch einen nehrungsartigen, bewaldeten Sandstreifen abgetrennt. Die umgebenden Wälder und Kulturlandparzellen sind recht tierreich und eignen sich insbesondere für interessante Vogelbeobachtungen. Der Lake Nabugabo gilt als bilharziosefrei, und tatsächlich schwimmen viele Besucher im See.

Anreise und Weiterfahrt

- Die Busstation und die Matatustandplätze liegen zentral unweit der Hauptstraße Kampala – Mbarara. **Überlandbusse** nach Kampala verkehren mehrmals täglich (1,50 Euro). **Minibus-Matatus** sind etwas schneller (2–3

Euro, 1½–2 Std. Fahrtzeit). Teurer, aber sicherer und noch flotter sind **Peugeot-Schnelltaxis.** Ähnlich gute Verbindungen existieren auch nach Mbarara und Kabale.

- Der **Fährhafen Bukakata** ist mit Bussen und Matatus zu erreichen (Busabfahrt der Firma Gaso Public Bus um 14 Uhr). Es gibt von Kampala aus auch einen direkten Zubringerbus für die Fähre zu den Ssese-Inseln (mit Halt in Masaka), der nach der Fährpassage auf Bugala Island weiter von Luku bis Kalangala fährt (Abfahrt nur einmal wöchentlich Sonntag morgens).

Weiterreise nach Tansania

Der 88 km entfernte **Grenzübergang Mutukula** bei Kyaka (Strecke Masaka - Bukoba) ist einfach zu passieren. Die ehemals sehr schlechte Straße von Masaka bis zur Grenze ist inzwischen erheblich ausgebaut worden. Von Masaka aus verkehren mehrfach täglich Matatus zum Grenzort Mutukula über Kyotera (Fahrpreis 3 Euro, Umsteigen in Kyotera, 2 Std. Fahrtzeit insgesamt), von der Grenze fahren unregelmäßig Busse und Matatus nach Bukoba (Tansania) für 2 Euro (2–4 Std.). Darüber hinaus gibt es eine regelmäßige Direktbusverbindung Kampala - Masaka - Bukoba (mehrere Abfahrten pro Woche). Die Grenze ist einfach zu passieren (siehe Grenzen zu den Nachbarländern).

Vorwahl von Masaka: 0481

Hotels und Unterkünfte

Der Durchgangsort Masaka bietet nur ein kleines Unterkunftsangebot:

Kategorie B

- **Brovad Hotel**

Mutuba Avenue (etwas außerhalb des Zentrums unweit des Laston Hotel), Tel. 21455, Fax 20997. Masakas neuestes und wohl bestes Hotel. E-Mail: brovad@utlonline.co.ug

Kategorie C

- **Laston Hotel**

PO Box 243, Mutuba Avenue (etwas außerhalb des Zentrums in der Nähe des Golfplatzes), Tel. 20309. Nur DZ mit Bad/WC. Restaurant. Sauber und freundlich.

- **Hotel La Nova**

Südlicher Stadtrand, Tel. 21520. Einfache Zimmer mit Sauberkeitsmängeln, Restaurant.

- **The Lodge**

Südlicher Stadtrand. Ähnlicher Standard wie das Hotel La Nova, jedoch etwas sauberer.

Kategorie D und E

Mehrere einfache Guest Houses im Zentrum. Empfehlenswert und sauber ist das **Kadoda Guest House.** In der Nähe des Markt liegt das **Victoria End Rest House.** An der Hauptstraße nahe der Busstation befindet sich die einfache **Masaka Safari Lodge.**

Camping

- **Masaka Backpackers' Cottage & Campsite**

PO Box 834, Tel. 21288, Mobiltel. 077-619389, Fax 20514, im Dorf Nyendo, ca. 4 km außerhalb von Masaka an der Straße nach Bukoba (Tansania). Von Masaka mit Matatus nach Kyotera zu erreichen.

- Etwas außerhalb am Lake Nabugabo liegt das empfehlenswerte **Church of Uganda Holiday & Conference Centre** (Mobiltel. 077-43332, ca. 20 km weiter östlich, über die Straße nach Bukakata zu erreichen). Es gibt mehrere kleine Bandas (Kategorie D), einen Schlafsaal und gute Campingmöglichkeiten.

Restaurants und Bars

Recht gute Gerichte bietet das **Restaurant im Laston Hotel.** Günstiges, überwiegend afrikanisches Essen findet man im zentral gelegenen **Exotic Inn** und im **Mt. Elgon Inn & Restaurant.**

Geldwechsel

- **Uganda Commercial Bank,** Zentrum (nahe der Post).
- In der Nähe befindet sich das **Greenland Forex Bureau,** das erheblich bessere Kurse bietet.

Post und Telefon

- Das **Postamt** liegt zentral in der Nähe der Hauptstraße Mbarara – Kampala.

Ssese-Inseln

↗XIV,A/B3

Die Gruppe der Ssese-Inseln liegt **im Lake Victoria,** nahe der Küste zwischen Entebbe und der Grenze zu Tansania. Die 84 wunderschön gelegenen Inseln sind infolge des hohen Jahresniederschlags (um 2000 mm) dicht bewaldet. Die Uhren ticken hier noch langsamer als auf dem Festland (die Zahl der Autos liegt deutlich unter 50), die Bevölkerung tritt Besuchern sehr freundlich gegenüber.

Waren die Inseln bis Mitte der 1990er Jahre noch ein Reiseziel abseits der ausgetretenen Pfade, haben sie sich mittlerweile zu einem gut vermarkteten „Tourismusparadies" entwickelt. Dank der Firma MTN funktionieren Mobiltelefone inzwischen auch auf den Inseln.

Malaria ist ein großes Problem, auf eine konsequente Malariaprophylaxe ist daher zu achten. Die **HIV-Durchseuchung** der Inselbevölkerung gilt als eine der höchsten Ugandas. Allein in Kalangala gibt es einfachste medizinische Versorgung.

Die Ssese-Inseln eignen sich hervorragend für Tier- und Vogelbeobachtungen und sind der perfekte Ort, einmal einige Tage auszuspannen. Unter anderem kommen Graupapageien, Flusspferde, Guerezas und Grüne Meerkatzen vor.

Bugala Island

Die **Hauptinsel** Bugala Island ist ca. 40 km lang. Sie umfasst die größeren Orte **Kalangala** und **Luku.** Es gibt etwa 50 km befahrbare Straßen. Luku und Kalangala sind durch Matatus miteinander verbunden. Weitaus interessanter ist es jedoch, sich zu Fuß oder mit dem Fahrrad fortzubewegen (Fahrräder können in Kalangala geliehen werden). Eine lohnenswerte Tour führt zum beliebten **Mutambala Beach.**

Unterkunft und Verpflegung in Kalangala

- In Kalangala kann man in der **Andronica's Lodge** (Mobiltel. 077-375529), einem guten Guest House der Kategorie D–E, übernachten und auch einfache Gerichte und Getränke bekommen. Der freundliche Besitzer verleiht Fahrräder und steckt voller Geschichten über die Inseln.
- Zum „In-Treff" der Backpacker auf den Inseln hat sich mittlerweile das **Hornbill Camp** (Mobiltel. 077-729478, E-Mail: hornbillcamp@bigfoot.com, Internet: www.hornbillcamp.com) gemausert, das schön am Strand gelegen ist. Dort gibt es einfache Bandas (Kategorie E) und gute Zeltmöglichkeiten. Die Campinggebühr beträgt 1,50 Euro pro Person. Von den Campbetreibern werden auch Zelte verliehen (3 Euro pro Nacht).
- Überteuerte Unterkünfte der Oberklasse (Chalets der Kategorie A) finden sich im **Islands Club** (Mobiltel. 077-504027, gutes Restaurant), der auch Angeltörns organisiert. Empfehlenswerter ist das **Ssese Islands Beach Hotel** (Tel. 041-220065, Mobiltel. 077-505098, E-Mail: clinquip@infocom.co.ug) der Kategorie B, das allerdings nicht direkt am Lake Victoria gelegen ist.
- Das sehr angenehme **Ssese Palm Beach Resort** (Tel. 041-254435, Mobiltel. 077-503315, E-Mail: ssese_2001@yahoo.com) der Kategorie B–C wird von einer ehemaligen Stewardess und ihrem Ehemann geführt,

der Repräsentant des Königs von Buganda auf den Ssese-Inseln ist. Zelten auf dem Gelände kostet ca. 4,50 Euro.

- In Kalangala gibt es mehrere kleine **Lebensmittelläden** und **„Restaurants"**.

Anreise nach Luku

- Zwischen **Bukakata** (auf dem Festland, 39 km östlich von Masaka) und Luku auf der Hauptinsel Bugala Island verkehrt mehrmals täglich eine kleine **Ponton-Fähre** (werktags Abfahrten um 9, 12 und 16 Uhr, Rückfahrt jeweils eine Stunde später, sonntags Abfahrten um 9 und 16 Uhr), die auch Autos transportiert. Es gibt von Kampala aus einen direkten Zubringerbus, der nach der Fährpassage von Luku weiter bis Kalangala fährt (Abfahrt einmal pro Woche, sonntags). Bukakata ist ab Masaka bequem mit Matatus zu erreichen.
- Reisende ohne eigenes Fahrzeug oder mit Fahrrädern können sich auch **mit Fischerbooten** übersetzen lassen.
- Die Alternative zur Verbindung Bukakata – Luku war über viele Jahre eine Fahrt mit der MV Barbus ab Port Bell. Die Fähre ist jedoch 1996 gesunken (dabei kamen mehr als hun-

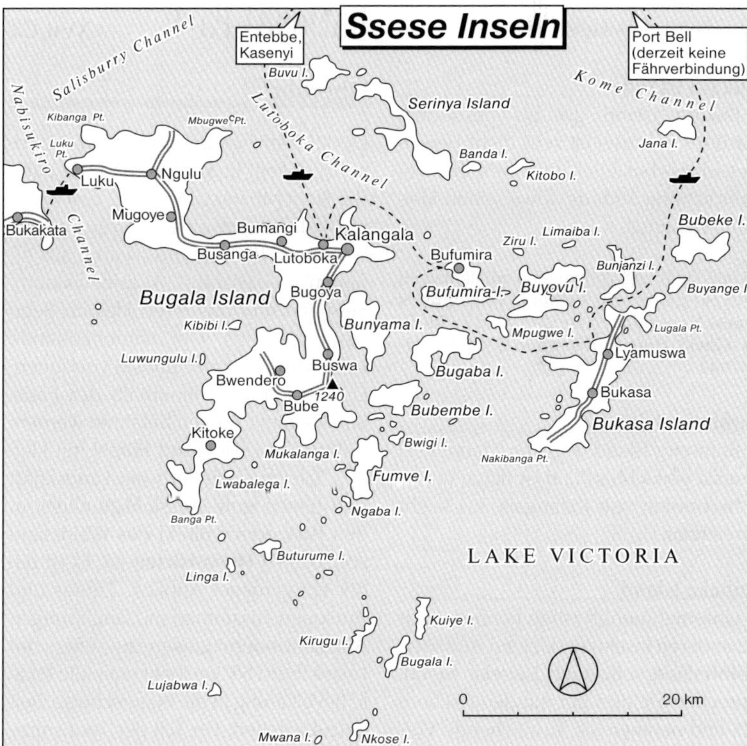

dert Menschen ums Leben). Ein funktionierender Ersatzverkehr ist bislang (2003) noch nicht wieder angelaufen. Abfahrten in Port Bell waren jeweils dienstags und samstags gegen 8 Uhr morgens, Rückkehr ab der Insel Bugala mittwochs und sonntags.

- Von Entebbe verkehrte ab dem Jahr 2000 vorübergehend eine Fähre von Wema Tours (Tel. 041-235586, Fähranleger nahe dem Uganda Wildlife Education Centre), deren Betrieb aber wieder eingestellt wurde.

Sonstige Inseln

Es gibt mehrere andere Inseln, die sich mit kleinen Fischerbooten von Bugala Island erreichen lassen.

Bukasa Island

Bukasa Island gilt als besonders schön – die Insel ist sehr dicht bewaldet, dünn besiedelt und besitzt zwei sehr schöne Strände sowie einen kleinen Wasserfall.

- Unterkunft und Verpflegung erhält man im reizvoll gelegenen **Father Christopher's Guest House** (Kategorie D–E) und im **Bukasa Guest House** (Kategorie B), Tel. 041-247943.

Bufumira Island

Bufumira Island liegt der Hauptinsel Bugala benachbart und ist daher mit Fischerbooten von Kalangala aus leicht erreichbar.

Bubeke Island

Unternehmungslustige können auch zu anderen Inseln des kleinen Archipels aufbrechen, z.B. nach Bubeke Island. Sprechen Sie dies gut mit den Fischern ab, und nehmen Sie ausreichende Vorräte mit.

Banda Island

Banda Island im Norden des Archipels kann auch mit Fischerbooten ab Kasenyi (zwischen Entebbe und Kampala) erreicht werden.

- Das **Banda Island Resort** (Kategorie D, Mobiltel. 077-222777) bietet schöne Bandas und gute Zeltmöglichkeiten (Campinggebühr 2 Euro).
E-Mail: banda_island@yahoo.com

Lake Mburo National Park

⇗ XVII,C2

Überblick

Der 260 km² große Lake Mburo National Park liegt in **Südwestuganda** nahe der Stadt Mbarara. Der 1982 geschaffene Park schützt einen tierreichen Lebensraum, der sich mosaikartig aus offenem Grasland, Akazienwäldern, Sümpfen und mehreren kleinen Seen zusammensetzt. Der namengebende **Lake Mburo** ist der größte von ihnen. Er liegt komplett innerhalb des Parks und kann mit Booten befahren werden. Zahlreiche Felsen und Hügel mit kleinen Talzügen gliedern die Landschaft und bieten gute Aussichtspunkte. An den Park grenzt direkt das Weideland von lokalen **Hima-Hirten** an. Es ist daher ein gängiger Anblick, Zebras und Antilopen zusammen mit langhornigen Ankole-Rindern grasen zu sehen. Im Lake Mburo NP versucht man, die lokale Bevölkerung in die Naturschutzarbeit einzubeziehen. Ein Teil der Tourismuseinnahmen kommt der Infrastruktur der

uga_161 Foto: cl

angrenzenden Gemeinden zugute (z.B. durch den Bau von Schulen).

Der Park lässt sich **ganzjährig** erreichen, ist während der Regenzeiten aber nur mit Allradfahrzeugen zu befahren. Er eignet sich aufgrund der geringen Größe besonders für **Kurzbesuche** und für **Fußsafaris.** Bringen Sie ein gutes Mückenschutzmittel mit.

Tier- und Pflanzenwelt

Kleine Herden von Kaffernbüffeln und Steppenzebras sind verbreitet. Der Lake Mburo NP ist das einzige Reservat Ugandas, in dem neben **Topis** und **Oribis** (= Bleichböckchen) auch **Impalas** (= Schwarzfersenantilopen) vorkommen. Defassa-Wasserböcke sind eher am Wasser und in den Sümpfen zu finden, ebenso wie die scheue Sitatunga-Antilope. Buschducker und Riedböcke leben ebenfalls zurückgezogen. Selten sind Herden der Elenantilope zu sehen. In den Seen des Parks leben Krokodile und Flusspferde. Am Wasser kann man auch den farbenprächtigen Sattelstorch, Schreiseeadler und selten sogar den Schuhschnabelstorch beobachten. Im offenen Grasland kommt der metergroße Kaffernhornrabe vor. Insgesamt 313 verschiedene Vogelarten wurden im Gebiet bislang verzeichnet.

Löwen, in den 1970er Jahren im Park ausgerottet, wurden Mitte der 1990er Jahre wieder beobachtet. Man nimmt an, das damals etwa 10 Tiere aus dem ruandischen Akagera-Nationalpark zugewandert sind, auf dem ein hoher menschlicher Siedlungsdruck lastet. Die Tiere wurden inzwischen allerdings sämtlich von lokalen Farmern und Hirten geschossen oder vergiftet.

Es gibt noch wenige **Leoparden** im Park, die aber sehr versteckt leben, ebenso Tüpfelhyänen und Streifenschakale.

Aktivitäten im Park

Der Park bietet sich neben den üblichen Game Drives insbesondere für **Fußsafaris** (Walking Safaris) an, da Lö-

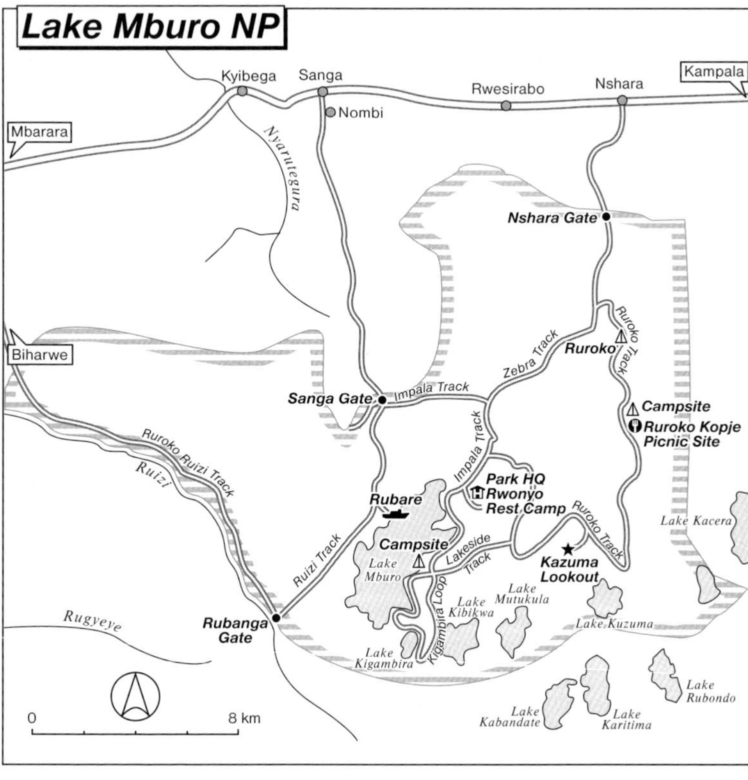

wen und Elefanten fehlen. Sie können dafür beim **Park Headquarter (HQ) in Rwonyo** Führer und bewaffnete Ranger bekommen. Der Draht zur Natur ist um einiges direkter, als wenn man im Auto sitzt. 1 km von Rwonyo entfernt befindet sich ein kleines **Besucherzentrum,** an das ein **Nature Trail** angeschlossen ist, der auch ohne Führer begangen werden kann.

Empfehlenswert ist auch ein ca. 2-stündiger **Bootsausflug auf dem Lake Mburo** mit Holzkanus, wahlweise mit Außenbordmotor oder per Hand durch Paddel angetrieben. Gute Naturbeobachtungen sind mit dem Außenborder natürlich schwierig. Es lassen sich vor allem verschiedene Kingfisher-Arten (Eisvögel) und Reiher beobachten. Aber auch Tiere, die zum Trinken an den See kommen, sind zu sehen, ebenso wie Flusspferde. Der Bootsführer hält einen angemessenen Abstand ein.

Anreise

Der Park liegt südlich der Asphaltstraße von Kampala nach Mbarara. Er ist über **zwei Zufahrten** („Gates") erreichbar. Die Abzweigung zum **Nshara Gate** liegt 219 km hinter Kampala bzw. 50 km vor Mbarara (ausgeschildert). Bis zum Park HQ in Rwonyo sind es von der Abzweigung 24 km. Die Abzweigung zum **Sanga Gate** liegt 35 km vor Mbarara bzw. 234 km hinter Kampala am Sanga Trading Centre. Von dort sind es 21 km zum Park HQ.

Eigener Transport ist sicherlich am bequemsten, doch kann man sogar zu Fuß oder mit dem Fahrrad in den Park gelangen. Vom Sanga Trading Centre gibt es Fahrrad-Taxis (boda-bodas) bis zum Sanga Gate (5–6 Euro). Ab dort brauchen Sie dann einen ortskundigen Führer.

Informationen

Vgl. auch die Listung der Parkgebühren und sonstiger Gebühren im Kapitel Nationalparks und Wildreservate.

- **Uganda Wildlife Authority (UWA)**
Plot 3 Kintu Road, Nakasero, PO Box 3530, Kampala, Tel. 041-346287/8/0, Fax 041-346291, E-Mail: uwa@uwa.or.ug, Internet: www.uwa.or.ug. Informationen zum Park und aktuelle Hinweise zur Anreise.
- **Park Headquarter**
Rwonyo, PO Box 880, Mbarara. Aktuelle Informationen zum Park. Führer für Game Drives und Fußsafaris (Walking Safaris) können hier organisiert werden. **Rwonyo** ist das Herz des kleinen Parks mit dem Park HQ, einer kleinen Wildhütersiedlung und dem Rwonyo Rest Camp. 1 km von Rwonyo entfernt befindet sich ein kleines Besucherzentrum mit angeschlossenem Naturlehrpfad.

Unterkunft im Park

- Das **Mantana Luxury Tented Camp** (Kategorie A) liegt auf einem Hügel etwas außerhalb des Nationalparks und wird von Mantana African Safaris betrieben, Plot 17 Nambi Road, Entebbe, Tel. 041-321552, Mobiltel. 077-401391, Fax 041-320152. Die Belegung erfolgt in erster Linie über Reiseagenturen. E-Mail: mantana@africaonline.co.ug, Internet: www.kimbla-mantana.com
- Das von der Parkverwaltung geführte **Rwonyo Rest Camp** nahe dem Park HQ besteht aus sechs kleinen Bandas mit Gemeinschaftsduschen, in denen insgesamt 12 Besucher untergebracht werden können. Ca. 500 m abseits liegt das neuere **Rwonyo Tented Camp,** in dem große Safarizelte für jeweils zwei Personen auf überdachten Holzplattformen errichtet wurden. Eine Vorausbuchung über UWA in Kampala ist sinnvoll.

Camping im Park

Es stehen **drei Campsites** innerhalb des Parks zur Verfügung: Am Nshara Gate, am Besucherzentrum nahe Rwonyo und direkt am Ufer des Lake Mburo. Feuerholz wird zur Verfügung gestellt, Getränke und Lebensmittel müssen Sie selbst mitbringen.

Essen und Trinken

Im **Rwonyo Rest Camp** sind Getränke wie Bier und „Sodas" erhältlich. Essen wird von den betreuenden Parkangestellten auf Bestellung zubereitet. Das nahe gelegene **Mbarara** bietet ein gutes Lebensmittelangebot und hat einen Markt (s.u.).

Mbarara

XVI, B2

Das gut **60.000 Einwohner** starke Mbarara (1473 m) wurde ähnlich wie Masaka vom Krieg stark mitgenommen. Die Stadt wirkt heute aber wieder recht vital, da die Zerstörungen nicht das Ausmaß derer in Masaka hatten und der Wiederinstandsetzungsprozess mittlerweile gute Fortschritte macht. Die Stadt ist ein lebhaftes Handelszentrum und Universitätsstadt. Die Entfernung nach Kampala beträgt 283 km, nach Masaka sind es 146 km, nach Kabale 147 km. Die Straßen sind in gutem Zustand.

Mbarara ist das **Zentrum der Ankole.** Die Ankole-Rinder mit ihren mächtigen Hörnern zählen zu den charakteristischen Eindrücken jeder Ugandareise. Mbarara ist ein Ausgangspunkt für Fahrten in die Nationalparks Lake Mburo (ca. 60 km, 1–1½ Std. Fahrtzeit) und Queen Elizabeth (ca. 150 km, 2 Std. Fahrtzeit).

Anreise und Weiterfahrt

- **Flugverbindungen:** Der kleine Flughafen Mbararas wird zur Zeit nur von Chartergesellschaften angeflogen.
- **Busverbindungen:** Die Bus- und Matatustation liegt zentral. Überlandbusse nach Kampala über Masaka verkehren mehrmals täglich (Fahrpreis 3 Euro). Minibus-Matatus sind etwas schneller (5–6 Euro, 4–5 Std. Fahrtzeit). Teurer, aber sicherer und noch flotter sind Peugeot-Schnelltaxis. Nach Kabale verkehren vor allem Minibusse (4 Euro, 2 Std. Fahrtzeit) und Schnelltaxis. Eine ähnlich gute Bus- und Matatuverbindung existiert auch nach Kasese (über Bushenyi) und weiter nach Fort Portal.

Vorwahl von Mbarara: 0485

Hotels und Unterkünfte

Mbarara verfügt über ein ausgewogenes Unterkunftsangebot.

Kategorie A

- 10 km außerhalb von Mbarara an der Straße nach Kabale liegt das luxuriöse **Katatumba Resort Hotel,** PO Box 1177, 99 Kabala Road, Tel. 20152, Fax 21300, mit Sauna und Tennisplätzen, das neben sehr teuren Räumen auch recht günstige Zimmer bietet. Die Landhotel-Anlage eignet sich gut, um einmal für einige Tage auszuspannen (man kann dort beispielsweise auch auf Pferden und Kamelen reiten).

Kategorie B

- **Lake View Regency Hotel**
PO Box 165, Fort Portal Road, Tel. 21398, Mobiltel. 075-642025, Fax 21399, E-Mail: lvh@infocom.co.ug. Zimmer mit Bad/WC. Restaurant. Pool, Fitnessbereich, Tennisplatz, Internet-Anschluss. Bewachter Parkplatz. 3 km außerhalb der Stadt an der Straße nach Kasese/Fort Portal. Beste Adresse am Ort.
- **Rwizi Arch Hotel**
PO Box 91, Fort Portal Road, Tel. 20821, Fax 20402. Zimmer mit eigenem Bad und Klimaanlage. Restaurant mit Bar, kleiner Health Club, Konferenzmöglichkeiten.
E-Mail: rwizi-arch@africaonline.co.ug
- **Safariland Park**
PO Box 1512, Kabale Road, Tel. 21692. Saubere Zimmer mit Bad/WC. Restaurant und

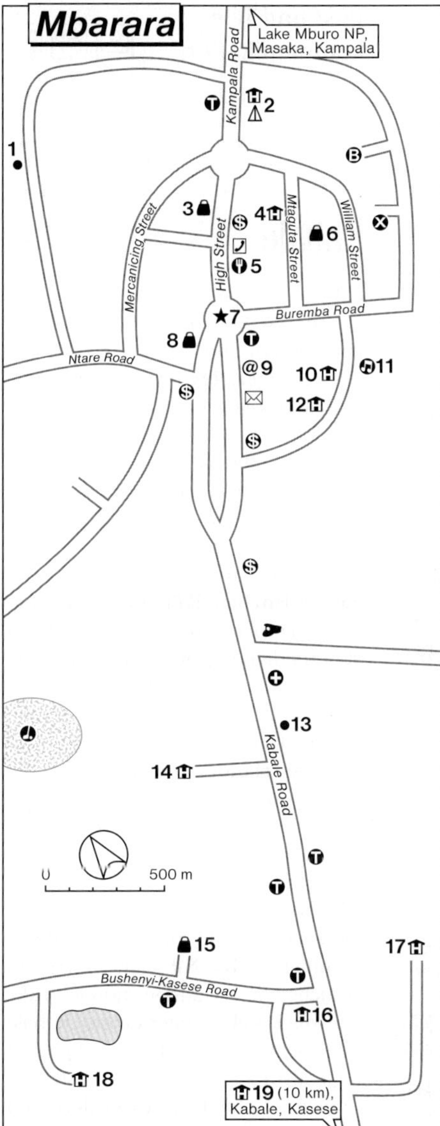

1 Mbarara College
2 Agip Motel, Zeltplatz
3 Lucky Supermarket
4 Mbarara Coffee Shop
5 Church of Uganda Hostel
6 Central Market
7 Clock
8 Bushaya Supermarket
9 Computer Centre
10 Oxford Inn
11 Pelican
12 Vision Empire Night Club
13 Mbarara University
14 University Inn, Zeltplatz
15 Old Market Place
16 Rwizi Arch
17 Safariland Park
18 Lake View Regency
19 Katatumba Resort Hotel

Tankstelle
Bushaltestelle
Telefon
Taxi Park
Post
Polizei
Golfplatz
Bank
Krankenhaus

Bar. 3 km außerhalb der Stadt gelegen an der Straße nach Kabale.

Kategorie B–C

- **Agip Motel**

PO Box 643, Zentrum, Tel. 21615, Fax 20575. DZ mit Bad/WC. Restaurant. Satelliten-TV. Parkplatz. Angenehmes, sauberes und recht modernes Hotel. Campingmöglichkeit auf dem Gelände (2 Euro).

Kategorie C

- **Pelican Hotel**

PO Box 1057, Bananuka Drive (zentral gelegen unweit der Post), Tel. 21100. EZ bzw. DZ mit Dusche/WC. Sauberes Hotel mit Restaurant und gemütlicher kleiner Bar.

- **Oxford Inn**

Bananuka Drive, Mobiltel. 077-683097. Relativ neues Hotel (Eröffnung Ende 2000) neben dem Pelican Hotel mit sauberen Zimmern.

Kategorie D–E

Zahlreiche günstige Guest Houses im Stadtzentrum, z.B. das **Silver Inn** oder das **Church of Uganda Hostel.** Der hygienische Standard ist mäßig.

Camping

Möglich im **Agip Motel** (Gebühr 2 Euro), im **Safariland Park** und am **Katatumba Resort Hotel.**

Restaurants und Bars

Sehr schmackhafte, etwas teurere Gerichte bekommt man im **Restaurant des Lake View Regency Hotel.** Empfehlenswert sind auch die **Restaurants im Rwizi Arch Hotel** sowie dem **Agip Motel.** Im Stadtzentrum gibt es sehr günstiges Essen im **Friend's Corner,** im **Silver Inn** und in mehreren anderen, ähnlichen Restaurants/Hotels.

Geldwechsel

Im Zentrum finden sich **mehrere Banken.** Das **Nile Bank Forex Bureau** bietet recht gute Kurse.

Post und Telekommunikation

- Das **Postamt** liegt zentral an der Hauptstraße Masaka - Kabale.
- Das Lake View Regency Hotel und das Rwizi Arch Hotel bieten einen **E-Mail-Service.**

Kabale

↗ XVI, A3

Kabale (1867 m) ist eine angenehme ugandische Kleinstadt mit gut **20.000 Einwohnern** und der einzige größere Ort der **Kigezi-Region.** Die Entfernung nach Kampala beträgt 430 km, nach Kisoro sind es 85 km. Die Stadt ist während des Krieges kaum zerstört worden und daher in gutem Zustand. Hinzu kommt ein relativer Wohlstand, verglichen mit anderen Regionen Ugandas. Der sehr lebhafte Ort war wegen seines **milden Hochlandklimas** einst ein beliebtes Erholungszentrum und scheint diese Bedeutung langsam wiederzuerlangen. Kabale ist auch der Hauptzugangsort zum keine 20 km entfernten Nachbarland Ruanda und daher ein wichtiges **Handelszentrum.** Einige Kilometer westlich der Stadt beginnt die großartige Berglandschaft von Kigezi, durch die die kleine Straße nach Kisoro führt.

Kabale gilt als Ausgangspunkt für Fahrten in den 120 km entfernten **Bwindi Impenetrable NP** (siehe dort) und Besuche des wunderschönen **Lake Bunyonyi** (siehe weiter unten). Kabale ist der letzte größere Ort vor der Fahrt nach Kisoro und zur kongolesischen Grenze. Nachts kann es in der Stadt wegen der Höhenlage empfindlich kühl werden, morgens wallt meist dichter Nebel durchs umgebende Tal.

Anreise und Weiterfahrt

Die Bus- und Matatustation liegt an der Hauptstraße am Ortsausgang Richtung Kampala. **Überlandbusse** nach Kampala über Mbarara und Masaka verkehren täglich (6 Euro, 6–7 Std. Fahrtzeit), Abfahrten vormittags stündlich. **Minibus-Matatus** sind etwas schneller (10 Euro, 5–6 Std. Fahrtzeit). Eine weitere Busverbindung besteht nach Kasese und Fort Portal. Der empfehlenswerte **EMS Post Bus** verkehrt nach Kampala und Fort Portal (Abfahrt um 8 Uhr). Nach Kisoro verkehren Busse (empfehlenswert) und überfüllte **Pickup-Matatus** (3 Euro, 2–3 Std.).

Weiterreise nach Ruanda

Zum ruandischen **Grenzübergang Katuna** (20 km) verkehren mehrmals täglich Matatus (0,50–1 Euro). Der tägliche Bus (Jaguar Executive Coach) von Kampala nach Kigali (Ruanda) hält gegen 10–11 Uhr in Kabale. Der Grenzübergang selbst ist problemlos zu passieren. 2003 waren an der Grenze **Visa on Arrival** (Gültigkeit: 15 Tage) für 60 US-$ erhältlich. Deutsche benötigen bei der Einreise nach Ruanda kein Visum.

Vorwahl von Kabale: 0486

Hotels und Unterkünfte

Kabale bietet ein recht gutes Unterkunftsangebot. Engpässe in der Wasserversorgung sind selten. Schöner als eine Übernachtung in Kabale ist allerdings der Aufenthalt am nahe gelegenen Lake Bunyonyi (s.u.).

Kategorie B

- **White Horse Inn**

PO Box 11, 25–27 Rwamafa Road, Tel. 23399, Fax 23717. Nur DZ mit Bad/WC und Satelliten-TV. Restaurant, bewachter Parkplatz. Oberhalb der Stadt auf einem Hügel gelegen. Beste Adresse am Ort, jedoch überholungsbedürftig.

Kategorie C

- **Highland Hotel**

PO Box 95, Hauptstraße, Tel. 22175, Mobiltel. 071-949850, E-Mail: highland@imal.com. Angenehmes, sauberes und modernes Hotel, Zimmer mit Bad/WC. Kleines Restaurant. **Forex Bureau** mit schlechten Kursen.

- **Victoria Inn**

Zentrum hinter dem Sportplatz, PO Box 741, Tel. 22154. Zimmer mit eigenem Bad. Angenehm und sauber.

Kategorie D

- **Trans Africa Backpackers Kabale**

Mobiltel. 071-409510, an der Hauptstraße, schräg gegenüber der Hot Loaf Bakery. Einfache, saubere Zimmer mit Gemeinschaftsbad. Bewachter Parkplatz.

- **Skyblue Hotel**

Tel. 22154, neben dem Skyline Hotel. Einfache Zimmer mit Bad/WC. Brauchbares Restaurant. Ähnlicher Standard wie das benachbarte Skyline Hotel.

- **Skyline Hotel**

PO Box 78, Tel. 24071. Hauptstraße (gegenüber dem Visitor's Inn). Einfache Zimmer mit Gemeinschaftsbad. Restaurant mit gemütlicher kleiner Bar.

Kategorie E

- **Visitor's Inn**

Neben dem Markt gelegen, Mobiltel. 077-443449. Einfachste Zimmer. Wasser aus Kübeln. Beliebtes, allerdings schon ziemlich heruntergekommenes Guest House. Einst der Treffpunkt von Reisenden in Kabale. Freundliches Personal. Günstiges Restaurant (Gerichte ab 1 Euro) mit Balkonterrasse.

Camping

Gute Möglichkeiten am 13 km entfernten Lake Bunyonyi (siehe dort).

Restaurants und Bars

Günstige Gerichte wechselnder Qualität bekommt man im **Visitor's Inn** und im **Skyblue Hotel.** Hervorragende Gerichte bietet das

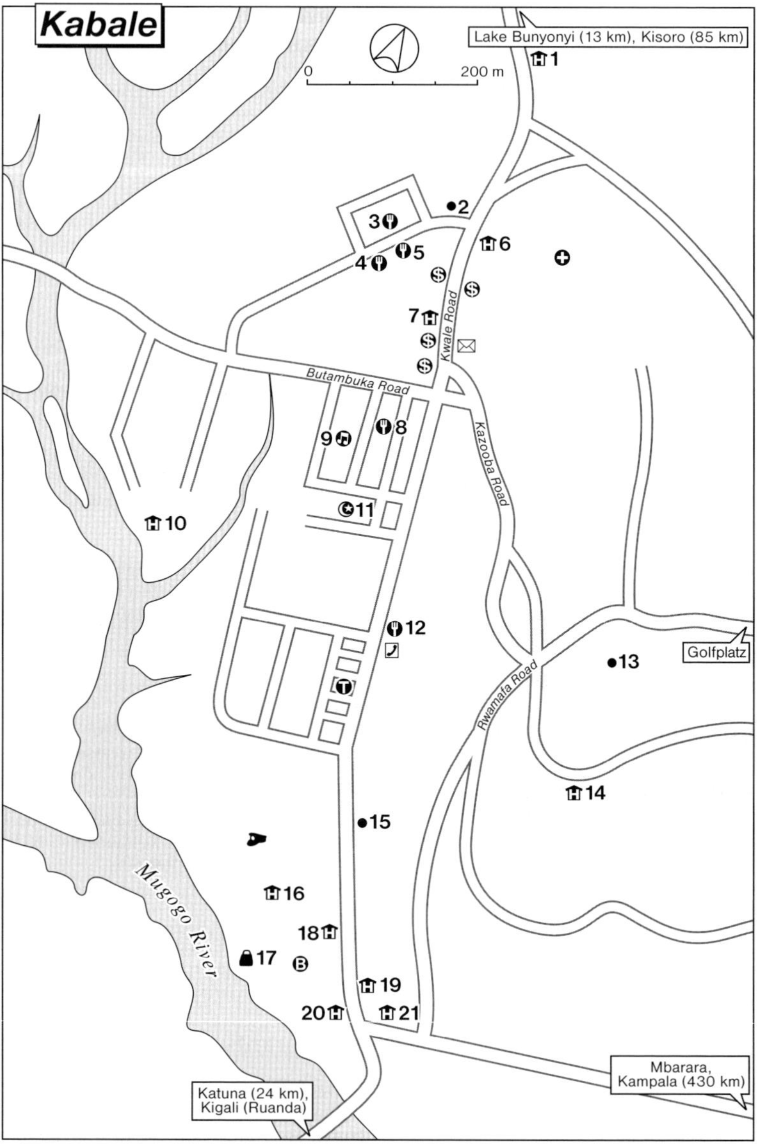
Kabale
Lake Bunyonyi (13 km), Kisoro (85 km)
0
200 m
1
2
3
4
5
6
7
Kwale Road
Butambuka Road
8
9
10
11
Kazooba Road
12
13
Golfplatz
Rwamafa Road
14
15
Mugogo River
16
17
18
19
20
21
Mbarara,
Kampala (430 km)
Katuna (24 km),
Kigali (Ruanda)

Restaurant im Highland Hotel. Empfehlenswert ist auch das etwas teurere **Restaurant im White Horse Inn.** Alle genannten Plätze besitzen kleine Bars und eignen sich sehr gut, beim abendlichen Bier neue Kontakte zu knüpfen.

Geldwechsel

- Mehrere **Banken,** die in der Regel jedoch keine Reiseschecks wechseln, z.B. **Uganda Commercial Bank,** Hauptstraße (nahe der Post).
- In der Nähe befinden sich verschiedene **Forex Bureaus** wie das **K.B.C. Forex Bureau,** das etwas bessere Kurse bietet. Das Forex Bureau **im Highland Hotel** ist auch noch spätabends und am Wochende geöffnet.

Post und Internet

- Das **Postamt** liegt zentral an der Hauptstraße.
- Im **The Voice of Kigezi Internet Café** an der Hauptstraße kann man für 0,05 Euro/ Min. im Web surfen und E-Mails verschicken.

Einkaufen

- Der **Markt** Kabales liegt zentral in einem hofartigen, abgeschlossenen Komplex im Zentrum. Das Angebot an Lebensmitteln und Früchten ist recht gut.
- Frisches Brot, wohlschmeckendes Gebäck und Pizzen bekommen Sie in der **Hot Loaf Bakery** an der Hauptstraße gegenüber der Uganda Commercial Bank.

1 Highland Hotel + Business Centre
2 National Park Office
3 Little Ritz
4 Club Vienna
5 Hot Loaf Bakery
6 Holiday Inn
7 Hope Inn
8 Tourist Café
9 Earthquake Discotheque
10 Victoria Inn
11 Moschee
12 Down Town Pub
13 District Administration
14 White Horse Inn
15 Town Council Offices
16 St. Paul's Training Centre & Hostel
17 Markt
18 Moonlight
19 Skyblue
20 Visitors
21 Skyline

Tankstelle
Bushaltestelle
Telefon
Post
Polizei
Bank
Krankenhaus

Lake Bunyonyi

↗XVI, A3

Der **zahlreiche kleine Inseln** enthaltende, sehr verwinkelte Lake Bunyonyi (1962 m) liegt inmitten des **Berglands von Kigezi** zwischen Kabale und Kisoro. Der malerische See wird von sehr steilen, kultivierten und oftmals terrassierten Hügeln umrahmt. Vom Ortsausgang (Richtung Kisoro) in Kabale führt eine ca. 7 km lange, kleine Piste zum Seeufer.

Der See gilt als **bilharziosefrei,** da er einen sehr hohen Mineralsalzgehalt hat, und man kann wohl darin schwimmen. Jedenfalls handelt die lokale Bevölkerung so, und tatsächlich hört man in Kabale nichts über im Lake Bunyonyi zugezogene Bilharziosefälle.

Mit kleinen Fischerbooten können Sie für eine geringe Gebühr mehrere Inseln im See erreichen.

Unterkunft und Verpflegung

- **Am Seeufer** bietet **Lake Bunyonyi Overland Camp & Parking** (PO Box 710, Kabale, Tel. 0486-23741/3, Mobiltel. 077-409510, Fax 0486-23742, E-Mail: highland@imul.com, Internet: www.bunyonyi.itgo.com) schöne Bandas (Kategorie C) mit warmen Duschen, Campingmöglichkeiten (2,50 Euro pro Person), Restaurant und Bar, Kanu-Exkursionen und einen Fahrrad-Verleih an. Der zugehörige Parkplatz ist bewacht. Buchungen und Anreise über das Highland Hotel in Kabale.
- Am **Karibuni Beach** gibt es einen recht neuen **Campsite** mit warmen Duschen und Restaurant/Bar, der nur 1 Euro pro Person und Nacht kostet. Ebenfalls bewachter Parkplatz.
- **Crater Bay Cottages** (PO Box 242, Kabale, Tel. 0486-22368, Mobiltel. 077-643996) bietet kleine Chalets und Bandas der Kategorie D. Camping mit dem eigenen Zelt kostet hier 1 Euro.
- Das schöne **Far Out Island Camp** (Kategorie B, große Safarizelte, schwedische Leitung, Mobiltel. 077-409510), auf einer kleinen Insel gegenüber dem Lake Bunyonyi Overland Camp & Parking gelegen, wurde Anfang 2003 geschlossen. Allseits wurde erwartet, dass das Camp zu einem späteren Zeitpunkt (evtl. unter anderem Namen) wiedereröffnet.
- Auf der Insel Bushara Island gibt es das gut organisierte **Bushara Island Camp** (Kategorie C, Tel. 0486-22447, Mobiltel. 077-464584, E-Mail: bushara@maf.org), wo man in kleinen Cottages oder großen Safarizelten übernachten kann und leckeres Essen erhält. Camping mit eigenem Zelt kostet 1,50 Euro pro Person.
- Auf **Bwama Island** (oder Itambira Island) gibt es eine kleine Schule, deren Hauptfinanzierung über eine Abgabe der Tourismus-Einnahmen aus dem nahe gelegenen **Jasper's Campsite** (Kategorie D) erfolgt – eine durchaus unterstützenswerte Sache. Das Übersetzen mit dem Fischerboot kostet 1–2 Euro pro Person.
- Auf den **benachbarten Inseln** kann man teilweise **campen** und so einige ungestörte Tage verbringen. Sie müssen mit den Fischern einen Rückholtermin vereinbaren und genügend Vorräte und Wasser mitnehmen.

Bwindi Impenetrable National Park

↗XVI, A3

Überblick

Der 331 km² große Bwindi Impenetrable National Park liegt in Südwestuganda am Rande des Zentralafrikanischen Grabens auf dem höchsten Block des **Rukiga-Hochlands.** Der 1991 geschaffene Park ist aus einem Forest Reserve hervorgegangen. Er schützt den Lebensraum von ca. **300 Berggorillas** (laut Zensus von 1989). Dies sind fast 50% der Weltgesamtpopulation, deren Restbestand von ca. 350 Tieren etwas weiter südlich im Virungagebiet lebt. Beide Populationen leben durch Kulturland isoliert voneinander. Ein genetischer Austausch ist nicht mehr möglich. Da sich die Bwindi-Gorillas äußerlich und in ihrer Lebensweise stark von den Virunga-Gorillas unterscheiden, betrachten viele Wissenschaftler sie als eigene Unterart.

Bwindi liegt zwischen 1160 m und 2600 m hoch. Die Vegetation besteht aus dichten **Berg- und Regenwäldern** mit undurchdringlichem Unterwuchs. Daher erhielt der von zahlreichen Bachläufen gegliederte Waldkomplex auch den Namen Bwindi Impenetrable Forest. In den Wald eingesprengt liegen mehrere **Sumpfgebiete,** von denen der 2 km² umfassende **Mubwindi Swamp** im Südosten des Parks bei Ruhija am größten ist.

Das Naturschutzmanagement in Bwindi wird vom **International Gorilla Conservation Program** (IGCP) gefördert und bestimmt. Beim Management des Parks versucht man, die Interessen der lokalen Bevölkerung in die Naturschutzarbeit miteinzubeziehen. Auf dem Park lastet ein erheblicher **Siedlungsdruck.** Das Bevölkerungswachstum in der Region liegt bei fast 5%. Ein Teil der Tourismuseinnahmen kommt der Infrastruktur der angrenzenden Gemeinden zugute (z.B. durch den Bau von Schulen).

Am **1. März 1999,** dem wohl erschütterndsten Tag in der jüngeren Tourismusgeschichte Ugandas, wurden mehrere amerikanische und britische Touristen sowie lokale Guides von ruandischen Hutu-Milizen im Bwindi Impenetrable Forest NP brutal ermordet. Die Bilder des **Massakers von Bwindi** gingen um die Welt und warfen Uganda im Kampf um eine Reputation als sicheres Reiseland um viele, viele Jahre zurück. Präsident *Museveni* erklärte die Angelegenheit zur Chefsache. Mit massivem Militäreinsatz wurden seitdem wesentliche Verbesserungen der Sicherheit in der Region erreicht. Daraus resultiert eine noch immer massive Militärpräsenz im Randbereich des Parks mit Errichtung zahlreicher Checkpoints.

Der Park lässt sich mit Allradfahrzeugen **ganzjährig** erreichen. Das Gorilla-Tracking erfordert geeignete Kleidung und feste Schuhe (siehe Informationen zum Gorilla-Tracking).

Tier- und Pflanzenwelt

Neben den etwa 300 Berggorillas, die in über 20 Gruppenverbänden im Park leben, kommen neun **weitere Prima-**

tenarten vor: Schimpansen, Guerezas, Anubis-Paviane, Diademmeerkatzen, Weißnasenmeerkatzen, Vollbartmeerkatzen und mehrere nachtaktive Halbaffen. Der Bestand an **Waldelefanten** ist durch heftige Wilderei in der Vergangenheit auf weniger als 20 Tiere zusammengeschrumpft, die sich im Südosten des Parks aufhalten. Andere große Säuger, die im Park vorkommen, sind: Pinselohrschwein, Riesenwaldschwein, mehrere Duckerarten, Goldkatze, Streifenschakal, Zibetkatze und verschiedene Ginsterkatzenarten.

Mehr als 340 **Vogelarten** sind in Bwindi registriert, darunter etwa 180 Waldvogelarten. Hinzu kommen mindestens 14 **Schlangenarten** und weitere 43 **Reptilienarten.** Mehr als 200 **Schmetterlingsspezies** sind bekannt.

Von den mehr als 160 Baumarten sind 10 in Bwindi endemisch.

Bei den Berggorillas

Der Gorilla-Tourismus wurde am 1. April 1993 gestartet. Zurzeit (2003) gibt es für Besuchszwecke **vier habituierte Gorillagruppen** im Bwindi Impenetrable NP. Die Gruppe **„Mubare"** (10 Mitglieder, ein Silberrücken) sowie die Gruppen **„Habinyanja A"** (18 Mitglieder, ein Silberrücken) und **„Habinyanja B"** (11 Mitglieder, Silberrücken „Akatare") sind am längsten an die Anwesenheit von Menschen gewöhnt. Die ursprüngliche „Habinyanja"-Gruppe umfasste ca. 30 Tiere (davon drei Silberrücken), teilte sich aber im Januar 2002 (wenig später starb der dritte Silberrücken). Im Jahr 2003 wurde die neu habituierte Gruppe **„Nkuringo"** (20 Mitglieder, zwei Silberrücken) für den Gorilla-Tourismus freigegeben. Die für Forschungszwecke habituierte Gruppe **„Kyaguliro"** umfasste 16 Mitglieder (Daten von 2003).

Pro Gorillagruppe werden **täglich sechs Besucher** zugelassen. Die **Permits** werden vorab über die UWA-Zentrale in Kampala verkauft (seit Juli 2001 stattliche 275 US-$ pro Person, inkl. Parkeintrittsgebühr). Theoretisch sind vor Ort auch verbilligte Standby-Permits (150 US-$) erhältlich. Sie sind z.B. für offizielle Gäste reserviert, können aber auch an Touristen verkauft wer-

Gorilla-Tracking

den. Vor der Abreise nach Bwindi sollte man sich bei der UWA-Zentrale in Kampala über eine Funkverbindung mit dem Park Headquarter in Buhoma Klarheit verschaffen, ob Chancen bestehen, ein derart verbilligtes Permit zu bekommen.

Die Habituierung der Tiere ist gut, doch sind die Gorillagruppen der Virunga-Vulkane in der Regel besser zu sehen (weniger dichte Vegetation) und teilweise noch größer.

Die Gorillas können ganzjährig besucht werden, auch während der Ferien und an Feiertagen. Kinder unter 15 Jahren dürfen nicht am Tracking teilnehmen. Menschen mit Erkältungen und für die Gorillas gefährlichen Infektionskrankheiten erhalten keine Besuchserlaubnis. Der Aufenthalt bei den Tieren

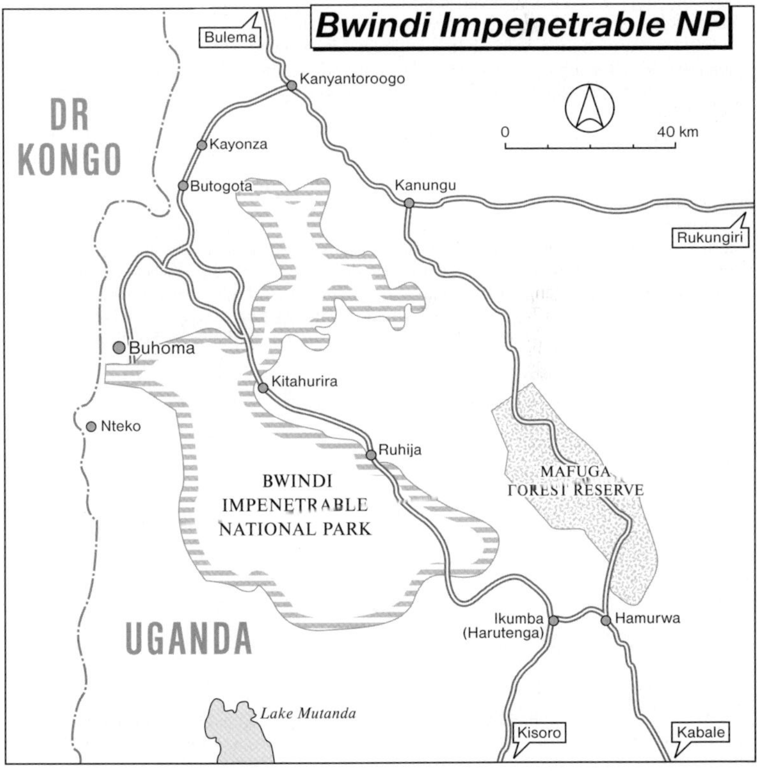

Berggorillas

Die Berggorillas *(Gorilla gorilla beringei)* wurden erst 1902 vom deutschen Hauptmann *Oskar von Beringe* an den Hängen der Virunga-Vulkane entdeckt und später vom Berliner Zoologen *Matschie* beschrieben. Es sind Vegetarier, die über 100 verschiedene Pflanzen (und einige Insekten) auf ihrem Speiseplan haben. Sie leben in festen Verbänden von 2–35 Tieren. Jede Gruppe wird von einem alten Männchen, einem so genannten „Silverback" („Silberrücken"), geführt (die Rückenhaare verfärben sich bei männlichen Tieren nach Erreichen der Geschlechtsreife mit ca. 10 Jahren silbern). Ein Silberrücken kann bis zu 2 Meter groß werden und dabei um die 200 Kilo wiegen. Die Tiere sind äußerst stark, aber nicht aggressiv. Ein Silberrücken greift nur an, wenn er sich und seine Familie akut bedroht fühlt. Der Gruppenpatriarch duldet meist kein weiteres erwachsenes Männchen (manchmal aber auch mehrere), daher gehören vor allem Weibchen und junge Tiere zu einer Gorillagruppe. Das Zusammengehörigkeitsgefühl unter den Tieren ist durch die sehr dauerhaften Beziehungen groß.

Männchen und Weibchen verlassen ihre Geburtsgruppe, wenn sie geschlechtsreif sind. Daher gibt es in Gruppenverbänden kaum Inzucht. Die von den dominanten Silberrücken vertriebenen Männchen verbringen einige Jahre allein, bevor sie Weibchen anlocken können, um eine eigene Familie zu gründen. Die Weibchen verlassen ihre Geburtsgruppen, sobald zwei Familien im Überlappungsgebiet ihrer Territorien aufeinandertreffen.

Mit 8–10 Jahren werden die Weibchen geschlechtsreif. Sie bekommen etwa alle 4 Jahre ein Baby. 30% sterben schon als Säuglinge. Gorillababys werden nach einer Tragzeit von 8½ Monaten geboren und saugen bis zum Alter von 2–3 Jahren, fressen jedoch schon mit 10 Wochen Pflanzen.

Aufgrund ihrer Größe und ihres Gewichts bewegen sich Berggorillas langsam und klettern sehr wenig auf Bäume. Tagsüber aktiv, schlafen Sie nachts in Nestern aus Blättern und Zweigen am Boden, manchmal auch in kleinen Bäumen. Sie erwachen normalerweise bei Sonnenaufgang, fressen dann einige Stunden und ruhen sich um die Mittagszeit etwas aus. Bis zum Tagesende verbringen Sie die Zeit dann wieder mit Fressen. Jeden Tag wechseln die Tiere innerhalb eines bestimmten Radius ihre Position. Nachts schläft die ganze Gruppe in einem Umkreis von 50 Metern. Gorillas kommunizieren miteinander über mehrere Grunzlaute und Schreie. Das gelegentliche Trommeln mit den Fäusten auf der Brust ist weithin hörbar.

Beim Gorilla-Tracking sind einige Verhaltensregeln zu beachten,
u.a. auch beim Fotografieren

Informationen zum Gorilla-Tracking und Verhaltenshinweise

Die Dauer einer Gorillapirsch ist unterschiedlich. Normalerweise können Führer und Spurensucher die Tiere innerhalb von 1–2 Stunden lokalisieren, doch können auch 4–5 Stunden notwendig sein, manchmal auch nur 30 Minuten. Bei der Suche nach den Tieren geht man vom Standort des Vortages aus und versucht dann, anhand von Spuren die Schlafnester zu lokalisieren. Meist ist es von hier nicht mehr weit bis zum aktuellen Aufenthaltsort. Ihr Führer wird Ihnen noch einige Verhaltensmaßregeln einschärfen, bevor Sie dann plötzlich inmitten der Tiere sitzen:

- Verhalten Sie sich ruhig und unterhalten Sie sich nicht. Bleiben Sie in der Gruppe und umstellen Sie die Tiere nicht.
- Setzen Sie sich nach Möglichkeit. Der aufrechte Stand kann von den Tieren als bedrohlich empfunden werden. Der Mindestabstand beträgt 5 m, auch wenn er sich bei plötzlichen Aktionen der Gorillas nicht immer einhalten lässt.
- Es ist strengstens untersagt, in der Nähe der Gorillas zu essen oder gar zu rauchen, ebenso sie zu füttern.
- Versuchen Sie nicht, einen sich nähernden Gorilla zu berühren, sondern bewegen Sie sich langsam weg. Falls ein Gorilla Sie berühren sollte (was immer wieder vorkommt), ignorieren Sie ihn einfach.
- Folgen Sie bei Problemen mit den Silberrücken (Scheinangriffe kommen hin und wieder vor) den Anweisungen Ihres Führers, provozieren Sie auf keinen Fall den „Chef" der Gruppe.
- Schnelle, hektische Bewegungen beunruhigen die Tiere unnötig und müssen daher unbedingt vermieden werden.
- Fotografieren mit Blitzlicht ist nicht erlaubt.
- Nehmen sie hochempfindliche Filme mit (mind. 400 ASA). Es ist im Wald unglaublich dunkel, und nur selten hat man die Gelegenheit, die Gorillas auf einer freien Lichtung zu fotografieren.

uga_175 Foto: cl

ist auf eine Stunde begrenzt, um ihre Verhaltensmuster nicht zu verändern.

Der **Ausgangspunkt** für das Gorilla-Tracking ist das **Park Headquarter in Buhoma.** Die Exkursionen zu den habituierten Gruppen starten um 8.30 Uhr morgens. Sie müssen Ihre Buchung/ Quittung vom Hauptquartier der Uganda Wildlife Authority (UWA) in Kampala vorlegen und zusätzlich den Parkeintritt bezahlen. Im Preis für das **Permit** enthalten sind ein Führer, Spurensucher, Pistenschläger sowie ein bewaffneter Wildhüter. Ein kleines Trinkgeld für jeden von ihnen am Ende des Trips ist üblich (nach persönlichem Ermessen, als Richtmarke seien 2 Euro genannt). Bei Bedarf können Sie auch Träger anheuern. Während der Ferien bieten sich meist Kinder der umliegenden Dörfer dafür an - um die Schulgebühren für das kommende Jahr zu verdienen. Abhängig von der Sicherheitslage ist eine Begleitung durch bewaffnete Soldaten der ugandischen Armee UPDF erforderlich.

Bereiten Sie die anstrengende Tour mit der richtigen **Ausrüstung** gut vor: Feste Schuhe mit hohem Schaft sind ein Muss, ebenso Regenkleidung und ein leichter Pullover wegen der morgendlichen Kühle. Die steilen Hänge der bergigen Waldlandschaft sind nach Regenfällen häufig aufgeweicht und verschlammt, gelegentlich müssen auch kleinere Bachläufe überquert werden. Die dichte Vegetation enthält viele Nesseln und Pflanzen mit Dornen - passen Sie daher gut auf, wo Sie hingreifen. Die Mitnahme von leichten Handschuhen zum Schutz ist empfehlenswert.

Sonstige Aktivitäten im Park

Der Park bietet neben dem Gorilla-Tracking zahlreiche andere Attraktionen. Von Buhoma aus führen mehrere **Nature Trails** in den Wald, die mit einem Führer begangen werden können.

- Der **Munyaga River Trail** (ca. 30 Minuten) führt zum Munyaga River (bilharziosefrei), in dem Sie auch ein erfrischendes Bad nehmen können. Es ist der kürzeste Trail.
- Der **Waterfall Trail** (ca. 3 Std.) folgt dem Munyaga River flussaufwärts und erreicht ein System kleinerer Wasserfälle, die besonders nach Regenfällen beeindrucken.
- Der **Rushura Trail** (3 Std.) bietet von bestimmten Bergkuppen sehr schöne Ausblicke auf den weiter westlich liegenden Virunga-Nationalpark Kongos, an sehr klaren Tagen kann man auch den Lake Edward und das Ruwenzori-Gebirge sehen.
- Der **Muzabajiro Loop Trail** (3 Std.) bietet atemberaubende Blicke über die Waldlandschaft des Impenetrable Forest, das nahe gelegene Rift Valley und die Gruppe der Virunga-Vulkane.
- Der längste der vorhandenen Trails, der **River Ivi Trail,** erfordert einen ganztägigen Fußmarsch (6 Std.) und ist insbesondere für Vogelbeobachtungen geignet.

Auf sehr schlechter Piste kann man mit Allradfahrzeugen nach **Ruhija** im Südosten des Parks fahren, wo es außer einem einfachen Guest House für Selbstversorger (Vorausbuchung über die Parkverwaltung) bislang jedoch keine Unterkünfte gibt. Man quert dabei den ursprünglichsten Bereich des Impenetrable Forest.

- In Ruhija gibt es den **Mubwindi Swamp Trail,** der zum gleichnamigen Sumpfgebiet führt (ca. 4 Std. Marschzeit), und den längeren **Bamboo Trail** (6 Std.), der durch 14 verschiedene Vegetationszonen des Parks führt und von seinem höchsten Punkt schöne Ausblicke auf den Lake Bunyonyi und den benachbarten Mafuga Forest bietet.

Anreise

Der Park liegt 450 km von Kampala entfernt (7–8 Std. Fahrtzeit mit dem eigenen Fahrzeug). Von Kabale nach Buhoma sind es 120 km (2–3 Std. Fahrtzeit). Die gut ausgeschilderte **Hauptpiste nach Buhoma** führt von Kabale über Hamurwa/Kanungu/Kanyantoroogo/Butogota. Der Pistenzustand ist schlecht und erfordert über weite Strecken ein Fahrzeug mit Allradantrieb. Auf dieser Strecke verkehrt unter der Woche ein **Bus von Kampala bis Butogota** (Silverline Coach; Abfahrt gegen 7 Uhr, Fahrpreis 7,50 Euro, Fahrtzeit ca. 11 Std., keine Abfahrten über das Wochenende). Ab Kabale verkehren unregelmäßig **Pickup-Matatus** (9 Euro pro Person, teilweise nur bis zur Ortschaft Butogota). Ab Butogota (einfachste Unterkünfte, z.B. Butogota Travellers' Motel, Mobiltel. 077-650761) fahren Pickup-Matatus weiter bis Buhoma (Preis Verhandlungssache, 7–10 Euro pro Fahrzeug). Die 17 km lange Strecke kann notfalls auch zu Fuß zurückgelegt werden.

Es ist auch möglich, für die Anreise einen **Wagen in Kabale** zu **leihen** (Special Hire, ca. 100 Euro pro Fahrt).

Die direktere **Piste von Kabale über Ruhija nach Buhoma** (95 km) ist landschaftlich reizvoller, doch in miserabler Verfassung und daher nicht zu empfehlen.

Informationen

Vgl. auch die Listung der Parkgebühren und sonstiger Gebühren im Kapitel Nationalparks und Wildreservate.

- **Uganda Wildlife Authority (UWA)**

Plot 3 Kintu Road, Nakasero, PO Box 3530, **Kampala,** Tel. 041-346287/8/0, Fax 041-346291, E-Mail: uwa@uwa.or.ug, Internet: www.uwa.or.ug. Hier müssen die Gorillabesuche in Bwindi gebucht und auch bezahlt werden. Es ist sinnvoll, eine **Reservierung bereits Monate vor dem geplanten Besuch** vorzunehmen, da die Nachfrage nach Permits hoch ist und ein Großteil des Kontingents vorab an Reiseveranstalter verkauft wird. Für Reservierungen beim Gorilla-Tracking über einen Zeitraum von sechs Monaten hinaus erhebt UWA weitere Zuschläge (derzeit 30 US-$). Sollten Sie kein Permit mehr bekommen, bleibt Ihnen noch der – teurere – Weg über die Campbetreiber von Buhoma bzw. Safariunternehmen in der Hauptstadt.

- **Park Headquarter**

In **Buhoma,** PO Box 862, Kabale, Tel. (Kabale Office) 0486-24121. Aktuelle Hinweise zum Park. Führungen.

Hotels und Unterkünfte

Im Park

- Als einziges Luxuscamp (Kategorie AA) liegt das **Gorilla Forest Camp** innerhalb des Parks (PO Box 7799, Plot 4A Katonga Road, Kampala, Tel. 041-340290, Fax 041-230254, E-Mail: gfcamp@africaonline.co.ug).

In Buhoma

- In Buhoma stehen mehrere Unterkünfte zur Verfügung: Die Luxuscamps **Mantana Tented Camp** (Kategorie AA, c/o Mantana African Safaris, Plot 17 Nambi Road, Entebbe, Tel. 041-321552, Mobiltel. 077-401391, Fax 041-320152, E-Mail: mantana@africaonline.co.ug, Internet: www.kimbla-mantana.com) und **Volcanoes Tented Camp** (Kategorie AA, c/o Volcanoes Safaris, PO Box 22818, Kampala, Tel. 041-346464, Fax 041-341718, E-Mail: sales@volcanoessafaris.com, Internet: www.volcanoessafaris.com) gehören Reiseveranstaltern, ebenso das angenehme **Buhoma Homestead** (Cottages der Kategorie A) von African Pearl Safaris (PO Box 4562, Kimathi Avenue, Impala House, Kampala, Tel. 041-233566, Fax 235770, E-Mail: apsafari@africaonline.co.ug).
- Die einfachen, sehr sauberen **Buhoma Community Bandas** (Kategorie C) sind an den Campingplatz angeschlossen und gehören der anliegenden Gemeinde. Das Geld kommt also der lokalen Bevölkerung zugute.

Camping

Der hervorragend geführte **Buhoma Community Campground** gehört ebenfalls der Gemeinde und verfügt über einfache sanitäre Anlagen und eine kleine Kantine.

Essen und Trinken

- Die **Luxuscamps** von Buhoma bieten üppige **Buffets** - inzwischen auch für nicht dort übernachtende Tagesbesucher.
- Die **Kantine am Buhoma Community Campground** bietet einfache, günstige Gerichte und Getränke (Bier und „Sodas").
- **In Buhoma ist samstags Markttag.** Das Lebensmittelangebot ist recht gut und bietet eine große Auswahl für Selbstversorger.

Frau vom Volk der Batwa am Lake Mutanda

uga_178 Foto: cl

Kisoro

↗XVI, A3

Die 2050 m hoch gelegene **Grenzstadt** Kisoro liegt **am Fuße der Virunga-Vulkane.** Der 4127 m hohe **Muhavura** und seine Nachbarn **Gahinga** und **Sabinyo** bilden im Süden eine beeindruckende Kulisse. Kisoro ist der Ausgangspunkt für Touren in den nahe gelegenen **Mgahinga Gorilla National Park** und Gorillabesuche im **Parc National des Virunga** in der DR Kongo (derzeit nicht möglich) bzw. im **Parc National des Volcans** in Ruanda. Die Stadt selbst wirkt verschlafen, die Bevölkerung ist verarmt und neigt durch den regen Gorilla-Tourismus zum Betteln. Die kleinen Lebensmittelläden haben eine nur spärliche Auswahl, Zucker und Schokolade sind ein kaum erhältlicher Luxus. Während des Bürgerkrieges im benachbarten Ruanda 1990–1993 beherbergte Kisoro auf dem kleinen Flugfeld zahlreiche ruandische Flüchtlinge.

In der Umgebung Kisoros liegen der sehr reizvolle **Lake Mutanda** und der **Lake Mulehe.** Beide Seen sind über kleine Wege von der Hauptstraße Kabale - Bunagana aus zu erreichen. Die Fischer am See sind gerne bereit, Sie gegen eine geringe Gebühr (3–5 Euro) mit ihren Holzkanus am **Papyrusgürtel** entlangzurudern. Zahlreiche **Wasservögel,** u.a. mehrere Kingfisher- und Reiherarten, sowie Fischotter lassen sich beobachten.

Anreise und Weiterreise

- **Flugverbindungen:** Der kleine Flugplatz Kisoros wurde in den vergangenen Jahren aus-

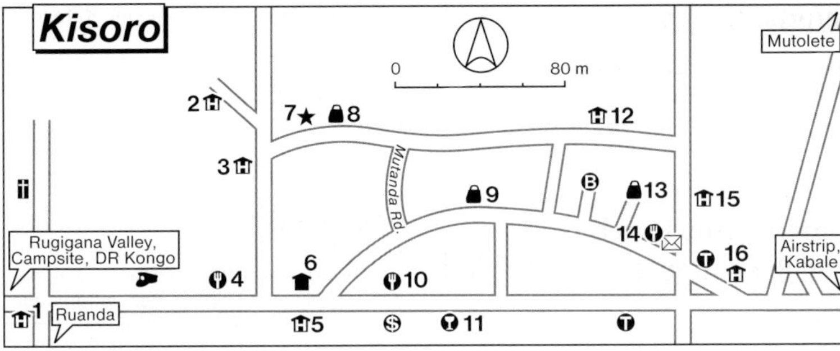

- 1 Travellers' Rest
- 2 Mubano
- 4 Virunga
- 4 Bamboo Bar
- 5 Kisoro Tourist Hotel
- 6 Mgahinga Gorilla NP Office
- ★ 7 Arts & Crafts Centre
- 8 Supermarket
- 9 General Store
- 10 Hot Loaf Bakery
- 11 St. John's Pub
- 12 Starlight B & Premier Club
- 13 Markt
- 14 Ibrahim's Bakery
- 15 Starlight A
- 16 Kisoro Beekeepers Association

- Tankstelle
- Bushaltestelle
- Post
- Polizei
- Bank
- Kirche

gebaut und wird regelmäßig von **Chartergesellschaften** (z.B. Eagle Air) **ab Entebbe** angeflogen (Hin- und Rückflug um 170 Euro, Adressen der wichtigsten Chartergesellschaften siehe bei Kampala).

- **Busverbindungen:** Täglich verkehren **Busse** von Kampala über Kabale und Kisoro zur Kongo-Grenze bei Bunagana (9–10 Euro, 8–9 Std. Fahrtzeit) und weiter nach Goma in der DR Kongo. In umgekehrter Richtung fahren die Busse bereits gegen 6.30 Uhr in Kisoro ab. Nach Kabale verkehren Busse (die bessere Wahl) und überfüllte **Pickup-Matatus** (3 Euro, 2–3 Std.). Pickups zur 9 km entfernten Kongo-Grenze kosten 1 Euro. Zum ruandischen Grenzübergang Cyanika verkehren nur sporadisch Matatus.

Weiterreise in die DR Kongo und nach Ruanda (Parc National des Volcans)

- Der **Grenzübergang Bunagana** in die DR Kongo ist mit gültigem Visum problemlos zu passieren. Von dort ist nach 7 km die Berggorillastation Jomba im Parc National des Virunga erreicht (2003 war aus Sicherheitsgründen kein Gorilla-Tourismus möglich).
- Die ruandische **Grenze bei Cyanika** ist ebenfalls ohne größere Probleme zu passieren (zeitweise allerdings Sicherheitsprobleme in der Region!). Nach Ruhengeri (Ausgangspunkt für Gorillabesuche im Parc National des Volcans) sind es von hier noch 25 km (Details zu Park und Einreise siehe Ruanda).

Informationen

- **Mgahinga Gorilla NP Booking Office**
PO Box 124, Kisoro, Tel. 0486-30098, Mobiltel. 077-383030. Aktuelle Informationen zum Park und zum Gorilla-Tracking. Öffnungszeiten: 8–17 Uhr.

Unterkünfte, Hotels und Restaurants

Kategorie AA

- **Mgahinga Safari Lodge**
c/o Africa Adventure Touristik, Seeshaupter Straße 17, D-81476 München, Tel. 089-75979626, Fax 089-75979627. Am Ostufer des Lake Mutanda 14 km außerhalb von Kisoro gelegenes Luxury Tented Camp des deutschen Unternehmers *Kurt Niedermeier.* Schöne Lage mit Blick über den See auf die Gruppe der Virunga-Vulkane.
E-Mail: mslgorilla@t-online.de,
Internet: www.aat-gorilla.com

Die Repräsentanz vor Ort übernimmt das Unternehmen Afri Tours & Travel (Adresse siehe Kampala).

Kategorie A

- **Traveller's Rest Hotel**
An der Abzweigung der Straße nach Cyanika (Grenze zu Ruanda) bzw. zum Mgahinga Gorilla NP. Großzügige Zimmer mit Bad/WC. Gutes Restaurant. Das legendäre, einst vom Deutschen *Walter Baumgärtel* gegründete Traveller's Rest, in dem schon die Gorillaforscher-Größen *George Schaller* und *Dian Fossey* wohnten, wurde Ende der 1990er Jahre renoviert, war Ende 2003 aber bereits wieder geschlossen (evtl. Neueröffnung nach Besitzerwechsel). Vor der Schließung: c/o Volcanoes Safaris, PO Box 22818, Kampala, Tel. 041-346464, Fax 041-341718,
E-Mail: sales@volcanoessafaris.com,
Internet: www.volcanoessafaris.com

Kategorie C

- **Kisoro Tourist Hotel**
PO Box 225, Kisoro, Tel. 0486-30135, Mobiltel. 077-487559, Fax 0486-30134. Einfache, saubere Zimmer der gehobenen Kategorie mit Bad/WC.

Kategorie D

- **Skyblue Hotel**
Tel. 0486-30076. An der Hauptstraße in Richtung Kabale. Einfache Zimmer mit sauberen Toiletten. Kleine Bar.
- **Virunga Hotel**
Tel. 0486-30109. An der Hauptstraße hinter dem Nationalpark-Büro. Einfache Zimmer, saubere Toiletten. Hilfsbereites und freundliches Personal. Zelten für 1,50 Euro auf dem Gelände möglich. Empfehlenswertes Restaurant. Organisation von Transporten zum Mgahinga Gorilla NP und zur ruandischen Grenze bei Cyanika. Vermittlung von lokalen Guides.
- **Mubano Hotel**
PO Box 198. Hinter dem Virunga Hotel. Die Räume sind recht sauber, durch die viel besuchte Bar aber recht laut. Im Restaurant scheint der Salzstreuer regelmäßig auszurutschen ...

Camping

- **Rugigana Tourist Valley Campsite**
Am Ortsausgang Richtung Kongo-Grenze. Zelten für 1,50 Euro pro Zelt möglich. Lagerplatz der Overland-Trucks, daher häufig recht voll und laut. Kleiner Barbereich.

Geldwechsel

- **Uganda Commercial Bank** an der Hauptstraße. Schlechte Wechselkurse.

Einkaufen

- **Montags und donnerstags** ist in Kisoro **Markttag.** Das Angebot ist recht gut, und der kleine Ort ist dann sehr lebhaft.
- Die **Kisoro Beekeepers Association** neben der Agip-Tankstelle bietet hervorragenden Wildbienenhonig aus den Wäldern um Kisoro.

Mgahinga Gorilla National Park

⇗ XVI, A3

Überblick

Der nur 33,7 km² große Mgahinga Gorilla National Park liegt im äußersten Südwesten Ugandas im **Grenzgebiet zu Ruanda und zur DR Kongo.** Der 1991 gegründete Park schützt den ugandischen Teil der **Virunga-Vulkane** und bietet **zwischen 15 und 50 Berggorillas** sicheren Lebensraum. Er bildet mit dem angrenzenden Parc National des Volcans in Ruanda (siehe Ruanda) und dem Parc National des Virunga im Kongo (siehe Ostkongo) eine ökologische Einheit von ca. 420 km² Größe, in der insgesamt ca. 350 Berggorillas (laut Zensus von 1989) leben. Das ist mehr als die Hälfte des Weltgesamtbestandes, weitere ca. 300 Individuen leben isoliert von der Virunga-Population im Bwindi Impenetrable Forest (siehe Bwindi Impenetrable NP) ca. 25 km weiter nördlich.

Im Park liegen die **erloschenen Vulkane Muhavura** (4127 m), **Gahinga** (3475 m) und **Sabinyo** (3645 m). Ihre Hänge sind mit dichtem, afro-montanem Wald bestanden. Durch die Gipfel von Gahinga und Muhavura verläuft die Staatsgrenze zu Ruanda. Der Sabinyo bildet den Schnittpunkt der Grenzen zu Ruanda und zur Demokratischen Republik Kongo. Alle drei können von der ugandischen Seite aus in Tagestouren bestiegen werden.

Die Waldlandschaft des Parks ist in den vergangenen Jahrzehnten durch illegale Nutzung und Besiedlung erheblich zerstört worden, obwohl sie als Forest Reserve seit den 1930er Jahren formal geschützt war. Das Virungagebiet gehört zu den dicht besiedeltsten Gegenden Afrikas, und der Nutzungsdruck durch das **Volk der Bafumbira** sowie die Minorität der **Batwa (Pygmäen)** ist enorm. Von 1989–1994 konnte die Situation durch ein vom Deutschen Tierschutzbund, der Berggorilla & Regenwald Direkthilfe, dem Förderkreis Ugandas Tierwelt und anderen Organisationen bzw. Institutionen gefördertes Schutzprojekt deutlich verbessert werden. Illegale Siedler wurden gegen Entschädigungszahlungen aus dem Gebiet umgesiedelt, andere Nutzungen unterbunden.

Als Nationalpark-Zone 2 erfolgt seit 1991 eine **Regeneration** der ehemals genutzten Regionen. Die Projektleitung hatte der deutsche Biologe *Klaus-Jürgen Sucker,* der am 20. Juni 1994 in seinem Haus in Kisoro erhängt aufgefunden wurde. Die Umstände seines Todes wurden bis heute nicht aufgeklärt. Unterschiedliche Vorstellungen, Intrigen und Streit zwischen den Projektbeteiligten spielen bei seinem Tod wohl eine wesentliche Rolle.

Der Park lässt sich **ganzjährig** erreichen, während der Regenzeiten allerdings nur mit geländegängigen Fahrzeugen.

Das Gorilla-Tracking erfordert geeignete Kleidung und feste Schuhe (siehe Bwindi Impenetrable NP). Für Besteigungen der Vulkane Muhavura, Gahinga oder Sabinyo ist eine ähnliche Ausrüstung erforderlich.

Tier- und Pflanzenwelt

Neben den Berggorillas, die sich in schwankender Größenordnung im Park aufhalten, da die Tiere häufig auf die kongolesische bzw. ruandische Seite der Virungas überwechseln, kommt die seltene **Goldene Meerkatze** vor. Gelegentlich stößt man bei den Vulkanbesteigungen auf **Kaffernbüffel.** Auch **Waldelefanten** werden, wenn auch selten, im Gebiet registriert. Ihr Bestand ist in den letzten Jahren durch Zuwanderung aus dem bürgerkriegsgeplagten kongolesischen Parc National des Virunga etwas angewachsen. Weiterhin kommen Schwarzducker, Buschbock, Riesenwaldschwein, Streifenschakal, Goldkatze, Tüpfelhyäne, Serval und Leopard im Park vor, doch bekommt man Vertreter dieser Arten nur sporadisch zu Gesicht, da sie recht scheu und versteckt leben.

Mehr als 180 **Vogelarten** sind im Gebiet bekannt, darunter 12 endemische, z.B. der seltene Ruwenzori-Turako.

In der afro-alpinen Zone des Muhavura (4127 m) kommen ähnlich wie im Ruwenzori-Gebirge oder am Mt. Elgon **Riesenlobelien und -senezien** vor.

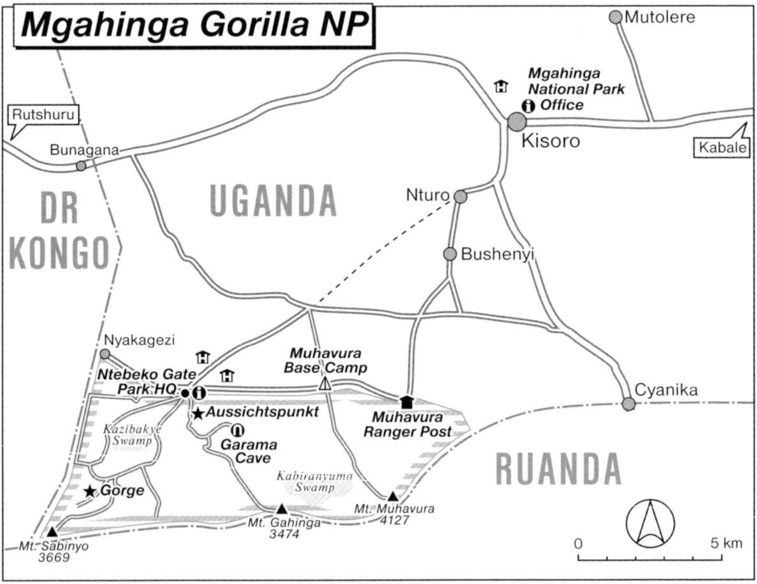

Aktivitäten im Park

Gorilla-Tracking

Wenn sich die in der DR Kongo habituierte **Gorillagruppe „Nyakagezi"** (11 Mitglieder, zwei Silberrücken) im Park aufhält, werden täglich sechs Personen zum Gorilla-Tracking zugelassen. Ausgangspunkt ist das Park HQ Ntebeko (siehe Anreise). Der Ablauf des gegen 8.30 Uhr startenden Trackings ist dem in Bwindi sehr ähnlich (siehe Bwindi Impenetrable NP). Abhängig von der Sicherheitslage ist eine Begleitung durch bewaffnete Soldaten der ugandischen Armee UPDF erforderlich. 2003 lag die Gebühr für das Gorilla-Tracking bei 220 US-$ pro Person. Ein Teil des durch den Gorilla-Tourismus erwirtschafteten Geldes fließt in die Kassen der anliegenden Gemeinden.

Besteigung des Muhavura (4127 m)

Der Ausgangspunkt für die Muhavura-Besteigung ist ein kleines Camp am Fuße des Berges (siehe Anreise). Diese recht anspruchsvolle Tagestour (Gesamtdauer 8–10 Std.) erfordert einen frühen Aufbruch bereits gegen 7 Uhr. Ein bewaffneter, mit Funk ausgerüsteter Führer ist erforderlich. Auch eine „Bergrettungsgebühr" (Rescue Fee) muss in Kisoro bezahlt werden. Feste Schuhe, Regenkleidung, ein warmer Pullover, genügend Wasser (für den ganzen Tag!), Wegproviant usw. dürfen ebenfalls nicht fehlen. Man durchwandert beim 5- bis 6-stündigen Aufstieg alle Vegetationszonen des Berges. Bis ca. 3300 m Höhe bewegt man sich durch die ehemals genutzten, jetzt regenerierenden Wälder der Nationalpark-Zone 2. Daran schließt sich eine karge Heidezone an. Von hier bieten sich wunderschöne Blicke auf den Lake Mutanda. Auf ca. 3700 m tritt man in die sehr feuchte afro-alpineZone mit Senezien und Lobelien ein. Der Gipfel des Muhavura wird von einem kleinen Kratersee eingenommen.

Besteigung des Gahinga (3475 m)

Der Ablauf ähnelt dem der Besteigung des Muhavura. Die Tour startet am Park HQ und dauert insgesamt 5–6 Std. Der ehemalige Vulkankrater wird von einem kleinen, tierreichen Sumpf ausgefüllt.

Besteigung des Sabinyo (3645 m)

Der Sabinyo ist abhängig von der Sicherheitslage nicht immer zu besteigen. Vier verschiedene Gipfel können bestiegen werden, die alle fantastische Aussichten bieten. Die Gesamtdauer der Tour (ab Park HQ) beträgt 6–7 Std. Die dramatische Sabinyo Gorge ist von dichtem tropischen Bergwald bedeckt und enthält am Kopfende einen romantischen Wasserfall.

Erkundung der Garama-Höhle

Die 342 m lange und bis zu 14 m hohe Garama-Höhle liegt 3 km vom Park HQ entfernt. Sie diente früher als Schutzhöhle für Jäger und Sammler vom Stamme der Batwa (Pygmäen). Der Höhlenbesuch dauert 3–4 Std. und erfordert eine gute Taschenlampe.

Für alle Bergbesteigungen wird eine gesonderte **Gebühr** von 30 US-$ (2003)

erhoben, die Erkundung der Garama Cave kostet 25 US-$.

Andere Aktivitäten

Vom Park HQ bietet ein 13 km langer **Nature Trail** einen guten Gebietsüberblick und stellt das Ökosystem vor. Ca. 800 m vom Park HQ entfernt befindet sich eine **Beobachtungsplattform** für Vogel- und Wildbeobachtungen, deren Besuch jedoch wenig ergiebig ist. Eine **Wanderung zum Rugezi Swamp** lohnt wegen der Tierbeobachtungen vor allem in den frühen Morgenstunden und spätnachmittags.

Anreise

Der Park ist **von Kisoro** (2050 m) aus zu erreichen, wo sich auch das **Park Booking Office** befindet. Kisoro liegt nahe der kongolesischen Grenze, ca. 520 km von Kampala (6–8 Std. Fahrtzeit) entfernt. Nach Kabale sind es 85 km (2 Std. Fahrtzeit). Die Straße (gute Piste) von Kabale nach Kisoro war 2003 in recht gutem Zustand und ganzjährig zu befahren. Sie windet sich malerisch durch das hügelige Hochland von Kigezi und bietet wunderschöne Blicke auf den Lake Bunyonyi (siehe Der Südwesten). Kisoro wird täglich von **Bussen** aus Kampala angefahren (9 Euro, 8–9 Std. Fahrtzeit), von Kabale aus verkehren täglich Busse (empfehlenswert) und überfüllte **Pickup-Matatus** (3 Euro, 2–3 Std.).

Von Kisoro führt eine knüppelharte **Piste** über 13 km **zum Park HQ Ntebeko.** Sie zweigt in Kisoro beim Traveller's Rest Hotel von der Hauptstraße ab und führt gleichmäßig bergauf (Achtung: Es gibt mehrere Abzweigungen, achten Sie immer gut auf die kleinen Hinweisschilder). Mit dem Auto sind es ½–¾ Std. bis zum Park HQ, zu Fuß ca. 3 Std. Auf der Strecke gibt es nur unregelmäßig öffentlichen Transport. Jedoch bietet das **Virunga Hotel in Kisoro** einen **täglichen Pickup-Shuttleservice zum Parkeingang** (siehe Kisoro).

Das **Park HQ** ist der Ausgangspunkt für das Gorilla-Tracking und alle anderen Aktivitäten, mit Ausnahme der Besteigung des Muhavura. Interessenten für diese empfehlenswerte Tour müssen abweichend von der Route zum Park HQ zu einem weiter östlich gelegenen, kleinen Camp am Fuß des Berges auf ca. 2500 m Höhe aufsteigen. Die 10 km lange Piste ist zum Ende hin sehr schlecht und nur mit geländegängigen Fahrzeugen zu befahren, die letzten Meter müssen Sie zu Fuß gehen. Das Booking Office in Kisoro hält Skizzen für Sie bereit.

Informationen

Vgl. auch die Listung der Parkgebühren und sonstiger Gebühren im Kapitel Nationalparks und Wildreservate.

- **Uganda Wildlife Authority (UWA)**
Plot 3 Kintu Road, Nakasero, PO Box 3530, **Kampala,** Tel. 041-346287/8/0, Fax 041-346291, E-Mail: uwa@uwa.or.ug, Internet: www.uwa.or.ug. Hier müssen die Gorillabesuche im Mgahinga Gorilla NP reserviert werden. Die Anwesenheit der habituierten Gorillagruppe „Nyakagezi" kann nicht garantiert werden, sondern muss am Vortag des reservierten Besuchs in Kisoro bestätigt werden. Es ist sinnvoll, die Reservierung einige Zeit vor dem geplanten Besuch vorzunehmen, da die Nachfrage nach Permits hoch ist und ein Teil des Kontingents vorab an Reiseveranstalter weggeht. Sollten Sie kein Permit mehr bekommen, bleibt Ihnen noch der direkte Weg über das Booking Office in Kisoro.
- **Mgahinga Gorilla NP Booking Office**
PO Box 124, Kisoro, Tel. 0486-30098, Mobiltel. 077-383030. Aktuelle Informationen zum Park und zum Gorilla-Tracking. Öffnungszeiten: 8–17 Uhr. Besucher mit einer Reservierung für das Gorilla-Tracking aus Kampala müssen hier am Vortag des geplanten Besuchs vorstellig werden und sich die Anwesenheit der habituierten Gorillagruppe bestätigen lassen. Dann erfolgt die Bezahlung (wenn noch nicht in Kampala erfolgt), und ein gültiges Permit für den darauf folgenden Tag wird ausgestellt, das beim Park HQ vor-

zulegen ist. Auch alle anderen Aktivitäten im Park müssen hier gebucht und bezahlt werden. Die Quittungen sind an den jeweiligen Ausgangspunkten vorzulegen.

Unterkünfte

- Das komfortable **Mount Gahinga Rest Camp** (Kategorie AA, c/o Volcanoes Safaris, PO Box 22818, Kampala, Tel. 041-346464, Fax 041-341718) ist die bislang einzige Luxusunterkunft **am Rande des Nationalparks.** Die Errichtung weiterer Camps durch Reiseveranstalter wie in Bwindi ist geplant.
E-Mail: sales@volcanoessafaris.com,
Internet: www.volcanoessafaris.com
- **In Kisoro** stehen mehrere einfache Unterkünfte zur Verfügung (siehe Kisoro).
- **Am Park HQ Ntebeko** gibt es die einfachen **Mgahinga Community Bandas** (Kategorie D), an die ein Campingplatz (s.u.) angeschlossen ist. Die Anlage gehört den anliegenden Gemeinden. Das hier eingenommene Geld kommt daher direkt der örtlichen Bevölkerung zugute.

Camping

- Der **Mgahinga Community Campground** am Park HQ Ntebeko gehört der Gemeinde und verfügt über einfache sanitäre Anlagen und eine kleine Kantine. Die Anlagen sind sauber – und die geringen Gebühren (2 Euro pro Person/Nacht) fließen in die Kasse der lokalen Bevölkerung. Allerdings würde man sich ein etwas elanvolleres Management wünschen. Es gibt auch größere, stationäre Zelte, die der Gemeinde gehören, mit einfachen Matratzen für 4 Euro pro Person/Nacht.
- **Am Ausgangspunkt für die Besteigung des Muhavura** kann man ebenfalls campen. Wasser, Feuerholz, Kerosinlampen und ein einfaches Eintopfgericht kann man von den Wildhütern bekommen. Auch ein stationäres Zelt mit einfachen Matratzen ist aufgebaut.

Essen und Trinken

- Die **Kantine am Mgahinga Community Campground** bietet einfache, günstige Gerichte und Getränke (Bier und „Sodas").
- **In Kisoro ist montags und donnerstags Markttag.** Das Lebensmittelangebot ist recht gut und bietet eine ausreichende Auswahl für Selbstversorger.

uga_185 Foto: cl

Bewaffneter Wildhüter als Begleiter im Mgahinga Gorilla National Park

Der Westen und das Ruwenzori-Gebirge

Im Westen Ugandas liegen die **Nationalparks Queen Elizabeth** (QENP), **Kibale Forest** und **Semliki** sowie das 120 km lange und 50 km breite **Ruwenzori-Gebirge,** das seit 1991 ebenfalls Nationalparkstatus genießt. Ausgangspunkte für Touren in diese Parks sind **Kasese** bzw. **Fort Portal.** Im äußersten Nordwesten liegen der **Murchison Falls NP** (MFNP), der größte Nationalpark des Landes, und der geschützte **Budongo Forest** mit einem größeren Schimpansenvorkommen. Beide Gebiete können von **Masindi** aus erreicht werden. Zwischen Kampala und Murchison Falls NP liegt das **Ziwa Rhino Sanctuary,** eine „Rhinozeros-Farm", auf der im Jahr 2003 mit der Zucht von Spitzmaul- und Breitmaulnashörnern begonnen wurde, um diese dann später im Kidepo Valley NP und im Murchison Falls NP wieder auszuwildern.

Die Landschaft im Westen ist sehr grün und fruchtbar, sanfte Hügel und Bergland wechseln mit Flussläufen und Ebenen ab. Die zahlreichen **Teefelder** hier gehören zu den besten des Landes. **Lake Edward** und **Lake Albert** am Boden des Zentralfrikanischen Grabens bieten grandiose See- und Sumpflandschaften, die zu den schönsten ihrer Art in Afrika zählen. Am Südende des Albertsees wurden jüngst große Ölvorkommen erschlossen. Die ökologischen und politischen Folgen der massiv vorangetriebenen Ölförderung bleiben abzuwarten.

Westlich des Ruwenzori-Gebirges fällt das ostafrikanische Hochland zu den Ausläufern des Kongobeckens hin ab. Die Fahrt von Fort Portal zum **Sem-**

liki NP gehört zu den spektakulärsten überhaupt in Ostafrika und bietet grandiose Panoramaausblicke auf ein Gebiet, in dem zwei sehr gegensätzliche Großlandschaften aufeinandertreffen. Die Landschaft am **Semliki River,** der die Grenze zur DR Kongo bildet, wird teilweise durch das sehenswerte **Semliki Valley Wildlife Reserve** geschützt, für das eine langfristige private Konzession vergeben wurde.

Beeindruckende Blicke über die Seenlandschaft des Lake Albert und die weiter westlich in der DR Kongo gelegenen Bergketten bietet die Piste zwischen **Butiaba** und der Einfahrt in den Murchison Falls NP. Einen großartigen Panoramablick über die Savannenlandschaft des Queen Elizabeth NP bis hinauf zu den vergletscherten Gipfeln des Ruwenzori-Gebirges gewährt auch die **Straße Ishaka – Kasese** bei der Querung des Zentralafrikanischen Grabenbruchs vor Katunguru.

Kalinzu und Kasyoha Kitomi Forest Reserves

Kalinzu FR ⇗XVI, A2

Ca. 10 km nordwestlich von Ishaka (einfache Unterkünfte und Versorgungsmöglichkeiten) an der Straße nach Kasese liegt das Kalinzu Forest Reserve (ausgeschildert), das inzwischen für den Ökotourismus erschlossen wurde. Neun verschiedene **Primatenarten** kommen im Gebiet vor, u.a. Schimpansen. Vier verschiedene **Trails** führen durch den tropischen Feuchtwald am Osthang des Zentralafrikanischen Grabens: River Trail (ca. 2½ km), Palm Trail (5 km), Valley Trail (3½ km) und Waterfall Trail (11 km). Auf geführten Waldwanderungen werden mehrere von der traditionellen **afrikanischen Medizin** genutzte **Bäume und Sträucher** vorgestellt, z.B. die potenzsteigernde Rinde der Baumart *Mutragyne rubrostipuleta* („Viagra Tree").

- Es gibt einen einfachen **Campingplatz für Selbstversorger** (Camping für 1,50 Euro).
- Die **Besuchsgebühr** liegt bei 5 Euro, **Führer** kosten 3 Euro.

Kasyoha Kitomi FR ⇗XVI, A1

25 km weiter nördlich liegt das Kasyoha Kitomi Forest Reserve (Abzweigung in Nyakashuru, ausgeschildert), das eine große Schimpansenpopulation aufweist. Ein langfristiges Projekt zur Habituierung von **Schimpansen** wurde bereits begonnen. Das Waldgebiet erstreckt sich zwischen den Kraterseen

Lake Chemo und **Lake Mweru** am Osthang des Zentralafrikanischen Grabens. Innerhalb des Waldes liegt der glasklare **Lake Kamunzuku** mit guten Möglichkeiten für Vogelbeobachtungen. Mehrere **Trails** stehen für die Walderkundung zur Verfügung: Lakeside Trail (3 km), Waterfall Trail (2 km) und Rurama Hill Trail. Der einen ganzen Tagesmarsch erfordernde River Trail führt tief in den Wald und verläuft über weite Strecken am **Kyambura River,** der weiter nördlich in die Kyambura Gorge eintritt.

- Es gibt mehrere einfache **Campingplätze für Selbstversorger** (Camping für 1,50 Euro).
- Die **Besuchsgebühr** liegt bei 2 Euro, **Führer** kosten 2 Euro.

uga_188 Foto: cl

Queen Elizabeth National Park – Kind an der Mweya Safari Lodge

Queen Elizabeth National Park (QENP)

↗XII, A3/XVI, A1/2

Überblick

Der 1978 km² große Queen Elizabeth National Park (QENP) wurde 1952 gegründet. Er verdankt seine Existenz einem epidemieartigen Ausbruch der **Schlafkrankheit** in der Region zu Beginn des 20. Jahrhunderts, wodurch viele Menschen das Gebiet verließen. Zwischen 1925 und 1947 wurden die verlassenen Gebiete am Kazinga-Kanal zu Wildschutzgebieten erklärt, aus denen 1952 der Kazinga NP hervorging. 1954 wurde der Park anlässlich eines Besuchs der englischen Königin *Elizabeth II.* zu ihren Ehren umbenannt. Unter *Idi Amin* galt vorübergehend die Bezeichnung „Ruwenzori National Park“, doch hat sich heute wieder der alte Name durchgesetzt.

Der QENP umfasst eine sehr abwechslungsreiche Landschaft, die neben offener Savanne auch viel Buschland, Sümpfe, tropische Feuchtwälder, Flüsse und Seen enthält. Der **Kazinga-Kanal,** eine natürliche Wasserstraße zwischen dem **Lake Edward** im Westen und dem **Lake George** im Osten, teilt den Park in zwei Abschnitte. Teile der beiden Seen liegen innerhalb des Parks. Im Norden grenzt das Ruwenzori-Gebirge an. Im Nordwesten liegt das mit

Grassavanne bestandene **Krater-Hochland,** das über 30 Krater verschiedener Größe enthält, die teilweise wassergefüllt sind. Im Südosten liegt der primatenreiche **Maramagambo Forest.** Im Osten grenzt das Kyambura Wildlife Reserve (häufig auch Chambura WR geschrieben) an den Park an. Die Grenze wird von der 16 km langen **Kyambura Gorge** gebildet. Ein direkter Kontakt besteht auch zum Kibale Forest NP im Nordosten. Im Westen geht der QENP in den kongolesischen Parc National des Virunga über.

Der Park lässt sich mit Allradfahrzeugen **ganzjährig** erreichen. In der Regenzeit sind jedoch vor allem im Südsektor viele Gebiete nur eingeschränkt befahrbar. Kommen Sie daher lieber in der trockenen Zeit von Juni bis September oder Dezember bis März. In dieser Zeit kann die Region um Mweya auch mit Fahrzeugen ohne Allradantrieb bereist werden. Bringen Sie auf jeden Fall ein gutes Mückenschutzmittel mit. Ein Fernglas sollte ebenfalls nicht fehlen. Das **Park Headquarter** liegt auf der **Mweya-Halbinsel** im Nordsektor des Parks. Der Südsektor wird vom Sub-HQ in Ishasha aus betreut.

Tier- und Pflanzenwelt

Der QENP gehörte einst zu den tierreichsten und bestgeführten Nationalparks Afrikas. Ähnlich wie der MFNP wurde er von der wildernden Soldateska *Idi Amins* und seiner Nachfolger sowie den Truppen der tansanischen Besatzungsmacht in den 1970er und 1980er Jahren leergeschossen. Die Tierbestände haben sich seit 1986 aber wieder deutlich erholt, unter anderem durch Zuwanderung aus dem angrenzenden Virunga-Nationalpark Kongos.

Der ehemals mehr als 4000 Tiere umfassende Bestand an **Elefanten** war Mitte der 1980er Jahre auf unter 200 Individuen geschrumpft, liegt heute aber wieder bei ca. 1500 Tieren. Herden von **Uganda-Kobs** sind ein gängiger Anblick. Der Gesamtbestand liegt bei 30.000 Tieren. Auch größere Formationen von **Kaffernbüffeln** (insgesamt ca. 8000 Tiere) sind verbreitet. In der Ishasha-Region kommen größere **Topi-Bestände** vor. In Wassernähe sind **Defassa-Wasserböcke** häufig. Seltener und eher versteckt lebend sind Buschbock, Bohor-Riedbock, verschiedene Duckerarten und die scheue Sitatunga-Antilope. Neben dem Warzenschwein kommen das Pinselohrschwein und das Riesenwaldschwein vor. Die großen Raubtiere **Löwe** und **Leopard** sind selten geworden, haben aber gesicherte Bestände. In der Ishasha-Region gibt es noch immer Löwen, die gelegentlich auf Bäume klettern. Die Tüpfelhyäne ist etwas verbreiteter. Bei der Bootstour auf dem Kazinga-Kanal kann man vor allem **Flusspferde** in stattlichen Zahlen beobachten. Die Flusspferddichte in Afrika ist nirgendwo größer als hier. Der Gesamtbestand wird auf ca. 8000 Tiere geschätzt. Krokodile sind im QENP sehr selten, doch trifft man regelmäßig den **Nilwaran** an. Es kommen zehn Primatenarten im Park vor, darunter auch **Schimpansen.** Die besten Beobachtungsmöglichkeiten bestehen im Maramagambo Forest und am Ishasha River.

Mehr als 560 **Vogelarten** sind registriert. Beim Launch-Trip auf dem Kazinga-Kanal kann man zahlreiche Wasservögel beobachten, darunter einige hundert Rosapelikane, mehrere Kingfisherarten, Schreiseeadler, Goliathreiher, Uganda-Kormorane und verschiedene andere Storch- und Reiherarten.

Aktivitäten im Park

Der Launch Trip auf dem Kazinga-Kanal

Die zweistündige Fahrt mit einem der modernen Besucherboote auf dem Kazinga-Kanal ist sicherlich der Höhepunkt eines Besuchs im QENP. Neben den oben erwähnten Flusspferden und Wasservögeln bestehen gute Möglichkeiten, Nilwarane, Kaffernbüffel, Elefanten und verschiedene Antilopen sowie gelegentlich einen Leoparden vom Boot aus zu beobachten. Auf einer Holztafel an der Mweya Safari Lodge sind die Startzeiten für den Bootstrip angekündigt, der normalerweise bei entsprechender Nachfrage dreimal täglich um **9, 14 und 16 Uhr** stattfindet. Die Gebühr beträgt umgerechnet ca. 7,50 Euro (zahlbar in USh).

Game Drives und Exkursionen im Nordsektor

Der Nordsektor des Parks verfügt über mehrere gute Pisten zur Tierbeobachtung, insbesondere in der Region um Mweya. Der **Royal Circuit** führt am Nordufer des Kazinga-Kanals entlang und eignet sich sehr gut für Elefantenbeobachtungen. Über die Straße nach Katwe gelangt man in die wunderschöne **Krater-Region.** Von den mehr als 30 Kratern sind zwei dauerhaft mit salzreichem Wasser gefüllt (Lake Nyamunuka und Lake Murumuli). Eine steile Auffahrt führt zum Aussichtspunkt **Baboon Cliffs,** der besonders gute Ausblicke über die Region bietet. Östlich der Asphaltstraße nach Kasese kann man auf einigen Pisten das den Lake George umgebende Sumpfland erkunden. Das Gebiet ist sehr vogelreich und enthält sogar einige Brutpaare des seltenen Schuhschnabelstorchs. Es gilt nach der Ramsar-Konvention als „Feuchtgebiet von internationaler Bedeutung".

Wer ohne eigenes Fahrzeug anreist, kann bei der Parkverwaltung in Mweya einen Leihwagen mit Fahrer bekommen (siehe Informationen).

Schimpansen-Tracking in der Kyambura Gorge

Die 16 km lange und bis 400 m breite Kyambura Gorge im Osten bildet die Grenze zwischen QENP und Kyambura Game Reserve. Vom Fig Tree Camp (siehe Anreise) starten jeden Morgen um **7.30 Uhr** geführte Touren (Gesamtdauer ca. 3–4 Std.) in die bis zu 40 m tiefe, mit dichtem Tropenwald bestandene Bachschlucht, in der eine 25–30 Mitglieder starke Schimpansengruppe an Menschen gewöhnt werden konnte.

Die Tour muss im Informationszentrum des Parks in Mweya gebucht werden (Gebühr 20 US-$ pro Person). Pro Führung sind max. sechs Besucher erlaubt, daher ist eine **Reservierung** (über das HQ in Kampala) zu empfehlen. Die Chancen, die Schimpansen zu sehen, liegen bei etwa 80%.

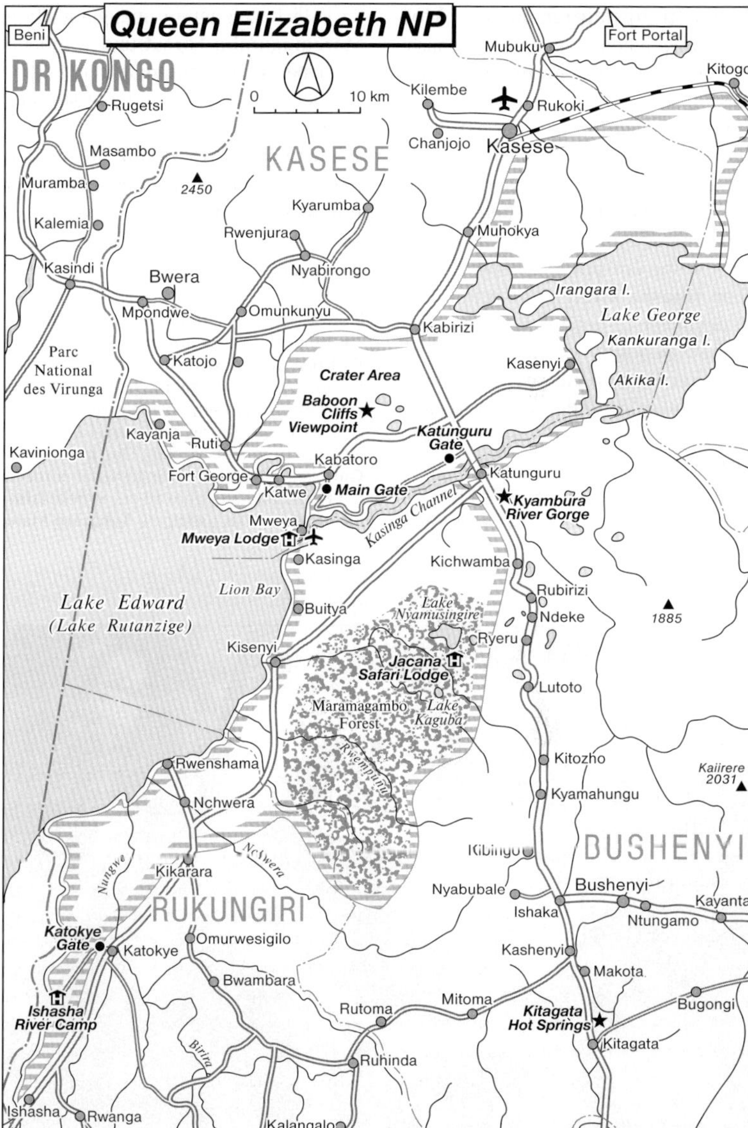
Queen Elizabeth NP
Beni
Fort Portal
DR KONGO
KASESE
BUSHENYI
RUKUNGIRI
0
10 km
Mubuku
Kitogo
Kilembe
Rukoki
Chanjojo
Kasese
Rugetsi
Masambo
Muramba
2450
Kalemia
Kyarumba
Rwenjura
Nyabirongo
Muhokya
Kasindi
Bwera
Mpondwe
Omunkunyu
Kabirizi
Irangara I.
Lake George
Kankuranga I.
Akika I.
Kasenyi
Parc National des Virunga
Katojo
Crater Area
Baboon Cliffs Viewpoint
Katunguru Gate
Kayanja
Ruti
Kavinionga
Kabatoro
Fort George
Katunguru
Katwe
Main Gate
Kyambura River Gorge
Kasinga Channel
Mweya
Mweya Lodge
Kasinga
Kichwamba
Lion Bay
Lake Edward (Lake Rutanzige)
Rubirizi
Buitya
Lake Nyamusingire
Ndeke
1885
Ryeru
Kisenyi
Jacana Safari Lodge
Lutoto
Maramagambo Forest
Lake Kaguba
Rwempunu
Rwenshama
Kitozho
Kaiirere 2031
Nchwera
Kyamahungu
Kibingo
Nchwera
Nungwe
Kikarara
Nyabubale
Bushenyi
Ishaka
Kayanta
Ntungamo
Katokye Gate
Katokye
Omurwesigilo
Kashenyi
Makota
Bwambara
Ishasha River Camp
Mitoma
Rutoma
Kitagata Hot Springs
Bugongi
Kitagata
Birira
Ruhinda
Ishasha
Rwanga
Kalangalo

Beobachtungsfahrten im Südsektor

Die abgelegene Gegend um Ishasha ist bekannt für ihre **baumkletternden Löwen.** Das Gebiet ist neben dem Manyara-See in Tansania das einzige, in dem Löwen wissenschaftlich erwiesen regelmäßig auf Bäume klettern.

Mehrere **Pisten** erschließen Savanne und offenes Buschland um das Ishasha River Camp und am an Flusspferden reichen **Ishasha River.** Der North Circuit ist einfacher zu befahren als der South Circuit. Benötigt wird ein Allradfahrzeug, um überall gut vorwärtszukommen. Ein mitfahrender Ranger ist beim Auffinden von „Baumlöwen" eine große Hilfe.

In Begleitung eines ortskundigen Wildhüters können Sie auch in den weiter östlich gelegenen unzugänglichen **Maramagambo Forest** und zum kleinen **Lake Nyamusingire** fahren. Es gibt ein kleines Wegesystem innerhalb des primatenreichen Waldes, so dass entsprechende **Fußexkursionen** (denken Sie an die Mitnahme von genügend Trinkwasser) möglich sind.

Anreise

Der QENP befindet sich in Westuganda, direkt an der Landesgrenze zur DR Kongo. Das **Parkzentrum in Mweya** ist ca. 430 km von Kampala (5–6 Std. Fahrtzeit) bzw. 147 km von Mbarara entfernt. Nach Kasese sind es ca. 50 km. Mweya kann über zwei Zufahrten („Gates") erreicht werden. Das **Katunguru Gate** liegt direkt am Kazinga-Kanal nördlich der Ortschaft Katunguru an der Strecke **Ishaka – Kasese.** Das gängigere **Kabatoro Main**

uga_192 Foto: cl

uga_193 Foto: cl

Gate befindet sich an der Straße nach Katwe (gute Piste), die wenige Kilometer nördlich von Katunguru links abzweigt. Auf beiden Strecken sind es von der Abzweigung noch ca. 20 km bis Mweya. Auf der **Straße nach Katwe** gibt es relativ viel Verkehr, so dass auch Reisende ohne eigenes Fahrzeug über Mifahrgelegenheiten bis zum Gate und weiter zur Mweya-Halbinsel gelangen können. Von Kasese aus fahren mehrmals täglich überfüllte Pickup-Matatus nach Katwe (1,50 Euro, ca. 1 Std. Fahrtzeit).

Der **Südsektor** bei Ishasha lässt sich nur mit eigenem Transport sinnvoll bereisen. Die Straße nach Ishasha zweigt südlich von Katunguru von der Hauptstrecke Ishaka - Kasese ab. Sie führt bis zur kongolesischen Grenze und weiter in die kongolesische Kleinstadt Rutshuru. Über diese Straße laufen seit vielen Jahren Nahrungsmitteltransporte des Welternährungsprogramms WFP für die Flüchtlingslager im bürgerkriegsgeplagten Ostkongo. Der Pistenzustand ist infolge der Instandsetzungsmaßnahmen recht gut, kann sich aber in der Regenzeit katastrophal verschlechtern. Das **Katokye Gate** liegt ca. 20 km vor der Grenze. Von hier sind es noch 9 km bis zum **Ishasha Camp.** Die Gesamtentfernung zur Hauptstrecke Ishaka - Kasese beträgt 94 km (Fahrtzeit 1½–2 Std.).

Die Abzweigung zur **Kyambura Gorge,** in der habituierte Schimpansen beobachtet werden können, befindet sich einige Kilometer südlich der Abzweigung nach Ishasha, ziemlich genau beim Eintritt der Hauptstraße in den Park (115 km nördlich von Mbarara). Nach 2 km erreicht man das **Fig Tree Camp,** von dem aus täglich Führungen in die Schlucht starten.

Informationen

Vgl. auch die Listung der Parkgebühren und sonstiger Gebühren im Kapitel Nationalparks und Wildreservate.

Linke Seite: Schimpansen-Tracking in der Kyambura Gorge; oben: Flusspferde am Kazinga-Kanal

• Park Headquarter

Das Herz des QENP ist die kleine Siedlung **Mweya** auf der gleichnamigen Halbinsel am Ufer des Lake Edward, wo sich neben dem Park HQ auch die Unterkünfte der Wildhüter, die Mweya Safari Lodge und das Hostel des Uganda Institute of Ecology (UIE) befinden. Die Launch-Trips auf dem Kazinga-Kanal starten von einer kleinen Anlegestelle unterhalb der Lodge. In Mweya kann man auch Fahrzeuge (mit Fahrer) von der Parkverwaltung leihen.

Hotels und Unterkünfte

• Die von der Madhvani-Gruppe geführte, kürzlich renovierte **Mweya Safari Lodge** (Kategorie A) bietet 50 luxuriöse Zimmer und ein exzellentes Restaurant. Zu Stoßzeiten (Wochenenden/Feiertage) ist eine Vorausbuchung erforderlich (PO Box 22, Lake Katwe, Tel. 0483-44266, Fax 0483-259399, E-Mail: mweyaparaa@africaonline.co.ug, Internet: www.mweyalodge.com).

• Am Rande des Maramagambo Forest liegt die schöne **Jacana Safari Lodge** (Kategorie A), in der es deutlich ruhiger zugeht. Der Schwerpunkt der hier übernachtenden Gäste liegt auf Forest Walks, Schimpansen-Tracking sowie Bootsfahrten auf dem Lake Nyamusingire (c/o Inns of Uganda, PO Box 2288, Kampala, Tel. 041-258273, Mobiltel. 077-714714, Fax 041-233992).
E-Mail: iou@africaonline.co.ug,
Internet: www.innsofuganda.com

• Das **Uganda Insitute of Ecology (UIE) Hostel** in Mweya verfügt über mehrere einfache, saubere Zimmer mit Moskitonetzen und ein Gemeinschaftsbad.

• In der Nähe liegt das sog. **Student's Camp,** das Parkbesuchern bei entsprechenden Kapazitäten noch günstigere Räume bietet.

• **In Ishasha** gibt es recht neue Rundhütten (Bandas), die jeweils zwei Betten mit Moskitonetzen enthalten. Kerosinlaternen, Bettwäsche, Wasser und Feuerholz werden von den Parkangestellten bereitgestellt.

Camping

Es gibt **mehrere Campingplätze** im Park. Der gängigste liegt in Mweya, einige hundert Meter von der Lodge entfernt, und verfügt über einfache sanitäre Anlagen. Der Platz ist für die ausgiebigen nächtlichen Besuche von Flusspferden und anderen Tieren bekannt. Zwei weitere Campsites liegen an den Ufern des Kazinga-Kanals, bieten aber außer Toiletten keine weiteren Einrichtungen. In Ishasha kann man drei verschiedene Campsites am Ishasha River nutzen. Auch am Fig Tree Camp oberhalb der Kyambura Gorge ist Campen möglich.

Essen und Trinken

• In der **Mweya Safari Lodge** gibt es ein gutes Frühstücks-, Lunch- und Dinnerbuffet, das auch Nicht-Gästen offensteht (ca. 10 Euro). Eine kleine Bar mit Terrassencafé ist ebenfalls vorhanden.

• Im **Tembo Restaurant** (Kantine des Student's Camps) sind einfache Gerichte und Getränke erhältlich (Bier und „Sodas").

• Für Besuche **in Ishasha** müssen Sie eigenen Proviant mitnehmen. Es gibt dort aber Getränke und Wasser.

• Selbstversorger finden in **Kasese** und **Mbarara** ein gutes Lebensmittelangebot.

Fahrt nach Ishasha über Kihihi

Viele Besucher fahren direkt nach einem Besuch im Bwindi Impenetrable Forest in den Queen Elizabeth NP. Die befestigte Piste nach Ishasha über Kihihi ist in der Regel auch noch nach kurzen Regenfällen problemlos zu befahren. Die Ortschaft **Kihihi** liegt ca. 11 km vom Katokye Park Gate im Ishasha-Sektor entfernt. Im **Savannah Resort Hotel** (Kategorie A–B, Tel. 041-285687, Fax 041-220486, großzügige Zimmer mit

Satelliten-TV, gutes Restaurant) kann man dort vorzüglich übernachten und speisen. In Kihihi gibt es einfachste Versorgungsmöglichkeiten.

Kasese

↗XII, A3

Kasese (1006 m) ist eine staubige ugandische Kleinstadt mit ca. **20.000 Einwohnern** am Westrand des Ruwenzori-Gebirges. Nach Kampala beträgt die Entfernung 433 km, nach Fort Portal sind es 75 km. Mbarara liegt 153 km entfernt, Kabale 224 km. Die Zerstörungen während des Krieges haben sich in Kasese in Grenzen gehalten, da die NRA die Stadt sehr frühzeitig unter Kontrolle bekam. Daher wirkt sie nicht ganz so heruntergekommen wie andere Kleinstädte im Land. Kasese ist der **wichtigste Ausgangsort für Touren in den Ruwenzori Mountains NP und den Queen Elizabeth NP.** Der Aufstieg in den Ruwenzori beginnt allerdings von der Ortschaft Ibanda/Nyakalengija 25 km nordwestlich von Kasese (siehe Ruwenzori Mountains NP), die mit Matatus oder einem Zubringerdienst des RMS (Ruwenzori Mountaineering Services) zu erreichen ist.

Westlich von Kasese liegt die stillgelegte Kupfermine von **Kilembe** (13 km). In den 1970er Jahren war **Kupfer** der drittwichtigste Exportartikel Ugandas, doch dies gehört der Vergangenheit an. Aus dem Abraum der Kupfergewinnung ist jedoch eine profitable Kobaltgewinnung möglich. Eine entsprechende Anlage wurde vor wenigen Jahren in Betrieb genommen und steht unter australischer Leitung. Sie ist von der Straße zum Queen Elizabeth NP aus sichtbar.

Die Region um Kasese wurde zwischen 1997 und 2001 immer wieder durch **Überfälle** der regierungsfeindlichen Rebellengruppierung ADF (= Allied Democratic Forces) erschüttert. Tausende von Menschen wurden aus ihren Dörfern am Fuße des Ruwenzori-Gebirges vertrieben. Der Ruwenzori Mountains NP musste vorübergehend geschlossen werden. Erst im Juli 2001 konnte der Park wiedereröffnet werden. Noch immer ist im Randbereich des Gebirges eine auffällige Militärpräsenz erforderlich, um die Sicherheit der Bevölkerung zu gewährleisten.

Anreise und Weiterfahrt

- **Flugverbindungen:** Der kleine Flughafen Kaseses wird zur Zeit nur von Chartergesellschaften angeflogen (z.B. von Eagle Air für ca. 90 Euro pro Flugstrecke).
- **Zugverbindungen:** Kasese ist die Endstation der Kasese Line, die allein dem Frachtverkehr vorbehalten ist.
- **Busse und Matatus:** Die Matatustation liegt in der Nähe des Roundabout an der Hauptstraße Mbarara – Fort Portal. Überlandbusse fahren meist im Bereich der Shell-Tankstelle ab. Busse nach Kampala über Mbarara verkehren täglich (Abfahrten früh morgens) für 5 Euro, 5–7 Std. Fahrtzeit. Der empfehlenswerte EMS Post Bus nach Kampala verlässt Kasese um 8 Uhr (Fahrpreis 5,50 Euro). Es gibt auch Busse, die über Fort Portal nach Kampala fahren. Eine weitere Busverbindung besteht nach Kabale. Zwischen Fort Fortal und Kasese verkehren den ganzen Tag über Minibusse (2 Euro, Fahrtzeit 1 Std.). Morgens verkehrt ein Pickup-Matatu nach Katwe. Sie können sich am Main Gate des Queen Elizabeth NP absetzen lassen. Matatu-Verkehr zur Kongo-Grenze bei Kasindi gibt es nur sporadisch. Es ist möglich, mit

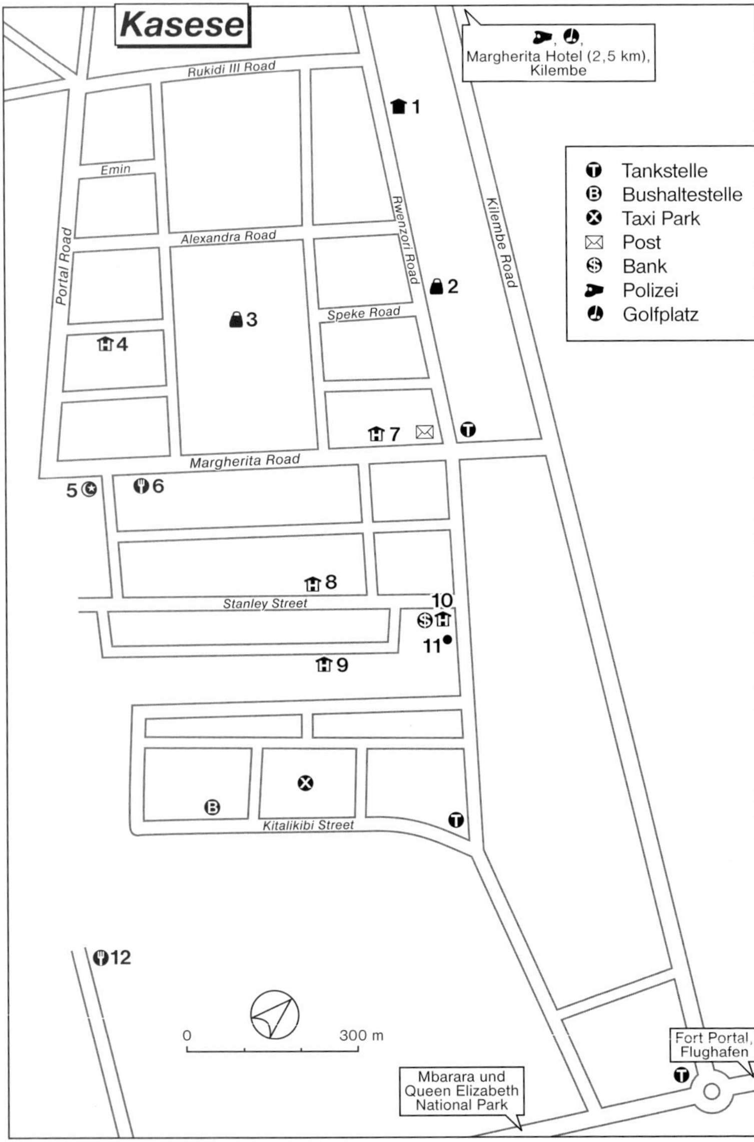
Kasese
Margherita Hotel (2,5 km), Kilembe
Rukidi III Road
Emin
Alexandra Road
Speke Road
Rwenzori Road
Kilembe Road
Portal Road
Margherita Road
Stanley Street
Kitalikibi Street
1
2
3
4
5
6
7
8
9
10
11
12
Tankstelle
Bushaltestelle
Taxi Park
Post
Bank
Polizei
Golfplatz
0
300 m
Mbarara und Queen Elizabeth National Park
Fort Portal, Flughafen

mehreren Leuten ein Matatu für die Fahrt nach Ibanda/Nyakalengija, dem Ausgangspunkt für die Ruwenzoribesteigung, zu chartern. Bei gutem Handeln bleibt man dabei unter dem Preis des vom RMS angebotenen „Zubringerdienstes".

Informationen

● **Ruwenzori Mountaineering Services (RMS)**
PO Box 33, Rwenzori Road (Saad Hotel), Kasese, Mobiltel. 075-598461. Der RMS (Chairperson: *Mrs. Teddy Walina)* hat das **Monopol für die Organisation von Ruwenzori-Besteigungen** an sich gezogen – die Preise sind dementsprechend und werden an die UWA weitergegeben. Man kommt um die Inanspruchnahme der RMS-Leistungen (Hüttenmonopol, Führer, Träger, Brennstoffe am Berg etc.) jedoch kaum herum, zumal eine in Ibanda/Nyakalengija selbst organisierte Besteigung seit der Wiedereröffnung des Parks im Juli 2001 nahezu unmöglich geworden ist. E-Mail: rms@africaonline.co.ug

1 UWA / Rwenzori Mountains NP Office
2 Titi's Supermarket
3 Markt
4 Paradise Lodge
5 Moschoo
6 Titi's Bakery
7 Moonlight Lodge
8 Ataco Holiday Inn
9 Mariana
10 Saad
11 Rwenzori Mountaineering Services (RMS)
12 Ugandan- Austrian

Vorwahl von Kasese: 0483

Hotels und Unterkünfte

Viele Unterkünfte in Kasese leiden unter der **schlechten Wasserversorgung** in der Stadt; mit häufigen Wasserausfällen ist zu rechnen.

Kategorie B–C

● **Hotel Margherita**
PO Box 41, Kilembe Road, Tel. 44015, Fax 44380. EZ bzw. DZ mit Bad/WC. Restaurant. Bewachter Parkplatz. 3 km außerhalb an der Kilembe Road gelegen. Sehr schöne Lage mit Blick auf das Ruwenzorimassiv. Erreichbar mit Motorradtaxis ab Kasese (ca. 2 Euro). E-Mail: reco@swiftuganda.com

Kategorie C

● **Saad Hotel**
PO Box 70, Stanley Street, Tel. 44139. DZ mit Bad/WC. Gutes Restaurant (2003 wegen Umbaus geschlossen). Zentral gelegen. Einst beliebtes Hotel bei Ruwenzori-Reisenden. Dringend überholungsbedürftig.

Kategorie D

● **Mariana Hotel**
Stanley Street, Mobiltel. 077-493414. Einfaches Hotel mit geräumigen Zimmern mit Dusche/WC. Einfaches Restaurant mit guter Bar. Freundliches Personal. Sichere Parkmöglichkeiten im Innenhof des Hotels. Im Jahr 2003 das beste Preisleistungsverhältnis in Kasese.

● **Ataco Holiday Inn**
PO Box 42, Stanley Street, Tel. 44429. Sauberes Guest House mit gemütlicher kleiner Bar.

Kategorie D–E

● **Moonlight Lodge**
Margherita Road. Einfaches Guest House mit kleinem Restaurant bzw. Bar.

● **Paradise Lodge**
PO Box 74, Speke Street. Sehr einfaches Guest House mit irreführendem Namen ...

Camping

● Zelten ist **auf dem Gelände des Hotel Margherita** möglich. Eine Gebühr wird nicht erhoben, solange man das Restaurant des Hotels benutzt.

Restaurants und Bars

Der Mangel an Touristen während der Jahre der ADF-Überfälle ist Kasese noch deutlich anzumerken – fast nirgendwo gibt es in der Stadt etwas Gutes zu essen. Lobenswerte Gerichte bietet allein das **Ugandan-Austrian Restaurant** (vormals „Otto's Restaurant", Mobiltel. 077-500711) etwas außerhalb an der Straße zum QENP (gute Bar, montags geschlossen). Brauchbares, jedoch etwas überteuertes Essen bekommt man auch **im Hotel Margherita.** Deutlich einfacher sind die Gerichte im **Mariana Hotel.** Das früher sehr empfehlenswerte Restaurant im Saad Hotel war 2003 geschlossen.

Geldwechsel

- **Rwenzori Forex Bureau,** PO Box 204, Stanley Street (neben dem Saad Hotel), Tel. 44138.

Post, Telefon und Internet

- Das **Postamt** liegt in der Rwenzori Road (gegenüber der Shell-Tankstelle).
- **Internet-Zugang** gibt es bei TTL in der Rwenzori Road.
- Es gibt mehrere **Telefonzellen** der südafrikanischen Firma MTN in der Stadt (Telefonkarten in Geschäften und an Tankstellen erhältlich).

Einkaufen

- Der **Markt** Kaseses liegt zentral in einem hofartigen, abgeschlossenen Komplex (siehe Stadtplan). Das Angebot an Lebensmitteln und Artikeln (z.B. Kochtöpfe, Decken, Gummistiefel etc.) ist recht gut.
- In der Margherita Road finden sich mehrere gut bestückte **Lebensmittelläden.**

Ruwenzori Mountains National Park

↗ XII, A2/3

Überblick

Der 996 km² große Ruwenzori Mountains National Park wurde 1991 geschaffen, um die ugandische Seite des im Westen des Landes an der Grenze zur DR Kongo liegenden, 120 km langen und 48 km breiten Gebirges zu schützen. Das **Gebirge** ist durch einen Auffaltungsprozess **am Ostrand des Zentralafrikanischen Grabenbruchs** („Albertine Rift Valley") entstanden. Seine heutige Gestalt ist maßgeblich durch Erosionsvorgänge geprägt worden. Das **Mt. Stanley-Massiv** enthält mit der Margherita (5109 m) den dritthöchsten Berg Afrikas. Die benachbarte Alexandra (5091 m) ist fast ebenso hoch. Im **Mt. Speke-Massiv** und im **Mt. Baker-Massiv** gibt es weitere, über 4800 m hohe Gipfel.

„Rwenzori" bedeutet in der Sprache des hier lebenden Bakonjo-Stammes so viel wie **„Regenmacher"** – für ein Gebiet, an dem es im Jahr an etwa 320 Tagen regnet bei einem mittleren Jahresniederschlag von über 3000 mm, eine durchaus treffende Bezeichnung. Da der Ruwenzori sich meist in Wolken hüllt, sind mehrere große Afrikaexpeditionen an dem Gebirge schlichtweg vorbeimarschiert. Erst 1888 wurden die **„Mountains of the Moon"**, die geheimnisvollen „Mondberge", vom medizinischen Betreuer einer Expedition des Amerikaners *Stanley, Thomas Heazle Parke,* entdeckt und brieflich er-

wähnt. Der Herzog der Abruzzen, Prinz *Luigi di Savoia,* erkundete und vermaß das Gebiet im Jahre 1906 mit einer großen Expedition. Er fertigte die ersten, noch heute gültigen Karten an.

Das Ruwenzori-Gebirge hat bis in die heutige Zeit hinein einen Teil seiner **Unzugänglichkeit** und geheimnisvollen **Faszination** gewahrt. Die von zahlreichen Riesenlobelien und Riesensenezien geprägte Berglandschaft mit ihren Gipfeln, Gletschern, Flussläufen, Seen, Mooren und moosbehangenen Wäldern gilt als eine der beeindruckendsten und fremdartigsten Regionen der Welt. Wohl nirgendwo sonst hat man so sehr das Gefühl, eine andere Welt betreten zu haben, wie hier. Die zahlreichen Flüsse und Wasserläufe, die im Gebiet entspringen, gelten als höchstgelegene Nilquellen.

Die fremdartige Schönheit des Ruwenzori ist äußerst zerbrechlich. Nach einer mehrjährigen Tourismuspause besuchen inzwischen wieder mehr als 1000 Reisende (vor allem aus Deutschland) jährlich das Gebiet. Eine Limitierung der Zahlen (die faktisch bereits über die hohen Gebühren stattfindet) wird langfristig erforderlich sein, um die Landschaftszerstörung durch den Tourismus in Grenzen zu halten. Mit multilateraler Hilfe staatlicher Entwicklungs-

Ruwenzori Mountains National Park – faszinierende Landschaft im „Bigo Bog"-Sumpf

hilfeorganisationen sind seit Beginn der 1990er Jahre erhebliche Verbesserungen am Wegesystem vorgenommen worden (u.a. wurden die Kurt Schafer Bridge und die Kicucu Bridge über den Mubuku River errichtet).

Die Aktivitäten der regierungsfeindlichen Rebellengruppierung ADF (= Allied Democratic Forces) im Ruwenzori-Gebirge führten zur Schließung des Nationalparks in den Jahren 1997–2001. Erst im Juli 2001 konnte der Park wiedereröffnet werden. Noch immer ist Militär präsent, um die Sicherheit der Besucher zu gewährleisten.

Die **trockensten Monate** im Ruwenzori sind gewöhnlich Dezember bis Februar und Juli bis September. Eine Besteigung ist dann am sinnvollsten. Sie müssen eine **gute Bergausrüstung** (feste Schuhe, Trekking-Stöcke, absolut wasserfeste Regenjacke, Regenhose, Handschuhe, Wollmütze, Schlafsack, Kocher/Kochgeschirr etc.) mitbringen (siehe Praktische Reisetipps A–Z). Für Gipfelbesteigungen ist eine **Gletscherausrüstung** notwendig (Steigeisen, Eispickel, Gletscherbrille, Seil, Klettergurt etc.). Diese kann vom RMS-Büro in Nyakalengija gegen geringe Gebühren geliehen werden, doch ist das Material relativ alt. Es ist empfehlenswert, bis zur Elena Hut mit **Gummistiefeln** zu gehen (mit darüber gezogenen Gamaschen), da der Weg durchgängig sumpfig und morastig ist. Diese können Sie in Kasese auf dem Markt kaufen (nicht alle Größen erhältlich, meist nur bis Größe 44) oder beim RMS-Büro in Nyakalengija gegen Gebühr leihen, ebenso wie Gamaschen.

Das **Wasser** am Berg ist sehr gut, trotzdem sollte es aus Sicherheitsgründen stets gefiltert oder aber abgekocht werden.

Die **Temperaturen** liegen nachts oberhalb von 3000 m um den Gefrierpunkt, an der Elena Hut auch deutlich darunter. Schneefälle kommen meist nur oberhalb von 4400 m vor.

Tier- und Pflanzenwelt

Etwa **70 Säugetierarten** sind im Ruwenzori-Gebirge bislang festgestellt worden. Dazu zählen fünf Primatenarten, darunter auch Schimpansen, Guerezas und der seltene Ruwenzori Colobusaffe. Elefanten sind sehr selten, doch stößt man selbst auf dem Central Circuit Trail immer wieder auf Elefantenlosung. Ferner kommen das Riesenwaldschwein, die scheue Sitatunga-Antilope, der Südliche Baumschliefer, der Gelbrückenducker und der Leopard im Park vor. Mehr als **170 Vogelarten** sind registriert, darunter mehrere endemische. Gelegentlich sieht man auch das urzeitlich anmutende Dreihorn-Chamäleon.

Erheblich bemerkenswerter als die Fauna ist jedoch die **Fabelwelt der Pflanzen,** die das Gebirge so attraktiv macht. In den unteren Lagen bis 3000 m Höhe dominieren dichte tropische Feuchtwälder, die darüber von einer Baumheidezone mit den bis zu 8 m hohen Arten *Phillipia trimera* und *Philippia kingaensis* abgelöst wird. An den Ufern der Flüsse Mubuku und Bujuku trifft man häufig auf die pinkfarbenen Erdorchideen *Disa stairsii* und *Satyrium robustum.* Riesenlobelien und Riesensenezien (Senezien = Kreuzkräuter) prägen die Landschaft oberhalb von etwa 3800 m bis hinauf auf 4500 m. Die eindrucksvollen Exemplare von *Lobelia wollastonii* stehen mehr im offenen Moorland. Das baumartige Riesenkreuzkraut *Senecio johnstonii* bildet bis zu 15 m hohe, kleine Wälder. Hinzu kommt ein dichter Teppich von Moosen und Flechten in allen Vegetationsstufen, der selbst auf den Senezien so dicht ist, dass darauf wiederum Lobelien Fuß fassen können. Der Ruwenzori gilt als **vegetationsdichtestes Gebiet der Erde.**

Organisation der Ruwenzori-Besteigung

Der **Ruwenzori Mountaineering Services (RMS)** bietet verschiedene „Tour Packages" an, die sämtlich über die ugandische Naturschutzbehörde UWA in Kampala gebucht und bezahlt werden müssen. Im Folgenden die aktuellen Preise für den **Central Circuit** aus dem Jahr 2003:

7-Tage/6-Nächte-Rundtrip auf dem Central Circuit (ohne Gipfel): 480 US-$ pro Person, aufgeschlüsselt nach: Parkeintrittsgebühren, Benutzungsgebühr für die Infrastruktur (Hütten, Wegesystem), Gehalt für einen alpinistisch geschulten Führer, Essen für den Führer, Gehalt für zwei Träger, Essen für die Träger, Brennstoffgebühr, Bergrettungsgebühr (Rescue Fee), Transport von/nach Ibanda.

Führer und Träger trifft man in Nyakalengija am RMS Headquarter. Träger tragen max. 12,5 Kilo Fremdgepäck. Dieses wird vor dem Abmarsch am RMS HQ genau gewogen. Die Bezahlung der Führer und Träger erfolgt nach Etappen, nicht nach Tagen.

Für die **Besteigung von Margherita, Alexandra, Mt. Speke und Mt. Baker** werden zusätzliche Gebühren für Führer und Träger berechnet (2–4 Tagesgehälter zzgl. Essen). Zur Elena Hut steigt in der Regel nur ein Träger mit auf, da die nächtliche Kälte dort gefürchtet wird.

uga_201 Foto: cl

Mubuku River

Am **RMS HQ** in Nyakalengija können ferner Steigeisen (5 Euro), Kletterseil (10 Euro), Eispickel (5 Euro), Gummistiefel bis Größe 44 (5 Euro), Gletscherbrillen (2,50 Euro) und Gamaschen (2,50 Euro) geliehen werden. Die genannten Gebühren gelten für die ganze Tour. Auch Bergschuhe, Schlafsäcke, Regenjacken und Isomatten werden verliehen (altes Material aus Spendenbeständen).

Es sind auch **kürzere Rundtouren** möglich, die vorher mit UWA/RMS abgesprochen werden sollten. Dabei ist jedoch zu bedenken, dass die landschaftlich attraktivsten Kernzonen des Parks nur im Rahmen einer klassischen Rundtour auf dem Central Circuit Trail erreicht werden können.

Die **private Organisation von Touren** und Besteigungen von Nyakalengija aus ist durch die stringente Organisationspolitik von UWA **praktisch unmöglich** geworden. Dabei hat der Monopolist RMS das Rennen gegen den Versuch, eine unabhängig operierende Organisation von Bergführern und Träger zu gründen (RRGEA), offenbar gewonnen. Aufgrund der extremen körperlichen Belastung sollten Sie selbst nicht mehr als 10–12 Kilo tragen. Ein bis zwei Träger pro Person sind daher unbedingt notwendig.

Central Circuit Trail

Der Central Circuit Trail beginnt am Ende des Dorfes **Nyakalengija** am Mubuku River. Park HQ und RMS-Büro liegen hier beieinander. In beiden Büros ist eine Registrierung erforderlich.

Achtung: In den letzten Jahren sind am Ruwenzori mehrfach schwere Fälle der **Höhenkrankheit** mit Höhenlungenödem vorgekommen, teils mit Todesfolge. Fordern Sie Ihrem Körper daher keine Höchstleistungen ab, wenn Sie das Gefühl haben, Höhenprobleme zu bekommen. Steigen Sie dann so lange nicht weiter auf, bis die Probleme verschwinden. Lesen Sie dazu bitte die Erläuterungen im Abschnitt zur Höhenkrankheit im Kapitel Gesundheit aufmerksam durch.

1. Etappe: Nyakalengija bis Nyabitaba Hut (10 km, 4–5 Std., 1035 m Aufstieg)

Achtung: Im Jahr 2002 war aus Sicherheitsgründen eine Militäreskorte ab Nyakalengija bis zur Brücke über den Muhoma River (ca. 1½ Std. Wegstrecke) üblich.

Von den Gebäuden des Park HQ und des RMS auf 1615 m führt der Weg gemächlich bergauf durch Siedlungen und Kulturland. Nach ca. 1½ Std. erreicht man die Nationalparkgrenze, wo die Parkeintrittsquittungen auf Verlangen vorzuzeigen sind, und dringt in die Waldzone ein. Der Weg führt nun direkt am **Mubuku River** entlang und quert dabei mehrere kleine Bachläufe (Brücken vorhanden). Der umgebende Busch ist sehr dicht und enthält zahlreiche Brombeeren und Nesseln, daher sind lange Hosen angebracht. Nach etwa 1½ Std. wird die Vegetation etwas lichter und der Pfad führt steil durch Farnbestände auf einen Bergkamm hinauf. Nach weiteren 1½–2 Std. erreicht man die auf dem Grat gelegene Nyabitaba Hut (2650 m). Die Wasserleitung liegt etwas oberhalb.

2. Etappe: Nyabitaba Hut bis John Matte Hut (7 km, 6 Std., 830 m Aufstieg)

Oberhalb der Nyabitaba Hut führt der Weg hinunter in das Tal des Mubuku, der sich hier mit dem Bujuku River vereinigt. Nach ½ Std. erreicht man die Anfang der 1990er Jahre neu errichtete **Kurt Schafer Bridge.** Vor der Errichtung dieser Hängebrücke war die Querung des nach Regenfällen reißenden Flusses eine gefährliche Schlüsselstelle des Trails. Von der Brücke geht es an der Nordflanke des Bujuku-Tals steil bergauf durch dichte Vegetation. Häufig müssen Wurzeln und Steine überwunden werden. Etwa 3 Std. nach der Flussquerung erreicht man die verfallene **Nyamuleju Hut.** Der Weg führt weiter dem Talende entgegen. Auf ca. 3200 m erreicht man die erste offene Moorfläche mit größeren Lobelienbeständen *(Lobelia wollastonii).* Über sehr sumpfiges Terrain gelangt man zu der im Jahr 1990 errichteten John Matte Hut (3480 m).

3. Etappe: John Matte Hut bis Bujuku Hut (6 km, 5–6 Std., 490 m Aufstieg)

Der Pfad führt durch Baumheidebestände hinunter zum **Bujuku River.** Nach kaum 100 m erreicht man den unteren „Bigo Bog"-Sumpf. Ab jetzt gehört das Hüpfen von einem Horst des

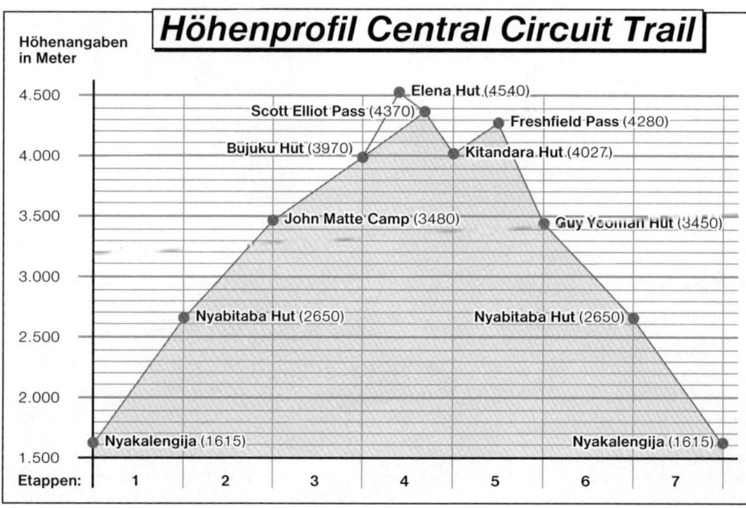

dicht stehenden Tussock-Grases zum nächsten zum Alltag des Moorwanderers. Nach kurzer Zeit erreicht man eine kleine Furt, durch die der Bujuku gequert werden muss. Bei gutem Wetter kann man von hier die Gipfel des westlich gelegenen Mt. Speke-Massivs erkennen. Am anderen Ufer des Bujuku führt der Pfad weiter durch das mit Riesenlobelien und Riesensenezien bestandene Moor. Nach einer weiteren ¾ Std. passiert man die kleine, nur noch gelegentlich genutzte **Bigo Hut** (3440 m). Der Pfad wendet sich nach Südwesten und führt südlich des Bujuku wieder durch dichtere Vegetation. Etwa 1–1½ Std. von der Bigo Hut erreicht man den Rand des oberen „Bigo Bog"-Sumpfes. Ein mit Hilfe der amerikanischen Entwicklungshilfeorganisation USAid errichteter – viel zu kurzer – Holzsteg erleichtert die Passage streckenweise, ist aber bereits wieder erneuerungsbedürftig. Am Ende des Moores führt der Weg steil ansteigend zum **Bujukusee** hinauf. Der Pfad verläuft dann am rechten Seeufer durch knöcheltiefen Schlamm und Morast bis zur Bujuku Hut (3970 m, erneuerungsbedürftig).

uga_204 Foto: cl

4. Etappe: Bujuku Hut bis Kitandara Hut (4 km, 4–5 Std., 400 m Aufstieg, 350 m Abstieg)

Zunächst muss man den Weg zur Bujuku Hut einige hundert Meter zurückgehen. An der **Cooking Pot Cave** (schmaler Felsüberhang) wendet sich der Pfad nach Süden und das Moor oberhalb des Bujuku-Sees wird gequert. Dann geht es für etwa 1 Std. durch Riesensenezienbestände sehr steil den Hang des Tales hinauf. Über eine Metallleiter erreicht man ein winziges Plateau, von dem man bei klarem Wetter die Gipfel und Gletscher des Mt. Stanley-Massivs greifbar nah sehen kann. Für die Besteigung von Margherita und Alexandra müssen Sie hier rechts zur Elena Hut abzweigen (siehe Besteigung von Margherita und Alexandra). Der Weg zur Kitandara Hut führt links weiter hinauf zum **Scott-Elliot-Pass** (4370 m) **zwischen Mt. Stanley und Mt. Baker** (2½–3 Std. von der Bujuku Hut). Von hier geht es angenehm bergab. Nach kurzer Zeit erreicht man einen kleinen Aussichtspunkt oberhalb der **Kitandara-Seen.** Dahinter blickt man auf den **Mt. Luigi di Savoia** (4977 m). Der Pfad passiert den oberen Kitandara-See am linken Ufer. 2–3 Std. vom Scott-Elliot-Pass stößt man auf die Grenze zwischen Uganda und der DR Kongo und erreicht zunächst die bereits im Kongo liegende Hütte der Träger, ca. 200 m dahinter die eigentliche Kitandara Hut (4027 m, stark erneuerungsbedürftig, reichlich Mäuse) am Ufer des unteren Kitandara-Sees.

Ruwenzori-Landschaft zwischen Freshfield-Pass und Bujongolo-Höhle

5. Etappe: Kitandara Hut bis Guy Yeoman Hut (6 km, 6 Std., 250 m Aufstieg, 830 m Abstieg)

Der Weg führt hinter der Hütte sehr steil bergauf zum **Freshfield-Pass** (4280 m), den man nach ca. 1½ Std. Gehzeit erreicht. Dann geht es bergab über offenes, zur Abwechslung einmal etwas trockeneres Terrain, bis man nach einer Flussquerung wieder ein ausgedehntes Moor erreicht. Nach der Durchquerung gelangt man an den Felsüberhang der **Bujongolo-Höhle** (3780 m), in der 1906 die Expedition des Herzogs der Abruzzen lagerte. Entlang von Felswänden, die griffige Haltemöglichkeiten bieten, führt der schmale Pfad weiter bergab bis zum **Kabamba-Felsen** (3500 m) mit einem pittoresken Wasserfall. Diese Passage gehört sicherlich zu den schwierigsten, aber auch schönsten des ganzen Trails. Unten im Tal leuchten bereits die grünen Dächer der Guy Yeoman Hut. Nach mehreren Flussquerungen erreicht man eine landschaftlich beeindruckende größere Moorniederung am Mubuku River, an deren Ende die recht neue und saubere Hütte auf 3450 m liegt.

6. Etappe: Guy Yeoman Hut bis Nyabitaba Hut (6 km, 4–5 Std., 800 m Aufstieg)

Von der Hütte führt der Weg am Ufer des Mubuku entlang. Etwa ½ Std. hinter der Hütte muss man den Fluss queren.

Kurz danach tritt man in ein Bachbett ein, das über eine steile Felsrinne nach unten führt. Der Abstieg durch diese Rinne ist nicht ungefährlich und jeder Fehltritt hat fatale Folgen. Nach starken Regenfällen ist die Stelle unpassierbar. Unterhalb dieses Abschnitts liegt der **Kichuchu-Felsüberhang** (2990 m). Der Weg tritt in dichten Bambuswald ein und quert mehrfach kleine Bachläufe. 3–4 Std. nach der Guy Yeoman Hut erreicht man wieder den Mubuku River, der über eine neue Hängebrücke, die **Kicucu Bridge,** problemlos gequert werden kann. Am anderen Ufer geht es zunächst weiter durch sumpfiges Terrain, bis man nach ca. 1 Std. den bewaldeten Bergkamm erreicht, auf dem die Nyabitaba Hut (2650 m) liegt.

7. Etappe: Nyabitaba Hut bis Nyakalengija (10 km, 2–3 Std., 1035 m Abstieg)

(Siehe Wegbeschreibung der 1. Etappe.) Für Wanderer mit guter Kondition ist es kein Problem, an einem Tag von der Guy Yeoman Hut bis Nyakalengija abzusteigen.

Besteigung von Margherita und Alexandra

Von der **Abzweigung unterhalb des Scott-Elliot-Passes** (4370 m) (siehe 4. Etappe) führt der Weg über einen Bergrücken zu einer Steinrinne, in der der Pfad steil bergauf in südwestlicher Richtung verläuft. Auf etwa 4400 m erreicht man die weitgehend vegetationsfreie Felszone. Der Weg führt rechts über Felsplatten zur kleinen **Elena Hut** (4540 m, fasst bis zu sechs Personen). Er ist mit Steinmännern nur notdürftig markiert.

Der Aufstieg zur Margherita-Spitze (5109 m) oder zur Alexandra (5091 m) dauert von hier ca. 4 Std. Geübte Alpinisten können beide Gipfel an einem Tag schaffen, sofern das Wetter mitspielt. In jedem Fall ist ein gletschererfahrener Führer erforderlich, der entsprechend am Seil zu sichern weiß. Man sollte bereits bei Sonnenaufgang von der Elena Hut aufbrechen. Der Weg führt über Felsterrassen zum **Elena-Gletscher.** Am Gletschereinstieg muss man die Steigeisen anlegen und sich anseilen. Die Spur führt auf dem Gletscher zum **Stanley-Plateau** hinauf und dann weiter in nördlicher Richtung auf die Alexandra zu. An der Südflanke des Berges bauen sich bizarre Eisgebilde auf. Die **Besteigung der Alexandra** erfolgt über den von Osten zum Gipfel führenden, teilweise vergletscherten Grat. Einige Kletterstellen im Schwierigkeitsgrad II–III müssen überwunden werden. Für die beliebtere **Besteigung der Margherita** muss man die Alexandra über eine Gletschermulde im Osten umgehen. Der weitere Aufstieg führt über steile und spaltenreiche Gletscherpassagen zum Pass zwischen Margherita und Alexandra hinauf, hinter dem die Grenze zwischen Uganda und der DR Kongo verläuft. Von hier muss man sich nach Norden zur Felslandschaft der Margherita-Spitze wenden. Man gelangt über einen steilen Gletscheraufschwung auf den Felsgrat (Schwierigkeitsgrad I–II), der von Osten her zum Gipfel führt. Der Felseinstieg ist notdürftig markiert und war 2003 mit einem Seil behelfsmäßig gesichert. Bei gutem Wetter bieten sich vom höchsten Gipfel des Ruwenzori fantastische Blicke über die angrenzenden Gipfel und weit in den Kongo hinein. Die **kongolesische Albert-Spitze** (5087 m) liegt nur ca. ½ Std. weiter nördlich und ist von der Margherita problemlos über einen schmalen Felsgrat zu erreichen. Die kurzzeitige Querung der grünen Grenze ist unproblematisch.

Der Abstieg zur Elena Hut dauert ca. 2 Std. Von hier sind es noch etwa 2½–3 Std. zur Kitandara Hut (siehe Wegbeschreibung der 4. Etappe).

Weitere Aktivitäten

Ambitionierte und ausdauernde Alpinisten können noch **weitere Gipfel im Mt. Baker- und im Mt. Speke-Massiv** erklimmen.

Es ist auch möglich, **Tagestouren in den Ruwenzori von Nyakalengija** aus durchzuführen. Dabei sehen Sie jedoch nur einen Ausschnitt der faszinierenden Gebirgswelt. Um in die interessantesten Vegetationszonen oberhalb 3500 m vorzudringen, sind 3- bis 4-tägige Touren notwendig.

Seit dem Jahr 2003 sind auch 1–2 Tage dauernde **Besteigungen des landschaftlich spektakulären Karangoro Peak** (3044 m) am Nordwestrand des Ruwenzorimassivs möglich. Ausgangspunkt ist die kleine Ortschaft **Kazingo** südlich von Bundibugyo (weitere Informationen über UWA). Beide Orte sind über die Zufahrtsstraße zum Semliki NP durch das Semliki-Tal erreichbar. Von Kazingo aus können Sie auch eine Ruwenzori-Überschreitung durchführen. Man trifft dabei nahe der Bigo Hut auf den klassischen Central Circuit Trail und steigt nach Nyakalengija hin ab. Die genehmigungspflichtige Tour muss im Expeditionsstil durchgeführt werden und setzt eine außerordentlich gute Vorbereitung in Rücksprache mit der ugandischen Naturschutzbehörde UWA voraus.

Literatur und Karten

- *Andrew Wielochowski,* **„Ruwenzori – Map and Guide“,** mit Detail- und Übersichtskarten, Maßstab 1:50.000. Leider vergriffen.
- *Guy Yeoman,* **„Africa's Mountains of the Moon – Journeys to the Snowy Sources of the Nile“,** Universe Books/New York (1989), 176 S. Hervorragender Bildband mit Berichten und Beschreibungen des Ruwenzori-Gebirges, inzwischen leider vergriffen. In Nairobi und Kampala manchmal noch im Buchhandel erhältlich.
- *Mary Fitzpatrick,* **„Trekking in East Africa“,** Lonely Planet „Walking Guide“, aktuelle Auflage 2003, 288 S. Gute Detailinformationen zu allen ostafrikanischen Bergen.
- *Reinhard Dippelreither,* **„Ruwenzori – Wanderungen“,** Stein-Verlag (2003), 120 S. Ausführliche Beschreibung der gängigen Wanderrouten im Ruwenzori.
- *Gunter Schramm,* **Trekking-Handbuch,** REISE KNOW-HOW. Allgemeine Informationen und Tipps rund ums Thema Trekking.
- *Reto Kuster,* **Dschungelwandern,** REISE KNOW-HOW. Alles Wissenswerte über Ausflüge in den Dschungel.

Anreise

Ausgangspunkt für die Organisation der Ruwenzoribesteigung ist die Kleinstadt **Kasese** am Südostrand des Gebirges. Kasese liegt 433 km von Kampala entfernt. Es gibt auf dieser Strecke mehrmals täglich gute Bus- und

Matatuverbindungen (siehe Kasese). Auch nach Fort Portal (75 km) und nach Mbarara (153 km) bestehen ähnlich gute Verbindungen. In Kasese liegt das Büro des RMS, außerdem gibt es ein brauchbares Angebot an Unterkünften und neben vielen Lebensmittelläden einen sehr gutenMarkt.

Der Startpunkt für den Central Circuit Trail ist das kleine Dorf **Nyakalengija** (oberhalb von Ibanda), ca. 20 km nordwestlich von Kasese. Hier befindet sich das **Hauptquartier des RMS,** an das ein kleines Hostel angeschlossen ist. Vor dem HQ erfolgt die Einteilung der Führer und Träger sowie das Wiegen und die Verteilung des Gepäcks. Ibanda kann sporadisch mit Matatus von Kasese aus erreicht werden (1 Euro). Bei einer größeren Gruppe lohnt es sich, einen Wagen (Special Hire) an der Matatustation in Kasese zu leihen (10–15 Euro, Verhandlungssache). Die Tour Packages des RMS enthalten bereits die Anfahrt/Rückfahrt von/nach Kasese. Die kleine Piste nach Ibanda/Nyakalengija zweigt 12 km nördlich von Kasese von der Straße nach Fort Portal links ab (ausgeschildert).

Oben links: Besteigung der Margherita-Spitze; oben rechts: Aufstieg zum Scott Elliot-Pass; rechte Seite: Querung des Bujuku River

Informationen

Vgl. auch die Listung der Parkgebühren und sonstiger Gebühren im Kapitel Nationalparks und Wildreservate.

- **Uganda Wildlife Authority (UWA)**

Plot 3 Kintu Road, Nakasero, PO Box 3530, Kampala, Tel. 041-346287/8/0, Fax 041-346291, E-Mail: uwa@uwa.or.ug, Internet: www.uwa.or.ug. Seit der Wiedereröffnung des Parks im Juli 2001 müssen alle Aktivitäten in den Ruwenzori-Bergen zentral über UWA in Kampala organisiert und gebucht werden. Nur in Ausnahmefällen ist eine direkte Buchung und Bezahlung über das UWA-Büro in Nyakalengija in Rücksprache mit dem Headquarter in Kampala zulässig.

- **Ruwenzori Mountaineering Services (RMS)**

PO Box 33, Rwenzori Road (Saad Hotel), Kasese, Mobiltel. 075-598461. Der RMS (Chairperson: *Mrs. Teddy Walina*) hat das Monopol für die Organisation von Ruwenzori-Besteigungen an sich gezogen und hat dementsprechende Preise, die an UWA weitergegeben werden. Man kommt um die Inanspruchnahme der RMS-Leistungen (Hüttenmonopol, Führer, Träger, Brennstoffe am Berg etc.) jedoch kaum herum, zumal eine in Ibanda/Nyakalengija selbst organisierte Besteigung seit der Wiedereröffnung des Parks im Juli 2001 nahezu unmöglich geworden ist. E-Mail: rms@africaonline.co.ug

Hotels und Unterkünfte

- **In Kasese** gibt es ein ausreichendes Unterkunftsangebot (siehe Kasese).
- **In Nyakalengija,** dem Startpunkt des üblichen Central Circuit Trails, kann man im **Ruboni Community Campsite** am Hauptquartier des RMS zelten oder die einfachen Unterkünfte des **RMS-Hostels** nutzen.
- **Am Berg selbst** stehen jeweils im Abstand von Tagesetappen einfache **Schutzhütten des RMS** zur Verfügung, die sich in sehr unterschiedlichem Zustand befinden, teilweise aber recht anständig geführt werden. Sie fassen bis zu 15 Personen. Matratzen gibt es keine.

Camping

An allen Hütten kann auch gecampt werden. Dies ist jedoch nur eine Notlösung, falls diese überbelegt sind. Allerdings ist der Standard von Bujuku Hut und Kitandara Hut mittlerweile derart miserabel, dass Zelten hier eine empfehlenswerte (und hygienischere) Alternative darstellt.

Essen und Trinken

- Das beste Lebensmittelangebot für den Einkauf vor der Ruwenzori-Besteigung bietet **Kasese,** empfehlenswert ist der große Markt in der Stadt.

uga_209 Foto: cl

● In **Nyakalengija/Ibanda,** dem unmittelbaren Ausgangspunkt für den üblichen Central Circuit Trail, kann man Getränke („Sodas" und Bier), Früchte und Gemüse bekommen, z.B. Tomaten oder Bananen. Im **Mubuku Valley Restaurant** erhält man einfache Gerichte. Am Berg stellt der RMS an den Hütten Benzin- oder Kohlekocher bereit. Sie sollten sicherheitshalber noch mindestens einen privaten Kocher in Ihrer Gruppe dabeihaben.

Zwischen Kampala und Fort Portal

Die Straße von Kampala nach Fort Portal über Mubende wurde in den letzten Jahren ausgebaut und ist jetzt vollständig asphaltiert. Sie windet sich durch weitläufiges Hügelland mit lockeren Akazienwäldern und passiert immer wieder kleinere wassergefüllte Senken mit dichten Papyrus-Beständen. Bedeutende landschaftliche Sehenswürdigkeiten an der Strecke gibt es nicht. Für archäologisch Interessierte mag sich ein Abstecher von gut 50 km nach Süden zu den **Ausgrabungsstätten von Bigo und Ntusi** lohnen. Weiter westlich kann man im erst kürzlich für den Tourismus erschlossenen **Katonga Wildlife Reserve** 42 km südlich der Straße von Mubende nach Fort Portal versuchen, eine der seltenen Sitatunga-Antilopen auszumachen.

Katonga Wildlife Reserve ⇗ XII, B3

Überblick

Das 207 km² große Katonga Wildlife Reserve liegt in Westuganda, ca. 60 km östlich der Nationalparks Queen Elizabeth und Kibale Forest. Einst entwässerte der Lake Victoria über den namengebenden **Katonga River** in den Lake George, bis Hebungsprozesse in der Umgebung des Zentralafrikanischen Grabenbruchs für eine Umkehrung der Strömungsverhältnisse sorgten. Das von **Papyrussümpfen** und **Buschland** geprägte Schutzgebiet wurde 1964 ins Leben gerufen und stellte seinerzeit einen wichtigen Migrationskorridor für Wildtiere dar, die auf ihren Wanderungen zwischen Westuganda, Tansania und dem Sudan nach ergiebigen Wasserquellen suchten. Die hemmungslose Wilderei der 1970er und 1980er Jahre hat jedoch auch im Katonga WR die Wildbestände stark dezimiert. Einzigartig für alle ugandischen Nationalparks und Wildreservate ist eine geführte Kanufahrt durch die Sumpflandschaft am Katongafluss.

In der Region überwiegen die Ackerbau treibenden **Bantuvölker der Batoro und Banyankole.** In den letzten Jahrzehnten sind jedoch immer mehr halbnomadisch lebende **Bahima** aus dem Hügelland von Ankole nach Norden gezogen, so dass man bei der Anreise große Herden von Ankole-Rindern mit ihren mächtigen Hörnern in der Umgebung des Reservates sehen kann.

Tier- und Pflanzenwelt

Neben kleinen Beständen an Uganda-Moorantilopen (oder Uganda-Kobs) kommen Wasser-, Ried- und Buschböcke, mehrere Duckerarten, Warzenschweine, Guerezas, Fischotter, Flusspferde und einige Elefanten im Reservat vor. Das Gebiet bietet die besten Beobachtungsmöglichkeiten in Uganda für die scheue **Sitatunga-Antilope.**

Mehr als 150 **Vogelarten** wurden bislang nachgewiesen, darunter zahlreiche Reiher- und Kingfisherarten sowie mehrere Storcharten.

Aktivitäten im Reservat

Es gibt kein mit Autos befahrbares Wegenetz im Reservat. Man kann den eigenen Wagen daher getrost gleich am neuen **Besucherzentrum am Katonga River** stehenlassen. Dafür führen verschiedene **Fußtrails** in den erschlossenen Ostteil des Reservates. Der Kyeibale Trail führt in erster Linie durch Savannen- und Waldlandschaft und passiert dabei einige interessante Felsformationen. Der Sitatunga Trail verläuft überwiegend durch Sumpfland und bietet die besten Beobachtungsmöglichkeiten für Sitatunga-Antilopen (die Wahrscheinlichkeit, die extrem scheuen Tiere wirklich zu sehen, liegt bei nahezu 100%). Auf diesem Trail wurden schon Gruppen von bis zu fünf Tieren beobachtet. Der Kisharara Trail schließlich bietet einen guten Querschnitt durch alle Landschaftstypen des Reservates.

Lohnend ist auch ein **Bootsausflug** auf dem streckenweise leider vollkommen zugewachsenen **Wetlands Canal** mit einem 18 Personen fassenden Holzkanu, von einem lokalen Bootsführer per Hand durch Staken vorangetrieben. Auf der 2 km langen Strecke lassen sich vor allem verschiedene Kingfisher-Arten (Eisvögel), Reiher und Fischotter beobachten. Aber auch Wildtiere, die zum Trinken an den Kanal kommen, sind zu sehen. Der Bootsführer wird zusätzlich von einem Wildhüter begleitet. Für die Tour werden 15.000 USh pro Person berechnet.

Wer tiefer in das Reservat eindringen will, kann zwei- oder mehrtägige **Fußexkursionen** mit der Parkverwaltung vereinbaren. Diese setzen jedoch entsprechende körperliche Fittness, eine gute Campingausrüstung und ausreichende Lebensmittel- und Wasservorräte voraus. In der Regenzeit sind größere Wanderungen unmöglich. Am Besucherzentrum können einfache Zelte und Schlafsäcke entliehen werden.

Anreise

Die Anreise erfolgt über die gut ausgebaute Asphaltstraße von Kampala nach Fort Portal über **Mubende.** Die Abzweigung zum Katonga WR liegt bei **Kyegegwa** (48 km hinter Mubende) und ist ausgeschildert. Von hier führt eine 42 km lange Piste (nach Regenfällen Allradantrieb erforderlich) über die Dörfer Mpara und Karwenyi bis zum **Park Headquarter am Katonga River.** Die Gesamtfahrtzeit ab Kampala beträgt mit dem eigenen Fahrzeug ca. 3–4 Std. Öffentlicher Transport verkehrt auf der Strecke bis Karwenyi nur sehr unregelmäßig.

Alternativ kann man sich auch in Lyantonde an der Strecke Kampala – Mbarara nach Norden wenden und über den Ort Kaso auf einer kleinen Piste nach Kabagole am Südostrand des Reservates reisen. Auf dieser Strecke verkehren einfache Pickup-Matatus etwas regelmäßiger.

Reisende mit eigenem Fahrzeug, die von Süden her anreisen, nehmen die gut ausgebaute Straße von Mbarara nach Fort Portal über **Ibanda** (62 km von Mbarara). Von Ibanda führt dann eine anfänglich noch asphaltierte Piste nach Kaso (s.o.). Die Fahrtzeit nach Katonga ab Mbarara beträgt ca. 2 Std.

Informationen

Vgl. auch die Listung der Parkgebühren und sonstiger Gebühren im Kapitel Nationalparks und Wildreservate.

- **Uganda Wildlife Authority (UWA)**
Plot 3 Kintu Road, Nakasero, PO Box 3530, Kampala, Tel. 041-346287/8/0, Fax 041-346291, E-Mail: uwa@uwa.or.ug, Internet: www.uwa.or.ug. Allgemeine Informationen zum Reservat.
- **Besucherzentrum am Reserve Headquarter:** Detaillierte Hinweise zum Reservat und Hilfestellung bei allen Aktivitäten vor Ort.

Unterkünfte und Lodges

- Bislang sind keine festen Unterkünfte im Reservat vorhanden.
- **Im Dorf Kabagole** 2 km südlich des Besucherzentrums gibt es das einfache **Katonga View Hotel & Lodge** (Kategorie D) mit angeschlossenem Restaurant (afrikanische Gerichte).

Camping

Es gibt einen schönen Campingplatz für Selbstversorger **oberhalb des Katonga River,** nahe dem Reserve HQ. Auf Nachfrage werden dort einfache afrikanische Gerichte von Frauen der lokalen Community zubereitet. Im Besucherzentrum des Reservates gibt es eine einfache Kantine.

Fort Portal

↗ XII, B2

Die Kleinstadt Fort Portal hat ca. **20.000 Einwohner** und liegt 75 km nördlich von Kasese. Die Entfernung nach Kampala beträgt 320 km. Atmosphärisch von vielen als angenehm empfunden, entspricht das Stadtbild doch dem vieler anderer ugandischer Kleinstädte und bietet kaum spezifische Besonderheiten. Umgeben wird Fort Portal von einer ausgesprochen attraktiven, hügeligen Landschaft mit zahlreichen Teefeldern. Bei klarem Wetter sind die Gipfel des Ruwenzori-Gebirges sichtbar. Fort Portal ist das **Zentrum des Königreichs Toro,** das unter *Idi Amin* zerschlagen wurde und unter Präsident *Museveni* seit 1993 zumindest kulturell und zeremoniell wiederauflebt. Die Stadt liegt 1540 m hoch. Es kann daher abends und nachts recht kühl werden. Die **Moskitos** in der Stadt gehören zu den aggressivsten, die ich in Uganda antraf, scheinen aber ein saisonales Problem zu sein.

Aus Toro stammt die **Prinzessin Elizabeth Bagaya,** Tante des jetzigen Königs, ehemaliges Model und Außenministerin Ugandas unter *Idi Amin.* Als erste Frau hielt sie eine Rede vor der UNO-Vollversammlung in New York und widmet sich seit ihrer Rückkehr aus dem Exil der Niederschrift von Traditionen und Riten ihres Volkes.

Die **Ruinen** des namengebenden Forts befinden sich auf dem Gelände des heutigen Golfklubs. Die Errichtung erfolgte 1891–1893 zum Schutz des Königs von Toro gegen Einfälle der

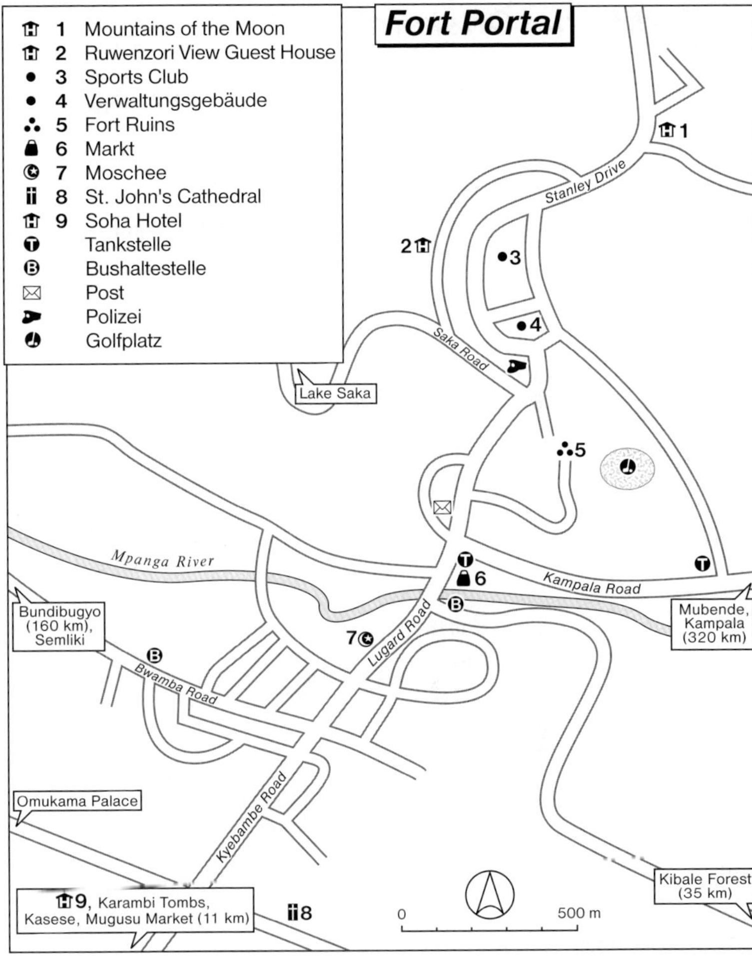
Fort Portal
1 Mountains of the Moon
2 Ruwenzori View Guest House
3 Sports Club
4 Verwaltungsgebäude
5 Fort Ruins
6 Markt
7 Moschee
8 St. John's Cathedral
9 Soha Hotel
Tankstelle
Bushaltestelle
Post
Polizei
Golfplatz
Stanley Drive
Saka Road
Lake Saka
Mpanga River
Kampala Road
Lugard Road
Bwamba Road
Kyebambe Road
Bundibugyo (160 km), Semliki
Mubende, Kampala (320 km)
Omukama Palace
Kibale Forest (35 km)
9, Karambi Tombs, Kasese, Mugusu Market (11 km)
0
500 m

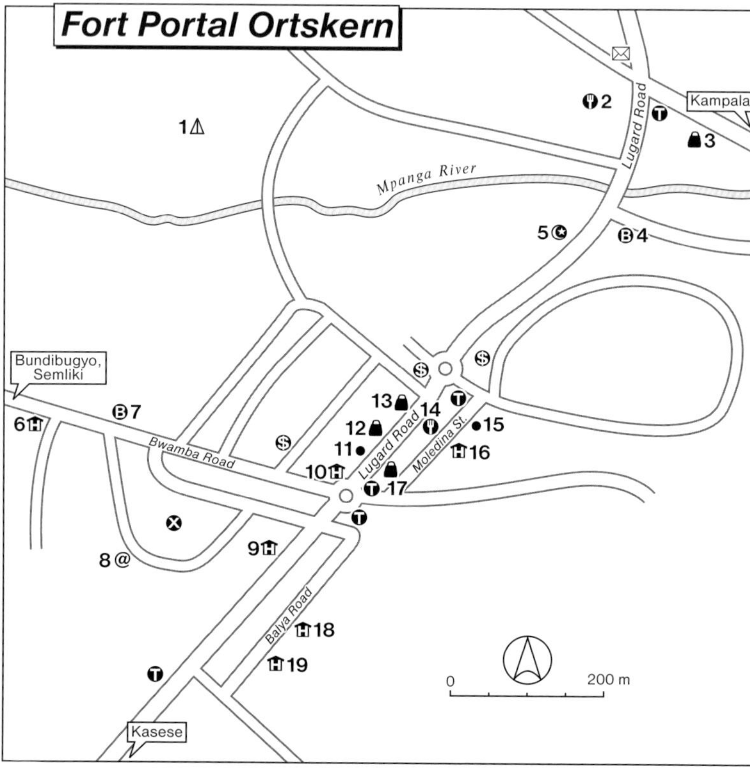

⚠	1	Garden of Eden Campsite
	2	Garden's
	3	Markt
Ⓑ	4	Matatus nach Kamwenge und Rwaihamba
	5	Moschee
	6	Brightman Executive Lodge
Ⓑ	7	Minibusse nach Bundibugyo
@	8	Botex
	9	Wooden
	10	Continental
•	11	Demo Forex Bureau
	12	Andrew's & Brothers Supermarket
	13	Mary's Craft Shop
	14	Don's Plaza
•	15	Kabarole Tours
	16	Exotic Lodge
	17	Nina's Supermarket
	18	New Linda Guest House
	19	Christian Guest House
✉		Post
		Tankstelle
		Bank
		Taxi Park

Banyoro. Es wurde nach *Sir Gerald Portal,* dem damaligen britischen Konsul auf Sansibar, benannt, der 1892 nach Uganda kam, um die Verwaltung des frisch kolonialisierten Landes mit aufzubauen. Südlich der Stadt an der Straße nach Kasese können die **Karambi Tombs,** die Grabstätten der königlichen Familie von Toro, besichtigt werden.

Fort Portal ist **Ausgangspunkt für Fahrten in das Semliki Valley WR (33 km),** den **Semliki NP (52 km),** den **Kibale Forest NP (36 km)** und die zauberhafte Landschaft der **Bunyuruguru Crater Lakes** zwischen Stadt und Kibale Forest.

Anreise und Weiterfahrt

Die Matatustandplätze liegen an der Bwamba Road (nahe dem Wooden Hotel), die Busstation ist nicht weit davon entfernt. **Überlandbusse** nach Kampala über Mubende und Mityana fahren morgens gegen 6 Uhr ab (5,50 Euro, 5–6 Std. Fahrtzeit), der EMS Post Bus (Fahrpreis 5,50 Euro) gegen 7.30 Uhr vom Postamt. Die inwischen durchgehend asphaltierte Straße ist in gutem Zustand. Auch **Minibusse** bedienen diese Strecke mehrmals täglich (8–9 Euro). Nach Kasese verkehren den ganzen Tag über Minibusse (2 Euro, 1½–2 Std.), nach Hoima gibt es ebenfalls Matatus (Pickups und Minibusse). Die Straße nach Hoima/Masindi ist nach Regenfällen nur mit Allradfahrzeugen befahrbar. Nach Bundibugyo (und zum Semliki NP) verkehren täglich **Pickup-Matatus.** Nach Kanyanchu (Kibale Forest NP) fahren ebenfalls täglich Pickup-Matatus (1,50 Euro, 1–2 Std. Fahrtzeit).

Informationen

• Kabarole Tours
PO Box 384, Molledina Street, Tel. 22668, Mobiltel. 077-661752, Fax 22636, E-Mail: ktours@infocom.co.ug. Lokaler Reiseveranstalter, der zugleich die **Kabarole Tourism Association** beherbergt, in der zahlreiche lokale Gruppen und Gemeinden zusammengeschlossen sind. Die angebotenen Pauschaltouren in die Nationalparks Westugandas kosten zwischen 80 und 150 Euro pro Person und Tag bei einer Mindestteilnahme von vier Personen. Empfehlenswerte Tagestouren in die Umgebung Fort Portals werden zu weitaus geringeren Preisen angeboten und beinhalten sachkundige lokale Führer. Gegen eine kleine Gebühr kann Gepäck aufbewahrt werden.

Vorwahl von Fort Portal: 0483

Hotels und Unterkünfte

Fast alle Unterkünfte in Fort Portal leiden unter der **schlechten Wasserversorgung** in der Stadt. Stellen Sie sich auf Kübelduschen und Wasserkanister ein.

Kategorie B–C

• Mountains of the Moon Hotel
PO Box 36, Nyaika Avenue, Tel. 22513, Mobiltel. 077-494632. Zimmer mit Bad/WC. Restaurant. Bewachter Parkplatz. 2 km außerhalb auf einem Hügel am Nordrand der Stadt gelegen. Gehört zur staatlichen Uganda Hotels-Kette. Alter Kolonialbau, vom Zahn der Zeit etwas angenagt.

Kategorie C

• Ruwenzori View Guest House
PO Box 709, Lower Kakiiza Road, Tel. 22102, Mobiltel. 077-722102. Etwas abseits der Hauptstraße ca. 500 m vor dem Mountains of the Moon Hotel gelegen (ausgeschildert). Sehr saubere Zimmer mit Bad/WC. Restaurant und Parkplatz. Gepflegte Anlage unter holländisch/englischer Leitung. Sehr zu empfehlen. E-Mail: ruwview@africaonline.co.ug

• Hotel Soha
Mobiltel. 077-472330, direkt an der Hauptstraße am Ortsausgang Richtung Kasese. Zimmer mit Bad/WC. Restaurant und Parkplatz. Sehr sauberes kleines Hotel. 2 km außerhalb gelegen.

● **Wooden Hotel**
PO Box 560, Stadtzentrum, Tel. 22513. Zimmer mit Bad/WC (Wasser aus Kübeln). Parkplatz. Geräumige, mäßig saubere Zimmer. Sehr lauter Nachtclub. Schlechtes Restaurant.

Kategorie D

● **Continental Hotel**
Zentral gelegen, Mobiltel. 077-484842. Zimmer mit Bad/WC und Satelliten-TV sowie günstigere Räume mit Gemeinschaftsbad. Gewann im Jahr 2000 den Preis für das sauberste Gebäude in Fort Portal.

Kategorie D–E

● **New Linda Restaurant & Lodging**
PO Box 253, 15 Balya Road, Tel. 22664. EZ bzw. DZ mit Bad/WC. Recht sauberes Guest House, in dem man zwischen zwei Zimmerkategorien wählen kann. Die teureren Räume sind sehr angenehm und liegen im rückwärtigen Hofbereich, daher etwas ruhiger. Freundliches Personal.

● **Brightman Executive Lodge**
Bwamba Road (gegenüber der Busstation). Zimmer mit Bad/WC (Wasser aus Kübeln). Campingmöglichkeit.

Kategorie E

Mehrere einfache Guest Houses, z.B. **Exotic Lodge, Economic Guest House, Christian Guest House.** Alle im Stadtzentrum (siehe Stadtplan).

Camping

● Empfehlenswert: **Garden of Eden Campsite** am Nordufer des Mpanga River, nahe der Ortsmitte.

● Gegen eine geringe Gebühr kann man auch auf dem **Gelände des Hotels Mountain of the Moons** zelten.

Restaurants und Bars

Ein vernünftiges Essen erhalten Sie in den **Restaurants von Ruwenzori View Guest House und Mountains of the Moon Hotel** (z.B. leckeren Tilapia). Das **Garden's Restaurant** gegenüber dem Markt bietet gute und dabei günstige Gerichte (u.a. pikante Fleischspieße). Für ein abendliches Bier sind die kleinen **Bars der größeren Hotels** oder **Don's Plaza** geeignet. Empfehlenswerte einfachere Gerichte werden auch im **New Linda Restaurant** serviert.

Geldwechsel

Neben den Banken **Uganda Commercial Bank** und **Centenary Bank** gibt es das **Demo Forex Bureau** in der Lugard Road, das etwas bessere Wechselkurse bietet.

Post und Internet

● Das **Postamt** liegt nördlich des Mpanga River an der Abzweigung der Hauptstraße nach Kampala (siehe Stadtplan).

● **Internet-Zugang** ermöglicht Botex gegenüber dem Matatustand.

Einkaufen

● **Andrew's & Brothers Shopping Centre** in der Lugard Road dürfte zu den am besten ausgestatteten Supermärkten in ganz Uganda gehören.

● Der benachbarte **Mary's Craft Shop** bietet schöne Schnitzereien, handgefertigte Musikinstrumente und Postkarten.

Reiseveranstalter

● **Kabarole Tours** (siehe Informationen)

Fahrt zum Kibale Forest National Park

Die Straße (gute Piste) zum Kibale Forest NP zweigt in Fort Portal nördlich des Mpanga River ab. Sie führt zunächst durch hügelige Kulturlandschaft mit zahlreichen Teefeldern. Im Dorf **Kigarama** zweigt eine Piste nach Rwaihamba/Kasenda ab, die in die Bunyuruguru-Region führt (siehe unten). Nach ca. 30 km tritt die Piste in den Kibale Forest ein, nach insgesamt 36 km erreicht man **Kanyanchu,** wo sich die Nationalparkstation und mehrere Campingplätze befinden (siehe Kibale Forest NP). Einige Kilometer weiter befindet sich die Siedlung **Nkingo** mit Camping- und Unterkunftsmöglichkeit. 6 km von Kanyanchu entfernt liegt das Dorf **Bigodi** mit einem einfachen, aber sehr guten Guest House und kleinen Lebensmittelläden. Bei Bigodi verlässt die Straße den Kibale Forest wieder und führt weiter nach Kamwenge und Mbarara.

Bunyuruguru Crater Lakes

⇗XII, B2

Zwischen der Straße Fort Portal – Kasese und dem Kibale Forest NP liegt ca. 30 km südlich von Fort Portal entfernt eine Ansammlung von **25 Kraterseen,** das so genannte **Bunyuruguru Crater Lake Field.** Die Seen, jeder mit einem

uga_217 Foto: cl

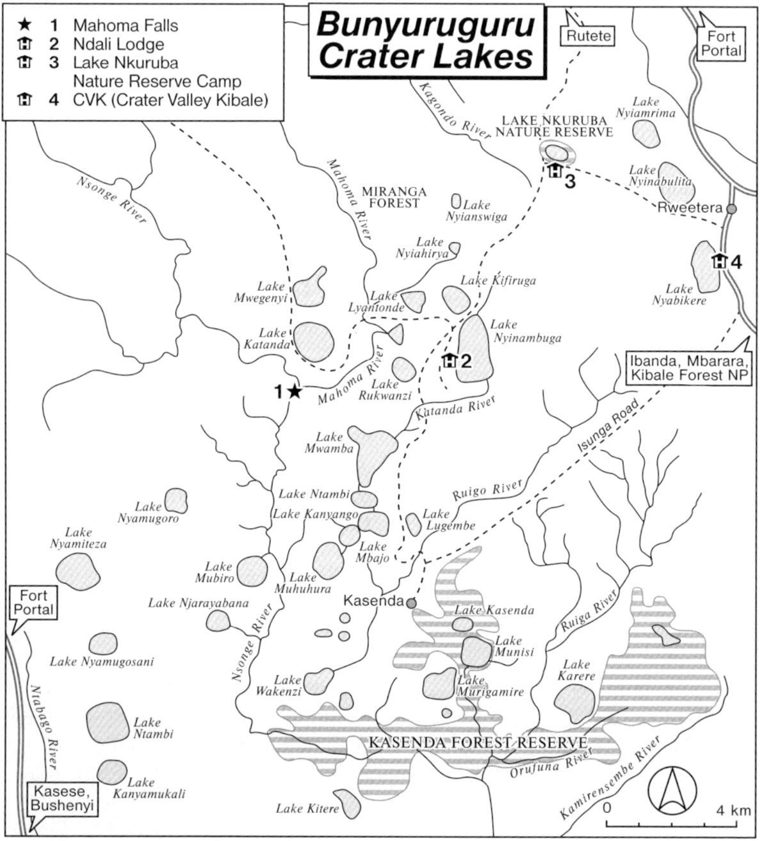

eigenen Farbton auf der Skala von Tiefblau bis Grünschwarz, sind von einer abwechslungsreichen Natur- und Kulturlandschaft umgeben, die sehr vogelreich ist und sich hervorragend für **Tageswanderungen** (Kartenskizzen sind an den unten genannten Camps erhältlich) eignet. In den eingestreuten Waldparzellen leben verschiedene Primatenarten (z.B. Guerezas und Meerkatzen).

Vielleicht am reizvollsten ist der waldumsäumte **Lake Nkuruba** (25 km von Fort Portal) nahe dem Dorf **Rwaihamba,** der als Lake Nkuruba Nature Reserve (ein Projekt der lokalen Community) erschlossen ist. In Rwaihamba ist montags und donnerstags Markttag. An diesen Tagen ist es überhaupt kein Problem, mit Matatus (0,80 Euro) von Fort Portal nach Rwaihamba zu gelangen. Am Lake Nkuruba gibt es drei schöne **Campingplätze** (Gebühr 2 Euro pro Person) und **Bandas** (Kategorie D), wo auch Getränke und einfache Mahlzeiten erhältlich sind. Der See gilt als bilharziosefrei und eignet sich für ein kurzes erfrischendes Bad.

Am **Lake Nyabikere** („See der Frösche") unweit der Straße zum Kibale Forest liegt das über viele Jahre etablierte **Crater Valley Kibale Camp** (kurz: CVK Camp), wo man für 2,50 Euro p.P. zelten oder in kleinen Bandas (10–20 Euro p.P., je nach Größe und Komfort) übernachten kann; Kontakt: Mobiltel. 077-801118, E-Mail: ruyooka.foresmuk@infocom.co.ug.

Etwas weiter südwestlich liegt der blaugrüne **Lake Nyinambuga.** Etwa 100 m oberhalb des Sees wurde in einem alten Farmhaus die komfortable **Ndali Lodge** (Kategorie A, Mobiltel. 077-481673, Fax 0483-22636, E-Mail: info@ndali.co.uk) errichtet. Sie bietet schöne Blicke auf das Ruwenzorimassiv. Die Belegung erfolgt in erster Linie über Reiseagenturen. Transport ab Fort Portal kann über die Lodge arrangiert werden.

Am benachbarten **Lake Lyantonde** existieren sehr einfache **Campingmöglichkeiten.** Vor Ort sind afrikanische Gerichte erhältlich. Ein Fußweg führt zu den pittoresken **Mahoma River Waterfalls.**

Kibale Forest National Park

↗XII, B3

Überblick

Der 766 km² große Kibale Forest National Park (häufig auch kurz Kibale NP genannt) liegt in Westuganda in der Nähe von Fort Portal. Der im Oktober 1993 geschaffene Nationalpark schützt das Ökosystem des Kibale-Waldes, der vorher ein Forest Reserve war. Es handelt sich um ein **Berg- und Regenwaldsystem** mit eingeschlossenen Sumpf- und Graslandabschnitten, das in direkter Verbindung zu den Savannengebieten des Queen Elizabeth National Park im Süden steht. Das Klima ist relativ angenehm, da das Gebiet zwischen 1110 m und 1590 m hoch liegt. Nachts wird es empfindlich kühl. Die Bäume im Kibale Forest können Höhen bis zu 55 m erreichen. Darunter befinden sich auch viele **Eisenbäume,** deren Holz zu den härtesten Hölzern überhaupt zählt. Manche Baumarten werden von der lokalen Bevölkerung medizinisch genutzt. Diese werden auf den Führungen vorgestellt.

Der Park lässt sich mit Allradfahrzeugen auch während der Regenzeiten erreichen, ist dann aber nur mit festen Schuhen oder Gummistiefeln begehbar. Kommen Sie daher lieber in der trockenen Zeit von Juni bis September oder Dezember bis März. Bringen Sie auf jeden Fall ein gutes Mückenschutzmittel mit, da die **Mücken** hier sehr aggressiv sind und Stiche erst nach mehreren Tagen abschwellen. Wichtig ist auch vernünftige **Regenkleidung.** Ein **Fernglas** sollte ebenfalls nicht fehlen.

Tier- und Pflanzenwelt

Der Kibale Forest NP besitzt **eine der höchsten Primatendichten weltweit** und enthält die meisten Primatenarten in ganz Uganda. Darüber hinaus kommen über 300 **Vogelarten** und mehr als 140 verschiedene **Schmetterlingsarten** vor. Der Wald beherbergt große Herden von **Waldelefanten,** die man aber fast nie zu Gesicht bekommt. Buschböcke, Ducker, Pinselohrschwein, Zibetkatze, Kaffernbüffel und Riesenwaldschweine kommen ebenfalls vor. Von den 13 Primatenarten sieht man Guerezas, Diademmeerkatzen, Bushbabys, Schwarzbackige Weißnasen, Vollbartmeerkatzen und Rote Colobusaffen am häufigsten. Die größte Attraktion des Gebietes sind aber die durch Forscher an die Anwesenheit von Menschen gewöhnten (habituierten) **Schimpansengruppen,** deren Anblick allerdings nicht hundertprozentig garantiert werden kann. Seit Aufnahme einer engen Kooperation mit Primatologen des Jane Goodall Institute, aus der das **Kibale Primate Habituation Project** resultierte, haben sich die Beobachtungschancen eines Schimpansen-Trackings in Kibale jedoch auf mehr als 90% verbessert. Etwa 800 Schimpansen kommen im Kibale-Ökosystem vor.

uga_220 Foto: cl

Führer einer Waldwanderung im Kibale Forest National Park

Aktivitäten im Park

Die morgendlichen und nachmittäglichen **Führungen** (ca. 2–4 Std. Dauer, für das **Schimpansen-Tracking** werden 20 US-$ berechnet zzgl. 20 US-$ Parkeintrittsgebühr pro Tag) bieten einen guten Überblick und stellen das Ökosystem „Regenwald" umfassend vor. Gute Beobachtungen verschiedener Primaten sind problemlos möglich. Sie sollten sich jedoch nicht zu sehr auf den Anblick von Schimpansen aus nächster Entfernung „einschießen", da deren Habituierung noch immer nicht vollständig abgeschlossen ist, und die Fluchtdistanz entsprechend groß sein kann.

Eine von der Naturschutzbehörde UWA angebotene **sechstägige Teilnahme an der Habituierung von Schimpansen** („Chimpanzee Habituation Experience") schlägt mit 500 US-$ (Parkeintrittsgebühren, Unterkunft und Verpflegung mit eingeschlossen) zu Buche. Ein einzelner derartiger Tag kostet 125 US-$.

Im Februar 2002 wurde ein neues **Besucherzentrum bei Sebitoli** an der Hauptstraße nach Kampala errichtet, 17 km von Fort Portal entfernt. Geboten werden gute Beobachtungsmöglichkeiten für Primaten bzw. Waldvögel sowie Unterkünfte in einfachen Bandas mit Verpflegung (Vorausbuchung nötig) und schöne Campingmöglichkeiten.

Ein 46 km langer **Long Distance Walk** führt durch alle Lebensräume des Parks. Für die Strecke werden 3–4 Tage Marschzeit veranschlagt. Unterwegs zeltet man auf gemeindeeigenen Campingeinrichtungen am Waldrand, Getränke und Verpflegung werden gestellt. Die Parkverwaltung stellt bei Bedarf auch Träger bereit. Eine solche Wanderung durch das Waldsystem und angrenzendes Kulturland bietet gute Möglichkeiten, mit Menschen der hier lebenden Völker Batoro und Bakiga in Dialog zu treten. Der Long Distance Walk kann wahlweise in Kanyanchu oder in Sebitoli begonnen werden.

Außerhalb des Parks lohnt das **Bigodi Wetland Sanctuary** (5 km von Kanyanchu entfernt) einen Besuch. Geführte Wanderungen (seit 1992 laufendes Ökotourismus-Projekt der anliegenden Gemeinden) durch den ca. 3 km² großen **Magombe Swamp** ermöglichen exzellente Beobachtungen von Primaten und Vögeln innerhalb eines offenen Sumpfgebietes. Bei Bedarf können dafür Gummistiefel in Bigodi entliehen werden. Die Eintrittsgebühr inkl. Führer beträgt 10 Euro pro Person. Infos unter Mobiltel. 077-492274, Fax 0483-22636.

Anreise

Der Park kann von Fort Portal aus auf der **Straße nach Kamwenge** erreicht werden. Die **Besucherstation in Kanyanchu** liegt 36 km von Fort Portal entfernt (¾–1 Std. Fahrtdauer mit dem eigenen Wagen). Die Straße (befestigte Piste) führt durch hügelige Kulturlandschaft mit zahlreichen Teefeldern, passiert einen kleinen Kratersee und tritt nach ca. 30 km in den Kibale Forest ein. Einige Kilometer weiter befindet sich die Siedlung Nkingo. 6 km von Kanyanchu entfernt liegt das Dorf Bigodi. Bei Bigodi verlässt die Straße den Kibale Forest wieder und führt weiter nach Kamwenge und Mbarara.

Um die herrliche Landschaft an dieser Strecke voll auskosten zu können, sollten Sie nach Möglichkeit mit einem eigenen Fahrzeug anreisen. Es fahren allerdings auch täglich mehrere **Minibusse und Pickup-Matatus** von Fort Portal nach Kamwenge, die das Besucherzentrum Kanyanchu passieren (Fahrpreis nach Kanyanchu ca. 1,50 Euro).

Informationen

Vgl. auch die Listung der Parkgebühren und sonstiger Gebühren im Kapitel Nationalparks und Wildreservate.

- **Uganda Wildlife Authority (UWA)**
Plot 3 Kintu Road, Nakasero, PO Box 3530, Kampala, Tel. 041-346287/8/0, Fax 041-346291, E-Mail: uwa@uwa.or.ug, Internet: www.uwa.or.ug. Allgemeine Informationen zum Park und aktuelle Hinweise zur Anreise.
- **Besucherzentrum Kanyanchu**
PO Box 699, Fort Portal, Tel. 0483-22202, Fax 0481-22196. Hier erhalten Sie Informa-

tionen zum Park bzw. zu möglichen Aktivitäten. Jeden Morgen gegen 8 Uhr und nachmittags gegen 15 Uhr starten **geführte Wanderungen** (ca. 2–3 Std.) in den Wald, u.a. zu habituierten Schimpansengruppen (max. 6 Teilnehmer). Die Führer sind sehr gut ausgebildet und in ihrer Sachkenntnis manchem Hochschulabsolventen der Biologie überlegen. Sie können eine Vielzahl von Vogelarten anhand des Gesanges bestimmen. Auf Anfrage sind Führungen auch zu anderen Tageszeiten möglich.

Hotels und Unterkünfte

- Das **Mantana Kibale Camp** (Kategorie A) wird von Mantana African Safaris betrieben, Plot 17 Nambi Road, Entebbe, Tel. 041-321552, Mobiltel. 077-401391, Fax 041-320152, E-Mail: mantana@africaonline.co.ug, Internet: www.kimbla-mantana.com. Die Belegung erfolgt in erster Linie über Reiseagenturen.
- Im **Kanyanchu River Camp** gibt es mehrere einfache Bandas der Parkverwaltung und seit neuestem auch zwei rustikale Schlafplattformen („Tree Houses") mit Blick auf ein nahe gelegenes Wasserloch bzw. die Ruwenzoriberge.
- In Nkingo (zwischen Kanyanchu und Bigodi) bietet das **Safari Camp & Guest House** (Kategorie D) einfache Zimmer mit „Buschduschen" und Campingmöglichkeiten mit Grillvorrichtung (Feuerholz wird gestellt).

Camping

Das **Kanyanchu River Camp** bietet drei Zeltplätze für Reisende mit eigener Ausrüstung. **Zwei private Campsites** mit stationären Zelten (jeweils zwei Betten pro Zelt) stehen ebenfalls zur Verfügung. An allen Plätzen gibt es Toiletten, Wasser und einen überdachten Picknickplatz. Feuerholz und Kerosinlampen werden bereitgestellt.

Essen und Trinken

Im **Kanyanchu River Camp** sind Getränke wie Bier und „Sodas" erhältlich. Lebensmittel sollten Sie besser selber mitbringen, bei der Zubereitung von Gerichten kann aber die Hilfe der Parkangestellten in Anspruch genommen werden. In Bigodi bekommen Sie einfache Lebensmittel (z.B. Reis, Kekse u.a.) und Getränke. Das **Safari Camp & Guest House** in Nkingo bietet ein kleines Restaurant mit überaus wohlschmeckenden Gerichten. Bei einem längeren Aufenthalt sollten Sie zusätzlichen Wegproviant aus Fort Portal mitbringen.

Die Straße nach Bundibugyo und zum Semliki National Park

Die sich am Nordrand des Ruwenzori-Gebirges entlangschlängelnde Straße bietet nach der Abzweigung zum Semliki Valley Wildlife Reserve (30 km von Fort Portal, s.u.) faszinierende Blicke über das **Tal des Semliki River** und die Ausläufer des regenwaldbestandenen Kongobeckens. Das ostafrikanische Hochland endet hier. Zwei großartige, vollkommen verschiedene Großlandschaften treffen aufeinander, überragt von den 5000er-Gipfeln des Ruwenzoris. Hauptattraktion des Semliki NP (52 km von Fort Portal) sind die als **Bwamba Forest** bezeichneten östlichsten Ausläufer des kongolesischen Ituri-Regenwaldes sowie die **heißen Quellen von Sempaya** (Details siehe Semliki National Park).

Bei Sempaya am Ostrand des Semliki NP können in Abstimmung mit der Verwaltung des Parks Batwa, **Pygmäen,** besucht werden, die aus dem Bwamba Forest dorthin umgesiedelt wurden. Der Besuch von Pygmäen im unweit gelegenen Ntandi ist inzwischen nicht mehr möglich. Dort hatte sich in den

1990er Jahren in erschreckendem Maße ein zerstörerischer Einfluss des Tourismus offenbart, der zu einer völligen Abhängigkeit von den Tourismuseinnahmen geführt und immer wieder militant-forderndes Verhalten seitens der Pygmäen provoziert hatte.

Von **Bundibugyo** (bzw. Kazingo weiter südlich) aus können Sie Tagestouren in das Ruwenzori-Gebirge organisieren. Es ist auch möglich, eine Ruwenzori-Überschreitung von hier aus zu starten. Man trifft dabei auf den klassischen Ruwenzori-Rundweg und steigt nach Nyakalengija/Ibanda hin ab. Die Tour muss im Expeditionsstil durchgeführt werden und erfordert eine außerordentlich gute Vorbereitung in Abstimmung mit der ugandischen Naturschutzbehörde UWA. Bundibugyo verfügt über einfache Hotels und Guest Houses sowie eine dörfliche Lebensmittelversorgung.

Semliki Valley Wildlife Reserve

⇗ XII, B2

Überblick

Das 548 km² große Semliki Valley Wildlife Reserve (kurz: Semliki WR, früher unter dem Namen Toro Game Reserve bekannt) liegt in Westuganda **zwischen Albertsee und Ruwenzori-Gebirge.** Es gilt als eines der ältesten Schutzgebiete in ganz Uganda. Erste Schutzanstrengungen wurden bereits 1913 von den Kolonialbehörden in die Wege geleitet. Das landschaftlich attraktive Reservat auf dem Boden des Zentralafrikanischen Grabens schützt weite Teile der wildreichen Niederungslandschaft am mäandrierenden **Semliki River.** In den ugandischen Bürgerkriegswirren der 1970er und 1980er Jahre wurden die meisten Tiere leider gewildert. Die einst so beliebte und noch in vielen Karten eingezeichnete Semliki Safari Lodge im Herzen des Reservates wurde geplündert und bis auf die Grundmauern niedergebrannt.

Im Jahr 1992 vergaben die Naturschutzbehörden eine langfristige private Konzession an **kanadische Investoren,** die sich sofort mit viel Engagement und Ausdauer an die Sicherung und touristische Erschließung des Gebietes machten. Seitdem kam die Wilderei weitgehend zum Erliegen, und eine wunderschöne Lodge konnte errichtet werden, die heute zu den touristischen Kleinoden Ugandas zählt.

Gefahr droht der Region derzeit eher aus windigen Geschäften um **Öl,** denn

uga_224 Foto: cl

im Gebiet um den Lake Albert werden riesige Ölvorkommen von mehreren Milliarden Barrel vermutet. Zwischen Semliki Valley WR und Lake Albert wurde auf ugandischer Seite bereits ein Ölfeld von der kanadischen Firma Heritage Oil erschlossen – der Bohrlärm ist bis zur neuen Semliki Wildlife Lodge zu hören. Die Firma gehört dem britischen Ex-Söldnerführer *Tony Buckingham* und ist auch in den benachbarten Kriegszonen der DR Kongo aktiv. Die Absicherung der dortigen Explorationsunternehmungen durch „unternehmenstreue" Soldaten und Söldner ist für den Arbeitsstil von Heritage Oil selbstverständlich (siehe dazu auch den Exkurs „Die kopflosen Krieger").

Blick über das Semliki Valley Wildlife Reserve

Tier- und Pflanzenwelt

In der Vergangenheit war das Gebiet für sein großes Vorkommen an Uganda-Moorantilopen (oder Uganda-Kobs) berühmt, doch sind die Bestände seit den späten 1970er Jahren durch Wilderei stark zusammengeschrumpft. Im Jahr 2003 kamen erfreulicherweise wieder ca. 5000 **Uganda-Kobs** im Gebiet vor. Darüber hinaus kann man **Kaffernbüffel** (150–200 Tiere) und mehrere kleine **Antilopenarten** beobachten. Im Semliki River und im Lake Albert kommen **Flusspferde** vor. Etwa 10 **Löwen** kann das Gebiet ernähren, die Zahl der

Leoparden wird auf 20–30 geschätzt. In den Wäldern des Reservates sind neben anderen etwa 100 **Schimpansen** heimisch, die seit 1996 durch amerikanische Biologen an die Anwesenheit von Menschen gewöhnt werden. Gut 100 **Elefanten** haben die Raubzüge der Wilderer überlebt.

Mehr als 320 **Vogelarten** sollen im Gebiet vorkommen. In den ausgedehnten **Borassus-Palmenwäldern** zwischen Semliki River und der kongolesischen Grenze brütet der **Palmengeier,** der dem Schreiseeadler sehr ähnelt und daher auch Geierseeadler genannt wird. In den Papyrussümpfen am Südende des Albertsees brüten mehrere Paare des seltenen **Schuhschnabelstorchs.** Sehr selten wird im Gebiet auch die sonst rare **Fischeule** beobachtet, die nachts über flache Gewässerarme gleitet, um Fische zu greifen.

Aktivitäten im Reservat

Für die Gäste der Semliki Wildlife Lodge werden **Game Drives** in offenen Fahrzeugen angeboten. Auf nächtlichen Game Drives („Night Drives") bestehen die wohl besten Möglichkeiten in Uganda, **Leoparden** zu beobachten.

Bei geführten **Wanderungen** (festes Schuhwerk erforderlich) in den tropischen Feuchtwald am Osthang des Zentralafrikanischen Grabens können verschiedene Primatenarten (z.B. Guerezas, Diademmeerkatzen, Rote Colobusaffen) und auch Schimpansen beobachtet werden. Die Habituierung einer ca. 50 Tiere umfassenden Schimpansengruppe macht nur langsam Fortschritte. Im Jahr 2003 lag die Wahrscheinlichkeit, die Tiere auf einer Waldexkursion tatsächlich zu Gesicht zu bekommen, bei etwa 30%.

Die Semliki Wildlife Lodge organisiert auch **Bootsfahrten** auf dem Lake Albert **ab dem Fischerdorf Ntoroko,** auf denen man zahllose Wasservögel (z.B. Pelikane, Kingfisher, Kormorane, mehr als ein halbes Dutzend Reiherarten) sowie den seltenen Schuhschnabelstorch beobachten kann. Ein Problem stellt allerdings das Verscheuchen der letztgenannten Spezies durch Fischer dar.

Angelexkursionen für Sportfischer auf der Jagd nach Nilbarschen, Tilapia oder Tigerfisch auf dem intensiv befischten See sind aus eigener Erfahrung relativ unergiebig.

Anreise

Die Anreise erfolgt über die befestigte **Straße nach Bundibugyo.** Die Abzweigung zum Semliki Valley WR liegt bei Karugutu (30 km von Fort Portal, ca. 45 Min. Fahrtzeit) und ist ausgeschildert. Von hier führt eine Piste zum Fischerdorf Ntoroko am Südende des Albertsees, auf der sporadisch Pickup-Matatus verkehren. Etwa auf halber Strecke zweigt rechts eine Piste zur Semliki Wildlife Lodge ab (ausgeschildert). Die Gesamtfahrtzeit zur Lodge ab Fort Fortal beträgt ca. 1½ Std. Für Gäste der Lodge wird ein Abholservice ab Fort Portal angeboten.

Informationen

Vgl. auch die Listung der Parkgebühren und sonstiger Gebühren im Kapitel Nationalparks und Wildreservate.

- **Uganda Wildlife Authority (UWA)**
Plot 3 Kintu Road, Nakasero, PO Box 3530, Kampala, Tel. 041-346287/8/0, Fax 041-

Die kopflosen Krieger

von *Dominic Johnson*, Berlin, Juni 2003

In Ituri im Nordosten Kongos herrscht seit Jahren Krieg, aber erst jetzt nimmt die Welt ihn zur Kenntnis. Es lockt das Öl.

Seit mittelalterliche Kartografen auf ihre Weltkarten jenseits des Nils Menschen ohne Köpfe mit Gesichtern auf der Brust malten, ist das Gebiet der Wasserscheide zwischen den Flusssystemen von Kongo und Nil mit Mythen behaftet. Die Bambuti-Pygmäen der undurchdringlichen Regenwälder am Ituri-Fluss sind Stoff einiger der schönsten ethnologischen Studien der Völkerkunde geworden. Aber statt wie die Südseevölker Polynesiens als lebende Überbleibsel des Garten Eden bestaunt zu werden, mussten die Völker Nordostkongos später als Hüter steinzeitlicher Grausamkeit herhalten. „Betrunkene Kongolesen töten 300 bei Hexenjagd", titelte die britische Times noch vor zwei Jahren leicht amüsiert, als unter den Alur von Ituri gerade blutige Fehden tobten.

An Eingreiftruppen dachte damals keiner. Heute genügen knapp 400 Massakeropfer in Ituris Hauptstadt Bunia, damit die Welt den Kongo plötzlich zur Kenntnis nimmt. Daraus schlussfolgern viele Kongolesen, dass dieser plötzliche Aktionismus weniger die Zustände beruhigen soll als das schlechte UN-Gewissen. Ein kongolesischer Kulturverband zitiert in seiner Stellungnahme zu den neuen UN-Kampftruppen ironisch den 2. Psalm: „Warum toben die Heiden, und die Völker reden so vergeblich? Die Könige der Erde lehnen sich auf, und die Herrn ratschlagen miteinander."

Das „Toben der Heiden" meint hier die Zerstörung einer Gesellschaft. Die Massaker in Bunia in der ersten Maihälfte begannen, als Uganda die Stadt Milizen des Lendu-Volkes überließ. Die jagten Angehörige des Hema-Volkes, bis die Hema-dominierte UPC (Union kongolesischer Patrioten), die die Stadt schon einmal beherrscht hatte, Bunia am 12. Mai zurückeroberte und die UNO am 16. Mai einen Waffenstillstand aushandelte. Es waren nicht die ersten Massaker in Bunia, aber die ersten seit Ankunft von UN-Blauhelmen. Zum ersten Mal sah die „internationale Gemeinschaft" in Echtzeit, wie einer der kongolesischen Vernichtungskriege eine Großstadt erreichte.

Wie überall im Kongo bewegen sich Ituris bewaffnete Gruppen in den Ruinen eines Staates und einer Gesellschaft. Die Region könnte potenziell reich sein. Die größten Goldminen des Kongo, einträgliche Kaffeeplantagen, unerschöpfliche Tropenholzvorkommen – alles ist da. Aber die Wirtschaft liegt seit 20 Jahren am Boden. Heute wühlen in den verlassenen Halden der Goldminen nur noch informelle Schürfer. Streit um die Kontrolle über den Zugang zu den Bergwerken, den Ankauf des Goldstaubs und sein Export über Bunia ist ein Kriegsgrund. *Mobutus* früherer Goldminenchef *Jean Tibasima* arbeitet heute für eine Kabila-treue Gruppe, die Lendu-Milizen unterstützt; zugleich haben ruandische Geschäftsleute durch Unterstützung der Hema-Seite ihr Auge auf das Gold geworfen. Uganda, dessen Armee von 1999 bis Anfang Mai 2003 in Ituri stand, ist groß im Geschäft mit Tropenholz. Indem ugandische Generäle nacheinander und manchmal auch parallel alle rivalisierenden Gruppen mit Waffen ausstatteten, beförderten sie die Verwandlung lokaler Macht- und Marktrivalitäten in einen Bürgerkrieg.

Ohne Ugandas Hilfe wären in Ituri seit 1999 nicht über 50.000 Menschen gestorben; aber ohne kongolesische Interessen hätten sich dafür nicht die Mörder finden lassen. Schon zu *Mobutus* Zeiten wurde beklagt, der Run auf das Gold von Ituri zerstöre die Gesellschaft. Der Kongokrieg hat das vollendet. Kaum eine Familie in Ituri hat keine Todesopfer zu beklagen. Überleben kann man fast nur noch mit Loyalität zu einer bewaffneten Gruppe. Es gibt Berichte über Warlords, die von jeder Familie in ihrem Machtbereich wahlweise eine Ziege oder einen Sohn als Tribut verlangten. Nach Angaben von Hilfswerken sind inzwischen die Hälfte aller Kämpfer quer durch alle Fraktionen in Ituri Kinder.

Über eine robuste internationale Eingreiftruppe in Ituri wird schon länger diskutiert, aber nicht angesichts der Massaker. Die Idee kam auf, nachdem Kongos Präsident *Kabila* im Juni 2002 den an Uganda angrenzenden Teil Ituris als Ölkonzession an die kanadische Ölfirma Heritage Oil vergab. Heritage Oil, das bereits in Uganda nach Öl sucht, will in Absprache mit den Regierungen Ugandas und Kongos auch Ituri erschließen. Das hat Ituris Kriege verschärft. Noch ist Ituris Öl nur ein Mythos wie die Fabelwesen der mittelalterlichen Landkarten, aber die Gier danach wirkt schon heute. Jeder Warlord hat jetzt externe Verbündete – in Uganda, in Ruanda, in Kongos Hauptstadt Kinshasa. Aus Milizen mit primitiven Waffen sind Armeen mit schwerer Artillerie, komplizierten Namen und politischen Programmen geworden.

Schon zu Jahresbeginn wurde zur Sicherung der Ölgebiete eine Eingreiftruppe aus Angola erwogen. Nun ist daraus eine aus Frankreich geworden – ein besser angesehener Freund *Kabilas* mit einer nach außen hin respektableren Motivation. Doch es braucht keinen strategischen Weitsinn, um zu wissen, dass ein auf Bunia beschränkter Militäreinsatz an Ituris Problemen nichts ändern wird. Die Kriege zwischen Hema und Lendu begannen vor vier Jahren in den Dörfern und sind dort bis heute viel blutiger als in der Großstadt. Erfahrungsgemäß aber beschränkt sich die Wahrnehmungsfähigkeit der internationalen Gemeinschaft im Kongo auf Orte, von denen aus man vor Einbruch der Dunkelheit in sichere Quartiere zurückfindet. Der allergrößte Teil Ituris gehört nicht dazu.

Der Artikel wurde der Tageszeitung taz vom 04.06.2003 entnommen (Internet: www.taz.de).

uga_227 Foto: cl

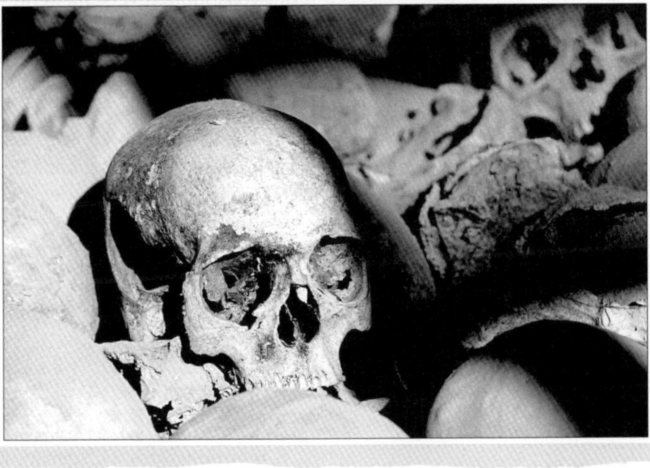

346291, E-Mail: uwa@uwa.or.ug, Internet: www.uwa.or.ug. Allgemeine Informationen zum Reservat.

● **The Uganda Safari Company**
PO Box 23825, Kampala, Tel. 041-251182, Fax 346291, E-Mail: info@safariuganda.com, Internet: www.safariuganda.com. Detaillierte Informationen zum Reservat, zur Unterbringung in der Semliki Wildlife Lodge und aktuelle Hinweise zur Anreise.

Unterkünfte und Lodges

● Die **Semliki Wildlife Lodge** (Mobiltel. 077-707007) ist eine komfortable Lodge mit insgesamt 8 luxuriösen Safarizelten auf festen Plattformen (Kategorie AA–A), die von The Uganda Safari Company betrieben wird (PO Box 23825, Kampala, Tel. 041-251182, Mobiltel. 077-489497, E-Mail: info@safariuganda.com, Internet: www.safariuganda.com). Ein exzellentes Restaurant mit überdachter Veranda sowie eine großzügige Pool-Anlage runden das Safari-Erlebnis gekonnt ab.

Außer der Semliki Wildlife Lodge gibt es keine festen Unterkünfte im Gebiet. Camping ist in dem privat geführten Reservat nicht möglich.

Semliki National Park

⇗ XII, A2

Überblick

Der 220 km² große Semliki National Park (häufig auch Semuliki NP genannt) liegt im äußersten Westen Ugandas **an der Landesgrenze zur DR Kongo,** die hier vom Semliki River gebildet wird. Der im Oktober 1993 geschaffene Nationalpark schützt den so genannten **Bwamba Forest,** der mit den Wäldern des Kongobeckens in Verbindung steht und als **östlichster Ausläufer des kongolesischen Ituri-Waldes** zu betrachten ist. Es handelt sich um den einzigen echten **Tiefland-Regenwald** in Uganda. Das Klima im Bwamba Forest ist tropisch-feucht und sehr heiß. Es ähnelt dem des Kongobeckens. Der Bwamba Forest ist ein recht gut erhaltenes, tropisches Waldgebiet, das über eine sehr große Artenfülle verfügt, da sich hier zwei vollkommen verschiedene Großlandschaften mit ihrer jeweils spezifischen Artenvielfalt überschneiden: Der ostafrikanische Hochlandsschild senkt sich zum Talsystem des Semliki River und endet hier, während das Ökosystem des Kongobeckens gerade beginnt. Direkt angrenzend befindet sich das mächtige Ruwenzorimassiv, das den Ostrand des Nationalparks markiert und dessen schneebedeckte 5000er bei klarem Wetter zu sehen sind.

Semliki National Park –
Führerin inmitten von Schmetterlingen

Der Park lässt sich während der Regenzeiten nur mit Mühe erreichen und ist dann auch kaum begehbar. Kommen Sie daher lieber in der trockenen Zeit von Juni bis September oder Dezember bis März und bringen Sie auf jeden Fall ein gutes **Mückenschutzmittel** mit. Ein **Fernglas** für Tierbeobachtungen ist empfehlenswert.

Zwischen 1997 und 2001 musste der Park **mehrfach für die Öffentlichkeit gesperrt** werden, weil sich regierungsfeindliche Rebellen der Gruppierung ADF (= Allied Democratic Forces) im Gebiet aufhielten und von dort Anschläge auf Dörfer und Siedlungen verübten. Vor einer Fahrt in den Semliki NP sollten daher stets aktuelle Sicherheitshinweise eingeholt werden.

Tier- und Pflanzenwelt

Der Semliki NP zählt zu den artenreichsten Gebieten Ugandas. Neben 53 Säugetierarten kommen über 400 Vogelarten und **mehr als 300 verschiedene Schmetterlinge** vor. Auf Waldwanderungen kann man manchmal ganze Wolken prächtig gefärbter Schmetterlinge beobachten. Von den neun **Primatenarten** sieht man Guerezas, Grüne Meerkatzen, Diademmeerkatzen,

uga_229 Foto: cl

Schwarzbackige Weißnasen und Anubis-Paviane am häufigsten. Auch Schimpansen kommen im Gebiet vor. In den **Borassus-Palmenwäldern** am Semliki verfolgt den Besucher der laute Flügelschlag von **Nashornvögeln** auf Schritt und Tritt. Hier brütet auch der dem Schreiseeadler ähnliche **Palmengeier,** der überwiegend von den Früchten der Borassus-Palme lebt. Im Semliki River tummeln sich **Krokodile** und **Nilpferde.**

Aktivitäten im Park

Von Sempaya aus führt eine halbstündige Wanderung durch den Wald zu den **Hot Springs,** ca. 106°C heißen Quellen, von denen die zwei größten Geysir-Charakter haben. Kaum 15 Min. von Sempaya entfernt liegt der kleine **Mulingo-Wasserfall,** der von der Nordwestflanke des Ruwenzoris herabstürzt. Die Gumpe unterhalb des Wasserfalles lädt zu einem erfrischenden Bad ein.

Bislang gibt es **zwei Nature Trails,** die beide zum Semliki River führen. Der kürzere verläuft von **Sempaya** aus 8 km entlang der nördlichen Parkgrenze (Gesamtdauer der Tour 5–6 Std.). Der Pfad verläuft teilweise außerhalb des Waldes, daher ist eine gute Kopfbedeckung notwendig. In der offenen Niederungslandschaft des Semliki-Tals lassen sich häufig Uganda-Kobs und andere Tiere beobachten. Der zweite Trail beginnt südlich von **Ntandi.** Er führt über 12 km durch dichten Wald und offene Sumpflandschaft zum Semliki River (Gesamtdauer der Tour 6–8 Std.). Wenn Sie die Tour über zwei Tage durchführen wollen, können Sie hier zelten. Für beide Touren ist ein Führer notwendig. Tragen Sie nach Möglichkeit langärmelige, helle Kleidung wegen der zahlreich vorkommenden **Tsetse-Fliegen.** Nehmen Sie ausreichend Wasser und Proviant mit, feste Schuhe und Regenkleidung sind ebenfalls sinnvoll.

Bei Sempaya leben noch einige Batwa, **Pygmäen,** die aus dem Wald dorthin umgesiedelt wurden. Der Besuch einer Pygmäengruppe im unweit gelegenen Ntandi ist inzwischen nicht mehr möglich. Alkoholismus und Konsum anderer Drogen sind unter den Pygmäen weit verbreitet, Natürlichkeit und Lebensfreude jedoch dahin. Ihre Tanzvorführungen wirken gestellt und ohne Esprit. Sie sollten überlegen, ob Sie diese Entwicklung durch Ihr Kommen noch unterstützen möchten.

Anreise

Der Park kann von Fort Portal aus auf der befestigten **Straße nach Bundibugyo** erreicht werden. Die **Parkstation** an den Hot Springs **in Sempaya** liegt 52 km von Fort Portal entfernt (1½ Std. Fahrtdauer), zum **Park Headquarter in Ntandi** sind es noch einmal 5 km. Die Straße schlängelt sich von Fort Portal bis Sempaya am Nordrand des Ruwenzori-Gebirges entlang. Auf halber Strecke bei Isojo zweigt rechts eine Piste zum Semliki Valley WR ab (ausgeschildert). Etwa 15 km dahinter hat man die Nordflanke des Ruwenzoris umrundet, und die schmale Piste führt steil hinunter ins Semliki-Tal. Von hier aus bieten sich faszinierende Blicke über das Tal, den Bwamba Forest und die Ausläufer des regenwaldbestandenen Kongobeckens. Auch die heißen Quellen und ihre Dampffahnen sind aus der Vogelperspektive erkennbar.

Um die herrlichen Blicke von dieser Strecke voll auskosten zu können, sollten Sie nach Möglichkeit mit einem eigenen Fahrzeug anreisen. Es fahren allerdings auch täglich mehrere Pickup-Matatus von Fort Portal nach Bundibugyo und sogar ein täglicher Bus von Kampala über Fort Portal nach Bundibugyo, die aber an der spektakulären Landschaft vorbeibrausen.

Informationen

Vgl. auch die Listung der Parkgebühren und sonstiger Gebühren im Kapitel Nationalparks und Wildreservate.

- **Uganda Wildlife Authority (UWA)**
Plot 3 Kintu Road, Nakasero, PO Box 3530, Kampala, Tel. 041-346287/8/0, Fax 041-346291, E-Mail: uwa@uwa.or.ug, Internet: www.uwa.or.ug. Aktuelle Sicherheitshinweise zum Park und Hinweise zur Anreise.
- **Besucherzentrum Sempaya („Hot Springs Office")**
Hier erhalten Sie Infos zum Park bzw. zu möglichen Aktivitäten und können Führer für kurze Waldwanderungen zu den Hot Springs oder Trekkingtouren im Park finden.
- **Park Headquarter in Ntandi**
Aktuelle Informationen zum Park. Führer für Touren zum Semliki River können hier organisiert werden.

Unterkünfte

- **In Bumaga,** gut 3 km vom Sempaya Park Gate entfernt, gibt es **einfache Bandas** der Parkverwaltung innerhalb des Nationalparks mit einer angeschlossenen Kantine.
- **In Bundibugyo** (ca. 12 km von Sempaya entfernt) stehen **einfache Hotels und Guest Houses** bereit.

Camping

- 200 m oberhalb der Parkstation in Sempaya am Rand des Waldes liegt ein privater **Tourist Campsite** mit Toiletten und überdachtem Picknickplatz. Feuerholz wird bereitgestellt, Wasser bekommen Sie von der Parkstation. Ein Pygmäe bewacht das Gelände nachts für 1 Euro. Pro Person kostet die Übernachtung 2 Euro, für ein Fahrzeug ist nochmals umgerechnet 1 Euro fällig.
- **In Bumaga** bietet die Parkverwaltung einen **einfachen Campsite** innerhalb des Nationalparks.
- Bei längeren Touren **innerhalb des Parks** können Sie **am Semliki-Fluss** zelten.

Essen und Trinken

An der **Besucherstation Sempaya** sind Getränke wie Bier und „Sodas" erhältlich. Essen müssen Sie selber mitbringen. **In Bumaga** gibt es eine einfache Kantine, die von Parkangestellten betrieben wird. **In Ntandi** bekommen Sie einfache Lebensmittel (z.B. Reis) und Getränke. Der kleine Ort **Bundibugyo** hat ein etwas besseres Angebot. Bei einem längeren Aufenthalt sollte man genügend zu essen aus **Fort Portal** mitbringen.

Bundibugyo

↗ XII, A2

Die Bevölkerungszahl der kleinen Ortschaft Bundibugyo am Nordwestrand des Ruwenzorimassivs hat sich in den Jahren der Rebellenaktivität der ADF (= Allied Democratic Forces) zwischen 1997 und 2001 durch den **Zustrom von Flüchtlingen** deutlich erhöht. Nach 2001 hat sich die Sicherheitslage in der Region entspannt. Seit 2003 sind 1–2 Tage dauernde Besteigungen des landschaftlich spektakulären **Karangoro Peak** (3044 m) am Nordwestrand des Ruwenzorimassivs möglich. Ausgangspunkt ist die kleine Ortschaft **Kazingo** südlich von Bundibugyo (weitere Informationen über UWA). Von Kazingo aus können Sie auch eine Ruwenzori-Überschreitung durchführen. Man trifft dabei nahe der Bigo Hut auf den klassischen Central Circuit Trail und steigt nach Nyakalengija hin ab. Die genehmigungspflichtige Tour muss im Expeditionsstil durchgeführt werden und erfordert eine sehr gute Vorbereitung in Rücksprache mit der ugandischen Naturschutzbehörde UWA.

Unterkunft

Bundibugyo verfügt über einfache Hotels und Guest Houses sowie eine dörfliche Lebensmittelversorgung. Das relativ neue **Vanilla Hotel** (Kategorie D) bietet saubere Zimmer und ein brauchbares Restaurant, deutlich älter und einfacher ist das **Picfare Hotel** (Kategorie E). Noch immer ist der Ort nicht an das ugandische Stromnetz angeschlossen.

Verkehrsverbindungen

Zwischen Bundibugyo und Fort Portal verkehren täglich ein **Bus** mit Weiterfahrt nach Kampala sowie **Pickup-Matatus.**

uga_232 Foto: cl

Fischer am Lake Albert

Hoima

VI, B3

Hoima (1160 m), eine Kleinstadt mit ca. **10.000 Einwohnern,** gilt als **Zentrum der Banyoro.** Die Stadt liegt 198 km nordöstlich von Fort Portal bzw. 56 km südwestlich von Masindi. Nach Kampala sind es 203 km auf schlechter Piste. Es gibt keine besonderen Attraktionen in Hoima, lohnenswert sind in der Umgebung allein die Blicke über die Gebirgsmassive am Rande des Zentralafrikanischen Grabenbruchs und den Albertsee. Dazu müssen Sie allerdings auf Pisten nach Butiaba am Ufer des Sees fahren. An dieser Strecke befinden sich auch **heiße Quellen** („Hot Springs").

4 km außerhalb von Hoima an der Straße nach Masindi liegen die **Mparo Tombs,** in denen der König der Banyoro, *Kabalega,* und sein Sohn *Tito Wimyi* 1923 bzw. 1971 begraben wurden.

Anreise und Weiterreise

Matatus nach Masindi (1,50 Euro) und nach Fort Portal. Die Strecke nach Fort Portal ist sehr schlecht und nach heftigem Regen nur mit modernen Allradfahrzeugen passierbar. Häufig müssen Sie auf halber Strecke in Kagadi das Matatu wechseln. Mehrmals wöchentlich verkehren auch direkte **Busse** nach Fort Portal bzw. Masindi. Nach Butiaba am Lake Albert verkehren mehrmals täglich **Pickup-Sammeltaxis.**

Vorwahl von Hoima: 0465

Unterkünfte und Hotels

Kategorie C

- **African Village Guest Farm**
PO Box 230, Mobiltel. 077-474971. Gartenähnliche Anlage mit Cottages und Bandas, ca. 10 Min. außerhalb Hoimas im Westen an der St. Peter's Anglican Cathedral gelegen (ausgeschildert). Restaurant. Bewachter Parkplatz.

Kategorie D

- **Kolping House**
PO Box 76, Butiaba Street, Tel. 40167, Fax 40313. Exzellente, kirchlich geführte Unterkunft der Uganda Kolping Society. Gartenähnliche Anlage mit empfehlenswertem Restaurant. Bewachter Parkplatz.

Kategorie E

- **Nsamo Hotel**
PO Box 131, Fort Portal Road. Zimmer mit Bad/WC. Restaurant. Zentral gegenüber der Busstation gelegen. Einfaches und sauberes Hotel.

Restaurants und Bars

- Das **Restaurant des Kolping House** bietet hervorragende Küche, u.a. frische Fischgerichte.
- Das **Nsamo Hotel** hat ein brauchbares Restaurant und eine kleine Bar.
- Afrikanisches Essen und gegrillte Fleischspieße gibt es in der **Ebony Bar.**

Masindi

↗VI, B3

Die Kleinstadt Masindi (1149 m) hat ca. **20.000 Einwohner** und liegt 254 km nordöstlich von Fort Portal bzw. 56 km nordöstlich von Hoima. Nach Kampala sind es 217 km (zunächst ca. 40 km auf guter Piste, der Rest dann auf Asphalt). Weiter nördlich bis Gulu sind es 178 km. Masindi ist ein **Zentrum des Tabakanbaus,** besitzt als Stadt jedoch keine nennenswerten Reize. Lohnenswert ist in der Umgebung allein die sehr abwechslungsreiche Landschaft. Auf der Fahrt zum **Fischerdorf Butiaba,** einem ehemaligen Baumwollhafen am Ufer des Lake Albert, bieten sich sehr schöne Blicke über die Gebirgsmassive am Rand des Zentralafrikanischen Grabens und den viertgrößten See Ostafrikas. Ca. 40 km westlich von Masindi liegt der **Budongo Forest,** der als eines der größten und besterhaltenen Regenwaldgebiete Ostafrikas gilt. An den Stationen „Busingiro" und „Kaniyo Pabidi" starten jeden Tag Führungen zu habituierten (an Menschen gewöhnte) Schimpansengruppen (siehe Budongo Forest Reserve). Masindi ist auch der Ausgangspunkt für Fahrten in den nördlich gelegenen (92 km bis Paraa) Murchison Falls National Park (s.u.).

Anreise und Weiterreise

Nach Kampala verkehren täglich **Busse** (Abfahrt frühmorgens), die 4–5 Std. für die gut 200 km benötigen (Fahrpreis 3 Euro). Der empfehlenswerte EMS Post Bus verlässt Masindi gegen 7.30 Uhr am Postamt (Fahrpreis 4 Euro). Nach Gulu verkehren **Matatus** (Minibusse). Nach Hoima und nach Fort Portal gibt es Minibusse und **Pickup-Matatus.** Auf dieser Strecke verkehren auch regelmäßig Busse. Die Straße nach Fort Portal ist ab Hoima sehr schlecht und nach heftigem Regen nur mit modernen Allradfahrzeugen passierbar. Nach Butiaba am Lake Albert verkehren mehrmals täglich **Pickup-Sammeltaxis.**

Für **Fahrten in den Murchison Falls NP** brauchen Sie in jedem Fall ein eigenes Fahrzeug, mit viel Glück bekommt man eine Mitfahrgelegenheit bei anderen Touristen. Seit 2003 wird von den Betreibern des Red Chilli Rest Camp in Paraa (Mobiltel. 077-509150, E-Mail: chilli@infocom.co.ug, Internet: www.redchillihideaway.com) ein Zubringerservice zum Camp ab Masindi angeboten (Fahrpreis 5 Euro pro Person, mindestens 20 Euro pro Fahrzeug, Abfahrt am Restaurant Traveller's Corner in Masindi, Mo und Sa um 15 Uhr).

Zum Budongo Forest Reserve müssen Sie eines der Matatus nach Butiaba nehmen und in Busingiro aussteigen.

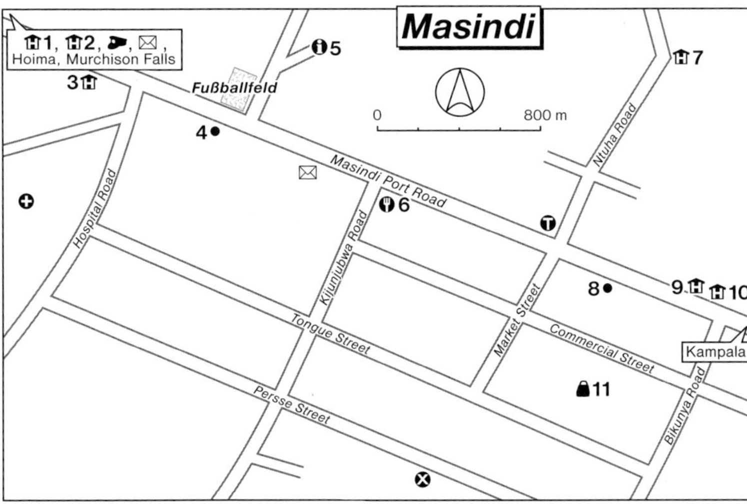

- 1 Court View Hotel
- 2 Masindi Hotel
- 3 Court View
- 4 Town Council
- 5 Murchison Falls NP Tourist Office
- 6 Traveller's Corner
- 7 Kolping House
- 8 Western Rift Valley Tours
- 9 Aribus Guest House
- 10 Alinda Guest House
- 11 Markt
- Tankstelle
- Taxi Park
- Post
- Polizei
- Krankenhaus

Vorwahl von Masindi: 0465

Informationen

- Das **Informationszentrum für die Murchison Falls Conservation Area** (PO Box 455, Masindi, Tel. und Fax 20428, E-Mail: mfnp@uwa.or.ug) liegt hinter den Gebäuden der Stadtverwaltung, unweit des Postamts (ausgeschildert). Das freundliche Personal hilft bei der Organisation von Fahrten in den Murchison Falls National Park und in den Budongo Forest.

Unterkünfte und Hotels

Kategorie B

- **Masindi Hotel**

PO Box 11, 28/34 Butiaba Road, Tel. und Fax 20023. Zimmer mit Bad/WC. Restaurant und Bar. Bewachter Parkplatz. Ca. 1 km außerhalb der Stadt in Richtung Murchison Falls NP. Ehemaliges Hotel der staatlichen Uganda Hotels-Kette mit nostalgischem Flair, inzwischen komplett geschmackvoll renoviert. Sehr geräumige Zimmer.
E-Mail: masindihotel@africaonline.co.ug

Kategorie C

- **Court View Hotel**

Nyanga Road, Tel. 20461. Zimmer mit Bad/WC. Restaurant und Bar. Eigener Parkplatz. Ca. 200 m westlich des Postamtes gelegen. Angenehmes Hotel mit 15 rustikalen Rundhütten. Freundliches Personal.

Kategorie D

- **Kolping House**

Ntuha Road, Mobiltel. 077-463203. Kirchlich geführte Unterkunft der Uganda Kolping Society. Relativ neue Anlage am Ortsrand mit Restaurant. Bewachter Parkplatz.

- **Alinda Guest House**

Masindi Port Road. Zentral gelegen. Saubere Zimmer mit Moskitonetzen. Freundliches Personal.

Kategorie E

- **Hotel Aribas**

Tel. 27472. Zentrum. Neben dem Alinda Guest House. Einfach. Gemeinschaftsbad mit kalten Duschen.

Restaurants und Bars

- **Traveller's Corner** in Masindi (Zentrum, an der Hauptstraße) ist sicherlich der Geheimtipp unter Ugandas günstigen Restaurants. Serviert werden europäische Köstlichkeiten wie Pizza, Lasagne und Spaghetti sowie vorzügliche Fisch- und Fleischgerichte. Die Küche ist tadellos sauber.
- Das **Masindi Hotel** und das **Court View Hotel** haben brauchbare Restaurants und eine angenehme Bar.
- Afrikanisches Essen gibt es in **mehreren kleinen Restaurants** nahe der Bus- und Matatustation.

Reiseagentur und Mietwagenverleih

- **Western Rift Valley Tours**

PO Box 213, Masindi Port Road, Mobiltel. 077-637493, Fax 20411. Ugandische Reiseagentur, die Fahrten in den Murchison Falls NP und in den Budongo Forest ab Masindi organisiert. Ein normaler Leihwagen ist für 55 US-$ pro Tag (ab 2 Tagen Mietdauer deutliche Rabatte) zu bekommen, auch ein Geländewagen für 85 US-$ pro Tag kann verliehen werden.

Ziwa Rhino Sanctuary

↗ VII, C3

Das früher weit verbreitete **Spitzmaulnashorn** und die nördliche Unterart des **Breitmaulnashorns** gelten in Uganda heute als ausgerottet. Im Jahr 2000 wurde ein Projekt begonnen, das die Wiedereinführung beider Nashornarten in Uganda vorsieht. Diese sollen auf einer 80 km² großen „Rhinozeros-Farm" in Ziwa (ca. 50 km östlich von Masindi unweit des Ortes **Nakitoma** an der Asphaltstraße nach Kampala gelegen), dem Ziwa Rhino Sanctuary, gezüchtet werden, um sie dann später im Kidepo Valley NP und im Murchison Falls NP auszuwildern. Die Farm wird mit einem speziellen Elektrozaun gesichert sein und eine touristische Einrichtung für Besucher aufweisen (schöne Bandas an einem Teich). Aktuelle Informationen sind über den Rhino Fund Uganda, PO Box 71020, Kampala, Mobiltel. 077-713410, E-Mail: info@rhinofund.org, Internet: www.rhinofund.org, erhältlich.

Budongo Forest Reserve

↗ VI, B3

Der ca. 825 km² große Budongo Forest westlich von Masindi gilt als **eines der größten und besterhaltenen Regenwaldgebiete in Ostafrika.** Neben mehreren anderen Primatenarten beherbergt der Wald ca. 800 **Schimpansen.** An den Stationen „Busingiro" und „Kaniyo Pabidi" starten zweimal am Tag Führungen zu mittlerweile fünf an Menschen gewöhnte Schimpansengruppen, deren Habituierung durch ein von der Europäischen Union, der GTZ und USAid finanziertes Projekt seit 1992 möglich wurde. Die frühmorgendlichen Führungen (man startet am besten schon bei Sonnenaufgang) sind für das Schimpansen-Tracking günstiger, da man die Tiere durch ihr morgendliches Rufen besser lokalisieren kann.

Die Chancen, die Schimpansen wirklich zu sehen, liegen bei 80–90%. Bislang kommt man allerdings nur bis auf ca. 20 m an die Tiere heran. Ein **Fernglas** ist daher sinnvoll, ebenso lange Brennweiten für das Fotografieren. Hoch empfindliche Filme sind erforderlich. Sie müssen eine **gute Ausrüstung** (feste Schuhe, Regenjacke und Fernglas, für Übernachtungen auch Schlafsack, Zelt, Kocher und Kochgeschirr etc.) mitbringen.

Busingiro liegt im Herzen des eigentlichen Waldreservats und bietet insbesondere im Gebiet der sog. **Royal Mile,** einer Waldallee gut 14 km vom Besucherzentrum entfernt, hervorragende Beobachtungsmöglichkeiten für bestimmte Vogelarten (z.B. seltene Kingfisher), während **Kaniyo Pabidi** eine weiter nördlich gelegene, isolierte Waldinsel ist, in der man besonders viele (bis über 500 Jahre) alte **Mahagonibäume** findet. In beiden Gebieten ermöglicht ein exzellentes Wegesystem eine zügige Annäherung an die Schimpansen und andere Affen. Die Führer sind sehr sachkundig und können z.B. viele Vogelarten anhand des Gesanges identifizieren. Im Budongowald gibt es mehrere von der lokalen Bevölkerung medizinisch genutzte Baumarten. Diese werden auf den Führungen ebenfalls vorgestellt. Die mehr als 2000 Elefanten, die früher im Wald lebten, sind in den 1970er und 1980er Jahren fast alle gewildert worden. Der Restbestand ist in den nahe gelegenen Murchison Falls NP abgewandert.

Informationen

- **Budongo Forest Ecotourism Project**
c/o Nyabyeya Forestry College, Private Bag, Masindi, Mobiltel. 077-616747, Fax 0465-20411. Informationen zum Schutzprojekt.
- **Busingiro Ecotourism Site**
Busingiro liegt 40 km westlich von Masindi an der Straße nach Butiaba und zum Lake Albert. Es ist mit Matatus von Masindi aus zu erreichen. Täglich verkehrt auch ein Bus auf dieser Strecke.
- **Kaniyo Pabidi Ecotourism Site**
Südlich des Murchison Falls NP (an der Strecke Masindi – Paraa) 29 km von Masindi entfernt gelegen. Es handelt sich bei Kaniyo Pabidi um einen isolierten Block des Budongowaldes mit besonders vielen alten Bäumen. Öffentlichen Transport gibt es auf dieser Strecke keinen. Manchmal bekommt man eine Mitfahrgelegenheit bei Touristen, die auf dem Weg zum Murchison Falls National Park sind.

Gebühren

Die Gebühren für den Reservatseintritt liegen bei 5 Euro (morgendliche Exkursion) bzw. 6 Euro (Nachmittagsführung, jeweils inklusive Führer). Besucher von Kaniyo Pabidi müssen prinzipiell auch den Parkeintritt für den Murchison Falls NP (20 US-$ pro Person) entrichten.

Unterkünfte und Camping

- In Busingiro und in Kaniyo Pabidi stehen **Campingplätze** mit Toiletten und Tischen zur Verfügung (Campinggebühr 2 Euro) sowie **einfache Bandas** (Preise je nach Qualität zwischen 6 und 12 Euro).
- Das **Nyabyeya Forestry College Guest House** (Kontakt über Mobiltel. 077-496700) in Busingiro, ca. 2 km von der Royal Mile entfernt, verfügt über einfache Zimmer der Kategorie D.

Essen und Trinken

Es sind keine Lebensmittel, aber Getränke („Sodas", manchmal Bier) an den Stationen erhältlich. Das beste Lebensmittelangebot für den Einkauf in der Nähe bietet Masindi.

Murchison Falls National Park (MFNP)

↗ VI/VII

Überblick

Der 3877 km² große Murchison Falls National Park (MFNP) wurde 1952 geschaffen, um die sehr tierreiche Savannenlandschaft an den Murchison-Fällen des Viktoria-Nils zu schützen. Der Park verdankt seine Existenz vor allem einer **Epidemie der Schlafkrankheit** in der Region zu Beginn des 20. Jahrhunderts, wodurch ein Gebiet von damals insgesamt 13.000 km² evakuiert werden musste und lange Zeit menschenleer blieb. Aus den später gegründeten Wildschutzgebieten gingen der Nationalpark und die angrenzenden **Wildlife Reserves Bugungu** und **Karuma** hervor. Der Komplex des Schutzgebiets von MFNP, der angrenzenden Wildlife Reserves und des benachbarten Teils des Budongo Forest wird als **Murchison Falls Conservation Area** (MFCA) bezeichnet.

Die namengebenden **Murchison Falls** liegen im Westteil des Parks. Der **Viktoria-Nil** zwängt sich hier durch eine 7 m breite Schlucht und stürzt 43 m in die Tiefe. Der Nil teilt den Park in zwei Hälften, wobei der südliche Abschnitt zwar wesentlich größer als der nördliche Teil ist, aber weniger Tiere aufweist. Beide bestehen aus offenem Grasland und verbuschender Savannenlandschaft, die durch viele Hügel sehr abwechslungsreich erscheint. Im Südosten des Parks liegt der **Rabongo Forest,** ein tropischer Feuchtwald mit zahlreichen Eisenbäumen. Der etwa 50 bis 100 m breite Nil ist häufig von kleinen Feuchtgebieten umgeben. Im Westen grenzt der Park an den Albertsee. Der Viktoria-Nil bildet bei der Mündung in den See ein kleines, sehr vogelreiches Delta. **Kaniyo Pabidi,** eine Waldinsel des Budongo Forest, liegt südlich des Parks und kann über die Piste von Masindi nach Paraa erreicht werden (siehe Budongo FR).

Der Park lässt sich mit Allradfahrzeugen auch während der Regenzeiten erreichen, ist dann aber nur eingeschränkt befahrbar. Kommen Sie daher lieber in der trockenen Zeit von Juni bis September oder Dezember bis März. Bringen Sie auf jeden Fall ein gutes **Mückenschutzmittel** mit. Ein **Fernglas** sollte ebenfalls nicht fehlen.

Tier- und Pflanzenwelt

Insbesondere der Murchison Falls NP ist von der heftigen **Wilderei** in den 1970er und 1980er Jahren betroffen gewesen. Die ehemals guten Vorkommen des Spitzmaulnashorns und der nördlichen Unterart des Breitmaulnashorns sind seit 1983 komplett vernichtet. Seit vielen Jahren versucht ein **Projekt der deutschen GTZ** (Gesellschaft für technische Zusammenarbeit, PO Box 10346, Kampala, Tel. 041-236178, Fax

Blick über den Nil in der Dämmerung
(unterhalb der Murchison Falls)

uga_239 Foto: cl

041-234685, Internet: www.gtz.de), das **Murchison Falls National Park Rehabilitation Project,** eine effiziente Reorganisation des Parks mit wirksamer Kontrolle der Wilderei und konsekutiver Erholung der Wildtierbestände zu erreichen.

Das Gros der verbliebenen Tiere lebt im Nordteil des Parks. Der vor 1970 noch mehr als 12.000 Tiere umfassende Bestand an **Elefanten** ist auf ca. 1500 Individuen geschrumpft. Der Bestand scheint sich jedoch wieder zu erholen. Kleine Herden von Kaffernbüffeln, Uganda-Kobs und Jackson's Kuhantilopen sind verbreitet. Der MFNP beherbergt auch noch einen größeren Bestand der **Rothschildgiraffe** (229 Tiere wurden im Jahr 2002 gezählt). An den Ufern des Nils sind Defassa-Wasserböcke und Oribis häufig. Seltener und eher versteckt lebend sind Buschbock, Bohor-Riedbock, verschiedene Duckerarten und die scheue **Sitatunga-Antilope.** Neben dem Warzenschwein kommt das Pinselohrschwein vor. Die großen Raubtiere **Löwe** und **Leopard** sind selten geworden, haben aber gesicherte Bestände. Die Tüpfelhyäne ist etwas verbreiteter. Am Viktoria-Nil kann man **Krokodile** und **Flusspferde** in stattlichen Beständen beobachten. Es kommen sechs Primatenarten im Park vor. Der Rabongo Forest beherbergt eine kleine **Schimpansenpopulation.**

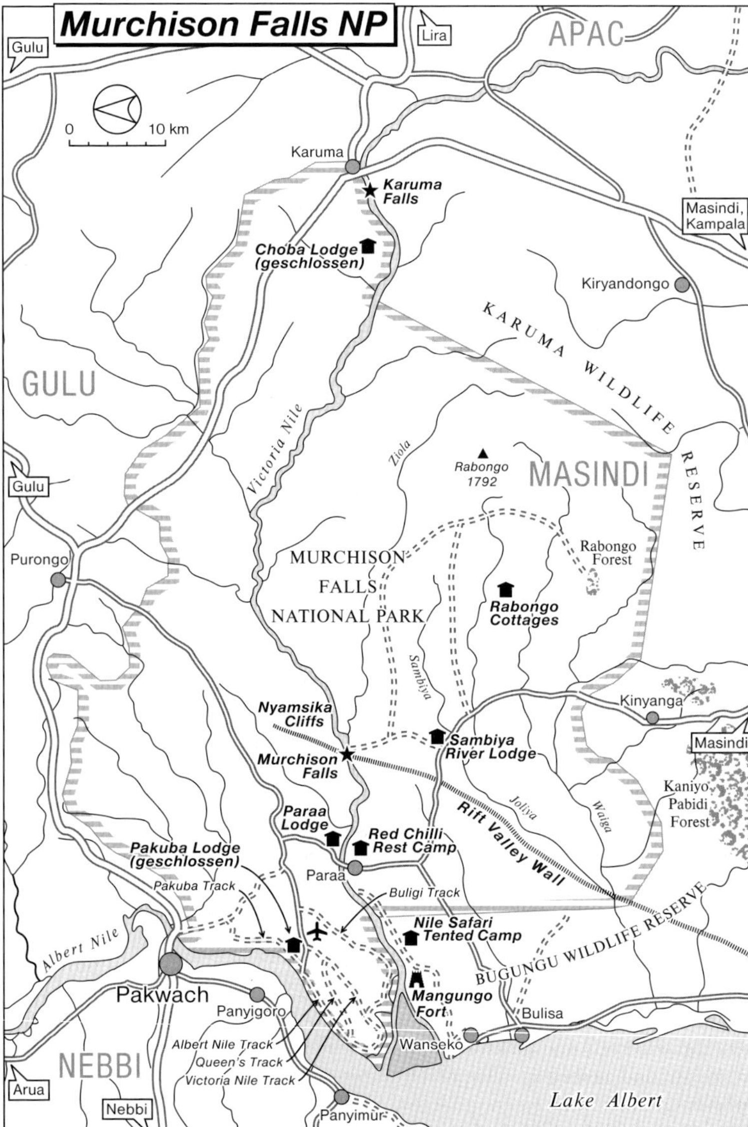
Murchison Falls NP
Gulu
Lira
APAC
0
10 km
Karuma
Karuma Falls
Choba Lodge (geschlossen)
Masindi, Kampala
Kiryandongo
KARUMA WILDLIFE RESERVE
GULU
Victoria Nile
Ziola
Rabongo 1792
MASINDI
Gulu
Purongo
MURCHISON FALLS NATIONAL PARK
Rabongo Forest
Rabongo Cottages
Sambiya
Kinyanga
Nyamsika Cliffs
Murchison Falls
Sambiya River Lodge
Masindi
Kaniyo Pabidi Forest
Joliya
Waiga
Rift Valley Wall
Paraa Lodge
Red Chilli Rest Camp
Pakuba Lodge (geschlossen)
Paraa
Pakuba Track
Buligi Track
Nile Safari Tented Camp
BUGUNGU WILDLIFE RESERVE
Albert Nile
Pakwach
Panyigoro
Mangungo Fort
Bulisa
Wanseko
Albert Nile Track
Queen's Track
Victoria Nile Track
NEBBI
Arua
Nebbi
Panyimur
Lake Albert

Mehr als 420 **Vogelarten** sind registriert. Beim Launch-Trip auf dem Nil kann man zahlreiche Wasservögel beobachten, unter anderem den farbenprächtigen Sattelstorch, mehrere Kingfisherarten, Schreiseeadler, Goliathreiher und sogar den seltenen Schuhschnabelstorch. Auch sehr seltene Arten wie der Rotkehlspint sind zu sehen.

Aktivitäten im Park

Game Drives sind vor allem im Nordsektor lohnenswert. Vor Fahrten in der Region nördlich des Nils sollte jedoch am Park Headquarter in Paraa die aktuelle Sicherheitssituation geklärt werden, da es in den vergangenen Jahren immer wieder Überfälle von regierungsfeindlichen Rebellen der LRA (= Lord's Resistance Army) gegeben hat. Der **Buligi Circuit** führt von Paraa zum Austritt des Albert-Nils aus dem gleichnamigen See. Auf dem **Wankwar Drive** hat man gute Chancen, Löwen zu sehen. Eine kleine Piste zweigt zum **Nyamsika Cliff** ab, von wo sich sehr gute Aussichten auf die tierreiche Niederung des **Nyamsika River** bieten.

Im Südteil des Parks lohnt ein Abstecher zum **Rabongo Forest** (1½ Std. ab Paraa). Dort werden inzwischen auch **geführte Wanderungen** angeboten, auf denen man verschiedene Primatenarten, u.a. Schimpansen (bislang keine Habituierung), beobachten kann.

Wer ohne eigenes Fahrzeug anreist, kann sich bei der Parkverwaltung in Paraa nach einem **Fahrzeug** der Parkverwaltung **mit Fahrer** erkundigen (übliche Gebühr: 800 USh pro gefahrenem Kilometer) oder **organisierte Game Drives** im Red Chilli Rest Camp buchen (12 Euro pro Person, mindestens 50 Euro pro Fahrzeug).

Der Höhepunkt eines Aufenthalts im MFNP ist zweifelsohne der **Launch Trip auf dem Viktoria-Nil** flussaufwärts bis zu den Murchison-Fällen. Täglich um 9 Uhr und um 14 Uhr startet das moderne Besucherboot **ab Paraa** (Gebühr ca. 10 Euro pro Person, zahlbar in USh). Auf der 17 km langen Strecke zu den Fällen kann man neben zahlreichen Wasservögeln vor allem riesige Nilkrokodile und große Flusspferdherden sehen. In der Regel wird auf einer sumpfigen Nilinsel auch der seltene Schuhschnabelstorch beobachtet. Elefanten kommen besonders um die Mittagszeit zum Trinken an den Fluss. Wenn Sie bei der Abfahrt in Paraa eine entsprechende Absprache getroffen haben, hält das Boot einige Zeit direkt unterhalb der Fälle und Sie können mit einem Führer zu einem oberhalb gelegenen Aussichtspunkt aufsteigen. Die Gesamtdauer des Trips beträgt etwa 3 Std.

Es ist auch möglich, in einigen Parkabschnitten zu **angeln.** Insbesondere Nilbarsche, Tilapia, große Welse und Tigerfisch locken in den sehr fischreichen Gewässern. Für die beliebte Sportfischerei werden von der Parkverwaltung Gebühren berechnet (Tagespermit 50 US-$ p.P., 4-Tage-Permit 75 US-$ p.P., Jahrespermit 300 US-$ p.P.).

Anreise

Das **Park Headquarter in Paraa** liegt 92 km nördlich von Masindi. Von Kampala bis nach Paraa sind es 309 km. Der MFNP ist von Masindi aus über zwei Zufahrten („Gates") erreichbar. Die **Route über Butiaba und Bulisa** ist landschaftlich spektakulär, da sie auf den Berghängen an der Ostflanke des Lake Albert entlangführt und sehr gute Aussichtspunkte über den See und die angrenzenden Bergketten in der DR Kongo bietet. Sie ist jedoch länger (Entfernung Masindi – Bulisa – Paraa: 136 km) und der Pistenzustand ist teilweise schlecht. Die Einfahrt in den Park erfolgt über das **Bugungu Gate.** Die direkte Piste führt über das **Wairingo Gate** in den Park (Entfernung Masindi – Paraa: 92 km). Beide Pisten sind nach starken Regenfällen nur mit Allradfahrzeugen befahrbar. Der nördliche Parksektor ist über das **Wangkwar Gate** von Gulu und Pakwach aus erreichbar. Diese Anreise ist derzeit aufgrund der instabilen Sicherheitslage in Norduganda nicht zu empfehlen. Alternativ ist der Nordteil auch über die Nil-Fähre (gebührenpflichtig) bei Paraa erreichbar.

Für **Reisende ohne eigenes Fahrzeug** wird von den Betreibern des Red Chilli Rest Camp in Paraa (Mobiltel. 077-509150) ein Zubringerservice ab Masindi angeboten (Fahrpreis 5 Euro pro Person, mindestens 20 Euro pro Fahrzeug, Abfahrt am Restaurant Traveller's Corner in Masindi, Mo und Sa um 15 Uhr).
E-Mail: chilli @infocom.co.ug,
Internet: www.redchillihideaway.com

Informationen

Vgl. auch die Listung der Parkgebühren und sonstiger Gebühren im Kapitel Nationalparks und Wildreservate.

- **Uganda Wildlife Authority (UWA)**
Plot 3 Kintu Road, Nakasero, PO Box 3530, Kampala, Tel. +256-41-346287/8/0, Fax +256-41-346291, E-Mail: uwa@uwa.or.ug, Internet: www.uwa.or.ug. Allgemeine Informationen zum Park, zur Sicherheitslage nördlich des Nils und zur Anreise.
- **Park Information Centre Masindi**
PO Box 455, Masindi, Tel. und Fax 20428, E-Mail: mfnp@uwa.or.ug. Das freundliche Personal hilft bei der Organisation von Fahrten in den Murchison Falls NP und in den Budongo Forest ab Masindi.

Hemingway an den Murchison Falls

Als ein Weihnachtsgeschenk an seine Frau *Mary* organisiert *Ernest Hemingway* Ende 1953 einen Rundflug vom Wilson Airport in Nairobi nach Westuganda und in den Belgisch-Kongo. Geflogen von dem befreundeten Piloten *Roy Marsh,* brechen sie am 23. Januar 1954 von Entebbe mit einer Cessna 180 zum Südende des Lake Albert auf, steuern entlang der Uferlinie weiter nach Norden, um schließlich dem Viktoria-Nil bis zu den Murchison Falls zu folgen. Gegen 1 Uhr nachmittags kreist die Maschine mehrmals über den Fällen, um Hemingways Ehefrau Mary gute Luftaufnahmen der Fälle zu ermöglichen. Dabei touchiert die Maschine einen Telegrafenmast, so dass das Propellerblatt, das Höhenruder der Maschine und die Antenne der Funkanlage beschädigt werden. Der Pilot Roy Marsh kann die Maschine jedoch abfangen und bewerkstelligt eine erfolgreiche Notlandung im Busch. Später wird Hemingway behaupten, die Maschine sei in einen fliegenden Trupp Heiliger Ibisse geflogen, um seinem Freund Marsh den Vorwurf fliegerischer Nachlässigkeit zu ersparen.

Nachdem Marsh die Antenne der Funkanlage wieder funktionstüchtig gemacht hat, sendet er mehrere Notrufe. Niemand antwortet. Der Pilot einer den Park auf dem Weg nach Europa überfliegenden Maschine ortet zufällig das Wrack, ohne jedoch Personen auszumachen. Er meldet das Flugzeug als abgestürzt, ohne Anhaltspunkt für Überlebende. Bereits am nächsten Tag verbreiten die Zeitungen in der Welt, Hemingway sei bei einem Flugzeugabsturz in Westuganda ums Leben gekommen.

Die Hemingways und Marsh schlagen unterdessen ein einfaches Zeltlager im Busch auf. Die einzige Flasche Wasser wird rationiert, ebenso vier Flaschen Carlsberg-Bier und eine Flasche schottischen Whiskys. Umgeben von Elefanten, verbringen die drei eine kühle Nacht am Lagerfeuer. Am nächsten Morgen werden sie auf das Signalhorn eines überraschend am Nilufer anlegenden Schiffes aufmerksam. Die SS Murchison mit Heimathafen Butiaba am Albertsee ist von einem in Kampala praktizierenden Chirurgen, *Dr. McAdam,* anlässlich der Goldenen Hochzeit seiner Schwiegereltern für eine Fahrt auf dem Nil bis zu den Murchison-Fällen gechartert worden. Die drei verschollen Geglaubten gelangen an Bord und fahren mit dem Schiff zurück nach Butiaba. Hemingway soll während der Bootsfahrt mit der SS Murchison vom Bootsführer zu einem exorbitanten Preis eine Flasche Gordon's Dry Gin, seinem persönlichen Allheilmittel in Afrika, erstanden haben.

In Butiaba warten bereits ein Polizeioffizier aus Masindi und Flugkapitän *Reginald Cartwright* vom Wilson Airport aus Nairobi auf die Gestrandeten. Cartwright überredet die Hemingways und Marsh, noch am gleichen Abend mit ihm in seiner Maschine zurück nach Entebbe zu fliegen, wo bereits die Presse auf Hemingway wartet. Sie benutzen dafür einen nahe gelegenen Airstrip (= Luftlandestreifen), den zwei Jahre vorher die Filmcrew des Klassikers „The African Queen" angelegt hat für Drehaufnahmen auf dem Lake Albert und dem Viktoria-Nil. Die Startbahn ist mittlerweile verbuscht und durch die tropischen Niederschläge mit wellblechartig verhärtetem Untergrund reich gesegnet. Während des Starts kommt die Maschine ins Trudeln und fängt schließlich Feuer. Alle Insassen können rechtzeitig aus dem brennendem Flugzeug entkommen, allein Hemingway passt nicht durch die schmale Notausstiegsluke und muss stattdessen eine Flugzeugtür eintreten, um den Flammen zu entrinnen. Das gesamte Gepäck inklusive der persönlichen Papiere und 30 belichteter Filmrollen verbrennt. Polizeioffizier *Williams* bringt die erneut Gestrandeten später ins Masindi Railway Hotel. Am nächsten Morgen unterziehen sich alle vier einer ärztlichen Untersuchung und versenden mehrere „Überlebenstelegramme". Roy Marsh treibt einen alten Ford Zephyr auf, mit dem die Gruppe zurück nach Entebbe reisen kann. Bevor die Hemingways am 28. Januar 1954 nach Nairobi zurückkehren, erholen sie sich noch einige Tage im komfortablen Lake Victoria Hotel in Entebbe, wo sie auch Gepäck zurückgelassen hatten.

Im Oktober des gleichen Jahres erhält Ernest Hemingway den Nobelpreis für Literatur zuerkannt. Seine später veröffentlichte Erzählung „True at first light" beschreibt die Ereignisse des Januars 1954. Pilot Roy Marsh findet sich darin in der Figur des „Willie" wieder.

uga_243 Foto: cl

•Park Headquarter
Das Herz des MFNP ist die kleine Siedlung **Paraa** an den Ufern des Nils im Westen des Parks, wo sich neben dem Park HQ die Unterkünfte der Wildhüter, die Paraa Safari Lodge und das Red Chilli Rest Camp befinden. Die Launch-Trips auf dem Nil zu den Murchison-Fällen starten von hier. Eine kleine Fähre verbindet die beiden durch den Nil getrennten Parkteile (siehe Anreise).

Gebühren

Für die **Querung des Nils** im MFNP mittels Fähre fallen folgende Gebühren an (Ferry Crossing Fee):
- Busse und LKW: 60.000 USh
- Pick-ups, Minibusse: 30.000 USh
- Gewöhnliche PKW: 20.000 USh
- Pro Person: 1500 USh

Hotels und Lodges

Im Nordteil des Parks

•Paraa Safari Lodge
Kategorie AA, PO Box 22, Lake Katwe, Tel. 0483-44266, Fax 0483-259399, E-Mail: mweyaparaa@africaonline.co.ug, Internet: www.paraalodge.com. Die während der 1980er Jahre zerstörte und geplünderte Paraa Safari Lodge wurde von der kenianischen Sarova-Gruppe renoviert und 1996 wiedereröffnet. Inzwischen wurde die traditionsreiche Herberge (u.a. übernachtete hier die englische Königin *Elizabeth II.*) von der ugandischen Madhvani-Gruppe übernommen. Sie bietet 54 luxuriöse Zimmer, einen großzügigen Swimmingpool und ein exzellentes Restaurant. Zu Stoßzeiten (Wochenenden/Feiertage) ist eine Vorausbuchung erforderlich.

Im Südteil des Parks

•Nile Safari Tented Camp
Kategorie A, c/o Inns of Uganda, PO Box 2288, Kampala, Tel. 041-258273, Mobiltel. 077-714714, Fax 041-233992. 11 km außer-

Paraa Safari Lodge

uga_244 Foto: cl

halb des Parks an der Straße nach Bulisa gelegen. Komfortable Safarizelte und Holzbandas mit Blick über den Nil. Gutes Restaurant. Nur mit Allradfahrzeugen zu erreichen.
E-Mail: iou@africaonline.co.ug,
Internet: www.innsofuganda.com

- **Sambiya River Lodge & Tented Camp** Kategorie A–B, c/o Afri Tours & Travel, PO Box 5187, Kampala, Tel. 041-233596, Fax 041-344855. Mitten im Park ca. 10 km südlich der Murchison-Fälle am Sambiya River gelegen. Steinerne Cottages bzw. Safarizelte mit Bad/WC. Schöne strohgedeckte Veranda mit gutem Restaurant. Kleiner Swimmingpool. Zwar fehlt der Blick über den Nil, doch ist die angenehme Atmosphäre wie geschaffen für einige Tage unbekümmerter Zerstreuung. E-Mail: afritour@africaonline.co.ug
- Das einst von der Parkverwaltung geführte Paraa Rest Camp wurde inzwischen privatisiert und in **Red Chilli Rest Camp** umbenannt (Kategorie D, c/o Red Chilli Hideaway Hostel & Campsite, Kampala, Tel. 041-223903, Mobiltel. 077-509150). Für Reisende ohne eigenes Fahrzeug wird ein Zubringerservice ab Masindi angeboten. Es stehen 14 kleine Rundhütten (Bandas) zur Verfügung, tadellos sauber mit jeweils zwei Betten inkl. Moskitonetz und Gemeinschaftsbad. Zu Stoßzeiten (Wochenenden/Feiertage) ist eine Vorausbuchung über Kampala erforderlich. E-Mail: chilli@infocom.co.ug, Internet: www.redchillihideaway.com
- Die von der Parkverwaltung geführten **Rabongo Forest Cottages** am Rabongo Forest Ecotourism Centre bieten einfache Unterkünfte ohne Restaurant.

Camping

- Es gibt **drei Campingplätze im Park.** Der romantischste von ihnen liegt an den Murchison-Fällen. Einfache sanitäre Einrichtungen und Feuerholz werden bereitgehalten.
- **Am Red Chilli Rest Camp** kann man ebenfalls gegen eine Gebühr zelten und dabei die Einrichtungen des Camps (Duschen, Kantine etc.) nutzen.
- Im Rabongo Forest gibt es einen **Campingplatz am Ufer des Wairingo River.**

Essen und Trinken

Die **Paraa Lodge sowie die genannten Safaricamps** südlich des Nils bieten gute, aber recht teure Buffets auch für nicht übernachtende Tagesgäste. Im **Red Chilli Rest Camp** sind Getränke wie Bier und „Sodas“ erhältlich. Einfache, aber wohlschmeckende Gerichte werden auf Bestellung zubereitet. Selbstversorger finden **in Masindi** ein gutes Lebensmittelangebot.

Der Norden und Nordosten

Über **40% der Landesfläche Ugandas** werden von den **ariden Savannen- und Halbwüstengebieten** des Nordens und Nordostens eingenommen. Die spektakuläre, ausgesprochen sehenswerte Landschaft erhält ihre raue Schönheit durch den Wechsel von Gebirgsmassiven und Inselbergen mit schier endlosen Ebenen.

In den ehemaligen Provinzen West Nile, Northern und Karamoja leben etwa **25% der ugandischen Gesamtbevölkerung.** Die Bewohner gehören verschiedenen nilotischen und sudanesischen Gruppen an (meist Flüchtlinge aus dem bürgerkriegsgeplagten Südsudan). Als besonders ursprünglich lebend und sehr kriegerisch gelten die Karamojong im äußersten Nordosten.

Norduganda gilt seit jeher als das vernachlässigte **Armenhaus des Landes.** Fruchtbare Gebiete gibt es lediglich westlich des Albert-Nils und am Lake Kyoga, wo Baumwolle, Kaffee und Tabak in Form von cash crops angebaut werden. Trockenheit, Erosion, Bürgerkrieg, politische Unbeugsamkeit und daraus resultierende Benachteiligung gehören zu den Hauptgründen für die mangelhafte Entwicklung der gesamten Region.

Schon die Briten sahen im Norden, der mehr Gemeinsamkeiten mit dem Sudan als dem übrigen Uganda hat, vorwiegend ein Reservoir für billige Arbeitskräfte und Soldatenaushebungen.

Ausgetrockneter Kidepo River

uga_247 Foto: cl

Nach der Unabhängigkeit war der Norden Schauplatz ethnischer Auseinandersetzungen zwischen Langi, Teso, Acholi, Karamojong, sudanesischen „Nubiern“ und „West Nilers“. **Kriege,** Plünderungen verschiedener Armeen, Rachefeldzüge, Zwangsrekrutierungen (gerade in Karamoja) und der Zustrom hunderttausender Kriegsflüchtlinge aus dem Sudan führten zu Hungersnöten. Gruppen schwer bewaffneter Viehdiebe („Cattle Rustlers“) suchten vor allem Karamoja und die angrenzenden Distrikte heim und führten untereinander erbitterte Kämpfe. Zuletzt kam es in den Jahren 1999 und 2000 zu erbitterten bewaffneten Auseinandersetzungen um Viehbestände in Karamoja, in deren Folge mehrere hundert Menschen starben. Im Februar 2000 begann die ugandische Regierung ein groß angelegtes **Entwaffnungsprogramm,** um eine dauerhafte Befriedung Karamojas zu erreichen.

Ein positiver Nebeneffekt des Programmes dürfte ein langfristig spürbarer Rückgang der **Wilderei** in der Region sein. Die in der Umgebung von Moroto liegenden **Wildlife Reserves Matheniko, Pian-Upe** und **Bokora** konnen heute bestenfalls mit landschaftlichen Reizen aufwarten. Große Teile der Tierwelt wurden gewildert – ein Resultat der weiten Verbreitung von Handfeuerwaffen in Karamoja.

Die seit Ende der 1970er Jahre schlechte **Sicherheitslage im Norden und Nordosten** hatte sich Mitte der 1990er Jahre vorübergehend entspannt. Ende 1995 wurde nirgends

Dialog – ein Weg zum Frieden in Uganda?

von *Wolfgang Schonecke*, Würzburg, im Oktober 2002

„Dialog ist der einzig mögliche Weg, um unseren Leuten wieder Hoffnung zu geben", sagt *John Baptist Odama*. Der 55 Jahre alte Erzbischof von Gulu, im Norden von Uganda, wird am kommenden Sonntag zur Seligsprechung von zwei jungen Katechisten, der „Martyrer von Paimol", in Rom erwartet. *Daudi Okelo* und *Jildo Irwa* wurden 1918 wegen ihres Glaubens ermordet. Die Seligsprechung wird die Aufmerksamkeit auf das Martyrium des Acholi-Stammes in Norduganda werfen, der seit 15 Jahren in einem kaum beachteten Bürgerkrieg aufgerieben wird. Regierung und Rebellen zeigen wenig Interesse an Gesprächen.

Erzbischof Odama ist Sprecher der Friedensbewegung APRI (Acholi Religious Leaders' Peace Initiative), in der sich katholische, evangelische und orthodoxe Kirchenführer sowie auch Muslime zusammengeschlossen haben, um Regierung und Rebellen an den Verhandlungstisch zu bringen. Über 1000 Menschen nahmen Anfang Oktober an einem Friedensmarsch in der Stadt Gulu teil. Öffentliche Friedensgebete sind für den ganzen Monat geplant.

Weder die Regierung noch die Rebellen der Lord's Resistance Army (LRA), der „Widerstandsarmee des Herrn", scheinen jedoch an der Friedensinitiative sonderlich interessiert zu sein. LRA-Rebellen greifen immer wieder Pfarreien an. Vor vierzehn Tagen zerstörten sie die katholische Radiostation der Diözese Lira. Doch auch Ugandas Präsident *Yoweri Museveni* scheint der Einladung zum Dialog zu misstrauen. So hat er den Kirchenleuten jegliche Kontakte mit den Rebellen untersagt. Seine Soldaten verhafteten Ende August den Direktor des Missions-Nachrichtendienstes MISNA und zwei Comboni-Missionare, die sich zu Gesprächen mit LRA-Rebellen getroffen hatten.

Museveni setzt offensichtlich immer noch auf eine militärische Lösung des Konflikts. Seit vielen Jahren verkündet er regelmäßig den kurz bevorstehenden Sieg der Armee gegen die Rebellen, die sich für einige Zeit zurückziehen, um dann um so brutaler wieder zuzuschlagen. Im April dieses Jahres erlaubte die sudanesische Regierung der ugandischen Armee, die LRA-Basislager im Sudan anzugreifen. Doch die dreimonatige Militäraktion erwies sich als Reinfall. Die Rebellen entkamen – möglicherweise waren sie von der Regierung in Khartum vorgewarnt worden – und verwüsteten in einem Racheakt etliche Dörfer im Sudan. Außerdem setzten sie ihre Angriffe auf Krankenhäuser, Schulen und Pfarreien im Acholiland wieder fort.

Die Armee ist demoralisiert. Oppositionspolitiker klagen, sie sei überhaupt nicht an einem Ende des Krieges interessiert. Armeeoffiziere verdienen am Krieg zu viel Geld. Jetzt soll die gesamte Bevölkerung aus ihren Dörfern in Sammellager gezwungen werden, um der Armee freien Raum zu schaffen, Helikopter einzusetzen. Aber Erzbischof John Odama glaubt nicht an eine militärische Lösung des Konflikts. „Weiterkämpfen heißt, Menschen, die unschuldig sind und unendlich viel Leid erfahren haben, weiterhin das Grab zu schaufeln".

Wer sind diese mysteriösen LRA-Rebellen, die vor allem durch die Entführung Hunderter Kinder aus Schulen und Familien bekannt geworden sind? Ein Blick auf die Geschichte dieser Rebellenbewegung wirft ein Licht auf die komplexe Geschichte Ugandas. Die Wurzeln gehen in die Kolonialzeit zurück, als die Engländer Uganda, die „Perle Afrikas", in drei Interessensbereiche aufteilten. Die in einem hoch entwickelten Königreich organisierten Baganda stellten die kolonialen Verwaltungsbeamten, die Bantu-Stämme im Westen die Arbeitskräfte für Kaffee und Zuckerrohrplantagen, die kriegerischen Luo-Ethnien im Norden die Rekruten für Armee, Polizei und Gefängniswärter. Sich mit der Waffe den Lebensunterhalt zu verdienen, wurde für sie eine Tradition.

Mit einem Wahlbetrug bei der Unabhängigkeit stellten die Engländer dann auch sicher, dass nicht die katholische Partei des *Muganda Kiwanuka,* sondern der Anglikaner *Milton Obote* und damit der Norden an die Macht kam. An diesen Machtverhältnissen änderte auch der Militärputsch von General *Idi Amin Dada* nicht viel – mit der Ausnahme, dass er mit seinen Grausamkeiten und Dummheiten Uganda in die rassistisch gefärbten Schlagzeilen der Weltpresse brachte.

Der von Museveni geführte Bürgerkrieg brachte 1986 die westlichen Bantu-Stämme an die Macht. Die Luo-Ethnien konnten sich keine andere Zukunft vorstellen, als wieder durch Waffen an die Macht zu kommen. Die Rebellion der LRA ist ihr verzweifelter Versuch, Museveni zu stürzen. Ein politisches Programm ist darüber hinaus nicht zu erkennen, wenn man von der Aussage absieht, die Gesellschaft auf den Zehn Geboten aufbauen zu wollen – was angesichts der Bluttaten wie ein schrecklicher Scherz anmutet.

Die LRA-Rebellen profitieren von der regionalen Konfliktsituation. Die Vereinigten Staaten von Amerika stehen hinter Präsident Museveni, ihrem Hauptverbündeten in Ost- und Zentralafrika. Außerdem unterstützten sie lange Zeit die SPLA-Rebellen im Sudan: in der Hoffnung, damit die islamistische Regierung in Khartum zu unterminieren. Im Gegenzug bewaffnete das Regime in Khartum Widerstandsbewegungen in Uganda, unter anderem die LRA, um Museveni das Leben schwer zu machen.

„Widerstandsarmee des Herrn", so nennen sich die Rebellen, und mit dem Herrn ist kein anderer als Jesus Christus gemeint. Die LRA geht auf die Visionen einer gewissen *Alice Lukwena* zurück, die politische Ziele mit religiösen Wahnvorstellungen verband. Ein Offizier namens *Joseph Kony* übernahm später die Führung.

Visionen und Erscheinungen sind in Uganda weit verbreitet. Die abstrusesten Visionäre finden deshalb leicht eine gläubige Anhängerschaft, wie das tragische Ende der „Bewegung der Zehn Gebote" vor einigen Jahren zeigte. Diese endzeitliche Sekte zog Tausende von Mitgliedern an, die ihr Hab und Gut verkauften, um auf das Ende der Welt zu warten. Als Ende 2000 nichts passierte und das Geld ausging, begannen die Anführer, ihre Gefolgschaft zu ermorden. Die „Widerstandsarmee des Herrn" weist ähnlich irrationale Züge auf, was einen Dialog fast unmöglich macht.

Die LRA lebt von einem tragischen Phänomen, das fast alle Bürgerkriege Afrikas charakterisiert. Sie rekrutiert sich im Wesentlichen aus Kindersoldaten, von denen es in Afrika über 300.000 gibt. Nicht als ob die LRA Kindersoldaten erfunden hätte. Schon Präsident Museveni fand, dass Zehnjährige billige Soldaten seien, die sich leicht indoktrinieren lassen und mit modernen Kleinwaffen jedem Berufssoldaten ebenbürtig sind. Neben den RUF-Rebellen in Sierra Leone hat die LRA die entsetzlichen Vergehen an Kindersoldaten am deutlichsten demonstriert. Sie werden entführt, durch extreme Brutalität und Drogen gefügig gemacht und zu Mordtaten gegen ihre eigenen Familien gezwungen.

Wenn es einmal zu einem Frieden kommen wird, bleibt die riesige Aufgabe, diesen Kindern ihre Menschlichkeit und die Möglichkeit eines normalen Lebens wiederzugeben. Die Wiedereingliederung dieser Kindersoldaten und die Versöhnung innerhalb der Gesellschaft wird für alle eine riesige Herausforderung darstellen. Erzbischof Odama drückt dies so aus: „Die Aufgabe jedes Gläubigen, ob Katholik, Anglikaner oder Muslim, ist es, den Prozess der Versöhnung zu begleiten und eine Begegnung der Konfliktparteien zu ermöglichen."

Der Artikel von *Wolfgang Schonecke* erschien in der katholischen Zeitung Die Tagespost, Ausgabe vom 15. Oktober 2002 (Internet: www.die-tagespost.com).

mehr gekämpft, und der Norden galt mit leichten Einschränkungen als voll bereisbar. Im Februar 1996 fielen jedoch erneut einige hundert Rebellen der von *Joseph Kony* geführten **LRA** (Lord's Resistance Army) in das Gebiet nördlich des Viktoria-Nils ein. Sie erschütterten insbesondere die Region um Gulu durch Terrorakte. In den folgenden Jahren machte die LRA weite Teile des Nordens unsicher und fiel auch mehrfach in den Nordteil des Murchison Falls National Park ein. Insbesondere Schulen und christliche Missionen fielen den Überfällen der Gruppe zum Opfer. Tausende von Kindern wurden zwangsrekrutiert, Mädchen zur Prostitution innerhalb der Rebellenarmee gezwungen.

Die Verfolgung der LRA-Rebellen durch ugandische Regierungstruppen blieb lange Zeit durch die Nutzung von Rückzugsbasen im Südsudan erschwert. Da Uganda die im Südsudan operierende **SPLA** (= Sudan People's Liberation Army) militärisch unterstützte, gewährte die sudanesische Regierung gegen *Museveni* agierenden Rebellengruppen traditionell Rückzugsmöglichkeiten auf sudanesischem Territorium. Erst die politische Aussöhnung mit dem Regime in Khartoum im Dezember 1999 ermöglichte Militäraktionen, die auch den Südsudan einbezogen. Nach einem Abkommen mit der Regierung des Sudan im März 2002 begann die **„Operation Iron Fist"** mit bis zu 10.000 ugandischen Soldaten, die im Süden Sudans die LRA aufzureiben versuchten. Allerdings gibt es weiterhin Anschläge im Norden Ugandas (so im Juli 2002 auf ein Flüchtlingscamp der Vereinten Nationen), wenn auch die LRA (vorübergehend?) militärisch geschwächt wurde.

Ein Artikel, der die Problematik insbesondere aus Sicht der in der Region mit Missionsstationen vertretenen Kirchen wiedergibt, ist auf den vorhergehenden Seiten abgedruckt.

Auch wenn die Aktivitäten der LRA im Jahr 2003 weiter zurückgedrängt werden konnten, gilt es, bei Fahrten in den Norden Ugandas **vor Reiseantritt genaue Erkundigungen** bei den Botschaften in Kampala sowie bei Kirchen, die Missionsstationen in der Region unterhalten, einzuholen. Militärkontrollen, Fahrten im Konvoi und Ausgangssperren sind beim Reisen zu berücksichtigen. Von den genannten militärischen Konflikten unbeschadet, gilt die Zufahrt zum landschaftlich grandiosen **Kidepo Valley NP** durch Karamoja über Moroto und Kotido derzeit (2003) als relativ sicher. Es steht zu hoffen, dass auch die übrigen Gebiete des Nordens in naher Zukunft wieder bereisbar werden.

Gulu

↗ III, C3

Gulu (1110 m), mit ca. **45.000 Einwohnern** die größte Stadt in Norduganda, gilt als **Zentrum der Acholi.** Die staubige Stadt ist Durchgangs- bzw. Übernachtungsort für Reisende in die DR Kongo, in den Sudan, in den Nordteil des Murchison Falls NP und zum Kidepo Valley NP. Die Gegend hat durch die über Jahre hinweg **schlechte Sicherheitslage** seit langem kaum Touristen gesehen und wurde seit 1996 als wichtigster Vorposten der ugandischen Armee UPDF im Kampf gegen die Rebellengruppe LRA militärisch ausgebaut.

Im Oktober 2000 brach im Distrikt Gulu die bislang größte Epidemie des tückischen **Ebola-Fiebers** aus (siehe dazu auch den Exkurs auf der nächsten Seite). Mehr als 400 Personen erkrankten, 169 starben. Auch die Distrikte Masindi und Mbarara waren betroffen. Die ugandische Regierung und die durch zahlreiche Fachkräfte der Weltgesundheitsorganisation WHO unterstützten Gesundheitsbehörden zeichneten sich dabei durch ein vorbildliches Krisenmanagement aus, durch das eine weit höhere Zahl von Erkrankten und Todesopfern vermieden werden konnte.

27 km nördlich von Gulu liegt die Ruine des 1872 von *Samuel Baker* errichteten und später von *Emin Pascha* genutzten **Fort Patiko (Baker's Fort).** Der Nordteil des Murchison Falls NP ist von der Strecke Gulu – Pakwach aus erreichbar. Diese Anreise ist jedoch nicht üblich (Alternative: Von Paraa im Südteil des Parks aus gibt es eine Fährverbindung über den Nil zum Nordteil) und war Mitte 2003 auch nicht sicher (viele Militärkontrollen, zeitweise Totalsperrung der Piste in den Park).

Anreise und Weiterreise

- **Flugverbindungen:** Gulu verfügt über einen kleinen Flughafen (Airstrip). Es gibt z.Z. keine Linienverbindungen dorthin, möglich ist die Anreise per Charter von Entebbe aus (tägliche Flüge, z.B. mit MAF und Eagle Air).
- **Zugverbindungen:** Gulu liegt an der Northern Line, die von Mbale über Soroti, Lira und Gulu bis nach Pakwach führt und ausschließlich für den Frachtverkehr genutzt wird.
- **Überlandbusse, Matatus und Trucks:** Täglich verkehren Express-Busse nach Kampala (Asphaltstraße, Fahrpreis 5 Euro). Nach Lira und Arua/Nebbi/Pakwach existieren Bus- und Matatuverbindungen (Asphalt- bzw. Schotterstraße). Zur sudanesischen Grenze bei Nimule und nach Kitgum verkehren ebenfalls Matatus.

Weiterreise in die DR Kongo und in den Sudan

Die Sicherheitslage und die Grenzsituation erlaubten 2003 keine touristischen Reisen in die DR Kongo und in den Südsudan. Eine Grenzquerung in den Sudan war im Jahr 2003 nur für Mitarbeiter von Hilfsorganisationen möglich. Ansonsten gibt es bei entspannter Lage relativ viel Truck-Verkehr auf der Strecke Nimule – Juba (Sudan). Nach Aru (DR Kongo) kann man mit Trucks über Pakwach/Arua gelangen. Ab Aru kommt man im Kongo auf miserabler Piste allerdings nur noch sehr schwer vorwärts.

Unterkünfte, Hotels und Restaurants

Kategorie B–C

- **Acholi Inn**

PO Box 239, 7/9 Elizabeth Road, Tel. 22560. EZ bzw. DZ mit Bad/WC. Restaurant. Ehe-

Ebola – tödliches Fieber

Das Ebola-Virus verursacht ein hämorrhagisches, also Blutungen auslösendes Fieber, das in 50–90% der Fälle zum Tode führt. Es kommt nur in Afrika vor.

Übersicht der Ebola-Epidemien

Im Jahr 1976 brach am Ebola-Fluss erstmals eine schwere Epidemie aus und rückte die bis dahin unbekannte Infektionskrankheit in das Bewusstsein der Weltöffentlichkeit. Bis 2003 wurden sieben größere Ausbrüche verzeichnet; Anfang Oktober 2000 brach eine Ebola-Epidemie in Norduganda aus und forderte 169 Todesopfer, im Februar 2003 trat die bislang letzte Ebola-Epidemie ca. 800 km nördlich von Brazzaville/Republik Kongo auf. Dabei starben nach Informationen der Weltgesundheitsorganisation WHO bis zum 6. Mai von 143 Infizierten 128 Personen (Sterblichkeitsrate: 90%). Zeitgleich starben dort zahllose Gorillas und Schimpansen (siehe Exkurs „Ebola bedroht Gorillas").

Bis heute ist die primäre Infektionsquelle des Ebola-Virus unbekannt. Für Menschen, die tief in bestimmte Waldregionen Ost-, Zentral- und Westafrikas eindringen oder von dort stammendes Bushmeat verzehren, besteht damit ein unkalkulierbares Infektionsrisiko. Als Infektionsquelle diskutieren Wissenschaftler Tierarten, die den Erreger beherbergen, ohne selbst zu erkranken. Es gilt als wahrscheinlich, dass sich Menschen durch den Genuss von Affenfleisch infizieren. Die Tiere kommen als Primärwirte aber nicht in Frage, da sie selbst an der Krankheit versterben.

Übertragung und Krankheitsverlauf

Das Virus wird durch Körperflüssigkeiten erkrankter Personen übertragen. Krankenhauspersonal, Patienten, die mit infizierten Spritzen/OP-Bestecken behandelt wurden, oder Angehörige sind daher besonders gefährdet. Ebola kann zudem durch sexuellen Kontakt übertragen werden. Viele Betroffene infizieren sich bei den Begräbniszeremonien für Ebola-Opfer, da der Kontakt mit den hoch infektiösen Toten dabei oft sehr eng ist. Eine Ansteckung durch Tröpfcheninfektion über die Atemwege gilt als unwahrscheinlich.

Die Symptome beginnen 2 bis 21 Tage nach der Infektion: Fieber, Schüttelfrost, Kopfschmerzen, Muskelschmerzen und Appetitverlust. Dann folgen Erbrechen, Durchfall, Magen- und Darmkrämpfe sowie starke Brustschmerzen. Es kommt zu ausgeprägten Gerinnungsstörungen und die Patienten beginnen überall zu bluten: im Magen-Darm-Trakt, an Haut und Schleimhäuten, aus den Einstichstellen von Injektionsnadeln und angelegten Infusionslösungen sowie im Bereich lebenswichtiger innerer Organe (Leber, Milz, Lunge, Nieren). Am 5. bis 7. Tag tritt ein masernartiger Hautausschlag auf. Neurologische Symptome mit Lähmungen und psychische Veränderungen sind häufig. Der Tod tritt in der Regel bis zum 10. Krankheitstag durch Multiorganversagen ein.

Diagnose und Behandlung

Ebola wird klinisch und durch den frühen molekulargenetischen Virusnachweis mittels Polymerase-Kettenreaktion (PCR) diagnostiziert. Bislang ist eine spezifische Therapie oder Heilung nicht möglich. Die Betroffenen sind deshalb konsequent zu isolieren. Nach dem deutschen Infektionsschutzgesetz sind Personen bereits beim bloßen Verdacht meldepflichtig. In neu eingerichteten infektiologischen Kompetenzzentren können Ebola-Patienten in Deutschland auf speziellen Sonderisolierstationen behandelt werden.

Ein wirksamer Schutz vor Ebola ist ohne die Kenntnis des Hauptwirtes oder des Übertragungsweges nicht möglich. Eine Impfung gibt es bislang nicht, es wird aber weltweit an der Entwicklung eines Impfstoffes gearbeitet.

malige Uganda Hotels-Unterkunft, jetzt privat geführt.

● **Hotel Pearl Afrique**
8 Paul Odongo Road, Mobiltel. 077-435032. Saubere Zimmer mit Dusche/WC. Restaurant und Bar.

● **Hotel Roma**
PO Box 779, 16 Coronation Road. EZ bzw. DZ mit Dusche/WC, Bar. An manchen Tagen laute Disko. Sauber und empfehlenswert.

Kategorie D

● **Church of Uganda Guest House**
Einfaches, aber sauberes Guest House.

● **Luxor Lodge**
Gegenüber den Standplätzen für die Überland-LKW. Sehr einfach.

Arua

↗ **II, A3**

Das etwa **15.000 Einwohner** zählende Arua (1310 m) liegt abgelegen etwa 500 km nordwestlich von Kampala im Nordwesten Ugandas an der Grenze zur DR Kongo. Es ist ein staubiger Durchgangsort für Reisende und Trucks auf ihrem Weg von und nach dort. Die Gegend hat durch die über Jahre hinweg **schlechte Sicherheitslage** seit längerer Zeit kaum europäische Reisende gesehen. Unrühmliche Bekanntheit erlangte Arua als **Geburtsstadt des Diktators Idi Amin.**

Anreise und Weiterreise

● **Flugverbindungen:** Der kleine Airstrip Aruas wird von Charterfluggesellschaften ab Entebbe angesteuert, z.B. von Eagle Air, PO Box 7392, Kampala, Tel. 041-344292 oder 041-320601 (Entebbe Airport), Fax 041-344501, E-Mail: eagle@swiftuganda.com, Internet: www.eagleuganda.com. Regelmäßig finden auch Versorgungsflüge der vor Ort vertretenen Hilfsorganisationen statt.

● **Busse und Matatus:** Regelmäßig verkehren Busse nach Gulu über Nebbi und Pakwach (einmal täglich sogar weiter bis Kampala, Fahrpreis 9 Euro). Matatus verkehren nach Nebbi, Pakwach, Gulu und in mehrere kleine Orte in der Umgebung.

Vorwahl von Arua: 0476

Unterkünfte, Hotels und Restaurants

● **White Rhino Hotel**
Kategorie B–C, PO Box 359, Tel. 20057. EZ bzw. DZ mit Bad/WC.

● **Restaurant The Grid**
Bei Mitarbeitern von Hilfsorganisationen beliebtes Restaurant mit wohlschmeckenden Gerichten und Bar-Bereich.

● Es gibt darüber hinaus noch einige kleine, sehr einfache **Guest Houses und Restaurants** mit afrikanischem Essen in der Stadt.

Pakwach

↗ **VI, B2**

Pakwach ist eine Kleinstadt am Westrand des Murchison Falls NP. Die reizvolle Lage **am Ufer des Albert-Nils** hilft ein wenig über die **katastrophale Wasserversorgung** hinweg. Im Ort gibt es mehrere einfache Gästehäuser der Kategorien D und E, einen kleinen Markt und kleine Restaurants und Essstände mit einfachen afrikanischen Gerichten, Bier und „Sodas".

Vor Beginn der andauernden Kriegswirren im Kongo/Zaire war Pakwach ein Knotenpunkt für Reisende auf dem Weg in den Kongo und zum kongolesischen Parc National de la Garamba. Nach Aru (DR Kongo) und eventuell auch weiter kann man von Pakwach und Nebbi mit Trucks gelangen, allerdings ist von Reisen in den Nordostkongo derzeit (2003) wegen der schlechten Sicherheitslage dringend abzuraten. Die **Grenze** ist für kongolesische Verhältnisse relativ einfach zu queren. Ab Aru kommt man auf miserabler Piste allerdings nur noch mühsam vorwärts. Die Piste weiter zum **Garamba-Park** führt über die kleinen Orte Aba und Faradje (Straßenverlauf häufig unklar). Mit eigenem Transport und guter Vorbereitung ist eine Reise zum Parc National de la Garamba (Restpopulation der seltenen nördlichen Unterart des Breitmaulnashorns) ohne weiteres durchführbar.

Moyo und Adjumani

↗ II, B2

Die Distriktstadt **Moyo** ist ein exponierter Außenposten der ugandischen Autoritäten im äußersten Norden des Landes, nur 7 km von der **Grenze zum Sudan** (Grenzübergang) entfernt. Gelegentlich ist der Geschützlärm der bewaffneten Auseinandersetzungen im Südsudan bis über die Grenze zu hören – wie gut, dass Moyo über ein kleines Krankenhaus verfügt. Das weiter südlich gelegene Städtchen **Adjumani** an der Strecke nach Gulu ist ein wichtiger Handelspunkt in der Region. Die Ver-

uga_254 Foto: cl

sorgungssituation ist überraschend gut, da sudanesische Flüchtlingskader und Mitarbeiter von UN-Organisationen wie anderer vor Ort engagierter Nichtregierungsorganisationen dafür sorgen, dass neben Grundnahrungsmitteln auch stets ausreichend Kaffee, Whisky, Zeitungen oder Zigaretten erhältlich sind.

Die **Gegend um Moyo** gehört zu den schönsten Landschaften in ganz Uganda. Am Horizont einer trockenen Savannenlandschaft, die vom Albert-Nil zerteilt wird, kann man im Norden bereits die Gebirgsketten des Südsudan erkennen. Seit den 1960er Jahren andauernde Flüchtlingsströme aus den Bürgerkriegsgebieten im Südsudan haben ihren Beitrag zur kompletten **Entwaldung** der Region geleistet. In den späten 1970er und frühen 1980er Jahren, während des ugandischen Bürgerkrieges, waren auch endlose Militäroperationen und Flüchtlingsbewegungen auf ugandischer Seite an der Tagesordnung. Wirtschaftlich hat die Region den Kollaps der einst gut gehenden Baumwollindustrie zu verkraften gehabt.

Die über viele Jahre **schlechte Sicherheitssituation** hat sich in Form eines katastrophalen Straßensystems, eines fehlenden Telefonnetzes, mangelnder Wasserversorgung und unzureichender Stromversorgung niedergeschlagen. Eine funktionierende Notstromversorgung über Generatoren erfolgt in Moyo und Adjumani in den Abendstunden von 19–22.30 Uhr.

Die Region am Albert-Nil gilt als eines der besten **Angelgebiete** für mächtige Nilbarsche. Ferner werden Welse, Karpfen und Tigerfisch gefangen. Über die Arra Fishing Lodge bei Adjumani (s.u.) können entsprechende Touren für Sportfischer auf dem Nil organisiert werden. Die Lodge ist in Österreich durch die Firma Aqua Tours (Ansprechpartner: Herr *Franz Kiesenbauer),* Antonsplatz 26, A-1100 Wien, Tel. +43-1-6008131, Fax +43-1-6024716, vertreten.

Anreise und Weiterreise

- **Flugverbindungen:** Die Airstrips von Adjumani, Moyo und Arua werden täglich von Versorgungsflügen des Flüchtlingshilfswerks der Vereinten Nationen (UNHCR) angesteuert. Für Gäste der Arra Fishing Lodge können Charterarrangements ab Entebbe getroffen werden (Tel. 041-258711). Eagle Air (PO Box 7392, Kampala, Tel. 041-344292 oder 041-32060, Fax 041-344501) fliegt regelmäßig nach Moyo und Adjumani.
E-Mail: eagle@swiftuganda.com,
Internet: www.eagleuganda.com
- **Busse und Matatus:** Busse und Matatus verkehren täglich zwischen Gulu und Adjumani bzw. Moyo. Die Sicherheitslage auf der Strecke sollte vor Fahrtantritt gründlich geprüft werden. Adäquate Auskünfte erteilt beispielsweise das UNHCR in Kampala. Von Kampala gibt es direkte Busverbindungen nach Adjumani und Moyo (9 Euro) und vice versa.

Unterkünfte, Hotels und Restaurants

- **Arra Fishing Lodge**
Kategorie A–B, PO Box 150, Adjumani. Tel. 041-258711, Fax 041-258713 (c/o Metropoli-

Kaffeefrüchte liegen zum Trocknen aus

tan Travel Bureau, Kampala). Luxury Tented Camp unter österreichischer Leitung für begeisterte Sportfischer am Ufer des Albert-Nils südlich von Moyo. Die Anreise zur Lodge erfolgt vom ca. 30 Minuten entfernten Airstrip von Adjumani.
E-Mail: arra_fishing_lodge@hotmail.com,
Internet: www.nileperch.org

- **Wrakitura Hotel**

Kategorie D, Moyo. Bei Mitarbeitern von Hilfsorganisationen beliebtes, einfaches und sicheres Hotel mit Satelliten-TV und Bar.

- Es gibt darüber hinaus noch einige kleine, sehr einfache **Guest Houses und Restaurants** mit afrikanischem Essen in der Stadt.

Lira

↗VIII, A2

Lira (1100 m) liegt zwischen Soroti und Gulu und ist das **Zentrum der Langi.** Die Entfernung nach Kampala (via Karuma Falls) beträgt 356 km. Der Hauptarbeitgeber in der sehr armen Region ist die kürzlich generalüberholte Lira Spinning Mill. Die Stadt weist kein besonderes Profil auf, verfügt jedoch über eine Bank, mehrere Tankstellen und einen gut bestückten **Markt.** Eine Stichstraße nach Süden führt zum **Lake Kyoga,** wo man mit Fischerbooten durch dichten Papyrus-Sumpf auf das Wasser hinausfahren kann (der Preis ist Verhandlungssache).

Anreise und Weiterreise

- **Flugverbindungen:** Der kleine Flughafen (Airstrip) wird durch Chartergesellschaften von Entebbe aus angeflogen.
- **Bahnverbindungen:** Lira liegt an der Northern Line, die von Mbale über Soroti, Lira und Gulu bis nach Pakwach führt; sie wird ausschließlich für den Frachtverkehr genutzt.
- **Busverbindungen:** Von Lira gibt es gute Verbindungen mit Bussen und Sammeltaxis nach Gulu, Soroti und Mbale. Nach Kampala existieren tägliche Expressbus-Verbindungen (6 Euro). Die Asphalt- bzw. Schotterstraßen nach Gulu und Soroti sind gut befahrbar.

Vorwahl von Lira: 0473

Unterkünfte, Hotels und Restaurants

- **Lira Hotel**

Kategorie B–C, PO Box 350, Tel. 20024, Fax 235915. Gehört zur staatlichen Uganda Hotels-Kette. Akzeptables Restaurant mit einfachen Gerichten.

- **New Pop-In Lodge**

Kategorie D, PO Box 289. Angeschlossenes Restaurant.

- Darüber hinaus gibt es mehrere einfache **Guest Houses** in der Stadt, mehr als spartanisch und ohne fließendes Wasser. An der Hauptstraße werden in mehreren kleinen **Restaurants** meist einfache afrikanische Gerichte zubereitet.

Soroti

↗VIII, B2/3

Das über **40.000 Einwohner** zählende Soroti (1145 m) liegt zwischen Mbale und Lira (128 km) im Osten Ugandas und ist das **Zentrum der Teso.** Die Stadt hat etwas von der **Atmosphäre einer verlassenen Grenzstadt.** Die Gegend um Soroti ist bereits erheblich heißer und trockener als im nur 100 km entfernten Mbale und dementsprechend auch landschaftlich vollkommen anders. Neben einigen kleinen Hotels, Restaurants, Lebensmittelgeschäften, Tankstellen und Verwaltungseinrichtungen befindet sich hier die **Soroti Flying School,** in der Piloten für die gesamte ostafrikanische Region ausgebildet werden. Ende der 1990er Jahre schien die

Flugschule wegen zunehmender Finanzierungsnöte zu verwahrlosen, doch wurden 2002 Renovierungspläne des Transportministeriums verkündet.

An der Strecke nach Mbale befinden sich im Kumi-Distrikt die **Nyero Rock Paintings** (Ausmalungen von drei kleinen Höhlen), die zwischen 300 und 1000 Jahre alt sein sollen und zu den besterhaltenen Felsmalereien in Ostafrika zählen. Auf dieser Strecke passiert man auch die Sümpfe um den **Lake Bisina.** Es lohnt sich, hier nach Wasservögeln wie dem seltenen Schuhschnabelstorch Ausschau zu halten.

Anreise und Weiterreise

- **Flugverbindungen:** Der kleine Flughafen (Airstrip) wird durch Chartergesellschaften von Entebbe aus angeflogen. CEI Aviation und Eagle Air bieten tägliche Flüge (Hin- und Rückflug für 350 Euro).
- **Bahnverbindungen:** Soroti liegt an der Northern Line, die von Mbale über Soroti, Lira und Gulu bis nach Pakwach führt und dem Frachtverkehr vorbehalten ist.
- **Busverbindungen:** Von Soroti gibt es gute Verbindungen mit Bussen und Sammeltaxis nach Mbale, Lira und Gulu. Nach Kampala existieren mehrere Expressbus-Verbindungen (3,50 Euro) sowie eine tägliche Verbindung mit dem EMS Post Bus (5 Euro). Die Asphaltstraße nach Mbale/Tororo ist in exzellentem Zustand, auch die Schotterstraße nach Lira ist gut befahrbar. Die Piste nach Moroto war 2003 ebenfalls in passabler Verfassung.

Vorwahl von Soroti: 045

Unterkünfte, Hotels und Restaurants

- **Soroti Hotel**
Kategorie B–C, PO Box 1, Serere Road, Tel. 61269, 61563. Gehörte zur staatlichen Uganda Hotels-Kette. Saubere EZ bzw. DZ mit Bad und WC.
- **Palm Springs Hotel**
Kategorie C–D. Gegenüber dem Busbahnhof, mit Bar. Einfache und saubere Zimmer mit Gemeinschaftsbad innerhalb einer schönen Gartenanlage. Zelten ist auf dem Gelände erlaubt.
- Darüber hinaus gibt es mehrere einfache **Guest Houses** in der Stadt, meist sehr einfach und ohne fließendes Wasser. An der Hauptstraße servieren mehrere kleine Restaurants meist afrikanisches Essen.

Moroto

IX, D1

Moroto (1370 m) liegt **am Rande der** noch sehr wilden und ursprünglichen **Provinz Karamoja** in Nordostuganda. Es ist über eine mit Allradfahrzeugen gut zu befahrende, 168 km lange Piste von Soroti aus zu erreichen.

In der kleinen Stadt scheint die Zeit seit Jahrzehnten stehen geblieben zu sein. Es gibt einige kleine Lebensmittelgeschäfte, Tankstellen, ein Hotel sowie mehrere einfache Gästehäuser, Postamt und sogar ein Gefängnis. Östlich der Stadt erhebt sich der 3084 m hohe **Mt. Moroto** an der Grenze zu Kenia. Die umgebende aride Akazien-Dornbuschsavanne wird von grandiosen **Tafelbergen** wie dem **Napak** und dem **Akisim** überragt. Beide markieren die Westgrenze Karamojas. Die Piste von Soroti nach Moroto führt genau zwischen beiden Bergen hindurch. Sie eröffnet auch spektakuläre Blicke auf den **Vulkankegel** des **Alekilek.**

Die in der Umgebung von Moroto liegenden **Wildlife Reserves Matheniko, Pian-Upe** und **Bokora** können heute allenfalls mit landschaftlichen Reizen aufwarten. Große Teile der Tierwelt wurden gewildert, Folge der weiten Verbreitung von Handfeuerwaffen in Karamoja. Das Pian-Upe WR wies 2002 jedoch noch einen kleinen Restbestand der seltenen Pferde-Antilope auf.

Achtung: Die Strecke nach Kotido/Kidepo Valley NP zweigt bereits 15 km vor Moroto links ab (schlechte Beschilderung).

Anreise und Weiterreise

- Der kleine **Flughafen** (Airstrip) Morotos kann per Charter von Entebbe aus angeflogen werden.
- Moroto ist eine wichtige Zwischenstation auf der **Fahrt in den Kidepo Valley National Park,** der sich nur mit eigenem Transport erreichen lässt. Benzin und Diesel können hier nachgetankt werden. Öffentlichen Verkehr (täglich fahrende Busse und Pickup-Sammeltaxis) gibt es zwischen Soroti und Moroto, inzwischen täglich mit dem Gateway Coach auch bis nach Kampala (Fahrpreis 8 Euro). Mit etwas Glück erhält man Mitfahrgelegenheiten auf Trucks, die gelegentlich auf dieser Strecke und weiter bis Kotido verkehren.

Unterkünfte, Hotels und Restaurants

- **Mt. Moroto Hotel**
Kategorie B–C, Box 54, Tel. 97 (lokaler Operator). Am Fuße des Mt. Moroto ca. 2 km außerhalb der Stadt gelegen (ausgeschildert). Gehört zur staatlichen Uganda Hotels-Kette. Nur DZ mit Duschen und WC. Wasserprobleme. Mäßig sauber, trotzdem noch am komfortabelsten in Moroto. Abends Generatorstrom. Restaurant mit sehr durchschnittlichem Essen. Bar. Bewachter Parkplatz.
- **Guluna Lodge**
Kategorie D. Einfache Zimmer. Sicher und sauber. Waschwasser in Kübeln erhältlich. Kleines Restaurant.
- Darüber hinaus gibt es mehrere einfache **Guest Houses** in der kleinen Stadt, meist sehr einfach und ohne Strom und fließendes Wasser.

Matany

↗ IX, C1

Matany ist eine Kleinstadt ca. 40 km westlich von Moroto, 4 km abseits der Hauptstrecke nach Soroti. Matany verfügt über ein italienisch geführtes **Missionskrankenhaus,** das eine der wenigen Anlaufadressen für medizinische Probleme in der Region darstellt (Kontakt: c/o Comboni Missionaries, PO Box 3872, Kampala, Tel. 041-221001, Fax 041-221576, E-Mail: info@matany.org, Internet: www.matany.org). Im Ort gibt es ein vom Krankenhaus geführtes sauberes **Gästehaus** der Kategorie D, einen lebhaften kleinen **Markt** und **Essstände** mit einfachen afrikanischen Gerichten.

Kotido und Kaabong

↗ V, C2/3

Kotido ist ein kleiner Ort in der **Provinz Karamoja** auf der Strecke zum Kidepo Valley NP (KVNP). Die Entfernung zum KVNP beträgt 134 km (3–4 Std. Fahrtzeit), nach Moroto sind es 95 km (2–3 Std. Fahrtzeit). Es gibt wenige **einfache Unterkünfte** (z.B. Skyline, Kotiang Traders' Lodge, Paradise Guest House), einige Lebensmittelläden und zwei Tankstellen. Mehr noch als in Moroto scheint die Zeit stillzustehen. Achtung: In Kotido zweigt sich die Straße an einem unübersichtlichen Kreisel strahlenförmig auf. Wenn Sie zum KVNP (über

Die Karamojong – kriegerische Herren Karamojas

Die Karamojong bewohnen vor allem den südlichen Teil der Provinz Karamoja. Sie leben in einem komplizierten Clansystem zusammen, das für einen Europäer kaum durchschaubar ist. Die Karamojong leben halbnomadisch und sprechen einen eigenen ostnilotischen Dialekt, der von den eng verwandten Völkern der Turkana, Toposa, Dodoth oder Jie verstanden wird.

Was für die Karamojong zählt, ist ihr Vieh - das ganze Denken um Werte und Bezahlungen spielt sich in Stück Vieh ab. Der Viehdiebstahl war über Jahrzehnte hinweg für viele Karamojong-Clans ein alltäglicher Vorgang, ja sogar ein Sport. Untereinander, aber auch von anderen Stämmen und sogar über die Grenze zu Kenia hinweg stahlen die „Cattle Rustlers" in nächtlichen Aktionen ganze Viehherden. Es entwickelte sich ein regelrechter Viehkrieg, der durch die weite Verbreitung von automatischen Gewehren des Typs AK-47 (insbesondere nach der Plünderung der Arsenale *Idi Amins* in Moroto Ende der 1970er Jahre) von Gewalt und moderner Waffentechnik geprägt war. Stämme und Gruppen, die nicht über moderne Waffen verfügten, wurden einfach überrannt.

Seitdem der ugandische Staat begonnen hat, die Karamojong in die Selbstverwaltung ihrer Region einzubinden, hat das gefürchtete Karamoja viel von seinem Schrecken verloren. Die Waffen der Hirten wurden registriert und der Staat zahlte ihnen sogar ein kleines Gehalt für ihre „Wachentätigkeit". Zuletzt kam es in den Jahren 1999 und 2000 zu erbitterten bewaffneten Auseinandersetzungen um Viehbestände in Karamoja, in deren Folge abermals mehrere hundert Menschen starben. Im Februar 2000 begann die ugandische Regierung daher ein groß angelegtes Entwaffnungsprogramm, um eine dauerhafte Befriedung Karamojas zu erreichen.

Ein positiver Nebeneffekt der Befriedung Karamojas ist die Bereisbarkeit dieser wunderschönen und unter vielen Aspekten hoch interessanten Region. Fahrten zum Kidepo Valley National Park durch Karamoja sind wieder durchführbar geworden. Dabei lassen die sehr ursprüngliche Landschaft und ihre faszinierenden Bewohner das Herz eines jeden Afrikaliebhabers höher schlagen.

Im Jahr 2003 war in Karamoja Fahren im Konvoi mit Militäreskorte üblich!

uga_259 Foto: cl

Kaabong) wollen, müssen Sie sich (von Moroto kommend) an diesem Kreisel links halten, einige Kilometer hinter Kotido geht es dann rechts ab (schlechte Ausschilderung). Erkundigen Sie sich vor Ort nochmals genau, welche der zur Verfügung stehenden **Pisten zum KVNP** den aktuell besten Zustand aufweist. Am gebräuchlichsten ist die **Zufahrt über Kanawauat** (nicht über Losilang, wie in den meisten Karten angegeben). In **Kaabong** (72 km vor Kidepo) kann man im kleinen Gästehaus des Krankenhauses oder in dem der katholischen Mission unterkommen. Die Siedlung bietet außerdem Gelegenheit, die Treibstoffvorräte aufzufrischen.

Zwischen Kotido und Kidepo

Man durchfährt auf guten Sandpisten eine wilde, spektakuläre Landschaft. Inselberge und Felsmassive erheben sich über der von Dürre gezeichneten Savanne. Dornengesäumte Kraals markieren die wenigen nomadischen Siedlungen. Häufig sieht man kriegerisch anmutende **Hirten vom Volk der Karamojong** am Pistenrand. Die Maschinengewehre vom Typ AK-47 auf ihren Schultern stammen vor allem aus Waffenarsenalen bei Moroto, die die Karamojong bei der Flucht der Truppen *Idi Amins* plünderten. Die Sicherheitslage auf dem Weg zum Kidepo Valley NP wird davon aber aktuell nicht beeinträchtigt. Während die Karamojong-Hirten nur spärlich bekleidet sind, blinken die Gewänder der Frauen umso farbenfroher. Sie ähneln denen der kenianischen Maasai.

Kidepo Valley National Park (KVNP)

↗ IV, B1/V, C1

Überblick

Der 1442 km² große Kidepo Valley National Park (KVNP) wurde 1962 geschaffen, um ein sehr artenreiches und landschaftlich herausragendes **Savannengebiet im Dreiländereck Uganda/ Sudan/Kenia** zu schützen. Die Landschaft im Park ist ein Ausschnitt der sudanesischen Trockensavanne, überragt von beeindruckenden Bergmassiven, die sich bis 2749 m hoch erheben. Der KVNP liegt sehr abgelegen und gilt mancherorts als vielleicht unzugänglichster und **vom Tourismus wohl unberührtester Nationalpark der Welt.** Dies und die sehr wilde, ursprüngliche Landschaft machen einen Aufenthalt zum Erlebnis und vermitteln einen Hauch von Abenteuer.

Der Park wird in erster Linie durch zwei ausgedehnte Talsysteme gegliedert, das **Narus-Tal** und das **Kidepo-Tal.** Während der kleine Narus River ganzjährig Wasser führt, trocknet der Kidepo River in der Trockenzeit aus. Daher sammeln sich die Tiere in dieser Zeit im Narus-Tal, in unmittelbarer Nähe zum Camp Apoka. Die beiden Täler werden von mächtigen Bergzügen flankiert. Der **Mt. Morungole** (2749 m) im Südosten des Parks ist die höchste Erhebung auf ugandischer Seite. Von der östlichen Parkhälfte aus kann man den **Mt. Lotuke** (2797 m) sehen, der schon im Sudan liegt. In Kidepo gibt es nur eine große Regenzeit, die von April bis

September andauert. Die Monate Oktober bis März eignen sich für Besuche daher am besten.

Seit einiger Zeit arbeitet der Deutsche **Peter Möller** im Park. Sein Bruder *Wilhelm* und er kamen erstmals 1977 nach Uganda und drehten seitdem mehrere Naturfilme im Land. Sie mussten feststellen, dass die Nationalparks durch Wilderei und andere illegale Aktivitäten in ihrer Existenz bedroht waren. Sie blieben, um den Naturschutz im Land tatkräftig voranzutreiben. *Wilhelm Möller* ist inzwischen nach Deutschland zurückgekehrt. *Peter Möller* und seine Frau *Elke* jedoch leben heute mit festem Wohnsitz in Kidepo bzw. Kampala. Ihr Engagement wird in Deutschland durch die Frankfurter Zoologische Gesellschaft, den Förderkreis für Ugandas Tierwelt (FUT) und den Verein Rettet die Elefanten Afrikas (REA) unterstützt (siehe Ökologie und Naturschutz).

Ein letztes Wort noch zur **Sicherheit:** Über viele Jahre galt der KVNP als unsicheres Gebiet mit hoher Rebellen- und Wildereraktivität. Diese Zeiten sind mittlerweile vorbei und die Sicherheitslage ist ausgezeichnet.

Landschaft in Karamoja
südlich des Kidepo Valley National Park

uga_262 Foto: cl

Tier- und Pflanzenwelt

Die sehr vielfältige Tierwelt im KVNP hat unter der **Wilderei** der vergangenen beiden Jahrzehnte erheblich gelitten. Besonders schwerwiegend war in der Vergangenheit die von Sudanesen im Nordteil des Parks verübte Wilderei. Die Parkverwaltung hat die Wilderei heute jedoch unter Kontrolle. Seit 1994 kann im KVNP auch ein von der Frankfurter Zoologischen Gesellschaft zur Verfügung gestelltes Flugzeug zur Überwachung aus der Luft eingesetzt werden.

Kidepo Valley National Park – der wohl unberührteste Nationalpark der Welt

Der KVNP besitzt **hinsichtlich größerer Säugetiere** das **größte Artenspektrum aller Nationalparks** in Uganda. Zahlreiche Tierarten kommen nur hier vor. 2003 betrug der Bestand an **Elefanten** wieder über 400 Tiere, die überwiegend in kleineren Herden im Narus-Tal zu finden sind, den Park zeitweise aber auch verlassen und bis in den Sudan oder nach Kenia wandern. Etwa 25 **Löwen** leben im Park. Geparden werden nur selten und unregelmäßig beobachtet, kommen aber noch vor. Leopard, Serval und Karakal sind gleichfalls selten. Der Bestand an **Kaffernbüffeln** betrug ca. 1500 Tiere, während 120 Steppenzebras und etwa 200 Jackson's Kuhantilopen gezählt wurden. Es gibt noch 10 **Elenantilopen,** während der Bestand an Pferdeantilopen vollständig erloschen ist. Die Bestände dieser beiden Arten sollen durch Translokation von Elenantilopen aus dem Lake Mburo NP sowie Wiedereinführung von Pferdeantilopen aus dem Pian-Upe Wildlife Reserve ergänzt werden. Der Bestand an **Rothschildgiraffen** ist von 3 Tieren im Jahr 1994 auf 11 Individuen (davon 2 translozierte Tiere aus dem kenianischen Nakuru NP) angewachsen, die rund um die Uhr bewacht werden. Defassa-Wasserböcke und kleine Antilopen wie Oribi oder Buschducker sind verbreitet ebenso wie Riedböcke, Günther-Dikdik, Klippspringer und Warzenschweine. Neben Streifenschakal und Schabrackenschakal kommen sowohl die Tüpfelhyäne als auch die Streifenhyäne (sehr selten) vor.

Äußerst seltene Arten wie Beira-Oryx oder Bright's-Gazelle wurden bereits Mitte der 1980er Jahre ausgerottet.

Die mit bislang 465 dokumentierten Arten sehr reichhaltige **Vogelwelt** zeichnet sich durch das Vorkommen vieler Greifvogelarten aus. Der auf Nahrungssuche stets schreitende Sekretär oder der farbenfrohe Gaukler sind ein gängiger Anblick. Im Norden des Parks kommen auch Strauße und Weißbauchtrappen vor. Die Riesentrappe wird als seltener Besucher im Gebiet registriert.

Im Park unterwegs

Um **Apoka** herum gibt es mehrere Pisten für **Game Drives** im Narus-Tal. Der Zustand ist recht gut, da die Parkverwaltung regelmäßig einen „Grader" (Pistenschieber) einsetzt. Trotzdem ist ein Allradfahrzeug notwendig. In abgelegenere Bereiche des Parks sollten Sie überdies nur mit zwei Fahrzeugen aufbrechen und einen sachkundigen Führer mit Funkgerät mitnehmen. Lohnenswert ist auch die Fahrt in den Nordteil des Parks zu den **Kananarok Hot Springs** und nach **Pierre,** wo man das Flussbett des Kidepo River durchfährt, das von Borassus-Palmen gesäumt wird. Die Piste bis zu den Hot Springs und nach Pierre wurde neu geschoben und befindet sich in gutem Zustand.

Westlich von Apoka liegt die **verfallene Katurum Lodge.** Sie wurde 1972 kurz vor der Vollendung von den Besitzern aufgegeben, als unter dem Regime *Idi Amins* eine Atmosphäre der Angst und Vertreibung aufkam.

Fußsafaris im KVNP sind mit der Parkverwaltung abzusprechen.

Anreise

Der KVNP lässt sich auf dem Landweg **über verschiedene Strecken** erreichen. Die Route Kampala - Mbale - Soroti - Moroto - Kidepo (792 km) ist zwar die längste, gilt derzeit (2003) aber als relativ sicher. Sie führt durch die noch sehr wilde Provinz Karamoja und bietet zahlreiche landschaftliche Höhepunkte. Die Strecken Kampala - Lira - Kotido - Kidepo (705 km) und Kampala - Mbale - Sironko - Kotido - Kidepo (740 km) sind zwar etwas kürzer, weisen aber Sicherheitsprobleme auf, ebenso wie die deutlich kürzere Strecke über Gulu und Kitgum (600 km). Für alle Strecken ist ein **geländegängiges Allradfahrzeug** erforderlich. Vor Antritt einer Reise mit dem eigenen Fahrzeug sollte man in jedem Fall die entsprechende Botschaft in Kampala sowie die Naturschutzbehörde UWA wegen möglicher Sicherheitsrisiken kontaktieren.

Mehrere kleine Chartergesellschaften bieten **Flüge nach Kidepo** ab Entebbe an (1½–2 Std. Flugzeit). Swanair (c/o Swanair Travel &

Safaris, Plot 4 Kimathi Avenue, PO Box 11206, Kampala, Tel. 041-250966, Mobiltel. 077-619397) fliegt zurzeit (2003) regelmäßig am Wochenende nach Kidepo (Freitagnachmittag bis Sonntag). Der Pauschalpreis mit Flug, Übernachtung, 2 Game Drives, 1 Game Walk, 1 Fahrt in ein nahe gelegenes Dorf sowie Parkeintritt und Getränken/Verpflegung beträgt 300 US-$ pro Person, ein volles Kleinflugzeug vorausgesetzt.
E-Mail: sabrina-swanair@spacenet.co.ug,
Internet: www.swanairtravel.com

Der **Airstrip von Lomej** liegt 3 km südlich des Park-Hauptquartiers von Apoka. Es gibt Pläne der ugandischen Flugaufsicht, Kidepo den Status eines internationalen Flughafens zuzuerkennen, um so Touristen direkt aus den Nachbarländern Ugandas einfliegen zu können.

In Apoka können **Fahrzeuge mit Fahrer** von der Parkverwaltung geliehen werden, für die eine Kilometerpauschale von 800 USh (siehe Nationalparks und Wildreservate – Eintrittspreise und Gebühren) berechnet wird.

Informationen

Vgl. auch die Listung der Parkgebühren und sonstiger Gebühren im Kapitel Nationalparks und Wildreservate.

- **Uganda Wildlife Authority (UWA)**
Plot 3 Kintu Road, Nakasero, PO Box 3530, Kampala, Tel. 041-34628 /8/0, Fax 041-346291, E-Mail: uwa@uwa.or.ug, Internet: www.uwa.or.ug. Informationen zum Park und aktuelle Hinweise zur Anreise.
- **Park Headquarter**
Das Herz des KVNP ist die kleine Siedlung **Apoka,** wo sich das Park HQ, die Unterkünfte der Wildhüter, eine Werkstatt mit Treibstoffversorgung und verschiedene Besucherunterkünfte befinden.

Unterkünfte und Lodges

- Die **Apoka Lodge** ist eine komfortable Lodge mit insgesamt 16 Chalets (Kategorie AA–A), für die eine private Konzession an

uga_264 Foto: cl

The Uganda Safari Company vergeben wurde (PO Box 23825, Kampala, Tel. 041-251182, E-Mail: info@safariuganda.com, Internet: www.safariuganda.com). Das Unternehmen führt auch das über Konzessionsvergabe privatisierte Semliki Valley Wildlife Reserve in Westuganda.

- Günstiger sind die kleinen **Bandas** des von der Parkverwaltung geführten **Apoka Rest Camp.** Es handelt sich um sehr saubere kleine Rundhütten mit zwei Betten, Moskitonetzen und einer Duschgelegenheit. Insgesamt 12 Bandas stehen zur Verfügung.

Camping

Im Park ist ein **Zeltplatz mit Toilette und Wasserversorgung** vorhanden (Wasser wird von der Parkverwaltung in Fässern gebracht). Die Anweisung erfolgt über die Parkverwaltung in Apoka.

Essen und Trinken

In Apoka sind Getränke wie Bier und „Sodas" erhältlich. Nahrungsmittel müssen selbst mitgebracht werden. Auf Nachfrage sind Ihnen die Parkangestellten bei der Zubereitung von Gerichten behilflich.

Landschaft auf der Strecke von Moroto zum Kidepo Valley National Park

Der Osten und Mt. Elgon

Der Osten Ugandas reicht vom Austritt des Nils aus dem Viktoriasee, dem zweitgrößten See der Welt, bis zur kenianischen Grenze und hinauf zur Südgrenze Karamojas. Die Region ist sehr fruchtbar und daher dicht besiedelt.

Die Asphaltstraße nach Jinja passiert bei der **Ausfahrt aus Kampala** das 60.000 Zuschauer fassende **Mandela Stadium,** ein „Herzstück" der ugandischen Fußballkünste. Nach Durchfahrt der kleineren Orte **Mukono** (Verwaltungssitz des gleichnamigen Distrikts) und **Lugazi** (schöner Markt) taucht die Straße in das sehenswerte **Mabira Forest Reserve,** eine gut erhaltene Insel tropischen Sekundärwaldes, ein. Nach Verlassen des Waldreservates schlängelt sich das Asphaltband durch Zuckerrohrfelder und Teeplantagen bevor die Kleinstadt **Njeru** erreicht wird, Sitz der bekannten Nile Breweries.

In **Jinja** gibt es mehrere Industriezweige. Nahe der Stadt, etwa 3 km vom Austritt des Viktoria-Nils flussabwärts, liegen die **Owen Falls.** Oberhalb davon befindet sich der 1954 errichtete Owen Falls-Damm, an den ein **Kraftwerk** angeschlossen ist, das einen Großteil Ugandas mit Strom versorgt. Der Plan zum Bau eines neuen Dammes zur Stromgewinnung an den **Itanda-Fällen** nahe Jinja führte in den vergangenen Jahren zu einer heftigen Kontroverse zwischen Damm-Befürwortern und Naturschützern. Mittlerweile hat die Weltbank eine Finanzierung des Projekts zugesagt. Mit dem Bau eines neuen Dammes wäre das Ende des beliebten

White-Water Raftings an den **Bujagali Falls** besiegelt.

Die Stadt **Mbale** liegt am Fuße des 4321 m hohen **Mt. Elgon** und ist der Ausgangspunkt für Touren in den wunderschönen **Mt. Elgon National Park.** Am Nordrand des Berges liegen die sehenswerten **Sipi Falls.** Die kleine Stadt **Tororo** und die Grenzorte **Busia** und **Malaba** sind Durchgangsorte für Reisende von und nach Kenia und bieten nichts Sehenswertes.

Mabira Forest Reserve

⇗ **XV, C2**

Der Mabira Forest liegt 54 km östlich von Kampala (ca. 1 Std. Fahrtzeit) an der Hauptstraße nach Jinja. Es handelt sich um einen 306 km^2 großen **tropischen Feuchtwald,** der über ein ausgezeichnetes Wegesystem gute Tierbeobachtungen (vor allem von Primaten und Vögeln) ermöglicht. Das als Forest Reserve geschützte Gebiet liegt zwischen 1070 m und 1340 m hoch. Es zeichnet sich durch eine **Fülle farbenprächtiger Schmetterlingsarten** aus, die bei Exkursionen zu Fuß oder mit dem Fahrrad in Augenschein genommen werden können.

Das Waldreservat wird seit 1994 vom Forest Department mit Mitteln der Europäischen Gemeinschaft bzw. Union zu einem Tourismusziel entwickelt. An der **Forststation Najjembe** (500 m nördlich der Straße Kampala - Jinja, Mobiltel. 077-594000) stehen kleine **Bandas** (Übernachtung 4–5 Euro pro Person) und ein sehr angenehmer **Campingplatz** mit sauberen sanitären Anlagen (u.a. heiße Duschen) zur Verfügung (Gebühr 1,50 Euro pro Person). Mitgebrachte Lebensmittel werden auf Anfrage von den Campangestellten zubereitet. Auch Feuerholz und ein nächtlicher *askari* (Wächter) werden gestellt.

Für **Waldbesuche** wird ein täglicher Eintritt von 3 Euro pro Person erhoben. Ein Zweitages-Permit (z.B. für Wochenendbesuche) kostet 5 Euro. Ein Führer ist bereits im Eintrittspreis enthalten, erwartet jedoch ein zusätzliches Trinkgeld. Für 4 Euro pro Tag kann man Fahrräder (mäßige Qualität) leihen.

Das **Dorf Najjembe,** an dem die Station liegt, ist bequem mit Minibus-Matatus von Jinja oder Kampala aus zu erreichen (Fahrpreis ab Kampala 1,50 Euro, ab Jinja 0,50 Euro). Dort gibt es auch einen kleinen Markt mit den nötigsten Nahrungsmitteln.

Jinja

⇗ **XV, C2**

Das über **100.000 Einwohner** zählende Jinja (1143 m) ist die **zweitgrößte Stadt Ugandas** und ein wichtiger Handels- und Industriestandort. Die Entfernung nach Kampala beträgt 80 km, zur kenianischen Grenze sind es 143 km. Jinja liegt am Ufer des 68.000 km^2 großen Viktoriasees, direkt am Austritt des Nils aus dem See, der eigentlichen **Nilquelle** („Source of the Nile"). Am Westufer des Nils liegt ein kleiner **Besichtigungspunkt,** an dem sich bis zur Errichtung des Owen Falls-Dammes die kleineren Ripon Falls befanden. Er ist vom Stadtzentrum aus mit Matatus und boda-bodas (Fahrradtaxis) zu erreichen. Um

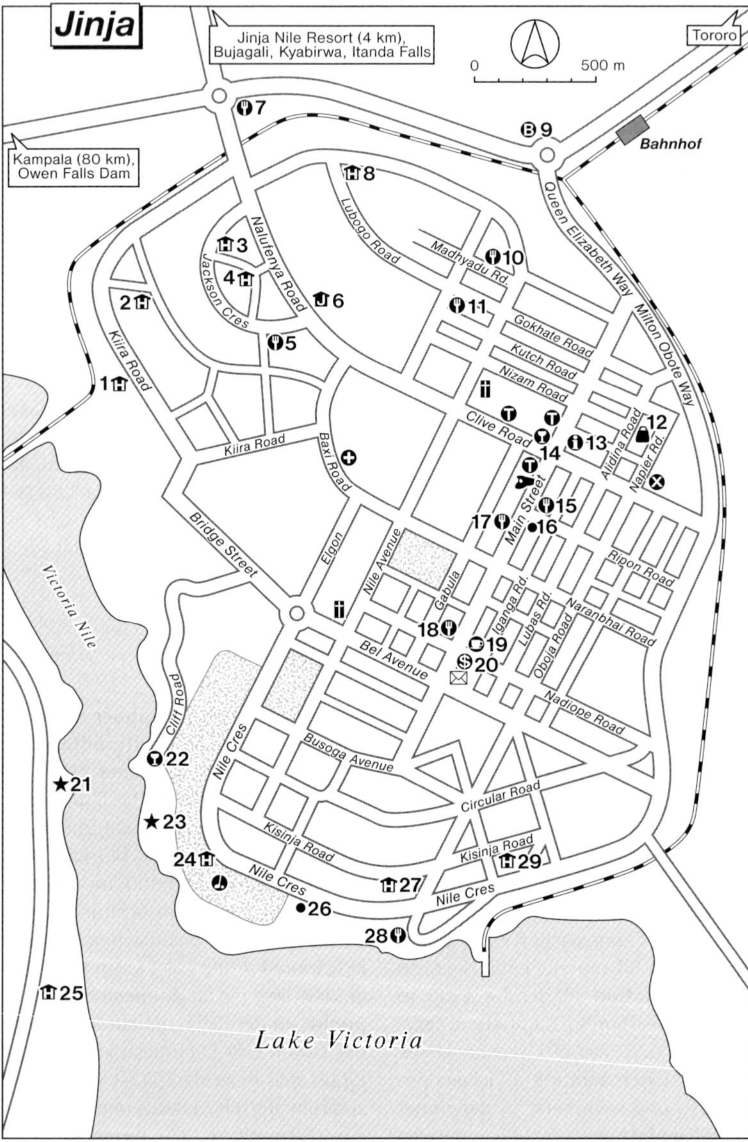
Jinja
Jinja Nile Resort (4 km), Bujagali, Kyabirwa, Itanda Falls
0
500 m
Tororo
Bahnhof
Kampala (80 km), Owen Falls Dam
7
9
8
3
4
2
6
5
1
10
11
12
13
14
15
16
17
18
19
20
21
22
23
24
25
26
27
28
29
Lubogo Road
Nalufenya Road
Jackson Cres
Madhyadu Rd.
Queen Elizabeth Way
Milton Obote Way
Gokhate Road
Kutch Road
Nizam Road
Clive Road
Alidina Road
Napier Rd.
Kiira Road
Baxi Road
Bridge Street
Main Street
Elgon
Nile Avenue
Gabula
Iganga Rd.
Lubas Rd.
Oboja Road
Ripon Road
Naranbhai Road
Bel Avenue
Nadiope Road
Cliff Road
Nile Cres
Busoga Avenue
Circular Road
Kisinja Road
Victoria Nile
Lake Victoria

Unterkunft	1	Sunset International	Café	19	Source Café
Unterkunft	2	Nile River Explorers Backpackers Lodge	Bank	20	Bank
Unterkunft	3	Timton	★	21	Source of the Nile Gardens
Unterkunft	4	Crested Crane	Bar	22	Rumours Pub + Sports Bar
Restaurant	5	Two Friends	★	23	Bell Memorial
Unterkunft	6	YMCA	Unterkunft	24	Triangle Annex
Restaurant	7	Fang Fang	Unterkunft	25	Kingfisher Resort
Unterkunft	8	Triangle	•	26	Jinja Club
Bus	9	Busse nach Kampala	Unterkunft	27	Palm Tree
Restaurant	10	Munch Corner	Restaurant	28	Jinja Sailing Club
Restaurant	11	Richie Rich	Unterkunft	29	Gately on Nile
Markt	12	Markt			
Information	13	Touristeninformation	Kirche		Kirche
Bar	14	Friends Bar	Tankstelle		Tankstelle
Restaurant	15	Bee Bee's	Taxi		Taxi Park
•	16	Trend Forex Bureau	Polizei		Polizei
Restaurant	17	Rangoli	Krankenhaus		Krankenhaus
Restaurant	18	Ozzies	✉		Post
			Golfplatz		Golfplatz

zum **Speke Memorial** zu gelangen, wo eine Tafel an die Entdeckung des Flussaustritts durch den Engländer *John Hanning Speke* im Jahre 1862 erinnert, können Sie auch den Nil mit einem Boot von der Stadtseite aus queren. Das Gelände der **Source of the Nile Gardens** ist ein kurzes Picknick wert.

Einige Kilometer flussabwärts liegt der **Owen Falls-Damm,** über den die Straße nach Kampala verläuft (die Eisenbahnverbindung Kampala – Nairobi besitzt eine eigene Brücke). Er hat die ehemaligen Owen Falls verdrängt, doch befinden sich unterhalb des Dammes nun neue Wasserkaskaden, die durch den 1954 errichteten Staudamm und das angeschlossene **Kraftwerk** allerdings gezähmt und unspektakulär wirken. Mit dem hier erzeugten Strom werden fast ganz Uganda sowie Teile von Kenia versorgt. Ein Ausbau des Kraftwerks mit Errichtung neuer Staustufen ist geplant.

Jinja selbst wirkt noch immer etwas heruntergekommen, obwohl intensive Anstrengungen zur „Aufarbeitung" des Stadtbildes laufen. Attraktive Gebäude aus der Kolonialzeit und die Häuser der 1972 unter *Idi Amin* vertriebenen, wohlhabenden asiatischen Geschäftsleute lassen die einstige Prosperität erahnen. Viele der damals ausgewiesenen indischen Familien sind mittlerweile zurückgekehrt, u.a. die einflussreiche Madhvani-Familie, der zahllose Industriezweige, Agrar-Betriebe, Unternehmen und Hotels in ganz Uganda gehören.

Einen touristischen Meilenschritt nach vorn bedeutete die Etablierung von **White-Water-Rafting-Touren** an den nahe gelegenen **Bujagali Falls.** Diese Unternehmung wird inzwischen von verschiedenen Veranstaltern angeboten. Die neueste Errungenschaft Jinjas ist ein spektakulärer **Bungeejump** aus 44 m Höhe, mit Eintauchen in das klare Nilwasser. Andere touristische Aktivitäten sind **Bootsfahrten** („Sunset Cruises") auf dem Viktoriasee, zu organisieren über den Jinja Sailing Club, oder **Besichtigungen der** nahe gelegenen **Nile Breweries** (Informationen in allen Hotels).

Anreise und Weiterfahrt

- **Zugverbindungen:** Jinja liegt an der Main Line, die von Kampala über Jinja/Iganga/Tororo bis nach Kenia führt, seit 1997 jedoch ausschließlich Frachtverkehr bedient.
- **Busverbindungen und Matatus:** Die Bus- und Matatustation liegt am Nordostrand der Stadt nahe dem Markt. Überlandbusse nach Kampala bzw. nach Mbale halten in Jinja. Minibusse fahren den ganzen Tag über nach Kampala (1,50 Euro, 1–1½ Std. Fahrtzeit). Gute Bus- und Minibusverbindungen bestehen auch nach Mbale und nach Tororo sowie zu den Grenzorten Busia und Malaba (3–4 Euro, 2–3 Std. Fahrtzeit).

Vorwahl von Jinja: 043

Unterkünfte und Hotels

Kategorie AA

- **Samuka Island Retreat**
PO Box 1553, Jinja, Tel. 122190/1, Fax 122581, E-Mail: island@source.co.ug. Cottages mit Bad/WC und Solarstromanlage, auf einer 4 Hektar großen Insel inmitten des Viktoriasees gelegen. 40-minütige Anfahrt mit Motorbooten. Gutes Restaurant. Bootstouren und Angelausflüge möglich. Für entspannende Tage auf einer Insel empfehlenswert, aber nicht gerade billig. Treffpunkt für die Abholung per Boot ist Rumours Pub & Sports Bar (Tel. 077-401508) am Austritt des Nils aus dem See.

Kategorie A

- **Jinja Nile Resort**
Bujagali Road, PO Box 1553, Jinja, Tel. 122190/1, Fax 122581. Cottages mit Blick auf den Nil, ca. 4 km außerhalb des Ortes an der Bujagali Road. Gutes Restaurants mit großem Barbereich. Swimmingpool, Tennis- und Squashplätze, Fitnessbereich, Billardtische, Übungsbereich für Golfer. Bewachter Parkplatz, Konferenzmöglichkeiten. Rundum empfehlenswert.
Internet: www.madahotels.com

Kategorie B

- **Gately on the Nile**
Nile Crescent, PO Box 1300, Jinja, Tel. 122400, Mobiltel. 077-469636, Fax 122400, E-Mail: gately@source.co.ug, Internet: www.gately-on-nile.com. Hinter dem Jinja Sailing Club, gegenüber dem Pier. Schöne alte Kolonialvilla mit 12 Räumen, die unter australischer Leitung wieder hergerichtet wurde. Restaurant, Laundry-Service, Internetverbindung, kleiner Wellness-Bereich mit Massage, Kosmetik und Reflexzonen-Therapie. Bed & Breakfast nach australischem Vorbild. Vorausbuchung empfohlen.
- **Crested Crane Hotel**
4–6 Hannington Square, PO Box 444, Jinja, Tel. 120891. Brauchbare Zimmer mit Satelliten-TV. Kleines Restaurant. Häufig mit Konferenzgruppen belegt. Gehört zur staatlichen Uganda Hotels-Kette.
- **Kingfisher Safari Resort**
PO Box 608, Jinja, Tel. 121063, Mobiltel. 077-632063, Internet: www.kingfishersafaris.com. Ruhige Lage am Westufer des Nils, etwas außerhalb. Großer Swimmingpool. Restaurant und Bar. Zeltmöglichkeit. Zu empfehlen.
- **Pam Tree Guest House**
24 Kisinja Road, Jinja, Tel. 123412, Mobiltel. 077-500400. Inklusive Frühstück. Umgebautes ehemaliges Gästehaus des ugandischen Präsidenten (hier schliefen also einst die Gäste von *Idi Amin* und *Milton Obote*). Mit angeschlossenem Frisiersalon.

Kategorie C

•Timtom Hotel
PO Box 341, Plot 15 Jackson Crescent, Jinja, Tel. 120278. Zimmer mit Bad/WC. Restaurant. Bewachter Parkplatz. Gepflegte Anlage am Nordwestrand der Stadt, unweit dem Crested Crane Hotel und der Explorers Backpackers Lodge. Zelten auf dem Gelände ist erlaubt.

•Hotel Triangle
PO Box 515, 5 Lubogo Lane, Tel. 1220901, Mobiltel. 077-500874, Fax 122090. Saubere Zimmer mit Bad/WC. Gutes Restaurant. Am Nordwestrand von Jinja, nahe der Hauptstraße Kampala – Tororo.

Kategorie D–E

•Nile River Explorers Backpackers Lodge
Plot 41 Wilson Avenue, PO Box 2155, Jinja, Tel. 120236, Mobiltel. 077-422373, Fax 121322, E-Mail: rafting@starcom.co.ug, Internet: www.raftafrica.com. In der ganzen Stadt bekannter Backpacker-Treff. Saubere Unterbringung in Räumen mit Gemeinschaftbad oder im Schlafsaal. Essen (Gemeinschaftsgericht, 4 Euro) muss vorbestellt werden. Eigene Telefonzelle der Firma MTN mit Telefonkartenverkauf. Satelliten-TV, Billardtische, Darts, großes Mitteilungsboard für Traveller. Zelten ist für 3 Euro auf dem Gelände möglich. Für Rafting-Teilnehmer des Unternehmens ist die erste Übernachtung kostenfrei.

•Ansonsten gibt es mehrere einfache **Guest Houses** im Stadtzentrum, die sich alle nicht großartig unterscheiden. Am billigsten ist das **YMCA** (Tel. 20365) am Nordwestrand der Stadt nahe dem Crested Crane Hotel. Man kann hier auch mit einer Isomatte auf dem Boden schlafen.

Camping

Möglich für 2–3 Euro pro Person **auf dem Gelände der Explorers Backpackers Lodge, am Timtom Hotel** (hier nur 1,50 Euro) oder dem **Kingfisher Safari Resort.** Ein ruhiger Platz (Campinggebühr 1,50 Euro pro Person) ist auch die Anlage der **Source of the Nile Gardens** am Westufer des Nils, wo sogar Zelte für 3 Euro entliehen werden können.

Restaurants und Bars

•Empfehlenswerte Restaurants befinden sich **in den Hotels Gately on the Nile** (stimmungsvolle Dinners, Vorausbuchung empfohlen) **und Timtom,** gehobene internationale Küche erhält man auch im **Restaurant Captain's Table im Jinja Sailing Club** (u.a. Dinnerbuffets an Sonntagen für 5 Euro).

•Im Stadtzentrum bekommen Sie Snacks und kleinere Gerichte z.B. bei **Bee Bee's** oder **Richie Rich,** gute Pizza bei **Two Friends** und indische Gerichte im **Munch Corner.**

•Gute Drinks gibt es z.B. in der **Rumours Pub & Sports Bar** (Tel. 077-401508/9, am Austritt des Nils aus dem See), in den **Source of the Nile Gardens** (Mobiltel. 071-860691) oder in den **Bars am Jinja Club bzw. am Sailing Club.**

Geldwechsel

Im Stadtzentrum in der Main Street gibt es mehrere **Banken** (beispielsweise die Barclays Bank) und **Forex Bureaus** (z.B. das Trend Forex Bureau).

Post und Internet

•Das **Postamt** liegt im Stadtzentrum in der Main Street. Es bietet auch einen Internet-Service für 0,10 Euro pro Minute.

•Die **Internet-Cafés The Source Café** in der Main Street (schnurlose Verbindung für Laptop-Besitzer) oder das nahe gelegene **Cyber Café** im Biashara Building bieten Surfen im Internet für 0,05–0,10 Euro pro Minute, dazu leckere Getränke und Snacks.

Sport und Aktivitäten

•Der **Jinja Club** am Ufer des Viktoriasees südlich der Stadt verfügt über einen 9-Loch-Golfplatz, Tennis- und Squash-Plätze sowie einen (algenfreundlichen) Swimmingpool.

•Am Pier des **Jinja Sailing Clubs** werden Motorbootfahrten, gemütliche Sunset Cruises und Segeltörns auf dem Viktoriasee angeboten (u.a. durch Nile River Explorers).

- Die Besitzer von Rumours Pub & Sports Bar (PO Box 2161, Mobiltel. 077-401508/9) offerieren **Angelausflüge** auf dem Viktoriasee (14 Euro pro Person).

Bungeejumping

Die neueste Attraktion Jinjas ist ein Bungee-Sprung aus 44 m Höhe zwischen Owen Falls-Damm und Bujagali Falls mit tiefem Eintauchen in das Wasser des Nils. Fachleute aus Neuseeland und Australien haben bei der Errichtung der Anlage ihren Beistand geleistet, so dass das Ganze als sicherste Unternehmung in Afrika bezeichnet wird. Sollte das Seil doch reißen, schlagen Sie wenigstens nicht auf hartem Beton auf ...

Informationen dazu über **Nile High Bunjy Adrift,** c/o Jinja Nile Resort, Bujagali Road, PO Box 1553, Jinja, Mobiltel. 071-707668 oder 077-454206. Der erste Sprung schlägt mit 55 US-$ zu Buche, der zweite mit zusätzlichen 20 US-$, ein dritter ist gratis (innerhalb von 24 Std.). Das Angebot kann mit Rafting-Touren kombiniert werden.
E-Mail: bunjy@surfthesource.com,
Internet: www.surfthesource.com

White-Water Rafting und Kanu-Touren

- siehe Bujagali Falls

Bujagali Falls ⇗XV, C2

8 km nördlich von Jinja liegt der Stromschnellenkomplex der Bujagali Falls am Viktoria-Nil. Der **malerische Platz mit einer Vielzahl von Wasservögeln** ist mit Motorrad-Taxis (piki-pikis) für 1 Euro von Jinja aus zu erreichen und lohnt einen kurzen Besuch, auch wenn man sich nicht zur Teilnahme an einer Rafting-Exkursion entschließen kann. Seit 1996 hat sich der Ort zu einem **lokalen Zentrum der Freizeitindustrie** entwickelt mit drei verschiedenen Anbietern von White-Water Rafting und einem weiteren Anbieter für längere Kanuexkursionen auf dem Viktoria-Nil flussabwärts.

Tragischerweise würde die viel diskutierte **Erweiterung des Wasserkraftwerkes an den Owen Falls** mit dem Bau einer 30 m hohen neuen Staustufe an den Itanda Falls die interessantesten Stromschnellen für Rafting-Touren uninteressant machen. Nachdem die Weltbank ihre Finanzierungszusage zu dem Projekt bereits gegeben hatte, schien eine entsprechende Entwicklung mit Abschluss der Bauarbeiten im Jahr 2006 unausweichlich. Ein gigantischer Finanzierungsskandal mit tiefer Verwicklung der beteiligten Bau- und Beraterfirmen hat das Projekt jedoch wieder auf Eis gelegt, so dass im Jahr 2003 vollkommen ungewiss war, ob der neue Staudamm nun wirklich kommt.

Rafting kann Spaß machen – zu dieser Einsicht ist auch der Autor gekommen, der dem scheinbaren Aktionismus mit gekonnter Stimulierung der Adrenalin-Ausschüttung zunächst eher ablehnend gegenüberstand. Körperliche Fitness, entsprechende Achtsamkeit beim Rafting, um Verletzungen zu vermeiden, sowie eine gute Sonnenbrandprophylaxe sind Voraussetzungen für entsprechenden Spaß auf dem Wasser. Gutes Eincremen mit Lichtschutzfaktor 30 ist notwendig, um nicht krebsrot wieder an Land zu kommen – gerade bei den Ganztagestouren. Eine **Bilharziose-Infektion** (siehe Gesundheit) soll nach Auskunft der Rafting-Unternehmen bei all dem Wasserkontakt (schnell strömendes Wasser) mehr als unwahrscheinlich sein, doch stimmen eigene Erfahrungen da skeptisch.

Die Rafting-Strecke geht über ca. 18–30 km (Nile River Explorers fängt bereits unterhalb der Owens Falls an, Adrift erst an den Bujagali Falls) und schließt die **Itanda Falls** sowie bei Adrift auch die **Kyabirwa Rapids** mit ein. Bis zum Schwierigkeitsgrad 5 wird selbst geraftet, Stromschnellen höherer Schwierigkeitsgrade werden umtragen. Kentern ist häufig, die Kollision mit Felsen bzw. Treibholz im oder unter Wasser jedoch selten. Alle **Stromschnellen** tragen kreative Eigennamen („Whirlpool", „Bermuda", „G-Spot", „Silverback" etc.). Die Wartung der Gummischlauchboote obliegt den Betreibern, Helme und Schwimmwesten sind obligatorisch. Für entsprechend Geschulte werden von allen Rafting-Unternehmen auch **Kajak-Touren** oder **River Boarding** (Surfen auf den Stromschnellen) angeboten.

Unterkünfte an den Bujagali Falls

- **Nile River Explorers Campsite**

Mobiltel. 077-422373. Unterbringung in Bandas für 14 Euro pro Person, Camping für 2 Euro. Großer, lebhafter Barbereich. Zeltverleih. Kunden von Nile River Explorers können eine Nacht kostenfrei übernachten.
E-Mail: rafting@starcom.co.ug,
Internet: www.raftafrica.com

- **Speke's Camp**

Mobiltel. 075-720906. Einziger Übernachtungsplatz direkt an den Bujagali Falls. Einfache Bandas (Kategorie D) mit Restaurant und Bar. Angeschlossene Kajak-Schule. Zwei freie Übernachtungen beim Rafting mit Equator Rafting.
E-Mail: equatorrafts@equatorrafts.com,
Internet: www.equatorrafts.com

- **Eden Rock Resort**

Mobiltel. 077-504059. Zwischen NRE Campsite und Speke's Camp gelegen. Schöne Bandas (Kategorie C) mit à-la-carte-Restaurant und Bar, Zelten für 3 Euro möglich.
E-Mail: info@edenrocknile.com,
Internet: www.edenrocknile.com

Sport und Aktivitäten

Anbieter von White-Water Rafting

- **Adrift – The Adventure Centre**

Plot 3 Kintu Road, UWA Compound, PO Box 7681, Kampala, Tel./Fax 041-252720, Mobiltel. 071-707668 oder 077-454206. Ganztagestouren (30 km Rafting, davon 8 km Paddel-Strecke) beginnen an den Bujagali Falls und kosten 85 US-$, verkürzte Halbtagestouren sind für 65 US-$ zu haben. Längere Zweitagestouren mit Zeltübernachtung auf einer Nilinsel schlagen mit 199 US-$ zu Buche. Die Anreise mit einem eigenen Overlandtruck erfolgt von Kampala aus (verschiedene Treffpunkte, u.a. Sheraton Hotel und Natete Backpackers Hostel). Lunch und Getränke im Preis inbegriffen.
E-Mail: adrift@surfthesource.com,
Internet: www.surfthesource.com

• Nile River Explorers (NRE)
Plot 41 Wilson Avenue, PO Box 2155, Jinja, Tel. 043-120236, Mobiltel. 077-422373, Fax 043-121322, E-Mail: rafting@starcom.co.ug, Internet: www.raftafrica.com. Gleiche Preise wie Adrift, doch wird eine kürzere Strecke (18 km) befahren, die direkt unterhalb des Owen Falls-Dammes beginnt und angeblich weniger schwere Stromschnellen aufweist. Für weniger draufgängerische Erstlinge wohl besser geeignet. Nach Meinung vieler persönlichere Betreuung, abends vor Ort gemeinsames Grillen mit den (teils sehr schrillen) Guides.

• Equator Rafting
Bujagali Falls, Tel. 041-259106/7, Mobiltel. 077-960964 oder 077-379566. Der neueste Rafting-Anbieter mit etwas günstigeren Touren als Adrift und NRE, kostenfreier Foto-CD und reichlicher Verpflegung (kurzes Frühstück, Lunch und abendliches Barbecue). Die Rafting-Strecke beträgt ca. 25 km. Transport ab Kampala oder zwei freie Übernachtungen im Speke Camp im Preis mit inbegriffen.
E-Mail: equatorrafts@equatorrafts.com,
Internet: www.equatorrafts.com

Alle Anbieter dokumentieren ihre Touren in Bild und Ton. Entsprechende Videos, CDs mit Digitalaufnahmen und DVDs können dann abends (zu gesalzenen Preisen) erstanden werden, ebenso wie Souvenirartikel (T-Shirts etc.). Adrift bietet seinen Kunden auch ein Coupon-Heft, das in Kampala und anderswo viele Vergünstigungen (z.B. in Restaurants) ermöglicht.

Anbieter von Kanu-Touren

• Sobek Expeditions
c/o Nile River Explorers (NRE), Plot 41 Wilson Avenue, PO Box 2155, Jinja, Tel. 043-120236, Mobiltel. 077-422373, Fax 043-121322, E-Mail: rafting@starcom.co.ug, Internet: www.raftafrica.com. Ganztagestouren auf dem Viktoria-Nil ab den letzten Stromschnellen etwa 35 km von Jinja sind für 50 US-$ zu haben. Mehrtagestouren (auch in Kombination mit Rafting) können vereinbart werden. Der Schwerpunkt dieser deutlich ruhigeren Unternehmung liegt auf Vogelbeobachtungen, Angeln, Schwimmen und lockerem kulturellem Austausch mit der Bevölkerung am Fluss. Denken Sie auch an wasserdichte Verpackung von Dokumenten, Kameras und Ferngläsern.

Quadbiking

• All Terrain Adventures
Mobiltel. 077-377185, an den Bujagali Falls gegenüber dem NRE Campsite gelegen. Enge Kooperation mit den Raftinganbietern, vor allem mit Nile River Explorers. Organisation von Exkursionen mit allradgetriebenen Quadbikes im Umland der Bujagali Falls. Halbtagestouren kosten 50 US-$, Ganztagestouren 95 US-$ und Ausfahrten in der Dunkelheit von 20–22 Uhr schlagen mit 40 US-$ zu Buche – eine echte Geschmacksfrage.

Tororo

↗ XI, D3

Tororo (205 km östlich von Kampala) ist eine Kleinstadt nahe der kenianischen Grenze an der Ost-West-Achse nach Nairobi und ein Durchgangsort auf dem Weg nach Mbale weiter nördlich. Die Stadt bietet wenig Sehenswertes außer dem namengebenden **Tororo Rock,** einem mächtigen Felsblock, der die Stadt im Süden mit einer Höhe von gut 1800 m überragt. Die Ausblicke von dort über die umgebende Landschaft sind fantastisch, reichen jedoch nicht bis zum Lake Victoria.

Unterkunft

• Man kann in Tororo z.B. im **Rock Classic Hotel** (Kategorie B–C, parkähnliche Anlage) oder im **Sunrise Hotel** (Kategorie C) übernachten. Beide Hotels sind bei der Organisation von Besteigungen des Tororo Rock behilflich. Auf dem Gelände des Rock Classic Hotel darf man zelten.

• Es gibt darüber hinaus mehrere einfachere Hotels und Guest Houses, z.B. **Crystal Hotel, Frontier Club, La-Jolla Guest House.**

uga_275 Foto: cl

Markttag am Mt. Elgon

Sonstiges

In den besseren Hotels gibt es jeweils gute **Restaurants.** Ferner besitzt Torororo ein **Internet-Café** sowie ein **Forex Bureau. Matatus zur kenianischen Grenze** bei Malaba kosten 0,50 Euro.

Busia und Malaba

↗XI, D3

Diese beiden kleinen Orte liegen direkt an der **Grenze zu Kenia** und sind eher charakterlose **Schmugglerparadiese.** Wechseln Sie nach Möglichkeit kein Geld bei den Geldwechslern an der Grenze, die zum Trickbetrug neigen. Es gibt jeweils kleine Forex-Büros an den Grenzposten. Sollten Sie über Nacht in Busia oder Malaba stecken bleiben, können Sie aus einem kleinen Angebot an einfachen Guest Houses wählen.

Mbale

↗XI, D2

Das über **50.000 Einwohner** umfassende Mbale (1143 m) ist eine **lebhafte Stadt am Fuße des Mount Elgon,** die sich durch angenehmes Klima, viel Grünfläche und eine **exzellente Sicherheitslage** auszeichnet. Mbale gilt als **Zentrum des Kaffeeanbaus** und ist Sitz der 1988 gegründeten **Islamic University in Uganda.** Die Entfernung nach Kampala beträgt 250 km, nach Tororo sind es 45 km und zur kenianischen Grenze bei Malaba 63 km. Die Stadt ist Ausgangspunkt für alle Aktivitäten im

Mt. Elgon National Park und Sitz des Park Headquarter. Auch die sehenswerten Sipi Falls am Nordhang des Berges können von hier aus erreicht werden. Der **große Markt** im Stadtzentrum ist sehenswert und bietet gute Einkaufsmöglichkeiten. Ein Teil der sehr günstigen Waren entstammt den verbreiteten Schmuggelgeschäften über die Grenze zu Kenia.

Etwa 25 km nördlich von Mbale liegen die **Kakoro Rock Paintings,** die man über die Asphaltstraße nach Soroti erreicht. Die kleine Piste dorthin führt über ca. 10 km durch ansprechende Landschaft. Die eher enttäuschenden

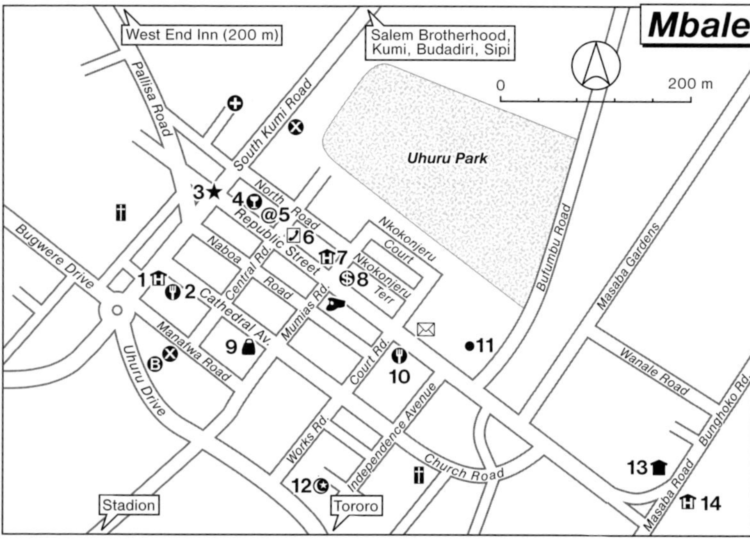

- 1 Elgon View
- 2 Nuralis Restaurant
- ★ 3 Clocktower
- 4 Twiga Bar
- @ 5 Rocks Internet Café
- 6 MTN (Telefonkarten)
- 7 Eldima
- 8 Standard Chartered Bank
- 9 Markt
- 10 BCU Coffee House
- • 11 District Office
- 12 Moschee
- 13 Mt. Elgon NP Headquarter
- 14 Mt. Elgon

- Krankenhaus
- Taxi Park
- Bushaltestelle
- Polizei
- Post
- Kirche

Felszeichnungen liegen auf einem kleinen Felshügel, der verbuscht ist.

Nördlich von Mbale zweigt von der Hauptstraße nach Soroti eine 224 km lange **Piste nach Moroto** (Provinz Karamoja) ab. Diese ist für Reisende zum Kidepo Valley NP eine Alternative zur Strecke Soroti - Moroto. Die mit Allradfahrzeugen gut befahrbare Piste ist landschaftlich sehr reizvoll und führt am 3068 m hohen, mächtigen **Mt. Kadam** vorbei, der eine Herausforderung für individuelle Entdeckungen darstellt und eine Fülle spektakulärer landschaftlicher Eindrücke bietet.

Anreise und Weiterfahrt

- **Zugverbindungen:** Mbale ist Ausgangspunkt der Northern Line, die über Soroti, Lira und Gulu bis nach Pakwach führt. Die Strecke ist ausschließlich dem Frachtverkehr vorbehalten.
- **Busverbindungen und Matatus:** Die Bus- und Matatustation liegt am Südrand der Stadt unweit des Marktes. Überlandbusse nach Kampala über Jinja fahren bereits frühmorgens ab (3,50 Euro, 4–5 Std. Fahrtzeit). Empfehlenswert ist der EMS Post Bus (Abfahrt um 8 Uhr). Minibusse fahren den ganzen Tag über nach Kampala (6 Euro), Tororo, Jinja und Soroti. Der kenianische Akamba Bus stoppt auf seinem Weg von Kampala nach Nairobi gegen 17 Uhr am Bambuli House in der Mumias Road (Fahrpreis nach Nairobi ca. 9 Euro).
- **Matatus zum Mt. Elgon:** Diese fahren von der Matatustation am Clocktower ab: nach Budadiri (1 Euro), Sipi (2 Euro), Kapchorwa, Kapkwata (ca. 3 Euro) und Suam.

Leihwagen

- **Elgon Tours,** Plot 8 Manafwa Road, PO Box 1513, Tel. 35018. Gegenüber der Matatustation.

Verkehrsverbindungen innerhalb von Mbale

Die weitläufig angelegte Stadt gilt als „Hauptstadt" der **boda-boda-Fahrradtaxis** in Uganda. Fahrten innerhalb der Stadt kosten ca. 0,10–0,50 Euro.

Informationen

- **Mt. Elgon National Park Headquarter**
PO Box 135, 19/21 Masaba Road (gegenüber dem Mt. Elgon Hotel), Tel. 33720, Fax 33332, E-Mail: uwaface@imul.com. Information und Organisation von Besteigungen und Touren am Mt. Elgon. Bezahlung des Parkeintritts und Hilfe bei der Organisation von Führern/Trägern möglich. Verleih von Zelten und Schlafsäcken. Die eigentliche Kompetenz liegt jedoch bei den Rangern der Besucherzentren vor Ort am Beginn des jeweiligen Trails (siehe Mt. Elgon NP).
- **Salem Brotherhood**
PO Box 1558, Mobiltel. 077-505595, Fax 34461, Internet: www.saleminternational.org. 10 km außerhalb des Zentrums an der Kumi Road (ausgeschildert). Auf dem Gelände der gemeinnützigen Salem Brotherhood finden sich u.a. ein sehr gutes **Guest House** und ein kleinen **Krankenhaus.** In einem **Crafts Shop** kann man lokales Kunsthandwerk (z.B. Schnitzereien) erstehen. Die Einnahmen aus diesen Leistungen fließen in den Unterhalt des Krankenhauses und angeschlossene Einrichtungen.

Vorwahl von Mbale: 045

Unterkünfte und Hotels

Kategorie B

- **Mbale Resort Hotel**
50 Bungoho Road, PO Box 1621, Tel. 33920, Fax 33922, E-Mail: sales@mbaleresort.com, Internet: www.mbaleresort.com. Luxuriöse Zimmer mit Bad/WC. Bestes Hotel am Platz mit Pool, Fitnessbereich, Satelliten-TV. Gutes Restaurant und Bar. Bewachter Parkplatz.

Kategorie B–C

- **Mt. Elgon Hotel**
30 Masaba Road, PO Box 670, Tel. 33454, Fax 33891. EZ bzw. DZ mit Bad/WC. Restaurant. Bewachter Parkplatz. Am Ostrand der Stadt gelegen, ca. 2 km außerhalb des Zentrums. Das Hotel wurde Mitte der 1990er Jahre nach der Privatisierung umfassend renoviert und ist noch immer empfehlenswert. Mit größerer Gartenanlage, sehr ruhig. Mit Fahrradtaxis (boda-bodas) für 0,30 Euro vom Zentrum aus zu erreichen.

Kategorie C–D

- **Sunrise Inn**
Nakhupha Road, PO Box 2607, Tel. 33090, Fax 33863. Mitte der 1990er Jahre eröffnetes Hotel mit Gartenanlage ca. 500 m hinter dem Mt. Elgon Hotel. Saubere Zimmer mit Frühstück. Beliebtes Restaurant. Mit Fahrradtaxis (boda-bodas) vom Zentrum aus zu erreichen.
- **West End Inn**
Pallisa Road, PO Box 2607, Tel. 34626, Mobiltel. 077-525624, Fax 33891. Saubere Zimmer mit Frühstück, etwas außerhalb gegenüber dem Lions Playground gelegen. Mit Fahrradtaxis (boda-bodas) vom Zentrum aus zu erreichen.

Kategorie D

- Mehrere einfache Hotels und Guest Houses im Stadtzentrum, z.B. **Elgon View Hotel, Sayona Hotel, Hotel Eldima, Mbale Hotel, Christian Guest House, Paramount Hotel.** Einen sauberen Eindruck hinterlassen dabei vor allem das Christian Guest House und das Paramount Hotel.
- Weit besser als die Guest Houses im Zentrum ist das etwa 10 km außerhalb an der Kumi Road gelegene **Salem Guest House** (ausgeschildert), das von der Salem Brotherhood (s.o.) geführt wird. Ein kleines Restaurant und ein Coffee Shop sind angeschlossen.

Restaurants und Bars

- Ein gutes, wenn auch etwas ideenloses Dinner erhalten Sie im **Mt. Elgon Hotel,** wo es auch eine Bar gibt.
- Gute Alternativen sind das **Restaurant im Sunrise Inn** oder das recht neue **Nuralis Restaurant** im Gebäude des Hotels Elgon View.
- Im Stadtzentrum gibt es einfache, günstigere Gerichte, auch nach europäischer Machart, z.B. im **BCU Coffee House & Restaurant** gegenüber dem Post-Office, im empfehlenswerten **Hotel Eldima,** in der **Twiga Bar** oder dem **New East Nile Restaurant,** allesamt zentral gelegen.
- Im **Club Oasis** (afrikanischer Nachtclub) in der Cathedral Avenue kann man sich abends noch ein Bier bei dröhnender Musik gönnen.

Medizinische Versorgung

- **Salem Brotherhood Medical Services,** PO Box 1558, Mobiltel. 077-505595, Fax 34461, Internet: www.saleminternational.org. 10 km außerhalb des Zentrums an der Kumi Road (ausgeschildert).

Geldwechsel

- Es gibt mehrere Banken im Stadtzentrum mit sehr schlechten Wechselkursen. Die **Standard Chartered Bank** bietet akzeptable Kurse für US-$ und britisches Pfund.
- Besser ist der Geldtausch im **Mount Elgon Forex Bureau** zwischen Clocktower und Polizeistation (kein Wechsel von Reiseschecks).

Post und Internet

- Das **Postamt** liegt im Stadtzentrum in der Masaba Road. Es bietet einen Internet-Service für 0,10 Euro pro Minute, auch können für 0,50 Euro pro Seite Faxe empfangen werden (Faxnummer 33891).
- Ein **Internet-Café** ist **Rocks Café** in der Republic Street.

Mount Elgon National Park – Senezien und Lobelien unterhalb des Wagagai

Mount Elgon National Park

IX, D3/XI, D2

Überblick

Der 1145 km² große Mount Elgon National Park wurde im Oktober 1993 geschaffen, um die ugandische Seite des im äußersten Osten an der Grenze zu Kenia liegenden Vulkanmassivs zu schützen. Die Grundlagen für diesen Nationalpark schuf die Arbeit des **Mt. Elgon Conservation & Development Project** in Mbale.

Der **4321 m hohe Mount Elgon** wird von der lokalen Bevölkerung auch „Masaba" genannt. Der fünfthöchste Berg Ostafrikas und achthöchste Berg Afrikas hat eine bewegte geologische Geschichte. Es handelt sich um einen sehr alten **Vulkan,** dessen Aktivität vor ca. 24 Mio. Jahren begann und der vor ca. 10 Mio. Jahren das letzte Mal ausbrach. Seitdem haben Erosionsprozesse die Gestalt des Berges erheblich verändert, so dass die klassische konische Vulkanform nur noch schwer zu erkennen ist. Aufgrund des großen Durchmessers (ca. 50–80 km) an der Basis des Vulkans nehmen Geologen heute an, dass der Mt. Elgon ursprünglich sogar höher als der Mt. Kenia und der Kilimanjaro gewesen ist, und man bezeichnet ihn als den „ausgedehntesten erloschenen Vulkan überhaupt".

Der Name „Elgon" geht auf die Bezeichnung „Oldoinyo Ilgoon" der am

uga_279 Foto: cl

Ostrand des Massivs lebenden lokalen Maasai zurück, die so viel wie „Busen-Berg“ bedeutet.

Die Geografie des Berges gleicht der einer flachen Kuppel. Am höchsten Punkt der Kuppel befindet sich eine ausgedehnte **Caldera** mit einem Durchmesser von ca. 8 km, die den Rest des ehemaligen Vulkankraters darstellt. Das in der Caldera aufgefangene Niederschlagswasser fließt durch die spektakuläre **Suam Gorge** über den gleichnamigen Fluss nach Osten hin ab. Der höchste Punkt des Kraterrandes, **Wagagai (4321 m),** liegt auf der ugandischen Seite, kann aber sowohl von Kenia als auch von Uganda aus erreicht werden. Ein weiterer viel bestiegener Punkt, genannt **Jackson's Summit (4160 m),** liegt westlich davon. In der Sprache der lokalen Bagusu (oder Gusi) wird er „Bamasaba“ genannt. „Wagagai“ und „Bamasaba“ bedeuten „Vater“ und „Mutter“.

Wie an anderen Bergen Ostafrikas werden beim Aufstieg verschiedene klassische **Vegetationszonen** durchschritten. Bis in ca. 2000–2300 m Höhe bewegt man sich durch Kulturland, bevor man in die Waldzone mit großen Bambusbeständen eintaucht. Oberhalb 3200–3400 m erreicht man die afro-alpine Zone mit riesenhaften Senezien und Lobelien und kleineren Mooren. In der Kontaktzone zum Wald dominieren Baumheidebestände. Die afro-alpine Zone reicht bis zu den Gipfeln Wagagai und Jackson's Summit hinauf, eine Fels- und Flechtenzone fehlt.

Der Mount Elgon ist ein sehr wilder, auf der ugandischen Seite auch recht einsamer Berg. Es handelt sich unzweifelhaft um eines der attraktivsten Berggebiete in Ostafrika und ist dabei nahezu unbekannt. Die **Besteigung** erfordert eine gute Vorbereitung und ausreichende Kondition, besondere alpinistische Kenntnisse sind nicht notwendig. Hütten stehen auf der ugandischen Seite bislang keine zur Verfügung, stattdessen gibt es an den Tagesetappen ausgerichtete Campingmöglichkeiten mit Wasserversorgung und Toiletten. Nehmen Sie in jedem Fall einen **Führer** mit, um nicht verloren zu gehen. Der Mt. Elgon lässt sich am besten in der Trockenzeit besteigen (Dezember bis März und Juni bis August), aber auch in der Regenzeit sind Touren möglich.

Sie müssen eine **gute Bergausrüstung** (feste Schuhe, Regenjacke, Schlafsack, Zelt, Kocher und Kochgeschirr etc.) mitbringen, ähnlich der für das Ruwenzori-Gebirge (siehe Praktische Tipps A–Z). Das **Wasser** am Berg ist sehr gut, sollte aus Sicherheitsgründen aber trotzdem immer gefiltert oder abgekocht werden. Die **Temperaturen** liegen nachts um den Gefrierpunkt. Schnee ist sehr selten. Beim Park Headquarter in Mbale kann man Ausrüstungsgegenstände (z.B. Zelte für 5 Euro und Schlafsäcke für 1 Euro pro Tag) leihen, ebenso am ugandisch geführten Camp The Crow's Nest an den Sipi Falls (siehe weiter unten).

Ein letztes Wort noch zur **Sicherheit:** Über viele Jahre galt der Mt. Elgon als sehr unsicheres Gebiet mit Rebellengruppen, Wilderern und Schmugglern. Diese Zeiten sind spätestens seit 1992 vorbei und die Sicherheitslage ist aus-

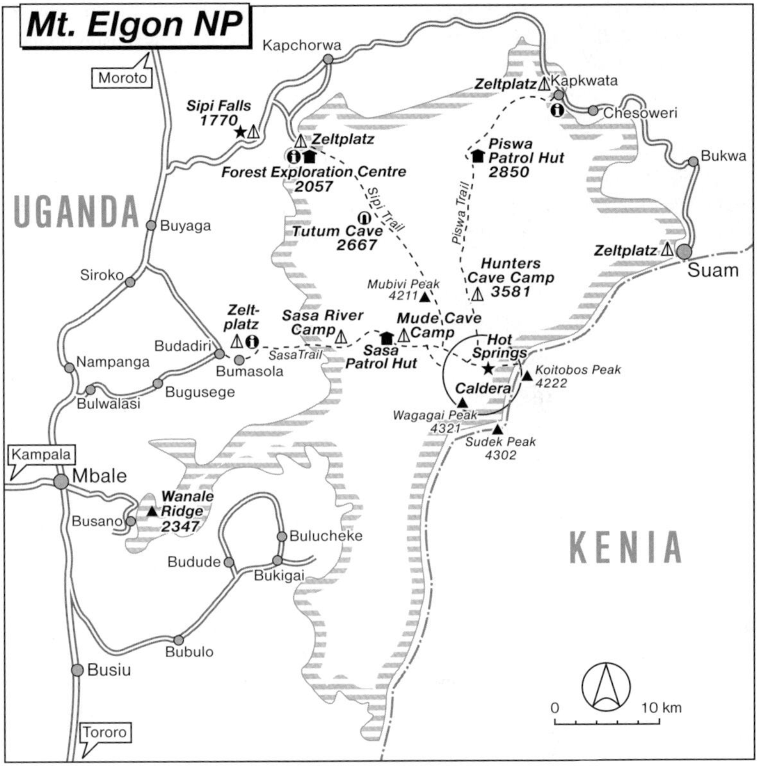

gezeichnet. So mancher Schmuggler hat einen neuen Job als Führer oder Träger am Berg gefunden und ihre vorzügliche Ortskenntnis kommt nun den Nationalparkbesuchern zugute ...

Tier- und Pflanzenwelt

Das Gebiet hat unter der **Wilderei** der 1970er und 1980er Jahre gelitten. Die Tiere sind dementsprechend scheu. **Elefanten** kommen nur noch auf der kenianischen Seite vor, scheinen von dort aus aber wieder zuzuwandern. In der Caldera kann man selten **Kaffernbüffel** beobachten. Gelegentlich zu sehen sind Buschbock, Pinselohrschwein, Baumschliefer (ein Verwandter des Klippschliefers) oder der Schwarzstirnducker, eine kleine Waldantilope. **Leo-**

uga_282 Foto: cl

Bergführer John Wodayia

parden und **Hyänen** kommen im Gebiet vor. In den Wäldern sieht man häufig verschiedene **Primatenarten,** z.B. Guerezas (schwarz-weiße Kolobusaffen) oder Diademmeerkatzen. **Vögel** wie Turakos und Tokos oder Nektarvögel kommen vor allem in den Wäldern und den unteren Lagen der afro-alpinen Zone vor.

Verschiedene **Senezien- und Lobelienarten** prägen die weite Moorlandschaft oberhalb der Baumgrenze. Die Arten *Senecio barbatipes* und *Senecio elgonensis* sind endemisch. Besonders attraktiv ist die silbergraue Straußenfeder-Lobelie. Lobelien wachsen phallusartig empor, während Senezien zur Verholzung und Verzweigung neigen.

Aufstieg über den Sasa Trail

Ausgangspunkt für den Sasa Trail ist **Budadiri** (siehe Informationen) auf 1250 m Höhe. Von Budadiri sind es ca. 5 km (1½–2 Std. Marschzeit, alternativ Transport mit Matatu) bis **Bumasola,** dem **Beginn des Trails.** In Budadiri müssen Sie sich im Besucherzentrum des Nationalparks nach Trägern erkundigen. Diese sind von der Parkverwaltung unabhängig organisiert (Mt. Elgon Mountaineering Association). Ein ortskundiger Führer ist bereits in der Parkeintrittsgebühr von 25 US-$ pro Tag enthalten. Das Tagesgehalt für einen Träger betrug 2003 ca. 4 Euro pro Etappe. Die Gewichtsobergrenze liegt bei 18 kg pro Träger. Verpflegung und Kleidung stellen diese selbst. Wenn Sie zwei Aufstiegsetappen an einem Tag schaffen wollen, erwarten Führer/Träger auch eine entsprechende Bezahlung. Für deren Parkeintritt müssen Sie aufkommen.

1. Etappe: Budadiri bis Sasa River Camp (10,5 km, 5–6 Std., 1650 m Aufstieg)

Die Piste von Budadiri nach Bumasola ist bei Trockenheit unproblematisch zu begehen/befahren, jedoch ist nach Regenfällen auf schlüpfrigem Untergrund entsprechende Vorsicht geboten. Vom Bumasola aus führen mehrere Pfade sehr steil aufwärts durch Kulturland, dabei passiert man immer wieder kleine Siedlungen. Ein Führer ist unbedingt notwendig, um den richtigen Weg „herauszufischen". Auf etwa 2200 m Höhe gelangt man zur mit Schildern gekennzeichneten Grenze des Nationalparks. Nach ca. 15 Minuten erreichen Sie das steil aufragende **Mudangi Cliff,** eine mächtige Felswand, deren Schlüsselstelle zwei lang gestreckte „Holzleitern", d.h. zahlreiche übereinander geschichtete Äste, sind. Oberhalb des Mudangi Cliff wird der Weg flacher und lässt sich sehr gut begehen. Anfangs geht man durch lockeren Bergwald, in dem zeitweise sehr viele Bremsen vorkommen (lange Hosen und Ärmel sind sinnvoll). Dieser geht bald in dichte Bambusbestände über. 15 m hohe Bambuspflanzen sind dabei keine Seltenheit. Nach 2 Std. (vom Oberrand des Mudangi Cliff) erreichen Sie den orchideengesäumten **Sasa River** und kurz dahinter das Sasa River Camp (2900 m).

2. Etappe: Sasa River Camp bis Mude Cave Camp (6 km, 3–4 Std., 600 m Aufstieg)

Sie müssen ihre Wasserflasche am Sasa River gut auffüllen, da es auf dieser Tagesetappe kaum Wasserquellen gibt. Der Weg vom Sasa River Camp führt zunächst sanft aufwärts durch dichten Bambuswald. Bald gelangen Sie an eine Weggabelung, an der man sich links halten muss. Nach 30–40 Minuten erreichen Sie dichtes, waldartiges Buschland. Der Weg wird steiler, der Untergrund schlüpfrig und schlammig. Mehrmals quert man größere Baumwurzeln. Nach insgesamt 2½–3 Std. wird auf ca. 3400 m Höhe die Baumgrenze erreicht und offene Baumheidelandschaft breitet sich aus. Linker Hand befindet sich die **Sasa Patrol Hut,** wo man sich registrieren lassen und seine Eintrittsquittungen vorzeigen muss. Für Wanderungen innerhalb der Caldera muss ein bewaffneter Ranger mitgenommen werden (wegen der Kaffernbüffel). Wenn Sie eine solche Tour planen, muss dies an der Sasa Patrol Hut mit den Wildhütern vereinbart werden. Sie treffen den Ranger am betreffenden Tag dann morgens am Mude Cave Camp. Von der Sasa Patrol Hut bis zur Mude Cave (3500 m) sind es noch ca. ½–1 Std.

3. Etappe: Mude Cave Camp bis Wagagai und zurück (18 km, 5–7 Std., 800 m Aufstieg)

Der Weg führt zunächst durch Moorland. Nach ca. 1–1½ Std. gabelt sich der Weg (ausgeschildert), zum Wagagai muss man sich rechts halten. Der linke Weg stellt die Verbindung zum Sipi Trail bzw. Piswa Trail her und führt später als **Smugglers' Path** durch die Caldera. Zur Rechten erscheint bald Jackson's Summit. Der Weg zum Wagagai führt jedoch links daran vorbei. Man passiert dabei den **Bergsee Jackson's Tarn.** Immer dichter werden die Senezienbestände, fremdartig anmutende Lobelien säumen gelegentlich den Weg. Nach einem steilen Anstieg errreicht man schließlich den Rand der Caldera, von hier ist es noch ca. 1 Std. bis zum höchsten Punkt Wagagai (4321 m). Auf dem Rückweg kann man über einen kleinen, zum Ende hin sehr steilen Felspfad auch noch Jackson's

Summit besteigen (ca. 1 Std., Aufstieg 100 m).

4. Etappe: Mude Cave Camp bis Sasa River Camp (6 km, 2–3 Std., 600 m Abstieg)

Der Abstieg zum Sasa River Camp dauert etwa 2–3 Std. Vorsicht ist beim Passieren größerer Baumwurzeln geboten, die zum Stolpern geradezu einladen.

5. Etappe: Sasa River Camp bis Budadiri (10,5 km, 3–4 Std., 1650 m Abstieg)

Der weitere Abstieg dauert etwa 3–4 Std. Häufig ist der Weg sehr schlüpfrig und gute Schuhe sowie vorsichtiges Auftreten mit der ganzen Sohle sind ein Muss. Insbesondere der Abstieg vom **Mudangi Cliff** ist sehr steil und fordert Unfälle geradezu heraus. Nach dem Passieren der Nationalparkgrenze gelangt man wieder auf den bereits beschriebenen Weg nach Bumasola und weiter nach Budadiri.

Alternativ kommt der Abstieg über den Sipi Trail oder den Piswa Trail in Frage. Diese Überschreitung des Berges dauert insgesamt 5–7 Tage. Bei gutem Wetter ist es überaus lohnenswert, einen weiteren Tag im Mude Cave Camp zu bleiben, um in Begleitung eines bewaffneten Rangers eine Tagestour durch die Caldera zu unternehmen. Der so genannte **Smugglers' Path** tritt am **Western Gap** in die Caldera ein und führt zu den Hot Springs am Austritt der **Suam Gorge** aus dem Krater. Die Weitläufigkeit und Schönheit der Landschaft in der Caldera und die wilde Suam Gorge machen diese tagesfüllende Tour zu einer ungemein lohnenden Unternehmung.

Aufstieg über den Piswa Trail

Seit Anfang der 1990er Jahre bestehen die Voraussetzungen, den Mt. Elgon auch von Norden her zu besteigen. **Ausgangspunkt** für den Piswa Trail ist **Kapkwata** (2179 m) an der Straße nach Suam, die am Nordrand des Berges verläuft und die sehenswerten Sipi Falls passiert (siehe Mbale und Sipi Falls). Von den Sipi Falls (Strecke bis dorthin asphaltiert) sind es noch ca. 45 km (1½ Std. Fahrtzeit) bis Kapkwata. Während der Trockenzeit ist diese Piste gut befahrbar, langfristig wird sie komplett asphaltiert sein. Es kann täglich mit öffentlichen Verkehrsmitteln (Minibusse und Pickup-Matatus) von Mbale nach Kapchorwa und von dort weiter nach Kapkwata gefahren werden. In Mbale müssen Sie sich im Park Headquarter des Nationalparks nach Führern und Trägern erkundigen und dort auch die Eintrittsgebühren entrichten. Sie können Führer/Träger für den Piswa Trail dann in Kapkwata finden. Die Tagesgehälter gleichen denen in Budadiri.

1. Etappe: Kapkwata bis Piswa Patrol Hut Camp (11 km, 3–4 Std., 650 m Aufstieg)

An der Piswa Patrol Hut (2850 m) müssen Sie sich registrieren lassen und die Quittungen für den Parkeintritt vorzeigen. Für Wanderungen innerhalb der Caldera muss ein bewaffneter Ranger mitgenommen werden (wegen der Kaffernbüffel). Wenn Sie eine solche Tour planen, muss dies bereits an der Piswa Patrol Hut mit den Wildhütern vereinbart werden.

2. Etappe: Piswa Patrol Hut bis Hunters' Cave Camp (16 km, 5–6 Std., 1020 m Aufstieg)

Lange Tagesetappe, die über weite Strecken durch das Tal des **Siti River** bis zum Hunters' Cave Camp (3870 m) im Randbereich der Caldera führt.

3. Etappe: Hunters' Cave Camp bis Suam Gorge und zu den Hot Springs

Das Erreichen der Suam Gorge, des schluchtartigen Austritts des **Suam River** aus der Caldera, stellt einen besonderen landschaftlichen Höhepunkt dar. Ein 3 km langer, wenig lohnender Abstecher führt von hier zu den Hot Springs, eher unscheinbaren heißen Quellen. Am Ende des Tages müssen Sie in der Suam Gorge campen (vorherige Absprache erforderlich) oder über den Sasa Trail bis zum Mude Cave Camp auf 3500 m absteigen.

4. Etappe: Mude Cave Camp bis Wagagai und zurück (18 km, 5–6 Std., 800 m Aufstieg)

Diese Etappe entspricht der dritten Etappe des Sasa Trails, wenn am Abend zuvor am Mude Cave Camp übernachtet wurde.

5. und 6. Etappe: Abstieg über den Sasa Trail nach Budadiri

Die Wegbeschreibung entspricht der des Sasa Trails.

Aufstieg über den Sipi Trail

Seit dem Jahr 2002 kann der Mt. Elgon auch über den sog. Sipi Trail bestiegen werden. **Ausgangspunkt** sind die **Sipi Falls** (1770 m) an der Straße nach Suam. Von hier führt ein 6 km langer Weg (Marschzeit ca. 2 Std.) zum **Mt. Elgon Exploration Centre in Kapkwai** (2047 m), wo man Führer und Träger findet (Voranmeldung über das Park HQ in Mbale empfohlen). Die Tagesgehälter gleichen denen in Budadiri.

1. Etappe: Sipi Falls bis Tutum Cave Camp (17 km, 5–6 Std., 900 m Aufstieg)

Der Weg führt von den Sipi Falls durch Kulturland in das Dorf Kapkwai, wo sich das Forest Exploration Centre befindet. Vom Forest Exploration Centre geht es auf einem schmalen Pfad durch üppigen Bergwald und Bambusdickicht hinauf zum Höhlensystem der **Tutum Cave** (2667 m). An der Höhle liegt ein einfacher Campsite mit Wasserversorgung. Etwas unterhalb der Höhle befindet sich ein Aussichtspunkt mit schönen Blicken über die Ausläufer des Elgon-Massivs sowie das umgebende Kulturland.

2. Etappe: Tutum Cave Camp bis Mubivi Peak Camp (12 km, 5–6 Std., 1540 m Aufstieg)

Eine genaue Wegbeschreibung dieser völlig neuen Trekking-Etappe, die bis an den Rand der Caldera führt, ist über die Parkverwaltung erhältlich. Der Campsite am Mubivi Peak liegt auf 4211 m Höhe.

Alle weiteren Etappen

Nach Erreichen des Wegesystems des Sasa Trails ist eine Besteigung von Wagagai und Jackson's Summit wie bereits geschildert möglich, ebenso ein späterer Abstieg über den Sasa Trail oder den Piswa Trail.

Andere Aktivitäten im Park

Lohnenswerte **Tageswanderungen von 3–7 km Länge** können über drei verschiedene Wegesysteme vom Forest Exploration Centre (2057 m) in Kapkwai aus gestartet werden, u.a. zu den malerisch gelegenen **Chebonet Falls.** Auch eine Tagestour zum ausgedehnten Höhlensystem der 11 km entfernten **Tutum Cave** (Taschenlampe nicht vergessen) ist möglich.

Kürzere Tageswanderungen (zwei Trails über 3 bzw. 6 km) können auch am **Wanale Ridge,** einem Ausläufer des Elgon-Massivs 20 km nördlich von Mbale, unternommen werden, das mit steilen Felskliffs und kleineren Wasserfällen lockt.

Höhlensysteme wie die **Numagabwe Cave** bei Budadiri sollten nur in Begleitung eines lokalen Führers erkundet werden. Am **Nagudi Rock** zwischen Mbale und Budadiri ist Felsklettern (für organisierte Sportkletterer mit eigenem Equipment) möglich. Genaue Informationen und Kartenmaterial dazu erhalten sie beim Park HQ in Mbale.

uga_286 Foto: cl

Literatur und Karten

- *Andrew Wielochowski,* **„Mt. Elgon – Map and Guide“,** mit Detail- und Übersichtskarten, Maßstab 1:50.000. Leider vergriffen, manchmal noch in Kampala oder Nairobi erhältlich.
- *Mary Fitzpatrick:* **„Trekking in East Africa“,** Lonely Planet „Walking Guide“, aktuelle Auflage 2003, 288 S. Gute Detailinformationen zu allen ostafrikanischen Bergen.
- *Gunter Schramm,* **Trekking-Handbuch,** REISE KNOW-HOW. Allgemeine Informationen und Tipps rund ums Thema Trekking.
- Beim Department of Lands & Surveys in Entebbe ist eine aktuelle **topografische Karte** des Mt. Elgon-Gebietes erhältlich (Adresse siehe Entebbe), Kostenpunkt ca. 8 Euro.

Anreise

Ausgangspunkt für alle Aktivitäten am Berg ist **Mbale,** das man den ganzen Tag über mit Bussen und Matatus ab Kampala (250 km, 3–4 Std. Fahrtzeit) erreichen kann.

Der **Sasa Trail** startet in der kleinen Ortschaft **Budadiri,** 29 km nördlich von Mbale. Anfahrt von Mbale: Man fährt zunächst einige Kilometer auf der großen Asphaltstraße Richtung Soroti, zweigt dann nach Moroto rechts ab, nach wenigen Kilometern geht rechts die Piste nach Budadiri ab (ausgeschildert). Matatus (Minibusse) zwischen Mbale und Budadiri verkehren mehrmals täglich (Matatustand am Clocktower, 1 Euro).

Für den **Piswa Trail** muss man nach **Kapkwata** an der Straße nach Suam reisen. Der Ort ist mit Minibussen und Pickup-Sammeltaxis von Mbale über Sipi zu erreichen.

Der erst kürzlich eröffnete **Sipi Trail** beginnt an den **Sipi Falls.** Diese sind über eine neu asphaltierte Straße mit Matatus ab Mbale problemlos erreichbar (Matatustand am Clocktower in Mbale, Fahrtzeit ca. 1½ Std., Fahrpreis 2 Euro).

Mt. Elgon – Vegetation am Rand der Caldera

Informationen

Vgl. auch die Listung der Parkgebühren und sonstiger Gebühren im Kapitel Nationalparks und Wildreservate.

- **Uganda Wildlife Authority (UWA)**
Plot 3 Kintu Road, Nakasero, PO Box 3530, Kampala, Tel. 041-346287/8/0, Fax 041-346291, E-Mail: uwa@uwa.or.ug, Internet: www.uwa.or.ug. Infos zum Park und aktuelle Hinweise zur Nutzung der einzelnen Trails.
- **Mt. Elgon National Park Headqaurter**
PO Box 135, 19/21 Masaba Road (gegenüber dem Mt. Elgon Hotel), Tel. 33720, Fax 33332, E-Mail: uwaface@imul.com. Infos und Organisation von Besteigungen und Touren am Mt. Elgon. Bezahlung des Parkeintritts und Hilfe bei der Organisation von Führern/Trägern möglich. Die eigentliche Kompetenz liegt jedoch bei den Rangern der Besucherzentren vor Ort am Beginn des jeweiligen Trails.
- **Besucherzentren in Budadiri, Kapkwata und im Forest Exploration Centre von Kapkwai** (täglich von 9–17 Uhr geöffnet). Bezahlung der Eintrittsgelder, wenn noch nicht in Mbale vorgenommen. Die freundlichen Wildhüter der Besucherzentren stellen geschulte Führer (Gebühr bereits in der täglichen Parkeintrittsgebühr von 25 US-$ enthalten) bereit und vermitteln den Kontakt zu Trägern, die sich von der Nationalparkbehörde unabhängig organisiert haben.

Unterkünfte und Camping

- **In Budadiri** (Ausgangsort für den Sasa Trail) gibt es einfache Unterkünfte: **Mere's Hotel, Rose's Last Chance** (Kategorie E). **Auf dem Gelände des Besucherzentrums** kann man gegen eine Gebühr **zelten.**
- **In Kapkwata** (Ausgangsort für den Piswa Trail) gibt es ebenfalls einfache **Unterkünfte der Parkverwaltung** (Hostel, Übernachtung 5 Euro pro Person).
- **In Kapkwai** (Ausgangspunkt für den Sipi Trail) **am Forest Exploration Centre** kann man in den angenehmen **Mount Elgon Fo-**

rest Cottages (Kategorie D) sowie im **Gästehaus der Parkverwaltung** schlafen (5 Euro pro Person). **Zelten** auf dem Gelände ist möglich.

- An den malerischen **Sipi Falls** gibt es eine kleine Auswahl von Unterkünften und Zeltmöglichkeiten (siehe Sipi Falls).

Unterkünfte innerhalb des Nationalparks

Am Mt. Elgon stehen bislang keine Berghütten zur Verfügung, jedoch gibt es seit Jahren entsprechende Planungen. An den verschiedenen Trails wurden im Abstand von Tagesetappen **einfache Campsites mit Toiletten und natürlicher Wasserversorgung** errichtet. Die Übernachtungsgebühren sind bereits im Parkeintritt von 25 US-$ enthalten.

uga_288 Foto: cl

Essen und Trinken

- **In Budadiri** sind Lebensmittel, Getränke und einfache afrikanische Gerichte erhältlich, ebenso am **Sipi Falls Trading Centre** und eingeschränkt auch **in Kapkwata.**
- Das beste Lebensmittelangebot für den Einkauf vor der Elgon-Besteigung bietet jedoch **Mbale,** empfehlenswert ist der große Markt in der Stadt.

Sipi Falls

↗ IX, C3

Der Komplex der Sipi Falls besteht aus **vier voneinander getrennten Wasserfällen,** deren unterster und mit ca. 60 m höchster auf zahlreichen in Ugandas Hotels und Behörden hängenden Plakaten und Kalendern abgebildet ist, so dass man schon vor einem Besuch eine gewisse Vorstellung von den Fällen hat. Die Sipi Falls liegen auf 1770 m Höhe **am Nordhang des Mt. Elgon an der Straße nach Suam.** Von Mbale sind es ca. 60 km bis dorthin. Man fährt zunächst einige Kilometer auf der großen Asphaltstraße Richtung Soroti und zweigt dann Richtung Moroto rechts ab. Einige Kilometer hinter der Ortschaft Siroko geht die spektakuläre Piste nach Suam, die sich am Nordhang des Mt. Elgon entlangwindet, rechts ab.

Sipi Falls

Bei klarem Wetter bieten sich fantastische Blicke nach Norden, unter anderem auf den Mt. Kadam (3068 m).

Vor Fertigstellung der Asphaltierung war die Straße nach Regenfällen tagelang kaum befahrbar, heute kommt man auch in der Regenzeit problemlos voran. **Matatus** zwischen Mbale und Sipi/Kapchorwa verkehren mehrmals täglich (Fahrtzeit ca. 1½ Std. Fahrpreis 2 Euro, Abfahrt am Clocktower in Mbale). Langfristig ist eine komplette Asphaltierung bis zum Ort **Suam** vorgesehen, wo ein kleiner **Grenzübergang zu Kenia** existiert (im Jahr 2003 gab es dort jedoch Sicherheitsprobleme).

Unterkünfte an den Sipi Falls

- **Sipi Falls Rest Camp**

Kategorie A, c/o Volcanoes Safaris, PO Box 22818, Kampala, Tel. 041-346464, Fax 041-341718, E-Mail: sales@volcanoessafaris.com, Internet: www.volcanoessafaris.com. Romantisches Resort in Toplage, unweit des Hauptwasserfalles (mit dem wohl besten Blick auf Wasserfälle und Umgebung). Die Anlage ist aus einem Ferienhaus für den Gouverneur der britischen Kolonialbehörden hervorgegangen und inzwischen deutlich erweitert worden. Zwei verschiedene Typen der Unterbringung stehen zur Verfügung: Cottages und einfachere Bandas (preislich günstiger). Mit gutem Restaurant und Barbereich. Für 5–6 Euro können Tagesbesucher am Dinnermenü teilnehmen (zusätzlich ca. 2 Euro Eintrittsgebühr). Zelten ist leider nicht möglich.

- **The Crow's Nest**

Kategorie D, PO Box 867, Mbale, Mobiltel. 077-800705. Etwas südlich des Dorfes Sipi (der Weg ist ausgeschildert). Ebenfalls direkt an den Hauptfällen, mit schönem Blick. Camp unter ugandischer Leitung mit einfachen Bandas und Zeltmöglichkeiten (2 Euro pro Person). Barbereich, jedoch kein Restaurant. Beliebter Backpacker-Treff. Verleih von Zelten und Schlafsäcken.
E-Mail: thecrowsnest@yahoo.com

- **Moses' Campsite**

Kategorie E. Hier kann man in einfachsten Bandas übernachten oder für 1,50 Euro pro Person campen. Das Grundstück liegt neben dem Sipi Falls Rest Camp, ca. 500 m vom Sipi Trading Centre entfernt. Ohne jeden Komfort, kein Restaurant.

- Von der Nutzung der älteren **Elgon Masai Lodge** in Sipi selbst wird abgeraten.

An den genannten Unterkünften finden Sie **Führer,** die Tagestouren zu allen vier Fällen begleiten. Achtung: Vorsicht ist geboten, wenn vermeintliche Führer und Träger an den Sipi Falls ihre Dienste für Bergtouren am Mt. Elgon anbieten. Es handelt sich um Betrüger, die Sie im schlimmsten Fall schon vor Erreichen des Nationalparks komplett ausrauben. Hier ist **allein die Mt. Elgon Mountaineering Association zuständig,** die eng mit der Parkverwaltung und der Naturschutzbehörde UWA zusammenarbeitet.

Klettern

- Für Freunde des Klettersports und solche, die es werden wollen, bietet **Rob's Rolling Rock Adventure Centre** (PO Box 2341, Mbale, Mobiltel. 077-800705) an den Sipi Falls Sportklettern, komplette Kletterkurse (Klettergarten) und Abseiling-Unternehmungen an allen Wasserfallstufen an.

uga_290 Foto: cl

Ruanda

uga_291A Foto: cl

uga_291B Foto: cl

Gorilla im Parc National des Volcans

In der Kirche von Nyamata (Genozid-Gedenkstätte)

Pyrethrum-Gewinnung am Fuße des Vulkans Visoke

Einführung

Die Kriegsgeschehnisse in Ruanda im Frühjahr 1994 und die nachfolgende Flüchtlingskatastrophe haben dieses kleine Land im Herzen Afrikas vor nicht allzu langer Zeit für mehrere Monate in den Blickpunkt der Öffentlichkeit gerückt – um dann rasch wieder in Vergessenheit zu geraten. Unter dem neuen Regime, das von der Tutsi-dominierten FPR (= Front Patriotique Rwandais – Patriotische Front Ruandas) bestimmt wird, hat **seit 1994** ein rascher **Konsolidierungsprozess** eingesetzt. Der Parc National des Volcans mit seinen Berggorillas, die langjährige Wirkungsstätte *Diane Fosseys,* ist seit 2001 wieder problemlos bereisbar, und mehrere habituierte Gorillagruppen können besucht werden. Die besten Ausgangspunkte für eine kurze Reise nach Ruanda sind die ugandischen Orte Kabale und Kisoro, von denen aus man in wenigen Stunden Kigali und Ruhengeri in Ruanda erreichen kann.

Im vorliegenden Reisehandbuch finden Sie eine **übersichtliche Darstellung aller Landesteile,** der Städte Kigali, Gitarama, Ruhengeri, Gisenyi, Kibuye, Butare und Kamembe/Cyangugu sowie der ruandischen Nationalparks und Reservate, ferner alle notwendigen Informationen für die Organisation eines Gorillabesuchs im Parc National des Volcans.

Praktische Reisetipps A–Z

Anreise

Der **Hauptgrenzübergang** zwischen Uganda und Ruanda liegt bei **Katuna** (Strecke Kabale – Kigali). Problemlos zu passieren ist auch der kleine Übergang **Cyanika** (Strecke Kisoro – Ruhengeri; Vorsicht: Zuletzt gab es immer wieder Sicherheitsprobleme auf der Strecke!), ein weiterer Übergang existiert bei **Kagitumba** im äußersten Nordosten Ruandas. Katuna und Cyanika sind von beiden Seiten der Grenze mit Sammeltaxis zu erreichen. **Zwischen Kampala und Kigali** gibt es eine **tägliche Busverbindung** via Katuna (Jaguar Executive Coach; Fahrpreis ca. 12 Euro, Fahrtzeit ca. 10 Std.). **Innerhalb Ruandas** kommt man auf hervorragenden Asphaltstraßen mit guten **Minibusverbindungen** zügig vorwärts.

Flüge: Rwandair Express fliegt mehrmals wöchentlich von Entebbe/Uganda nach Kigali (einfacher Flug 139 US-$, Hin- und Rückflug 278 US-$). Von Europa aus wird Kigali von SN Brussels Airlines, Ethiopian Airlines (über Addis Abeba) und KLM/Kenya Airways (via

Zu den praktischen Reisetipps vgl. auch die entsprechenden Punkte im gleichnamigen Kapitel zu Uganda.

Nairobi) angeflogen. Der **internationale Flughafen** liegt in **Kanombe,** ca. 10 km außerhalb von Kigali. Ein Taxi vom Stadtzentrum Kigalis nach Kanombe kostet 10–15 Euro.

Diplomatische Vertretungen

In Deutschland

- **Botschaft der Republik Ruanda**
Beethovenallee 72, D-53173 Bonn,
Tel. 0228-3670236, Fax 0228-351922,
E-Mail: ambrwabonn@aol.com
- **Honorarkonsulat der Republik Ruanda – Honorarkonsul Michael Thimo Drews**
Am Sandtorkai 4, D-20457 Hamburg,
Tel. 040-361156, Fax 040-343123
- **Honorarkonsulat der Republik Ruanda – Honorarkonsul Dr. Hans-Peter Andrä**
Lenzhalde 38, D-70192 Stuttgart,
Tel. 0711-25060, Fax 0711-2506300
- **Honorarkonsulat der Republik Ruanda – Honorarkonsul Franz M. Schmid-Preissler**
Pienzenauer Str. 21, D-81679 München,
Tel. 089-9828386, Fax 089-9827330

In Österreich

- In Österreich gibt es keine eigene ruandische Botschaft. Österreicher können sich an die **Botschaft in Bonn** wenden.
- **Honorarkonsulat der Republik Ruanda in Österreich – Honorarkonsul Egon Geiger**
Egelseestraße 52 b, A-6806 Feldkirch Tosters,
Tel. 05522-32201, Fax 05522-31830,
E-Mail: consulat.rwanda.at@vlbg.at

In der Schweiz

- **Botschaft der Republik Ruanda**
93 Rue de la Servette, CH-1202 Genf,
Tel. 022 -9191000, Fax 022-9191001,
E-Mail: mission.rwanda@ties.itu.int

In Uganda

- **Embassy of the Republic of Rwanda**
2 Nakayima Road (gegenüber dem Nationalmuseum), PO Box 2468, Kampala,
Tel. 041-344045, Fax 041-258547,
E-Mail: rwanda@swiftuganda.com

In Ruanda

- **Botschaft der BR Deutschland**
8 Rue de Bugarama, PO Box 355, Kigali,
Tel. 575222/575141, Fax 577267,
E-Mail: amball@rwanda1.com
- **Vertretung der Schweiz**
Boulevard de la Révolution 38,
PO Box 597, Kigali, Tel. 573534, Fax 572461

Zuständig für Österreicher ist die Botschaft **in Kenia:**

- **Botschaft der Republik Österreich**
2nd floor City House,
Corner Wabera Street/Standard Street,
Nairobi/Kenya, Tel. +254-2-247365/333272/228282, Fax +254-2-342290,
E-Mail: austria@africaonline.co.ke

Einreise

Bei der Einreise von Uganda aus ist prinzipiell ein gültiges **Gelbfieberimpfzeugnis** erforderlich. Den internationalen Impfausweis mit Eintrag über die Gelbfieberimpfung muss man jedoch nur sehr selten vorzeigen.

Deutsche benötigen kein Visum, auch wenn Grenzbeamte und manche ruandischen Botschaften im afrikanischen Ausland manchmal das Gegenteil behaupten.

Österreicher und Schweizer können das benötigte **Visum** z.B. bei der ruandischen Botschaft in Kampala für 60 US-$ (2 Passbilder erforderlich, Ausstellung am selben Tag, Gültigkeit 1 Monat) bekommen. Bei der Einreise über Ruandas internationalen Flughafen Kanombe sowie über die Grenzübergänge zu Uganda (Katuna und Cyanika) werden Visa on Arrival (Gültigkeit: 15 Tage, Gebühr: 60 US-$) erteilt. Für 60 US-$ sind auch Multiple-Entry-Visa (Gültigkeit: 1 Monat, verlängerbar auf 3 Monate) bei den ausländischen Vertretungen erhältlich (60 Euro bei der ruandischen Botschaft in Bonn).

Feiertage und Feste

- 1. Januar (Neujahr)
- 28. Januar (Tag der Demokratie)
- 7. April (Gedenktag des Völkermordes)
- 1. Mai (Tag der Arbeit)
- 1. Juli (Unabhängigkeitstag)
- 4. Juli (Tag der Nationalen Befreiung)
- 1. August (Erntedankfest)
- 15. August (Mariä Himmelfahrt)
- 8. September (Tag der Kultur)
- 25. September (Tag der Republik)
- 1. Oktober (Heldengedenktag)
- 1. November (Allerheiligen)
- 25./26. Dezember (Weihnachten)

Fotografieren

Fotografieren Sie bitte keine offiziellen Einrichtungen! Direkt nach dem Bürgerkrieg gab es bereits Ärger beim Aufnehmen vom Kriege gezeichneter Straßenschilder.

Geld und Preise

Die ruandische Währung ist der **Rwanda Franc (RFr).** Im Oktober 2003 entsprach **1 US-$ 525 RFr.** Für **1 Euro** erhielt man **600 RFr.** Die Mitnahme von ausreichend Bargeld (US-Dollar) für den schnellen, unkomplizierten Geldtausch ist zu empfehlen, Reiseschecks können nur bei den Banken in Kigali, Butare und Ruhengeri getauscht werden, und auch dies nur sehr widerwillig. Kleinere Beträge (bis ca. 50 US-$) werden in Rwanda Franc abgerechnet, alle größeren Beträge müssen direkt in US-Dollars bezahlt werden. Restaurants, Hotels, Fluggesellschaften und Reiseveranstalter akzeptieren die gängigen Kreditkarten.

Das **Preisniveau** in Ruanda ist relativ hoch, unter anderem wegen der massiven Präsenz der gut bezahlten Mitarbeiter von Hilfsorganisationen. Ein Zimmer in einem guten Mittelklassehotel kostet 50–100 Euro, ein Essen in einem gehobenen Restaurant schlägt mit umgerechnet 8–15 Euro zu Buche.

Gesundheit

Für Ruanda ist neben der normalen Impfvorbereitung (siehe Praktische Reisetipps A–Z zu Uganda und im Anhang) eine **Malariaprophylaxe** erforderlich.

Post und Telekommunikation

Das Post- und Telekommunikationssystem ist gut ausgebaut, die Durchwahl nach Europa ist von Hotels, Postämtern und Telefonzellen aus möglich. Die **ruandische Vorwahl** ist **00250.**

Reiseagenturen

Fast alle ruandischen Reiseagenturen operieren von **Kigali** aus (Adressen siehe Kigali).

- Die Preise für das **Gorilla-Tracking im Parc National des Volcans** liegen für die üblichen 3-Tage-Touren (Übernachtung in Kigali bzw. Ruhengeri/Kinigi) bei 1200–1400 Euro/1 Person, 900–950 Euro/2 Personen, 700 Euro/3 Personen, 650 Euro/4 Personen (Preise jeweils pro Person, alles inklusive).
- **5-Tage-Touren ab Kigali** (2 Tage **Gorilla-Tracking plus Schimpansen-Tracking im Nyungwe-Reservat**) kosten ca. 2800 Euro/1

Person, 2000 Euro/2 Personen, 1700 Euro/3 Personen, 1600 Euro/4 Personen, 1450 Euro/6 Personen.

Reisen im Land

Ruanda verfügt über ein exzellentes Straßensystem mit guten **Minibus-Verbindungen** (Matatu-System, wie in Uganda). Der Fahrpreis liegt bei 2 Euro pro 100 km. Sicherer als öffentliche Minibus-Matatus sind z.B. die **Kleinbusse** der Firma Okapi Travel (BP 1715, Kigali, Tel. 76765/71667, Fax 74413, E-Mail: okapi@rwanda1.com), die zu den touristischen Zielen im Nordwesten und am Lac Kivu verkehren („Okapicar") bzw. andere Minibusse privater Firmen.

Leihwagen mit Fahrer können nur in Kigali oder Ruhengeri entliegen werden (Adressen siehe Kigali und Ruhengeri).

Die **touristische Infrastruktur** ist der Größe des Landes angemessen, in allen Städten bekommen Sie vernünftige Unterkünfte und finden Restaurants vor, die – dank der flächendeckenden Präsenz der Hilfsorganisationen – wohlschmeckende europäisch ausgerichtete Küche anbieten, die mit so manchem gehobenen Restaurant in Europa durchaus mithalten kann.

Reisezeit

Durch das gute Asphaltstraßensystem ist Ruanda prinzipiell ganzjährig bereisbar. Die Trockenzeit dauert von Juni bis September und eignet sich daher besonders gut für Gorilla-Tracking und Waldexkursionen. Eine zweite Trockenphase erstreckt sich erfahrungsgemäß von Mitte Dezember bis Februar.

Sicherheit und Kriminalität

Die Sicherheitslage in Ruanda ist sehr gut. Allein die Grenzregion zur DR Kongo und zum südwestlichsten Teil Ugandas sollte als sensible Zone betrachtet werden. Vereinzelte Fahrzeugkontrollen an **Straßensperren** waren 2003 von großer Gründlichkeit, und die Soldaten schienen besonders an persönlichen Dokumenten großes Interesse zu haben. Man sollte sich hier nicht alles gefallen lassen, dabei aber versuchen, die mitunter nervös agierenden Kontrolleure zu beschwichtigen.

Zeit(-verschiebung)

Die Zeitrechnung in Ruanda beträgt **MEZ (Winterzeit) + 1 Stunde** (wie im benachbarten Kongo), damit hängt das Land gegenüber der ugandischen Zeit eine Stunde zurück (bei Grenzquerungen daran denken!).

Land und Leute

Allgemeines

Das nur 26.338 km² große Ruanda liegt im zentralen Afrika **zwischen Kivusee und Viktoriasee** und wird im Norden von Uganda, im Osten von Tansania, im Süden von Burundi und im Westen von der DR Kongo (ehemaliges Zaire) umgeben. **Hauptstadt ist Kigali** (mit ca. 250.000 Einwohnern). Ruanda weist die höchste Siedlungsdichte in Afrika auf (bis zu 400 Einwohner pro km²).

Das gebirgige **„Land der tausend Hügel"** erstreckt sich auf Höhen zwischen 1400 m und 4507 m (Karisimbi in der Gruppe der Virunga-Vulkane) und verfügt über ein sehr ausgeglichenes, relativ niederschlagsarmes Klima mit mittleren Tagestemperaturen von 20–24°C (vgl. auch Klimatabelle bei Uganda). Die fast völlig entwaldete Berglandschaft Ruandas ist von Aufsehen erregender Schönheit – schon allein deshalb ist das Land eine Reise wert.

Neben dem **Parc National des Volcans,** der vornehmlich dem Schutz der Berggorillas auf der ruandischen Seite der Virunga-Vulkane dient, sind vor allem das **Nyungwe-Waldreservat** im Südwesten des Landes und die tierreiche Savannenlandschaft des **Parc National de l'Akagera** im äußersten Osten sehenswert.

uga_296A Foto: cl

uga_296B Foto: cl

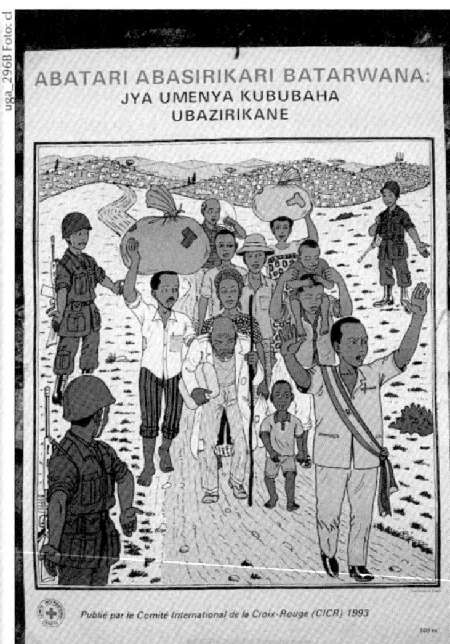

Geschichte, Politik und Gesellschaft

Ruanda war in der Zeit von **1884–1918** ein **Teil Deutsch-Ostafrikas,** danach wurde es als Völkerbundmandat Belgien zugesprochen. **1962** erlangte das Land die **Unabhängigkeit.**

Die ursprünglichen Bewohner, jagende **Pygmäen** vom Stamme der Batwa, wurden seit der Zeitenwende zunehmend von Ackerbau betreibenden **Bahutu** (einer Bantu-Gruppe) verdrängt. Ab dem 14. Jahrhundert n. Chr. zogen halbnomadische **Batutsi** in das „Gebiet der Großen Seen" und errichteten nach Unterwerfung der Hutus ein von der **Tutsi-Aristokratie** geführtes Feudalsystem, in dem die Hutus weitgehend unterdrückt wurden. Diese Konstellation wurde auch während der Kolonialzeit bis 1962 nicht nennenswert verändert.

Die aufgestauten Hassgefühle der jahrhundertelang unterdrückten Hutu-Mehrheit entluden sich im Zuge der Unabhängigkeit, und es kam nachfolgend zur **Vertreibung** mehrerer 100.000 Tutsis in die Nachbarländer, insbesondere nach Uganda. **Gewaltausbrüche** zwischen den beiden Bevölkerungsgruppen ziehen sich wie ein roter Faden durch die Geschichte des postkolonialen Ruandas (1959, 1961, 1963, 1973). Nach 1973 schien sich das Verhältnis der verfeindeten Volksgruppen zu normalisieren, doch wurde den Tutsis der Zugang zu führenden Positionen in Staat und Gesellschaft verwehrt. Auch für die große Zahl der rückkehrwilligen Tutsi-Altflüchtlinge in den Nachbarländern wurde keine Lösung gefunden.

Im Oktober 1990 fiel die Tutsi-geführte **FPR** (Ruandische Patriotische Front) von Uganda aus in den Norden Ruandas ein, um militärisch eine Rückkehr der Tutsis und grundlegende Änderungen in der Staatsführung Ruandas zu erzwingen. Die FPR fand bei ihren Operationen umfangreiche Unterstützung durch den ugandischen Präsidenten *Museveni,* dessen NRA (National Resistance Army) in den 1980er Jahren viele Tutsis rekrutiert hatte. Der **Friedensvertrag von Arusha,** der im August 1993 unterzeichnet wurde, beendete den Konflikt vorübergehend. Ohne dass es zur Umsetzung der Beschlüsse von Arusha kam, bereiteten extremistische Hutukreise in Ruanda, vom Ausland kaum bemerkt und beachtet, einen Völkermord an Tutsis und auf Ausgleich bedachten Hutu-Oppositionellen vor, da der Vertrag von Arusha Teilung von Macht und Verlust von Privilegien für sie bedeutete. Ein **System parastaatlicher Hutu-Milizen,** der so genannten **Interahamwe** (= „Die, die zusammen kämpfen"), wurde aufgebaut.

Mit dem Abschuss des Flugzeugs des ruandischen Präsidenten *Habyarimana* am 6. April 1994 begann im Schatten des wieder aufflammenden Krieges zwischen Regierungsarmee und FPR ein minutiös geplanter **Völkermord,** dem ca. 800.000 Tutsis und zahlreiche gemäßigte Hutus zum Opfer fielen. Zy-

Bild links: Gorilla-Tracking im Parc National des Volcans; rechts: Flüchtlingsplakat (1993)

In der Region der Großen Seen zeichnet sich die Zukunft Afrikas ab – Katastrophen und Kriege beschleunigen die Modernisierung

von *Dominic Johnson*, Berlin, im Juni 2002

Der Ausbruch des Vulkans Nyiragongo im Osten der Demokratischen Republik Kongo am 17. Januar 2002 und die Zerstörung großer Teile der Stadt Goma haben ein Schlaglicht auf die schwierigen Lebensumstände im Afrika der Großen Seen geworfen, das in den letzten Jahren immer wieder von Kriegen und Krisen heimgesucht wurde. Daraus ergibt sich zugleich die Chance, mit internationaler Hilfe den Wiederaufbau einer verwüsteten Region in Gang zu bringen. Dabei sind die grundlegenden sozialen Veränderungen der letzten Jahrzehnte zu berücksichtigen: wie etwa die Flucht in die Städte, die Aufweichung tribaler Loyalitäten und die Entwicklung grenzüberschreitender Handelsströme.

Selten waren Afrikas Helfer so spendabel. 29 Millionen Dollar innerhalb von zehn Tagen sagten öffentliche Geber aus aller Welt zu, nachdem die humanitäre Koordinationsstelle der UNO (OCHA) am 21. Januar einen Sofortappell für 15 Millionen Dollar zur Versorgung von 350.000 Opfern des Vulkanausbruchs in und um die kongolesische Stadt Goma veröffentlicht hatte. Die reichen Länder der Welt ließen endlich ihre finanziellen Möglichkeiten erkennen. Das hatten sie vorher, wenn es um humanitäre Hilfe für die Opfer des Krieges in der Demokratischen Republik Kongo ging, beharrlich verweigert. Für die direkt hilfsbedürftigen Menschen im Kongo – von der UN auf etwa 16 Millionen geschätzt – wurden 2001 laut OCHA nur Hilfszusagen im Gesamtwert von knapp 144 Millionen Dollar gegeben.

Die plötzliche Hilfsbereitschaft für Goma mag die Kongolesen wenig beeindrucken, die sich in den letzten Jahren mit der Teilnahmslosigkeit der Welt angesichts von 2,5 Millionen Todesopfern abfinden mussten, die der Kongokrieg seit 1998 direkt und indirekt gefordert haben soll (1). Doch eine Hilfsbereitschaft, die über die unmittelbaren Bedürfnisse hinausgeht, schafft die Möglichkeit, im Zuge des Wiederaufbaus einer zu 40% von Lavamassen zerstörten Stadt auch die Wiederherstellung einer vom Krieg viel stärker zerstörten Region in Angriff zu nehmen.

Goma ist mit 400.000 Einwohnern eine der wichtigsten Städte im Osten der Demokratischen Republik Kongo. Es ist Regierungssitz der Rebellenbewegung RCD (Kongolesische Sammlung für Demokratie), die seit 1998 unter militärischer Anleitung Ruandas den Ostkongo regiert, aber auch Umschlagplatz für Handelsgüter in der gesamten Region. Aus Nachbarländern eingeführte Konsumgüter kommen über den Flughafen der Stadt in vom Krieg eingeschlossene ostkongolesische Regionen; im Gegenzug gelangen ostkongolesische Exportprodukte, allen voran das in der Kommunikationstechnologie stark nachgefragte Coltan (Columbit-Tantalit), über Goma auf den Weltmarkt.

Die Rolle als politisches und wirtschaftliches Zentrum der Region hat der Stadt in den letzten beiden Jahren einen bescheidenen Aufschwung beschert. Noch 1977 zählte Goma nur 66.000 Einwohner, vor fünf Jahren waren es 200.000 – seither hat sich die Bevölkerungszahl verdoppelt. Am Stadtrand haben Zuwanderer aus dem Umland ihre Hüttensiedlungen errichtet, im Zentrum regten sich wirtschaftliche Aktivitäten, die Villen am Kivusee wurden restauriert, das Nachtleben zog sogar Touristen aus Ruanda an.

uga_299 Foto: cl

Eine rasche Urbanisierung und die Konzentration der politischen und wirtschaftlichen Aktivität auf wenige sichere urbane Zentren sind typisch für die Entwicklung, die das Afrika der Großen Seen in den letzten Jahren durchgemacht hat. Doch nirgends hat sie so krasse Formen angenommen wie in Goma. Die Kehrseite dieses Aufschwungs ist die Verwüstung des Hinterlands. Ganz Ostkongo ist seit Jahren Kriegsschauplatz. Die Folge sind eine verwüstete Wirtschafts- und Gesellschaftsstruktur und die Aufteilung in Einflussgebiete von Armeen und Milizen. Die Provinz Nordkivu, deren Hauptstadt Goma ist, hat den höchsten Anteil an Kriegsvertriebenen im ganzen Land.

Dabei war **Nordkivu** früher die Kornkammer des Kongo und zog zu belgischen Kolonialzeiten sogar weiße Siedler an, die Plantagen gründeten und den Virunga-Nationalpark anlegten. In Bukavu, der anderen großen ostkongolesischen Stadt am anderen Ende des Kivusees, bauten sie Fabriken und Villen. Nach der Unabhängigkeit des Kongo 1960 überließ Diktator *Mobutu Sese Seko* (1965–1997) im Rahmen seiner ab 1973 betriebenen Verstaatlichungspolitik weite Ländereien in der Region zairischen Großgrundbesitzern. Einige von ihnen gründeten nach Art mittelalterlicher Feudalherren eigene ethnische Milizen. In den 1990er Jahren kam es zwischen diesen Milizen dann zu bewaffneten Konflikten, die durch die Ankunft hunderttausender ruandischer Hutu-Flüchtlinge 1994 verschärft wurden und zur Zerstörung der ostkongolesischen Agrarwirtschaft führten.

Obwohl diese Konflikte tausende Tote kosteten und zehntausende von Flüchtlingen produzierten, wurden sie von der Weltöffentlichkeit weitgehend ignoriert. Sie endeten mit der nahezu vollständigen Vertreibung der zairischen Tutsi und der Viehzüchter aus Kivu nach Ruanda. Einige dieser Vertriebenen, vor allem aus der zairischen Banyamulenge-Minderheit, gründeten schließlich 1996 unter dem Schutz der ruandischen Armee eine Rebellenbewegung, die im Herbst 1996 den Osten des Landes und anschließend – unter Führung von *Laurent-Désiré Kabila* – das ganze damalige Zaire eroberte.

Die ländlichen Regionen der Kivuprovinzen dienen noch heute als Rückzugsgebiet für die in diesen Kriegen entstandenen Milizen, die von der Ausplünderung der Einheimischen leben. Die Verarmung der ausgeplünderten Bauern treibt immer mehr Menschen in die Arme von Warlords. Aus weiten Landstrichen ist inzwischen fast die gesamte Bevölkerung in die städtischen Zentren geflohen.

Zugleich wurden verlassene Felder zu Schürfgebieten, weil seit 2000 die im Osten des Kongo weit verbreiteten **Coltanvorkommen** ökonomisch interessant wurden. Wie in allen Bergbauregionen Afrikas hatte die plötzliche Aussicht auf den in der Erde verborgenen Reichtum fatale Folgen. Die Bauern gaben ihre Felder auf, denn bei einem durchschnittlichen Pro-Kopf-Einkommen von wenig mehr als 20 US-Cent am Tag war die Aussicht auf täglich mehrere Dollar, die man mit dem Weiterverkauf eines Erzes an Zwischenhändler verdienen kann, nur allzu verlockend (2).

Von der Bauerngesellschaft ...

Der Coltanboom bedeutete in einem durch Krieg und fehlende staatliche Strukturen geprägten Umfeld, dass den Bauern der Kivuregion in den letzten drei Jahren nur begrenzte Überlebensperspektiven offen standen: die Arbeit in den Minen, der Anschluss an eine bewaffnete Bande oder Armee oder der Weg in die Stadt. Eine vierte Option lautete „Subsistenzwirtschaft", die aber unter extrem unsicheren Bedingungen, ohne ein Minimum unterstützender Strukturen die mühsamste und gefährlichste Perspektive ist. Und die kommerzielle Landwirtschaft ist ohnehin größtenteils zusammengebrochen.

Der Kongokrieg hat damit in den am schlimmsten betroffenen Regionen des Landes so etwas wie eine **Modernisierung im Zeitraffer** erzwungen. Fast von heute auf morgen entstand so eine neue Gesellschaftsordnung, in der die Kriegsgewinnler das Sagen haben. In ostkongolesischen Städten wie Goma, Bukavu, Butembo oder Bunia tritt an die Stelle der zerstörten überkommenen Infrastruktur das moderne technische Arsenal von Mobilfunkgeräten, Generatoren, Geländewagen und Kleinflugzeugen – aber nur für eine kleine Elite, während die große Mehrheit der Bevölkerung in denselben Orten ohne funktionierende Strukturen auskommen muss.

Die Attribute des modernen globalisierten Lebens erlauben es der **Herrscherelite,** in Zeiten des Kriegs und der Unsicherheit Geschäfte und Politik zu betreiben, auch wenn feindliche Milizen das Straßenbild beherrschen und alle wichtigen Alltagsgüter, von Trinkwasser über Benzin bis hin zu Geldscheinen, mit dem Flugzeug herangeschafft werden müssen. Diese Herrscherelite ist zunehmend entterritorialisiert. Um Macht auszuüben, sind gute Geschäftsverbindungen in die Nachbarländer und Kontakte nach Washington, Brüssel, Paris und London wichtiger als die Entwicklung des eigenen Hoheitsgebiets.

Auch mitten im Elend lassen sich auf diese Weise private **Reichtümer** erwirtschaften. Die Gewinne werden zum kleineren Teil in schattigen, hinter hohen Mauern verborgenen Villen angelegt. Der weitaus größere Teil wird jedoch von den künftigen kongolesischen Millionären in die internationalen Finanzströme eingespeist. Und etliche Gelder fließen auch auf die andere Seite des vom Krieg geteilten Kongo, also in die Hauptstadt Kinshasa, wo Mitglieder der Regierung von *Joseph Kabila* (dem Sohn des ermordeten *Laurent-Désiré Kabila)* ganz beträchtlich vom Rohstoffschmuggel profitieren.

Wohin eine solche Entwicklung führen könnte, lässt sich in **Bujumbura** besichtigen, der Hauptstadt von Burundi, das bereits sehr viel länger in den Zyklus nicht enden wollender Kriege gebannt ist. Bujumbura liegt am Tanganjikasee inmitten hoher Berge, aus denen fast täglich der Donner von Gefechten zwischen der Armee und Hutu-Rebellen zu hören ist. Die Stadt macht den Eindruck eines schlafenden Riesen. Das Bild im pulsierenden Zentrum dominieren dagegen die Soldaten aus der Heimatregion des Präsidenten, die mit wachsamen Augen und blitzenden Waffen patrouillieren, und die Scharen von bettelnden, zerlumpten Straßenkindern. Auf den Hügeln am Rande des Zentrums ist eine pharaonische Bautätigkeit im Gange. Hier entsteht ein Straßenzug voll prächtiger Villen nach dem anderen. Weiter draußen lebt die Masse der Bevölkerung in elenden Slumvierteln.

In den ausgedehnten Industriezonen am Hafen Bujumburas sind die meisten Fabriken stillgelegt, und doch ist das Produktionspotenzial größer als in jeder anderen Stadt der Region. Die ökonomischen Aktivitäten in Bujumbura lassen sich nur schwer einschätzen – und noch schwerer kontrollieren, weil sie sich weitgehend illegal abspielen. **Schmuggelhandel** bestimmt die burundische Ökonomie seit 1996, als nach dem Putsch des jetzigen Militärherrschers *Pierre Buyoya* Wirtschaftssanktionen über das Land verhängt wurden. Seitdem ist eine schmale Elite, die sich aus Tutsi und Hutu zusammensetzt, mit dem Durchbrechen dieses Embargos unerhört reich geworden. Die große Mehrheit der Bevölkerung lebt dagegen in himmelschreiender Armut.

In neun Jahren Krieg, der bei einer Landesbevölkerung von sieben Millionen Menschen über 250.000 Tote gekostet hat, wurden Millionen Burunder entwurzelt. Jenseits der Hauptstadt leben fast alle Tutsi in von der Armee bewachten Lagern, weil sie sonst von Hutu-Rebellen getötet würden. Und zahlreiche Hutu sind entweder ins benachbarte Tansania gezogen, wo sie in Flüchtlingslagern leben, oder sie haben sich Rebellenbewegungen angeschlossen, oder sie wurden zeitweise von der burundischen Armee in Wehrdörfer gesteckt. Unter der einfachen Bevölkerung scheint die Koexistenz von Hutu und Tutsi unwiederbringlich zerstört. Aber das Handeln der Mächtigen wird von einer neuen Art einträglicher ökonomischer Aktivitäten bestimmt, die auf die Kooperation der eigenen Mitbürger nicht mehr angewiesen sind. Die endlosen Querelen über die Umsetzung des Friedensabkommens von Arusha aus dem Jahr 2000, das eine ausgewogene Machtverteilung zwischen Hutu und Tutsi zur Basis einer Befriedung macht, erscheinen vor diesem Hintergrund wie eine gelungene Operette, die zur Ablenkung des Auslands inszeniert wird.

Burundi ist das Land in der Region, das die längste Zeit ununterbrochen unter einem Krieg leidet. Und folglich ist es auf einem Weg, der wie eine fatale Sackgasse anmutet, auch bereits am weitesten fortgeschritten (3). Die internationale Gemeinschaft scheint diesen Weg jedoch gutzuheißen. Sie hat Burundi mit Hilfszusagen von mehreren 100 Millionen Dollar überschüttet – die an die Umsetzung des Friedensabkommens von Arusha gebunden sind. Der Erfolg dieses Abkommens setzt freilich voraus, dass die Geschäftemacher aller Parteien sich möglichst wenig in die Quere kommen und dass ihre Interessen unangetastet bleiben. In der Konsequenz belohnt die Auslandshilfe also die Früchte des Krieges.

Frieden und Stabilität auf der Basis eines Interessenausgleichs zwischen Kriegsgewinnlern zu schaffen ist im Afrika der Großen Seen nicht die Ausnahme, sondern die Regel. Allen Ländern der Region ist gemein, dass die Herrschenden ihre Macht irgendwann mit der Waffe in der Hand errungen oder sie mit der Waffe verteidigt haben. Als 1986 in Uganda die Guerillabewegung **NRA** (Nationale Widerstandsarmee) unter *Yoweri Museveni* die Macht ergriff, war dies die erste siegreiche Rebellion im postkolonialen Afrika. Aber es sollte nicht die letzte sein. 1994 folgte in Ruanda die **RPF** (Ruandische Patriotische Front) unter *Paul Kagame,* die ruandische Tutsi-Exilanten im Umfeld *Musevenis* in Uganda gegründet hatten.

In Burundi kam *Pierre Buyoya* 1996 per Militärputsch an die Macht. 1996/97 folgte im damaligen Zaire die **AFDL** (Allianz Demokratischer Kräfte zur Befreiung von Kongo/Exzaire) unter *Laurent-Désiré Kabila,* die im Windschatten eines von Ruanda und Uganda geführten Blitzkrieges das Zaire *Mobutus* eroberte und die Demokratische Republik Kongo ausrief. Als *Kabila* 1998 mit Ruanda und Uganda brach, riefen die beiden Nachbarstaaten die Rebellenbewegung **RCD** ins Leben, die aus einer Meuterei der örtlichen ruandatreuen kongolesischen Militärführung gegen *Kabila* im August 1998 hervorging und seither den Osten des Landes kontrolliert.

Am erfolgreichsten waren die Eliten, die nicht nur aus den Kriegen im eigenen Land Profit schlagen konnten – wie die in Burundi -, sondern auch aus Kriegen in Nachbarländern. Das gilt für Ruanda und Uganda, deren Regierungen vom Krieg im Kongo profitiert haben. Aus Berichten einer Untersuchungskommission des UN-Sicherheitsrats geht hervor, in welchem Ausmaß Ruanda und Uganda vom Weiterverkauf von natürlichen Ressourcen aus dem Osten des Kongo profitieren (4). Diese Erträge fließen sowohl in private Taschen wie in die offiziellen Staatshaushalte. Neueste Schätzungen beziffern die nicht deklarierten **Gewinne Ruandas und Ugandas** aus den Geschäften im Kongo – hauptsächlich durch den Reexport von Coltan, Holz, Gold und Diamanten – auf 203 Millionen Dollar 1999 und 188,6 Millionen im Jahr 2000. Der Anteil Ruandas liegt dabei konstant bei etwas über 163 Millionen Dollar – eine Summe, die im Jahr 2000 7,1% des Bruttosozialprodukts entsprach und höher als die ausländische Entwicklungshilfe lag (5).

Die Reichtümer des Ostkongo wurden schon immer über die Nachbarländer ausgeführt. Diese Geschäfte laufen also auch in Friedenszeiten. Deshalb ist es falsch, diese Summen als den gewaltsam angeeigneten Profit aus „illegaler Ausplünderung" zu bezeichnen.

uga_302 Foto: cl

... zum städtischen Kapitalismus

Auch bei einer geregelten friedlichen Wirtschaftsordnung würden diese Gelder keineswegs überwiegend im Kongo verbleiben; allenfalls könnten untergründige Geschäftsverbindungen transparenter werden. Dies wäre immerhin ein Fortschritt in Richtung auf eine demokratischere Wirtschaftsordnung in der Region. Dagegen würden Sanktionen gegen den Handel mit ostkongolesischen Rohstoffen, wie viele Gruppierungen sie derzeit fordern, nur das Gegenteil von Transparenz erzeugen. Das Beispiel Burundi zeigt, welche Fehlentwicklungen mehrjährige Sanktionen herbeiführen können.

Allerdings stellt sich heute die Frage, welche Rolle die **Kriegsgewinnler** im Afrika der Großen Seen unter Friedensbedingungen spielen werden. Zunächst ist davon auszugehen, dass sie politisch an der Macht bleiben. Was die Art der Machtausübung betrifft, so gibt es nach bisheriger Erfahrung einige allgemeine Tendenzen. Sicher ist: Demokratie steht nicht sehr weit oben auf der Prioritätenliste der Herrscher, sondern ist dem Oberziel der **Herrschaftssicherung** untergeordnet. Sie wird nur in dem Maße zugelassen, in dem sie den Machterhalt der Regierung nicht gefährdet. Exemplarisch ist in dieser Hinsicht Uganda, wo das daraus resultierende System am klarsten ausgeprägt ist.

Die ugandische Guerillabewegung NRA verwandelte sich nach der Machtergreifung 1986 in die **NRM** (Nationale Widerstandsbewegung), die sich als politischer Arm des gesamten ugandischen Volkes begreift und politische Freiheiten nur innerhalb ihrer eigenen Strukturen gestattet. Im so genannten **Movement-System** sind die Hierarchien der NRM identisch mit den politischen Strukturen des dezentral organisierten ugandischen Staates. Dies bedeutet, dass Kandidaten bei Wahlen streng genommen um einen Posten innerhalb der NRM konkurrieren. Doch innerhalb dieses Rahmens können sich Politiker weiter auf Parteiebene organisieren, so dass die vor 1986 bestehenden politischen Parteien Ugandas weiterexistieren. Sie treten aber nicht als Alternative zur NRM auf, sondern als Strömungen innerhalb der Bewegung, wenngleich sie sich als Oppositionelle begreifen und auch als solche wahrgenommen werden.

Die Schwächen dieses Systems wurden bei der Präsidentschaftswahl 2001 deutlich, als Amtsinhaber *Museveni* nicht verhindern konnte, dass sein ehemaliger Leibarzt *Kiiza Besigye* innerhalb der NRM als sein Hauptgegner antrat und alle NRM-Strukturen auch für sich nutzen konnte. Voraussichtlich wird nun vor den Wahlen 2006 der Schritt vom informellen Mehrparteiensystem innerhalb der NRM zu einem formellen Mehrparteiensystem erfolgen. Jüngste Aussagen von führenden NRM-Vertretern, die Bewegung werde dreißig oder gar sechzig Jahre an der Macht bleiben, stellen das jedoch in Frage.

Ein solches System wurde auch in Ruanda nach der Machtergreifung der RPF 1994 erwogen, letztlich aber zugunsten eines anderen Systems verworfen: Alle Parteien – außer denen, die wegen der Organisation des Genozids von 1994 verboten sind – sind in einer „Regierung der Nationalen Einheit" unter RPF-Führung zusammengeschlossen. Derzeit wird eine neue Verfassung ausgearbeitet, auf deren Basis 2003 Wahlen stattfinden sollen. Allerdings ist von einer innenpolitischen Öffnung, wie sie dafür notwendig wäre, wenig zu spüren. Als Expräsident *Pasteur Bizimungu* im Sommer 2001 eine Partei gründen wollte, kam er unter Hausarrest, und immer wieder gehen Kritiker der Regierung von Präsident *Paul Kagame* ins Exil.

In Burundi ist die Politik heute gemäß den Bestimmungen des Friedensabkommens von Arusha organisiert, das im August 2000 zwischen allen politischen Parteien mit Ausnahme der bewaffneten Hutu-Rebellen geschlossen wurde. Es sieht ebenfalls eine Allparteienregierung vor. Diese amtiert seit dem 1. November 2001 und ist vorerst auf drei Jahre terminiert, aber es ist schwer zu sehen, wie bis November 2004 eine Alternative dazu gefunden werden könnte. Außerdem hat der Bürgerkrieg zwischen Armee und Hutu-Rebellen eher an Intensität gewonnen, und die neuen Institutionen haben noch keine Belastungsprobe hinter sich.

Die RCD in Ostkongo versteht sich noch als bewaffnete Bewegung, die keine Konkurrenz duldet. Als einer der mächtigsten Geschäftsmänner in Goma, *Victor Ngezayo,* im Sommer 2000 eine eigene Partei gründete, wurde ihm vom damaligen RCD-Sicherheitsminister *Bizima Karaha* beschieden, hier habe die RCD das Sagen: Wenn er eine eigene Bewegung wolle, solle er sich irgendwo ein eigenes Territorium erobern. Diese Aussage illustriert auf drastische Weise den Zustand der kongolesischen Politik, in der sich jeder Politiker dazu verleitet sieht, sich mit Waffengewalt ein eigenes Machtgebiet zu sichern. Noch ist nicht entschieden, in welcher Form sich die RCD in eine gesamtkongolesische Friedensordnung einfügen wird. Die Kriegsgewinnler des Kongo müssen erst noch zu einer adäquaten Form ihrer politischen Vertretung finden.

Alle geschilderten politischen Systeme ähneln sich nicht nur darin, dass ihr oberster Zweck der Machterhalt ist und nicht etwa die freie politische Willensbildung. Ihre Funktion besteht auch darin, die Interessen der Mitglieder einer städtischen und militärisch ausgerichteten Elite zu moderieren. Die **Urbanisierung der Politik** ist in dieser Region ein wichtiger gemeinsamer Zug aller Länder. Sie geht einher mit einer Urbanisierung der Ökonomie und der Gesellschaft insgesamt, die in den ländlich geprägten Gesellschaften dieser Region eine tief greifende Umwälzung darstellt.

Die Beispiele Burundi und Ostkongo haben bereits gezeigt, wie dieses System in Kriegssituationen funktioniert. Der Versuch, Konflikte durch die Schaffung kontrollierbarer, zumindest halburbaner Ordnungszentren einzudämmen, war auch in Uganda und Ruanda zu beobachten, wenn Rebellen aktiv waren. Sowohl im Norden Ugandas – beim Kampf gegen die aus dem Sudan unterstützte „Lord's Resistance Army" – wie auch im Nordwesten Ruandas – beim Kampf gegen die aus dem Kongo unterstützte „Armee zur Befreiung Ruandas", eine Nachfolgeorganisation der Völkermordmilizen – wurde die lokale Bevölkerung von den Behörden zeitweise in **Wehrdörfer** gezwungen, womit sich die dezentrale ländliche Siedlungsstruktur auflöste. Entlang der Hauptstraße im Nordwesten Ruandas erstrecken sich heute noch kilometerweit Siedlungen, die halb Flüchtlingslager, halb Dörfer sind: ungeplante Reihen baufälliger Hütten mit nur wenigen sozialen Einrichtungen, in denen seit den Zeiten der großen Hutu-Rebellenangriffe von 1997/98 die versprengte Bevölkerung der Hügellandschaft lebt.

Wenn auf Krieg der Frieden folgt, wird die Bevölkerung aber nicht in die Selbstständigkeit entlassen. Vielmehr werden bei der staatlichen Reorganisation der Lebensverhältnisse lediglich militärstrategische Kriterien durch sozioökonomische Erwägungen abgelöst. Ruanda ist in dieser Hinsicht am weitesten vorangeschritten. Hier wird eine bewusste **Politik der „Verdorfung"** betrieben. So genannte *imidugudu,* auf dem Reißbrett entworfene Dörfer, sollen nach den Vorstellungen der Regierung allmählich die traditionellen versprengten Einzelhöfe ablösen. Grund dafür ist die immense Bevölkerungsdichte Ruandas – mit über 300 Menschen pro Quadratkilometer die höchste Afrikas. Knapp 8 Millionen Menschen drängen sich in Ruanda auf einer Fläche so groß wie Belgien, wobei große Teile des Landes aus unbewohnbaren Gebirgs- und Sumpfregionen bestehen oder als Naturreservate nicht besiedelt werden dürfen. Bis 2020 rechnet die Regierung mit einer Verdoppelung der Einwohnerzahl auf 16 Millionen. Dann reicht das bebaubare Land endgültig nicht mehr für alle Menschen. Schon jetzt weichen viele Bauern auf Steilhänge aus und roden die letzten Baumbestände. Das fördert die Erosion, die landwirtschaftlich nutzbare Fläche schrumpft. Nach amtlichen Angaben verliert Ruanda jedes Jahr die Kapazität zur Ernährung von 40.000 Menschen, während die Bevölkerung jährlich um 200.000 Menschen wächst.

Ruandas Landwirtschaftsministerium arbeitet derzeit an einer „neuen Agrarpolitik", die für eine landwirtschaftliche Einheit eine Mindestgröße von einem Hektar vorsieht – die Durchschnittsgröße liegt heute bei 0,6 Hektar. Dies soll der **ruandischen Landwirtschaft** das ökonomische Überleben sichern und sie in die Lage versetzen, kommerzielle Überschüsse zu produzieren. Zugleich aber würde dies auch die Entwurzelung von Millionen Bauern bedeuten. Zum Teil sollen diese Menschen in den neuen Dörfern unterkommen, die es heute schon gibt. Ihre schlecht gebauten Häuser erinnern aus der Luft an aufgereihte Streichholzschachteln, die Dörfer selbst an die trostlosesten Townships in Südafrika (6). Wer die Wahl hat, wird nicht in diese Dörfer ziehen, sondern in die Städte, die entsprechend wachsen werden.

Welchen Weg auch immer die Menschen wählen – die von Ruandas Regierung geplante friedliche Modernisierung im Schnelldurchgang läuft in dieselbe Richtung wie die kriegerische Modernisierung, die in Kongo und Burundi abläuft. Ruanda trägt damit auch den besonderen Erfahrungen des Völkermordes Rechnung. Für die von 1959 bis 1994 in Ruanda herrschenden Hutu-Regierungen bestand die Lösung des Problems der Bevölkerungsdichte darin, möglichst wenig Tutsi im Land zu haben. Deshalb wurden viele von ihnen zuerst vertrieben und 1994, als die Rückkehr der Tutsi-Exilanten bevorstand, ausgerottet. Staatlich organisierte Milizen töteten damals in drei Monaten rund 800.000 Menschen, nahezu ausschließlich Tutsi – fast die gesamte in Ruanda ansässige Tutsi-Bevölkerung (7). Die Tutsi, die heute in Ruanda leben und die herrschende RPF dominieren, sind fast alle Nachkommen von Exilanten, die sich jahrzehntelang in Uganda, Burundi oder Zaire aufgehalten haben. Im Zeitraum 1994–1996 waren außerdem nahezu 2 Millionen Hutu-Flüchtlinge aus Ruanda, darunter viele Täter des Völkermords, nach Zaire, Burundi und Tansania verschlagen worden. Sie sind seitdem fast alle zurückgekehrt.

Die RPF-Regierung unternimmt als erste ruandische Regierung den Versuch, alle Ruander im Lande selbst anzusiedeln und neu zu organisieren, und zwar jenseits der traditionellen Lebensweisen, aus denen der Antagonismus zwischen Hutu und Tutsi erwachsen war (8). Mit seiner Politik setzt Ruanda in die Praxis um, was Ugandas Präsident *Yoweri Museveni* bisher nur theoretisch ausgeführt hat, als er den bisher einzigen Versuch unternahm, die Umwälzungen im Afrika der Großen Seen ideologisch fassbar zu machen: das Ende der Bauerngesellschaft mit ihren tribalen Loyalitäten und das **Aufkommen einer Klassengesellschaft.** *Museveni* zufolge kann erst nach Abschluss dieses Transformationsprozesses, wenn es einen funktionierenden afrikanischen Kapitalismus mit afrikanischen Kapitalisten gibt, eine Demokratie mit Mehrparteiensystem entstehen, in dem Parteien unterschiedliche soziale Interessen und nicht einfach rivalisierende Ethnien oder Regionen repräsentieren (9).

Damit wird deutlich, dass der Transformationsprozess im Afrika der Großen Seen erst an seinem Anfang steht. Die vertrauten Lebensverhältnisse der meisten Menschen sind bereits zerschlagen, aber noch ist nicht überall eine tragfähige neue Ordnung entstanden. Ebenso wenig ist geklärt, welche Kräfte diese Neuordnung vornehmen sollen. In Burundi und Ostkongo lief die kriegsbedingte **Modernisierung** vor allem über die Neuordnung des Handels. Hier wird die Politik durch eine Kaste von Profiteuren bestimmt – aber womöglich nur für die Dauer der kriegsbedingten Ausnahmesituation. In Ruanda und Uganda haben sich die Sieger der Kriege an der Macht gehalten und ihre Modernisierungsbemühungen vorangetrieben. Sie konzentrieren sich auf die Neuordnung der Produktionsverhältnisse, vorrangig im ländlichen Raum.

In diesem Prozess müssten mit der Zeit **neue politische Kräfte** entstehen; Gruppen, die sich bisher nicht artikulieren konnten, weil die politischen Eliten Ugandas und Ruandas, die als Krieger an die Macht kamen, ihre Macht in Ausnutzung der kongolesischen Krise künstlich vergrößert haben. Das wiederum löst allerdings in diesen Ländern innenpolitische Spannungen aus, die sich verstärken und die Region erneut destabilisieren könnten.

Der Übergang vom Krieg zum Frieden in der gesamten Region der Großen Seen müsste zunächst dazu führen, dass auch in den Kriegsgebieten Kongos und Burundis produktive Kapazitäten neu aufgebaut werden. Die Zusagen für den Wiederaufbau von Goma könnten dies nunmehr möglich machen. Denn Goma kann als funktionierende Stadt nicht wieder aufleben, wenn nicht zugleich das ländliche Umland aufblüht, wenn Bauern nicht wieder ihre Felder bestellen und ihre Produkte auf den Markt tragen können, um Einkommen zu erwirtschaften und die durch den Vulkanausbruch unterbrochenen Wirtschaftskreisläufe neu in Gang zu setzen. Viele Bürger Gomas haben zum Erstaunen der internationalen Helfer eine spontane Bereitschaft zur Selbsthilfe an den Tag gelegt. Entsprechend von außen unterstützt, könnte dieser Eifer die Region rascher wieder aufblühen lassen, als man es angesichts der Lavamassen in Gomas Straßen für möglich halten würde.

Fußnoten

(1) Siehe die Studie der privaten US-amerikanischen Hilfsorganisation International Rescue Committee, „Mortality in Eastern Democratic Republic of Congo", Mai 2001, www.theirc.org

(2) Siehe die Studie des kongolesischen Pole Institute in Goma, „The Coltan Phenomenon", Januar 2002, www.pole-institute.org

(3) *Jean-Pierre Chrétien,* „Le Burundi enquête de citoyenneté", Januar 2002, www.in-burundi.net

(4) Siehe den Bericht des UN-Sicherheitsrats: „Rapport du groupe dexperts sur l'exploitation illégale des ressources naturelles en République Démocratique du Congo", April 2001, mit Zusatzbericht November 2001, www.un.org

(5) *Stefaan Marysse* und *Filip Reyntjens* (Hrsg.), „Guerre et pillage en RDC" in: „L'Afrique des Grands Lacs, Annuaire 2000–2001", Paris (Harmattan) 2002

(6) Human Rights Watch, „Uprooting the Rural Poor in Rwanda", Mai 2001

(7) Zum Genozid in Ruanda s. *Gerard Prunier,* „The Rwanda Crisis", London 1995; African Rights, „Rwanda: Death Despair and Defiance", London 1999; Human Rights Watch, „Leave None to Tell the Story", New York 1999

(8) Zum Hutu-Tutsi-Gegensatz in der Region siehe *Jean-Pierre Chrétien,* „L'Afrique des Grands Lacs: 2000 ans d'histoire", Paris (Aubier) 2000

(9) *Yoweri Musevenis* gesammelte Reden sind herausgegeben von der NRM unter dem Titel „What Is Africa's Problem?", Kampala 1992

Der Artikel von *Dominic Johnson* erschien in der Wochenzeitung Le Monde diplomatique vom 15.02.2002 (Internet: www.taz.de). *Dominic Johnson* ist Redakteur in der Auslandsredaktion der taz.

nischerweise wurden die Geschehnisse in Ruanda von April bis Juli 1994 von der internationalen Völkergemeinschaft hilflos und ohne Mut zur Intervention verfolgt. Hochrangige ruandische Kirchenvertreter kollaborierten gar mit den Mördern. Mehr als drei Millionen Menschen flohen in die Nachbarländer Kongo/Zaire, Tansania und Burundi. Der militärische **Sieg der FPR im August 1994** beendete das grausame Morden. Die neue, von der FPR dominierte Regierung erreichte mit umfangreicher ausländischer Unterstützung eine **rasche Konsolidierung** und einen beachtlichen Wiederaufbau des Staates. Schon Anfang 1995 konnten die ersten ausländischen Touristen wieder zu den Gorillas im Parc National des Volcans reisen.

Die **Rückkehr der ruandischen Flüchtlinge** aus den Flüchtlingslagern in Kongo/Zaire gegen Ende des Jahres 1996 brachte eine abermalige Verschlechterung der Sicherheitslage mit sich. Über längere Zeit machten Hutu-Milizen der Interahamwe den Nordwesten des Landes unsicher, der Parc National des Volcans musste vorübergehend geschlossen werden. Erst mit dem Jahr 2001 kehrte dort wieder Ruhe ein.

Faktisch wurden durch die seit 1996 im Kongo-Konflikt involvierten ruandischen Truppen weite Teile der ostkongolesischen Nachbarprovinz **Kivu** besetzt. Der endgültige Abzug der ruandischen Truppen aus der DR Kongo Ende 2002 verlief weitgehend reibungsfrei. Bei Bewertung der seitdem erhalten gebliebenen Stabilität in der Grenzregion zum Kongo ist zu berücksichtigen, dass das im Kivu herrschende ruandatreue Regime mittlerweile einen eigenen repressiven Armee- und Verwaltungsapparat installiert hat, der von Ruanda kontrolliert wird.

Die derzeitige Stabilität in Ruanda unter der starken Hand von **Präsident Paul Kagame** wird mit einem hohen Maß an **autoritärer Herrschaft** erkauft. Die juristische Bewältigung des Genozids von 1994 über ein internationales Kriegsverbrechertribunal in Arusha (Tansania) kommt nur schleppend voran, obwohl eine Vielzahl der seinerzeit agierenden Akteure gefasst und ein Teil bereits verurteilt werden konnte. Allerdings sitzen noch immer zehntausende mutmaßliche Völkermörder in ruandischen Gefängnissen ein. Durch die Zulassung traditioneller Versammlungsgerichte („Gacaca") auf kommunaler Ebene bei der juristischen Aufarbeitung des Genozids soll eine beschleunigte Bewältigung vieler Verfahren erreicht werden.

Die Verteilung von Hutu-Besitz an zurückgekehrte Tutsi-Altflüchtlinge, die allgemeine Bevorzugung der Tutsi, ungelöste Flüchtlingsprobleme in der Region der Großen Seen, die Verwicklung von Regierung und ruandischer Armee in den benachbarten Kongo-Konflikt, die stetig voranschreitende Landverknappung sowie Angst und Unsicherheit der Menschen vor der Zukunft lassen den Frieden in Ruanda trotz aller Anstrengungen zur Aussöhnung zwischen Tutsis und Hutus langfristig zerbrechlich erscheinen.

Am **25. August 2003** wurde in der ersten freien (nach Meinung unabhängiger Beobachter aber keinesfalls fairen) **Präsidentenwahl** in Ruanda nach dem Genozid der Amtsinhaber *Kagame* mit gut 95% der Stimmen im Amt bestätigt. Sein Herausforderer, der ehemalige Premierminister und Hutu-Politiker *Faustin Twagiramungu,* der vor mehreren Jahren ins belgische Exil gegangen war, kam lediglich auf 3,62%.

Bevölkerung und Sprache

2003 betrug die Bevölkerungszahl fast **8 Millionen** Menschen und hatte damit wieder das Niveau aus dem Jahr vor dem Genozid erreicht. Ruanda ist mit bis zu **400 Einwohnern pro km²** das am dichtesten besiedelte Land Afrikas. Die Menschen leben zu 90% von der Landwirtschaft.

Bahutu (Hutus) machten 2003 ca. **84%** der Bevökerung aus, **Batutsi (Tutsis) ca. 15%,** 1% wurden den Batwa zugeordnet. Hinzu kommen mehrere tausend Europäer (meist Entwicklungshelfer) und Asiaten. **Kinyarwanda, Französisch** und **Englisch** sind die offiziellen Sprachen, auch Suaheli ist weit verbreitet. Viele Beamte und Soldaten des „neuen" Staatssystems sprechen mittlerweile gut Englisch – eine Entwicklung, die das Ende der Frankophonie im Land verdeutlicht.

Das Verhalten der ruandischen Bevölkerung gegenüber Fremden ist freundlich, bei vielen Offiziellen spürt man jedoch eine vorsichtige Zurückhaltung, manchmal gar Ablehnung gegenüber Europäern (insbesondere Belgiern und Franzosen). Besucher mit deutscher Staatsangehörigkeit sind aufgrund des starken entwicklungspolitischen Engagements der Bundesrepublik grundsätzlich willkommen.

Die statistische **Lebenserwartung** liegt **bei nur ca. 38 Jahren** (2002), mindestens 12% der Ruander gelten als HIV-positiv. Etwa 65% der Ruander hängen christlichen Religionen an (v.a. katholisch), 25% Naturreligionen, 10% sind Moslems.

Wirtschaft und Tourismus

Mehr als 90% der Ruander leben von der **Subsistenz-Landwirtschaft.** Wichtigste landwirtschaftliche Exportgüter sind Kaffee und Tee mit entsprechender Abhängigkeit von den Weltmarktpreisen. Andere landwirtschaftliche Exportgüter sind Pyrethrum (pflanzliches Insektizid einer Chrysanthemen-Art), Bananen, Bohnen und Kartoffeln. Die ruandische Regierung ist um eine Industrialisierung des Landes und eine Diversifizierung der agrarisch geprägten Wirtschaft bemüht. Bislang ist ein Aufbau von Industriezweigen nur in der Zementherstellung, der Tabakindustrie sowie der Erzeugung von Seife, Möbeln, Schuhen und Textilien möglich gewesen. Nennenswerte Bodenschätze sind bis auf Zinnvorkommen im Akageragebiet nicht vorhanden. Bescheidenere Vorkommen an Wolfram, Beryllium und Coltan (Colombo-Tantalit), das u.a. bei der Herstellung von Mobiltelefonen Verwendung findet, sind nur teilweise erschlossen. Größter Arbeitgeber des

Fährverkehr auf dem Kivusee

uga_309 Foto: cl

Landes ist die Brauerei Bralirwa (= Brasseries et Limonaderies du Rwanda).

Das **Bruttoinlandsprodukt** (BIP) umfasste 2001 etwa 7,2 Milliarden US-$ (ca. 900 US-$ pro Kopf) bei einem realen Wirtschaftswachstum von ca. 5%. Die Inflationsrate lag bei ca. 10%. Haupthandelspartner sind die Europäische Union (vor allem Deutschland), die Nachbarländer Kenia, Tansania und Uganda, ferner die USA, Pakistan, die VR China und Malaysia.

Im Jahr 2002 reisten nach Auskunft der Naturschutzbehörde ORTPN mehr als 3000 **Touristen** aus Übersee nach Ruanda. Für 2003 wurden bereits deutlich höhere Zahlen erwartet. Seit der politischen Stabilisierung erfährt der Tourismus staatlicherseits eine starke Forcierung. Dazu gehören der Wiederaufbau und die Verbesserung der touristischen Infrastruktur, gezielte Bemühungen um die Sicherheit von Touristen und verstärkte Aktivitäten um die Publizität der Attraktionen des Landes.

Die langfristigen Planungen zielen auf einen Qualitätstourismus. Sie fokussieren vor allem auf das Gorilla-Tracking im Parc National des Volcans, Ökotourismus im tropischen Feuchtwald des Nyungwe-Nationalparks sowie klassische Safaris in dem für den Naturschutz verbliebenen Teil des Akagera-Nationalparks. Großes touristisches Potenzial besitzt auch die landschaftlich reizvolle Region am Kivusee.

Neben zahlreichen inländischen Safariunternehmen bieten mittlerweile auch verschiedene internationale Reiseveranstalter wieder Reisen nach Ruanda an. Angesichts seiner imageträchtigen blutigen Vergangenheit wird das Land aber noch über viele Jahre ein Eldorado bleiben für Afrikareisende, die großartige Natur und Landschaft abseits der Massenströme erleben wollen.

Unterwegs in Ruanda

Kigali

XIX, C2

Ruandas Hauptstadt Kigali (ca. **340.000 Einwohner**) liegt auf etwa 1540 m Höhe und gleicht einer riesigen Streusiedlung, die über viele kleine grüne Hügel inmitten einer reizvollen Landschaft verteilt ist. Die Stadt wurde 1907 von den Deutschen als Verwaltungszentrum gegründet und entwickelte sich bald zu einem wichtigen Handelsplatz in der Region der Großen Seen. Während der belgischen Völkerbundsmandatszeit stand Kigali im Schatten von Bujumbura am Nordende des Lake Tanganjika. Erst nach 1962 – damals mit gut 5000 Einwohnern – entwickelte es sich zur heutigen Metropole.

Herzstück von Kigali ist der Hügel **Nyarugenge** mit der Hauptgeschäftsstraße **Avenue du Commerce.** Diese führt in einem Bogen vom Kreisverkehr am Place de l'Unité National an der zentralen Minibusstation und am Markt vorbei durch das geschäftige Stadtzentrum. Die verschachtelte Architektur im Zentrum Kigalis spiegelt das in Ruanda so verbreitete Problem des Zusammenlebens vieler Menschen auf engstem Raum gut wider. Am parkartig angelegten **Place de l'Indépendance** liegen das Postamt und das Büro der Nationalparkbehörde ORTPN. Dort trifft die Avenue du Commerce auf den **Boulevard de la Révolution,** eine Prachtstraße, an der sich verschiedene Banken, Ministerien und mehrere Botschaften befinden. Die Hauptregierungsgebäude mit dem Sitz des Präsidenten liegen einige Kilometer außerhalb des Zentrums am Boulevard de l'Umuganda.

Südlich der Stadt befinden sich die erschütternden **Genozid-Gedenkstätten Ntarama** und **Nyamata,** denen man unbedingt einen Tagesbesuch abstatten sollte (s.u.). Im April 2004 soll am Stadtrand von Kigali das Mémorial National du Génocide de Gisozi offiziell eröffnet werden, an dem mehr als 250.000 Opfer des Genozids begraben wurden. Das Mahnmal wurde bereits im Jahr 2001 weitgehend vollendet, mittlerweile sind eine umfassende Ausstellung über die Hintergründe des Völkermords sowie eine Bildungseinrichtung angeschlossen.

Informationen

- **Office Rwandais du Tourisme et des Parcs Nationaux (ORTPN)**

Avenue de l'Armée, Box Postale 905, Kigali/Ruanda, Tel. 576514/5, Fax 576512, E-Mail: ortpn@rwanda1.com, Internet: www.visitrwanda.gov.rw

Infos zur aktuellen Situation in den ruandischen Nationalparks und Reservaten. Hier erfolgt die Buchung und Bezahlung der Gorillabesuche im Parc National des Volcans. Geöffnet Mo bis Fr von 8–17, Sa 8–11 Uhr.

Unterkünfte und Hotels

Kigali verfügt über eine umfassende Unterkunftsauswahl. Das Preisniveau liegt relativ hoch.

Kategorie AA

- **Hôtel des Mille Collines**

BP 1322, Tel. 576530, Fax 576541. Traditionsreiches 4-Sterne-Hotel im Stadtzentrum an der Avenue de la République. 113 geräumige Zimmer und Suiten mit Bad/WC und Klimaanlage. Gutes Restaurant mit Bar. Swimmingpool. Bewachter Parkplatz. Angenehme gartenähnliche Anlage.

E-Mail: info@millecollines.net, Internet: www.sabenahotels.com/millecollines

• Novotel Umubano Kigali
BP 874, Tel. 585813/16, Fax 582957. Älteres 4-Sterne-Hotel am Boulevard de l'Umuganda Richtung Regierungsviertel, ca. 4 km außerhalb des Zentrums gelegen. Mehr als 100 geräumige Zimmer mit Bad/WC und Klimaanlage. Gutes Restaurant mit Bar. Swimmingpool. Bewachter Parkplatz. Beliebter Nachtclub. Schöner Blick auf Kigali.
E-Mail: umubano@rwanda1.com,
Internet: www.novotel.com

Kategorie A

• Hôtel Chez Lando
BP 1519, Tel. 582050, Fax 584380. Etwas außerhalb im Vorort Remera gelegen. Kleine Villen inmitten einer schönen Gartenanlage. Saubere Zimmer mit Bad/WC und Satelliten-TV. Gutes Restaurant. Sichere Parkmöglichkeiten. Angeschlossener Nachtclub.
E-Mail: lando@rwanda1.com,
Internet: www.hotelchezlando.com

• Hôtel Gorillas
BP 1782, Rue des Parcs, Tel. 501716/17/18, Mobiltel. 083-00473. Im Wohnviertel Kiyovu nahe dem Stadtzentrum. Neues Hotel der gehobenen Mittelklasse mit 31 geräumigen Zimmern mit Bad/WC und Satelliten-TV. Sichere Parkmöglichkeiten. Sehr empfehlenswert. E-Mail: gorillashotel@rwanda1.com

• Hôtel des Diplomates
BP 269, Tel. 575111, Fax 575365. Ca. 15 Fußminuten südlich vom Zentrum am Boulevard de la Révolution. Komfortable Zimmer mit Bad/WC. Restaurant. Sichere Parkmöglichkeiten. Nach der Privatisierung wurde das Hotel einer Komplettrenovierung unterzogen (Ende 2003 noch nicht abgeschlossen).

• Motel le Garni du Centre
BP 548, Tel. 571275, Fax 572654. Zentral an der Avenue de la République gelegen. 11 komfortable Zimmer mit Bad/WC. Kein Restaurant. Sichere Parkmöglichkeiten.
E-Mail: garni@rwanda1.com

Kategorie A–B

• Hôtel Alpha Palace
BP 2632, Tel. 582981, Fax 584134. Ca. 9 km außerhalb des Zentrums am viel befahrenen Boulevard de l'OUA nahe dem Flughafen gelegen. Relativ neues Hotel mit sauberen Zimmern mit Bad/WC und Satelliten-TV. Swimmingpool. Angeschlossener Nachtclub.
E-Mail: alphapalace@inbox.rw

• Hôtel Okapi
BP 1775, Tel. 576765, Fax 574413. Modernes Hotel mit angeschlossener Reiseagentur. Zentral unterhalb der Place de l'Unité National gelegen. Saubere Zimmer mit Bad/WC und Satelliten-TV. Schönes Terrassenrestaurant. Die **Reiseagentur Okapi Travel** operiert mit zuverlässigen kleinen Minibussen, die zu den touristischen Zielen im Nordwesten und am Lac Kivu verkehren („Okapicar").
E-Mail: okapi@rwanda1.com

Kategorie B

• Hôtel Baobab
BP 1406, Tel. 575663, Fax 571048. Etwas außerhalb des Zentrums nahe dem Islamischem Kulturzentrum gelegen. 9 schöne Zimmer mit Bad/WC und Satelliten-TV. Empfehlenswertes Restaurant mit guten Grillgerichten. Sichere Parkmöglichkeiten.
E-Mail: baobab@inbox.rw

• Iris Guest House
BP 228, Tel. 501181, Fax 501181. Rue Député Kamuzinzi, nahe dem Gästehaus der Presbyterianischen Kirche. 17 saubere Zimmer mit Bad/WC.

Kategorie C

• Auberge la Caverne
Tel. 574549. Zentrale Lage am Boulevard de Nyabugogo, nahe dem Hôtel Okapi. Klein und einfach. Saubere Zimmer mit Bad/WC. Restaurant. Sichere Parkmöglichkeiten.

• Auberge d'Accueil de l'Eglise Presbyterienne au Rwanda
Tel. 578915, Fax 578919. Bei Reisenden beliebte kirchliche Unterkunft an der Rue Député Kamuzinzi etwas außerhalb des Zentrums (ca. 15 Minuten zu Fuß bis zur Busstation). Saubere Zimmer mit Dusche/WC. Schließt um 22 Uhr.

Kategorie C–D

• Centre d'Accueil de l'Eglise Episcopale
Tel. 573219. Einfache kirchliche Unterkunft an der Avenue Paul VI im Distrikt Biryogo et-

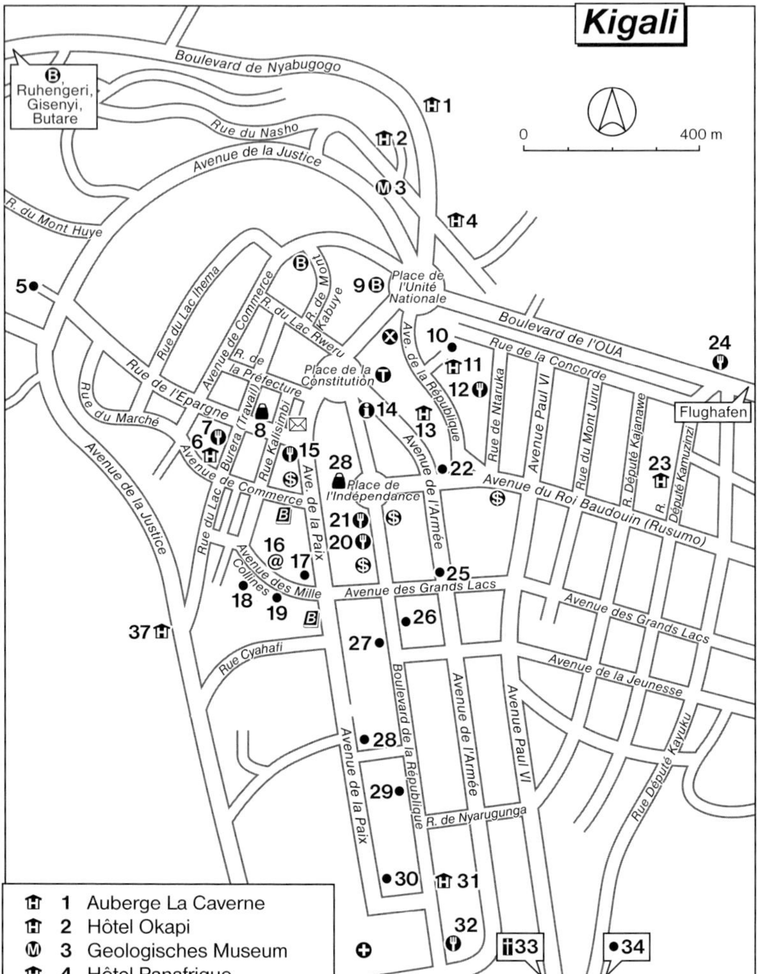

- 1 Auberge La Caverne
- 2 Hôtel Okapi
- 3 Geologisches Museum
- 4 Hôtel Panafrique
- 5 Gefängnis
- 6 Hôtel Gloria
- 7 City Centre Restaurant
- 8 Bäckerei
- 9 Busse nach Uganda
- 10 Burundische Botschaft
- 11 Motel le Garni du Centre
- 12 Aux Caprices du Palais
- 13 Hôtel des Mille Collines
- 14 ORTPN / Touristeninformation
- 15 Terra Nova
- 16 Internet Café

was außerhalb des Zentrums (ca. 30 Minuten zu Fuß bis zur Busstation). Einfache Zimmer mit kalten Duschen/WC. Schlafsaal. Sichere Parkmöglichkeiten.

Kategorie D

● **Hôtel Gloria**
BP 974, Tel. 571957, Fax 576623. An der Ecke zwischen Avenue de Commerce und Rue du Travail im Zentrum. Einfache Zimmer mit Dusche/WC. Relativ laut. Kein Restaurant.

● **Hôtel Kigali**
Tel. und Fax 571384. Nahe der Moschee von Kigali an der Straße nach Nyamirambo, ca. 1 km außerhalb des Stadtzentrums. Großzügige, saubere Zimmer mit Bad und TV.

Restaurants der gehobenen Kategorie (Auswahl)

● **Hôtel des Mille Collines**
Exzellente belgisch-französische und internationale Küche. Teuer.

● **Novotel Umubano Kigali**
Internationale Küche, gute Buffets. Ebenfalls sehr teuer.

● **Restaurant aux Caprices des Palais**
Avenue de Rusumo, Tel. 575573. Schönes Ambiente. Französische und afrikanische Spezialitäten. Teuerstes Restaurant der Stadt (Menü mit Getränken ca. 30–40 Euro pro Person). Mo geschlossen.

● **Hôtel Baobab**
Tel. 575633. Bei Einheimischen beliebtes Restaurant mit guten und dabei preiswerten Grillgerichten (auch als Buffet). Reservierung sinnvoll.

● **Le Palmier**
Boulevard de la Révolution. Französische und internationale Küche.

● **Restaurant Kalisimbi**
Tel. 575123. Nahe dem Hôtel Gorillas. Exzellente italienische Küche. Mi geschlossen.

● **City Centre Restaurant**
Tel. 571278. Einfache Räumlichkeiten. Gute französische Küche.

● **Addis Ethiopian Restaurant**
Boulevard de l'OUA. Guter Ziegenbraten, lebhafter Barbereich.

● **Restaurant Flamingo**
14 Avenue de Kiyovu, Tel. 511506. Chinesisches Restaurant.

● **Restaurant Hellenique**
Griechisches Restaurant.

● **Im Stadtzentrum** gibt es eine Fülle von Restaurants, die afrikanische, französische, italienische, äthiopische, chinesische oder indische Küche zu akzeptablen Preisen anbieten (5–10 Euro pro Gericht), z.B. das **Pilipili** (afrikanische Küche), das **L'Oasis** (Snacks,

•	17	Kenya Airways
•	18	Primate Safaris
•	19	Belgische Schule
Restaurant	20	La Sierra
Restaurant	21	Snack Tam-Tam
•	22	American Club
Hotel	23	Auberge d'Accueil de l'Eglise Presbyterienne au Ruanda
Restaurant	24	Addis Ethiopian Restaurant
•	25	Tanzanian High Commission
•	26	Ethiopian Airlines
•	27	Air Rwanda
•	28	Belgische Botschaft
•	29	Schweizer Botschaft
•	30	Ugandische Botschaft
Hotel	31	Hôtel des Diplomates
Restaurant	32	Impala
Kirche	33	Eglise Episcopale au Rwanda
•	34	British High Commission
T		Tankstelle
B		Bushaltestelle
✉		Post
$		Bank
+		Krankenhaus
B		Buchladen
⊗		Taxi Park

Fruchtsäfte und Eiscreme), das **La Sierra** (indische Küche) oder das **Eden Garden Restaurant** (internationale Küche).

Nachtleben

- Der beliebte **Nachtclub** im Hotel Novotel Umubano heißt **Maxim's.**
- Als bestbesuchte **Diskothek** der Stadt gilt seit vielen Jahren der **Club New Cadillac** im Stadtteil Kimikurure (Fr und Sa geöffnet, Eintritt 4 Euro).
- **American Club,** beliebte Bar.

Fluggesellschaften (Auswahl)

- **Air Tanzania,** BP 2111, Avenue du Commerce, Tel. 572643, Fax 572231, Internet: www.airtanzania.com
- **Ethiopian Airlines,** BP 385, Boulevard de la République, Tel. 570440, Internet: www.flyethiopian.com
- **Kenya Airways,** BP 757, Avenue des Mille Collines, Tel. 577972, Fax 576426, Internet: www.kenya-airways.com
- **Rwandair Express,** BP 7275, Boulevard de l'Umuganda, Telcom House, Tel. 82409, 82410 und 82416, Fax 82417, Internet: www.rwandair.com
- **SN Brussels Airlines,** BP 96, Hôtel des Mille Collines, Tel. 575290, 575294 und 585897, Fax 573082, Internet: www.brusselsairlines.com

- Der **internationale Flughafen** liegt in **Kanombe,** ca. 10 km außerhalb von Kigali. Ein Taxi vom Stadtzentrum nach Kanombe kostet ca. 10–15 Euro.

Busse und Matatus

- Die Bus- und Matatustandplätze für Fahrten außerhalb Kigalis liegen an der Nyabugogo Minibusstation **(Gare routière Nyabugogo),** ca. 2 km nördlich des Stadtzentrums. Den ganzen Tag über bis in die späten Nachmittagsstunden gibt es Verbindungen nach Ruhengeri, Gisenyi, Goma in der DR Kongo, Kibuye und Butare sowie frühmorgens grenzüberschreitende Busverbindungen nach Kampala (Uganda) und Bujumbura (Burundi). Minibusse zum ugandischen Grenzübergang Katuna verkehren den ganzen Tag über (Fahrpreis 2 Euro).
- **Private Transportunternehmen:** Neben **Okapi Car** (Tel. 576640, tgl. nach Ruhengeri, Gisenyi, Kibuye, Butare) fahren **Volcano Express** und **Trans Express 2000** nach Butare, **Virunga Express** nach Ruhengeri und **Ataco Express** nach Gisenyi. Abfahrten von eigenen Haltestellen am Rande des zentralen Minibusbahnhofs nahe dem Place de l'Unité Nationale.

Taxis

- Taxifahrten innerorts: zwischen 2 und 5 Euro, je nach Streckenlänge.

Mietwagen

(ab 40 Euro pro Tag)

- **Europcar,** BP 394, Novotel Umubano Kigali, Tel. 572983.
- **Auto World Company,** BP 1305, Tel. 573138 und 574390.
- **Taxi Service Mille Collines,** Hôtel des Mille Collines, Tel. 576530, Fax 576541.
- Alle unten genannten **Reiseagenturen** (z.B. ITT) können Ihnen auch einen Mietwagen (mit Fahrer) besorgen.

Geldwechsel

- Die **Hauptbanken** Ruandas sind die Banque Commerciale du Rwanda (BCR), die Banque de Commerce, de Dévelopement et de l'Industrie (BCDI) und die Banque de Kigali. Alle drei besitzen größere Niederlassungen im Zentrum Kigalis, an denen Bargeld (in erster Linie US-Dollar) gewechselt werden kann. Das Einwechseln von Reiseschecks ist mit hohen Kommissionsgebühren verbunden und nur auf Nachfrage möglich. In den genannten Banken kann man mit internationalen Kreditkarten (VISA, Mastercard, Amex) bei Vorlage des Reisepasses problemlos Bargeld bekommen.
- Private **Forex-Bureaus** bieten, ähnlich wie in Uganda, meist deutlich bessere Wechselkurse als die Banken. Es ist auch üblich, kleinere Geldbeträge bei **Geldwechslern** auf der Straße zu wechseln (Vorsicht vor Trickbetrügern!), z.B. in der Nähe des Hauptpostamtes in der Avenue de la Paix oder nahe der zentralen Minibusstation. Dieser Schwarzmarkt scheint von den Behörden nicht geahndet zu werden.

Post, Telekommunikation und Internet

●**Hauptpostamt** in der Avenue de la Paix, Öffnungszeiten: Mo bis Fr 8–17 Uhr, Sa 8–12 Uhr. Telefongespräche sind von modernen Apparaten aus möglich. Nach Europa kann durchgewählt werden. Für ein Fax nach Europa werden ca. 3 Euro pro Seite berechnet. Ein eingehendes Fax aus Europa schlägt mit ca. 0,50 Euro zu Buche (Faxnummer +250-576574).

●Im Stadtzentrum gibt es mehrere kleine **Internet-Cafés,** Gebühr ca. 0,05 Euro pro Min.

Reiseagenturen und Safariveranstalter (Auswahl)

●**Primate Safaris,** BP 4158, Avenue des Mille Collines, BCK Building, Tel. 501934, Mobil-

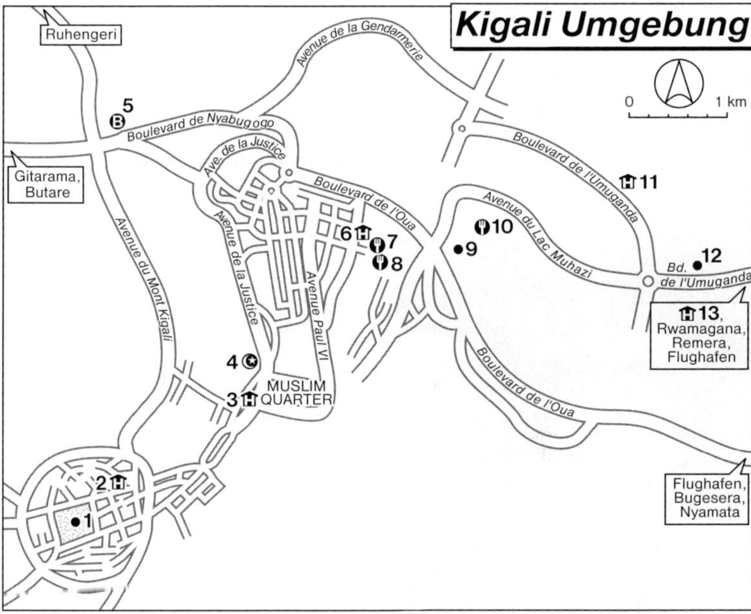

- ● 1 Stadion
- 2 Hôtel Baobab
- 3 Hôtel Kigali
- 4 Moschee
- 5 Nyabugogo Minibusstation
- 6 Hôtel Gorillas
- 7 Restaurant Kalisimbi
- 8 Restaurant Flamingo, Colibri Pizzeria
- ● 9 New Cadillac Club
- 10 Hellenique Restaurant
- 11 Novotel Umubano Kigali
- ● 12 Parlament
- 13 Hôtel Chez Lando

tel. 085-20106 oder 085-20103, Fax 574513, E-Mail: primatesafaris@rwanda1.com oder primate_safaris@yahoo.com, Internet: www.primatesafaris.com. Safaris der gehobenen Preisklasse.

- **Volcanoes Safaris,** c/o Hôtel des Mille Collines, BP 1322, Tel. 576530, Mobiltel. 085-36908, Fax 576541. Safaris der Luxusklasse. E-Mail: salesrw@volcanoessafaris.com, Internet: www.volcanoessafaris.com
- **ITT Tours,** Soras Building, Boulevard de la Révolution, BP 924, Tel. 574057, 578831, Fax 575582, E-Mail: itt@rwanda1.com
- **Okapi Travel,** Hôtel Okapi, BP 1715, Tel. 576765, 571667, Fax 578565, E-Mail: rwtravel@rwanda1.com.
- **Rwanda Travel Bureau,** BP 1395, Tel. 577777, 578560, Fax 574413, E-Mail: okapi@rwanda1.com.
- **Swift Tours & Travel, Avenue de la Paix,** BP 1003, Tel. 577472, 577074, Fax 577070, E-Mail: sfint@rwanda1.com
- **Top Travel Tours,** Boulevard de la Révolution, BP 10, Tel. 578646, 572552, Mobiltel. 085-03606, Fax 573853, E-Mail: socor@rwanda1.com

Einkaufen

- In einer Art „Planquadrat" zwischen Boulevard de la Révolution, Avenue de Commerce, der Avenue des Mille Collines und Rue de l'Epargne finden Sie alle wichtigen Geschäfte. Die allgemeine Versorgungslage in Kigali ist gut.
- Ein empfehlenswerter Buchladen ist der **Ikirezi Bookshop** an der Avenue de la Paix.

Besuch der Genozid-Gedenkstätten Ntarama und Nyamata

Zwei erschütternde Genozid-Gedenkstätten befinden sich **südlich von Kigali,** beide im Rahmen eines **Tagesausflugs** zu erreichen.

Die kleine **Kirche von Ntarama** liegt gut 30 km südlich von Kigali. Man fährt ca. 30 km auf der Straße nach Nyamata (schlechte Piste) und biegt dann rechts nach Ntarama ab (ausgeschildert). Auf einer kleinen Piste gelangt man nach ca. 3 km zur kleinen Kirche des Ortes, in der im April 1994 mehr als 5000 Menschen, vor allem Frauen und Kinder, erschlagen wurden. Man kann erkennen, dass sich die Mörder u.a. mit Granaten Zutritt zur Kirche verschafften. In der Kirche liegen noch die Gebeine der Schutzsuchenden, zusammen mit den Resten von Matratzen, Kleidung, Tellern und Trinkgefäßen so-

uga_315 Foto: cl

Genozid-Gedenkstätte Ntarama

wie einige „aufgeschlagene" Bibeln. Mehrere hundert Schädel sind in einem benachbarten Gebäude aus Bambusstangen aufgebahrt. Ein französischsprachiger Führer memoriert die Ereignisse des Jahres 1994 andächtig und präzise. Eine Geldspende an die Gemeinde und eine Eintragung ins Gästebuch werden erbeten.

Die größere **Kirche von Nyamata** liegt ca. 40 km südlich von Kigali und ist auf staubiger Piste (nach Regenfällen Allradantrieb notwendig) in Richtung der burundischen Grenze zu erreichen. Die Kirche war Ort eines Massakers an 2500 Menschen, wurde mittlerweile jedoch von den Überresten des Mordens bereinigt. Man kann die Spuren von Granateinschlägen erkennen, an den Wänden sind noch vereinzelt Blutspritzer sichtbar. Die Schädel und Gebeine der Verstorbenen wurden in einer Grabkammer direkt neben der Kirche beerdigt, die besichtigt werden kann. Zahlreiche Kränze zum Gedenken an verstorbene Familien sind im Innern der Kirche niedergelegt. Ein Führer berichtet über die Ereignisse des Jahres 1994 (auf Französisch). Auch hier wird um eine Geldspende und eine Eintragung ins Gästebuch gebeten.

Ntarama ist der ergreifendere von beiden Orten, da die Überreste des Massakers bislang nur unvollständig beseitigt wurden. Der Anblick der noch unverblichenen Gebeine erinnert sehr an einen Besuch der kambodschanischen Killing Fields bei Phnom Penh. Bei der Querung des lieblichen **Akagera-Tales** auf dem Weg hin zu beiden Gedenkstätten kann man sich kaum vorstellen, dass der friedlich vor sich hin mäandrierende Fluss im Jahr 1994 mit Zehntausenden von verstümmelten Leichen gefüllt war.

Gitarama ⇗XVIII, B2

Die Kleinstadt Gitarama liegt **51 km südwestlich von Kigali** an der Aufzweigung der Straßenverbindung nach Butare im Süden und nach Kibuye am Kivusee im Westen. In Gitarama wurde am 28. Januar 1961 die Republik Ruanda ausgerufen. Auch der erste Präsident des postkolonialen Ruanda, *Grégoire Kayibanda,* stammt von hier.

Die Stadt ist in erster Linie ein **Verkehrsknotenpunkt.** Sehenswürdigkeiten, die einen Besuch rechtfertigen würden, bietet sie keine.

3 km südlich der Stadt liegt die beeindruckende **Kathedrale von Kabgayi,** die um das Jahr 1925 von katholischen Missionaren errichtet wurde.

Unterkünfte

Wer in Gitarama übernachten muss/will, kann z.B. auf das **Minihôtel Tourisme** (Kategorie C) am Ortsausgang Richtung Kigali, das zentral gelegene **Le Palmier** (Kategorie C) oder die einfacheren Hotels **Gloria** (Kategorie D) und **Papyrus** (Kategorie D) zurückgreifen.

Minibusse

Minibusse verkehren nach **Kigali, Butare** und **Kibuye** (Fahrpreis je nach Strecke zwischen 1 und 2,50 Euro).

Sonstiges

Es gibt eine Filiale der **Banque de Kigali,** mehrere gut bestückte **Läden** und einige **Bars** und **Restaurants** (empfehlenswert sind Tranquillité und Le Palmier).

Der Nordwesten

Der Nordwesten Ruandas wird geprägt duch die Gruppe der **Virunga-Vulkane,** die sich vom Nordufer des Kivusees bis nach Uganda erstrecken. Von Südwesten nach Nordosten bilden die Vulkane **Karisimbi** (4507 m), **Visoke** (oder Bisoke, 3711 m), **Sabinyo** (3645 m), **Gahinga** (3475 m) und **Muhavura** (4127 m) ein beeindruckendes Panorama. An kalten Tagen weist die Spitze des Karisimbi manchmal ein kleines Schneehäubchen auf. Weiter westlich in der DR Kongo liegen der **Mikeno** (4437 m) sowie die noch aktiven Vulkane **Nyiragongo** (3470 m) und **Nyamulagira** (3056 m). Einen Teil der Waldlandschaft an den Hängen der Vulkane schützt der ruandische **Parc National des Volcans,** der

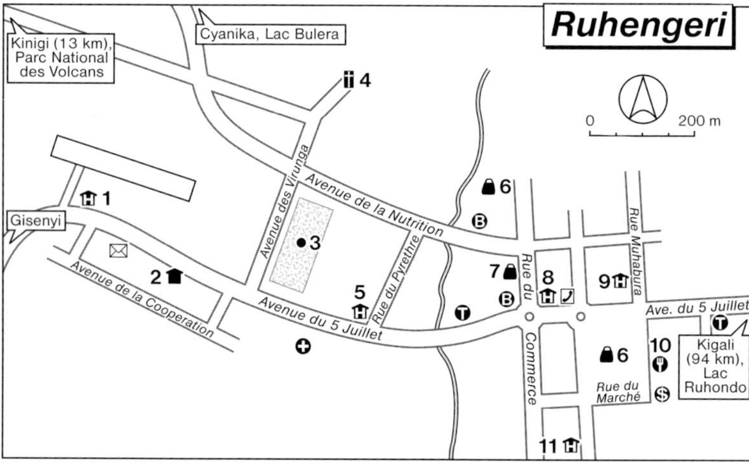

- 1 Hôtel Muhabura
- 2 ORTPN-Büro
- 3 Stadion
- 4 Kirche
- 5 Centre d'Accueil d'Eglise Episcopale
- 6 Markt
- 7 Supermarkt
- 8 Hôme d'Accueil Moderne
- 9 Tourist Rest House
- 10 Restaurant Volcans
- 11 Urumuli

- Tankstelle
- Bushaltestelle
- Telefon
- Post
- Bank
- Krankenhaus

Wirkstätte der Primatologin *Dian Fossey* war und über ihre Arbeit mit den Berggorillas weltweite Bekanntheit erlangte. Ausgangspunkt für Besuche der habituierten Gorilla-Gruppen im Park ist die Ortschaft Ruhengeri.

Ruhengeri ⇗XVIII, B1

Die Kleinstadt Ruhengeri (ca. **30.000 Einwohner**) liegt am Fuße der Virunga-Vulkane in Nordwestruanda und ist Ausgangspunkt für das **Gorilla-Tracking im Parc National des Volcans.** Sie verfügt über Banken, Postamt und ein größeres Krankenhaus. Ruhengeri ist Präfekturstadt. Neben dem Verwaltungsgebäude der Präfektur gibt es eine Kaserne der ruandischen Armee sowie ein Gefängnis.

Bei klarem Wetter bietet sich ein großartiger Blick auf das Panorama der Virunga-Vulkane – von West nach Nord sieht man die Gipfel von Karisimbi, Mikeno, Visoke, Muside, Sabinyo, Gahinga und Muhavura. In der Umgebung liegen die Seen **Lac Ruhondo** und **Lac Bulera.** Insbesondere der wunderschöne Lac Ruhondo lohnt einen Besuch.

Anreise und Weiterreise

- **Busverbindungen und Matatus:** Minibusse von/nach Kigali bzw. Katuna und zum Grenzübergang Cyanika. Der Abfahrtsstand liegt an der Hauptstraße im Ortskern (u.a. private Minibusse von Okapi Car und Virunga Express). Den ganzen Tag über verkehren Minibusse nach Kigali (100 km, Fahrpreis 2 Euro, Fahrtzeit 2 Std.), von dort gibt es regelmäßige Verbindungen zum Grenzübergang Katuna (Kigali – Katuna 79 km, Fahrpreis

Blick auf die Virunga-Vulkane
(auf der Strecke Kigali – Ruhengeri)

uga_319 Foto: cl

1,50 Euro, Fahrtzeit 2 Std.). Von Ruhengeri verkehren Minibusse auch regelmäßig nach Gisenyi (65 km, Fahrpreis 1,50 Euro, Fahrtzeit 1½ Std.). Zum Park Headquarter des Parc National des Volcans in Kinigi (13 km) verkehren manchmal Motorrad-Taxis.

Informationen

• ORTPN-Büro Ruhengeri

Avenue du 5 Juillet, Tel. 546645, Mobiltel. 085-19874. 2003 starteten alle Gorillabesuche um 7.30 Uhr vom ORTPN-Büro an der Präfektur von Ruhengeri. Sie können die Mitarbeiter des Parc National des Volcans um diese Zeit und nachmittags nach ihrer Rückkehr aus dem Park an der Präfektur antreffen und eventuell auch kurzfristig ohne vorherige Buchung in der ORTPN-Zentrale in Kigali eine Besuchserlaubnis erhalten, wenn entsprechende Kapazitäten frei sind.

Unterkünfte und Hotels

Ruhengeri verfügt über eine bescheidene Unterkunftsauswahl. Die Preise liegen etwas niedriger als im teuren Kigali.

• Hôtel Muhabura

Kategorie C; BP 118, Tel./Fax 546296. Einziges „richtiges" Hotel im Ort (an der Hauptstraße gelegen, Ortsausgang Richtung Gisenyi). Sehr sauber, nettes Personal. Geräumige Zimmer mit Bad/WC (heißes Wasser). Sehr gutes Restaurant mit Bar. Bewachter Parkplatz.

• Hôme d'Accueil Moderne

Kategorie D; BP 121, Tel. 546525, Fax 546905. Liegt an der Hauptstraße im kleinen Stadtzentrum (Ortsausgang Richtung Kigali). Klein und einfach. Saubere Zimmer mit Dusche/WC und Moskitonetzen. Restaurant. Sichere Parkmöglichkeiten.

• Hôtel Urumuli

Kategorie D; BP 89, Tel. 546702. In der Nähe des Marktes. Einfach und etwas überteuert. Zimmer mit Gemeinschaftsbad.

• Centre d'Accueil de l'Eglise Episcopale

Kategorie E; BP 45, Av. de 5 Juillet (zwischen Zentrum und Hôtel Muhabura), Tel. 546606. Saubere Zimmer mit Gemeinschaftsbad/WC. Zelten auf dem Gelände ist möglich.

Restaurants

Sehr gute, etwas teurere Gerichte gibt es im **Hôtel Muhabura** (schöne Veranda) und im **Restaurant des Hôme d'Accueil Moderne.** Günstiges, einfaches Essen bekommt man im **Hôtel Urumuli** oder dem **Restaurant Volcans** nahe dem Markt.

PN des Volcans ⇗XVIII, B1

Der Parc National des Volcans geht auf den 1925 von der belgischen Regierung gegründeten Albert-Nationalpark zurück, der 1960 in den Parc National des Virunga in Zaire und den Parc National des Volcans in Ruanda zergliedert wurde. Seitdem ist der Park auf ruandischer Seite **mehrfach verkleinert worden,** um landwirtschaftliche Anbaufläche für die dicht besiedelte Region zu gewinnen. 1969 fielen allein 8900 Hektar (das entspricht 89 km²) einem Pyrethrum-Projekt der Europäischen Gemeinschaft zum Opfer (Pyrethrum ist ein pflanzliches Insektizid, das aus bestimmten Chrysanthemen-Arten gewonnen wird). Die heutige Parkgröße beträgt 125 km².

Von 1967–1985 lebte die amerikanische **Gorillaforscherin** und engagierte Naturschützerin **Dian Fossey** in der Forschungsstation Karisoke an den Hängen des Vulkans Visoke. Sie wurde dort am zweiten Weihnachtstag 1985 vermutlich von Wilderern ermordet.

FPR-Einheiten nutzten den Park während des **Krieges** von 1990–1993 als Rückzugsgebiet. Nach Räumung aller Explosivstoffe aus dem Park wurde dieser Ende 1993 wieder zugänglich, um dann während der Kriegsereignisse 1994 erneut geschlossen zu werden. Anfang 1995 wurde der Park wieder-

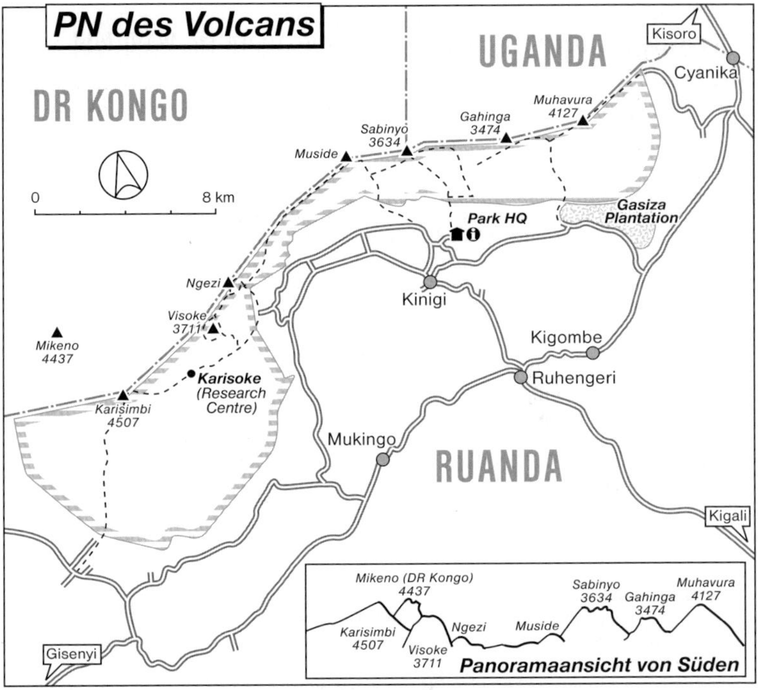

eröffnet, musste in der ersten Zeit wegen der kriegerischen Aktivität von Interahamwe-Milizen aber immer wieder gesperrt werden. Seit dem Jahr 2001 ist ein Besuch des Parc National des Volcans wieder möglich. Allerdings werden Besucher noch immer von einer mit Maschinengewehren bewaffneten Militäreskorte begleitet.

Lage und Lebensräume des Parks

Der Park liegt im äußersten Nordwesten Ruandas und kann von Ruhengeri aus am besten erreicht werden (siehe Ruhengeri). Die Staatsgrenze zwischen Ruanda und der DR Kongo bzw. Uganda verläuft durch die Gipfel der Kette der ruhenden Virunga-Vulkane Karisimbi, Visoke, Muside, Sabinyo, Gahinga und Muhavura. Auf der ruandischen Seite schützt der Parc National des Volcans 125 km² des tropischen Bergwaldes an den Hängen der bis 4507 m hohen Vulkane. Mit dem direkt angrenzenden Parc National des Virunga in der DR Kongo und dem Mgahin-

„Nyiramachabelli“ – die alte Frau, die allein im Wald lebt

Dian Fossey wurde 1932 in San Francisco/USA geboren. Sie machte eine Ausbildung als Beschäftigungstherapeutin und arbeitete später mit behinderten Kindern. 1963 kam sie auf einer Afrikareise das erste Mal mit den Berggorillas im damaligen Albert-Nationalpark des Kongo in Berührung. Fasziniert von den bedrohten „sanften Riesen" der Virunga-Vulkane, bemühte sie sich bei einem Aufenthalt des bekannten kenianischen Anthropologen *Louis Leakey* in den USA um eine Langzeitstudie an den Tieren. Dr. Leakey konnte Gelder vom National Geographic für dieses Vorhaben gewinnen, und im Dezember 1966 reiste Dian Fossey nach Afrika. Sie begann ihre Arbeit, auf den Beobachtungen von *Dr. George Schaller* aufbauend, auf der kongolesischen Seite der Vulkane, wo sie sehr bald bei Unruhen im Kivu von Soldaten vertrieben wurde. In Ruanda gründete sie die Forschungsstation „Karisoke" und setzte die im Kongo begonnene Arbeit fort. In der Folgezeit bis 1979 gelang es ihr, verschiedene Gorillagruppen an die Anwesenheit von Menschen zu gewöhnen („Habituierung"). In mehreren tausend Beobachtungsstunden erstellte sie ein genaues Bild vom Leben der Berggorillas. Sie wurde eine international anerkannte Kompetenz auf dem Gebiet der Primatenforschung.

Dian Fossey, die einen schwierigen Charakter besaß und von den Ruandern nur „Nyiramachabelli" (die alte Frau, die allein im Wald lebt) genannt wurde, führte ein von Einsamkeit und dem Hass auf Wilderer geprägtes Leben. Sie hatte zwei Affären mit verheirateten Fotografen, in denen sie auch jeweils schwanger wurde. Beide Male ließ sie abtreiben aus Angst, sich nicht mehr genug um „ihre" Gorillas kümmern zu können. Sie nahm die meisten Mahlzeiten allein zu sich, rauchte ununterbrochen und verbrauchte in ihren letzten Lebensjahren einen ganzen Kasten Whisky pro Woche. Von ihr gefangene Wilderer wurden teilweise bestialisch gequält. Die Errichtung von Galgen, das Bestreichen der Genitalien mit brennenden Nesseln oder das Spritzen von Urin waren für Dian bei ihrem verzweifelten Kampf für die Gorillas durchaus probate Mittel. Im Jahr 1978 wurde sie von einem ruandischen Gericht wegen der Misshandlung eines Wilderers zu einer Geldstrafe verurteilt.

Sie verließ Karisoke 1979 für eine Gastprofessur an der Cornell University, und um ihr Buch „Gorillas in the Mist" zu schreiben. 1983 kehrte sie nach Ruanda zurück. Am 26. Dezember 1985 drang ihr Mörder abends in die kleine Hütte in Karisoke ein und spaltete Dian Fossey mit einer Machete den Schädel. Ihr Grab liegt an der Station Karisoke, zusammen mit zahlreichen von ihr bestatteten Gorillas. Ohne ihren unermüdlichen Einsatz für den Parc National des Volcans und seine Berggorillas, insbesondere die von ihr aufgebaute, konsequente Wildererbekämpfung durch ein Patrouillensystem, gäbe es in Ruanda heute vermutlich keine Gorillas mehr.

Die Berggorillas haben die Kampfhandlungen 1990–1993 und 1994 sowie die immer wiederkehrende Heimsuchung durch Interahamwe-Milizen erstaunlich gut überstanden. Der Silberrücken *Mrithi,* Star des Filmes „Gorillas im Nebel", wurde leider ein Opfer des Krieges.

ga Gorilla National Park in Uganda umfasst der geschützte Lebensraum immerhin noch 420 km².

Die **Wälder** des Virungagebietes bestehen in den unteren Lagen auf 2500 m bis etwa 3000 m Höhe vorwiegend aus dichtem Bambus, darüber trifft man auf flechtenbehangenen Bergnebelwald mit Lobelien und Senezien, über 4000 m liegt die afro-alpine Trockenzone mit Baumheide, Strohblumen u.a.

Das Virunga-Gebiet ist **sehr niederschlagsreich.** Am trockensten sind noch die Monate Juni bis September und Dezember bis Februar. Die Tagestemperaturen liegen abhängig von der Höhe zwischen 20°C und 5°C. Nachts wird es empfindlich kühl, am Gipfel des 4507 m hohen Karisimbi schneit es manchmal sogar.

Ablauf und Organisation der Besuche bei den Berggorillas

Es können derzeit (2003) **fünf habituierte Gorillagruppen** besucht werden. Durch häufige Grenzquerungen in die DR Kongo stehen diese jedoch nicht immer alle für Besuche „zur Verfügung". Am größten ist die am Karisimbi lebende Gruppe „Suza", die im Jahr 2003 36 Mitglieder (darunter 3 Silberrücken) umfasste. Die kleineren Gruppen „Sabinyo" (11 Mitglieder, 1 Silberrücken), „Amahoro A" (13 Mitglieder, 1 Silberrücken), „Amahoro B" (5 Mitglieder, 1 Silberrücken), die aus der Spaltung der ursprünglichen „Amahoro"-Gruppe resultieren, sowie die Gruppe „13" (6 Mitglieder, 1 Silberrücken) sind einfacher zu erreichen als die „Suza"-Gruppe. Die Gruppen „Suza" und „Sabinyo" scheinen noch am ehesten überwiegend in Ruanda zu bleiben.

Die Tiere können **ganzjährig** besucht werden, auch während der Ferien und an Feiertagen. Kinder unter 15 Jahren werden nicht zugelassen. Menschen mit Erkältungen und für die Gorillas gefährlichen Infektionen erhalten keine Besuchserlaubnis. **Max. 8 Personen pro Gruppe** sind erlaubt. Der Aufenthalt bei den Gorillas ist auf eine Stunde begrenzt, um ihre Verhaltensmuster nicht zu verändern. 2003 kostete eine Besuchsgenehmigung **250 US-$.** Bei der Bezahlung mit Reiseschecks wird ein Aufschlag von 25 US-$ berechnet. Enthalten sind ein Führer, Pisteure und Spurensucher. Ein kleines Trinkgeld für jeden von Ihnen am Ende des Trips ist üblich (nach persönlichem Ermessen, als Richtmarke seien umgerechnet 2–3 Euro genannt). Sie sollten dabei mit einbeziehen, dass die Arbeit der Wildhüter in Ruanda nach dem Bürgerkrieg durch die Aktivität von Milizen in der Region noch immer sehr gefahrvoll ist.

Die Exkursionen zu den habituierten Gorillagruppen starten vom ORTPN-Büro an der Präfektur in Ruhengeri um 7.30 Uhr morgens. Der Transport zum Ausgangspunkt für den Aufstieg zu den Gorillas muss selbst bereitgestellt werden. Im Jahr 2003 kostete das **Anmieten eines Pickups** dafür ca. 50 Euro. Die Startpunkte für den Aufstieg sind in der Regel über Kinigi zu erreichen. Lediglich für Besuche der Gruppe „Suza" muss man unter Umständen noch ca. 25 km bis zum Dorf Gashiya fahren (erreichbar zunächst über die Straße Ruhengeri - Gisenyi, nach Gashiya zweigt dann eine schlechte, sehr steile Lavapiste ab). Die Lokalisation der Gorillagruppen erfolgt funkkoordiniert (Spurensucher steigen bereits frühmorgens zu den Gorillas auf und geben deren Position dann über Funk an die Führer der Besuchergruppen durch). Planen Sie 4–6 Stunden für die ganze Exkursion ab Ruhengeri ein, bei der Gruppe „Suza" mind. 7–8 Stunden (hier dauert allein der Aufstieg schon 2½–5 Stunden).

Bereiten Sie die anstrengende Tour mit der richtigen **Ausrüstung** gut vor: Feste Schuhe mit hohem Schaft sind ein Muss, ebenso Regenkleidung und ein leichter Pullover wegen der morgendlichen Kühle. Die steilen Hänge der bergigen Waldlandschaft sind nach Regenfällen häufig aufgeweicht und verschlammt, gelegentlich müssen auch kleinere Bachläufe überquert werden. Die Mitnahme von leichten Handschuhen zum Schutz gegen Nesseln und Dornen ist empfehlenswert.

Weitere Informationen zum Gorilla-Tracking und Verhaltenshinweise entnehmen Sie dem gleichnamigen Exkurs bei Uganda/Bwindi Impenetrable NP.

Organisation der Buchung

Normalerweise ist eine feste Buchung, die **beim ORTPN in Kigali** gemacht wurde, Besuchsvoraussetzung. Wenn Sie Probleme haben, nach Kigali zu kommen, können Sie sich auch im **ORTPN-Büro in Ruhengeri** oder direkt im **Park Headquarter in Kinigi** erkundigen. Über Telefon kann man sich dort mit Kigali verständigen, und Sie können in Kinigi eine Buchung für einen der Folgetage vornehmen lassen, wenn Kigali signalisiert, dass noch Plätze frei sind. Eine dritte Möglichkeit besteht darin, einfach um 8 Uhr zum ORTPN-Büro an der Präfektur in Ruhengeri zu gehen, wo sich Wildhüter, Parkverwaltung und Touristen morgens treffen. Evtl. kann man hier noch einen der Restplätze bekommen oder Plätze nicht erschienener Besucher „übernehmen".

Achtung: Es scheint gelegentlich vorzukommen, dass die Parkverwaltung mehr als die vorgeschriebenen 8 Personen pro Gorillagruppe zulässt, vermutlich um Mehreinnahmen zu erwirtschaften. Insbesondere dann, wenn mehrere habituierte Gruppen die Grenze zur DR Kongo gequert haben, legt man mehrere Besucherkontingente zusammen, um allen Touristen das Gorillaerlebnis zu ermöglichen. Auch Doppelbesuche (d.h. eine Gorillagruppe wird an einem Tag zweimal von Besuchern „heimgesucht") sind vorgekommen. Unterstützen Sie diese für die Gorillas sehr belastende Praxis auf keinen Fall, sondern versuchen Sie aktiv, diese zu unterbinden.

Mehrere **Reiseveranstalter in Kampala und Kigali** (z.B. Volcanoes, Primate Safaris, Okapi Travel) bieten **organisierte Touren** in den Parc National des Volcans an und haben dafür Teile des Besucherkontingents aufgekauft.

Andere Aktivitäten

Die **Vulkane** Karisimbi, Visoke, Sabinyo, Gahinga und Muhavura können von Ruanda aus bestiegen werden, Führer und Träger finden Sie am Park HQ

uga_325 Foto: cl

in Kinigi. Der Zweitagestrip auf den Karisimbi mit Übernachtung in einer einfachen Berghütte unterhalb des Gipfels kostet 100 US-$ (inkl. Parkeintritt und Führer). Tagestouren zum Gipfel des Visoke oder zum Grab von *Dian Fossey* schlagen mit 40 US-$ zu Buche. Die **Grabstätte von Dian Fossey** liegt am Südhang des Vulkans Visoke, wo auch mehrere der von ihr so geliebten Gorillas begraben sind.

Informationen

●Office Rwandais du Tourisme et des Parcs Nationaux (ORTPN)

Avenue de l'Armée, Box Postale 905, Kigali/Ruanda, Tel. +250-576514/5, Fax +250-576512, E-Mail: ortpn@rwanda1.com, Internet: www.visitrwanda.gov.rw

Informationen zur aktuellen Situation in den ruandischen Nationalparks und Reservaten. Hier erfolgt die Buchung und Bezahlung der Gorillabesuche im Parc National des Volcans.

●Park-Hauptquartier in Kinigi

Kinigi liegt 13 km nördlich von Ruhengeri und ist über eine steinige Lavapiste (ausgeschildert) zu erreichen. Das Park HQ ist während des Krieges, ebenso wie die Forschungsstation „Karisoke", mehrfach geplündert worden, konnte inzwischen aber wieder komplett neu errichtet weden. Sie können sich hier nach der Buchungssituation für die Gorillas erkundigen (telefonische Abstimmung mit dem ORTPN in Kigali möglich). Sie brauchen einen geländegängigen Wagen, um nach Kinigi zu gelangen. Von Ruhengeri nach Kinigi verkehren gelegentlich Motorradtaxis.

Kulturland im Randbereich des Parc National des Volcans

Unterkünfte im Randbereich des Nationalparks

- **Gorilla's Nest Lodge**

BP 74 (Ruhengeri), Tel. 546954, Mobiltel. 083-05708. Im Jahr 2003 eröffnete Lodge der Kategorie A–B nahe den Ausgangspunkten für das Gorilla-Tracking bei Kinigi. Restaurant und Bar. Bewachter Parkplatz.

- **Village Touristique de Kinigi**

BP 565 (Kigali), Tel. 86394, Mobiltel. 085-33606 oder 083-01260, Fax 84413. Kleine Holzchalets der Kategorie C in Kinigi, am Fuße des Vulkans Sabinyo nahe dem Park HQ gelegen. Einfache Zimmer. Restaurant mit Bar. Bewachter Parkplatz. Überteuerte Unterkunft mit Sauberkeitsmängeln. Zelten auf dem Gelände ist gegen eine kleine Gebühr möglich.

- Die Firma **Volcanoes Safaris** (c/o Hôtel des Mille Collines, BP 1322, Tel. 502452, Mobiltel. 085-36908, Fax 76541) hatte bei Drucklegung die **Eröffnung eines luxuriösen Safaricamps** der Kategorie AA im Randbereich des Parks nahe Kinigi, mit schönem Blick auf die Kette der Virunga-Vulkane sowie die nahe gelegenen Seen Lac Ruhando und Lac Bulera, angekündigt.

E-Mail: salesrw@ volcanoessafaris.com, Internet: www.volcanoessafaris.com

Naturschutzmanagement

Die bei weitem einflussreichste und finanzstärkste internationale Naturschutzorganisation, die sich im Parc National des Volcans engagiert, ist der:

- **Dian Fossey Gorilla Fund International**

800 Cherokee Avenue, SE Atlanta/Georgia 30315-1440, USA, Tel. 800-851-0203 (innerhalb der USA) oder +1-404-624-5881, Fax +1-404-624-5999, E-Mail: 2help@gorillafund.org, Internet: www.gorillafund.org

- **Morris Animal Foundation**

45 Inverness Drive East, Englewood, CO 80112, USA, Tel. 800-243-2345 (innerhalb der USA), Fax: +1-303-790-4066, Internet: www.morrisanimalfoundation.org

Tierärztliche Betreuung der Gorillas mit eigenem veterinärmedizinischen Zentrum am Rande des Nationalparks.

Gisenyi ⇗XVIII, A1

Die Kleinstadt Gisenyi (ca. **15.000 Einwohner**) liegt auf 1480 m Höhe am Nordende des 2650 km² großen **Lac Kivu,** der als landschaftlich schönster See des Zentralafrikanischen Grabenbruchs gilt. Traditionell ist Gisenyi ein für ruandische Verhältnisse mondäner **Badeort,** in dem sich vor dem Bürgerkrieg die Reichen ein Stelldichein gaben, um bei nahezu mediterranem Klima Wassersportarten wie Windsurfen oder Wasserski zu frönen. Seit dem Krieg hat Gisenyi jedoch nicht wieder zu seiner alten Ausstrahlung gefunden, auch wenn die beiden wichtigsten Hotels des Ortes mittlerweile wiedereröffnet wurden. Landschaftlich gesehen liegen die Orte Kibuye und auch Cyangugu weiter südlich am Kivusee wesentlich reizvoller als Gisenyi.

Vorzeigestraße Gisenyis ist die **Uferpromenade** mit Palmen, mächtigen Kapok-Bäumen und einer Reihe herrschaftlicher Villen mit Blick auf den Kivusee. Im südlichen Bereich liegen die Hotels Izuba und Palm Beach sowie eine kleine Bootsanlegestelle. Parallel zur Uferpromenade verläuft die Hauptstraße mit dem Postamt, Banken und Geschäften. Östlich der Uferpromenade, etwas oberhalb des Sees, befindet sich die afrikanische **Stadtmitte** mit einem Markt, mehreren Tankstellen und der Minibusstation.

6 km südlich vom Stadtzentrum liegt der **Vorort Rubona** mit dem Hafen Gisenyis und dem Betriebsgelände des wichtigsten Arbeitgebers, der Brauerei Bralirwa (= Brasseries et Limonaderies du Rwanda).

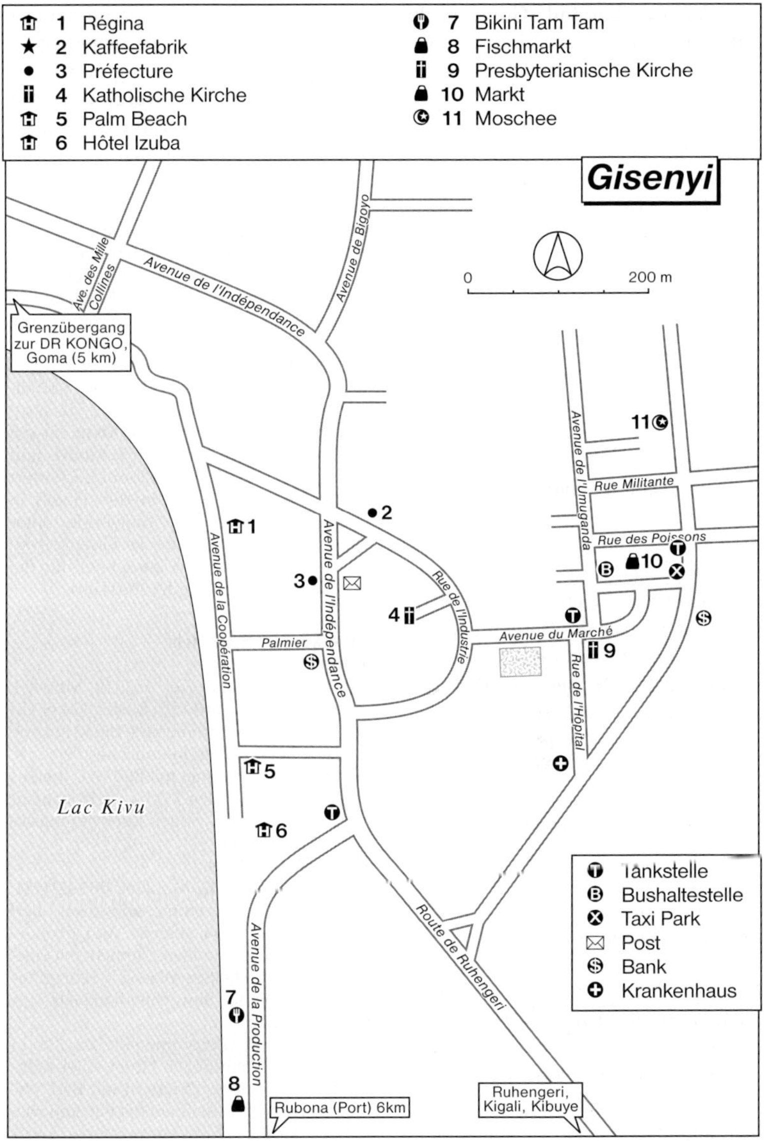
1 Régina
2 Kaffeefabrik
3 Préfecture
4 Katholische Kirche
5 Palm Beach
6 Hôtel Izuba
7 Bikini Tam Tam
8 Fischmarkt
9 Presbyterianische Kirche
10 Markt
11 Moschee
Gisenyi
0
200 m
Ave. des Mille Collines
Avenue de l'Indépendance
Avenue de Bigoyo
Grenzübergang zur DR KONGO, Goma (5 km)
Avenue de l'Umuganda
Rue Militante
Rue des Poissons
Avenue de la Coopération
Palmier
Rue de l'Industrie
Avenue du Marché
Rue de l'Hôpital
Lac Kivu
Route de Ruhengeri
Avenue de la Production
Rubona (Port) 6km
Ruhengeri, Kigali, Kibuye
Tankstelle
Bushaltestelle
Taxi Park
Post
Bank
Krankenhaus

In der **Nachbarstadt Goma in der DR Kongo** hat sich zwischen dem Genozid von 1994 und 2003 eine ganze Reihe von Krisen und humanitären Katastrophen abgespielt, über die die Medien in Auszügen immer wieder berichtet haben. Als im Juli 1994 weit über eine Million ruandische Bürgerkriegsflüchtlinge binnen weniger Stunden über die Grenze nach Goma drangen, gingen ergreifende Bilder von choleragezeichneten Flüchtlingen inmitten heruntergekommener Straßenzüge, von französischen Soldaten, die Massengräber mit Planierraupen schoben, und den verzweifelten Anstrengungen der Hilfsorganisationen und Ärzte inmitten des Elends um die Welt. Kaum anders war das Bild, als dieselben Flüchtlinge dem bürgerkriegsgeplagten Kongo/Zaire nach Schließung der politisch instrumentalisierten Flüchtlingslager Ende 1996 den Rücken zuwandten und wieder nach Ruanda zurückkehrten.

Der **Ausbruch des nördlich der Stadt gelegenen Vulkans Nyiragongo** (3470 m) am 17. Januar **2002** und die Zerstörung großer Teile von Goma haben ein vorerst letztes, weltweit beachtetes Schlaglicht auf die schwierigen Lebensumstände im Afrika der Großen Seen geworfen, das seit Beginn der 1990er Jahre von Kriegen und allen möglichen Krisen heimgesucht wird.

Im Jahr 2003 war es gegen eine Gebühr von 35 US-$ möglich, die Grenze nach **Goma** für **Aufenthalte** bis zu einem Monat zu queren. In der auf inzwischen ca. 400.000 Einwohner angewachsenen lebhaften Stadt traf man auf eine rege Bautätigkeit, die auch den frischen Lavastrom als Baugrund mit einschloss. Über die aktuelle Sicherheitslage sollten Sie sich vor Ort gründlich informieren. **Ende 2003 wurde von allen Reisen in den Osten der DR Kongo grundsätzlich abgeraten.**

Anreise und Weiterreise

- **Busverbindungen und Matatus:** Den ganzen Tag über verkehren Minibusse (privat: Okapi Car, Ataco Express) nach Ruhengeri (65 km, Fahrpreis 1,50 Euro, Fahrtzeit 1½ Std.) und Kigali (165 km, Fahrpreis 3 Euro, Fahrtzeit 3 Std.). Nach Kibuye (110 km) ist die Verbindung auf einer befestigten Piste etwas schlechter (wenige Abfahrten vormittags, Fahrtzeit 3–4 Std., Fahrpreis 2,50 Euro).
- **Bootsverkehr auf dem Lac Kivu:** Für die Verbindung zwischen Gisenyi, Kibuye und Cyangugu kann ein Schnellboot gechartert werden (Erkundigungen in den Hotels in Cyangugu, Kibuye und Gisenyi oder unter Tel. 568544). Für die Strecke Gisenyi – Kibuye werden 120 Euro berechnet, für die Strecke Kibuye – Cyangugu 160 Euro.

Unterkünfte und Hotels

- **Hôtel Izuba**

Kategorie B; BP 252, Tel. 561319, Mobiltel. 083-227772, Fax 561328. Bestes Hotel Gisenyis, an der Uferpromenade direkt am See gelegen. Sehr sauber, freundliches Personal. 100 geräumige Zimmer mit Bad/WC (heißes Wasser) und Satelliten-TV. Gutes Restaurant mit Bar. Ende 2003 wegen Renovierungsarbeiten geschlossen.

- **Palm Beach Hotel**

Kategorie C; BP 347, Mobiltel. 083-231111. Ebenfalls an der Uferpromenade, etwas oberhalb des Hôtel Izuba, gelegen. Art Déco-Gebäude mit 25 geräumigen Zimmern mit eigenem Bad/WC (heißes Wasser). Sehr gutes Restaurant mit Bar. Bewachter Parkplatz.

- **Hôtel Regina**

Kategorie C–D; Uferpromenade, ca. 300 m nördlich des Palm Beach Hotel. Alter Kolonialbau mit großen Zimmern mit Bad/WC (heißes Wasser). Restaurant mit Bar. Renovierungsbedürftig.

Restaurants

Sehr gute und dabei bezahlbare Gerichte gibt es im **Palm Beach Hotel** sowie im teureren Restaurant des **Hôtel Izuba.** Im Restaurant des **Hôtels Regina** bekommt man bereits für unter 5 Euro akzeptable Gerichte.

Der Westen und der Lac Kivu

Der Westen Ruandas wird geprägt von einer **pittoresken Kulturlandschaft** entlang der intensiv landwirtschaftlich genutzen Uferlinie des Kivusees. Der 1450 m hoch gelegene See wird von Afrikakennern als reizvollster See des Zentralafrikanischen Grabens angesehen. **Zahllose Inseln und gewaltige Bergketten** an der Westflanke des Sees in der DR Kongo sorgen für eine spektakuläre landschaftliche Kulisse, die Besuchern noch nach Jahren in greifbarer Erinnerung bleibt.

Bootsfahrten zwischen den kongolesischen Städten Goma und Bukavu (tägliche Fährverbindung) oder den ruandischen Orten Cyangugu, Kibuye und Gisenyi (Schnellboot-Charter, siehe bei Gisenyi, und regelmäßige Frachtverbindungen) bieten im Norden des Sees auch gewaltige Blicke auf den „Hausberg" der Stadt Goma, den aktiven Vulkan Nyiragongo (3470 m), und die weiter östlich gelegene Gruppe der Virunga-Vulkane.

Auf ruandischer Seite schlängelt sich eine ca. 230 km lange befestigte **Piste zwischen Gisenyi und Cyangugu** am Osthang des Zentralafrikanischen Grabens entlang. Von den vielen Siedlungen ist allein **Kibuye** auf halber Strecke zwischen Gisenyi und Cyangugu touristisch ausgebaut.

Kibuye ⇗XVIII, B2

Das Städtchen Kibuye (ca. **6000 Einwohner)** liegt am östlichsten Zipfel des Lac Kivu. Viele in Ruanda lebende Ausländer rühmen Kibuye als landschaftlich eindrucksvollsten Ort des ganzen Sees. Tief eingeschnittene Buchten, steil aufragende Bergketten und vorgelagerte Inseln bieten ein grandioses Panorama, das zweifelsohne zu den schönsten Ostafrikas gehört.

Seitdem die Strecke von Gitarama nach Kibuye asphaltiert wurde und somit eine durchgehende, schnell befahrbare Verkehrsverbindung nach Kigali zur Verfügung steht, ist der Fremdenverkehr in dem einst verschlafenen Örtchen deutlich aufgelebt. Kibuye zählt mittlerweile mehr Besucher als die beiden anderen ruandischen Badeorte Gisenyi und Cyangugu und bietet einen **schönen Strand,** von dem aus ohne die Gefahr einer Bilharziose-Infektion gebadet werden kann.

Vor dem Genozid 1994 wies die Präfektur von Kibuye einen herausragend hohen Tutsi-Anteil von mehr als 20% der Bevölkerung auf. Etwa 90% der ca. 60.000 Tutsi wurden zwischen April und Juni 1994 ermordet. Viele von ihnen sind in Massengräbern verscharrt, die teilweise durch Gedenktafeln gekennzeichnet sind. An einer der Kirchen Kibuyes wurde eine Genozidgedenkstätte eingerichtet.

Anreise und Weiterreise

- **Busverbindungen und Matatus:** Minibusse (privat: Okapi Car) von und nach Kigali (113 km, Fahrpreis 2,50 Euro, Fahrtzeit 1½–2 Std.) verkehren den ganzen Tag via Gitarama. Die Verbindung nach Gisenyi (110 km,

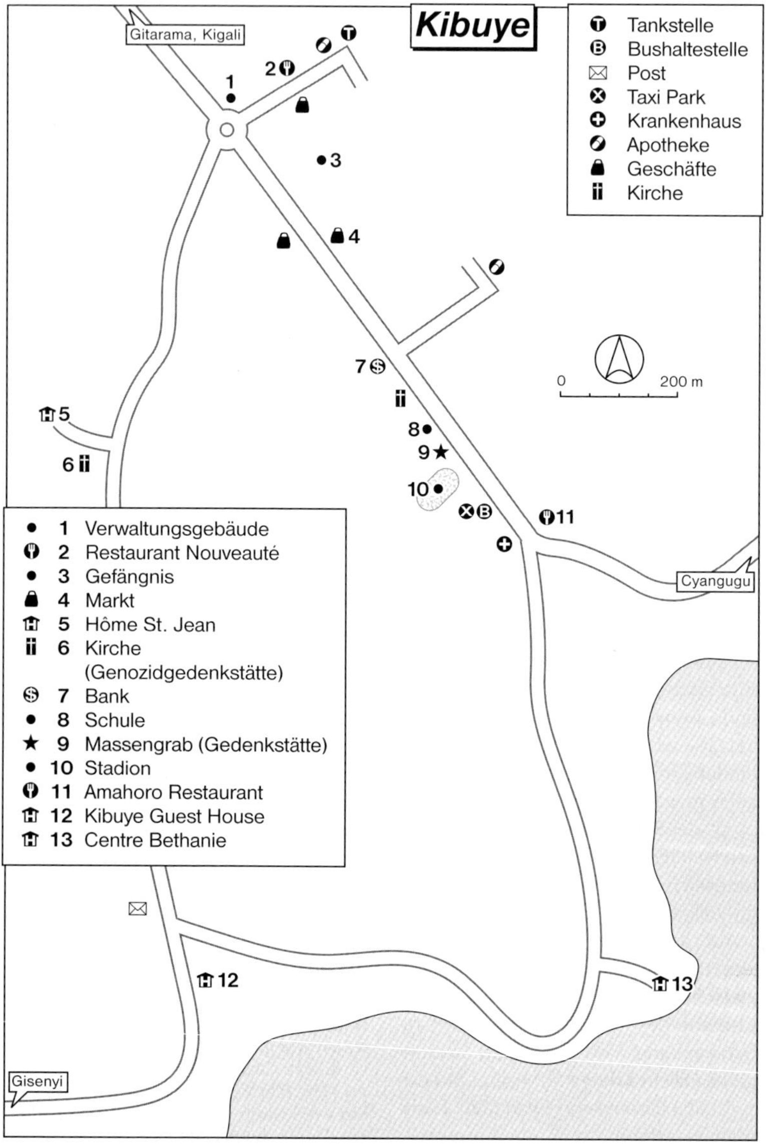
Kibuye
Gitarama, Kigali
Cyangugu
Gisenyi
0
200 m
Tankstelle
Bushaltestelle
Post
Taxi Park
Krankenhaus
Apotheke
Geschäfte
Kirche
1 Verwaltungsgebäude
2 Restaurant Nouveauté
3 Gefängnis
4 Markt
5 Hôme St. Jean
6 Kirche (Genozidgedenkstätte)
7 Bank
8 Schule
9 Massengrab (Gedenkstätte)
10 Stadion
11 Amahoro Restaurant
12 Kibuye Guest House
13 Centre Bethanie

Fahrpreis 2,50 Euro, Fahrtzeit 3–4 Std.) ist deutlich unregelmäßiger. Nach Kamembe/Cyangugu verkehrt täglich morgens um 8 Uhr ein Bus (120 km, Fahrpreis 2,50 Euro, Fahrtzeit 3–4 Std.).
● **Schiffsverbindung:** siehe bei Gisenyi

Unterkünfte und Hotels
● **Kibuye Guest House**
Kategorie B–C; BP 1924 (Kigali), Tel. 568554, 568555, Mobiltel. 083-23555, 085-01645, Fax 568360. Einzige gehobene Unterkunft Kibuyes, direkt am Kivusee gelegen. 18 Rundhütten mit Bad/WC (heißes Wasser). Gutes Restaurant mit Bar. Bewachter Parkplatz. Die Freizeitmöglichkeiten umfassen Tennis, Bootsfahrten und Wasserskifahren.
E-Mail: guesthouse@rwanda1.com
● **Centre Bethanie**
Kategorie D; BP 9, Tel. 568509, Fax 568235. Ebenfalls direkt am Kivusee gelegen, ca. 800 m weiter südlich. Kirchliche Unterkunft mit sauberen Zimmern mit Bad/WC. Gemeinschaftsverpflegung. Kleinere Eukalyptusbestände in der Umgebung.

Restaurants
● Gutes Essen europäischen Zuschnitts bekommt man im **Kibuye Guest House.**
● Verschiedene lokale **Restaurants** nahe dem kleinen Krankenhaus von Kibuye bieten afrikanische Snacks und einfachere Gerichte.

Der Südwesten

Der Südwesten Ruandas wird geprägt von einer gebirgigen Kulturlandschaft, die von den Ufern des 1450 m hoch gelegenen Kivusees bis zu den höchsten Erhebungen im **Nyungwe-Wald** auf 2950 m reicht. Von Kigali kommend, erreicht man zunächst mit der **Universitätsstadt Butare** das intellektuelle Zentrum Ruandas. Sehenswert ist dort

Blick über den Kivusee

uga_331 Foto: cl

vor allem das Nationalmuseum mit einer unfangreichen ethnografischen Sammlung. Der **Parc National de Nyungwe** zwischen Butare und Lac Kivu umfasst eines der ältesten und artenreichsten Bergwaldgebiete Ostafrikas, dem erst kürzlich der Status eines Nationalparks zuerkannt wurde. Der weiter westlich gelegene Doppelort **Kamembe/Cyangugu** am Südende des Kivusees ist eine Streusiedlung, die sich über flache Hügelkuppen an der Einmündung des **Rusizi-Flusses** in den See erstreckt. Cyangugu bietet Zugang zum Kivusee mit guten Bade- und Wassersportmöglichkeiten. Von Cyangugu ist eine **Grenzquerung nach Bukavu in der DR Kongo** möglich. Bukavu ist der Ausgangspunkt für Besuche im kongolesischen **Parc National de Kahuzi-Biéga,** in dem seit den 1970er Jahren verschiedene Gruppen von Östlichen Flachlandgorillas *(Gorilla gorilla graueri)* an den Besuch von Menschen gewöhnt wurden.

Butare ↗ XVIII, B3

Die ruandische Universitätsstadt Butare (ca. **30.000 Einwohner)** gilt als **intellektuelles und kulturelles Zentrum Ruandas.** Der Ort wurde 1928 unter dem Namen Astrida (nach der damaligen belgischen Königin *Astrid)* gegründet und war bis zur Unabhängigkeit Ruandas **Sitz der belgischen Kolonialverwaltung.** Während des Genozids 1994 wurde der kulturelle und intellektuelle Einfluss Butares auf die Probe gestellt. Zunächst konnte der Präfekt von Butare, der einzige Tutsi in diesem Amt in ganz Ruanda, mit seiner Autorität und seinem Charisma Massaker an den in großer Zahl in der Stadt Schutz suchenden Menschen verhindern. Nach zwei Wochen wurde er jedoch abgesetzt und ermordet, woraufhin der regimetreue Colonel *Tharcisse Muvunyi* seinen Posten einnahm und den Mörderbanden der Interahamwe in Butare freien Lauf ließ. Im Februar 2000 wurde *Tharcisse Muvunyi* in Großbritannien festgenommen und dem internationalen Kriegsverbrechertribunal im tansanischen Arusha zugeführt.

Die **Anlage des Ortes** ist übersichtlich: Entlang der Hauptdurchgangsstraße von Kigali zur Grenze nach Burundi liegen von Norden nach Süden das Postamt, mehrere Banken, Hotels und Restaurants sowie der Markt und die kleine Busstation. Etwas außerhalb im Südwesten liegt die 1963 gegründete **Nationale Universität von Ruanda** (Internet-Homepage: www.nur.ac.rw), deren Studenten und Professoren 1994 zu den Hauptopfern der Massaker von Butara gehörten. Unweit der Busstation erhebt sich die beeindruckende **Römisch-katholische Kathedrale** des Ortes, an die ein kirchliches Gästehaus angeschlossen ist.

Das 1988 eröffnete sehenswerte **Nationalmuseum** liegt am Ortseingang (von Kigali kommend), ca. 1,5 km nördlich des Postamts (ausgeschildert). Es bietet einen guten naturkundlichen, kulturellen und ethnologischen Überblick des Landes. Die Öffnungszeiten sind Mo bis So von 9–12 Uhr und 14–17 Uhr (Infos unter Tel. 530586, Fax 530211, E-Mail museum@nur.ac.rw, Internet: www.nur.ac.rw). Es wird eine

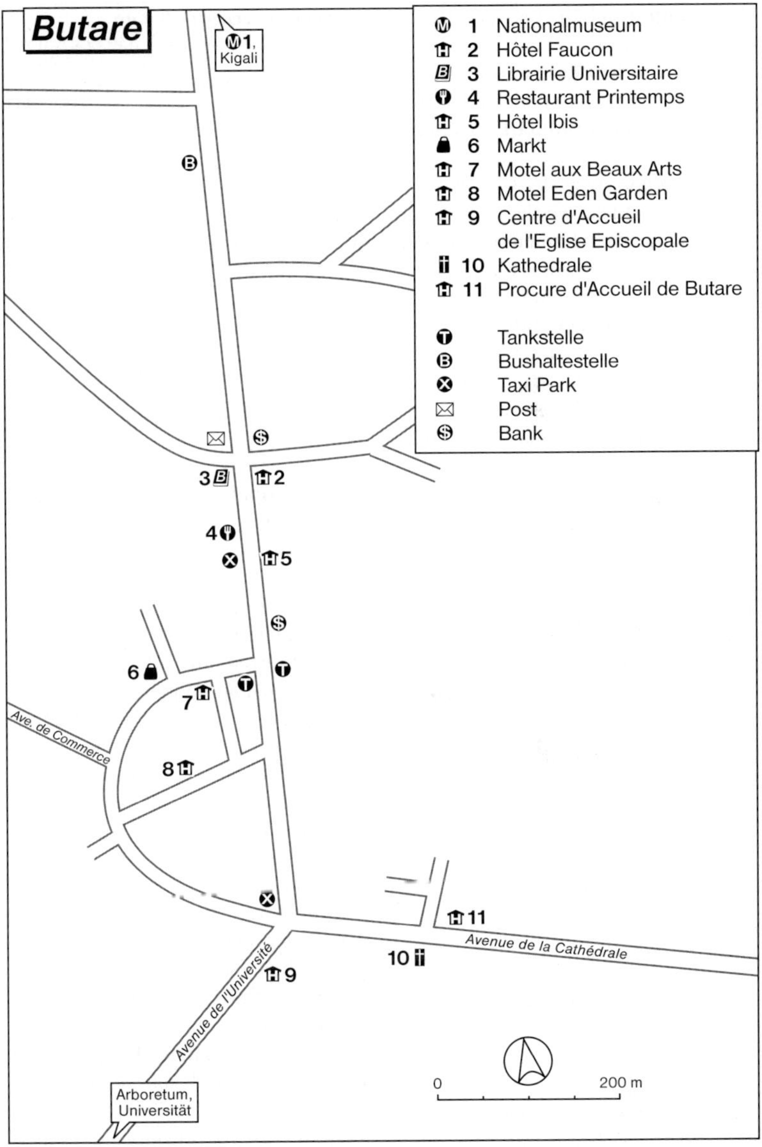
Butare
1, Kigali
1 Nationalmuseum
2 Hôtel Faucon
3 Librairie Universitaire
4 Restaurant Printemps
5 Hôtel Ibis
6 Markt
7 Motel aux Beaux Arts
8 Motel Eden Garden
9 Centre d'Accueil de l'Eglise Episcopale
10 Kathedrale
11 Procure d'Accueil de Butare
Tankstelle
Bushaltestelle
Taxi Park
Post
Bank
3
2
4
5
6
7
8
Ave. de Commerce
11
Avenue de la Cathédrale
10
9
Avenue de l'Université
Arboretum, Universität
0
200 m

kleine Eintrittsgebühr von ca. 2 Euro erhoben.

In der Ortschaft **Ruhango** (zwischen Gitarama und Butare) findet jeden Freitag der **größte Landmarkt Ruandas** statt.

In **Murambi** (nahe der Ortschaft Gikongoro, ca. 20 km westlich von Butare an der Straße nach Kamembe/Cyangugu) wurde in einer Schule, in der 1994 mehr als 27.000 Menschen umgebracht wurden, ein **Genozid-Mahnmal** eingerichtet. Mehr als 1800 mumifizierte Körper aus einem Massengrab wurden konserviert und wieder in einem der Schulgebäude ausgebreitet – sie bieten einen ergreifenden Anblick.

Anreise und Weiterreise

- **Busverbindungen und Matatus:** Minibusse von/nach Kigali (136 km, Fahrpreis 3,50 Euro, Fahrtzeit 2 Std.) verkehren den ganzen Tag via Gitarama. Die Verbindung nach Kamembe/Cyangugu (153 km) ist ähnlich gut (Fahrpreis 3,50–4 Euro, Fahrtzeit 2½–3 Std.). Ab Kigali verkehren auch private Minibusse nach Butare (z.B. Volcano Express Taxi oder Taxi Ponctuel).

Unterkünfte und Hotels

- **Hôtel Ibis**
Kategorie B; BP 103, Tel. 530335, 532160, Fax 530335. Kleines Hotel der gehobenen Mittelklasse. 14 Zimmer mit Bad/WC und Satelliten-TV stehen zur Verfügung. Gutes Restaurant mit Bar. Parkmöglichkeiten.
E-Mail: campionibis@hotmail.com
- **Hôtel Faucon**
Kategorie B; BP 366, Tel. 532061, Fax 532061. Etwas angestaubter als das Hôtel Ibis, mit kolonialem Touch. 11 saubere Zimmer mit Bad/ WC, gruppiert um einen Innenhof mit Grünanlage. Restaurant und Bar. Parkmöglichkeiten.
- **Motel aux Beaux Arts**
Kategorie C–D; BP 262, Tel. 530584. 10 einfache Zimmer mit Dusche/WC. Restaurant.
- **Procure d'Accueil de Butare**
Kategorie D; BP 224, Tel. 530993. Unweit der Kathedrale an der Straße zur Universität. Kirchliche Unterkunft gegenüber der Kathedrale mit sauberen Zimmern mit Waschbecken und Gemeinschaftsbad/WC. Gemeinschaftsverpflegung. Bewachter Parkplatz.
- **Centre d'Accueil de l'Eglise Episcopale**
Kategorie D–E; kirchliche Unterkunft an der Straße zur Universität. Einfache, kleine Gästezimmer mit Gemeinschaftsbad, leider nicht viel größer als eine Gefängniszelle.

Restaurants

- Gutes Essen europäischen Zuschnitts bekommt man in den **Hotels Ibis** und **Faucon.**
- In verschiedenen lokalen **Restaurants** entlang der Hauptstraße von Butare werden afrikanische Snacks und einfachere Gerichte serviert.

Parc National de Nyungwe ⇗XVIII, A/B3

Überblick

Der 970 km² große Parc National de Nyungwe liegt in Südwestruanda zwischen Butare im Osten und dem Kivusee im Westen. Im Süden wird er von der Asphaltstraße Butare – Kamembe/ Cyangugu zerschnitten. Der Park ist aus einem bereits 1933 gegründeten Waldschutzgebiet hervorgegangen und bekam erst kürzlich Nationalparkstatus zuerkannt. Er schützt das Ökosystem eines der besterhaltenen Bergwälder in ganz Ostafrika.

Es handelt sich um ein **Berg- und Regenwaldsystem** mit mehreren großen Bergbächen, die eine Vielzahl pittoresker **Wasserfälle** bilden. Das Klima ist **relativ kühl,** da das Gebiet zwischen 1600 m und 2950 m hoch liegt. Nachts kann es empfindlich kalt werden. Mehr als 200 verschiedene Baumarten kommen im Park vor sowie viele hundert

Arten an Farn- und Blütenpflanzen, darunter **mehr als 100 Orchideenarten.** Aufgrund der Höhenlage findet man sogar einige Riesensenezien. Die Bäume des Nyungwe-Waldes können Höhen bis zu 60 m erreichen. Manche Baumarten werden von der lokalen Bevölkerung medizinisch genutzt. Diese werden auf den Führungen vorgestellt.

Der Park lässt sich auch während der Regenzeit erreichen, ist dann aber nur mit festen Schuhen oder Gummistiefeln begehbar. Kommen Sie daher lieber in der trockenen Zeit von Juni bis September. Außerhalb der Trockenmonate brauchen Sie in jedem Fall vernünftige Regenkleidung. Ein gutes Fernglas sollte ebenfalls nicht fehlen.

uga_335 Foto: cl

Im Parc National de Nyungwe

Tier- und Pflanzenwelt

Der Parc National de Nyungwe besitzt mit 13 hier vorkommenden **Primatenarten** eine der höchsten Primatendichten weltweit, das entspricht ca. 25% aller auf dem Schwarzen Kontinent vorkommenden Primaten. Dazu gehören für Ostafrika seltene Arten wie Mantelaffen (vertreten durch die Unterart des Ruwenzori Colobusaffen), Grauwangenmangaben und Vollbartmeerkatzen. Ca. 500 Schimpansen kommen im Gebiet vor. Darüber hinaus sind 275 **Vogelarten** und ca. 120 verschiedene **Schmetterlingsarten** beschrieben. Von den 75 in Nyungwe festgestellten Säugetierarten sind allein Buschbock, verschiedene Ducker-Arten, Mangusten und Baumschliefer regelmäßig zu sehen. Elefanten sind im Park seit Jahren nicht mehr beobachtet worden, Leoparden nur sehr selten.

Eine Habituierung der Schimpansen wird seit Jahren versucht, doch liegen die Beobachtungschancen während der täglichen Primaten-Führungen bislang noch immer deutlich unter 80%.

Aktivitäten im Park

Die morgendlichen (6.30 und 9 Uhr) und nachmittäglichen (15 Uhr) **Primaten-Führungen** durch den für Touristen erschlossenen Teil des Waldes dauern 2–4 Stunden (Gebühr von 20 US-$ pro Person). Sie bieten einen guten Überblick über den Wald und stellen das Ökosystem umfassend vor. Die besten Beobachtungsmöglichkeiten für Schim-

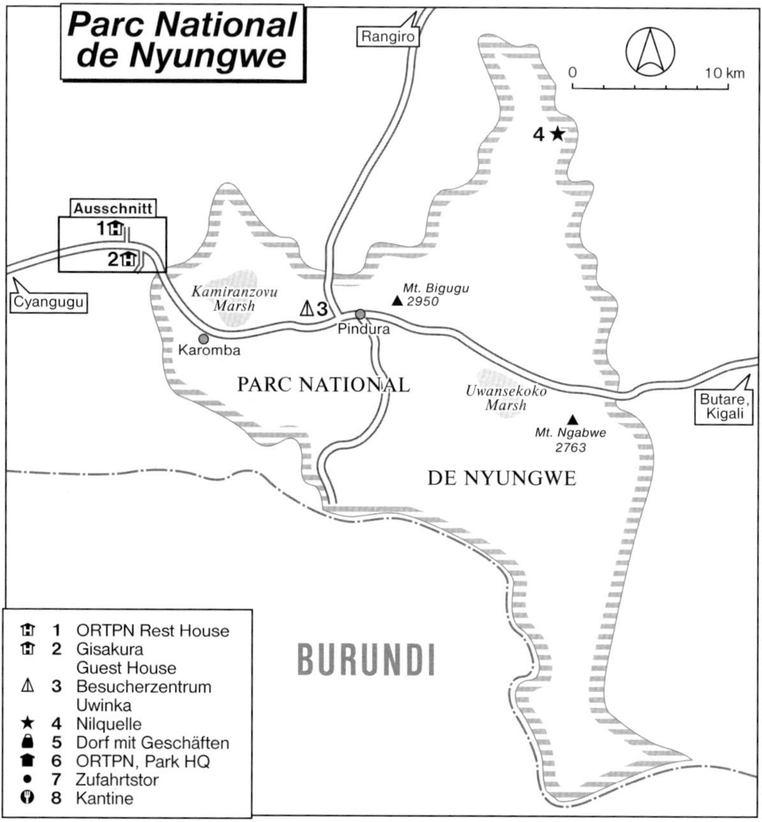
Parc National de Nyungwe
Rangiro
0
10 km
4
Ausschnitt
1
2
Cyangugu
Kamiranzovu Marsh
3
Mt. Bigugu 2950
Pindura
Karomba
PARC NATIONAL
DE NYUNGWE
Uwansekoko Marsh
Mt. Ngabwe 2763
Butare, Kigali
BURUNDI
1 ORTPN Rest House
2 Gisakura Guest House
3 Besucherzentrum Uwinka
4 Nilquelle
5 Dorf mit Geschäften
6 ORTPN, Park HQ
7 Zufahrtstor
8 Kantine

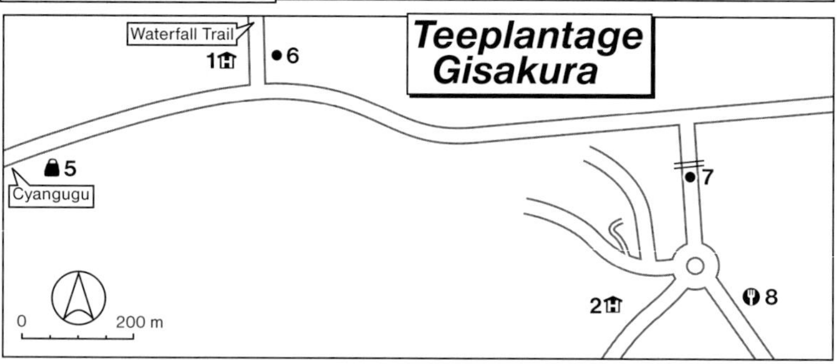
Teeplantage Gisakura
Waterfall Trail
1
6
5
Cyangugu
7
2
8
0
200 m

pansen bestehen bei zeitigem Aufbruch bereits zwischen 6 und 6.30 Uhr.

Ein exzellentes Wegesystem mit farblich markierten **Trails** von 1–10 km Länge führt durch die wichtigsten Regionen des Parks (Besuchsgebühr von 10 US-$ pro Person für Waldwanderungen ohne zusätzliche Primaten-Führung). Die Mitnahme eines ortskundigen Wildhüters von der **Besucherstation Uwinka** oder dem **Park Headquarter bei Gisakura** ist dabei sinnvoll. Wer auf eigene Faust in den Wald eindringen will, kann sich an den Farbmarkierungen der Trails orientieren und bei der Parkverwaltung auch einfache Skizzen des Wegesystems bekommen. Lohnenswert ist auch der Waterfall Trail ab Gisakura im Westen des Parks.

Herden von 300–400 Ruwenzori Colobusaffen sind auf Exkursionen durch den Nyungwe-Wald kein ungewöhnlicher Anblick. Immer wieder passieren die Trails schöne Wasserfälle, die kleine Gumpen bilden, in denen man ein erfrischendes Bad nehmen kann. An die Mitnahme eines ausreichenden Trinkwasservorrates ist bei mehrstündigen Wanderungen durch die steile Berglandschaft zu denken.

Anreise

Die Zufahrt zum Park erfolgt über die **Asphaltstraße von Butare nach Kamembe/Cyangugu.** Die **Besucherstation in Uwinka** liegt 90 km von Butare entfernt (ca. 1½ Std. Fahrtzeit mit dem eigenen Wagen). Die Straße führt ab Butare durch hügelige Kulturlandschaft mit zahlreichen Teefeldern, passiert den Ort Gikongoro und tritt nach ca. 50 km in den Nyungwe-Wald ein.

Um die herrliche Landschaft an dieser Strecke mit ihren guten Aussichtspunkten voll auskosten zu können, sollten Sie nach Möglichkeit mit einem eigenen Fahrzeug anreisen. Es verkehren allerdings auch täglich Minibusse zwischen Butare und Kamembe/Cyangugu, die das Besucherzentrum Uwinka passieren (Fahrpreis von Butare nach Uwinka ca. 2 Euro, von Kamembe/Cyangugu ca. 1,50 Euro).

Informationen

- **Office Rwandais du Tourisme et des Parcs Nationaux (ORTPN)**
Avenue de l'Armée, Box Postale 905, Kigali/Ruanda, Tel. 576514/5, Fax 576512. Informationen zur Anreise und zur aktuellen Situation im Park. E-Mail: ortpn@rwanda1.com, Internet: www.visitrwanda.gov.rw
- **Besucherzentrum Uwinka**
Mobiltel. 085-27543, Fax 537215. Primatenbesuche am Wochenende müssen bis Freitagmorgen telefonisch reserviert werden.
- **Park Headquarter**
Im Park HQ bei **Gisakura** (neben dem Rest House) ist auch eine ca. 60-seitige Infobroschüre über den Nyungwe-Wald erhältlich.

Unterkünfte und Lodges

Innerhalb des Parks sind keine festen Unterkünfte vorhanden. Im Teeanbaugebiet von Gisakura (ca. 18 km von Uwinka entfernt) am Westrand des Nyungwe-Waldes gibt es ein **einfaches Hotel** (Kategorie D–E) sowie 1 km weiter nördlich das solide **ORTPN Rest House** der Naturschutzbehörde ORTPN (Übernachtung ca. 10 Euro pro Person). Beide sind über die Straße nach Kamembe/Cyangugu erreichbar. Die nahe gelegenen Städte Cyangugu (63 km) und Butare (90 km) verfügen jeweils über eine gute Hotelauswahl.

Camping

- **Am Besucherzentrum Uwinka** auf 2500 m Höhe gibt es einen gut ausgebauten Campingplatz für Selbstversorger. Die Campinggebühr beträgt 10 US-$ und schließt einen Parkbesuch ohne Schimpansen-Tracking mit ein. Vor Ort sind Getränke (Mineralwasser, Bier und Softdrinks) erhältlich. Wasser aus dem Wald muss vor dem Trinken abgekocht werden.

Kamembe/Cyangugu

Der kleine Doppelort Kamembe/Cyangugu (ca. **15.000 Einwohner**) befindet sich am Südende des Lac Kivu. Das oberhalb des Sees gelegene dörfliche Zentrum mit der Busstation, einem Markt, zahlreichen Läden und lokalen Restaurants und Bars heißt Kamembe und liegt gut 5 km vom **Grenzfluss Rusizi** entfernt, der bei Cyangugu in den Kivusee mündet. Über die Hügelketten am Kivusee verteilt liegt die Streusiedlung Cyangugu (gesprochen: „Schangugu") mit schönem Blick über den See.

Über den Ruzizi-Fluss führt eine große **Holzbrücke,** an der sich die Grenzstation zur **kongolesischen Nachbarstadt Bukavu** (ca. 300.000 Einwohner) befindet. Im Jahr 2003 war es möglich, gegen eine Gebühr von 35 US-$ die Grenze nach Bukavu zu queren (Aufenthalt bis zu einem Monat). Von Bukavu aus sind Besuche von habituierten Gruppen des Östlichen Flachlandgorillas *(Gorilla gorilla graueri)* im ca. 30 km nordwestlich gelegenen **Parc National de Kahuzi-Biéga** möglich (Besuchsgebühr 200 US-$ pro Person). In Bukavu sind dazu das Büro der kongolesischen Naturschutzbehörde ICCN (Institute Congolaise pour la Conservation de la Nature) im Stadteil Nyawera oder das Büro der projektkoordinierenden GTZ (Deutsche Gesellschaft für Technische Zusammenarbeit) im Stadtteil Muhumba zu kontaktieren (die Adresse ist jedem Taxifahrer in Bukavu bekannt). Alternativ kann man auch um 8 Uhr direkt an der **Parkstation Tshivanga** am Eingang des Nationalparks erscheinen, um am Gorilla-Tracking teilzunehmen. Über die aktuelle Sicherheitslage sollten Sie sich vor einer Grenzquerung vor Ort gründlich informieren. Grundsätzlich wurde **von allen Reisen** in das Landesinnere **im Osten der DR Kongo** Ende des Jahres 2003 aus Sicherheitsgründen **abgeraten.**

Anreise und Weiterreise

- **Busverbindungen und Matatus:** Minibusse von/nach Butare (153 km, Fahrpreis 3,50–4 Euro, Fahrtzeit 2½–3 Std.) verkehren den ganzen Tag über. Nach Kibuye verkehrt täglich morgens um 7.30 Uhr ein Bus (120 km, Fahrpreis 2,50 Euro, Fahrtzeit 3–4 Std.).
- **Schiffsverbindung:** siehe bei Gisenyi

Unterkünfte und Hotels

- **Hôtel du Lac Kivu**

Kategorie B–C; BP 235, Tel. 537172, Mobiltel. 085-27709, Fax 77668. Angenehmes Mittelklassehotel am Rusizi-Fluss. Sehr sauber, nettes Personal. Geräumige Zimmer mit Bad/WC (heißes Wasser). Gutes Terrassenrestaurant mit Bar, in der kaltes kongolesisches Primus-Bier serviert wird. Bewachter Parkplatz.

- **Hôtel des Chutes**

Kategorie B–C; BP 235, Tel. 537405, Fax 77668. Counterpart des Hôtel du Lac Kivu ca. 500 m östlich des Rusizi-Flusses. Geräumige Zimmer mit Bad/WC (heißes Wasser). Gutes Balkonrestaurant mit Bar. Bewachter Parkplatz.

- **Peace Guesthouse**

Kategorie D; BP 52, Tel. 561423, Fax 561423. Ca. 1 km außerhalb Kamembes an der Straße nach Cyangugu gelegen, auf einem Hügel mit Blick über den Kivusee. Klein und einfach. Saubere Zimmer mit Dusche/WC. Restaurant. Sichere Parkmöglichkeiten.

- **Hôme St. Francois**

Kategorie D–E; BP 97, Tel. 537915, Fax 546905. Sehr empfehlenswerte kirchliche Unterkunft gegenüber dem Hôtel du Lac Kivu. Saubere Zimmer mit Dusche/WC. Restaurant. Hervorragendes Preis/Leistungsverhältnis. Sichere Parkmöglichkeiten.

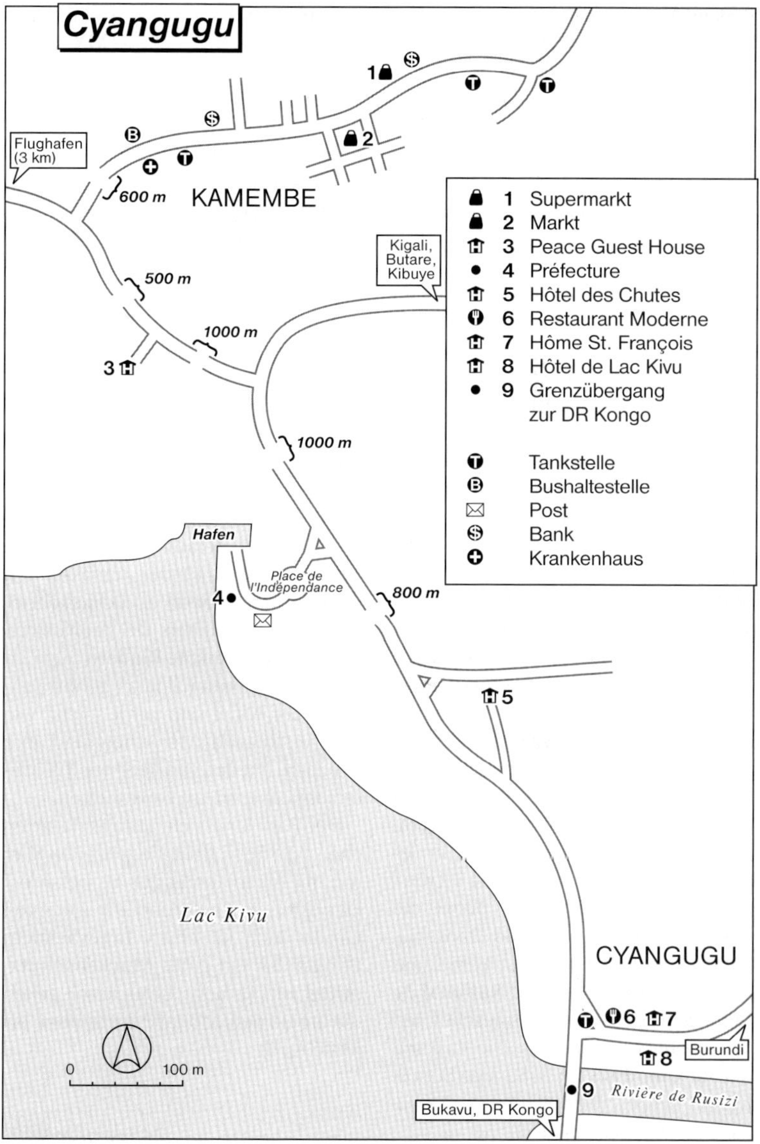
Cyangugu
Flughafen (3 km)
600 m
KAMEMBE
500 m
1000 m
Kigali, Butare, Kibuye
1000 m
Hafen
Place de l'Indépendance
800 m
Lac Kivu
CYANGUGU
Burundi
Rivière de Rusizi
Bukavu, DR Kongo
0
100 m
1 Supermarkt
2 Markt
3 Peace Guest House
4 Préfecture
5 Hôtel des Chutes
6 Restaurant Moderne
7 Hôme St. François
8 Hôtel de Lac Kivu
9 Grenzübergang zur DR Kongo
Tankstelle
Bushaltestelle
Post
Bank
Krankenhaus

Restaurants

- Gutes Essen europäischen Zuschnitts bekommt man im **Hôtel du Lac Kivu** und im **Hôtel des Chutes.**
- Verschiedene lokale **Restaurants** entlang der Hauptstraße von Kamembe haben afrikanische Snacks und einfachere Gerichte im Angebot.

Der Osten

Im Osten Ruandas fällt das hügelige Kernland am Rande des Zentralafrikanischen Grabenbruchs zur Ebene des Lake Victoria hin ab. Auf Höhen zwischen 1100 und 1800 m trifft man auf eine ausgedehnte **Savannenlandschaft mit** vielen kleineren **Sumpfsystemen,** die einer intensiven Beweidung durch große Rinderherden von Tutsi-Hirten unterworfen ist. Tagsüber wird es häufig **sehr heiß** (Temperaturen bis über 35°C). **Malaria** kann ein saisonales Problem darstellen, daher sollten Besucher der östlichen Landesteile auf die sorgfältige Einnahme einer adäquaten Malariaprophylaxe achten (siehe bei den praktischen Reisetipps zu Uganda: Gesundheit und medizinische Versorgung).

Landschaftlich bestimmend ist das Tal des intensiv mäandrierenden **Akagera-Flusses,** der als Zufluss des Nils an der Grenze zu Uganda in den Lake Victoria mündet. Das Flusssystem bildet die Grenze zum Nachbarland Tansania. Lohnenswert ist ein Besuch im landschaftlich vielfältigen **Parc National de l'Akagera,** dem einzigen geschützten Savannengebiet Ruandas. Die Kaskade der **Rusumo Falls** im äußersten Südosten des Landes an der Grenze zu Tansania ist eher unspektakulär.

Parc National de l'Akagera

↗XIX, D1/2

Überblick

Der ehemals rund 2500 km² große Parc National de l'Akagera wurde bereits 1934 von den belgischen Kolonialbehörden gegründet, um die sehr wildreiche Region am namengebenden Akagera-Fluss zu schützen. Der Park liegt zwischen 1280 und 1800 m hoch und umfasst ausgedehnte akazienbestandene **Grassavannen** im Norden, **Busch- und Baumsavanne** im Süden sowie vom Akagera-System gespeiste **Feuchtgebiete und Sümpfe** im Südosten. 1998 wurde der Nationalpark im Norden und Westen um mehr als zwei Drittel der Fläche verkleinert, auf derzeit etwa 900 km², in erster Linie um zusätzliches **Weideland** für die mehrere hunderttausend Rinder umfassenden Herden aus Uganda zurückgekehrter Exil-Tutsi zu gewinnen. Der Anblick von langhornigen **Ankole-Rindern** auch innerhalb des Nationalparks gehört seitdem zum Alltag und verdeutlicht, wie sehr in Ruanda Menschen und ihre Nutztiere mit den verbliebenen Wildtieren um Lebensraum konkurrieren.

Der Park lässt sich ganzjährig erreichen, ist während der Regenzeiten aber nur mit Allradfahrzeugen zu befahren. Er eignet sich aufgrund der geringen Größe auch für einen **Tagesbesuch.** Bringen Sie ein gutes **Mückenschutzmittel** mit. Als beste Besuchszeit gelten die trockenen Monate Dezember bis Mitte April.

Flusstal des Akagera

Tier- und Pflanzenwelt

Die Tierbestände des Parks haben unter der mit Beginn der 1990er Jahre ausufernden **Wilderei** und der erzwungenen **Lebensraumverkleinerung** stark gelitten. Spitzmaulnashörner und Afrikanische Wildhunde wurden im Gebiet ausgerottet, die Zahl der Löwen sank unter die für das Überleben der Population kritische Grenze. Ein Teil des Löwenbestandes ist in der zweiten Häfte der 1990er Jahre über die Grenze zu Uganda in das Hügelland von Ankole und in den ugandischen Lake Mburo NP abgewandert, wurde dort jedoch alsbald von Farmern und Hirten getötet.

Kleine Herden von Impalas und Steppenzebras sind verbreitet, und auch Kaffernbüffel werden bei fast jeder Beobachtungsfahrt gesichtet. Defassa-Wasserböcke sind eher am Wasser und in den Sümpfen zu finden, ebenso die scheue und seltene Sitatunga-Antilope. Buschducker und Riedböcke leben ebenfalls zurückgezogen. Häufiger werden Gruppen von Topis und die kleinen Oribis beobachtet. Selten sind Herden der Elenantilope und der Pferdeantilope zu sehen. Darüber hinaus kommen Warzenschweine, Anubis-Paviane, Grüne Meerkatzen und Fischotter im Park vor. Ca. 60 Elefanten haben die Raubzüge der Wilderer überlebt, ebenso wie etwa 30 **Maasai-Giraffen,** die im Jahr 1975 aus Kenia eingeführt worden waren. Es tummeln sich noch wenige Leo-

uga_341 Foto: cl

Ruanda

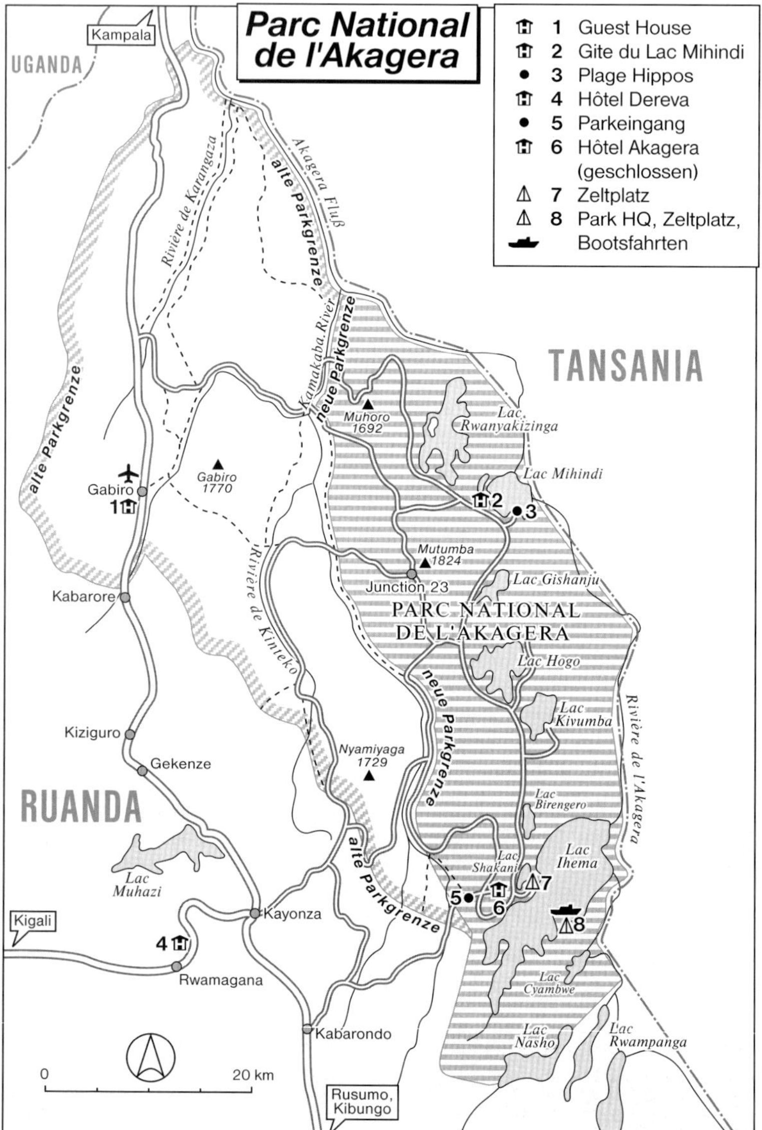
Parc National de l'Akagera
1 Guest House
2 Gite du Lac Mihindi
3 Plage Hippos
4 Hôtel Dereva
5 Parkeingang
6 Hôtel Akagera (geschlossen)
7 Zeltplatz
8 Park HQ, Zeltplatz, Bootsfahrten
Kampala
UGANDA
TANSANIA
RUANDA
Rivière de Karangaza
Akagera Fluß
alte Parkgrenze
neue Parkgrenze
Kamakaba River
Muhoro 1692
Gabiro 1770
Gabiro
Lac Rwanyakizinga
Lac Mihindi
Mutumba 1824
Junction 23
Lac Gishanju
Kabarore
Rivière de Kinteko
PARC NATIONAL DE L'AKAGERA
Lac Hogo
Lac Kivumba
Rivière de l'Akagera
Kiziguro
Gekenze
Nyamiyaga 1729
Lac Birengero
Lac Ihema
Lac Shakani
Lac Muhazi
Kigali
Kayonza
Rwamagana
Lac Cyambwe
Kabarondo
Lac Nasho
Lac Rwampanga
0
20 km
Rusumo, Kibungo

parden im Gebiet, die aber sehr versteckt leben, ebenso Tüpfelhyänen und Streifenschakale.

In den Gewässersystemen des Parks leben **Krokodile** und gut erhaltene Bestände an **Flusspferden.** Am Wasser kann man auch den farbenprächtigen Sattelstorch, Schreiseeadler und selten sogar den Schuhschnabelstorch beobachten. Im offenen Grasland kommt der metergroße Kaffernhornrabe vor. Mehr als 420 verschiedene Vogelarten wurden im Gebiet verzeichnet.

Aktivitäten im Park

Der Park ist durch mehrere Pisten für **Game Drives** erschlossen. Der Pistenzustand ist gut, so dass man in der Trockenzeit auch ohne Allradfahrzeug gut vorankommt. Die Mitnahme eines ortskundigen Wildhüters zur Lokalisation der tierreichsten Parkregionen ist empfehlenswert.

Eine typische Beobachtungsfahrt durch den Akagera-Park führt vom **Park Gate Kiyonza** zunächst zum **Lac Ihema,** an dem auch das **Hauptquartier** des Parks liegt. 4 km weiter nördlich liegt der **Lac Shakani,** an dem viele Flusspferde vorkommen und wo sich ein schöner Campingplatz befindet. Gut 8 km weiter nördlich erstreckt sich der **Lac Birengiro,** an dem insbesondere Wasservögel zu beobachten sind. Für Wildbeobachtungen von Büffeln, Zebras, Impalas und Elefanten am ergiebigsten ist die Region um den **Lac Hago** 15 km weiter nördlich. Der mehrere hundert Flusspferde aufweisende See kann auf einer Piste umrundet werden. Weiter nördlich wird das Buschland wieder offener und geht in akazienbestandenes Grasland über. In der Region um die **Mutumba Hills** bestehen beste Chancen für die Beobachtung von Giraffen, Topis, Oribis oder gar Elenantilopen. Die Region westlich des **Lac Rwanyakizinga** im Nordsektor des Parks bietet gute Beobachtungsmöglichkeiten für Warzenschweine, Zebras und kleinere Topi-Herden. Wenn Sie Löwen im Park zu Gesicht bekommen, dann noch am ehesten in dieser Region.

Theoretisch lassen sich auch **Bootsfahrten auf dem Lac Ihema** durchführen, sofern Boote oder Motoren nicht gerade defekt sind. Aktuelle Erkundigungen dazu können Sie am Park Headquarter einholen.

Anreise

Die Anreise erfolgt über die gut ausgebaute **Asphaltstraße von Kigali nach Kayonza** (72 km) **und Kibungo** (107 km). Zwischen Kayonza und Kibungo liegt der Ort **Kabarondo,** von wo eine 27 km lange Piste zum **Parkeingang Kiyonza** (einzige zugelassene Zufahrt) beim Hôtel Akagera (derzeit geschlossen) führt. Nach heftigen Regenfällen ist auf dieser Strecke mitunter Allradantrieb erforderlich. Die Gesamtfahrtzeit ab Kigali beträgt mit dem eigenen Fahrzeug ca. 2 Std. Öffentlichen Transport in den Park gibt es keinen.

Informationen

- Der Park ist **von 8–18 Uhr geöffnet.** Es wird eine Eintrittsgebühr (zahlbar in Kigali beim ORTPN) von umgerechnet 7 Euro pro Person erhoben (Kinder unter 7 Jahren frei). Die Zufahrtsgebühr für einfache PKW beträgt 3,20 Euro, für Allradfahrzeuge werden 4,30 Euro verlangt. Als Ausfahrtstore zugelassen sind die Punkte Karangazi, Kizirankombe und Nyamiyaga. Das Park Gate am Gabiro Guest House (nicht mehr in Betrieb) ist geschlossen.

● **Office Rwandais du Tourisme et des Parcs Nationaux (ORTPN)**
Avenue de l'Armée, Box Postale 905, Kigali/Ruanda, Tel. 576514/5, Fax 576512. Informationen zur Anreise und zur aktuellen Situation im Park. Es ist eine farbige Faltkarte des Gebietes erhältlich.
E-Mail: ortpn@rwanda1.com,
Internet: www.visitrwanda.gov.rw

● **Park Headquarter**
Am Lac Ihema. Zuweisung von Campingplätzen und Vermittlung ortskundiger Wildhüter als Führer.

● Parkbesuche müssen beim **ORTPN-Büro in Kigali** angemeldet und dort auch bezahlt werden.

Unterkünfte und Lodges

Alle festen Unterkünfte innerhalb des Parks waren Ende 2003 geschlossen. Im Dorf Rwamagana (ca. 55 km außerhalb des Parks) gibt es das angenehme **Hôtel Dereva** (Kategorie C), in Kibungo (ca. 40 km außerhalb des Parks) kann man im einfachen **Umbrella Hôtel** (Kategorie C) übernachten. An beide Hotels sind Restaurants angeschlossen.

Camping

Es stehen **mehrere schöne Campingplätze** für Selbstversorger zur Verfügung, die von der Parkverwaltung zugewiesen werden. Die Campinggebühr beträgt ca. 2,90 Euro. Camping ist auch am Park Headquarter am Lac Ihema möglich und am schöneren Lac Shakani (einige Kilometer weiter nördlich).

Ostkongo

Nach dem Völkermord in Ruanda und der Flüchtlingskatastrophe in den Regionen Goma und Bukavu im Sommer 1994 sowie dem Beginn eines blutigen Bürgerkrieges, der zunächst ein vorläufiges Ende mit dem Sturz des Diktators *Mobutu* erreichte, um dann ab Ende 1998 eine bis heute andauernde Serie von neuerlichen Kriegshandlungen nach sich zu ziehen, kam der früher rege Reiseverkehr in die weltberühmten ostkongolesischen Nationalparks Parc National des Virunga und Parc National de Kahuzi-Biéga mit ihren habituierten Gorillafamilien völlig zum Erliegen.

Das 1997 in Demokratische Republik Kongo (DR Kongo) umbenannte ehemalige Zaire erstickt an einem **Zerfall der staatlichen Institutionen,** denen längst die Kontrolle über weite Teile des Landes entglitten ist. Lokale **Warlords und Stammesmilizen** betreiben ebenso wie die Truppen der Nachbarländer Ruanda und Uganda oder ihnen ergebener Rebellenverbände einen hemmungslosen Raubbau an den reichen Bodenschätzen des Landes, zu denen nach neuesten Vermutungen auch große Ölvorkommen im Osten des Landes zählen. Bis zu 4 Millionen Menschen fielen diesem erbittert geführten Krieg um Macht und Ressourcen zum Opfer, der oftmals als „erster afrikanischer Weltkrieg" bezeichnet wurde und in den bis ins Jahr 2003 hinein große Truppenkontingente aus Kongos Nachbarländern, vor allem Simbabwe, Angola, Namibia, Ruanda, Uganda und Burundi, verwickelt waren. Eine im Juli 2003 auf Basis der Friedensverträge von Lusaka und Pretoria gebildete kongolesische **Übergangsregierung** unter Führung von **Joseph Kabila,** an der die wichtigsten Rebellen- und Oppositionsgruppen beteiligt wurden, hat es nun in der Hand, eine Abkehr von den diversen verbissen geführten militärischen Konflikten im Land einzuleiten und einen Demokratisierungsprozess zu ermöglichen.

Informationen zu den Hintergründen des Konflikts im Kongo mit massiver ruandischer und ugandischer Beteiligung sowie Überlegungen zu den ungelösten Problemen im Afrika der Großen Seen finden Sie auch im Artikel des taz-Redakteurs *Dominic Johnson,* der im Abschnitt zu Ruanda abgedruckt ist.

Der andauernde Bürgerkrieg in den Ostprovinzen des Kongo hat einen Besuch des Nationalparks **Parc National de Kahuzi-Biéga** bei Bukavu unweit der Grenze zu Ruanda sowie des **Parc National des Virunga** an der Grenze zu Ruanda/Uganda weitgehend unmöglich gemacht. In diesen Gebieten konnten vor Beginn des Bürgerkrieges im Oktober 1996 habituierte Gruppen von Berggorillas bzw. Östlichen Flachlandgorillas *(Gorilla gorilla graueri)* besucht werden. Nach Rücksprache mit der Parkverwaltung können diese auch weiterhin besucht werden, sofern die jeweils aktuelle Sicherheitslage es zulässt. Die Gebühr für das **Gorilla-Tracking** lag im Jahr 2003 bei 200 US-$ pro Person. Die entsprechende Zuständigkeit durch die lokalen Vertretungen der kongolesischen Naturschutzbehörde ICCN (Institute Congolaise pour la Conservation de la Nature) in Goma bzw. Bukavu ist trotz der Lösung der östlichen Landesteile von der Zentralgewalt in Kinshasa erhalten geblieben.

Es ist unbedingt notwendig, vor einem Abstecher in den Osten der DR Kongo aktuelle Informationen über die Lage vor Ort einzuholen. Diese sind in ausreichender Qualität und Aktualität in den Grenzorten Kisoro (Uganda) und Gisenyi bzw. Cyangugu (Ruanda) zu bekommen. Die für Gorillabesuche wichtigsten Anlaufpunkte sind die Station Tshivanga im Parc National de Kahuzi-Biéga sowie die Stationen Jomba und Bukima im Parc National des Virunga. Bei regulärer Öffnung der Nationalparks für den Gorillatourismus treffen Sie auch auf Kontaktleute des ICCN direkt an der Grenze. Die **Einreisebestimmungen** werden an jedem Grenzübergang separat geregelt. In den unterschiedlichen Machtsphären im Osten des Landes sind bei Reisen ins Landesinnere jeweils eigene Sichtvermerke im Pass notwendig. Der US-Dollar gilt als wichtigste Währung des Landes. Mit der im Juni 1998 neu eingeführten Landeswährung Franc Congolais können letztlich nur kleinere Beträge beglichen werden. Der Wechselkurs zum US-Dollar ist von einer hohen Inflationsrate gekennzeichnet. Als aktuelle Orientierung mag der Preis einer Flasche kongolesischen Primus-Biers in Franc Congolais gelten – dieser entspricht ungefähr 1 US-$.

Ein Besuch der DR Kongo ist stets mit von moralischen Verfallserscheinungen geprägter **Bürokratie** und massiven **or-**

ganisatorischen Schwierigkeiten verbunden, doch kann er auch mit großartigen Naturerlebnissen belohnt werden und auf diese Weise unvergessliche Erinnerungen an das letzte wirklich „wilde" Land Afrikas hinterlassen. Es macht jedoch keinen Sinn, sich dafür ernst zu nehmenden Gefahren für Leib und Leben auszusetzen.

Praktische Informationen

- **Visa** zum Besuch der östlichen Kivuprovinzen sind in Goma und Bukavu an der Grenze erhältlich und kosten 35 US-$ für einen Aufenthalt bis zu 1 Monat.
- **Ambassade de la République Fédérale d'Allemagne**
82 Avenue Roi Baudouin, BP 8400,
Kinshasa – Gombe, Tel. +243-89-48201
oder 8948202/3,
Satcom-Tel. +871-682623226,
Satcom-Fax +871-682623227,
E-Mail: amballemagne@ic.cd

Die Zuständigkeit der Botschaft in Kinshasa für die östlichen Landesteile ist aufgrund der derzeitigen politischen Lage begrenzt.

Bessere Reisehinweise und ggf. Hilfestellung kann Ihnen das Honorarkonsulat in Bukavu, Provinz Süd-Kivu, geben:

- **Consulate Honoraire de la République Fédérale d'Allemagne**
Honorarkonsul *Achim Manfred Meisenberg*,
BP 2338, 35 Avenue de Kabare, Bukavu,
Satcom-Tel. +871-6826223 96,
Mobiltel. +243-88-87010,
Satcom-Fax +871-682622397
oder +871-112223740,
E-Mail: manfred@meisenberg.net

Informationen zu aktuellen Einreisebestimmungen und zur Visaerteilung über die Bot-

uga_346 Foto: cl

schaft in Bonn sind z.B. über das Generalkonsulat der DR Kongo in Bremen erhältlich:

- **Honorargeneralkonsulat der Demokratischen Republik Kongo**
Honorargeneralkonsul *Ansgar Werner,* Bornstraße 16/17, D-28195 Bremen, Tel. 0421-15820, Fax 0421-3042209, Sprechzeiten Mo bis Fr 9–13 Uhr

- **Botschaft der Demokratischen Republik Kongo**
Im Meisengarten 133, D-53177 Bonn, Tel. 0228-858160, Fax 0228-340398, Sprechzeiten Mo bis Fr 9.30–15 Uhr

Die kongolesische Botschaft in Bonn ist bei Reisen in den Osten des Landes wenig hilfreich und auch ansonsten recht chaotisch organisiert. Wie in anderen Botschaften des Landes auch, müssen sich die Mitarbeiter in Deutschland mangels geordneter Gehaltszahlungen aus dem Mutterland zumindest teilweise über die hohen Gebühren für die Ausstellung von Visa finanzieren. Ein Umzug der Vertretung nach Berlin ist geplant.

- Die kongolesische Botschaft in Kampala und in Kigali ist derzeit (2003) geschlossen.

Blick über den Kivusee auf Goma und den Vulkan Nyiragongo

uga_348 Foto: cl

Anhang

uga_349A Foto: cl

uga_349B Foto: cl

Murchison Falls (Uganda)

Bergführer im Mt. Elgon National Park (Uganda)

Landschaft in Nordwest-Ruanda

Literatur

Literatur über Uganda, Ruanda und Ostkongo

Einen guten gedanklichen Einstieg für eine Reise nach Uganda bzw. Ruanda und in die Demokratische Republik Kongo bieten die folgenden Romane und Erzählungen:

- *Tania Blixen:* **„Afrika, dunkel lockende Welt"**, Manesse/Zürich (1986), 348 S. Verfilmung als „Jenseits von Afrika".
- *Rosamond Halsey Carr:* **„Land der tausend Hügel. Ein Leben in Afrika"**, Diana-Verlag/München (2001), 384 S. Beeindruckende Autobiografie über ein Leben, das mehr als 50 Jahre in Ruanda stattfand.
- *Joseph Conrad:* **„Herz der Finsternis"**, Insel Verlag/Frankfurt a.M. (1995), 181 S. Eindrucksvoller Bericht einer Fahrt zum „Mittelpunkt des Bösen" im tiefsten Innern des afrikanischen Kontinents (Kongo). Klassiker.
- *Moses Isegawa:* **„Abessinische Chronik"**, Karl Blessing-Verlag/München (2000), 608 S. Das Erstlingswerk des in die Niederlande emigrierten jungen ugandischen Autors wurde ein Welterfolg. Eine Familiensaga führt wie ein roter Faden durch die jüngere Geschichte Ugandas.
- *V. S. Naipaul:* **„An der Biegung des großen Flusses"**, Ullstein-Taschenbuchverlag (2002), 411 S. Einfühlsame Darstellung des Lebens eines Kaufmanns von der ostafrikanischen Küste im Kongo. Einer der besten Romane, die in Afrika spielen.

Lesenswerte Reportagen, Dokumentationen und Biografien

- *Dian Fossey:* **„Gorillas im Nebel – Mein Leben mit den sanften Riesen"**, Kindler/München (1989), 415 S. Autobiografie. Das Buch ist unter dem gleichnamigen Titel verfilmt worden.
- *Harold Hayes:* **„Dian Fossey. Die einsame Frau des Waldes"**, Droemer Knaur (1993), 381 S. Lebens- und Leidensgeschichte der berühmten Gorillaforscherin.
- *Ryszard Kapuscinski:* **„Afrikanisches Fieber"**, Eichborn Verlag/Frankfurt a.M. (1999), 324 S. Abriss einer bewegten Korrespondenten-Tätigkeit in Afrika seit den 1950er Jahren. Packend geschrieben, aus der Perspektive eines Journalisten, der stets mit geringstem finanziellen Background berichten musste. Trotz aller geschilderten Schrecken – *Kapuscinskis* Herz gehört Afrika.
- *China Keitetsi:* **„Sie nahmen mir die Mutter und gaben mir ein Gewehr. Mein Leben als Kindersoldatin"**, Ullstein-Taschenbuchverlag (2002), 336 S. Erschütternder Bericht einer nach Dänemark emigrierten Ugandерin, die als Zehnjährige von den NRA-Truppen des heutigen Staatspräsidenten *Museveni* zum Waffendienst in der Guerillabewegung gezwungen wurde. Das Buch hinterlässt große Zweifel an der politischen Integrität *Musevenis*.
- *David Lamb:* **„Afrika, Afrika"**, Marino Verlag/München (1994), 370 S. Einer der bekanntesten Journalisten der USA berichtet über seine Zeit als Korrespondent in Afrika und zeichnet dabei ein humoristisch-schauriges Bild.
- *Keith B. Richburg:* **„Jenseits von Amerika"**, Quell Verlag/Stuttgart (1998), 334 S. Konfrontation eines schwarzen amerikanischen Journalisten mit dem Kontinent seiner Vorfahren – eine Abrechnung mit Afrika, die nicht immer auf solide recherchierten Füßen steht.
- *Peter Scholl-Latour:* **„Afrikanische Totenklage"**, Bertelsmann Verlag/München (2001), 480 S. Bilanzierende Darstellung persönlicher Erlebnisse in Afrika in den späten 1990er Jahren, eng verflochten mit dem Text des älteren Werkes „Mord am großen Fluss".
- *Peter Scholl-Latour:* **„Mord am großen Fluss"**, Deutscher Taschenbuch Verlag/München (1989), 557 S. Zusammenfassende Darstellung persönlicher Erlebnisse als Journalist in Afrika.
- *Michela Wrong:* **„Auf den Spuren von Mr. Kurtz: Mobutus Aufstieg und Kongos Fall"**, Edition Tiamat/Berlin (2002), 334 S. Packen-

der Bericht der ehemaligen BBC-Korrespondentin *Michela Wrong* über die Herrschaft des Diktators *Mobutu* und das auch nach dessen Tod weiterlebende kleptokratische System des Mobutismus in Kongo/Zaire.

Monografien

Eine detaillierte Aufarbeitung des Genozids in Ruanda sowie der blutigen Geschichte des Kongo bieten folgende Monografien:

- *Alison DesForges:* **„Kein Zeuge darf überleben. Der Genozid in Ruanda"**, Hamburger Edition (2002), 950 S. Kritische Aufarbeitung der Hintergründe und Geschehnisse des Völkermordes in Ruanda 1994.
- *Adam Hochschild:* **„Schatten über dem Kongo"**, Klett-Cotta-Verlag/Stuttgart (2000), 494 S. Detaillierte Aufarbeitung der Schreckensherrschaft des belgischen Königs *Leopold II.* im Kongo in den Jahren von 1885 bis 1908.

Bildbände

- *Guy Yeoman:* **„Africa's Mountains of the Moon – Journeys to the Snowy Sources of the Nile"**, Universe Books/New York (1989), 176 S. Hervorragender Bildband mit Berichten und Beschreibungen zum Ruwenzori-Gebirge und dem Gebiet der Virunga-Vulkane, inzwischen leider vergriffen. In Nairobi manchmal noch im Buchhandel erhältlich, sonst antiquarisch zu bekommen.
- *Volker Sommer/Karl Ammann:* **„Die großen Menschenaffen"**, BLV-Verlagsgesellschaft/München (1998), 160 S. Schöne Abbildungen der Berggorillas.

Reiseführer

Empfehlenswerte (englischsprachige) Reiseführer über die Region sind:

- *Philip Briggs:* **„Uganda"**, Bradt Travel Guide, aktuelle Auflage 2003, 320 S. Umfassende Darstellung Ugandas, besonders für Rucksackreisende zu empfehlen.
- *Michael Hood & Angela Roche:* **„Uganda Handbook"**, Footprint Handbooks, aktuelle Auflage 2002, 248 S. Gute Detailinformationen auch zu Nebenreisezielen in Uganda.
- *Philip Briggs & Janice Booth:* **„Rwanda"**, Bradt Travel Guide, Auflage 2001, 228 S. Umfassende Darstellung Ruandas, aber nicht mehr ganz auf dem neuesten Stand.
- *Mary Fitzpatrick:* **„Trekking in East Africa"**, Lonely Planet „Walking Guide", aktuelle Auflage 2001, 288 S. Gute Detailinformationen zu allen ostafrikanischen Bergen.

Wanderführer

- *Reinhard Dippelreither:* **„Ruwenzori – Wanderungen"**, Stein-Verlag (2003), 120 S. Ausführliche Beschreibung der gängigen Wanderrouten im Ruwenzori.

Sprachführer

- *Christoph Friedrich:* **„Kisuaheli für Globetrotter"**, Reihe Kauderwelsch im REISE KNOW HOW-Verlag Peter Rump, 208 S.
- *Doris Werner-Ulrich:* **„Englisch – Wort für Wort"**, Reihe Kauderwelsch im REISE KNOW HOW-Verlag Peter Rump, 160 S.
- *Gabriele Kalmbach:* **„Französisch – Wort für Wort"**, Reihe Kauderwelsch im REISE KNOW HOW-Verlag Peter Rump, 176 S.

Zeitschriften

Besonders empfehlenswerte Artikel über die Region in Zeitschriften:

- Geo-Special **„Ostafrika"** (1994), Gruner & Jahr/Hamburg. Gut recherchierte Artikel zu allen Ländern Ostafrikas.
- Geo 5/1981: **„Ruwenzori – Gullivers Reise"**, von *Uwe George*. Faszinierende Bilder einer Expedition in das Gebiet.
- Geo 10–12/1995: **„Afrikareise"** des Reporters *Bartholomäus Grill*. Darstellung der Situation verschiedener Länder in Ost- und Zentralafrika.

- National Geographic 5/1990: **„Africa's Great Rift Valley"**, von *Curt Stager.* Darstellung von Geologie, Landschaft und Natur des ost- und zentralafrikanischen Grabens.
- Berge 64/1994: **„Ostafrika"**, mit ausführlicher Darstellung von Kilimanjaro, Mt. Kenia und Ruwenzori.
- Tours 4/2002: **„Uganda – Hakuna Matata"**, mit Darstellung einer Rundreise durch die schönsten Regionen des Landes.

Bestimmungsliteratur für Safaris

- *Jonathan Rossouw/Marco Sacchi:* **„Where to Watch Birds in Uganda".** Uganda Tourist Board Publications (1998), 100 S. Enthält detaillierte Wegbeschreibungen in 14 verschiedene Gebiete Ugandas. Für passionierte Ornithologen ein Muss.
- *Terry Stevenson/John Fanshawe:* **„Field Guide to the Birds of East Africa"**, Poyser Publications (2001), 600 S. Behandelt 1388 Vogelarten, gute Farbillustrationen.
- *Rainer Waterkamp & Winfried Wisniewski:* **„Naturreiseführer Ostafrika".** Franckh-Kosmos, Stuttgart (1999), 287 S. Vorgestellt werden alle bedeutenden Natursehenswürdigkeiten in den Ländern Ostafrikas. Mit zahlreichen Farbbildern, Reisehinweisen, Tier- und Pflanzenführer sowie Routenvorschlägen.
- *John G. Williams:* **„Die Vögel Ost- und Zentralafrikas"**, Verlag Paul Parey/Hamburg, 287 S. Standardwerk für die Vogelbestimmung im Osten Afrikas mit zahlreichen Farbtafeln.
- *Jonathan Kingdon:* **„The Kingdon Field Guide to African Mammals"**, Academic Press (1997), 494 S. Standardwerk.
- *Jean Dorst/Pierre Dandelot:* **„Säugetiere Afrikas"**, Verlag Paul Parey/Hamburg, 252 S. Älteres Standardwerk.
- *Robert H. Carcasson:* **„Handguide to the Butterflies of Africa"**, Collins/London. Standardwerk.
- *Michael Blundell:* **„Field Guide to the Wild Flowers of East Africa"**, Collins/London. Standardwerk.
- *Stephen Spawls:* **„A Field Guide to the Reptiles of East Africa"**, Academic Press (2001), 543 S. Behandelt ausführlich alle Reptilien und Schlangenarten Ostfrikas und geht auch auf den Umgang mit Schlangen und Schlangenbissen detailliert ein.

Manche der angegebenen Titel sind leider vergriffen und nur noch antiquarisch zu bekommen.

Karten

Folgendes Kartenmaterial kann ich Ihnen aus eigener Erfahrung empfehlen:

- **Nelles Map Uganda,** Maßstab 1:700.000. Mit Stadtplan von Kampala. Empfehlenswert.
- **Freytag & Berndt, Übersichtskarte Kenya – Tanzania – Uganda,** Maßstab 1:2.000.000
- **Macmillan, Uganda – Traveller's Map** mit Plänen von Kampala, Murchison Falls NP, Queen-Elizabeth NP und zahlreichen Erläuterungen, Maßstab 1:1.350.000. In Kampala erhältlich.
- **ITMB Publishing, Rwanda & Burundi,** Maßstab 1:400.000
- **Michelin, Übersichtskarte Africa – Central and South,** Maßstab 1:4.000.000
- **Andrew Wielochowski, Ruwenzori – Map and Guide,** mit Detail- und Übersichtskarten, Maßstab 1:50.000. Leider vergriffen, manchmal noch in Kampala oder Nairobi erhältlich.
- **Andrew Wielochowski, Mt. Elgon – Map and Guide,** mit Detail- und Übersichtskarten, Maßstab 1:50.000. Leider vergriffen, manchmal noch in Kampala oder Nairobi erhältlich.

Beim **Uganda Tourist Board** in Kampala sind weitere Touristen-Karten erhältlich, darunter auch ein vergrößerter Reprint des Ugandaausschnitts der Freytag & Berndt-Karte. Diese empfehlenswerte Karte ist manchmal auch über die ugandischen Vertretungen im Ausland zu beziehen.

Beim **Department of Lands & Surveys** in Entebbe können Sie topografische Karten von Städten und Landesteilen Ugandas im Maßstab 1:50.000 bekommen (5–10 Euro pro Blatt) sowie Kopien der guten Kigezi Tourist Map der touristisch interessanten Gebiete Südwestugandas (Maßstab 1:125.000).

In **Ruanda** sind einfache touristische Karten über die Niederlassungen der Naturschutzbehörde ORTPN am Flughafen Kanombe sowie in der Innenstadt von Kigali erhältlich.

Buchtipp:
- Wolfram Schwieder
Richtig Kartenlesen
(Reise Know-How Praxis)

Reise-Gesundheitsinformation: Uganda

Stand: Sept. 2003/© Centrum für Reisemedizin 2003

Die nachstehenden Angaben dienen der Orientierung, was für eine geplante Reise in das Land an Gesundheitsvorsorgemaßnahmen zu berücksichtigen ist. Die Informationen wurden uns freundlicherweise vom Centrum für Reisemedizin zur Verfügung gestellt. Auf der Homepage **www.travelmed.de** werden diese Informationen stetig aktualisiert. Es lohnt sich, dort noch einmal nachzuschauen.

Klima

- Tropisch-wechselfeuchtes, aufgrund der Höhenlage gemildertes Klima; zwei Regenmaxima (April/Mai und November); durchschnittliche Temperatur in Kampala ganzjährig um 22°C.

Einreise-Impfvorschriften

- Bei Direktflug aus Europa: keine Impfungen vorgeschrieben.
- Bei einem vorherigen Zwischenaufenthalt (innerhalb der letzten 6 Tage vor Einreise) in einem Gelbfieber-Endemiegebiet wird bei Einreise eine gültige Gelbfieber-Impfbescheinigung verlangt (ausgenommen Kinder unter 1 Jahr).

In der Regel wird eine Impfung gegen Gelbfieber von allen Reisenden, die älter als 1 Jahr sind, verlangt.

Empfohlener Impfschutz

- Generell: Tetanus, Diphtherie, Hepatitis A, Polio
- Je nach Reisestil und Aufenthaltsbedingungen im Lande außerdem zu erwägen:

Impfschutz	Reisebedingung 1	Reisebedingung 2	Reisebedingung 3
Typhus	x		
Gelbfieber [b]	x		
Hepatitis B [c]	x		
Tollwut [d]	x		
Meningitis [e]	x		

[b] bei Reisen in das Landesinnere empfohlen
[c] bei Langzeitaufenthalten und engerem Kontakt mit der einheimischen Bevölkerung
[d] bei vorhersehbarem Umgang mit Tieren
[e] nur bei engerem Kontakt zur einheimischen Bevölkerung, vorwiegend in der Trockenzeit

- Reisebedingung 1: Reise durch das Landesinnere unter einfachen Bedingungen (Rucksack-/Trecking-/Individualreise) mit einfachen Quartieren/Hotels; Camping-Reisen, Langzeitaufenthalte, praktische Tätigkeit im Gesundheits- oder Sozialwesen, enger Kontakt zur einheimische Bevölkerung wahrscheinlich.
- Reisebedingung 2: Aufenthalt in Städten oder touristischen Zentren mit (organisierten) Ausflügen ins Landesinnere (Pauschalreise, Unterkunft und Verpflegung in Hotels bzw. Restaurants mittleren bis gehobenen Standards).

- Reisebedingung 3: Aufenthalt ausschließlich in Großstädten oder Touristikzentren (Unterkunft und Verpflegung in Hotels bzw. Restaurants gehobenen bzw. europäischen Standards).

Wichtiger Hinweis: Welche Impfungen letztendlich vorzunehmen sind, ist abhängig vom aktuellen Infektionsrisiko vor Ort, von der Art und Dauer der geplanten Reise, vom Gesundheitszustand sowie dem eventuell noch vorhandenen Impfschutz des Reisenden.

Da im Einzelfall unterschiedlichste Aspekte zu berücksichtigen sind, empfiehlt es sich immer, rechtzeitig (etwa 4–6 Wochen) vor der Reise eine persönliche Reise-Gesundheits-Beratung bei einem reisemedizinisch erfahrenen Arzt oder Apotheker in Anspruch zu nehmen.

Malaria

Risiko: ganzjährig, hohes Risiko landesweit

Vorbeugung: Ein konsequenter Mückenschutz in den Abend- und Nachtstunden verringert das Malariarisiko erheblich (Expositionsprophylaxe).

Die wichtigsten Maßnahmen sind:

- In der Dämmerung und nachts Aufenthalt in mückengeschützten Räumen (Räume mit Aircondition, Mücken fliegen nicht vom Warmen ins Kalte).
- Beim Aufenthalt im Freien in Malariagebieten abends und nachts weitgehend den Körper bedeckende Kleidung tragen (lange Ärmel, lange Hosen).
- Anwendung von Insekten abwehrenden Mitteln an unbedeckten Hautstellen (Wade, Handgelenke, Nacken). Wirkungsdauer ca. 2–4 Std.
- Im Wohnbereich Anwendung von Insekten abtötenden Mitteln in Form von Aerosolen, Verdampfern, Kerzen, Räucherspiralen.
- Schlafen unter dem Moskitonetz (vor allem in Hochrisikogebieten).
- Ergänzend ist die Einnahme von Anti-Malaria-Medikamenten (Chemoprophylaxe) dringend zu empfehlen. Zu Art und Dauer der Chemoprophylaxe fragen Sie Ihren Arzt oder Apotheker, bzw. informieren Sie sich in einer qualifizierten reisemedizinischen Beratungsstelle. Malariamittel sind verschreibungspflichtig.

Aktuelle Meldungen

- **Darminfektionen:** Risiko für Durchfallerkrankungen landesweit; Cholera gab es zuletzt im Westen (Bundibugyo). Hygiene beachten.
- **Schlafkrankheit:** Wie in den Nachbarländern hat die potenziell tödliche Erkrankung auch in Uganda zugenommen. Alle Landesteile nördlich des Edwards- und Viktoriasees gelten als Infektionsgebiete. Schutz vor den Überträgern (Tsetse Fliegen) beachten. Bei verdächtigen Reaktionen sofort Arzt aufsuchen.
- **Gelbfieber:** Ein aktueller Ausbruch im Norden hat offenbar aus dem benachbarten Sudan übergegriffen.
- **HIV/AIDS:** Uganda gehört zu den Ländern mit der höchsten Durchseuchung (ca. 10% der Gesamtbevölkerung). Sexuelle Kontakte sind risikobelastet, auch im Hinblick auf andere Geschlechtskrankheiten.
- **AIDS:** Generell keine HIV-bedingten Einreisebeschränkungen. Bei positivem HIV-Test kann die Aufenthaltserlaubnis verweigert werden.
- **Tollwut:** Moderne Gewebekultur-Impfstoffe und homologes Immunglobulin im Land schwer erhältlich. Im Bedarfsfall an deutsche Vertretung (Vertrauensarzt) wenden. Bei vorhersehbarem Risiko prophylaktische Impfung vor Reise empfohlen.

Reise-Gesundheitsinformation: Ruanda

Stand: Sept. 2003/© Centrum für Reisemedizin 2003

Die nachstehenden Angaben dienen der Orientierung, was für eine geplante Reise in das Land an Gesundheitsvorsorgemaßnahmen zu berücksichtigen ist. Die Informationen wurden uns freundlicherweise vom Centrum für Reisemedizin zur Verfügung gestellt. Auf der Homepage **www.travelmed.de** werden diese Informationen stetig aktualisiert. Es lohnt sich, dort noch einmal nachzuschauen.

Klima

- Wechselfeuchtes und tropisches Höhenklima mit zwei Regenzeiten (März/April und Oktober/November); ausgeprägte Trockenzeit von Mai bis September; mittlere Temperatur in den niedrigeren Regionen ganzjährig um 20°C, in den höheren Lagen deutlich darunter (Frost möglich); durchschnittliche Jahrestemperatur in Kigali 19°C.

Einreise-Impfvorschriften

- Gelbfieber-Impfung für alle Reisenden vorgeschrieben (ausgenommen Kinder unter 1 Jahr).

Empfohlener Impfschutz

- Generell: Tetanus, Diphtherie, Hepatitis A, Polio, Typhus
- Je nach Reisestil und Aufenthaltsbedingungen im Lande außerdem zu erwägen:

Impfschutz	Reisebedingung 1	Reisebedingung 2	Reisebedingung 3
Hepatitis B [a]	x		
Tollwut [b]	x		
Meningitis [c]	x		

[a] bei Langzeitaufenthalten und engerem Kontakt mit der einheimischen Bevölkerung
[b] bei vorhersehbarem Umgang mit Tieren
[c] nur bei engerem Kontakt zur einheimischen Bevölkerung, vorwiegend in der Trockenzeit

- Reisebedingung 1: Reise durch das Landesinnere unter einfachen Bedingungen (Rucksack-/Trecking-/Individualreise) mit einfachen Quartieren/Hotels; Camping-Reisen, Langzeitaufenthalte, praktische Tätigkeit im Gesundheits- oder Sozialwesen, enger Kontakt zur einheimische Bevölkerung wahrscheinlich.
- Reisebedingung 2: Aufenthalt in Städten oder touristischen Zentren mit (organisierten) Ausflügen ins Landesinnere (Pauschalreise, Unterkunft und Verpflegung in Hotels bzw. Restaurants mittleren bis gehobenen Standards).
- Reisebedingung 3: Aufenthalt ausschließlich in Großstädten oder Touristikzentren (Unterkunft und Verpflegung in Hotels bzw. Restaurants gehobenen bzw. europäischen Standards).

Wichtiger Hinweis: Welche Impfungen letztendlich vorzunehmen sind, ist abhängig vom aktuellen Infektionsrisiko vor Ort, von der Art und Dauer der geplanten Reise, vom Gesundheitszustand sowie dem eventuell noch vorhandenen Impfschutz des Reisenden.

Da im Einzelfall unterschiedlichste Aspekte zu berücksichtigen sind, empfiehlt es sich immer, rechtzeitig (etwa 4–6 Wochen) vor der Reise eine persönliche Reise-Gesundheits-Beratung bei einem reisemedizinisch erfahrenen Arzt oder Apotheker in Anspruch zu nehmen.

Malaria

Risiko: ganzjährig, hohes Risiko landesweit

Vorbeugung: Ein konsequenter Mückenschutz in den Abend- und Nachtstunden verringert das Malariarisiko erheblich (Expositionsprophylaxe).

Die wichtigsten Maßnahmen sind:

- In der Dämmerung und nachts Aufenthalt in mückengeschützten Räumen (Räume mit Aircondition, Mücken fliegen nicht vom Warmen ins Kalte).
- Beim Aufenthalt im Freien in Malariagebieten abends und nachts weitgehend den Körper bedeckende Kleidung tragen (lange Ärmel, lange Hosen).
- Anwendung von Insekten abwehrenden Mitteln an unbedeckten Hautstellen (Wade, Handgelenke, Nacken). Wirkungsdauer ca. 2–4 Std.
- Im Wohnbereich Anwendung von Insekten abtötenden Mitteln in Form von Aerosolen, Verdampfern, Kerzen, Räucherspiralen.
- Schlafen unter dem Moskitonetz (vor allem in Hochrisikogebieten).
- Ergänzend ist die Einnahme von Anti-Malaria-Medikamenten (Chemoprophylaxe) dringend zu empfehlen. Zu Art und Dauer der Chemoprophylaxe fragen Sie Ihren Arzt oder Apotheker, bzw. informieren Sie sich in einer qualifizierten reisemedizinischen Beratungsstelle. Malariamittel sind verschreibungspflichtig.

Aktuelle Meldungen

- **Schlafkrankheit:** Die durch Tsetse-Fliegen übertragene Erkrankung hat wie in den Nachbarländern auch in Ruanda zugenommen. Bei verdächtigen Stich-Reaktionen oder unklarem Fieber sofort Arzt aufsuchen.
- **Darminfektionen:** Risiko für Durchfallerkrankungen landesweit. Cholera-Ausbrüche wurden in letzter Zeit nicht bekannt. Nahrungs- und Trinkwasserhygiene beachten.
- **Medizinische Versorgung:** Landesweit ist mit erheblichen Engpässen bei der ärztlichen und medikamentösen Versorgung zu rechnen. Adäquate Ausstattung der Reiseapotheke (Zollbestimmungen beachten, Begleitattest ratsam), Auslandskrankenversicherung mit Abdeckung des Rettungsrückflug-Risikos für Notfälle dringend empfohlen.

Anhang

Alle Reiseführer von Reise

Reisehandbücher
Urlaubshandbücher
Reisesachbücher
Rad & Bike

Afrika, Bike-Abenteuer
Afrika, Durch, 2 Bde.
Agadir, Marrak./Südmarok.
Ägypten individuell
Alaska ⇗ Canada
Algarve
Algerische Sahara
Amrum
Amsterdam
Andalusien
Äqua-Tour
Argentinien, Urug./Parag.
Athen
Äthiopien
Auf nach Asien!

Bahrain
Bali und Lombok
Bali, die Trauminsel
Bali: Ein Paradies ...
Bangkok
Barbados
Barcelona
Berlin
Borkum
Botswana
Bretagne
Budapest
Bulgarien
Burgund

Cabo Verde
Canada West, Alaska
Canada Ost, USA NO
Chile, Osterinseln
China Manual
Chinas Norden
Chinas Osten
Cornwall
Costa Blanca
Costa Brava
Costa de la Luz
Costa del Sol
Costa Dorada
Costa Rica
Cuba

Dalmatien
Dänemarks Nordseek.
Dominik. Republik
Dubai, Emirat

Ecuador, Galapagos
El Hierro
Elsass, Vogesen
England – Süden
Erste Hilfe unterwegs
Europa BikeBuch

Fahrrad-Weltführer
Fehmarn
Florida
Föhr
Fuerteventura

Gardasee
Golf v. Neapel,
Kampanien
Gomera
Gran Canaria
Großbritannien
Guatemala

Hamburg
Hawaii
Hollands Nordseeins.
Honduras
Hongkong, Macau,
Kanton

Ibiza, Formentera
Indien – Norden
Indien – Süden
Iran
Irland
Island
Israel, palästinens.
Gebiete, Ostsinai
Istrien, Velebit

Jemen
Jordanien
Juist

Kairo, Luxor, Assuan
Kalabrien, Basilikata
Kalifornien, USA SW
Kambodscha
Kamerun
Kanada ⇗ Canada
Kap-Provinz (Südafr.)
Kapverdische Inseln
Kenia
Kerala
Korfu, Ionische Inseln
Krakau, Warschau
Kreta
Kreuzfahrtführer

Ladakh, Zanskar
Langeoog
Lanzarote
La Palma
Laos
Lateinamerika BikeB.
Libyen
Ligurien
Litauen
Loire, Das Tal der
London

Madagaskar
Madeira
Madrid
Malaysia, Singap., Brunei
Mallorca
Mallorca, Leben/Arbeiten
Mallorca, Wandern auf
Malta
Marokko
Mecklenb./Brandenb.:
Wasserwandern
Mecklenburg-
Vorp. Binnenland
Mexiko
Mongolei
Motorradreisen
München
Myanmar

Namibia
Nepal
Neuseeland BikeBuch
New Orleans
New York City
Norderney
Nordfriesische Inseln
Nordseeküste NDS
Nordseeküste SLH
Nordseeinseln,
Deutsche
Nordspanien
Normandie

Oman
Ostfriesische Inseln
Ostseeküste MVP
Ostseeküste SLH
Outdoor-Praxis

Panama
Panamericana,
Rad-Abenteuer
Paris
Peru, Bolivien
Phuket
Polens Norden
Prag
Provence
Pyrenäen

Qatar

Rajasthan
Rhodos
Rom
Rügen, Hiddensee

Sächsische Schweiz
Salzburg
San Francisco
Sansibar
Sardinien
Schottland
Schwarzwald – Nord
Schwarzwald – Süd
Schweiz, Liechtenstein
Senegal, Gambia
Singapur
Sizilien
Skandinavien – Norden
Slowenien, Triest
Spaniens
Mittelmeerküste
Spiekeroog
Sporaden, Nördliche
Sri Lanka
St. Lucia, St. Vincent,
Grenada
Südafrika
Südnorwegen, Lofoten
Sydney

Know-How auf einen Blick

Sylt
Syrien

Taiwan
Tansania, Sansibar
Teneriffa
Thailand
Thailand – Tauch- und Strandführer
Thailands Süden
Thüringer Wald
Tokyo
Toscana
Transsib
Trinidad und Tobago
Tschechien
Tunesien
Tunesiens Küste

Uganda, Ruanda
Umbrien
USA/Canada
USA, Gastschüler
USA, Nordosten
USA – der Westen
USA – der Süden
USA – Südwesten, Natur u. Wandern
USA SW, Kalifornien, Baja California
Usedom

Venedig
Venezuela
Vereinigte Arabische Emirate
Vietnam

Westafrika – Sahel
Westafrika – Küste
Wien
Wo es keinen Arzt gibt

Edition RKH

Abenteuer Anden
Burma – Land der Pagoden
Durchgedreht
Finca auf Mallorca
Geschichten/Mallorca
Goldene Insel
Mallorca, Leib u. Seele
Mallorquinische Reise
Please wait to be seated!
Salzkarawane, Die
Schönen Urlaub!
Südwärts Lateinamerika
Traumstr. Panamerikana
Unlimited Mileage

Praxis

Aktiv Algarve
Aktiv frz. Atlantikküste
Aktiv Gran Canaria
Aktiv Marokko
Aktiv Polen
All Inclusive?
Als Frau allein unterwegs
Bordbuch Südeuropa
Canyoning
Clever buchen/fliegen
Clever kuren
Daoismus erleben
Drogen in Reiseländern
Dschungelwandern
Essbare Früchte Asiens
Fernreisen a. eigene Faust
Fernreisen, Fahrzeug
Fliegen ohne Angst
Fun u. Sport im Schnee
Geolog. Erscheinungen
GPS f. Auto, Motorrad
GPS Outdoor
Heilige Stätten Indiens
Hinduismus erleben
Höhlen erkunden
Inline-Skaten Bodensee
Inline Skating
Internet für die Reise
Islam erleben
Kanu-Handbuch
Kommunikation unterw.
Konfuzianismus erleben
Kreuzfahrt-Handbuch
Küstensegeln
Maya-Kultur erleben
Mountain Biking
Mushing/Hundeschlitten
Orientierung mit Kompass und GPS
Paragliding-Handbuch
Pferdetrekking
Reisefotografie
Reisefotografie digital
Reisen und Schreiben
Respektvoll reisen
Richtig Kartenlesen
Safari-Handbuch Afrika
Schutz v. Gewalt/Kriminalität
Schwanger reisen
Selbstdiagnose unterwegs
Sicherheit/Bärengeb.
Sicherheit/Meer
Sonne/Reisewetter
Sprachen lernen
Survival/Naturkatastrophen
Tauchen kalte Gewässer
Tauchen warme Gewässer
Transsib – Moskau-Peking
Trekking-Handbuch
Trekking/Amerika
Trekking/Asien Afrika
Tropenreisen
Unterkunft/Mietwagen
Verreisen mit Hund
Vulkane besteigen
Wandern im Watt
Wann wohin reisen?
Was kriecht u. krabbelt in den Tropen
Wein-Reiseführer Dtschl.
Wein-Reiseführer Italien
Wildnis-Ausrüstung
Wildnis-Backpacking
Wildnis-Küche
Winterwandern
Wohnmobil-Ausrüstung
Wohnmobil/Indien
Wohnmobil-Reisen
Wracktauchen weltweit

KulturSchock

Afghanistan
Ägypten
Brasilien
China, VR/Taiwan
Golf-Emirate, Oman
Indien
Iran
Islam
Japan
Jemen
Leben in fremden Kulturen
Marokko
Mexiko
Pakistan
Russland
Spanien
Thailand
Türkei
Vietnam

Wo man unsere Reiseliteratur bekommt:

Jede Buchhandlung der BRD, der Schweiz, Österreichs und der Benelux-Staaten kann unsere Bücher beziehen. Wer sie dort nicht findet, kann alle Bücher über unsere Internet-Shops unter **www.reise-know-how.de** oder **www.reisebuch.de** bestellen.

Wolfram Schwieder
Richtig Kartenlesen
Rainer Höh
Orientierung mit Kompass und GPS
Frank Littek
Fliegen ohne Angst
Dschungelwandern
Dr. Klaus Becker
Tauchen in warmen Gewässern
Matthias Faermann
Survival-Handbuch
Naturkatastrophen

HILFE!

Dieses Reisehandbuch ist gespickt mit unzähligen Adressen, Preisen, Tipps und Infos. Nur vor Ort kann überprüft werden, was noch stimmt, was sich verändert hat, ob Preise gestiegen oder gefallen sind, ob ein Hotel, ein Restaurant immer noch empfehlenswert ist oder nicht mehr, ob ein Ziel noch oder jetzt erreichbar ist, ob es eine lohnende Alternative gibt usw.

Unsere Autoren sind zwar stetig unterwegs und versuchen, alle zwei Jahre eine komplette Aktualisierung zu erstellen, aber auf die Mithilfe von Reisenden können sie nicht verzichten.

Darum: Schreiben Sie uns, was sich geändert hat, was besser sein könnte, was gestrichen bzw. ergänzt werden soll. Nur so bleibt dieses Buch immer aktuell und zuverlässig. Wenn sich die Infos direkt auf das Buch beziehen, würde die Seitenangabe uns die Arbeit sehr erleichtern. Gut verwertbare Informationen belohnt der Verlag mit einem Sprechführer Ihrer Wahl aus der über 160 Bände umfassenden Reihe „Kauderwelsch" (siehe unten).

Bitte schreiben Sie an:

REISE KNOW-HOW Verlag Peter Rump GmbH, Osnabrücker Str. 79
D-33649 Bielefeld, oder per e-mail an: info@reise-know-how.de

Danke!

Kauderwelsch-Sprechführer – sprechen und verstehen rund um den Globus

Tiernamensliste

Deutsch	Suaheli	Englisch
Adler	*tai*	*eagle*
Affe	*mnyama wa jamii ya kima*	*monkey*
Ameise (schwarz)	*chungu*	*ant*
Antilope	*swala*	*antelope*
Biene	*nyuki*	*bee*
Büffel	*nyati*	*buffalo*
Buschbaby	*komba*	*bushbaby*
Buschbock	*pongo*	*bushbuck*
Buschschwein	*nguruwe*	*bush pig*
Bussard	*shakivale*	*buzzard*
Chamäleon	*kinyonga*	*chameleon*
Colobus-Affe	*mbega*	*colobus monkey*
Dik-dik	*dikidiki*	*dik-dik*
Ducker	*nsya*	*duiker*
Eidechse	*mjuzi*	*lizard*
Elefant	*tembo, ndovu*	*elephant*
Elenantilope	*pofu*	*eland*
Ente	*bata*	*duck*
Falke	*kozi*	*falcon*
Fisch	*samaki*	*fish*
Fischadler	*mwewe samaki*	*fisheagle*
Fischotter	*fisimaji*	*otter*
Flamingo	*heroe*	*flamingo*
Fledermaus	*popo*	*bat*
Fliege	*inzi*	*fly*
Floh	*kiroboto*	*flea*
Flusspferd	*kiboko*	*hippopotamus*
Frosch	*chura*	*frog*
Gazelle	*swala*	*gazelle*
Geier	*tai*	*vulture*

Deutsch	Suaheli	Englisch
Gepard	*duma*	*cheetah*
Giraffe	*twiga*	*giraffe*
Ginsterkatze	*kanu*	*genet*
Gorilla	*mnyama wa jamii ya sokwe*	*gorilla*
Grüne Meerkatze	*tumbili*	*vervet monkey*
Habicht	*mwewe*	*hawk*
Heuschrecke	*nzige*	*grasshopper*
Huhn	*kuku*	*fowl, hen*
Hund	*mbwa*	*dog*
Hyäne	*fisi*	*hyena*
Hyänenhund	*mbwa mwitu*	*hunting dog*
Ibis	*kwarara*	*ibis*
Impala	*swala pala*	*impala*
Insekt	*dudu*	*insect*
Kamel	*ngamia*	*camel*
Katze	*paka*	*cat*
Klippspringer	*mbuzi mawe*	*klipspringer*
Klippschliefer	*pimbi*	*hyrax*
Kobra	*swila*	*cobra*
Kormoran	*mnandi*	*cormorant*
Krokodil	*mamba*	*crocodile*
Kronenkranich	*kungwani*	*crowned crane*
Kudu	*tandala*	*kudu*
Kuhantilope	*kongoni*	*hartebeest*
Leopard	*chui*	*leopard*
Löwe	*simba*	*lion*
Manguste	*nguchiro*	*mongoose*
Marabu	*korongo mfukoshingo*	*marabou*
Möwe	*shakwe*	*gull*
Moskito	*mbu*	*mosquito*
Nashorn	kifaru	*rhinoceros*
Nashornvogel	fimbi	*hornbill*

Deutsch	Suaheli	Englisch
Oribi	*taya*	*oribi*
Otter	*nyoka wa jamii ya bafe*	*adder*
Papagei	*kasuku*	*parrot*
Pavian	*nyani*	*baboon*
Pelikan	*mwari*	*pelican*
Perlhuhn	*kanga*	*guinea fowl*
Python	*chatu*	*python*
Raubtier	*mnyama kali*	*beast of prey*
Reiher	*kongoti*	*heron*
Reptil	*mnyama mtambaaji*	*reptile*
Riedbock	*tohe*	*reedbock*
Schakal	*mbweha*	*jackal*
Schildkröte	*kobe*	*turtle*
Schimpanse	*sokwe*	*chimpanzee*
Schlange	*kipepeo*	*butterfly*
Serval	*mondo*	*serval*
Sitatunga	*nzohe*	*sitatunga*
Skorpion	*nge*	*scorpion*
Spinne	*buibui*	*spider*
Stachelschwein	*nungu*	*porcupine*
Storch	*koronogo*	*stork*
Strauß	*mbuni*	*ostrich*
Taube	*njiwa*	*dove*
Termite	*mchwa*	*termite*
Topi	*nyamera*	*topi*
Vogel	*ndege*	*bird*
Waran	*kenge*	*monitor lizard*
Warzenschwein	*ngiri*	*warthog*
Wasserbock	*kuru*	*waterbock*
Webervogel	*mnaana*	*weaver*
Zibetkatze	*fungo*	*civet cat*
Zebra	*punda milia*	*zebra*

Register

Hinweis: Alle geografischen Bezeichnungen erfolgen auf Deutsch, es heißt also z.B. Albertsee statt Lake Albert.

A

B

C

D

E

F

G

H

I

J

K

N

O

P

Q

R

S

Anhang

V

W

Z

Über den Autor

Dr. med. Christoph Lübbert (geb. 1971) studierte Medizin in Kiel (mit Studienaufenthalten in der Schweiz, Südafrika, China und Thailand) und arbeitet derzeit als Assistenzarzt in Leipzig mit infektiologisch-tropenmedizinischer Ausrichtung. Seit dem 16. Lebensjahr bereiste er zunächst Europa, später fast alle anderen Kontinente auf eigene Faust. 1991 kam er das erste Mal auf einer Reise durch Kenia und Tansania mit Afrika in Berührung und wurde sofort mit dem „Afrika-Virus" infiziert. Seit dieser Zeit führten ihn ausgedehnte Reisen in mehr als 15 afrikanische Länder, insbesondere aber immer wieder ins östliche und südliche Afrika. Seit 1995 publiziert er regelmäßig Reiseberichte und Reportagen in verschiedenen Magazinen und Tageszeitungen, u.a. in der Süddeutschen Zeitung. 1996 erschien die erste Fassung eines Uganda-Reiseführers im schleswig-holsteinischen Stein-Verlag, im Jahr 2000 ein umfassendes Reisehandbuch über Botswana in der Verlagsgruppe Reise Know-How.

Neben den spannenden politischen Veränderungen auf dem schnelllebigen schwarzen Kontinent interessiert der Autor sich vor allem für die großartige Natur, insbesondere die Berge und Vulkane Ostafrikas oder die paradiesische Unberührtheit von Kalahari und Okavango-Delta. Für das Projekt „Uganda-Handbuch" reist er seit Jahren immer wieder mit dem Fahrrad, Geländewagen und öffentlichen Verkehrsmitteln durch Uganda und seine Nachbarländer, um eine saubere und aktuelle Recherche gewährleisten zu können.

Korrespondenzadresse des Autors:
CLuebbert@aol.com

Danksagung

Mein Dank gilt allen Ugandern und Ruandern, die mit ihren Beobachtungen und Erfahrungen halfen, ein ausgewogenes und nicht ausschließlich subjektiv erlebtes Bild von Zielen und Orten zu erstellen. Es ist unmöglich, sie alle namentlich aufzuzählen.

Für die kritische Durchsicht des Manuskripts und wertvolle Ergänzungen danke ich insbesondere *Matthias Poeschel* (Aschersleben). Ferner danke ich *Wilhelm Möller* (Mössingen), *Angela Meder* (Berggorilla & Regenwald Direkthilfe, Stuttgart), *Dirk Hennig* (Auswärtiges Amt, Berlin), *Dieter Speidel* (GTZ, Kampala), *Peter* und *Elke Möller* (Kidepo) sowie *Hans Wirth* (Förderkreis Ugandas Tierwelt, Hamburg) für die Durchsicht bestimmter Buchkapitel.

Folgenden Firmen in Uganda und Ruanda gilt mein besonderer Dank für ihre großzügige Unterstützung der Recherchearbeiten vor Ort: Adrift Uganda, Afri Tours & Travel (Kampala), Alliance Express Airways (Kigali), Travelust African Safaris (Kampala), Hotel Novotel Umubano Kigali.

Weiter gilt mein Dank den Naturschutzbehörden beider Länder, der Uganda Wildlife Authority (UWA) in Kampala und dem Office Rwandais du Tourisme et des Parcs Nationaux (ORTPN) in Kigali, für ihre Kooperation.

Zu guter Letzt möchte ich *Dominic Johnson* und *Wolfgang Schonecke* für ihre informativen Hintergrundberichte danken.

autor Foto: cl

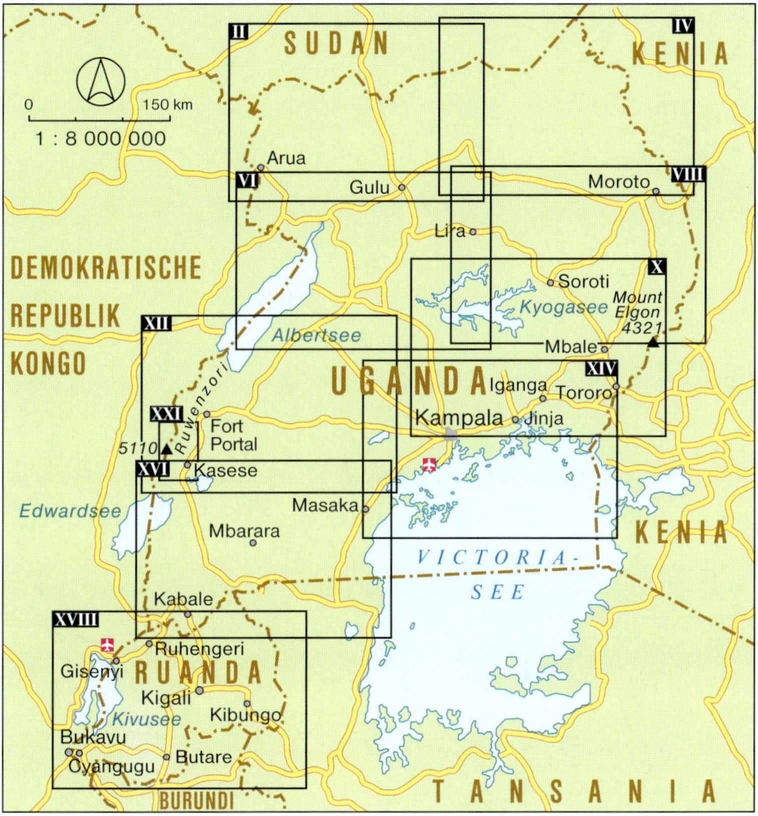

Zeichenerklärung

0 — 30 km

Karten II bis XVIII
Maßstab 1 : 1 250 000

- Hauptstraße
- Nebenstraße
- National Park
- Flughafen
- Flugplatz
- Sehenswürdigkeit
- Ruine
- Höhle
- Gletscher

4000 m
3000 m
2000 m
1000 m
0

A
B
0
30 km
1 : 1 250 000
SUDAN
Fagar
Karpeto
Umo
Bahr el Jebel
Uma
Shukoli
Moeru
Luri
Naiga
Baranga
Limbe
Tikasu
Tordo
Kopera
Nyandiya
Goronya
1
Loga
Tambura
Dukunya
Kaya
Kala
Gaderu
Megiri
Kijo
Karobi
1591
J. Maia
1345
Kaya
Mangora
Gurri
Sosodi
1364
Kiri
Loinga
Lamada
Gulumbi
Moyo
Metuli
Morobo
Metu
Waruga
Kendra
Kei
Midigo
Kochi
Laufori
Keleba
Kadupi
1383
Laropi
Ferry
Ambo
Baringa
Lima
Oraba
Lori
Kirila
2
Kuluba
Kii
Yumbe
Doloate
Ladonga
Aringa
Pachara
Itula
Adjumani
Lidisu
Koboko
Limika
Asiya
Kumuru
Jurei
Danya
Onifia
Albert Nile
Noko
Udipi
Erezeli
MOYO
DR
KONGO
Oleba
Maracha
Omugo
Delu
Arua
Utumbari
Obongi
Ofude
Mvepi
Ovujo
Yidu
Ariwa
Kijomoro
Otrevu
Naiforo
Zoka
Wawa
Terego
Nara
ARUA
Lokiragodo
Kamatsau
Wandi
Kijoro
Oya
Rigbo
Mbaraka
Biliefe
Zombaro
Oreko
Curu
Acha
Arua
(1204)
Pamvara
Rhino Camp
Ondolia
Olevu I
Ogoko
3
Esebi
Eruba
Apa
Vurra
Olevu II
Inde
Ayavu
Ipile
Rodo
Aru
Arivu
Ajai
Wildlife
Reserve
Amatse
Ome
Bondo
Wadelai Fort
Aswa-Lolim
Wildlife Reserve
Uleppi
Utrutru
Pumit
Dibwa
Osi
Mutir
Logiri
Alenzu
Opa
APAC
Ragem
Tobinlo
Anyavu
Okollo
NEBBI
A
Giligili
NEBBI
B
VIII

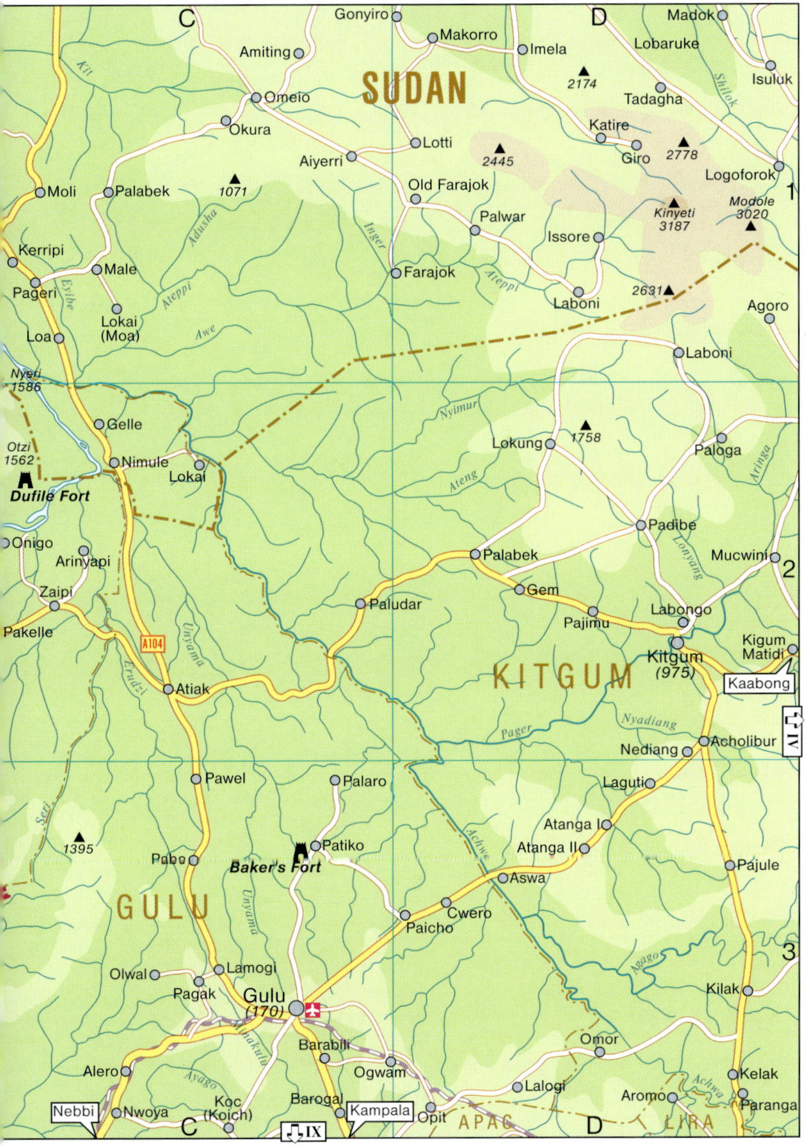
SUDAN
KITGUM
GULU
APAC
LIRA
C
D
1
2
3
Gonyiro
Makorro
Imela
Madok
Lobaruke
Isuluk
Amiting
Omeio
Okura
Lotti
Aiyerri
2174
Tadagha
Katire
Giro
2778
2445
Logoforok
1071
Moli
Palabek
Old Farajok
Palwar
Issore
Kinyeti 3187
Modole 3020
Kerripi
Male
Farajok
Pageri
Lokai (Moa)
Laboni
2631
Agoro
Loa
Laboni
Nyeri 1586
Gelle
Lokung
1758
Paloga
Otzi 1562
Nimule
Lokai
Dufile Fort
Padibe
Onigo
Arinyapi
Palabek
Mucwini
Gem
Zaipi
Paludar
Pajimu
Labongo
Pakelle
A104
Kitgum (975)
Kigum Matidi
Kaabong
Atiak
Nyadiang
Pager
Nediang
Acholibur
IV
Pawel
Palaro
Laguti
Atanga I
Atanga II
Patiko
Baker's Fort
1395
Pabo
Aswa
Pajule
Cwero
Paicho
Olwal
Lamogi
Pagak
Gulu (170)
Kilak
Barabili
Omor
Alero
Ogwam
Kelak
Lalogi
Aromo
Paranga
Nebbi
Nwoya
Koc (Koich)
Barogal
Kampala
Opit
IX
Kit
Adusha
Inger
Ateppi
Eyibe
Awe
Nyimur
Ateng
Aringa
Shilok
Lonyang
Unyama
Erudzi
Seri
Achwa
Agago
Minakulu
Ayago
Kartenatlas

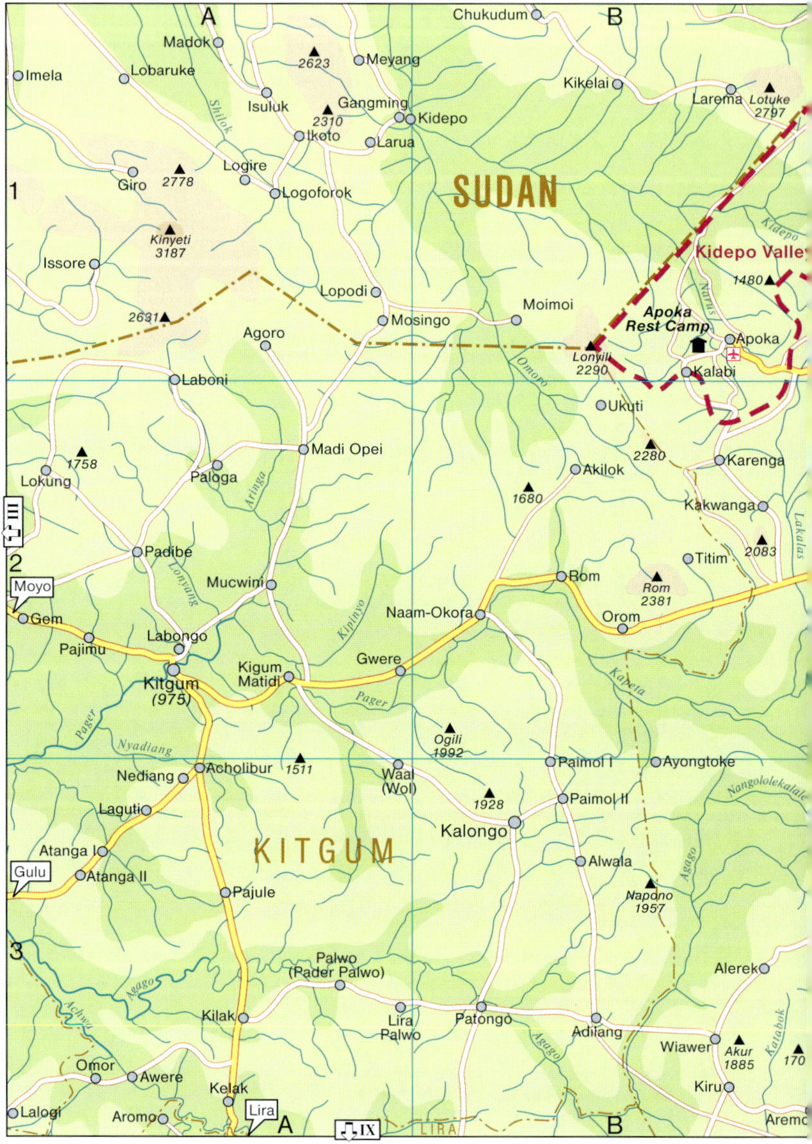
A
B
1
2
3
SUDAN
KITGUM
Kidepo Valley
Apoka Rest Camp
Chukudum
Madok
Imela
Lobaruke
2623
Meyang
Isuluk
Gangming
Kikelai
Larema
Lotuke 2797
2310
Kidepo
Ikoto
Larua
Shilok
Giro
2778
Logire
Logoforok
Kinyeti 3187
Issore
Lopodi
1480
Moimoi
2631
Mosingo
Agoro
Lonyili 2290
Apoka
Kalabi
Laboni
Omoro
Ukuti
Narus
Madi Opei
2280
1758
Paloga
Akilok
Karenga
Lokung
Aringa
1680
Kakwanga
Padibe
2083
Titim
Lakalas
Moyo
Mucwini
Lonyang
Bom
Rom 2381
Gem
Naam-Okora
Orom
Pajimu
Labongo
Kipinyo
Gwere
Kitgum (975)
Kigum Matidi
Pager
Kapeta
Ogili 1992
Nyadiang
Acholibur
1511
Nediang
Waal (Wol)
Paimol I
Ayongtoke
Nangololekalale
1928
Paimol II
Laguti
Kalongo
Atanga I
Alwala
Gulu
Atanga II
Pajule
Napono 1957
Agago
Palwo (Pader Palwo)
Alerek
Achwa
Kilak
Lira Palwo
Patongo
Adilang
Wiawer
Akur 1885
Katabok
170
Omor
Awere
Kiru
Kelak
Lalogi
Aromo
Lira
Aremo
LIRA
IX

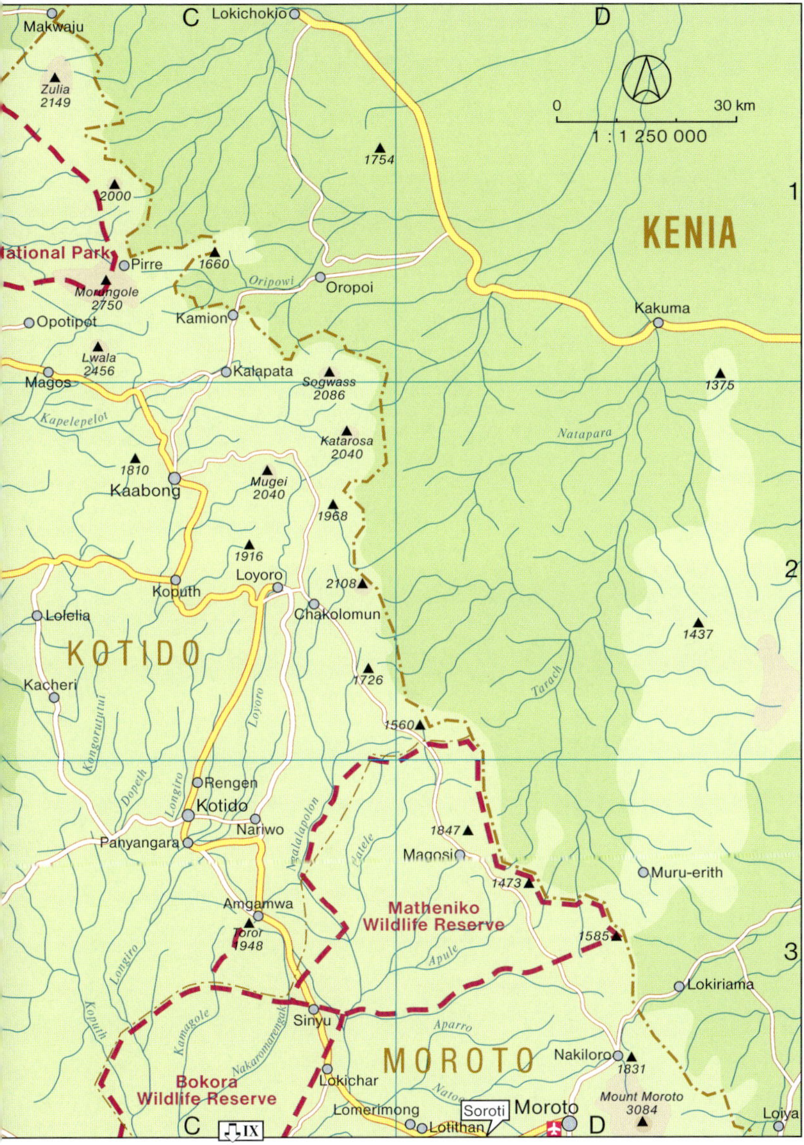

Kartenatlas

II
X
A
B
1
2
3
Arua
Kyenjojo
Kampala
ARUA
NEBBI
MASINDI
HOIMA
KIBOGA
DR KONGO
UGANDA
Lake Albert
Ajai Wildlife Reserve
Aswa Lolim Wildlife Reserve
Bugungu Wildlife Reserve
Wadelai Fort
Murchison Falls
Paraa Lodge
Bandas
Mangungo Fort
Rabongo Cottages
Kaniyo Pabidi Forest
Bundongo Forest Reserve
Kihande Palace
Hot Springs and Salt Pan
Opima
Ajia
Olevu II
Ayavu
Ipile
Pawor
Aru
Araba
Rodo
Gula
Bondo
Opika
Ombadio
Uleppi
Utrutru
Pumit
Mutir
Osi
Logiri
Pakwinyo
Opa
Ochebu
Okollo
Anyavu
Tobinlo
Ezoo
Offaka
Alengbelo
Olobodagi
Parongo
Ambisi
Atyak
Anyiribu
Kuchwiny
Lolim
Purongo
Onder
Aryek
Ama
Zombo
Nebbi
Atar
Pakwach
Alego
Nyarabur
Paila
Tebito
Paidha
Mavura
Goli
Pakadha
Panyigoro
Te'okoto
Erusi 1618
Bara
Agora
Pakumba
Paraa
Mahagi
Letshama
Pangere
Panyimur
Fajao
Ota
Angaba
Fort Magungo
Djumali
Adjoda
Niarembe
Bugungu
Djegu
Ngote
Ndama
Wanseko
Kimoli
Aka
Kibambura
Mahagi Port
Bulisa
Wairingo
Masengi
1550
Kasengu
Opio
Bugana
Kekwa
1271
Kinyanga
Dredza
Belo
Aburo 2437
Ndare
Bugoigo
Pigwa
Ndrele
Jiba
Nkbema 2346
Kibamba
Butiaba
Pakanyi
Bukumi
Biso
Kyema
Runga
Kibiro
Karongo
Nyabyeya
Masindi (1175)
Buraza
Kiryandongo
Budongo
Ikoba
Tonya
Kitoba
Waisembe 1407
Kisabagwa
Biseruka
Kaiso
Bulindi
Kijunjubwa
Parajwoki
Kakindo
Kasasa
Hoima
1429
Kabaale
Kiabahamba
Buhimba
Butema
Kiziranfumbi
Mirembe
Apa
Ome
Ora
Nyarwodo
Aswa
Oceke
Tangi
Katolo
Jolliya
Waiga
Waisoke
Waki
Wambabya
Kizizi
Kafu
Howa
0
30 km
1 : 1 250 000

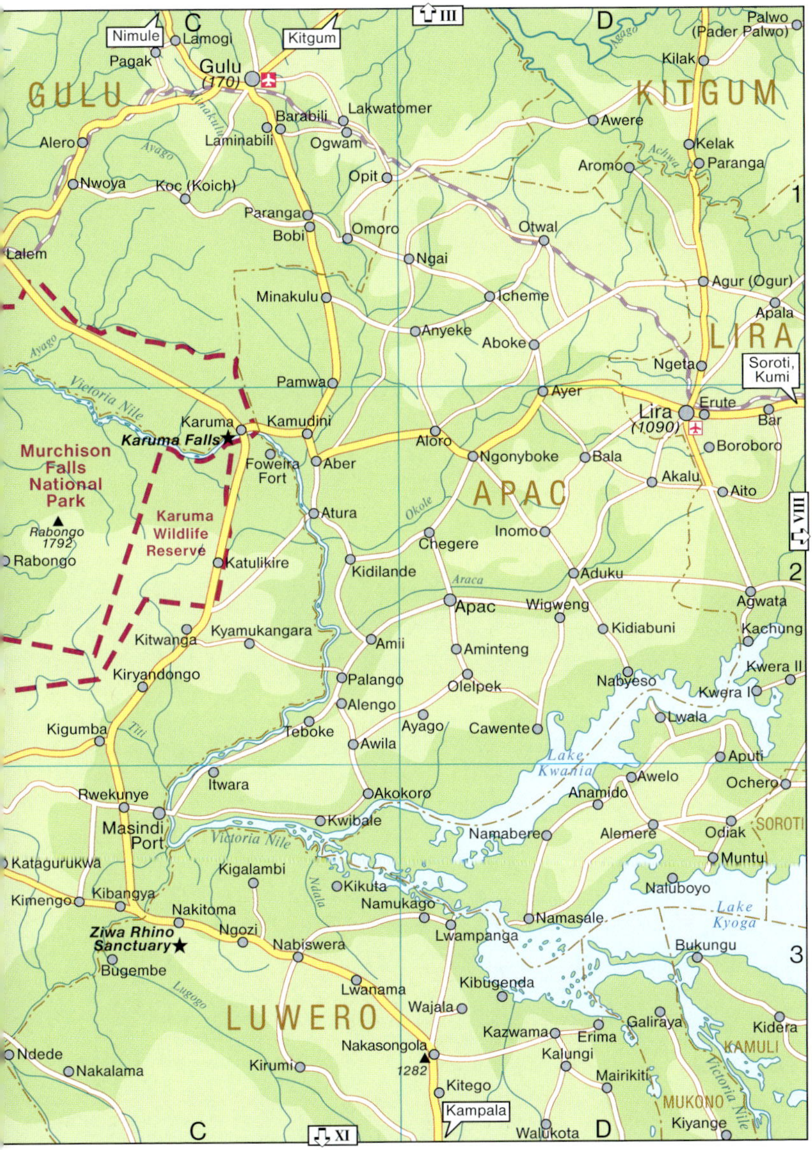
III
VIII
XI
C
D
1
2
3
Nimule
Kitgum
Soroti, Kumi
Kampala
GULU
KITGUM
LIRA
APAC
LUWERO
SOROTI
KAMULI
MUKONO
Lamogi
Pagak
Gulu
(170)
Barabili
Lakwatomer
Laminabili
Ogwam
Alero
Nwoya
Koc (Koich)
Opit
Paranga
Bobi
Omoro
Lalem
Ngai
Otwal
Minakulu
Icheme
Anyeke
Aboke
Pamwa
Ayer
Karuma
Karuma Falls
Kamudini
Aloro
Foweira Fort
Aber
Ngonyboke
Bala
Murchison Falls National Park
Karuma Wildlife Reserve
Rabongo
1792
Atura
Chegere
Inomo
Katulikire
Kidilande
Aduku
Apac
Wigweng
Kitwanga
Kyamukangara
Amii
Aminteng
Kidiabuni
Kiryandongo
Palango
Olelpek
Nabyeso
Alengo
Kigumba
Teboke
Ayago
Cawente
Awila
Itwara
Rwekunye
Akokoro
Masindi Port
Kwibale
Namabere
Anamido
Awelo
Alemere
Katagurukwa
Kigalambi
Kikuta
Kimengo
Kibangya
Nakitoma
Namukago
Ngozi
Ziwa Rhino Sanctuary
Nabiswera
Lwampanga
Namasale
Bugembe
Lwanama
Kibugenda
Wajala
Kazwama
Erima
Nakasongola
1282
Kalungi
Kitego
Ndede
Nakalama
Kirumi
Walukota
Mairikiti
Kiyange
Galiraya
Kidera
Bukungu
Naluboyo
Muntu
Odiak
Ochero
Aputi
Lwala
Kwera I
Kwera II
Kachung
Agwata
Aito
Akalu
Boroboro
Lira
(1090)
Erute
Bar
Ngeta
Apala
Agur (Ogur)
Aromo
Paranga
Kelak
Awere
Kilak
Palwo
(Pader Palwo)
Victoria Nile
Lake Kwania
Lake Kyoga
Ayago
Minakulu
Achwa
Agago
Okole
Araca
Titi
Ndala
Lugogo

IV
XII
VII
A
B
1
2
3
KITGUM
KOTIDO
LIRA
APAC
SOROTI
LUWERO
MUKONO
KAMULI
PALLISA
Kitgum
Gulu, Masindi
Apac
Lira (1090)
Soroti (1125)
Kilak
Ayam
Patongo
Alerek
Garegere
Adilang
Wiawer
Akur 1885
1701
Kiru
Aremo
Omor
Aromo
Paranga
1560
Lotuke
Otwal
Adwari
Alito
Agur (Ogur)
Orumo
Ogwete
Abongodero
Apala
Agaliya
Kapelebyong
Ngeta
Ongom
Aloi
Alebtong
Ayer
Erute
Ayira
Omoro
Obalang
Achumet
Bala
Abako
Amugo
Aito
Amugo Corner
Achwa
Katop
Rao
Bata
Orungo
Okawo
Kuju
Amuria
Aduku
Ogongora
Asamuk
Kabalangi
Obule
Agwata
Kidiabuni
Kachung
Dokolo
Otuboi
Tiriri
Dakabela
Wera
Omutoi
Komolo
Chwagere
Lwala
Nabyeso
Kwera I
Kalaki
Ochuloi
Soroti Station
Apwori
Lwala
Kangai
Abari
Kaberamaido
Kamuda
Aloet
Gweri
Lake Kwania
Aputi
Oburi
Olobai
Omodoi
Awelo
Ochero
Kapiri Station
Awoja
Muntu
Kelle
Nampyanga
Lale
Agululu
Etam
Alemere
Odiak
Bugondo
Opurei
Atira
Mukura
Waibalaibi
Muntu
Otimong
Adacari
Kasilo
Opege Fort
Kadunguru
Serere
Sapiri
Naluboyo
Okwangalete
Kyere
Lake Kyoga
Ngora
Bukungu
Arapoo
Pigire
Kamusala
Kaungwe
Kisuga
Butayunja
Lake Nyasala
Lake Nyaguo
Kigingi
Ntala
Erima
Galiraya
Kidera
Malima
Iyingo
Agule
Nkondo
Kakoge
Gogonyo I
Kalungi
Iremerya
Ikona
Kagulu
Kachango
Gogonyo II
Victoria Nile
Lake Nakuwa
Irundu
Kibale
Mairikiti
Mpologoma
Kadoto
Kalongo
Ndolwa
Buyende
Nsomba
Nawampiti
Kibwiza
Pallisa
Kamuge
Agago
Achwa
Katabok
Moroto
Ajaki
Kadokodoi
Okok
Baya
Adip
Abalang
Omunyal
Omunyari

Kartenatlas

VII
VIII
XIII
Lira
Gulu
Kiboga
Mubende
LIRA
SOROTI
LUWERO
KAMULI
MUKONO
MPIGI
Lake Kwania
Lake Kyoga
Lake Nakuwa
Victoria Nile
Apac
Alworoceng
Amii
Palango
Olelpek
Teboke
Awila
Cawente
Nabyeso
Wigweng
Agwata
Adwoki
Dokolo
Otuboi
Tiriri
Kachung
Chwagere
Alwa
Lwala
Kwera II
Kwera I
Kalaki
Kangai
Kaberamaido
Abari
Obuli
Olobai
Omodoi
Lale
Akokoro
Kwibale
Etam
Alemere
Awelo
Ochero
Kelle
Nampyanga
Bugondo
Odiak
Muntu
Otimong
Waibalaibi
Kasilo
Kadunguru
Serere
Kikuta
Wabimwa
Turupok
Naluboyo
Okwangalete
Kimole
Lwampanga
Namasale
Nabiswera
Bukungu
Kibale
Arapoo
Pigire
Lwanama
Kaungwe
Kigingi
Wajala
Galiraya
Kidera
Iyingo
Kazwama
Erima
Kakoge
Nakasongola
Kirumi
1282
Mbalye
Kalungi
Iremerya
Kagulu
Mairikiti
Kitego
Ndolwa
Buyende
Walukota
Kiyange
Katugo
Lukotaime
Bugaya
Nawaikoke
Nkudumali
Balawoli
Irapa
Nawaka
Kakooge
Kazinga
Namasagali
Nabiwugulu
Kamuli
Kiyunga
Kabusinde
Bale
Kizito
Nawansega
Namwendwa
Bunabala
Kalinzi
Kayonza
Kakukulu
Mbulamuti
Naminage
Kiwoko
Luwero
Kiziba
Seeta
Nawantumbi
Bugonyoka
Nkampa
Bububi
Kyanya
Nakabugu
Nakaseke
Wobulenzi
Gimbi
Kayunga
Bukoloto
Luringa
Bukanga
Kapeka
Bowa
Zirobwe
Kikandwa
Lubanyi
Buwenge
Semuto
Mutai
Namasiga
Bombo
Kakakala
Kangulumira
Magamaga
Kayule
Kirolo
Nakifuma
Kasowa
Kakira
Buluba
Kiziba
Kazinga
Kiwala
Mabira Forest Reserve
Bujagali Falls
Luwala
Bugembe
Jinja
1389
Gubero
Gayaza
Njeru
Muyubwe
Kawanda
Kasangati
Najembe
Nyenga
Source of the Nile
Namataba
Kakiri
Kamuli
Wakiso
Kampala
KAMPALA
Namagunga
Lugazi
Banga
Muduma
Mukono
Seta
Buikwe
Kabugoga
Kampala
Lugogo
Sezibwa
Lwajjali
Musamya
Kiko
Abalang
Ndala
A
B
1
2
3

Kartenatlas

A
B
VI
0
30 km
1 : 1 250 000
1
2
3
Baywana
Bunia
(1230)
Mandro
Dele
Shari
Bugu
Gelia
Ituri
Lake Albert
(Lake Mobutu Sese Seko)
Tshoma
1630
Dodo
Kasenyi
Fishing Village
Kiabahamba
Bodoro
Tinda
Komande
Mombe
Mirembe
Advimi
HOIMA
Ami
1919
Ngeleza
Kombio
Buhuka
Kyangwali
Kamatsi
Semliki
Geti
Isura
1777
Atunukve
Daraza
1470
621
Kigwabya
Nyakasenyi
Ntoroko
Bonga
Rwebishengo
Ndaiga
1295
DR KONGO
BUNDIBUGYO
Wasa
Kitumba
Kagad
Ntungama
Tshabi
Muzizi
Kisweka
Nanseke
Semliki Valley
Wildlife
Reserve
1524
Kanyama
Kyangabukama
Atonza
Semliki Forest NP
Mongiro
Itojo
Kijura
UGANDA
Kisangani
Kirimia
Ntandi
Kyarusozi
Nyabusokoma
Tingba
Karogoto
Katoke
Kabango
Kisuba
Rusekere
Tungudu
Kitimba
Kichwemba
Nyamabuga
Bundibugyo
Fort Portal
(1525)
Mahangwe
Busaru
Bukuku
1678
Kyenjojo
Kyaligijka
Semliki
Mugusu
Toro Palace Ruins,
Saka Crater
Lake Nearby
Kamango
Bubandi
1314
Kikanga
Kihura
Parc
National
des
Virunga
XXI
Karambi
Tombs
Kigarama
Matiri
Rubona
KABAROLE
Rwaihamba
Pakioma
Bunyuruguru
Crater Lake Field
Kikumbo
3556
1576
Mt. Emin
4798
3566
Nkingo
Nyaibanda
Bwizi
Mwenda
Mt. Speke
4890
Ruwenzori
Mountains
National
Park
Kyakarnihanda
Kasunganyanja
Kanyantembe
Iribata
Mt. Margherita
(Mt. Stanley)
5109
XX
Nyakalengija
Nyabigaga
Libokoro
Mt. Baker
4843
Kibale
National
Park
Kahunge
Dwamanyanja
XXII
Bugoye
Bizozi
Hima
Okusoma
4563
Mt. Luigi
di Savoia
4627
Katonga
Wildlife
Reserve
Mubuku
Kitogo
Kabuga
1817
Malia-
Bwana
Kilembe
Rukoki
Dura
Kamwenge
Bihanga
Kasese
Rusangwe
Masambo
Nkongora
Queen
Elizabeth
National Park
Rwenjaza
KASESE
Bugushu
2450
Kyarumba
Mpanga
Rwengo
Muhokya
Nyaburama
Rwenjura
Bwera
Oruyubu
MBARARA
Kasindi
Mpondwe
Omunkunyu
Lake George
Kasozi
Kabirizi
Kazo
Kasenyi
Bisheshe
Katoja
Kabale
Mbarara
Katego
Kanoni
Kitongore

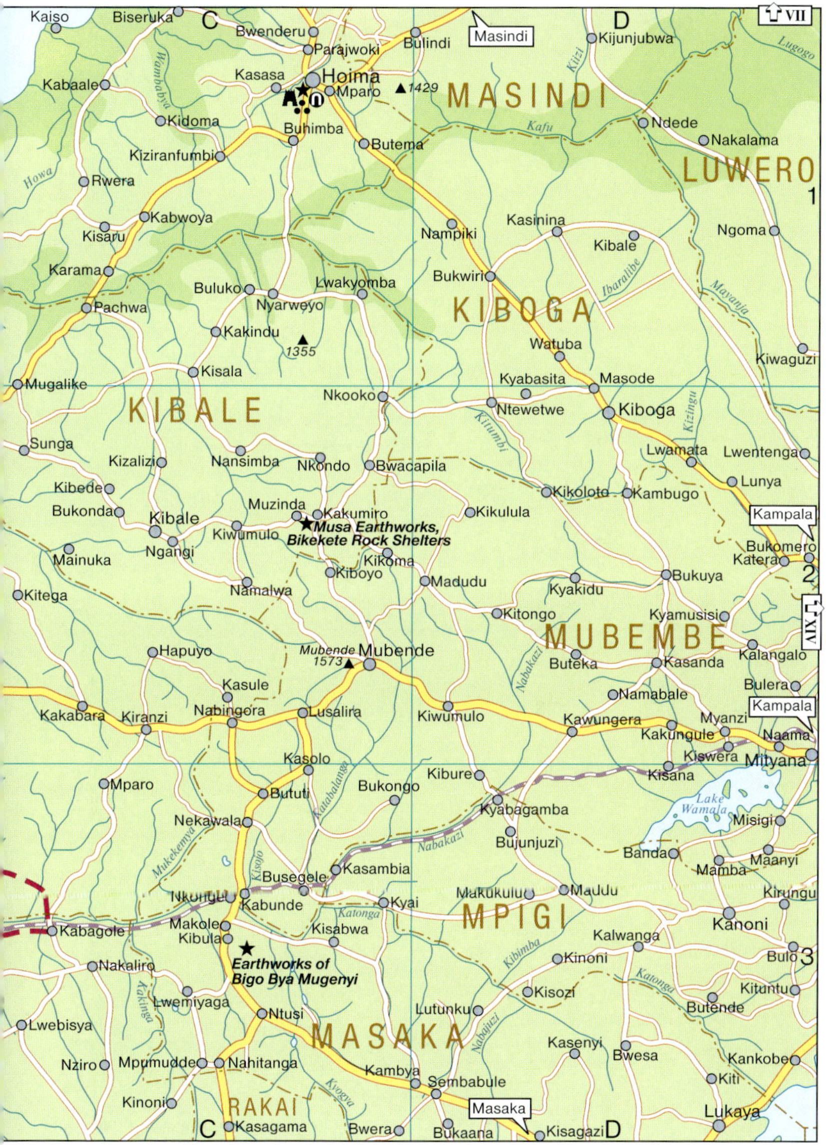

VII
XIV
C
D
1
2
3
Masindi
Kampala
Kampala
Masaka
MASINDI
LUWERO
KIBOGA
KIBALE
MUBEMBE
MPIGI
MASAKA
RAKAI
Kaiso
Biseruka
Bwenderu
Parajwoki
Bulindi
Kijunjubwa
Lugogo
Kiizi
Kabaale
Wambabya
Kasasa
Hoima
Mparo
1429
Kidoma
Buhimba
Butema
Kafu
Ndede
Nakalama
Kiziranfumbi
Howa
Rwera
Kabwoya
Kisaru
Nampiki
Kasinina
Kibale
Ngoma
Karama
Bukwiri
Ibaralibe
Mayanja
Buluko
Lwakyomba
Nyarweyo
Pachwa
Kakindu
1355
Watuba
Kiwaguzi
Kisala
Kyabasita
Masode
Mugalike
Nkooko
Ntewetwe
Kiboga
Kizingu
Kitumbi
Sunga
Lwamata
Lwentenga
Kizalizi
Nansimba
Nkondo
Bwacapila
Lunya
Kibede
Kikoloto
Kambugo
Bukonda
Muzinda
Kakumiro
Kikulula
Kibale
Musa Earthworks, Bikekete Rock Shelters
Kiwumulo
Bukomero
Mainuka
Ngangi
Kikoma
Katera
Kiboyo
Bukuya
Namalwa
Madudu
Kitega
Kyakidu
Kitongo
Kyamusisi
Hapuyo
Mubende
1573
Mubende
Nabakazi
Buteka
Kasanda
Kalangalo
Kasule
Bulera
Namabale
Kakabara
Kiranzi
Nabingora
Lusalira
Kiwumulo
Kawungera
Myanzi
Kakungule
Naama
Kasolo
Kiswera
Mityana
Kibure
Kisana
Mparo
Bututi
Katabalanga
Bukongo
Lake Wamala
Kyabagamba
Nekawala
Misigi
Mukekemya
Bujunjuzi
Banda
Nabakazi
Mamba
Maanyi
Kisojo
Kasambia
Busegele
Nkongei
Makukulu
Maddu
Kirungu
Kabunde
Kyai
Katonga
Kanoni
Makole
Kabagole
Kibula
Kisabwa
Kalwanga
Earthworks of Bigo Bya Mugenyi
Kinoni
Bulo
Nakaliro
Kibimba
Kakinga
Katonga
Lwemiyaga
Kisozi
Kituntu
Butende
Ntusi
Lutunku
Lwebisya
Nabajuzi
Kasenyi
Bwesa
Nziro
Mpumudde
Nahitanga
Kankobe
Kambya
Sembabule
Kiti
Kyogya
Kinoni
Lukaya
Kasagama
Bwera
Bukaana
Kisagazi

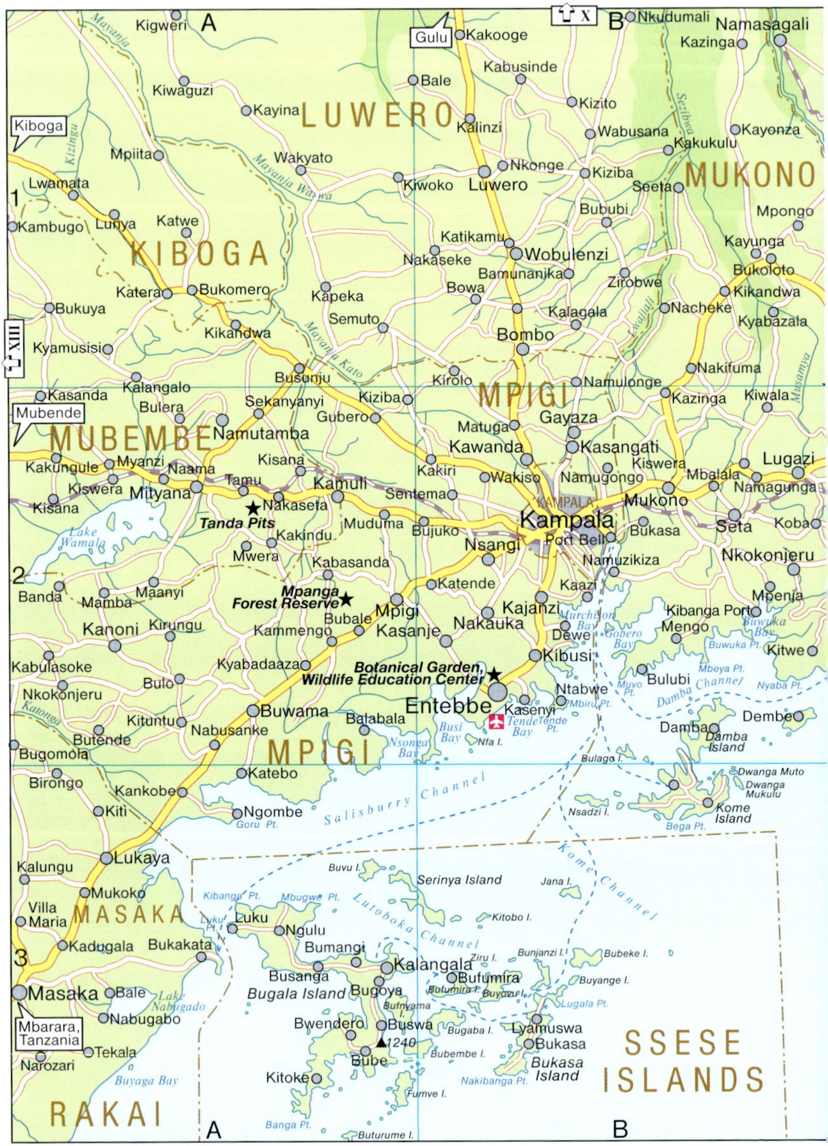
A
B
X
XIII
1
2
3
Gulu
Kiboga
Mubende
Mbarara, Tanzania
LUWERO
KIBOGA
MUKONO
MPIGI
MUBEMBE
MASAKA
RAKAI
SSESE ISLANDS
Kampala
Entebbe
Masaka
Kigweri
Kiwaguzi
Kayina
Bale
Kakooge
Kabusinde
Kizito
Kalinzi
Wabusana
Nkudumali
Namasagali
Kazinga
Kayonza
Kakukulu
Mpiita
Wakyato
Kiwoko
Luwero
Nkonge
Kiziba
Seeta
Lwamata
Kambugo
Lunya
Katwe
Bububi
Mpongo
Katikamu
Nakaseke
Wobulenzi
Kayunga
Bukoloto
Bamunanika
Zirobwe
Kikandwa
Katera
Bukomero
Kapeka
Bowa
Nacheke
Kyabazala
Bukuya
Semuto
Kalagala
Kyamusisi
Bombo
Nakifuma
Busunju
Kirolo
Namulonge
Kasanda
Kalangalo
Kiziba
Kazinga
Kiwala
Bulera
Sekanyanyi
Gubero
Gayaza
Namutamba
Matuga
Kawanda
Kasangati
Kiswera
Lugazi
Kakungule
Myanzi
Naama
Kisana
Kakiri
Wakiso
Namugongo
Mbalala
Namagunga
Kiswera
Tamu
Kamuli
Sentema
Mukono
Kisana
Mityana
Nakaseta
Tanda Pits
Muduma
Bujuko
Bukasa
Seta
Koba
Lake Wamala
Kakindu
Nsangi
Port Bell
Mwera
Kabasanda
Namuzikiza
Nkokonjeru
Katende
Kaazi
Banda
Mamba
Maanyi
Mpanga Forest Reserve
Mpigi
Kajanzi
Mpenja
Kibanga Port
Bubale
Nakauka
Murchison Bay
Mengo
Buwuka Bay
Kanoni
Kirungu
Kammengo
Kasanje
Dewe
Gobero Bay
Buwuka Pt.
Kitwe
Kabulasoke
Kyabadaaza
Kibusi
Botanical Garden, Wildlife Education Center
Bulubi
Mbeya Pt.
Nkokonjeru
Bulo
Ntabwe
Muyo Pt.
Damba Channel
Nyaba Pt.
Mbiru Pt.
Buwama
Kasenyi
Tende Pt.
Dembe
Kituntu
Balabala
Busi Bay
Tende Bay
Damba
Damba Island
Butende
Nabusanke
Nsonga Bay
Nfa I.
Bugomola
Bulago I.
Birongo
Katebo
Dwanga Muto
Dwanga Mukulu
Kankobe
Kiti
Ngombe
Goru Pt.
Salisburry Channel
Nsadzi I.
Kome Island
Bega Pt.
Lukaya
Kalungu
Buvu I.
Serinya Island
Jana I.
Kome Channel
Mukoko
Kibanga Pt.
Mbugwe Pt.
Lutoboka Channel
Villa Maria
Luku Pt.
Luku
Ngulu
Kitobo I.
Kadugala
Bukakata
Bumangi
Ziru I.
Bunjanzi I.
Bubeke I.
Kalangala
Busanga
Bufumira
Bufumira I.
Buyange I.
Bale
Lake Nabugado
Bugala Island
Bugoya
Buyovu I.
Lugala Pt.
Nabugabo
Bufnyama I.
Bwendero
Buswa
Bugaba I.
Lyamuswa
Tekala
1240
Bukasa
Narozari
Bube
Bubembe I.
Bukasa Island
Buyaga Bay
Kitoke
Nakibanga Pt.
Fumve I.
Banga Pt.
Buturume I.

XI
C
D
KAMULI
JINJA
IGANGA
TORORO
LAKE VICTORIA
UGANDA
KENIA
Mbale
Mbale
Eldoret, Nairobi
Kisumu, Nairobi
Nawaka
Kibuku II
Nabiganda
Budaka Fort
Namatala
Bulolo
Kachonga
Bunghaji
Busiu
Nabiwugulu
Kamuli
Kasokwe
Kaliro
Kaliro Station
Buyange
Busaba
Kidoko
Lwamba
Molo
Namwendwa
Bunabala
Budumba Station
Budumba
Paya
Naminage I
Mbulamuti
Naminage II
Bulopa
Naigobia
Peta
Mukuju
Bugonyoka
Nambale
Busembatia
Nagongera
Namalemba
Bulange
Tororo
Nakabugu
Nawangoma
Kisiro
Mulanda II
Bukanga
Bukona
Luringa
Magogo
Iyolwa
Apoli
Buwenge
Busesa
Bulugui
Lubanyi
Iganga
Bugiri
Namasiga
Buwayo
Mutai
Nakivumbi
Buwuga
Alupe
Magamaga
Bulumbi
Busia
Nyize
Kasowa
Kakira
Igwe
Busia
Buluba
Mayuge
Bujagali Falls
Mabira Forest Reserve
Bugembe
Nankoma
Masafu
Jinja
1389
Najembe
Njeru
Muyubwe
Bukatube
Nyenga
Source of the Nile
Buinja
Lumino
Waigala
Bugoto
Buikwe
Nyenga Station
Banga
Kityerera
Majanji
Nangina
Kabugoga
Malongwe
Nduwa
McDonald Bay
Sio
Busamuzi
Bukaka
Lugala
Kalagala
1341
Yubwe I.
Ngogwe
Katamiro
Lufui I.
Berkeley Bay
Ruambwa
Dagusi Island
Ugana Passage
Butakola
Magyo
Buvuma (Roseberry) Channel
Buzir I.
Buvuma Island
Kiregi I.
Ziro I.
Kaza Island
Bunyala (Port Victoria)
Sigulu Island
Bwena I.
Izinga I.
Namunawa Point
Namite I.
Makalugi I.
Nainaivi I.
Ziru I.
1265
Busiza
Luvia I.
Vumba Island
Osieko
Nyamonye
Bugaia Island
Sagitu Island
Ugowa Bay
Usengi
Mwana I.
Lolui Island
Siro I.
Mageta Island
Ndele I.
Koyamo I.
Mfangano Island
Sindo
1694
Sena
Kimaboni I.
1
2
3
0
30 km
1 : 1 250 000

XII
Beni
Fort Portal
Fort Portal
Kasese
Queen Elizabeth National Park
DRK
Parc Nat. des Virunga
Lake George
Lake Edward (Lake Rutanzige)
Lake Nyamusingire
Mweya Lodge
Crater Area
Main Gate
Katunguru Gate
Kyambura Wildlife Res.
Kyambura River Gorge
Queen Elizabeth National Park
Bushenyi
Kigezi Wildlife Reserve
Katokye Gate
Ishasha River Camp
Rukungiri
Kitagata Hot Springs
Nkokonjeru Tombs
Mbarara
Uganda
Munyere Swamp
Ntungamo
Kisizi Falls
Nsongezi Rock Shelters
Bwindi Impenetrable NP
Kisoro
Kabale
Kanaba Gap
Kigezi Memorial
Mgahinga Gorilla NP
Iron Age Cave
Volcan Muhabura 4127
Lake Mutanda
Lake Bunyonyi
Lake Bulera
Ibanda Game Rserve
Ruanda
Parc National de l'Akagera
Lake Kizinga
Ruhengeri
Kigali
Gabiro
Kinigi
Masambo
Muramba
Kalemia
Kasindi
Mpondwe
Bwera
Katoja
Ruti
Kayanja
Kavinionga
Fort George
Kabatoro
Katwe
Mweya
Kasinga
Buitya
Kisenyi
Rwenshama
Nchwera
Kikarara
Katokye
Omurwesigilo
Bwambara
Ishasha
Rwanga
Kalangalo
Chanjojo
Kyarumba
Rwenjura
Nyabirongo
Omunkunyu
Kabirizi
Kasenyi
Muhokya
Katunguru
Kichwamba
Rubirizi
Ndeke
Ryeru
Lutoto
Rwenjaza
Rwengo
Nkungwe
Bugushu
Nyaburama
Buzinga
Kasozi
Kazo
Bisheshe
Kanoni
Kitongore
Katego
Kicheche
Ibanda
Rwomuhoro
Ryakagongo
Ruhoko
Mpunda
Moya
Igorora
Byanamira
Mutukura
Isingiro 2172
Kahihi
Kashongi
Rukiri
Butale
Nombe
Kabale
Rwengwe
Nsika
Rutoma
Mutonto
Bukiro
Bwentama
Bwizibwera
Rushozi
Rwantsinga
Maseruka
Kyashemeire
Bihalrwe
Kigarama
Kitozho
Kyamahungu
Kaiirere 2031
Kibingo
Nyabubale
Ishaka
Ntungamo
Kayanta
Itendero
Rushasha
Ntare
Kasaka
Kabwohe
Kashenyi
Makota
Mitoma
Bugongi
Nyakagango
Kinoni
Ibale
Birere
Rutoma
Kitagata
Kyempisi
Bugamba
Karamurani 1895
Ruhinda
Nyaihanga
Ndeizha
Rushambya
Rwengoma
Kagunga
Runkungiri
Nombe
Ruhanga
Ngugo
Kagamba
Kahunga
Rwoho
Ruerere
Bwongyera
Buyanza
Rwashamaire
Kibwera
Bulema
Ruhandagazi
Kebisoni
Ruyanja
Rukoni
Kanungu
Kyondo
Mungenyi
Ruhama
Buhoma
Rutenga
Kashanda
Lugalama
Chondo
Chitwe
Kikagati
Kitabulira
Kisizi
Rubaare
Mirama
Kafunzo
Burimbi 2509
Bikongozo
Kagitumba
Murongo
Rutoma
Kantale
Rushenyi
Nyamabale
Rwentobo
Kabale
Ikumba
Rubanda
Kabira
Kitozho
Muhanga
Ndoma
Kibingo
Mushongero
Muko
Bukinda
Busanza
Bugarama
Kamwezi
Kaisho
Mutolere
Chabahinga
Kitumba
Kanzhobe
Nyagatare
Bihanga
Bufindi
Maziba
Kawangire
Bunagana
Nyarusiza
Bushoka
Kashasha
Kamuganguzi
Buhara
Muvumba
Kidaho
Hakekuba
Katuna
Kyombe
Butaro
Rubaya
Rwempunu
Nchwera
Nungwe
Birira
Ishasha
Rufuha
Kakitumba
Kakono
Mpanga
Rusangwe
Rushango
Ruemambu
Koga
Munvara
2450
2136
1885
846
1929
1806
1650
1878
1544
1948
2487
A
B
1
2
3

XIII
Mubende
C
D
Misinga
Nakaliro
Bisyoro
Lwemiyaga
Kakinga
Ntusi
Nakatabo
Kinoni
Kisozi
Katonga
Lwezo
Kitunta
Bugomola
Butende
Kayunga
Lutunku
Lwebisya
Lwemikoma
MASAKA
Nabajuzi
Birongo
MPIGI
Kasenyi
Bwesa
Kiti
Kankobe
Nziro
Mpumudde
Nahitanga
Gantama
Kyebando
Kyamulibwa
Kasamoya
Kyogya
Sembabule
Bigasa
Kampala
Kinoni
Kambya
Kyakalenzi
Kikoma
Lusango
Lukaya
Kasagama
Bwera
Bukaana
Kisagazi
Kyambala
1
RAKAI
Mutoke
Kalungu
Kachumbiro
Kanubebe
Botenga
Villa
Mukoko
Kiruhura
Kawoko
Maria
XIV
Rushere
Lwebigoye
Lwamunda Swamp
Kenshunga
Nabikenke
Buyaga
Kitembo
Katimba
Mpugwe
1535
Kyamagoma
Kadugala
Kinunka
Nakaseta
Kako
Bunado
Chankoko
Kaliro
Kiwondogoto
Kabukulwa
Nyendo
Kayugi
Rwensunga
Binikira
Nkunyu
Kyanja
Masaka
Bale
Nsikisi
Mukukute
Kabula
Kaboyo
Lake Nabugado
MBARARA
Kirumba
Nabuwama
Mbirizi
Kaganda
Nabugabo
Nyakashashara
Lyantonde
Katoma
Kitakomaga
Bukoto
1335
Tekala
Lwengo
Kiziba
Narozari
Nakaiita
Makondo
Kyibega
Sanga
Gayaza
Kanku
Butembe
Kakuza
Rwesirebo
Kamulaba
Kitabazi
Kyanamukaka
Nombi
Lusiti
Kiyumbakimu
Mirebi
Kunswa
Kalisizo
Buyaga Bay
Rukukuru
Lwamagwa
Nyakigandu
Kinyabu
Mukobe
Lake Mburo NP
Kyotera
Bikira
Kakunyn 1670
Lake Kachera
Kimuli
Dumu
Dumu Point
Nyanga
Buyamba
Lugando
Kamemgo
Kabira
Mweza
Rwonyo Rest Camp
1533
Mityebili
Kayonza
Lake Mburo
Rakai
Ndolo
Malembo
2
Lake Kijanebalola
Byakabanda
Lukondo
Kalungi
Gayaza
Kashojo
Nabubare
Bubba
Manya
RAKAI
Masambwa I.
Lake Nakivali
Kalungi
Sanje
Buganza
Lugongo
Kangabo
Sango Bay
Kitoma
Kahirimbi
Rugaga
Katoma
Kinaku
Kanoni
Mayanja
Mabona
1625
Kiwanda
Kibanda
Kakufo
Misozi
Kyabasimba Point
Bigada
Katera
Goma
Ruhira
Kasumba
1542
Kyebe
Mubanzi
Magabbi
Lukoma
Katongero
Busungwe I.
Kisozo
Kyesimbi
Mizinda
Nsongezi
Murema
Nakabanga
Mutukula
Nyangoma
Rubobu Point
Kanyiragwa
Nkurungu
Kagera
Kishaka
Kabango Bay
Kyanshezi Point
Rubafu
Kimsambi
Kanyigo
Mwiga Bay
Bumai
Kishanje
Kyamukwenge Bay
Businde
Nsunga
Buyango
Nyungwe
Mabu Pt.
Kato
Rumanyika Orugundu Game Rserve
Ngeno
Kakono
Nyakanyasi
Chikonji
Mugana
Kashozi
Kagera
Bunazi
Bugolora
Kashasha
Igombe
Mtagata
Kyaka
Makongo
TANSANIA
Bugandika
3
Kitongole
Kyakairabwa
Bukoba
1829
Itawa
Rwambaizi
Ntungamo
Chemuli
Bugengele
Bituntu
Kinoni
Katoro
Kemondo
Kigarama
Kanazi
Lyamahoro
Kanyangereko
1701
Kishoja
0
30 km
Kazi
Ibwera
Kemondo Bay
Lake Ikimba
Nkwenda
1 : 1 250 000
Kigoma, Mwanza
C
D

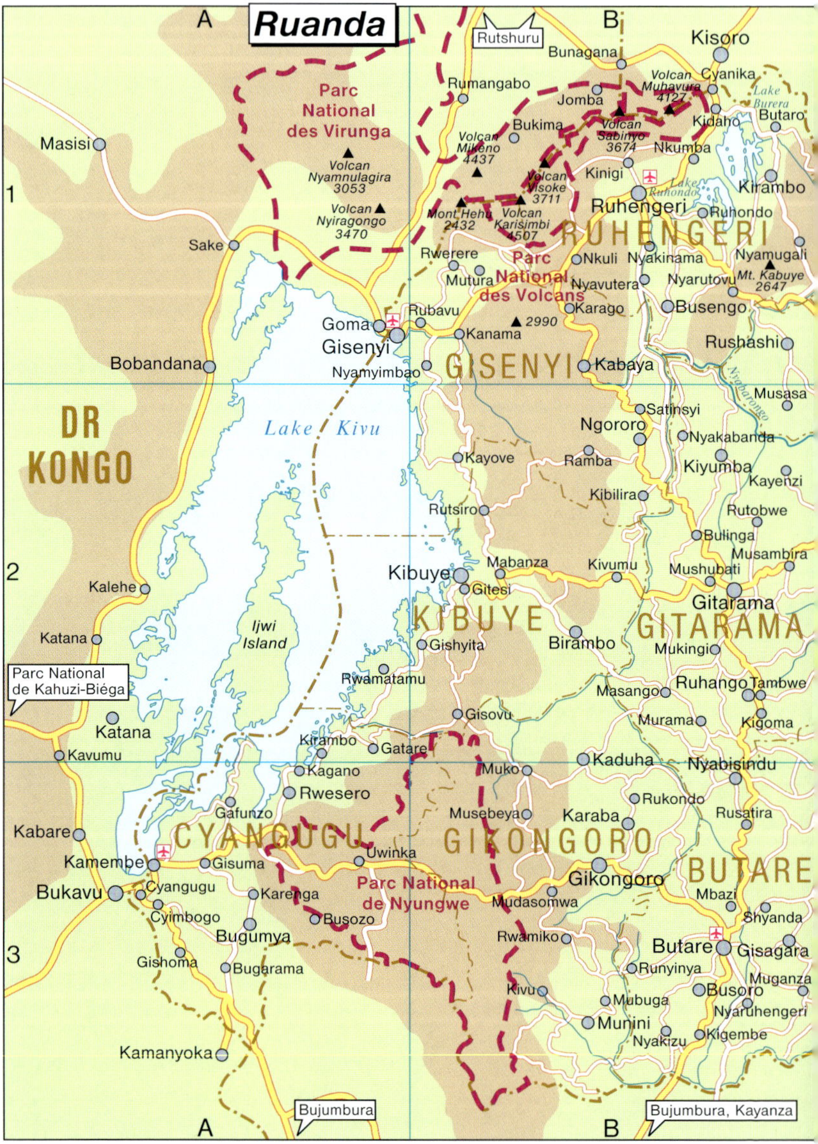
Ruanda
Rutshuru
Kisoro
Bunagana
Parc National des Virunga
Rumangabo
Jomba
Volcan Muhavura 4127
Cyanika
Lake Burera
Butaro
Kidaho
Bukima
Volcan Sabinyo 3674
Nkumba
Masisi
Volcan Nyamnulagira 3053
Volcan Mikeno 4437
Kinigi
Volcan Visoke 3711
Lake Ruhondo
Kirambo
Ruhengeri
Ruhondo
Volcan Nyiragongo 3470
Mont Hehu 2432
Volcan Karisimbi 4507
RUHENGERI
Sake
Rwerere
Parc National des Volcans
Nkuli
Nyakinama
Nyamugali
Mutura
Nyavutera
Nyarutovu
Mt. Kabuye 2647
Rubavu
Karago
Busengo
Goma
Gisenyi
Kanama
2990
Rushashi
Bobandana
Nyamyimbao
GISENYI
Kabaya
Musasa
Satinsyi
DR KONGO
Lake Kivu
Ngororo
Nyakabanda
Kayove
Ramba
Kiyumba
Kayenzi
Kibilira
Rutsiro
Rutobwe
Bulinga
Musambira
Mabanza
Kivumu
Mushubati
Kibuye
Kalehe
Gitesi
Gitarama
KIBUYE
GITARAMA
Ijwi Island
Birambo
Katana
Gishyita
Mukingi
Parc National de Kahuzi-Biéga
Rwamatamu
Ruhango
Tambwe
Masango
Katana
Gisovu
Murama
Kigoma
Kavumu
Kirambo
Gatare
Kaduha
Nyabisindu
Kagano
Muko
Rwesero
Rukondo
Gafunzo
Musebeya
Karaba
Rusatira
Kabare
CYANGUGU
GIKONGORO
Uwinka
Kamembe
Gisuma
Parc National de Nyungwe
Gikongoro
BUTARE
Bukavu
Cyangugu
Karenga
Mudasomwa
Mbazi
Cyimbogo
Busozo
Shyanda
Bugumya
Rwamiko
Butare
Gisagara
Gishoma
Bugarama
Runyinya
Muganza
Kivu
Busoro
Mubuga
Nyaruhengeri
Munini
Nyakizu
Kigembe
Kamanyoka
Bujumbura
Bujumbura, Kayanza
A
B
1
2
3

Kartenatlas

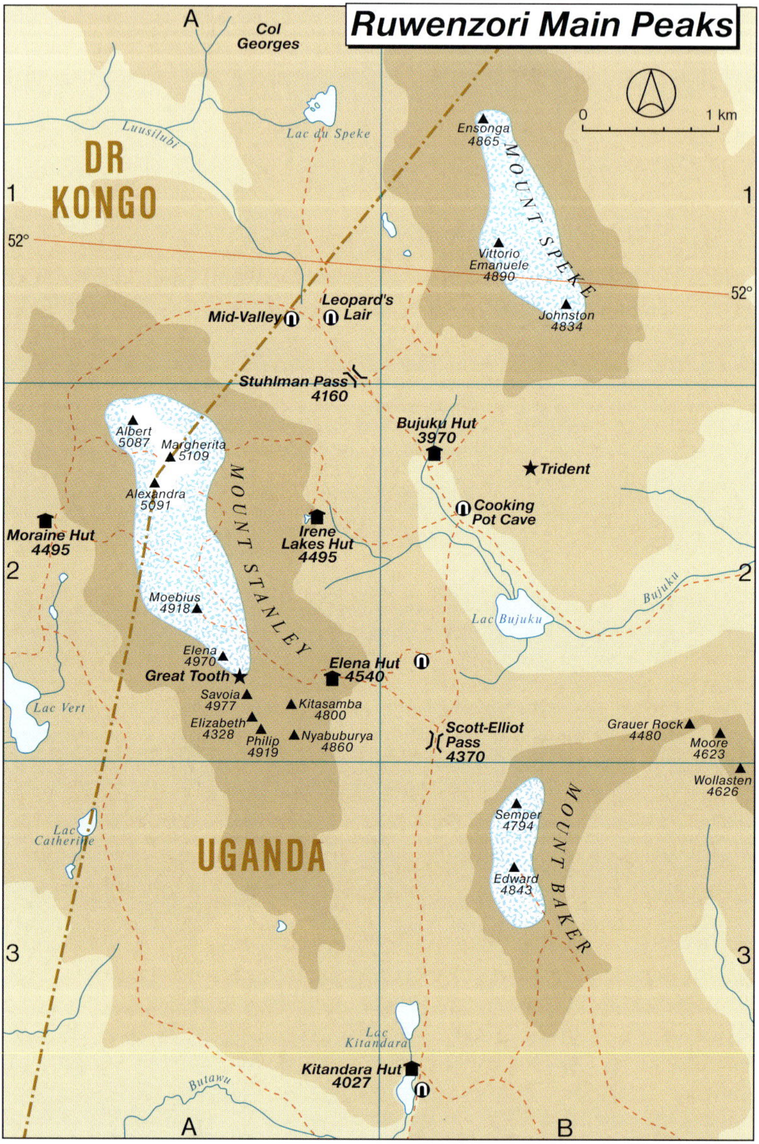
Ruwenzori Main Peaks
0
1 km
A
Col Georges
Luusilubi
Lac du Speke
DR KONGO
1
52°
Ensonga 4865
MOUNT SPEKE
Vittorio Emanuele 4890
Johnston 4834
Leopard's Lair
Mid-Valley
Stuhlman Pass 4160
Bujuku Hut 3970
Trident
Albert 5087
Margherita 5109
Alexandra 5091
MOUNT STANLEY
Cooking Pot Cave
Irene Lakes Hut 4495
Moraine Hut 4495
2
Bujuku
Lac Bujuku
Moebius 4918
Elena 4970
Great Tooth
Elena Hut 4540
Savoia 4977
Kitasamba 4800
Lac Vert
Elizabeth 4328
Philip 4919
Nyabuburya 4860
Scott-Elliot Pass 4370
Grauer Rock 4480
Moore 4623
Wollasten 4626
Semper 4794
Edward 4843
MOUNT BAKER
Lac Catherine
UGANDA
3
Lac Kitandara
Kitandara Hut 4027
Butawu
B

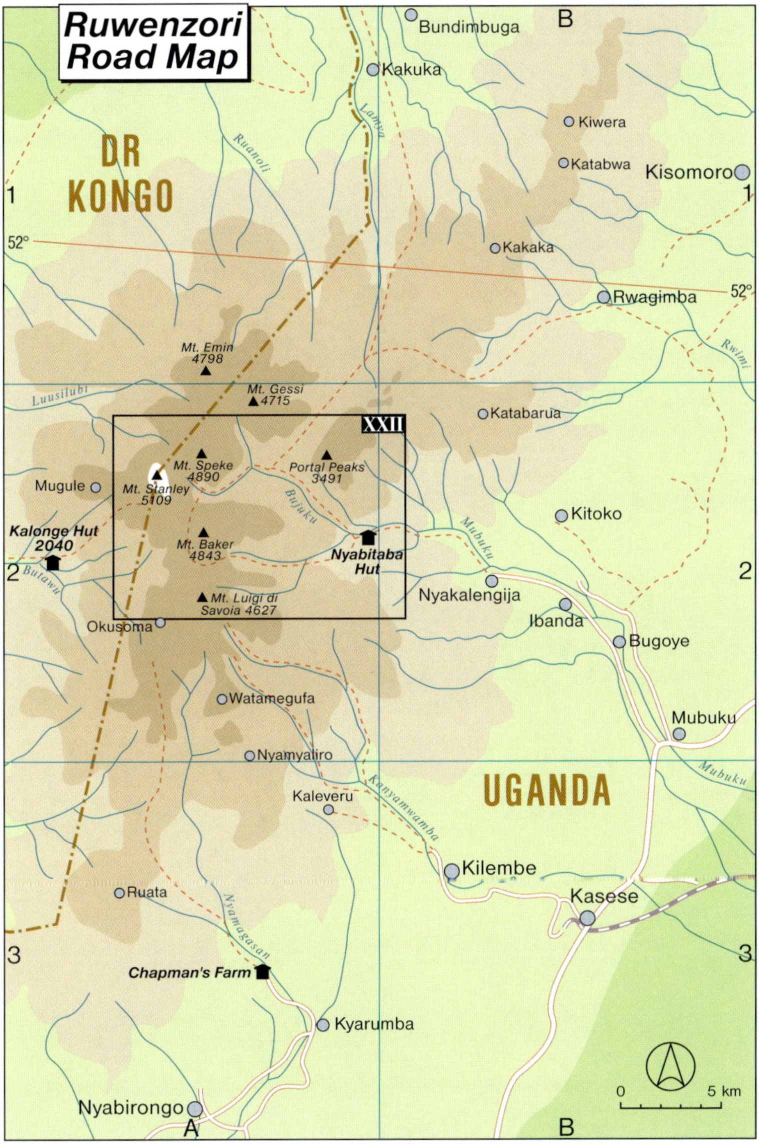

Kartenatlas

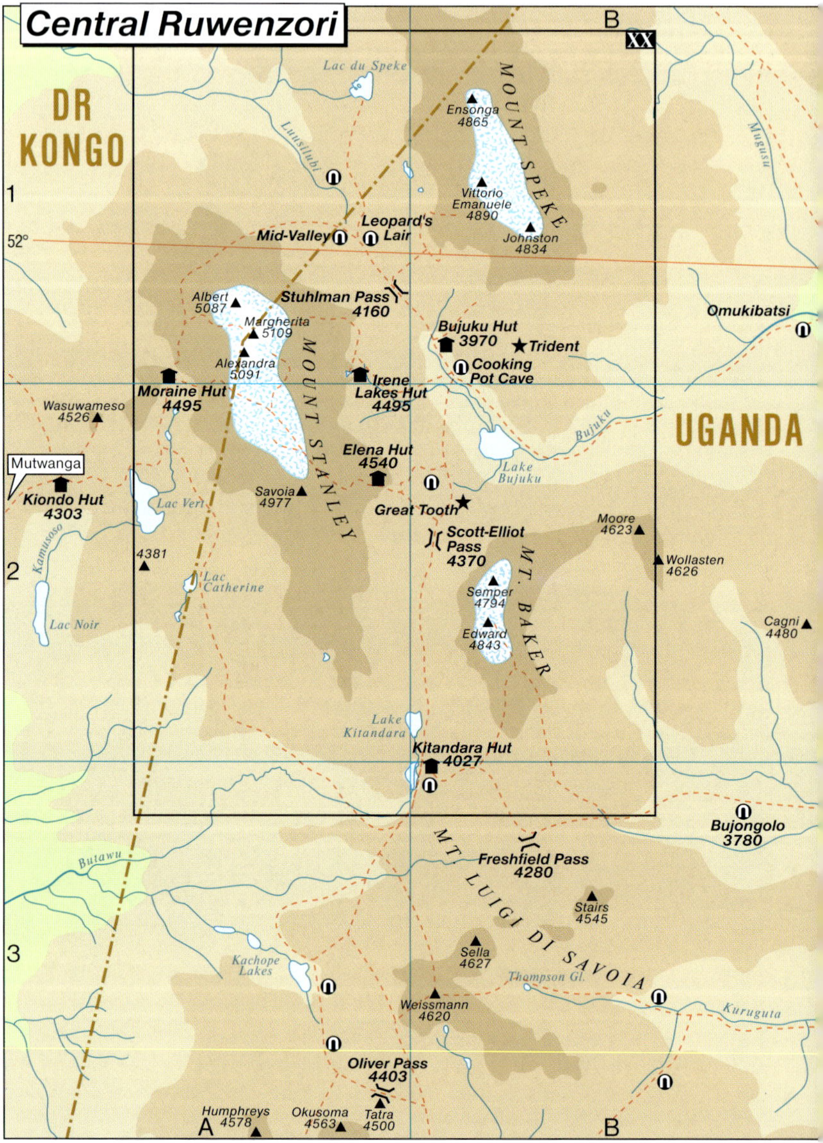
Central Ruwenzori
XX
B
DR KONGO
UGANDA
Lac du Speke
Luusilubi
Mugusu
Mount Speke
Ensonga 4865
Vittorio Emanuele 4890
Johnston 4834
Leopard's Lair
Mid-Valley
52°
Stuhlman Pass 4160
Albert 5087
Margherita 5109
Alexandra 5091
Mount Stanley
Bujuku Hut 3970
Trident
Cooking Pot Cave
Omukibatsi
Moraine Hut 4495
Irene Lakes Hut 4495
Wasuwameso 4526
Bujuku
Lake Bujuku
Elena Hut 4540
Mutwanga
Kiondo Hut 4303
Lac Vert
Savoia 4977
Great Tooth
Kamusoso
Scott-Elliot Pass 4370
Moore 4623
Wollasten 4626
Mt. Baker
4381
Lac Catherine
Semper 4794
Edward 4843
Cagni 4480
Lac Noir
Lake Kitandara
Kitandara Hut 4027
Bujongolo 3780
Mt. Luigi di Savoia
Freshfield Pass 4280
Butawu
Stairs 4545
Sella 4627
Kachope Lakes
Thompson Gl.
Weissmann 4620
Kuruguta
Oliver Pass 4403
Humphreys 4578
Okusoma 4563
Tatra 4500
A
B
1
2
3

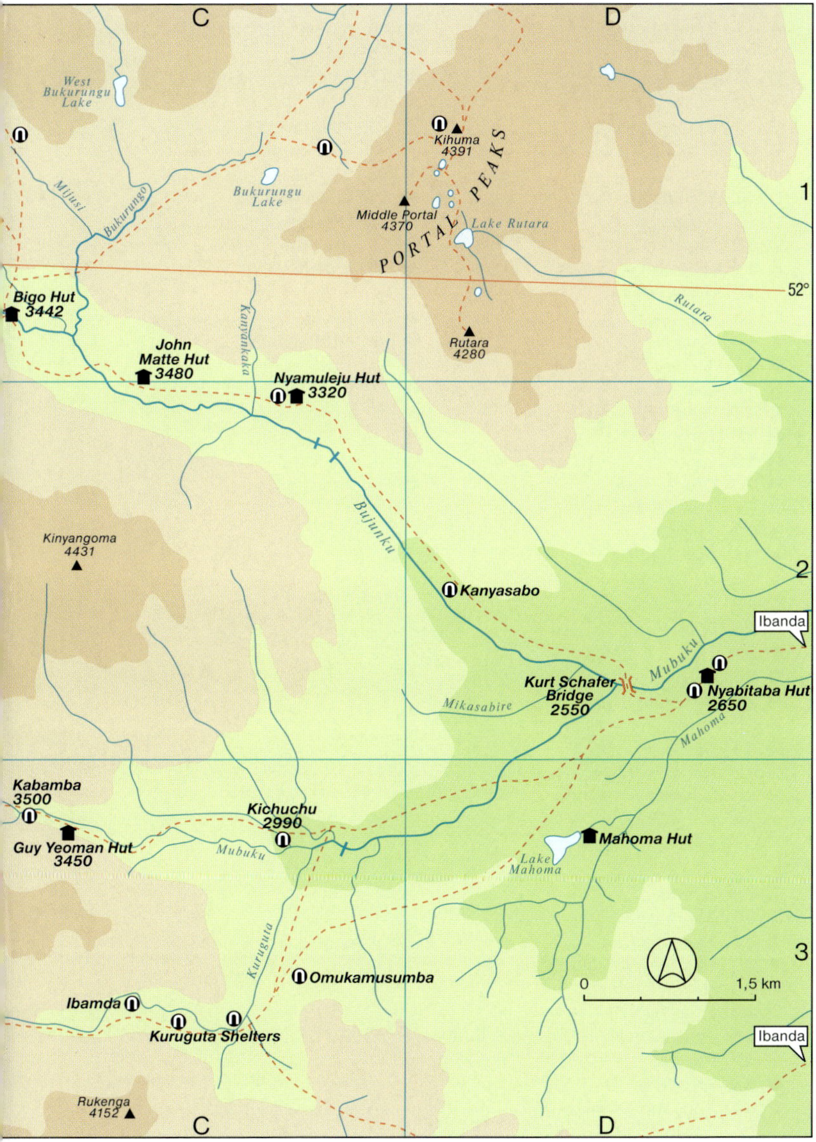
C
D
West Bukurungu Lake
Bukurungu Lake
Mijusi
Bukurungo
Kihuma 4391
PORTAL PEAKS
Middle Portal 4370
Lake Rutara
1
52°
Rutara
Rutara 4280
Bigo Hut 3442
Kanyankaka
John Matte Hut 3480
Nyamuleju Hut 3320
Bujunku
Kinyangoma 4431
Kanyasabo
2
Ibanda
Mubuku
Kurt Schafer Bridge 2550
Nyabitaba Hut 2650
Mikasabire
Mahoma
Kabamba 3500
Kichuchu 2990
Guy Yeoman Hut 3450
Mubuku
Mahoma Hut
Lake Mahoma
3
0
1,5 km
Kuruguta
Omukamusumba
Ibamda
Kuruguta Shelters
Ibanda
Rukenga 4152
C
D

- 1 Kampala Old Fort
- 2 Rena
- 3 Lion
- 4 Nakivubo Stadion
- 5 Islamic Institute
- 6 Uganda Crafts Shop
- 7 Sitar's
- 8 YMCA
- 9 College Inn
- 10 Mamba Point
- 11 Nakasero Old Fort
- 12 Uganda TV
- 13 Hill Crest
- 14 Nommo Gallery
- 15 Chipper's Ice Cream
- 16 Sabrina's
- 17 Equatoria
- 18 Tarboush
- 19 Tandoor
- 20 DAAS Ethiopian
- 21 Curry Pot
- 22 Cineplex
- 23 Pioneer Hall
- 24 High Court
- 25 Grand Imperial
- 26 Fang Fang
- 27 Tourist Hotel
- 28 Pause Café
- 29 Debonair's Steers
- 30 China Great Wall
- 31 Nile Grill
- 32 Nando's/Mateo's Bar
- 33 Uganda Bookshop
- 34 Kenya Airways, Ethiopian Airlines, Air Tanzania
- 35 Speke
- 36 Sheraton
- 37 Kampala Club
- 38 Uganda Wildlife Autority
- 39 British Airways
- 40 Fang Fang
- 41 Tanzanian High Commission
- 42 Fairway
- 43 Krua Thai
- 44 Andy the Greek's
- 45 Athina Club House
- 46 Kao's
- 47 Tulifanya Art Gallery
- 48 Nile
- 49 International Conference Centre
- 50 City Hall
- 51 Parliament
- 52 City Bakery/Bar
- 53 National Theatre
- 54 African Crafts Village

- Markt
- Bushaltestelle
- Post
- Uganda Torest Board
- Polizei
- Golf
- Bank
- Krankenhaus